编委会

陈其人文集

第一卷

陈其人　著

复旦大学出版社

陈其人，广东新会人，著名的马克思主义政治经济学家、上海首批社科大师、上海市哲学社会科学“学术贡献奖”获得者、复旦大学国际关系与公共事务学院教授，一生致力于对《资本论》的深入研究和阐释以及对马克思主义政治经济学的传承和发展。

陈其人雕像于2023年11月13日在复旦大学文科楼和五教间的“国箴园”揭幕。

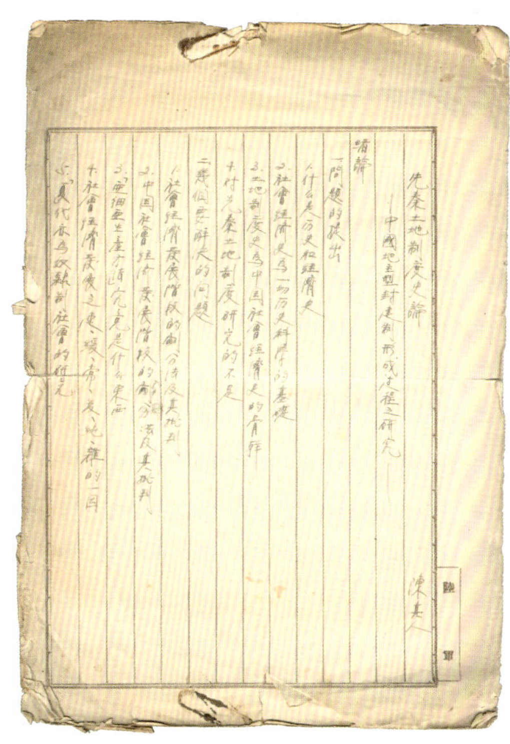

陈其人著《先秦土地制度史论——中国地主型封建制形成过程之研究》手稿

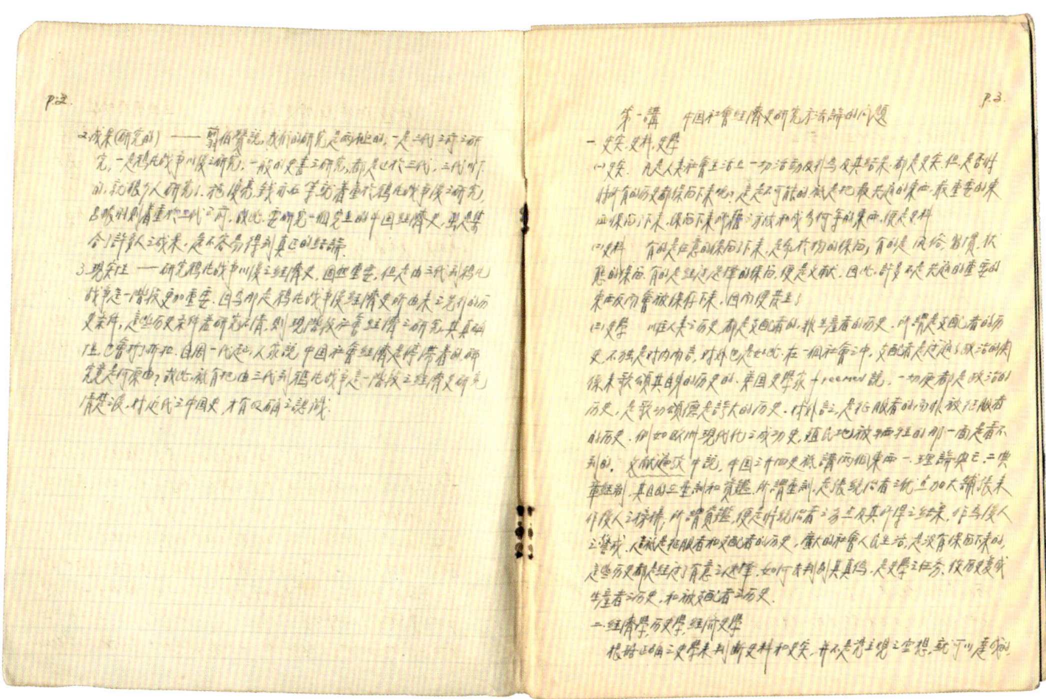

王亚南先生讲“中国社会经济史论纲”，陈其人笔记手稿

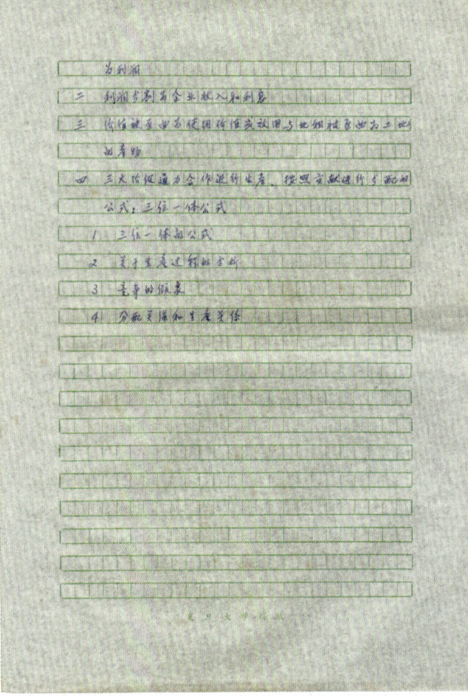

陈其人著《〈资本论〉中的政治学原理》手稿

古典政治经济学与庸俗政治经济学批判

前　言

陈其人教授出生于1924年10月16日，广东新会人，1943年考取中山大学经济系，1947年毕业，获法学士学位。1949年2月到上海市洋泾中学工作，同年考入复旦大学经济研究所，1952年2月进入复旦大学经济系任助教，1954年晋升为讲师，1957年至1959年在上海宝山县葑溪乡参加劳动，1959年回到复旦，任教于复旦附中。1962年调入复旦大学政治系，1964年复旦大学政治系改为复旦大学国际政治系，担任国际政治系讲师，1980年晋升为副教授，1985年任教授，1986年起担任国际关系专业博士生导师，1994年12月离休，2017年10月1日在上海岳阳医院逝世，享年94岁。他先后担任复旦大学校务委员会委员和学位评定委员会委员、复旦大学国际政治系学术委员会主任、综合性大学《资本论》研究会理事、美国经济学会理事等。

陈其人教授学养深厚、著述等身，长期从事马克思主义政治经济学理论教学和研究，在经济学说史、古典经济学说、《资本论》、殖民地理论等学术领域多有建树，为我国马克思主义经济学理论的研究和发展作出了独创性的贡献。他胸怀天下，坚持“为穷人摆脱贫困而研究马克思主义经济学”，几十年如一日，年逾90仍笔耕不辍。七十多年来，陈其人教授出版专著24部，发表论文150余篇。1984年获得上海高等学校哲学社会科学研究优秀成果论文奖，1986年获得上海市论文奖，专著《李嘉图经济理论研究》获得上海市第十届哲学社会科学优秀成果著作类三等奖，《卢森堡资本积累理论研究》获得上海市第八届邓小平理论研究和宣传优秀成果著作类三等奖。鉴于陈其人教授在马克思主义政治经济学理论研究方面的突出贡献，他于2012年荣获作为上海市哲学社会科学领域最高奖项的“学术贡献奖”，2018年荣获首批“上海社科大师”称号。

陈其人教授是著名的马克思主义政治经济学家、政治学家、《资本论》研究专家，长期从事帝国主义政治与经济、殖民地经济、南北经济关系的研究，其学术活动几乎涉及政治经济学的所有领域，尤其精通古典政治经济学和帝国主义理论。他的研究贡献主要有：批判斯密教条并指出它对西方经济理论的影响；对商品生产、货币价值和物价上涨问题提出独特的见解；对危机理论和战后危机周期性作出系统的分析；提出帝国主义是垄断资本主义的世界体系的理论；全面总结斯密-马克思-列宁的殖民地理论；明确界定世界经济学的研究对象和基本范畴——外部市场；研究再生产理论及其历史；研究马克思的亚细亚生产方式理论，并以此为指导研究东西方发展同中有异的原因——亚细亚生产方式的存在。

陈其人教授在大学时代，师从梅龚彬教授，并深受王亚南教授的影响。早在1946年，他就着手研究了亚细亚生产方式理论、中国先秦时期的土地制度、中国封建社会发展等理论问题。他继承和发展了王亚南的"地主型封建制理论"，对中国封建社会长期发展迟缓原因的解释得到学界认可，不仅在当时引起学术界的重视，即使今天也仍有学术价值。1954年，他开始研究经济思想史，尤其是马克思政治经济学的主要理论渊源——英国古典经济学，在商品价值量、工资与物价的关系，货币理论等领域都取得令人瞩目的成果。1985年，陈其人教授的研究专著《大卫·李嘉图》出版，得到学界很高评价。1962年，转入国际政治系后，他曾集中研究过空想社会主义理论和政治思想史。1978年，根据工作需要，陈其人教授着手研究帝国主义理论、殖民地理论和一般的世界经济理论问题。为深入研究帝国主义理论，他又把研究重点转入中国半封建半殖民地经济形态，力求在方法论方面有所建树。他独立建立的殖民地经济关系理论（尤其是国内殖民地理论），可以与七八十年代国际盛行的依附理论学派相关论述媲美。他先后出版了《帝国主义理论研究》《帝国主义经济政治概论》《殖民地的经济分析史和当代殖民主义》等多部专著。九十年代以来，在改革开放的新形势下，陈其人教授还关注并研究经济改革中出现的理论问题，如工资物价理论、货币理论、中国社会主义计划经济与商品经济的关系等。

陈其人教授从教四十余年，潜心教书育人，桃李满天下，先后荣获1979年复旦大学先进工作者、1980年复旦大学优秀教学一等奖、1985年复旦大学优秀工作者等奖项。他每年主动承担繁重的教学任务，为本科生开设“帝国主义政治和经济概论”等一系列课程。在教学中，他既坚持马列主义基本观点，又关注理论研究的新动向；既严密和细致地说明问题，又努力提供新的研究视角，授课效果好，深受学生欢迎，他的学生至今仍对此记忆犹新。在研究生教育方面，他特别注重培养学生的抽象思维和创新能力，尤其要求掌握马克思主义方法论，为国家为社会培养了一大批有创新能力、理论联系实际的优秀研究生。他十分重视扩展学生的基础知识、基础理论和研究能力，支持学生在学术上深入研究；他提倡学生多读书，要求学生研究问题要有理有据；他爱护学生、爱惜人才，注意发挥学生的特长，培养了很多硕士、博士研究生。这些研究生毕业后，无论在教书育人、学术研究、国家建设方面都作出贡献，取得很大成绩。

陈其人教授非常关心青年教师的成长。工作期间经常和年轻教师谈心，介绍自己的治学经验，在业务上支持鼓励，在生活上关心照顾，使他们能全身心投入工作。在青年教师准备新课时，给予他们诸多指点和帮助，使青年教师能尽快进入角色，更好地完成新承担的任务。

陈其人教授一生以教书育人、学术研究为己任。他淡泊名利、甘于奉献，为复旦大学马克思主义政治经济学、国际政治学教学、研究的发展作出巨大贡献；他热爱国家、追求真理，持之以恒地耕耘在马克思主义政治经济学研究领域；他关心学生、提携后进，为国家为社会培养了众多优秀人才。先生曾在古稀之年作一对联，堪为其人生写照：“执教著文中有我，吃饭穿衣外无他。”思考和学术，就是他的生命的全部。

陈其人教授是国务学院教师的楷模！他是大先生也！

2024 年是陈其人先生诞辰一百周年。复旦大学国际关系与公共事务学院于 2019 年立项《陈其人文集》编辑出版工作，成立了编委会。陈其人教授学术思想宏富，体系严密，作品时间跨度大，我们按照先生作品内容，按照主题分为八卷，较为完整地体现先生的政治经济学思想体系。复旦大学国际关系与公共事务学院多位教授全身心投入文集的编选、编校工作中，他们是：第一卷（《古典政治经济学与庸俗政治经济学批判》）：周志成；第二卷

(《资本主义政治经济制度》):陈晓原、陈周旺;第三卷(《马克思主义政治经济学》):陈周旺、熊易寒;第四卷(《货币理论与价值理论》):周志成、郑宇;第五卷(《殖民地与帝国主义理论》上、下):殷之光;第六卷(《世界经济体系理论》):张建新;第七卷(《世界经济发展与南北关系》):苏长和、李瑞昌;第八卷(《社会主义经济制度》):苏长和、陈玉刚、张骥。复旦大学副校长陈志敏一直关心文集的出版工作;陈其人先生子女在著作权授权上给予了很大方便;复旦大学出版社董事长严峰、副总经理王联合以及编辑邬红伟、朱枫、张鑫等,为文集出版作出了不可替代的贡献。我们对以上各位表示衷心的感谢。

复旦大学国际关系与公共事务学院
《陈其人文集》编委会
于2024年9月10日第四十个教师节

编 校 说 明

一、《陈其人文集》(全 8 卷)收录了陈其人教授各类已出版作品,并在此基础上对原作品进行了校订。具体编校工作之依据参见各部分辑封页说明。

二、全卷注释采用脚注形式,编者对原著文献引用统一进行校订处理(补齐、增加、规范化处理),部分文献因年代久远,现已无法查证,遂保留了原出版物中的注解。

三、若未特别注明,全卷所引马克思主义著作,译者均为中共中央马克思恩格斯列宁斯大林著作编译局。

四、为保证上下文内容的完整连贯,部分重复内容予以保留。

目　　录

第一部分　大卫·李嘉图

第二部分　李嘉图经济理论研究

第三部分　亚当·斯密经济理论研究

第一部分

大卫·李嘉图

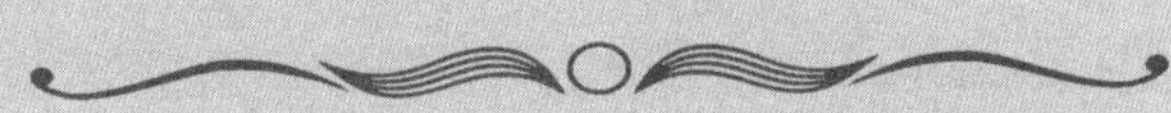

（本部分内容根据陈其人先生著、商务印书馆 1985 年 7 月出版的《大卫·李嘉图》一书校订刊印）

前　　言

英国经济学家大卫·李嘉图是英国古典政治经济学的伟大代表和集大成者。英国古典政治经济学，从威廉·配第开始，经过亚当·斯密，到李嘉图结束。从思想渊源看，李嘉图又是斯密的直接继承者。

李嘉图的经济理论，是他站在产业资本家的立场上，对19世纪最初二十年英国的经济问题所提出的政策主张的理论依据。这些政策主张后来被付诸实施。当时，英国的阶级斗争形势还允许李嘉图为了资产阶级的利益，客观地研究资产阶级和地主阶级、资产阶级和无产阶级之间的经济关系。

不同的阶级对李嘉图的经济理论采取不同的态度。资产阶级在欢呼中把李嘉图选入下议院，以便使他更好地将其理论变成实施的政策。但代表资产阶级根本的、长远的利益，即要求掩盖阶级矛盾的经济学家，以法国的萨伊为代表，则反对他。地主阶级也通过英国经济学家马尔萨斯反对他。

无产阶级最初用来反对资本主义的经济理论，就是李嘉图提供的。空想社会主义中有一派是李嘉图派社会主义。随着资本主义矛盾的发展，马克思扬弃了由李嘉图完成的英国古典政治经济学，使它成为马克思主义三大来源之一。因此，研究李嘉图的经济理论有重要的意义。

第一章　概　　述

第一节　李嘉图经济理论产生的历史条件

亚当·斯密是英国产业革命前夕、工场手工业时期的资产阶级经济学家，他的理论是为反对妨碍资本主义发展的封建制度和行会制度服务的。李嘉图是英国产业革命时期的资产阶级经济学家。他从事理论活动时，产业革命已进行了四五十年，封建制度和行会制度已经消灭，封建主义只留下一个尾巴，即由地主阶级把持的议会所修订的、不利于资产阶级的谷物法。因此，李嘉图的理论主要是围绕反对谷物法和解决其他经济问题展开的。

当时在英国引起资产阶级注意的经济问题有两个。

一个是货币问题。它的表现是一般商品价格高涨，黄金这种货币商品的市场价格，高于它的造币局价格或法定价格，也就是银行券贬值。原因是18世纪末英国进行反对法国拿破仑的战争，军费增加，为了筹措军费，英格兰银行便增发银行券，银行券发行过多，黄金对内准备不足，银行券兑现发生困难；此外，英国农业歉收，粮食进口增加，工业品出口则因拿破仑封锁大陆而减少，国际收支发生逆差，黄金输出，加剧了黄金对内准备不足；因此，1797年英国便停止了银行券对黄金的兑现。从此，银行券便贬值，1809年，它的购买力下降了20%—25%。这便引起了政治斗争和为它服务的理论斗争。李嘉图抱着使问题的解决有利于资产阶级这个目的，参加了这场斗争。

另一个是谷物法问题。谷物法是英国为保护农业或消费者，调节谷物输出入而制定的一系列法令的总称。它开始于重商主义时期。当时英国是谷物输出国，为保护消费者，便限制谷物输出。1660年，封建王朝复辟，地主贵族政治力量加强，它便变成保护地主利益的法律，对输入谷物征税，其后又对输出谷物给予奖励。随着产业革命的进行，英国从谷物输出国变成谷物输入国。在反对法国拿破仑战争期间，从波罗的海沿岸进口谷物的贸易中断，英国只好改牧地为耕地，粮价上涨，地租日高。1814 年，战争结束，地主阶级害怕国外廉价谷物输入，经过舆论准备，于 1815 年把持议会修订出新的谷物法，规定粮食在其价格高于法定价格时，才能输入，而法定价格又定得很高，以保证国内粮食按较高的价格出售。这使工人货币工资增加，地租增加，利润减少。为了增加积累，发展生产，也就是为了产业资本家的利益，李嘉图主张废除谷物法。

李嘉图对上述问题提出政策主张时，不可避免地要涉及各个阶级之间的，包括资产阶级和无产阶级之间的经济关系。从当时资本主义政治、经济发展的总形势来看，为了自己的根本利益，资产阶级是不可能客观地去分析这种关系的。18 世纪发生的两次革命对当时的阶级斗争形势有重大的影响。一次是 1789 年的法国资产阶级革命。在革命开始时，无产阶级还是资产阶级的追随者，但随着革命的发展，无产阶级便离开资产阶级而提出自己的政治主张，并为之奋斗，这使资产阶级觉察到一个敌人已在成长。为了蒙骗无产阶级，掩盖其和资产阶级的经济关系的实质，资产阶级嗅觉最灵敏的法国庸俗经济学家萨伊于 1803 年便出版《政治经济学概论》，这部最早的庸俗经济学著作大肆宣传劳动、资本、土地这三种生产要素通力合作进行生产，它们的所有者以工资、利润、地租的收入形式，公平合理地进行分配的谬论。另一次是 18 世纪下半期开始的英国产业革命。随着它的进行，个体生产者破产了，无产者失业人数增加，社会问题严重。针对这个问题，英国的高德文于 1793 年出版了《政治正义论》，批判私有制度，认为它是罪恶和贫困的根源。他的思想被统治阶级认为是危险的思想。作为它的对立物，英国庸俗经济学家马尔萨斯于 1798 年匿名出版其《人口原理》(第一版)，以殖民地北美的人口增加率、中国和日本的粮食增加率为数据，加以对比，得出前者大于后者的结论；并不顾爱尔兰人口绝对减少、贫困却在增加的事实，认为贫困是人口增加快于粮食增加这一规律造成的，与社会制度无关。在这种形势下，资产阶级经济学家不可能对各阶级的经济关系进行客观的分析。

但当时的英国有特殊的情况。这就是尽管资本主义经济在发展，资产阶级的经济力量在壮大，但是地主阶级在政治上特别是在议会里还居优势，资产阶级还没有最后掌握政权。地主阶级凭借政治力量在经济上侵害资产阶级的利益,其集中表现就是谷物法的修订。因此,在当时的英国,资产阶级和地主阶级之间的矛盾是主要的社会矛盾,资产阶级和无产阶级之间的矛盾是次要的社会矛盾。在这种社会条件下,为了资产阶级的利益而反对地主阶级的经济学家,便可能客观地分析各个阶级之间的经济关系。

第二节 生平和著作

大卫·李嘉图于1772年4月19日出生在英国伦敦。他的父亲是从荷兰移居到英国来的犹太人,信奉犹太教,在股票交易所里当经纪人,很富有。李嘉图的生平可以分为三段。他所受的学校教育不多,当他14岁那年,在商业学校读了两年书后,其父便把他带到股票交易所做事。后来,他爱上一位信奉基督教的女子,并皈依基督教,因宗教信仰不同,他与父亲脱离关系。这是第一段。脱离家庭后,他利用父亲的关系,自己经营交易所,到25岁时便成为大富翁,拥有3 000万法郎的财产。这是第二段。第三段是他先研究自然科学,再研究社会科学,尤其是政治经济学,并在这基础上参加政治活动,这使他的理论和实际相结合。他认真地研究过数学、物理、化学、矿物学、地质学,并从事电气学和光学的试验。1799年,他读了亚当·斯密的《国民财富的性质和原因的研究》,对其发生极大的兴趣。于是,他转向专门研究经济问题。针对当时情况,他写了一系列论文,提出政策主张,然后归结成基本理论,写成著名的《政治经济学及赋税原理》,于1817年出版。这些论文和《原理》都引起热烈的争论,对此他以种种形式进行答辩。1819年,他被选入议会。他主张议会改革、自由贸易、取消谷物法。1823年,李嘉图逝世。

李嘉图的著作(包括他因经济问题而写的信件)很多,主要的有:

《黄金的价格》《答"银行纸币之友"》《再答"银行纸币之友"》《黄金的高价》,这些都是1809年写的,最初发表在《晨报》上。在其中,他对英国当时的货币问题提出看法、对策,并针对别人对其意见的批评进行答辩。在这里,他提出"货币数量"说,认为当时英国金块的市场价格高涨,高于金的造币厂价格,这就是银行纸币贬值的明证。之所以如此,是由于英格兰银行发行的不兑现的银行券即纸币过多。解决办法是从流通中收回200—300万英镑纸币。关于他的货币理论问题，留在下面再谈。1811年的《答博赞克特先生对金价委员会报告的实际观感》，是李嘉图对博赞克特的答辩，因为他反对李嘉图的意见以及采纳了李嘉图意见的金价委员会报告的结论。在这里，李嘉图主张减少纸币流通量，采取金本位制度；但又认为金币流通是不经济的，主张以纸币流通来代替。在1816年的《一个既经济又安全的通货的建议》中，他继续阐述其对货币问题的看法，根据“货币数量”说，建议银行券的兑换不必用铸币，只要有标准重量和成色的金银块，就可以建立稳定的货币制度，这样可以限制通货的供给量，又可以维持银行券和金银块的等价关系。这建议为英格兰银行所赞同。

1814年，英国议会酝酿修订谷物法。李嘉图1815年撰写的《论低价谷物对资本利润的影响》，反映了他对这问题的看法。他认为，只有改进农业或谷物输入有新的便利条件，才能防止由于资本积累增加而降低利润。在这里，他虽然没有谈到地租理论问题，但已经涉及资产阶级和无产阶级、资产阶级和地主阶级在分配中的相互关系。因此，这本著作已经奠定了他以后提出的分配理论的基础。

以上的著作为李嘉图写作《政治经济学及赋税原理》准备了条件。《原理》是在其朋友、英国经济学家詹姆斯·穆勒的鼓励下，于1817年出版的。关于这本重要著作，下面另作论述。

《原理》出版后遭到马尔萨斯的反对。马尔萨斯在1820年出版的《政治经济学原理》，以及其后的某些著作，主要是反对《原理》的。为此，李嘉图于1820年底写成《〈政治经济学原理〉评注》，并将手稿送给马尔萨斯阅读。手稿遗失将近一世纪，1919年被发现，1928年出版。

19世纪20年代英国经济学界的争论是以李嘉图的理论为中心的。李嘉图以信件和论文参加这场争论。争论的问题，归根到底是价值理论问题。1823年的《绝对价值和交换价值》，是李嘉图临终前写下的最后一篇论文，表明了他对价值理论问题的一些看法。这篇论文，他生前没有发表。

李嘉图的著作和其有关经济理论问题的通信，已由从意大利移居英国的剑桥大学教授斯拉法主编，定名为《李嘉图著作和通信集》，由剑桥大学出版社出版。

第三节 《政治经济学及赋税原理》一书的重要内容和方法

李嘉图是师承亚当·斯密的,其经济理论是在对斯密的理论进行商榷的基础上展开的。但是,他的《原理》和斯密的《国民财富的性质和原因的研究》,在结构形式上有很大的不同。斯密的《研究》在结构上体系严密,是一本经济科学教科书。全书共五篇,第一、二篇论述的是政治经济学原理,第三、四、五篇从这些原理出发,分别研究国民经济史、经济思想史和财政学。李嘉图的《原理》与此不同,全书由三十二篇独立的论文构成,论文并不构成严密的体系,各篇之间缺乏逻辑的联系,并且部分内容是重复的,表面看来,全书只是论文的堆积。

但从内容看,李嘉图的《原理》和斯密的《研究》同样是清楚的,符合政治经济学的方法论要求。斯密从其时代的经济特点,即以手工劳动为基础的、已经有了分工的工场手工业出发,也就是从分工出发,根据政治经济学方法论的要求,依次论述交换、货币、价值、价格、工资、利润和地租,这是《研究》的第一篇的主要内容和逻辑顺序;然后在第二篇中论述资本。这样,在第一、二两篇中他便把政治经济学的基本原理论述完毕。李嘉图的《原理》,前六章论述的是政治经济学的基本原理,其中尤以第一、二两章最为重要,其余各章不过是这些基本原理的运用、补充和发挥。在第一章《论价值》中,作为资本主义政治经济学理论基础的劳动价值学说,是被同工资、利润、资本、利润率、自然价格和市场价格等结合在一起论述的。在第二章《论地租》中,他特别论述了地租和劳动价值学说的关系,因为从表面看,农业资本家缴纳的地租比工业资本家大得多,农产品的价值就应该不像工业品那样只由生产它所耗费的劳动决定,所以地租理论问题的科学解决,便成为贯彻劳动价值学说的关键,需要特别加以论述。在这里,李嘉图以价值学说为基础,不受各章形式的限制,将生产、分配、交换结合在一起研究,从而贯彻着生产的决定性作用的思想。

《原理》的方法与斯密的《研究》以及其他有关著作的方法不同。斯密的方法是二重性的。这又有两方面的意义。首先，斯密既研究人的物质生活，又研究人的精神生活。研究精神生活时，他是唯心主义者，并不理解精神生活是由物质生活决定的，认为人总有一种抽象的同情心，这见于他较早的著作《道德情操论》；研究物质生活时，他是唯物主义者，认为物质生活受经济规律的支配，这见于他的代表著作《研究》，但在《研究》中他并没有清除《道德情操论》中的唯心主义观点，以致在分析遇到矛盾时，他便倒向唯心主义。其次，他研究人的物质生活时，由于事实上研究的是资本主义的经济关系，一方面他要说明这种经济关系和前资本主义的简单商品生产具有同样的经济规律，即劳动决定价值的规律，它是其他的经济规律发生作用的轴心；另一方面他又不可能说明简单商品生产的经济规律怎样在资本主义条件下发生作用，例如，按照劳动价值规律，简单商品生产者的劳动形成的价值便全部成为他的收入（工资）。但是，如果工资劳动者的劳动形成的价值全部成为他的工资，那么利润（包括利息）和地租就没有来源了。由于不能解决矛盾，斯密便采用把经济现象记录下来的方法，并用生意人的方法，对这现象加以解释。这两种方法是矛盾的，但斯密并没有觉察。由于存在着两个方面的二重性方法，《研究》不可避免地存在着庸俗因素。

《原理》的方法不是这样。李嘉图只研究人的物质生活，不研究人的精神生活，或者说，他认为人的精神生活全部地、直接地由其物质生活决定。在这个社会内，人只有一种活动，即牟利的活动，只有一种要求，即生计的要求，只有一个目的，即变成富裕者。人追求的不是真、善、美，只是金钱。像斯密那样解释人的物质生活和精神生活的二元论，在李嘉图这里是不存在的。换句话说，资产阶级政治经济学中所谓的经济人的假设，到李嘉图这就更为完善了。此外，在研究人的物质生活的规律时，他连斯密仅有的资本主义以前是有历史的这样的历史观点也没有了，他除了知道英国伟大空想社会主义者欧文提出的社会形态外，就不知道资本主义以外还有其他的社会形态。换句话说，在他看来，资本主义生产就是社会生产本身。这样，他便抓住分析商品经济的出发点，即由斯密详尽论述过的劳动决定价值的原理，用它来说明种种经济范畴和其他的经济规律，看看这些范畴和规律同这个原理是否发生矛盾，然后据此或者肯定这些范畴和规律，或者否定这些范畴和规律，或者修改这个原理。这种方法有很大的优点：假如原理正确，逻辑的力量就会导致正确的结论;但又有很大的缺点,它跳过必要的中间环节,例如劳动力成为商品、价值转化为生产价格,而直接去论述这个原理和工资、平均利润、地租的一致性。当确实不一致时,便或者否定其他规律,例如绝对地租规律的存在,或者不得不修改这个原理。李嘉图最后是修改了劳动决定价值的原理的。

从方法看,李嘉图和斯密各有长短。斯密感觉到资本主义以前和资本主义是不同的,劳动决定价值的原理在其中发挥的作用会有不同的历史特点,这是他胜于李嘉图的地方;但由于不能说明它,他便离开这个原理,而以另一套方法来说明,这是他不如李嘉图的地方。李嘉图坚持劳动决定价值的原理,用它来说明所有经济范畴和经济规律,即使不得不修改价值决定的原理时,仍然认为劳动决定价值是价值决定原理的基础,其他的只能是次要的因素,这是他胜于斯密的地方。但他完全没有历史观点,否认劳动决定价值的原理在不同历史条件下发挥作用会有不同的特点,这是他不如斯密的地方。

第四节　《原理》出版后的反响和引起的争论

李嘉图的《原理》是一本划时代的经济著作。它的出版引起很大的反响,它的内容引起很大的争论。

由于李嘉图在《原理》中消除了斯密著作中的庸俗方法,这种方法是将经济现象记录下来,然后加以解释,这种解释对在竞争中过生活的人来说是满意的,例如认为价值由工资、利润和地租构成,因此工资提高,价值便提高;坚持了斯密著作中的科学方法,即认为一切经济现象都要从劳动决定价值这个原理去解释,表面看来这是与某些经济现象相矛盾的,例如工资提高,价值似乎也应提高,但根据这个原理,价值不可能由此提高,不但如此,有的商品的价格(生产价格)反而要降低;由于坚持这样的方法,当时便有人认为他似乎是从别的行星上掉下来的,因为他的观点和经济生活中的常识格格不入。由于这个原因,再加上《原理》的结构,李嘉图自己说过,在英国能够读懂他著作的只有 25 个人。

《原理》出版后，其理论体系的基础，即劳动决定价值的原理，受到马尔萨斯和萨伊的攻击。前者在1819年写成、1820年出版的《政治经济学原理》，主要是反对李嘉图的经济理论尤其是他的劳动价值学说的。后者则在为《原理》法文译本作的注释中，反对李嘉图，要点也是反对劳动价值学说。李嘉图对于这些反对意见，都予以反驳。

由于《原理》难读和受到批评，李嘉图的朋友、门徒，即曾经怂恿他出版《原理》的穆勒，便于1821年出版其《政治经济学纲要》。穆勒形式上是捍卫李嘉图的理论的，实质上却将它庸俗化，即把政治经济学的研究对象从资本主义生产变成没有任何社会性质的空洞的生产，并在价值学说上向李嘉图的反对者投降。李嘉图的另一位门徒麦克库洛赫，则把穆勒的学说进一步庸俗化，完全投入李嘉图反对者的怀抱。其所以如此，是因为这时阶级斗争形势已发生变化，资产阶级和无产阶级的矛盾已上升为社会主要矛盾。

与上述情况同时发生的，还有空想社会主义者利用李嘉图的经济理论来反对资本主义生产。他们利用李嘉图的劳动决定价值、价值分解为工资和利润的理论，提出工人要获得其生产的全部价值的主张；利用李嘉图的货币理论，认为可以用劳动货币来消除商品生产的矛盾，并进行试验。李嘉图的经济理论，由于在分配上说明了各个阶级的关系，有可能被无产阶级利用，便逐渐地被资产阶级视为洪水猛兽。其后，美国庸俗经济学家凯里甚至指控李嘉图是共产主义之父。

《原理》出版后，1819年，英国发生经济危机。根据《原理》中阐述的观点，经济危机只能是局部的，不可能是普遍的，即一切生产部门都发生生产过剩。这种观点与穆勒、萨伊相同而和马尔萨斯相反。另一位法国古典经济学家西斯蒙第也不同意李嘉图的观点。双方就经济危机问题发生一场争论。

李嘉图研究的资本主义生产是英国的资本主义生产，他提出的自由贸易政策是有利于英国这个当时的世界工厂的。这种政策主张显然不符合落后的资本主义国家，例如德国和美国的利益。德国的资产阶级经济学家在反对斯密的自由贸易政策的基础上，进一步反对李嘉图的自由贸易政策。这是德国的历史学派。它和萨伊、马尔萨斯不同，在理论上不和李嘉图交锋，只从方法上反对，强调德国经济发展的历史阶段与英国不同，强调各国情况不同，英国古典政治经济学揭示的规律和提出的政策不适用于德国。

第二章 价值理论

第一节 对斯密二元论的劳动价值学说的批判

李嘉图是从批判斯密的价值理论开始来建立构成其理论体系基础的价值理论的。

对于斯密把价值区分为使用价值和交换价值，李嘉图是同意的。和斯密不同的是，他认为效用虽然不是交换价值的尺度，但对于交换价值来说是不可少的。他认为具有效用的商品，其交换价值从两个源泉得来，一个是稀少性，一个是获取它们时所必需的劳动量。在这里，他在混淆了价值和交换价值的条件下谈论价值的决定。他认为价值取决于生产有效用的商品所必需的劳动量，这是正确的；但是，认为也要取决于这商品的稀少性，却是错误的。虽然他分析一般商品价值的决定时，只谈生产它所必需的劳动量这个因素，没有谈它的稀少性；但是分析货币这种特殊商品价值的决定时，他却在谈生产它所必需的劳动量的同时，特别强调它的数量。可以说，这是他的错误的货币理论在价值理论上留下的痕迹，不是他的价值理论中的本质的因素。

对于斯密的另一种劳动价值学说，即在认为商品的价值由投在它的生产上的劳动量决定的同时，又说价值由它在市场上所能换得的劳动量决定，并认为这两者是相等的，李嘉图是反对的。他坚持前者，反对后者，认为这两种说法是不同的。他说："亚当·斯密如此精确地说明了交换价值的原始源泉，他要使自己的说法前后一贯，就应该认为一切物品价值的大小和它们的生产过程中所投下的劳动量成比例；但他自己却又树立了另一种价值标准尺度，并说各种物品价值的大小和它们所能交换的这种标准尺度的量成比例。""好像这两种说法是相等的"。[1] 从理论上看,这两种说法确实是不相同的,第一,生产商品投下的劳动量和交换商品换得的劳动量,常常是不相等的,要它们相等,商品的供给和需求就要刚好相等,市场价格和价值就要刚好相等,但这是很偶然的;第二,前一种说法是正确的,后一种说法是错误的,两种说法不相同。后者之所以错误,是因为它是循环论证。如果交换商品换得的劳动量,如斯密认为的那样是活劳动,它就是商品了,就具有价值了,劳动的价值由什么决定呢? 由劳动决定,这是循环论证。如果换得的劳动量是物化劳动,它就要体现在一定量的商品中,这就等于说甲商品的价值由它换得的一定量乙商品决定。那么,这乙商品的一定量又怎样决定呢? 由它的价值决定。但按照前面的说明,它的价值要由所换得的一定量的甲商品决定,这也是循环论证。能够指出斯密的混同是李嘉图的功绩。

但是,李嘉图并不了解斯密产生这种混同或错误的原因何在。根本原因是斯密在资产阶级世界观的视野内,不可能理解工人出卖的是劳动力,而认为工人出卖的是劳动。这样,他提出生产商品投下的劳动量决定价值的原理时,便觉得它适用于"资本"和土地都属于自己的个体生产者,这时投下的劳动形成的价值便成为生产者的"工资";而不适用于已经有了资本积累和土地私有的社会,即资本主义生产。因为如果价值成为劳动者的工资,那么属于资本的利润和属于土地私有权的地租就没有来源了。由于遇到困难,斯密便只好说这时的利润和地租由交换商品换得的劳动量决定,价值由工资、利润、地租构成。这样,另一种劳动价值学说便产生了。不过,它已经不是劳动价值学说,而是工资、利润、地租构成价值的生产费用论了。再发展下去,为了说明利润和地租的水平,它又成为供求论;为了说明工资、利润和地租的来源,它最后又成为劳动创造的是工资、资本创造的是利润、土地创造的是地租的生产要素论了。这些以后还要谈到。

正由于李嘉图不了解,也不可能了解斯密产生错误的原因,他虽然指出了这个错误,但不仅不能解决问题,而且自己也陷入了这个错误。他说,一个国家在某一时期内生产生活必需品所投下的劳动量,可以两倍于另一时

① 大卫·李嘉图:《政治经济学及赋税原理》,郭大力、王亚南译,商务印书馆 1962 年版,第 9 页。

期,但为了能够生活,劳动者的报酬却可能不减少;"在这情况下,食物和必需品如果按其生产所必需的劳动量来计算,就会涨价百分之百,但如果按其所能交换的劳动量来衡量,则价值几乎没有增加"。[①] 这段话的目的在于驳斥斯密,证明投下的劳动量和交换的劳动量是不相等的。

但这段话是错误的。这段话不适合于生产物与生产物、生活必需品与劳动力相交换的场合,因为生产物包括生活必需品生产时投下的劳动量加倍了,假设供求相等,它所能交换到的生产物和劳动力商品所包含的劳动量也加倍了。这段话只适合于生活必需品与活劳动或雇佣劳动相交换这特定的场合。而所谓与活劳动或雇佣劳动相交换云云,就是斯密所不能理解的工人出卖劳动力的另一种说法。李嘉图自己也陷到这个泥潭里去了。

李嘉图并不理解斯密发生错误的真正原因,而他能够指出这种错误事实,这是由于他是产业革命期间的经济学家,清楚地看到巨大的技术变革使劳动生产率提高了,生产商品投下的劳动量减少了,但同数量的生活必需品能换得的活劳动量并没有减少,因此,他便看到这两者是不等的。

第二节 坚持生产商品投下的劳动决定价值的正确原理

指出了斯密的价值学说的二元论后,李嘉图坚持斯密最初提出的价值由生产商品投下的劳动决定的正确原理。他的专著第一章《论价值》中第一节的标题是:"商品的价值或其所能交换的任何另一种商品的量,取决于其生产所必需的相对劳动量,而不取决于付给这种劳动的报酬的多少。"[②]在这里,他认为价值取决于生产商品所必需的劳动量,这是正确的。但他又认为它不取决于付给这种劳动的报酬,混同了劳动力的价值或价格和劳动的价值,这就产生很多混乱。只有当我们把它理解为劳动力价值或价格的转化形态即工资时,认为商品的价值不取决于生产它所支付的工资,才是正确的。

---

① 大卫·李嘉图:《政治经济学及赋税原理》,郭大力、王亚南译,商务印书馆1962年版,第11页。

② 同上书,第7页。

但是，李嘉图所以能够坚持这个正确的原理，并不是由于他清楚地认识到交换商品所支配的劳动决定价值的原理，如像我们在前面所指出的那样，只是一种没有出路的循环论证。他说："如果劳动者的报酬总是和他的生产量成比例，那么，投在一种商品内的劳动量和该种商品所能换得的劳动量就会相等，两者之中的任一种都可以准确地衡量他物价值的变动。"①可见，他认为用这两种劳动中的任一种去衡量商品的交换价值（价值）都是一样的，根本不存在循环论证的问题。

李嘉图坚持这个正确原理，只是由于：第一，他认为这两种劳动量是不相等的。我们在前面已经指出，他的分析不适合于商品与商品、生活资料与劳动力商品相交换的场合，只适合于生活资料与活劳动相交换的场合；这个活劳动就是亚当·斯密所不理解的出卖劳动力的另一种说法。按照李嘉图的思想，活劳动能与生活资料相交换，它就应该有价值，这表现在生活资料上。按照前面的说明，活劳动没有变化，生活资料包含的劳动却可以变化，这样，他就应该同意斯密这种看法，即劳动所能购买的财货有时多有时少，这是财货的价值发生了变动，而不是购买这财货的劳动的价值发生了变动。斯密的看法当然是错误的，因为活劳动不能交换或出卖，劳动本身也没有价值。但在认为活劳动能交换、劳动有价值的人看来，斯密的看法倒应该是正确的。李嘉图应该是这样。但是，他却认为斯密这看法是错误的。他说："如果我们附和这种意见那就错了。……规定各种物品的现在相对价值或过去相对价值的，是劳动所将生产的各种商品的相对量，而不是给与劳动者以换取其劳动的各种商品的相对量。"②

这是什么意思呢？这就是说，商品的相对价值（与价值相混淆的交换价值）取决于等量劳动生产的各种商品的对比，假设一只羊和三把石斧、一袋盐是等量劳动的产物，那么，三把石斧和一袋盐便分别是一只羊的相对价值；而不取决于为了换取劳动者的活劳动而付出的各种商品的对比，因为在活劳动不变的条件下，不同时期付给支出这活劳动的劳动者的商品所包含的劳动量是不同的。在这里，他事实上已议论到雇佣劳动了，但他对此并没

① 大卫·李嘉图：《政治经济学及赋税原理》，郭大力、王亚南译，商务印书馆 1962 年版，第 10 页。

② 同上书，第 12 页。

有认识,以致不了解商品的价值由生产它所投下的劳动决定,与资本主义的商品的价值,由作为工资的商品所购买的劳动力支出的活劳动决定,这两个命题是同样正确的。在后一条件下,生产商品投下的劳动量和交换商品所支配的活劳动,两者在量上是不等的。

第二,他认为投下的劳动决定的价值是根本的,支配的劳动的价值是由它决定的,随着它的变化而变化。很明显,这也不适合于商品与商品相交换的场合,因为两种商品的价值都由各自生产所投下的劳动决定;也不适合于他所认为的作为工资的商品与活劳动相交换的场合,因为活劳动的量(他认为是价值)并不由作为工资的商品的价值决定;只适合于他所不理解的作为工资的商品与劳动力相交换的场合,因为劳动力的价值是由生活资料的价值决定的,并随着后者的变化而变化。他针对前面谈过的、斯密认为劳动的价值不变的观点加以反驳时说:"劳动的价值不也同样是变化无常,不但和其他一切物品一样,要受始终随着社会状况的每一变动而变化的供求比例的影响,而且也要受用劳动工资购买的食物与其他必需品的价格变动的影响吗?"[①]他还说:"谷物和必需品的价值降低是由于生产所必需的劳动量已经减少,而劳动价值的降低是随着这种为劳动者提供生活资料的更为便利而来的。"[②]这里的劳动价值云云,只能是劳动力价值。在这里,他事实上已经议论到劳动力成为商品了,但他对此也没有认识,以致不了解作为商品的劳动力的价值由生活资料的价值决定,与资本主义的商品的价值由这个劳动力支出的活劳动决定,这两个命题是同样正确的。

从上面的分析可以看出,李嘉图由于不理解劳动力成为商品,混淆了劳动和劳动力,将劳动力的价值看成劳动的价值,便产生许多混乱,不能彻底地批判斯密的错误,建立科学的投下的劳动决定价值的原理。如果他能理解劳动力成为商品,便可以看到资本主义商品的价值是由交换到的劳动力支出的劳动决定的。斯密要说的其实是这一点,但他无法说清楚。李嘉图也是这样。

---

① 大卫·李嘉图:《政治经济学及赋税原理》,郭大力、王亚南译,商务印书馆 1962 年版,第 10 页。

② 同上书,第 13 页。

第三节　不研究价值的实体，只研究价值量的决定

李嘉图的劳动价值学说，仍然存在着斯密的价值学说的根本缺陷，就是不研究价值的实体，只研究价值量的决定。一般说来，只要认为资本主义生产方式，从而商品生产制度，是生产的自然形态，就必然存在这个缺陷。我们知道，价值是商品的一个因素，商品是由在社会分工和私有制条件下的产品转化而来的，价值是在产品这个外壳掩盖下生产者交换劳动的一种关系，价值的实体就是已经转化为社会劳动的生产者的私人劳动，价值的量就是价值实体的量，它由社会劳动来衡量。因此，价值、价值实体和价值量，都是历史的范畴。

斯密实际上是脱离了商品生产来谈论价值的。他认为人类有交换的天性，分工是其表现，因而产品本来就是为了交换，本来就是商品，就有价值，生产产品的劳动本来就是价值的源泉。他从不认为这些是历史的范畴。李嘉图也是这样。他一开始就谈论，在一个渔猎民族中，如果捕杀一只海狸所费的劳动通常两倍于捕杀一只野鹿所费的劳动，那么一只海狸自然就会交换两只野鹿，也就是值两只野鹿。他从来没有想过，海狸和野鹿相交换，即产品转化为商品、劳动凝结为价值的社会条件是什么。

由于不研究价值实体，他就不理解从产品变为商品，生产者的劳动便具有二重的社会性质，就不能把体现为价值的抽象劳动和体现为使用价值的具体劳动有意识地区分开，便在理论上发生矛盾。这在他对萨伊和特累西的价值学说的评论中表现得很清楚。特累西也是法国经济学家。这二人都把财富或使用价值看成价值。但是，在价值的源泉问题上，李嘉图完全同意德斯蒂·德·特拉西伯爵的主张，而在价值的概念问题上，他却根本反对萨伊的看法。特累西说，人类的肉体机能和精神机能是人类的唯一原始财富，它们的运用即劳动是人类唯一原始的富源；如果它们有一种价值，甚至有两种不同的价值，也只能由创造它们的劳动中得来。其实，就财富或使用价值而言，它并不唯一地由劳动创造，劳动对象和劳动手段也发生作用。李嘉图所以表示同意，是由于他把特累西对使用价值源泉的论述，当作是对价值源

泉的论述了。但当萨伊责备斯密，说斯密忽视了自然要素和机器赋予商品的价值时，李嘉图却正确地说明斯密区别了它们加到商品去的价值的性质，即增加的是使用价值而不是价值。既然李嘉图对特累西把使用价值说成是价值，然后认为它唯一的源泉是劳动（这是错误的）的看法是同意的，那么他就没有理由对萨伊同样把使用价值说成是价值，然后认为它的源泉是劳动、工具、土地（这是正确的）的看法表示不同意。其所以有这种矛盾，是由于他有时没有明确区分价值和使用价值。

不研究价值实体，就不可能科学地说明价值量的决定。价值量既然是价值实体的量，其决定就是社会的事情，其大小由社会必要劳动时间决定。就一种商品来说，这有两方面的社会规定：(1) 是在正常的社会生产条件下，以平均的劳动熟练程度和劳动强度，生产该商品所需要的时间；(2) 投到该商品生产部门中的全部劳动是社会需要的，其量等于这社会需要。就生产各种不同商品的劳动来说，它们之间还有一个相对地说是简单劳动和复杂劳动的社会换算问题。总之，价值量的决定是一个社会过程。

可是，李嘉图并不完全是这样看的。他和斯密一样，越过了生产商品的劳动的质是否为社会所承认，即私人劳动的质是否为社会所承认的问题，而直接论述价值的大小由劳动时间的长短决定，只是在这个限度内研究决定商品价值量的劳动时间是根据哪一种生产条件所必需的劳动时间，说明简单劳动和复杂劳动之间的换算。总之，他看不到商品生产的基本矛盾是私人劳动和社会劳动的矛盾，不了解由私人劳动转化为社会劳动，它的质首先要被社会承认，在这一前提下，它的量再由社会计算，这就是价值量的决定，而简单地认为价值量只由劳动时间来衡量。这就使他的货币理论发生错误。

第四节　不研究价值为什么表现为相对价值及相对价值形式的发展，只研究相对价值量的规定

李嘉图的劳动价值学说还有一个由于不研究价值实体而产生的缺陷，就是不研究价值为什么必然要表现为相对价值，以及相对价值的形式为什

么必然要发展为货币的形式，而只研究相对价值量的规定。一般说来，只要认为资本主义生产方式是生产的自然形态，产品自然就是商品，劳动自然就是价值，就必然不认识和不研究商品生产中的私人劳动和社会劳动的矛盾，以及私人劳动必须转化为社会劳动并凝结为价值；就必然认为价值自然就表现为相对价值，即生产商品的劳动时间表现在与这商品相交换的使用价值量上，而不去研究价值为什么必然要表现为相对价值。李嘉图就是这样。

由于认为价值自然就表现为相对价值，李嘉图就常常将这两者相混淆。其实他完全有条件将它们加以区分，因为他对斯密将投下劳动决定价值和交换劳动决定价值相混淆的批判，实质上就是对将这两者相混淆的批判。他并且用术语将它们区分开：用价值、绝对价值、真实价值来表示价值，用相对价值、交换价值、比较价值来表示相对价值。但在论述的时候，他又常常将这两者相混淆。例如，他说："劳动使用的节约必然会使商品的相对价值下降，无论这种节约是发生在制造这种商品本身所需的劳动方面，还是发生在构造协助生产这种商品的资本所需的劳动方面。"①这里所说的相对价值，其实是价值。他还将价值的变化作为相对价值的变化来表述。例如，他说："如果我看到一盎司黄金所换得的……商品的量都已减少，并且看到……，用较少量的劳动量就可以获得一定量的黄金，那么，我就有理由说，黄金相对于其他商品的价值发生变动的原因，是它的生产……所必需的劳动量已经减少。"②就这段话论述的问题来说，既然看到了用较少的劳动量就可以获得一定量的黄金，那么黄金自身的价值肯定是发生变动的，大可不必说黄金相对于其他商品的价值来说是发生变动的。李嘉图之所以有这种混淆和这种表述，是由于他认为价值自然就表现为相对价值。

由于这样，他就根本不去研究相对价值的形式的发展，因为他认为根本不存在这个问题。我们知道，商品生产中的私人劳动和社会劳动的矛盾，不仅使价值必然表现为相对价值，而且使相对价值的形式的发展，经历了简单的价值形式、扩大的价值形式、一般的价值形式，再到货币形式。他不研究相对价值形式的发展，就不能正确理解货币的本质。马克思明确地指出：

---

① 大卫·李嘉图：《政治经济学及赋税原理》，郭大力、王亚南译，商务印书馆 1962 年版，第 20 页。

② 同上书，第 13 页。

"因此,我们发现,在那些完全同意用劳动时间来计算价值量的经济学家中间,对于货币即一般等价物的完成形态的看法是极为混乱和矛盾的。"①我们在下面将指出,李嘉图就是这样。

李嘉图既然不研究价值实体,只研究价值量的决定,又认为价值自然表现为相对价值,那么在价值和相对价值的问题上,他当然着重相对价值的研究。他说:"我希望读者注意的这种探讨,关涉的只是商品相对价值变动的影响;而不是绝对价值变动的影响。"②

他论述了相对价值变动的几种规定性:(1) 商品价值变了,而与它相交换的其他商品的价值没有变,如某商品换到的鞋、袜等数量变了,其原因是它本身生产所需的劳动量变了;(2) 商品价值没有变,而与它相交换的其他商品的价值变了,如上述鞋、袜等的价值没有变,但它们换到的黄金数量变了,其原因是黄金生产所需的劳动时间变了;(3) 双方的价值发生反方向变化,他说:"如果用同量劳动所获得的鱼减少,或是所猎得的猎物增加,那么鱼的价值和猎物相比就会上升。"③

第五节　在价值量决定上的必要劳动、异质劳动、直接劳动和间接劳动

在价值量的决定上,李嘉图所看到的必要劳动,如上所述,只是具有某种生产条件的生产者生产商品所需要的劳动时间。由于他在这个限度内理解价值量的决定是一个社会过程时,只看到农业生产中的一些现象,因此他错误地认为,这种决定价值量的必要劳动,不分工业和农业,都是劣等生产者生产商品所需要的劳动时间。他说:"一切商品,不论是工业制造品、矿产品还是土地产品,规定其交换价值的永远不是在极为有利、并为具有特种生产设施的人所独有的条件下进行生产时已感够用的较小量劳动,而是不享

① 马克思:《资本论》(第一卷),人民出版社 1975 年版,第 98 页。

② 大卫·李嘉图:《政治经济学及赋税原理》,郭大力、王亚南译,商务印书馆 1962 年版,第 16 页。

③ 同上书,第 21 页。

有这种便利的人进行生产时所必须投入的较大量劳动;也就是由那些要继续在最不利的条件下进行生产的人所必须投入的较大量劳动。”①这段说明,不适合于工业品价值量的决定,只适合于矿产品和农产品价值量的决定。因为在工业生产上不存在作为经营对象的垄断,资本能创造任何生产条件的企业,必要劳动时间便由中等的平均生产条件决定;在农业和矿业生产上则存在着作为经营对象的土地的垄断,肥沃的土地、富矿的土地一旦被经营了,其他的资本是无法创造的,因此必要劳动时间便由劣等的生产条件决定。李嘉图不是从这样的社会关系去理解问题。他被当时英国粮价上涨现象所迷惑,又受到马尔萨斯的人口理论的影响,认为在农业生产上存在着土地报酬递减规律,而人口的增长又快于粮食的增加,这样,粮食的价格,从而它的价值便由最劣等的土地生产的粮食价值决定,这种土地生产粮食的劳动时间就是必要的劳动时间。然后以此来说明矿产品和工业品的生产的必要劳动时间。把这当作一个原理来看,应该说是不科学的。

在价值量的决定上,还有简单劳动和复杂劳动的换算问题。李嘉图说:“当我说劳动是一切价值的基础,相对劳动量是几乎唯一的决定商品相对价值的因素时,决不可认为我忽视了劳动的不同性质,或是忽视了一种行业一小时或一天的劳动与另一种行业同等时间的劳动相比较的困难。为了实际的目的,各种不同性质的劳动的估价很快就会在市场上得到十分准确的调整,并且主要取决于劳动者的相对熟练程度和所完成的劳动的强度。估价的尺度一经形成,就很少发生变动。”②在这里,他从市场上的估价说明这种换算,比斯密后退了。斯密还从社会过程来说明这种换算,即在须经十年学习的行业中,工作一小时所包含的劳动比在普通明白易懂的行业中一个月的劳动还要多。某些极难培养的专门人才,不仅所需学习时间长,而且淘汰率高,在这过程中耗费的大量劳动,从社会的角度看,就成为复杂劳动,它是倍加的简单劳动。

李嘉图在价值量的决定的问题上,有一个比斯密进步的地方,这就是,他指出决定价值的,不仅有直接劳动即活劳动,而且还有间接劳动即物化劳

① 大卫·李嘉图:《政治经济学及赋税原理》,郭大力、王亚南译,商务印书馆1962年版,第60页。

② 同上书,第15页。

动。他说:“影响商品价值的不仅是直接投在商品上的劳动,而且还有投在协助这种劳动的器具、工具和工场建筑上的劳动。”①斯密没有明白地指出间接劳动,不是因为他看不到,而是因为他不了解生产商品的劳动具有二重性质,因此就无法说明生产者的一次劳动为什么既能形成新的价值,又能转移物化劳动体现在生产资料上的旧价值,于是他就用下面将谈论的方法将这种旧价值加以驱逐,或最终全部分解完毕。李嘉图同样不了解这种劳动的二重性质,因此,他虽然指出决定价值的还有物化劳动,但无法说明其价值是如何转移的,所以,他要么将物化劳动的全部价值加到商品的价值上,要么丝毫不加到商品的价值上,物化劳动形成的价值可以部分地转移到商品价值上这种观点,他是没有的。不仅如此,正如后面将指出的,他最后也同意斯密的物化劳动形成的旧价值会全部分解掉的看法。

第六节　在间接劳动决定价值的问题上,只提投在生产工具、建筑物上的劳动,不提投在原料上的劳动的原因

在前面列举的李嘉图所说的间接劳动包括的内容中,很明显地缺少原料这一项。这不是如某些经济学家所说的那样是由于疏忽②,而是由于一个经过他周密考虑的理由,这就是他在以后要提出,除了劳动之外,固定资本和流动资本的比例不同也会影响价值。前面列举的是固定资本,而原料和工资同属流动资本。由于作用不同,他便把原料去掉。这确实反映出这位大经济学家的理论逻辑是非常严密的。马克思说,当李嘉图列举物化劳动所包含的内容时,下一节的理论问题已在他的脑里。

我们先简单地分析一下这个问题。下面将指出,李嘉图混淆了价值和生产价格。我们知道,价值可以分解为不变资本+可资资本+剩余价值,生

① 大卫・李嘉图:《政治经济学及赋税原理》,郭大力、王亚南译,商务印书馆 1962 年版,第 17 页。

② 郭大力:《西洋经济思想》,中华书局 1949 年版,第 87 页。

产价格则由生产成本(不变资本＋可变资本)＋平均利润构成。从资本周转的角度看,不变资本可分为固定资本即机器、建筑物等和流动资本即原料、辅助材料等;可变资本属于流动资本。在商品价值形成中,不变资本中的固定资本和流动资本的价值,都不变地转移到价值中去,但固定资本的价值是部分地转移的,流动资本的价值是全部地转移的;可变资本不是转移价值,而是由它推动的活劳动创造新的价值。在生产价格形成中,全部流动资本即原料和工资(可变资本)的价值都构成生产成本,并获取平均利润;固定资本的价值则是部分地构成生产成本,但全部获取平均利润。也就是说,固定资本是按所费的部分构成成本,但按所用的全部获取利润。这是固定资本在生产价格形成中所特有的作用。以此为基础,如果平均利润率发生变动,固定资本对于生产价格的变动便又有一种特殊的作用。在这条件下,如果混淆了价值和生产价格,就必然认为固定资本如机器等是形成价值的,而属于流动资本的原料就不是这样。李嘉图就由于这个原因,在价值量的决定上不提原料。这个问题下面还会谈到。

第七节　接受斯密教条,即认为价值最终分解为 v＋m,并在这前提下和斯密争论

李嘉图的价值学说有一个错误,就是接受斯密的教条,认为商品(资本主义商品)的价值不是分解为 c＋v＋m,而是最终分解为 v＋m。

前面说过,斯密由于不能解决利润和地租的来源问题,便认为资本主义商品的价值不再由生产所投下的劳动决定,而改由交换所支配的劳动决定,这个劳动包括工资、利润和地租。这个原理,除了我们在上面指出的错误外,还有一个错误,就是认为价值仅由 v(工资)和 m(利润和地租)构成,不包括 c(生产资料或不变资本)。他认为 c 最终也分解为 v＋m。他举谷物的价值为例,认为其中的 c 例如耕马的价值最终也就是 v＋m。由于这样,产品价值即 c＋v＋m,便等于价值产品即 v＋m 了,也就是说,一年中总产品的价值被说成全部是该年的活劳动创造的。这个教条产生的原因,如马克思所指出的,是斯密不理解生产商品的劳动具有二重性,因此无法说明一次劳动何

以既能创造新价值，又能转移旧价值，于是便用最终分解为 v+m 的方法，把旧价值驱逐掉。这个教条一直为资产阶级的经济学家所信奉。李嘉图也是它的信奉者。

李嘉图说："每一个国家的全部土地和劳动产品都要分成三部分，其中一部分归于工资，一部分归于利润，另一部分归于地租。"这就是说，总产品的价值全部分解为 v+m 这种收入，c 即不变资本的价值是不存在的。他就是在这种观点下考察总收入和纯收入的。他说："假定一个国家所有的产品——即可以在一年之内送上市场的全部谷物、农产品和制造品等等——的价值是二千万镑；为了取得这一价值必须使用一定人数的劳动，这些劳动者的绝对必需品须支付一千万镑。在这种情形下，我就说这个社会的总收入是二千万镑，纯收入是一千万镑。"这里所说的总收入，其实是总收益即总产品的价值要扣除掉其中的生产资料价值（李嘉图看漏了这一点）后，余下的才是总收入，也就是说，总收益是 c+v+m，总收入是 v+m，纯收入是 m。

在接受斯密教条的前提下，李嘉图和斯密的争论只有两点。第一，关于 m 即剩余价值的分解。斯密认为它分解为利润和地租。李嘉图实质上认为，从全社会来看是这样，但从每个生产单位来看，就不完全是这样。问题在于：他认为在农业生产中不一定有地租。李嘉图由于混淆了生产价格和价值，看不到在农产品中，价值高于生产价格，有一个可以转化为绝对地租的余额，在坚持等价交换的价值规律时，他便否认有绝对地租的存在。他又认为，最劣等的耕地不可能有级差地租，因为由它决定的农产品价值只能分解为利润和工资。其实，不仅从全社会看，而且从每个生产单位看（以土地私有为前提），剩余价值都要分解为地租，所以李嘉图反对绝对地租的存在是错误的。第二，关于 v 和 m 是价值量的结果还是它的前提。斯密认为，v 和 m 是价值量的前提，价值量是由它们构成的。这是从交换商品支配的劳动量决定价值这个错误原理产生的。依照这看法，各种收入增加，价值量便增加。李嘉图坚决反对此说，认为 v 和 m 是价值量的结果，在价值量已定的前提下，v 增加了，m 便减少，这是从生产商品投下的劳动量决定价值这个正确原理产生的。李嘉图的看法是正确的。以后我们知道，这实质上已涉及资产阶级和无产阶级、资产阶级和地主阶级之间的经济利益问题了。

第三章　货 币 理 论

第一节　货币只是一般的商品和货币价值的决定

前面谈到，李嘉图和斯密一样，不研究价值实体，只研究价值量的决定。从这里出发，他也和斯密一样，认为衡量价值的尺度就是劳动或劳动时间。他们并不认识货币是真正的、社会的价值尺度。认为劳动是价值的尺度是很不够的，因为它只解决商品生产者生产某一种商品所需要的平均劳动时间大小的问题，而不能解决社会上对这种劳动的质，即它生产的这种使用价值是否需要，在需要的前提下，它的量是否与需要相等的问题，也不能解决生产这种商品的劳动和生产另一种商品的劳动之间的换算问题。只有货币才能解决这个问题，因为它直接代表社会劳动，对生产任何商品的私人劳动的质加以承认，并在承认的基础上进行量的计算。所以，马克思多次指出，劳动是内部的价值尺度，即生产者内部衡量价值的尺度，货币是外部的价值尺度，即社会衡量价值的尺度，只有货币才是真正的、社会的价值尺度。

既然认为劳动是价值的尺度，就必然认为任何一种劳动生产物都可以成为衡量其他商品的价值的尺度。换句话说，任何一种商品都执行价值尺度的职能，从执行价值尺度的职能看，任何商品都是货币，因此也就没有货币。在这一点上，李嘉图和斯密的不同仅在于：斯密要寻求一种其本身价值不变的商品来执行这个职能，从而认为劳动是这样一种商品。他不仅错误地认为劳动有价值，而且认为其价值不变，因为在等量的劳动时间内，劳动者必然要“牺牲等量的安乐、自由与幸福”。李嘉图同样认为劳动有价值，不过认为它的价值和任何其他商品的价值一样，是变动的，因此，他认为以任何一种商品来衡量其他商品的价值都是可以的。

这样，李嘉图便认为任何一种商品都可以是货币，其之所以是黄金，只因为黄金和其他商品相比，不易损坏和可分可合，仅此而已。这就表明，他不了解货币的本质是直接代表社会劳动，对生产商品的私人劳动加以质的承认和量的计算，而黄金本来也与其他商品一样是私人劳动的产物，但由于它不论产于何地，质量都一样，都近于足赤，因此，其私人劳动最适合于表现无差别的、抽象的人类劳动，即社会劳动，就是说货币天然是黄金。

李嘉图是在货币或黄金代表劳动时间(不是社会劳动)的基础上，谈论货币价值、商品价格和货币流通量的决定的。他说："黄金和白银像一切其他商品一样，其价值只与其生产以及运上市场所必需的劳动量成比例。金价约比银价贵十五倍……因为获取一定量的黄金必须多花费十五倍的劳动量。"①这是他的劳动价值学说在货币价值决定上的运用，是正确的。由此出发，他便认为，商品的自然价格由商品的价值和货币的价值决定。根据前面说过的相对价值量规定的原理，便可以看出，商品价值的变化引起价格正比例的变化；货币价值的变化引起价格的反比例变化。据此，他又指出货币流通量的决定原理：在商品价值和商品量已定的条件下，流通所必需的货币量决定于货币价值本身，与货币价值成反比，他说："一国所能运用的货币量必然取决于其价值。如果只用黄金来流通商品，其所需的数量将只等于用白银流通商品时所需白银数量的十五分之一。"②所有这些都是正确的。

但是，错误发生了。李嘉图认为货币与一般的商品的不同，只在于它是流通手段，并且永远处于流通中，不是储藏手段。这是因为，在他看来，根本不存在私人劳动和社会劳动及其矛盾，不存在由此引起的买和卖的脱节，商品流通只需货币作媒介。这样，当货币流通量超过其必需量时，其价值便下降，商品价格便上升，反之，也就相反。货币的价值由其流通量调节，犹如商品的市场价格由其供给量调节一样。这就是李嘉图的货币数量说。

① 大卫·李嘉图：《政治经济学及赋税原理》，郭大力、王亚南译，商务印书馆 1962 年版，第 301 页。

② 同上。

第二节 货币数量说和劳动价值学说之间的矛盾

李嘉图的货币数量说和劳动价值学说两者是自相矛盾的。因为按照前者,黄金的价值由其数量调节;按照后者,黄金的价值由其生产所必需的劳动量决定。他感到这是一个矛盾,力图解决。

第一,他从黄金在国内的生产来解释。在商品价值和商品数量即商品总价值已定的条件下,如流通中的货币量决定于作为货币的黄金价值,那么流通中的货币量就处于正常水平。如果商品总价值减少,或黄金的产量增加,流通中的货币量就超过正常水平,黄金的价值就跌到原来的金属价值以下,商品价格就高涨;反之,情况就相反。但是,他认为在前一情况下,黄金的生产就会减少,直到它的数量适合于它的流通必需量,它的价值提高到它的正常价值量为止;反之,情况就相反。但这种解释是不对的。因为在这两种情况下,流通中的金币都成为大于或小于它的实有价值的一个价值符号。之所以有这种错误,是因为他把货币看成只是流通手段,而不同时又是储藏手段。从货币是储藏手段来看,它能调节其流通量,使之适合于它的必需量,从而和一般商品的供给量能调节其市场价格不同,货币没有这个问题。

第二,他从黄金在国际的流动来解释。根据上述货币流通量决定的原理,在正常流通量的条件下,他认为黄金不仅在国内是按照其价值来流通的,而且在一切国家有同一的价值,不会有货币的输出和输入。因为如果货币在甲国的价值高于在乙国,那么甲国的商品将流到乙国,乙国的黄金将流到甲国,一直到甲、乙两国的黄金有相同的价值为止。现在如果甲国因上述原因,货币流通量过多,物价高涨,黄金的价值跌到其金属价值以下,那么黄金就会输出,商品就会输入,直到货币流通量恢复正常为止。如果货币流通量过少,黄金和商品的运动方向就相反。李嘉图由此得出结论:把黄金当作商品的等价物来输出,除了因为流通量过剩以外,从来不会发生。据此,他认为,19世纪最初二十年,英国在荒年时的黄金输出,是由于流通中商品数量减少,致使黄金流通量过多,黄金价值下跌,从而黄金输出,而不是由于在世界市场上购买谷物,从而黄金作为购买和支付手段从英国输出。他的解释是不符合事实的。他的错误同样在于，他认为货币只是流通手段，在国际流动的黄金，进入国内必须全部投入流通，以致它的价值随它的数量变化而交化，并随着价值的变化在国际流动，直到它的流通量符合其正常量，从而黄金在各国的价值相等为止。其实，货币在各国的价值，正如商品在各国的价值一样，由各国生产它的必需劳动时间决定，不可能是相等的。

第三节　货币数量说产生的历史条件

李嘉图之所以提出错误的货币数量说，是由于他被当时英国银行券贬值这个现象所迷惑。我们在前面曾谈论过，英国因战争和荒年，黄金准备不足，多发的银行券无法兑现，致使银行券贬值，物价上涨。银行券是从货币的支付手段中产生的信用货币，它随时能兑换黄金，等同于黄金并和黄金一起流通，构成货币流通量。因此，银行券的流通规律和黄金货币的流通规律是一样的，流通量的过多和过少，都由货币的储藏手段职能来调节，使之符合于正常。但是，银行券不能兑换黄金，它就变为从货币的流通手段中产生的纸币了。纸币只是货币的符号，它的流通规律和银行券不同。它不能作为储藏手段，即不能退出流通，只能永远在流通中。这样，它的流通量超过流通商品所必需的金量，每单位代表的金量就减少，价值就降低，物价就上涨，换句话说，物价和它的流通量成正比。李嘉图把纸币流通规律和银行券流通规律混为一谈，然后又把纸币流通规律和金币流通规律等同起来，便得出金币的价值取决于它的数量的结论，并把这种错误看法引到商品价值的决定上，认为它决定于劳动时间和稀少性。

马克思指出，美国矿山对休谟的意义，就是线针街纸币印刷厂对李嘉图的意义。美洲大陆被发现后，随着富饶金银矿的开采，欧洲同时发生物价上涨和金银币流通量增加的现象，有的经济学家如休谟便认为，物价上涨是金银币流通量增加的结果。其实，按照李嘉图所提出的商品自然价格决定和货币流通量决定的原理，便可以看出，由于富饶金银矿的开采，货币价值下降，商品自然价格上升，这样就促使货币流通量增加，它是商品价格上升的结果而不是原因。李嘉图认为纸币印刷厂印刷的纸币和矿山开采的金银，具有相同的意义，即货币流通量增加，降低货币的价值。其实，不仅从劳动价值学说看，这两者是不同的，而且从原因和结果看，它们也是不同的。金银货币流通量的增加，是价格上升的结果；而纸币流通量的增加，则是价格上升的原因，因为纸币流通量超过了实现商品总价格所需要的金银货币的数量，使每单位纸币代表的金量或银量降低，价格便上升。李嘉图把矿山开采的金银增加，看成就是金银货币流通量的增加，是由于他不认识货币是储藏手段；把金银货币流通量的增加看成价格上升的原因而不是结果，则是由于他混淆了纸币流通规律和金属货币流通规律。

李嘉图提出货币数量说，还有其理论根源，即有缺陷和错误的价值理论。前面说过，他把资本主义生产，从而商品生产制度，看成生产的自然形态，不研究价值实体，只研究价值量的决定，并且混淆了价值和相对价值。这样，他就不理解货币是直接代表社会劳动，从而是代表价值的，是储藏手段；而商品流通中断，即出卖之后并不马上继之以购买，货币便从流通手段变为储藏手段了。他认为货币不是储藏手段，而只是流通手段，永远处在流通中，这样，货币就要和一般的商品一样，其市场价格就要在价值的基础上，受供给和需求规律的调节，而环绕着价值上下波动。这里的市场价格就是李嘉图所说的相对价值中的一种，不过这里谈的是商品和货币的相对价值，而不是商品和商品的相对价值。李嘉图混淆了价值和相对价值。这样，当黄金生产量增加，全部进入流通成为货币时，相对于商品来说，货币过多，其相对价值即价值，便下跌到其由劳动时间决定的价值以下，反之，黄金生产量减少时，情况就相反。

穆勒就是这样理解李嘉图的货币数量说的。他怂恿李嘉图出版《原理》后，便成为李嘉图学派的重要人物，并庸俗化了这个学派，但他并没有庸俗化或误解李嘉图的货币数量说。他把这个学说涉及的国际关系去掉，纯粹将其作为一国的问题来考察。他说："货币的价值等于人们用它交换别种物品的比例，或人们在交换一定量的其他物品时所给的货币量。这个比例决定于一国中存在的货币总量。假定一方是一国的全部商品，另一方是一国的全部货币，那么显然，当两方交换时，货币的价值，即货币所交换的商品量，完全决定于货币本身的数量。……只要货币价值有了增减而人们能用货币交换的商品数量和流通速度保持不变，这个变动的原因必然是货币的成比例的增减,而不会是任何别的。如果商品量减少而货币量不变,情形就同货币总量增加一样;反之亦然。……但金银是商品,它们的价值同其他一切商品的价值一样,是由它们的生产费用,即它们所包含的劳动量决定的。"①在这里,他一方面说货币的价值取决于全部商品和全部货币数量的对比,另一方面又说它取决于生产它所需的劳动量,这是自相矛盾的。

货币数量说的根本错误在于,它认为进入流通前货币和商品都是没有价值的,价格只是两者的量的比例。

第四节　以货币理论为基础,提出自由贸易政策和稳定通货建议

李嘉图以其货币理论为产业资本家服务,提出自由贸易政策。当时,英国产业资本家主张自由贸易,以便夺取更多的市场和得到廉价的原料和粮食;地主阶级则反对这样做,以便阻止廉价的粮食进口,提高粮食价格,增加地租。他们反对的一个理由是,自由贸易将使黄金外流,甚至枯竭。李嘉图以其货币理论及以其为基础的金银在国际的流动的理论,反对这种说法,支持自由贸易政策。根据李嘉图的货币理论,金银输出,是由于其数量过多,价值下跌,它的输出,正可减少其流通量,提高其价值至正常水平。他说:"虽然通常称作贸易差额的部分会于出口货币或金银块的国家不利,但显然它是在进行一种最有利的贸易,因为它是在出口一种对它已经没有什么用处的东西,以换取各种可以用于扩大其制造业并增加其财富的商品。"②前面说过,这是李嘉图否认货币是储藏手段得出的错误结论,他就以此来和其对手争论。

李嘉图又以其货币理论为基础,提出一个稳定当时的通货的建议。所谓通货就是流通中的种种货币。当时英国币值不稳定,对发展资本主义经

---

① 詹姆斯·穆勒:《政治经济学原理》,转引自马克思《政治经济学批判》,载《马克思恩格斯全集》(第十三卷),人民出版社1962年版,第170—171页。

② 大卫·李嘉图:《黄金的高价》,载斯拉法主编《李嘉图著作和通信集》(第三卷),经文正译,商务印书馆1977年版,第58页。

济不利。他提出的建议是，稳定的通货必须是以金本位为基础的，但在流通中完全使用黄金，则是一种不生产的耗费，因此，应该以一种与黄金等值的、随时可以兑换黄金的银行券，来全部代替黄金，投入流通。他说："当一种通货完全由纸币构成，而这种纸币的价值又与其所要代表的黄金的价值相等时，这种通货就处于最完善的状况。以纸币代替黄金就是用最廉价的媒介代替最昂贵的媒介。这样国家便可以不使任何私人受到损失而将原先用于这一目的的黄金全部用来交换原料、用具和食物，使用这些东西，国家财富和享受品都可以得到增加。"①这里所说的纸币，其实是银行券，因为它是兑换黄金的。这就等于说，货币是流通手段时，必须是黄金。这是不正确的，因为作为流通手段的货币，也可以是纸币，即不兑换黄金的价值符号。

为了防止银行券贬值，他认为必须用法律规定银行发行银行券的最高额，超过最高额时，每多发一镑，必须有十足的黄金准备，以保证随时可以兑换黄金。这样，在流通中的银行券，便可以兑换黄金。货币符合于流通商品所需要的正常量，商品价格就不会因货币数量过多或过少而上涨或下跌。因为如果银行券发行过多，物价上涨，黄金价值下降，就会一方面引起商品输入，另一方面引起一部分银行券兑换黄金，并将黄金输出，货币流通量减少，物价下降，恢复正常水平；如果银行券发行过少，物价下降，黄金价值上升，就会一方面引起商品输出，另一方面引起黄金输入，并流入发行银行，转化为银行券，货币流通量增加，物价上升，恢复到正常水平。

---

①　大卫・李嘉图：《政治经济学及赋税原理》，郭大力、王亚南译，商务印书馆 1962 年版，第 308 页。

第四章　资本理论

第一节　把生产资料看成资本

把生产资料，尤其是其中的生产工具，看成资本，是李嘉图的资本观的特点。他把任何社会形态下的生产工具都看成资本。他说："即使是在亚当·斯密所说的那种早期状态中，虽然资本可能是由猎人自己制造和积累的，但他总是要有一些资本才能捕猎鸟兽。没有某种武器，就不能捕猎海狸和野鹿。"①他说这段话的目的，在于说明决定商品价值的，不仅是生产商品投下的活劳动，而且是生产商品所需的间接劳动或物化劳动，即生产工具等所包含的劳动。但是，他把生产工具本身看成资本，这是错误的。

在这里，他曲解了斯密。斯密并没有说在早期状态中，生产工具就是资本。前面说过，斯密（的理论）是有土地私有和资本积累产生之前和之后的区别的，他事实上认为前者存在的是简单商品生产，后者存在的是资本主义商品生产，商品生产是永远存在的，资本不是永远存在的。前面说过，李嘉图由于所处的时代不同，其资产阶级世界观比斯密的更为彻底，他认为资本主义生产是生产的自然形态，资本是永远存在的，生产工具就是资本。

其实，生产资料包括生产工具，并不就是资本，只有在建立了资产阶级剥削无产阶级的生产关系的条件下，它才取得资本这种社会性质。马克思很生动地指出：殖民者皮尔先生把生产资料、生活资料和男、女工人，从英国带到移民垦殖殖民地澳大利亚去，可是，由于容易获得土地，皮尔先生竟连

① 大卫·李嘉图：《政治经济学及赋税原理》，郭大力、王亚南译，商务印书馆 1962 年版，第 17—18 页。

一个替他铺床和到河边打水的仆人也没有了。殖民地经济学家威克菲尔德针对此事说,资本不是一种物,而是一种以物为媒介的人和人之间的社会关系。

把生产工具本身看成就是资本,也有两种看法。一种把它看成价值物品,从价值的角度分析其运动;一种把它看成自然物质,从物质的角度分析其运动。李嘉图属于前者,而以萨伊为代表的一切庸俗经济学家属于后者。

李嘉图从投下的劳动决定商品的价值这一正确原理出发,认为生产工具即资本,只是价值物品,不能形成新的价值,只能将其价值转移到由它所生产的商品上去,它只能从形成的新价值中,分配到一部分即利润,但它本身不产生利润。所以,资本—利润这个公式,在李嘉图看来,不是生产的公式,只是分配的公式。这表明,李嘉图虽然犯了自然主义的错误,把生产工具看成资本,但在这里他是从社会观点看待资本,认为它虽然在物质生产上有作用,但不能生产价值。

萨伊不是这样。他不仅把生产工具看成资本,而且又从自然物质的观点看待资本,认为它参加的物质生产即使用价值生产,就是价值生产。因此,由他首创的资本—利润这个公式,就不仅是分配的公式,而且是生产的公式。他不像李嘉图那样谈论资本时还看到其社会特点,而认为没有任何社会内容的生产形态就是资本主义生产,因而谈论资本时看不到任何社会特点。

第二节　不区分不变资本和可变资本,不理解不同部分的生产资料在转移价值上的不同特点

前面说过,李嘉图不理解生产商品的劳动具有二重的社会性质,因此,他就和斯密一样,不能说明生产者的一次劳动,怎么既能形成新的价值,又能转移生产资料的旧价值到由它生产的商品上去。这个缺陷在资本研究中就表现为,不理解资本家用来购买生产资料的那部分资本,由于只是转移价值,在生产过程中不改变自己的价值量,从而取得了不变资本的性质;不理解资本家用来雇用工人的那部分资本,由于被它推动的工人的活劳动是创

造价值的，这部分价值比用来雇用工人的那部分资本的价值大，因此和不变资本不同，雇用工人的那部分资本，在生产过程中改变自己的价值，使它成为一个可变量，取得可变资本的性质。就是由于这个原因，李嘉图不能从生产价值尤其是生产剩余价值的角度，把投在生产中的资本区分为不变资本和可变资本。一方面，因为他不能说明生产资料的价值是怎样不变地转移到由它生产的商品上去的，所以没有不变资本的概念；另一方面，他不理解资本家雇用工人是购买工人的劳动力，而不是工人的活劳动，因而就不能科学地说明这部分资本的价值是可变的，所以没有可变资本的概念，也没有与它相对立的不变资本的概念。这对概念的缺乏，对李嘉图的研究发生重大的影响。

在不能说明商品生产者的一次劳动怎么既能形成新价值又能转移生产资料的旧价值的前提下，李嘉图也不能说明不同部分的生产资料，在生产过程中转移旧价值时有不同的特点，即不管这些生产资料的自然实体，已经消失即变成另一种物质，或改变形态，或不改变形态，其价值却同样要转移，可是，有的是在一次生产中转移完毕的，有的却是在多次生产中才转移完毕的。

其原因在于，李嘉图不理解资本主义的生产过程，是劳动过程和价值增殖过程的统一。一般说来，把资本主义生产看成生产的自然形态，就不可能理解这一点。资本主义生产过程作为一个劳动过程，其结果是使用价值，其要素有三种：劳动、劳动对象和劳动资料，后两者构成生产资料。不同部分的生产资料，在劳动过程中的作用和形态变化是不同的。马克思说："为发动机器而燃烧的煤消失得无影无踪，为润滑轮轴而上的油等等也是这样。原料和其他辅助材料消失了，但是又在产品的属性中表现出来。原料形成产品的实体，但是改变了自己的形式。可见，原料和辅助材料丧失了它们作为使用价值进入劳动过程时所具有的独立形态。真正的劳动资料却不是这样。工具、机器、厂房、容器等等，只有保持原来的形态，并且明天以同昨天一样的形式进入劳动过程，才能在劳动过程中发挥作用。"①资本主义生产过程作为一个价值增殖过程，其结果是剩余价值，内容则是价值形成过程，即劳动力的使用创造的价值超过它本身的价值。在价值形成中，有新价值的创造，又有旧价值的转移，而在价值转移时，形态已经改变的原料、性质已经

① 马克思：《资本论》(第一卷)，人民出版社1975年版，第229页。

改变的燃料，等等，其价值在生产中一次便转移完毕，而形态没有变化的工具、厂房等，其价值却要根据其使用价值可能经历的时间，在多次生产中按比例地转移完毕。李嘉图由于不理解资本主义生产过程的二重性质，就不可能理解不同部分的生产资料在转移价值中有不同的特点，而只能从流通过程的角度来区分资本的不同部分。但当他从这角度区分不同部分的生产资料时，又陷入新的错误。

第三节　固定资本和流动资本的区分，流动资本指的是工人的消费资料，不包括原料

李嘉图对于在生产过程中发生作用的资本，不从生产价值的角度，将其区分为不变资本和可变资本，而从流通过程的角度，即根据取回这些预付的资本的时间长短，将其区分为固定资本和流动资本。这种区分是极其相对的，取回时间长的，是固定资本，取回时间短的，是流动资本。这种区分是有缺陷的，因为固定资本的特点是，它的使用价值全部参加劳动过程，但它的价值是部分地转移到商品上去的，如工具和厂房。因此，从流通过程的角度看，其价值要在多次资本周转中才能取回。流动资本的特点是，它的使用价值全部参加劳动过程，它的价值全部转移到商品上去，如原料、燃料等。购买劳动力的那部分资本，由于它推动的活劳动是创造价值的，所以不存在价值转移问题，但不管购买原料、燃料和购买劳动力的两部分资本在这一点上有什么不同，从流通过程的角度看，其价值在一次资本周转中便能取回，这和固定资本不同。李嘉图离开多次或一次资本周转便能取回投下的资本的价值这一点，单纯从取回的时间长短来区分固定资本和流动资本，其原因在于不理解不同部分的生产资料的价值转移有不同的特点。

李嘉图说："资本有些消耗得快，必须经常进行再生产，有些则消耗得慢。根据这种情形，就有流动资本和固定资本之分。"①这是从物质的观点看

① 大卫·李嘉图：《政治经济学及赋税原理》，郭大力、王亚南译，商务印书馆 1962 年版，第 24 页。

的，快慢的区分当然是相对的。他又说："流动资本的流通和回到使用者手里的时间可能极不相等。农场主买来播种的小麦相对于面包坊主买来做面包的小麦而言是一种固定资本。前者把它种在地里，一年之内不能取得报酬；后者则把它磨成面粉，做成面包出售给他的顾客，使他的资本在一星期内就可以重新进行同一事业，或开始任何另一事业。"①这就是说，流动资本又可以相对地分为固定资本和流动资本。概念之所以混乱，是由于他不理解上述生产资料价值转移的问题。在我们看来，购买小麦的资本，在这两种情况下，都是流动资本，因为其价值都是在一次资本周转中取回的。如果种在地里的小麦，长成麦树，如像苹果树那样要经过多次生产过程，才衰老、死亡，那么这麦种便是固定资本了。由于区分的标准是极其相对的，他最后不得不承认："要严格地说明流动资本和固定资本的区别从哪里开始却很困难。因为资本耐久性大小的等差几乎是无限的。"②

将两种资本作这样的区分时，李嘉图没有把购买原料的资本列入流动资本，原料在这里又被省略掉了。他说："维持劳动的资本和投在工具、机器、厂房上的资本的比例也可能有各色各样的配合方式。"③因为，在一种行业中，"流动资本（也就是用来维持劳动者生活的资本）可能很少"④；在另一种行业中，所使用的资本额可能相等，但主要是用来维持劳动者的生活。在这里，他都把原料排除在外。

马克思指出：李嘉图将"固定资本＝劳动资料，流动资本＝投在劳动上的资本，维持劳动的资本，是从亚当·斯密那里抄袭来的陈词滥调"。⑤ 斯密的这种理论，同重农主义相比是后退了。重农主义正确地从生产资本出发，将投在生产中的资本分为原预付和年预付，前者是多年才能取回价值的，后者是一年便能取回价值的。这都是指农业资本而言的。斯密虽然正确地将这范畴扩大到所有部门，并用固定资本和流动资本来代替原预付和年预付，但是错误地把与固定资本相对立的流动资本，和那些属于流通领域的资本

---

① 大卫·李嘉图：《政治经济学及赋税原理》，郭大力、王亚南译，商务印书馆1962年版，第24—25页。

② 同上书，第127页。

③ 同上书，第23—24页。

④ 同上书，第25页。

⑤ 马克思：《资本论》（第二卷），人民出版社1975年版，第240页。

形式即流通资本混同起来。我们知道,从资本循环的角度看,资本要经历两次流通过程和一次生产过程,经历货币资本、生产资本和商品资本三种形态。斯密把货币资本和商品资本这两种在流通领域中的资本形式,混同于流动资本。由于这样,他便把商品资本和生产资本中的流动部分相混同,把工人的消费资料本身,而不是把它的价值看成流动资本。重农主义错误地认为,农业生产中消耗的消费资料的价值,会不变地转移到农产品上去。这种混同可变资本和流动资本的看法,也影响了斯密。这样,不变资本和可变资本的区别便(变得)不可能,这两者的对立同固定资本和流动资本的对立也被混同了。

李嘉图之所以把流动资本看成只是工人的消费资料,有两个原因。第一,我们知道,由不变资本和可变资本组成的资本有机构成的差别,对剩余价值生产的差别,有决定性的作用;而固定资本耐久程度或使用寿命的差别,则没有这种作用。但如不从剩余价值生产的角度,而从剩余价值在不同的生产部门的资本中进行分配的角度看,那么这两种差别对于平均利润率的形成和价值向生产价格转化,都发生同等作用。因为在相同时间内使用的等量资本,不管生产的剩余价值如何不同,分配到的剩余价值是相同的。第二,从生产剩余价值的角度看,在资本有机构成中,同一价值量的不变资本,其中劳动资料和原料各占多少,是毫无关系的;从投下的资本何时能取回的角度看,在固定资本和流动资本的对立中,同一价值量的流动资本,其中原料和工资各占多少,也是毫无关系的。从前一角度看,劳动资料和原料要放在一起,而和可变资本相对立;从后一角度看,工资和原料要放在一起,而和劳动资料的固定资本相对立。

由于这样,投在购买原料上的那部分资本价值,不出现在任何一方,它消失了。它不适合于放在固定资本方面,因为在取回投下的价值的方式上,它与固定资本不同,而与工资相同;它不应该放在流动资本方面,因为这样一来,从斯密流传下来的把固定资本和流动资本的对立同不变资本和可变资本的对立混同起来的做法,就站不住脚。马克思指出:“李嘉图有丰富的逻辑本能,不会不感觉到这一点,所以,这部分资本就在他那里消失得无影无踪了。”①

① 马克思:《资本论》(第二卷),人民出版社1975年版,第242页。

从流动资本中不合理地排除了原料，认为流动资本只是工资后，李嘉图又不从价值的角度，而从物质资料的角度来看待工资，认为它是维持劳动或维持劳动者生活的资本，即消费资料。之所以如此，也和斯密把两种不同的资本的对立相混同有关。因为劳动资料的物质现实性是它的固定资本性质的重要基础，就是说固定资本要由比较耐用的材料制成，这样，只要有上述的混同，就自然会从同一方向，从投在劳动力上的资本的物质性，得出其和固定资本相对立的流动资本的性质，然后由这可变资本的物质现实性来规定流动资本，认为流动资本就是维持劳动者生活的消费资料。

李嘉图的这个命题，可以被利用来掩盖资本主义的实质，使人看不出剩余价值的源泉。如果流动资本中的工资，从货币形态上去把握，就不会认为它像生产资料那样，不仅其价值，而且其物质资料都进入生产过程；从消费资料的形态上去把握，就会认为，和生产资料的价值转移到商品上去一样，它的价值是先转移到劳动力中，再通过劳动力所起的作用转移到商品上去。这样，剩余价值产生的秘密就不可能被揭露了。庸俗经济学家正是利用这一点为资本主义辩护，虽然李嘉图的本意不是这样。

第五章　工资和利润理论

第一节　由生产商品投下的劳动决定的价值分解为工资和利润(剩余价值)

李嘉图坚持斯密的生产商品投下的劳动决定价值,价值分解为工资和剩余价值(包括地租和利润)的正确原理,反对斯密提出的交换商品支配的劳动决定价值的错误原理。

他说:“耕种规定价格的土地的农场主,以及制造商品的制造业者,都不会牺牲任何一部分产品来支付地租。他们的商品的全部价值只分成两部分:一部分构成资本利润;另一部分构成劳动工资。”①前面说过,他认为工业产品和农业产品,其价值都由最劣等的生产条件生产商品所需要的时间决定。根据这一点,他便认为这种价值分解为利润和工资,而地租正如下面将要说明的,只是超额的利润。因此,这里的利润是尚未分配为利润和地租的利润,相当于马克思说的剩余价值。

当我们说李嘉图说的利润相当于马克思说的剩余价值时,我们首先是从这两者的量相等来说的。因为剩余价值从量来看,就是出卖劳动力的工人创造的价值大于劳动力的价值的余额。李嘉图虽然不理解劳动力成为商品,有价值,而认为劳动是商品,有价值,劳动的价值就是工资,但是他所论述的劳动的价值,事实上就是劳动力的价值,这样,从商品价值中减掉工资后的余额即利润,在量上便和剩余价值相等。由此必然遇到斯密不能解决

① 大卫·李嘉图:《政治经济学及赋税原理》,郭大力、王亚南译,商务印书馆1962年版,第92页。

的问题,即,如果劳动的价值应该等于劳动形成的价值,它归工人成为工资,利润就没有来源了。还有一个问题:李嘉图常常从另一角度观察利润,认为它和资本成比例,即混淆了利润和平均利润。这样的利润在量上和剩余价值当然不等,但这已经不是从投下的劳动决定价值的原理来分析利润了。

我们不能从下面这个意义上说,李嘉图说的利润相当于剩余价值,这就是:剩余价值是个历史范畴,有其历史的起源,从质上说,它是可变资本推动的活劳动创造的。李嘉图说的利润是个自然范畴,如像劳动者之需要工资是个自然现象一样,资本之需要利润也是个自然现象。他从来没有考虑到剩余价值的起源问题,他寻找的只是决定剩余价值量的原因。

我们还可以从另一方面来考察剩余价值和利润,在这样考察并且仅仅这样考察时,李嘉图所说的利润在概念上才和剩余价值一致。这就是剩余价值是可变资本的产物,但在现实生活中它不合理地被歪曲为当作一个总体的不变资本和可变资本的产物,这样的剩余价值便转化为利润。之所以如此,是由于劳动力的价值被歪曲为劳动的价值,也就是被歪曲为工资,即劳动创造的价值就是工资,这样一来,利润就不可能是劳动创造的,而是资本创造的了。在这前提下,如果考察利润时,把不变资本去掉,只考察它和工资即可变资本的关系,那么,在概念上利润和剩余价值便是一致的,利润率和剩余价值率也是一致的。

李嘉图正是把不变资本去掉来考察利润的。之所以如此,有两个原因。第一,在其他的条件已定的前提下,一定的资本量能够生产的剩余价值量,取决于资本有机构成的差异。李嘉图没有资本有机构成的概念,他只考察固定资本和流动资本的比例的差异,这当然不能说明剩余价值量的决定,它只能说明资本在其周转时间内,要根据它的量获取利润。第二,最重要的是,在分析价值分解为工资和利润时,他着重的是这两者在新形成的价值中的比例关系,而不是在整个产品价值(c+v+m)中的关系,即他分析的是工资和利润在不包括不变资本价值的价值商品(v+m)中的关系。这样,便只看到m:v,而看不到m:(c+v),在概念上利润和剩余价值、利润率和剩余价值率便相一致。只是在这个限度内,他考察的是剩余价值而不是利润。因此,说他有一种剩余价值理论,也是可以的。

第二节　工资是劳动的价值，劳动的自然价格和市场价格，工资决定的规律

李嘉图研究工资，是为了说明社会的生产物如何进行分配。因为按照他的价值分解为工资和利润的原理，在说明工资的决定以后，才能说明利润，才能说明超额利润转化为地租，所以工资理论是其分配理论的一般基础。

他在《原理》第一章第一节中开头就说："商品的价值或其所能交换的任何一种商品的量，取决于其生产所必需的相对劳动量，而不取决于付给这种劳动的报酬的多少。"①这是在混淆了价值和相对价值的条件下，谈论价值不因其分配给工人的份额大小而发生变动，这是正确的。但这里提出的"付给这种劳动的报酬"的概念却是错误的。这个错误一直存在于李嘉图的体系中。

所谓劳动的报酬，就是劳动的价值，也就是工资。这实质上是斯密从日常生活中借用来的错误命题，导致了斯密的劳动价值学说和剩余价值学说最终的破产。因为如果这个命题能够成立，工资就等于工人劳动形成的价值，剩余价值就没有来源，说到底，就要承认它是劳动以外的某种因素创造的。李嘉图之所以接受这个命题，是因为他作为资产阶级思想家，不理解劳动力成为商品，因而为劳动力的价值必然表现为劳动的价值这个现象所迷惑。工人是在出卖了劳动力，由资本家使用于生产过程，即在工人劳动一段时间之后，才从资本家那里得到劳动力的价格的，这样，劳动力的价值或价格，便表现为劳动的价值，即工资。马克思指出，只要古典政治经济学附着在资产阶级的皮上，它就不可能看出所谓的劳动的价值，是劳动力的价值或价格的不合理的表现。

劳动的价值如何决定，这是一个无法解决的问题。李嘉图只好说，它等于劳动的自然价格，劳动的市场价格围绕着它上下波动。他说："劳动正像其他一切可以买卖并且可以在数量上增加或减少的物品一样，具有自然价格和市场价格。劳动的自然价格是让劳动者大体上能够生活下去并不增不

① 大卫·李嘉图：《政治经济学及赋税原理》，郭大力、王亚南译，商务印书馆1962年版，第7页。

减地延续其后裔所必需的价格。"[1]以后我们知道,李嘉图认为商品的自然价格等于商品的价值,而商品按自然价格出售时,它包含了平均利润。按此推理,劳动的自然价格等于劳动的价值,而认为它包含了平均利润,那是说不通的。因此,他就不能像说明商品的自然价格那样去说明劳动的自然价格的决定,而认为它由劳动者和其家属所需的生活资料的价格决定。劳动的市场价格,则因劳动的供需关系的变动,而在其自然价格上下波动;或者说,劳动的市场价格的波动,会均衡为劳动的自然价格。

很明显,李嘉图称为劳动的价值、劳动的自然价格的,就是马克思所说的劳动力的价值,但他不可能有此认识。马克思说:"古典政治经济学没有意识到自己的分析所得出的这个结果,毫无批判地采用'劳动的价值''劳动的自然价格'等等范畴,把它们当作考察的价值关系的最后的、适当的用语,结果……陷入了无法解决的混乱和矛盾中,同时替庸俗经济学的在原则上只忠于假象的浅薄理论提供了牢固的活动基础。"[2]

李嘉图认为,社会发展的自然趋势使工资不断下降。原因有两个。第一,资本增加率小于工人人数增加率,根据供求规律,工资下降;第二,人口增加,粮食需求增加,耕种更劣等的土地,粮价上升。实际工资因货币工资下降和粮价上升的两重原因而下降。李嘉图虽然指出了这个趋势,但其解释却是错误的。因为工资的变动,并不取决于工人人口的绝对变动,而取决于相对人口过剩的变动,即工人阶级分为在业者和失业者的比例的变动。耕种土地也并不是必然从优到劣。他的解释是以马尔萨斯的人口理论为基础的。真正的原因是资本积累的规律,即资本有机构成提高,可变资本增长相对落后,所导致的相对人口过剩。

第三节　工资同利润的对立和利润率的下降趋势

贯穿在《原理》中的一个思想,就是价值分解为工资和利润,两者之和是

---

① 大卫·李嘉图:《政治经济学及赋税原理》,郭大力、王亚南译,商务印书馆 1962 年版,第 77 页。

② 马克思:《资本论》(第一卷),人民出版社 1975 年版,第 589 页。

一个常数，一个增大，另一个就必然缩小。因此，在他看来，工资决定规律的反面，就是利润决定规律。他说："假定谷物和工业制造品总是按照同一价格出售，利润的高低就会与工资的高低成反比。"①前面说过，工资取决于工人消费资料的价格。这样，利润和工资的关系，便变成利润和消费资料的价格的关系了。他说："利润取决于工资的高低，工资取决于必需品的价格，而必需品的价格又主要取决于食物的价格，因为一切其他必需品都几乎可以没有限制地增加。"②这样一来，利润最终要取决于农业生产食物所必需的劳动时间。

前面说过，他认为农产品的价值取决于劣等耕地的生产条件，而资本主义耕种土地的顺序是由优到劣，这样，食物价格上涨，工资随之增大，利润便缩小。这其实是工资决定的反面。由此，他便重申他一直坚持的原理："工资上涨不会提高商品的价格，但必然会降低利润。"③当然也可以反过来说，工资下降，利润便上升，但他认为这只是纯理论的抽象分析，或是极其偶然的情况，历史事实和经常情况不是这样。以后我们会看到，在这里，他的矛头是对着地主阶级的。

表面看来，农产品包括粮食价格上涨，使工资上涨，利润下降，这只适用于工业资本，而不适用于农业资本，因为农产品价格上涨，农业资本的收益也会增加，农业利润不会像工业利润那样降低。李嘉图花了大气力分析这个问题，认为"在每一种情形下，农产品价格上涨如果伴随出现工资上涨，农业利润和制造业利润就会下降"。④

他的论证可以简述如下：如果 10 个人的劳动在某种质量的土地上可以获得小麦 180 夸脱，价值 720 镑，每夸脱价值 4 镑，10 个人的工资为小麦 60 夸脱，共 240 镑，利润为 480 镑（720 镑—240 镑）；现耕种劣地，10 个人劳动获得小麦 120 夸脱，因劳动量不变，价值仍为 720 镑，每夸脱价值 6 镑，工资为小麦 60 夸脱，共 360 镑，利润下降为 360 镑；原来那块土地生产的 180 夸

---

① 大卫·李嘉图：《政治经济学及赋税原理》，郭大力、王亚南译，商务印书馆 1962 年版，第 92 页。

② 同上书，第 101 页。

③ 同上书，第 107 页。

④ 同上书，第 96—97 页。

脱小麦，现按每夸脱价值 6 镑出售，得 1 080 镑，工资从 240 镑上涨为 360 镑，余下 720 镑是利润，但因其大于劣等地上的农业资本利润 360 镑，其超过额 360 镑，亦即比劣等地多收获的 60 夸脱小麦的价值，便转归土地所有者，而农业资本不管投在哪种土地上，其利润都因工资上涨而下降了。

李嘉图认为，只有进入劳动者的必要消费的商品价格上涨，才使工资上涨，利润下降；丝绸、天鹅绒、家具以及任何其他非劳动者所必需的商品，由于所费劳动增加而涨价时，不会使工资上涨，也不会使利润下降。

他在这里分析的利润决定规律，在以下两个条件下才是正确的。第一，工作日长度不变，也就是分配为工资和利润的价值量是一个常数，这样考察时，这个利润只是相对剩余价值，它和农业的劳动生产率变化方向相同；第二，这个利润是同一生产部门内的一般利润，不包括超额利润，即不包括像耕种优等地那样，因有更好的生产工具和劳动组织而产生的那种超额利润，它不归土地所有而归企业经营者。

揭露工资和利润的对立，就等于揭露无产阶级和资产阶级在经济利益上的对立，这是李嘉图的伟大功绩。但这种揭露是很不够的，因为它只停留在分配领域，没有深入到生产领域，没有涉及生产资料所有制问题。而且他这样分析的目的，主要在于说明在分配中资本家占有的份额日益减少。

李嘉图还对利润率变动的趋势作了研究。利润率就是利润量和获取这利润量的预付资本总量之比。他认为利润率有下降的趋势。其原因是，随着生产的发展，资本积累增加，工人所需食物增加，劣等土地投入耕种，或优良地上增加投资产量相对减少，粮食价格上涨，货币工资增加，利润量减少，利润率也随之降低。因此，他把利润率的下降归结为农业劳动生产率的降低。从这里出发，他认为这个趋势是有遏制的因素的，这就是“生产必需品的机器常有改良，农业科学也有发展，使我们能够少用一部分以前必要的劳动，因而降低了劳动者的基本必需品的价格”。

资本主义的利润率是有下降的趋势的，但李嘉图的解释全部是错误的。他不了解它的真正原因是在资本主义条件下劳动生产力的提高，不了解这一方面使剩余价值率提高，另一方面使利润率降低。他由于信奉斯密教条，便混淆了产品价值(c+v+m)和价值产品(v+m)。庸俗经济学家，如 19 世纪中期法国的巴斯夏和美国的凯里利用这一点，将利润率的下降说成是资本家在价值产品中占有的份额减少，工人占有的份额增加，将利润率下降说成是剩余价值率下降。

利润率的下降，是由在竞争的压力下资本家追逐超额利润即超额剩余价值引起的。由于追逐超额利润，资本家便改进技术，资本有机构成便普遍提高，劳动生产率便普遍提高，剩余价值率也提高。但由于不变资本增加得快，可变资本增加得慢，可变资本产生的剩余价值量，相对于增加的总资本来说在减少，这就表现为利润率下降。所以，同李嘉图的分析相反，利润率下降的原因，不是劳动生产率的下降，而是它的提高。

第六章　利润、平均利润和剩余价值的混同，生产价格和价值的混同

第一节　混同的表现

前面我们说明，剩余价值和利润在量上是相等的，不过前者是从科学的观点看的，认为它是可变资本产生的，后者是从资本家的观点看的，认为剩余价值是全部预付资本的产物，这样，剩余价值便被歪曲为利润。当李嘉图撇开了不变资本，而只从工资即可变资本去考察利润时，这利润就是剩余价值，两者在量上相等，在概念上也相符。现在，我们要进一步说明他混同了利润和平均利润，并由于这个混同，又把平均利润和剩余价值混同，这样，利润、平均利润和剩余价值三者便混同在一起。这在另一方面，又表现为生产价格或自然价格和价值的混同，因为它们的区别只在于，前者包含平均利润，后者包含剩余价值，只要混同了平均利润和剩余价值，就必然混同生产价格或自然价格和价值。

李嘉图除了从生产商品投下的劳动决定价值，价值分解为工资和利润的角度分析利润外，还从预付的资本总量要获取与其量成比例的利润的角度分析利润。前者是从生产的角度看的，这利润是剩余价值；后者是从分配的角度看的，这利润是在资产阶级中按资本额分配的剩余价值，是平均利润。他并不理解其中有什么不同，这样，便把利润、平均利润和剩余价值混同起来了。

李嘉图说，如果制造机器和生产谷物，分别要用 100 个劳动者劳动一年，“假定每年要为每个劳动者的劳动付出 50 镑，也就是要用资本 5 000 镑，利润为 10%，那么每架机器的价值和谷物的价值在第一年末便同样是 5 500

镑”。这里的利润就是平均利润，因为它是根据资本量的大小获得的，而不是他以前说的那种利润，那是工人的劳动形成价值，从中扣除了工资余下来的。应该说，不说明价值大小，工资大小，利润的大小是无法说明的，这里的利润为10%是未经说明便存在的。这样，他把利润和平均利润混同了。

这种混同的另一种表现，就是混同生产价格或自然价格和价值。价值是由生产商品投下的劳动量决定的，等量资本如果推动的活劳动量不等，就有不同的价值产品，有不同的剩余价值量，产品按价值出卖，实现的剩余价值量就不同，等量的资本就有不同的利润率。在自由竞争的条件下，不同的利润率均衡化为平均利润率，利润转化为平均利润，价值转化为生产价格。生产价格由生产商品所耗费的资本和工资（称为生产费用或生产成本），加上按生产商品所使用的全部资本计算的平均利润构成。耗费的和使用的资本并不都是一致的，因为固定资本是全部使用而部分耗费的。前面说的机器和谷物的价值都是5 500镑，这里的价值，其实是生产价格，因为它由耗费的资本（李嘉图假定它全部是工资）和根据资本计算的平均利润构成，和那种由生产投下的劳动决定的价值是不同的。他把这两者混同了。

生产价格是马克思使用的概念。李嘉图使用的自然价格这个概念，有时指的就是生产价格，有时指的是价值，因此，他混同了生产价格和价值，或自然价格和价值。他说：“假定一切商品都按照它们的自然价格进行买卖，因之一切行业的资本利润率都恰好相同……。”[①]这里的自然价格包含有平均利润，因此应该是生产价格。他接着又说：“假定时尚变迁使丝绸的需求增加，毛呢的需求减少；丝绸和毛呢的自然价格——也就是生产所必要的劳动量——仍旧不变，但丝绸的市场价格提高，毛呢的市场价格降低……。”[②]这里的自然价格是由劳动决定的，因此应该是价值。他把这两者混同了。

从量上来看，认为平均利润和利润、生产价格和价值相等，一般说来是错误的。因为只有那些具有中位的资本有机构成和资本周转时间的资本生产的商品，这两个方面才是相等的，而这种情况是罕见的。这个问题下面再谈。

---

① 大卫·李嘉图：《政治经济学及赋税原理》，郭大力、王亚南译，商务印书馆1962年版，第75页。
② 同上。

第二节　混同的原因

李嘉图产生这种错误的原因是很复杂的，可以从他的世界观、方法论，和所受的思想影响这几方面来谈。

我们知道，资本主义以前的简单商品经济的商品，是按价值出售的，因供求关系的变动，市场价格围绕着价值上下波动，并均衡化为价值。资本主义的商品，在资本主义刚产生时，也是按价值出售的，只是到了资本主义的自由竞争已在国民经济中充分展开的时候，价值才转化为生产价格，商品按生产价格出售，市场价格围绕着它上下波动，并均衡化为生产价格。马克思指出："商品按照它们的价值或接近于它们的价值进行的交换，比那种按照它们的生产价格进行的交换，所要求的发展阶段要低得多。而按照它们的生产价格进行的交换，则需要资本主义的发展达到一定的高度。"①李嘉图由于把资本主义看成生产的自然形态，就不仅看不到资本主义商品生产和简单商品生产的区别，而且也看不到资本主义生产发展的阶段性，也就看不到价值要转化为生产价格，而认为在自由竞争条件下市场价格依以波动的中心，即自然价格便是价值。这样就把生产价格混同于价值。

李嘉图缺乏抽象能力。前面说过，他从生产商品投下的劳动决定价值的原理出发，来研究经济规律和经济范畴，这是一种抽象法。在运用抽象法上，他比斯密强，因为斯密从这个原理出发，遇到困难，便改用交换商品支配的劳动决定价值的错误原理，来解释利润和地租的产生。但是，李嘉图缺乏足够的抽象能力，没有能够将抽象法贯穿到底。在考察商品价值时，不了解平均利润这个只是由于竞争才出现的现象，以致不理解这个比例于资本量产生的利润，同由投下的劳动形成的价值分解出来的利润，是不相同的。这样，他便混同了利润、平均利润和剩余价值。

我们说过，李嘉图从生产商品的劳动形成价值出发，把利润从这价

① 马克思：《资本论》(第三卷)，人民出版社 1975 年版，第 197—198 页。

值中分解出来，这时他考察的利润是剩余价值。但是，他进一步研究利润时，又把平均利润混同于利润和剩余价值。如果说，前一场合下的剩余价值是剩余价值的纯粹形态，后一场合下的平均利润便是剩余价值的具体形态。将这两者混同，这是方法论的错误，就必然产生很重大的理论错误。

从价值是由工资、利润、地租构成，还是工资、利润、地租是由价值分解而来的这个角度看问题，李嘉图本来应该清楚地看出价值和自然价格是有区别的。自然价格是斯密使用过的经济范畴，它是市场价格依以波动的中心，由具有自然率或平均水平的工资、利润和地租构成。斯密认为它和价值相等。很明显，这个被认为等于价值的自然价格，是斯密由于遇到困难，不得不放弃生产商品投下的劳动决定价值的正确原理，改为主张交换商品支配的劳动决定价值的错误原理的产物。因为这时支配的劳动包括具有自然率的工资、利润和地租，由这三者构成的价值，其实是自然价格。对于斯密的这个错误原理，李嘉图是批判过的，因为他明确表示，价值不由工资和利润构成，不因工资增加而增加；相反，工资和利润由价值分解而来，工资增加，只能使利润减少。有了这个正确的看法，李嘉图就应该看出，由具有自然率的工资、利润构成的自然价格，是不可能等同于由生产商品投下的劳动决定的价值的。当斯密直接说价值由工资、利润构成时，李嘉图是反对的，但是，当斯密转了一个弯，说由工资、利润构成的自然价格等于价值时，李嘉图却同意了。

为什么这样呢？他对斯密的批判不彻底，被斯密的错误思想所俘虏。他在《原理》第四章中，坦率地承认斯密的《国民财富的性质和原因的研究》第七章，对商品的自然价格和市场价格“作了极为精辟的讨论”；他自己的论述，不过是一种复述。就这样，他被斯密的自然价格这个概念迷惑了。在我们看来，从价值理论看，把生产价格混同于价值，在斯密是有理由的，因为他的交换劳动构成价值的错误原理，是酿成这种混同的理论基础；而在李嘉图是没有理由的，因为他还是坚持投下劳动决定价值的正确原理，坚持这个原理就不应有这种混同。很明显，李嘉图被斯密的概念弄糊涂了。

第三节　在价值决定问题上反对萨伊和马尔萨斯，在价值构成问题上却同意他们的原因

由于混同了生产价格和价值，尽管李嘉图在价值由什么决定的问题上是正确地反对萨伊和马尔萨斯的，但在价值包含着什么，即在价值构成问题上，却错误地同意他们的观点。

萨伊把财富、效用、使用价值说成是价值，便认为价值由效用决定。只是由于效用不能衡量，他便认为可以用价值来衡量效用。价值表现为价格，价格由生产一个使用价值所需要的生产要素，即劳动、资本、土地的出租价格构成，这三种出租价格由它们在生产使用价值时提供的服务决定。用他自己的话来说便是："生产就是通过给予或增加物品的效用从而使人们对它有需求来创造价值""物品的价值是它们的效用的尺度"，而"价格是物品价值的尺度""生产成本不过是生产中所消费的生产性劳务的价值；而生产性劳务的价值也就是所生产的商品的价值。因此商品的价值、生产性劳务的价值、生产成本的价值，在一切都任其自然时，便是相同的价值"；但由于效用是价值，所以由出售生产性劳务而取得的"收入不论通过什么方式只要能够取得更多的产品（效用——引者），其价值就增加了"。①

对于萨伊所说的价值的决定，李嘉图进行了批判。他除了认为萨伊混淆了使用价值（效用）和价值外，还着重指出，第一，说价值的尺度是效用，而效用的尺度又是价值，这是循环论证；第二，如果毛呢的生产条件不变，而谷物的生产条件变了，用同样的生产要素，从前生产一袋，现在生产两袋，从价值是生产成本看，它没有增加，因为生产成本不变，从价值是使用价值看，它增加了，因为谷物的使用价值量增加了，这是自相矛盾。

但是，萨伊对价值构成的看法，即认为商品的价值等于其生产成本，而生产成本由生产要素的价值（工资、利润、地租）构成的看法，李嘉图却十分

① 转引自李嘉图《政治经济学及赋税原理》，郭大力、王亚南译，商务印书馆 1962 年版，第 240 页。

赞同。他说“萨伊先生几乎毫无出入地支持我所主张的价值学说”。[①] 在这里，他只在地租是否构成生产成本或价值的问题上和萨伊有分歧，正如前面说过的，他在价值是否分解为地租的问题上和斯密也有分歧。关于他对地租的看法下面再谈。

李嘉图为什么在价值的决定问题上反对，而在价值的构成问题上同意萨伊？因为他混同了生产价格和价值。生产价格由平均利润构成。李嘉图的自然价格，萨伊的生产成本，指的都是生产价格。[②] 李嘉图如果能够区分价值和生产价格，他就能够看出萨伊的等于生产成本的价值，和他的由劳动决定的价值是根本不同的。

马尔萨斯利用了斯密的商品价值由它在交换中支配的劳动决定的错误原理，认为在“任何时间与地点的商品的自然价值的尺度”，就是“商品在该时间与地点处于自然正常状态下时所能交换的劳动量”，这劳动量包括“商品生产所需的积累劳动与直接劳动”，以及这种垫支的劳动在其使用期间按普通利润率获得的利润。他把这几种劳动之和称为供应条件或原始生产成本，认为它就是“商品在其自然与普通状况下所能交换的劳动量”。[③]

对于马尔萨斯所说的价值由交换的劳动量决定，李嘉图是反对的，因为它是他反对过的斯密的错误原理的翻版。但是，对于马尔萨斯所说的交换的劳动量就是生产成本，李嘉图事实上是同意的。他说：“马尔萨斯先生似乎认为物品的成本和价值相同这一说法是我的理论的一部分。如果他所说的成本是指包括利润在内的‘生产成本’，情形就确实是这样。”[④]李嘉图所说的生产成本和马尔萨斯的不同，只在于它不包括利润。如加上利润，两人所说的生产成本就是自然价格或生产价格，也就是李嘉图所说的价值。

---

① 大卫·李嘉图：《政治经济学及赋税原理》，郭大力、王亚南译，商务印书馆 1962 年版，第 241 页。

② 这里谈的这些范畴，都不包括生产资料的价值，这是斯密教条的产物。以后没有特别说明的，也是这样。

③ 马尔萨斯：《政治经济学定义》，何新译，商务印书馆 1960 年版，第 106、107 页。

④ 大卫·李嘉图：《政治经济学及赋税原理》，郭大力、王亚南译，商务印书馆 1962 年版，第 38 页。

第四节　混同的破坏作用

由于有上述的混同，李嘉图就不能根据生产商品投下的劳动决定价值的原理，不经过任何中间环节，直接说明平均利润的产生，因而感到需要修改这个原理；就不能看到农产品的价值高于它的生产价格，其中的差额要转化为绝对地租，因而否认绝对地租的存在。这对李嘉图的理论体系的破坏是决定性的。

剩余价值或利润是随着资本主义生产的出现而出现的。处在资本主义不同历史条件下的资产阶级经济学家想说明它是从哪里来的，但最后都归于失败。其中的原因，有历史条件和世界观的限制方面的，也有属于方法论方面的。关于后者，马克思在《资本论》(第四卷)即《剩余价值理论》中，开宗明义第一句话就是：一切经济学家都在这点上面犯了错误，他们不把剩余价值纯粹地当作剩余价值来进行考察，而是在利润和地租等特殊形式上进行考察。这就是说，从剩余价值的特殊形态，例如商业利润、地租、平均利润，直接说明它的产生，就必然产生理论错误。这里说的一切经济学家，包括了从重商主义、重农主义到古典政治经济学的经济学家。

重商主义认为商业利润就是剩余价值的唯一形态。商业资本的运动公式是货币—商品—货币′(原货币加上另一个货币额)。这样，它便只能认为商业利润是从流通中产生的，是贱买贵卖的结果，这当然不能说明资本主义利润的产生。重农主义认为地租就是剩余价值的唯一形态。工业和农业产品，都要从其价值中分解出工资和利润，但农业要多支付一个地租，工业和农业同样耗费工人的劳动，而农业却要多生产一个地租，这样地租便不可能来自劳动，只可能来自土地。重农主义就是这样解释地租的来源的。这当然是错误的。因为土地只在生产作为使用价值的农产品中有作用，在生产价值和剩余价值中丝毫没有作用。

李嘉图的出发点和他们不同。他从劳动决定价值这个正确原理出发，指出斯密混淆了投下的劳动决定价值和支配的劳动决定价值是一种错误。虽然他也遇到斯密所遇到的困难，即劳动者出卖的是劳动，劳动的价值就应等于它形成的价值，这样，剩余价值的来源就没有了。但是他事实上是以劳动力的价值的决定，来代替劳动的价值即工资的决定，然后认为价值分解为工资和利润（剩余价值），这是正确的。但是，他错误地把资本比例于它的量而获取的平均利润，看成剩余价值，就必然无法解决等量资本推动的活劳动不等，就应有不等的剩余价值或利润，但实际上都有平均的利润的矛盾。它预示着李嘉图要走上歧途。

把生产价格看成就是价值，就必然看不到它们两者在量上可能存在的差异，就必然认为劣等条件下生产的农产品，按价值出卖后，除了工资和利润外，不可能有余额可以转化为地租，这样就否认土地私有权必然要勒索的地租即绝对地租的存在。

第七章　以李嘉图为代表的英国古典政治经济学的两大难关

第一节　英国古典政治经济学的两大难关

从上面的分析可以看出，英国古典政治经济学的伟大代表斯密及其后继者李嘉图的理论体系，存在着不可克服的矛盾。他们的理论体系的基础，是劳动价值学说。就价值而论价值的时候，这个学说没有遇到矛盾，商品的价值量由生产它的必要劳动时间决定这个原理，是由他们确立的。矛盾是在运用这个原理说明利润或剩余价值时产生的。它集中地表现为以下两点。

第一，劳动决定价值，劳动是价值的尺度。如果和资本相交换的是劳动，即工人出卖的是劳动，它就有价值，它的价值就由它自己的量来衡量，这样不仅在理论上是循环论证，而且无法说明利润或剩余价值的产生，因为工人作为劳动的出卖者，已全部得到其劳动形成的价值。

前面说过，斯密明显地看到这个矛盾，力图解决，但归于失败。他是用交换的商品支配的劳动量——这劳动量包括工资、利润、地租——决定价值的原理来解决这矛盾的。但是，这样一来，就等于说价值是由工资、利润、地租构成的，这已经是生产费用论了。如果追问一句，工资、利润、地租的源泉是什么，就只好认为它们是分别由劳动、资本和土地创造的。马尔萨斯和萨伊就是这样利用了斯密的错误的。其实，斯密的真正想法是，资本主义以前的商品的价值，由生产商品投下的劳动决定；资本主义的商品的价值，由交换到的劳动力商品所支出的劳动决定。但他对此不可能有真正的认识。

李嘉图虽然指出了斯密的错误，但不了解发生这错误的原因。他实际上遇到同样的矛盾而不觉察。他事实上用劳动力的价值代替了劳动的价值。矛盾并没有由此解决。他的论敌抓住这一点向他进攻。

很明显，只要认为工人出卖的是劳动而不是劳动力，矛盾就无法解决。而站在资产阶级立场上，视资本主义生产为生产的自然方式的经济学家，是无法理解劳动力成为商品的。

第二，劳动决定价值，利润或剩余价值是价值的一部分。等量资本推动的活劳动不等，就应有不等的利润量，有不同的利润率，但在自由竞争的条件下，利润率却是趋向于均等的。

斯密事实上遇到这矛盾，但由于他后来改用交换的劳动决定价值的错误原理，认为具有自然率或平均率的工资、利润、地租构成等于价值的自然价格，自然率的形成是由供求或竞争决定的，这样，矛盾便被掩盖了。但这样一来，就等于承认价值由供求决定，从而为庸俗的供求决定价值论开了方便之门。其实，供求关系的变动，只能说明市场价格，或工资、利润、地租率的变动，而不能说明它们在其上下波动的那个水平。

李嘉图明显地看到这个矛盾，力图解决，但归于失败。前面说过，他混同了平均利润、利润和剩余价值，混同了生产价格和价值，这样，他越是坚持生产商品投下的劳动决定价值的正确原理，不向斯密的错误观点妥协，就越不能用这原理来解决矛盾。最后，只好修正这原理，认为它有例外。但他仍然坚信，这个原理是正确的。这当然是说不过去的。他的论敌抓住这一点向他进攻，认为他说的“例外”是通例。

只要混同了平均利润和利润，生产价格和价值，矛盾就无法解决。而由资产阶级世界观决定的方法论，又使李嘉图必然混同这两者，因为平均利润和生产价格是资本主义发展到较高阶段才出现的，他受到资产阶级世界观的限制，不能觉察到这个发展的阶段性。

这一切表明，英国古典政治经济学发展到李嘉图的阶段，已达到资产阶级世界观范围内的最高点，它不可能跨越这两大难关，再向前发展了。以后，随着 19 世纪 30 年代法国和英国资产阶级最终获得政权，资产阶级和无产阶级的矛盾和斗争逐步上升到主要地位，古典政治经济学便被庸俗政治经济学所取代。在这一过程中，李嘉图的门徒起了很大的作用。

第二节　对劳动价值学说的修正

由于混同了生产价格和价值，无法根据生产商品投下的劳动决定价值的原理，去说明生产价格的形成，李嘉图最后只好修正劳动价值学说。他认为除了劳动之外，生产商品的资本划分为固定资本和流动资本的比例不同，固定资本的耐久性或商品的上市时间不同，以及在上述两者不同条件下工资的涨落，都是决定商品的相对价值的原因。现在分为三点论述如下。

第一，固定资本和流动资本的比例不同。他举了这样的例子（甲例）：假定两人各雇 100 人劳动一年，制造两架机器，另一人雇 100 人种植谷物，年终每架机器和谷物的价值相等，因为它们是等量劳动生产出来的。下一年，一架机器所有者雇 100 人利用机器制造毛呢，另一架机器所有者雇 100 人制造棉布，农场主则和以前一样雇 100 人种植谷物。第二年终，毛呢和机器，棉布和机器是 200 人劳动一年或 100 人劳动两年的结果，谷物是 100 人劳动一年的结果，前两者的价值就应为后者的两倍。但他认为实际上不止两倍，因为前两者的“资本在第一年中的利润已经加入各自的资本之中，而农场主的资本在第一年中的利润却被消费和享受掉了……商品价值的大小便不会恰好与各自所投入的劳动量成比例，也就是说，比例不是二比一，而是大一些，以便补偿价值较大的一种被送上市场以前所须经过的较长的时间”。他还用数字来说明价值的形成。假定工人每年工资为 50 镑，即资本为 5 000 镑，利润为 10%，第一年终，每架机器和谷物的价值都是 5 000 镑＋(5 000 镑×0.1)＝5 500 镑。第二年终，机器作为固定资本使用，它要求产生 550 镑利润，这利润要加到毛呢和棉布上，构成它们的价值，所以它们的价值都是 5 000 镑＋(5 000 镑×0.1)＋550 镑＝6 050 镑；而谷物的价值仍为 5 500 镑。毛呢、棉布和谷物耗费的劳动相同，前两者的价值所以比后者多 550 镑，那是因为它们生产时使用了价值 5 500 镑的固定资本，它要求利润 550 镑。

在这里，李嘉图的论证是不符合他的前提的，因为例子中并不存在两种资本的比例不同。毛呢和机器，棉布和机器，其价值是谷物的两倍多，并不是由于前两者多用了固定资本，而是由于它们上市时间是两年，比后者上市时间一年长些；毛呢和棉布的价值，各自比谷物多，是由于它们的生产使用了机器这种固定资本，但谷物的生产根本没有使用固定资本，一个有，一个没有，也不是比例不同。

李嘉图在这里说明的其实是生产价格和价值的不同。第一年终，每架机器和谷物价值 5 500 镑，这价值虽然包含着 10%的平均利润，但它是由劳动决定的价值。因为正如下面将指出的，它不因工资和利润的相反的变动而变动。第二年终，谷物价值 5 500 镑，仍然是由劳动决定的价值；但机器和毛呢，机器和棉布，各自合起来的价值为谷物的两倍多，这价值就不是由劳动决定的价值，而是包含着由于它们之中的机器上市时间比谷物长一年，要按其价值获得的平均利润，因此这是生产价格；毛呢和棉布的价值 6 050 镑，也是生产价格，因为其中的 550 镑，是它们的生产所使用的固定资本即机器 5 500 镑获得的平均利润。李嘉图由于混同了生产价格和价值，便得出错误的结论。

第二，商品的上市时间不同。他举了这样的例子（乙例）：假定 A 花 1 000 镑，雇用 20 个人劳动一年生产一种商品，第二年再花 1 000 镑，雇用 20 个人来加工这商品，第二年终上市出售，如利润为 10%，商品价值为 2 310 镑，因为第一年使用的资本 1 000 镑，到第二年便变为 1 100 镑，再加上第二年新用的 1 000 镑，第二年共用资本 2 100 镑，所以商品价值为 2 310 镑。其实，这个价值是包含着平均利润的生产价格。B 花 2 000 镑，雇用 20 个工人劳动一年生产一种商品，年终上市出售，利润为 10%，商品价值为 2 200 镑。其实，这价值和甲例中谷物的价值一样，是由劳动决定的价值。但李嘉图由于混同了生产价格和价值，便得出错误的结论。

他认为甲例和乙例实际上是相同的，“一种商品价值较高是由于被送上市场之前所须经过的时间较长。……在这两种情形下，价值的差额都是由于有利润积累成为资本而造成的，这一差额只不过是对占用利润的时间的一种公正补偿”。①

在我们看来，这两个例子并不完全相同。甲例中毛呢和棉布的价值（其

① 大卫·李嘉图：《政治经济学及赋税原理》，郭大力、王亚南译，商务印书馆 1962 年版，第 30 页。

实是生产价格),之所以大于用同样劳动时间生产出来的谷物,是由于它们的生产使用了不变资本,它要获得平均利润,而谷物却不是这样。乙例中 A 的商品和 B 的商品,虽然用同样劳动时间生产出来,但 B 的 2 000 镑资本是一年周转一次,A 的 2 000 镑资本中有 1 000 镑是两年周转一次,它要多获一年的平均利润。李嘉图由于没有不变资本和可变资本的概念,只有固定资本和流动资本的概念,并且把它们的差别看成只是周转时间的长短,再加上他假设固定资本即机器,也是由生产毛呢和棉布的资本家雇用工人,像生产毛呢和棉布那样生产出来的,这样,他便把所有差别只归结为商品的上市时间不同了。他一点不理解,他看到的现象,如能揭露其本质,是有很重大的科学意义的。至于他一再谈到的利润是一种补偿的问题,我们留在下面再分析。

第三,在两种资本结合比例不同、商品上市时间不同条件下的工资的涨落。他举了这样一个例子,它是甲例的继续。李嘉图一直认为工资上涨,利润就下降,但两者合起来的数额不变。现在假设由于工资上涨,利润从 10% 下降为 9%。根据工资和利润的关系的原理,谷物的价值不变,仍为 5 500 镑(可见它是由劳动决定的价值),毛呢和棉布由生产它们的劳动决定的价值,也是 5 500 镑,但由机器获得的利润,却从 550 镑(5 500 镑×0.1)下降为 495 镑(5 500 镑×0.09),利润加到毛呢和棉布上去,它们的价值(其实是生产价格)便从 6 050 镑下降为 5 995 镑。这个要获取平均利润的固定资本额越大,商品价值下降越大。如果工资下降,利润上涨,情况就相反。他把生产价格的变动,看成价值的变动。毛呢和棉布情况相同,其相对价值不变。

现在我们可以进一步看到,李嘉图谈论商品价值决定中的间接劳动时,为什么只提机器之类的固定资本,不提原料之类的流动资本。因为机器存在的时间事实上超过一次生产过程,由于利润率的变动它获取的利润也变动,由利润构成的生产价格也变动,他把它看成价值的变动;原料的存在时间以一次生产过程为限,此后利润率的变动对它毫无影响,而在一次生产过程中,李嘉图始终认为价值是由劳动决定的。

李嘉图也不了解他看到的这个现象,其实质是什么。他看到的其实是:工资变动,即剩余价值率变动,利润率从而平均利润率变动,由平均利润构成的生产价格也变动,其变动情况要取决于不变资本和可变资本之比。他应该把机器和原料等列为不变资本，再从可变资本的变动，平均利润率的变动，来考察生产价格的变动。但他没有此认识。这个问题下面再谈。

可以用同样办法说明商品上市时间不同，利润率因工资变动而变动，对商品价值(其实是生产价格)变动的影响。乙例中B的商品价值，不论工资如何变动，始终是2 200镑；A的商品价值(其实是生产价格)就不是这样，它在第一年和第二年中，生产的价值始终各为1 100镑，共2 200镑，和B的商品一样，但利润从10%下降为9%，第一年生产的价值在第二年要获取的平均利润，便从110镑下降为99镑，即A的商品价值(其实是生产价格)便从2 310镑下降为2 299镑。这种商品上市时间越长，因工资上涨、利润下落，其价值(其实是生产价格)下降就越大。如果工资下降、利润上升，情况就相反。

李嘉图这里看到的，事实上是平均利润率的变动对这些商品的生产价格的变动有不同的影响，这些商品生产上耗费的劳动虽同，但资本周转时间不同。这个问题下面再谈。

他本来是坚持生产商品投下的劳动决定价值这个正确原理的，但由于混同了生产价格和价值，便将生产价格的形成和变动看成价值的变动，错误地认为除了劳动之外，在生产价格形成上起作用的固定资本和流动资本的比例不同(其实应该是资本有机构成不同)、商品上市时间不同(资本周转时间不同)，以及在生产价格变化上起作用的工资和利润的变动，都是价值决定的因素。

第三节　对平均利润的解释是十分庸俗的

在上述分析中，利润率(而且是平均利润率，10%)是未经说明其形成便存在的。其实，李嘉图应该根据劳动决定价值、价值分解为工资和利润的原理，将利润量和全部预付资本量相比，得到各个生产部门的利润率。这样，他就会发现，由此决定的各个生产部门的利润率是不同的。它取决于全部预付中可变资本占的比重，即资本有机构成；以及在同一时间内比如在一年内，这可变资本的使用次数，即资本周转时间。只有在劳动价值学说的基础上，说明了各生产部门的特殊利润率的形成，才有可能说明它们由于竞争而平均化，以及平均利润率的水平，而不至于是10%还是100%都无法说明。他由于混同了平均利润和利润，便不可能这样分析问题。

我们仿效李嘉图的甲例来说明问题。毛呢业的资本家，两年中共用两个5 000镑即10 000镑雇用工人，如将他说的10%的利润率看成剩余价值率，它便能产生1 000镑剩余价值；谷物业的资本家，逐年都用5 000镑雇用工人，两年只用5 000镑，但能发挥10 000镑的作用，也产生1 000镑剩余价值。前者资本10 000镑(不变资本略去)两年产生剩余价值1 000镑，一年产生剩余价值500镑，年利润率是5%；后者资本5 000镑，一年产生剩余价值500镑，年利润率是10%，倍于前者，与其两年中产生的剩余价值量倍于前者相同。这是从资本周转时间不同，说明它对利润率的影响。再从资本有机构成不同来看。甲例发展到第二年的情况是：毛呢业资本家有资本10 500镑，其中5 500镑是机器，5 000镑是可变资本；谷物业资本家有资本5 000镑，全部是可变资本。剩余价值率是10%，前者的剩余价值量是500镑，利润率是500÷10 500=0.047 6；后者的剩余价值量也是500镑，利润率是500÷5 000=0.10。不过，严格说来，这还不是严格意义上的资本有机构成不同，因为后者没有使用不变资本。这里这样进行讨论，是由他的例子决定了的。

不从劳动价值学说去说明各生产部门的特殊利润率的形成，是无法说明平均利润率的形成及其水平的。李嘉图对平均利润的形成的说明，是庸俗的。

上面曾两次提到，李嘉图认为价值的差额(其实是生产价格和价值的差额)，是由于利润积累为资本，利润被占用，也就是对资本家不能消费利润的一种公正的补偿。这种主观主义的解释，当然是庸俗的。以后的庸俗经济学家就利用这种说法，认为利润是对资本家的节欲的报酬。但即使是这样，他也不能说明，利润率为什么是趋向于平均的。斯密被迫放弃了正确的原理后，对于平均利润的产生是用资本家的“兴趣”来解释的：如果售卖所得不多于预付的资本，他就不会有雇用工人的兴趣；如果利润不和资本成比例，他就不进行大投资而只进行小投资。李嘉图对此没有明确的说明。

第四节　劳动量的增减是价值变动的主要原因和价值不变动所需具备的条件

在李嘉图看来，因两种资本结合比例不同、商品上市时间不同而引起的商品价值不同，只是一种例外；因工资变动引起利润的变动，而使商品价值发生的变动，比因劳动量的增减而使价值发生的变动，其作用要小得多。换句话说，他认为价值变动的主要原因是劳动的增减。在修正劳动价值学说的同时，他仍然要坚持劳动价值学说。

他在分析工资的变动对价值变动的作用时指出：在前述工资上涨使利润从10%下降到9%，即利润下降1%时，毛呢的价值才从6 050镑下降为5 995镑，即价值下降1%左右。因此，“工资上涨对商品相对价格的最大影响不能超过6%或7%，因为利润在任何情况下都不能有超过这个限度的普遍和持久的跌落”。①

在分析劳动的增减对价值变动的作用时，他指出：如果生产谷物所需的人数不是100而是80，谷物的价值就会下跌20%，从5 500镑下跌为4 400镑；如果生产毛呢的人数不是100而是80，毛呢的价值就会从6 050镑下跌为4 950镑，因为毛呢本身的价值也是4 400镑，加上从机器获取的利润550镑，合起来是4 950镑(这是生产价格)。同工资变动相比，劳动变动对价值变动的影响更大。

他认为，长期利润率的任何大变动，总是成因长期作用的结果；而生产商品所需的劳动量的变动却是天天都有的事。“因此，在研究商品价值变动的原因时，完全不考虑劳动价值涨落所发生的影响固然是错误的，但过于重视它也同样是错误的。”②在他的分析中，他总认为商品价值的巨大变动，是由它生产所必需的劳动的增减引起的。

他在这里分析的，事实上是劳动的变动直接使价值和生产价格发生变

---

① 大卫·李嘉图：《政治经济学及赋税原理》，郭大力、王亚南译，商务印书馆1962年版，第28页。

② 同上书，第29页。

动，工资和利润的变动只能迂回曲折地使生产价格发生变动。但他对此没有认识。

前面说过，李嘉图着重考察的是价值量的决定，并且是相对价值量的决定。相对价值量的变动，是由两种相交换的商品中有一种价值发生变动，还是由两种商品的价值同时变动所引起的？这从相对价值量的变动本身是得不到回答的。为了找出千千万万种相对价值量变动的原因，他总想找出一种不变的价值尺度，以便用它去衡量相对价值的变动，找出变动的原因。这就是说，假设货币即黄金的价值是不变的，那么其他商品的价值由黄金来衡量时如有变动，其原因就在商品方面，而不在黄金方面了。

李嘉图认为，这样的价值不变的商品是没有的，黄金也一样。因为前面已说过，除了劳动时间变动外，两种资本结合的比例不同、商品上市时间不同，以及在存在这两种条件下的工资变动，都使商品价值发生变动。因此，在他看来，要使商品的价值不变，就不仅生产它的劳动时间应当不变，而且它的两种资本结合的比例，商品上市时间，都要和由它衡量的商品一样。甲例中的毛呢和棉布，虽因资本结合比例、商品上市时间相同，工资无论怎样变化，它们的相对价值始终不变，原来是 6 050 ∶ 6 050，后来是 5 995 ∶ 5 995，都是 1 ∶ 1，但不能说生产它们的劳动时间是不变的。他认为，像这样的商品，即不仅生产它的劳动时间不变，而且它的资本结合比例、上市时间，都和其他商品一样的商品，是没有的，因此，价值不变的商品是没有的。

他在这里所说的，其实是相对生产价格的变化。我们知道，这里所说的，除了劳动时间的变动既使价值变动又使生产价格变动外，其他因素的变动，只能使生产价格变动。这就等于揭示了这个规律：把所有资本结合比例的差异、商品上市时间的差异去掉，即还原为一个平均数或中位数；如果一个商品，生产它的资本有机构成和周转时间都居于社会的中位，那么，不管生产它的劳动时间和工资、利润的变动如何，它的生产价格永远等于它的价值。

应该说，李嘉图探索不变的价值尺度所需具备的条件是没有什么意义的，因为这样的尺度确实是没有的；但他从中揭示的因素却是具有重大意义的，因为他事实上已指出生产价格永远等于价值的条件，尽管他不认识这一点。

第五节　迷误中的积极因素

李嘉图不能用劳动价值学说来说明利润即平均利润的产生，便对这学说提出修正。在利润问题上，他产生了迷误。但是，他在堕入迷误中进行的分析，却是很有意义的。马克思正是从这迷误中出发，在科学的劳动价值学说和剩余价值学说的基础上，建立了生产价格学说。对马克思的生产价格学说和李嘉图的迷误的关系，许多人不加注意，我这里只提出几点。

第一，资本有机构成不同，使资本的利润率不同，使价值转化为生产价格，利润转化为平均利润。价值和生产价格的不同在于：前者包含剩余价值，后者包含平均利润。具有中位资本有机构成的资本，其产品的价值等于生产价格，因为它产生的剩余价值等于它获得的平均利润。当李嘉图从固定资本和流动资本的结合比例不同，去说明价值的变动，其实是说明生产价格的形成时，马克思明确地指出，从劳动决定价值的原理看，固定资本和流动资本的比例不同，对剩余价值或利润的生产是没有作用的；只有不变资本和可变资本的比例不同，才有这种作用。马克思并且指出，生产价格中包含的生产成本，是按所耗费的资本构成的；平均利润是按所使用的资本计算的；所使用的资本和所耗费的资本之所以不同，是由于固定资本是全部使用而部分地耗费的。马克思的思想可表解如下（见表 1-1）。

表 1-1　不同资本有机构成下利润-平均利润转化和价值-生产价格转化

资　本	剩余价值率	剩余价值	利润率	已经用掉的 c	商品价值	生产成本	平均利润率	生产价格
90c+10v	100%	10	10%	40	60	50	20%	70
80c+20v	100%	20	20%	30	70	50	20%	70
70c+30v	100%	30	30%	20	80	50	20%	70

第二，资本周转时间不同也有同样的作用。因为如果两个资本，其有机构成相同，都是 80c∶20v，但周转时间不同，一个一年一次，一个一年两次，前者生产的剩余价值为 20，年利润率为 20%，后者生产的剩余价值为 40，年

利润率为 40%。这里和前面分析资本有机构成问题的角度的不同在于:它多了一个时间因素,因此谈的是年利润率。根据同样道理,一个具有中位资本有机构成和中位资本周转时间的资本,其产品价值等于生产价格,因为它生产的剩余价值等于它获得的平均利润。当李嘉图从资本的耐久性即商品上市时间不同,去说明实质上是生产价格的形成时,马克思指出,这种不同对剩余价值或利润的生产,是没有作用的,只有可变资本周转时间不同,才有这种作用。马克思的思想可表解如下(见表 1-2)。

表 1-2　不同可变资本周转次数下价值-生产价格转化与剩余价值-平均利润转化

资　本	以一年为单位的						一次周转的生产价格
	周转次数	使用的 v	剩余价值	商品价值	平均利润率	生产价格	
80c+20v	1	20	20	120	40%	140	140
80c+20v	2	40	40	240	40%	240	120
80c+20v	3	60	60	360	40%	340	113.3

第三,在上述两者基础上,马克思指出了商品的价值和它的生产价格相等的条件。这条件就是生产这商品的资本具有中位的有机构成和周转时间。当李嘉图认为,不变的价值尺度,不仅需要具备生产它的劳动不变,而且需要具备生产它的资本结合比例和它的上市时间,都要和由它衡量价值的商品完全相同的条件时,马克思指出:“李嘉图的这些话,不如说适用于这样一些商品,这些商品的价值中各个不同有机组成部分的比例是平均比例,而且这些商品的流通时间和再生产时间也是平均时间。对这些商品来说,费用价格(生产价格——引者)和价值是一致的,因为这些商品的平均利润和它们的实际剩余价值是一致的,但是只有这些商品才是这种情况。”①马克思的思想可以表解如下(见表 1-3)。

这里需要说明的是,不是说只要具有中位的有机构成和周转时间,这个资本生产的商品的价值便等于生产价格,而是说,这两个条件合起来,使这个资本在一年中所使用的可变资本量居于中位,因而它生产的剩余价值量

① 马克思:《剩余价值理论》(第二册),人民出版社 1975 年版,第 220—221 页。

便居于中位，便和平均利润相等，价值便等于生产价格。表中的资本 80c+20v，每年周转 2.5 次，即两年周转 5 次，便符合这条件，因而其商品价值等于生产价格。

表 1-3　不同资本有机构成和不同可变资本周转次数下价值-生产价格转化和利润-平均利润转化

资　　本	以一年为单位的						一次周转的生产价格
	周转次数	使用的 v	剩余价值	商品价值	平均利润率	生产价格	
90c+10v	1	10	10	110	50%	150	150
80c+20v	2.5	50	50	300	50%	300	120
70c+30v	3	90	90	390	50%	350	116.66

第四，工资变动，从而利润率的变动，对生产价格变动的影响。李嘉图在混同了生产价格和价值的条件下，认为这种影响，只是由于利润率的变动引起利润量的变动而产生的，工资本身不发生作用。例如工资和利润率不论如何变动，谷物的价值始终为 5 500 镑，这是因为他认为，这种只由劳动生产的商品，其价值分解为工资和利润，工资和利润合起来始终等于价值，同那种使用了固定资本，固定资本获取的利润要随利润率变化而变化的商品不一样。其实，从生产价格来看，在谷物生产中，由于工资发生变化，生产成本也要发生变化，加上平均利润率的变化，它的生产价格是要发生变化的，除非它符合下面指出的条件。马克思指出，工资变动对生产价格变动的作用有几种情况：工资提高，对于社会平均构成的资本来说，商品的生产价格保持不变，对于较低构成的资本来说，商品的生产价格提高，对于较高构成的资本来说，商品的生产价格降低；工资降低，情况就刚好相反。根据前面的分析，资本周转时间的长短，在这方面起的作用和资本有机构成的高低相同，因而可以将上述分析应用到资本周转时间的长短上来。马克思的思想，可以表解如下（假设工资提高 50%，前面的表 1-3 便发生变化，成为表 1-4）。

表 1-4　不同资本有机构成下工资变动对生产价格变动的不同作用

资　本	以一年为单位的						一次周转的生产价格
	周转次数	使用的 v	剩余价值	商品价值	平均利润率	生产价格	
90c+15v	1	15	5	110	22.72%	128.86	128.86
80c+30v	2.5	75	25	300	22.72%	300.00	120
70c+45v	3	135	45	390	22.72%	371.13	123.71

与表 1-3 比较可以看出，工资提高了，原一年中使用的可变资本居于中等程度的资本，其商品的生产价格不变，仍为 120，高于中等程度的资本，其商品的生产价格下降，原为 150，现为 128.86，低于中等程度的资本，其商品的生产价格上升，原为 116.66，现为 123.71。李嘉图例子中的谷物，如果不符合居于中等程度资本的条件，工资变动了，其生产价格应发生变化，而符合这条件的资本是罕见的。

第八章 地 租 理 论

第一节 区分土地租金和地租

同研究工资和利润时一样，李嘉图研究地租也是从劳动决定价值的原理出发的。但是，研究的结果有一点不同。由于混同了生产价格和价值，他便认为由工资的变动引起的利润的相反变动，会使价值变动，从而修正劳动决定价值的原理；他便看不到农产品的价值高于生产价格，而农产品按价值出售，其中的超额利润便可以转化为绝对地租，但是，他为了坚持等价交换的原则，宁可否认绝对地租的存在，而不修正农产品价值由劳动决定的原理。他只承认级差地租，认为它是经营农业的资本有不同的劳动生产率和不同的利润率的结果，也就是农业资本之间的差额利润。

他首先提出要区分土地租金和地租。他说："地租是为使用土地的原有和不可摧毁的生产力而付给地主的那一部分土地产品。但它往往被与资本的利息与利润混为一谈。在通俗的说法中，农场主每年付给地主的一切都用这一名词来称呼。"①这就是说，土地租金除了包括地租外，还包括在土地上的投资，例如建筑物的利息或利润以及折旧费用。地租理论研究的是地租，而不是租金。将这两者区分开来是有科学意义的。

但是，为了区分这两者，他强调地租是为了使用土地的原有和不可摧毁的生产力而付给地主，则是不科学的。因为正如马克思所指出的，第一，土地并没有不可摧毁的生产力；第二，土地也不具有原有的生产力，因为土地根本就不是什么原有的东西，而是自然历史过程的产物。至于地租为什么

---

① 大卫·李嘉图：《政治经济学及赋税原理》，郭大力、王亚南译，商务印书馆1962年版，第55页。

要支付给地主,这要留到下面再说明。

他为说明这两者的区分而举的例子,也是不恰当的。他的例子就是斯密的例子,但他用来反驳斯密。为了区别于真正的农业地租即耕地地租,斯密谈到了为原始森林、煤矿和采石场支付的地租,这是正确的。但李嘉图认为不对。他认为支付原始森林的地租,是"为了当时已经长在地上的有价值的商品,而且在出售木材时实际上已连本带利一起收回";支付煤矿和采石场的地租,是"为了从矿坑中可以取出的煤炭或石块的价值"。[①] 他认为这些和土地原有的不可摧毁的生产力没有关系。原来他错误地将未经人类耗费劳动而存在的森林、煤炭、石块,看成像土地的建筑物那样是有价值的,由于使用它而支付的是利润及折旧费用。他之所以有此错误,是由于他要把真正的农业地租区分出来,强调它是农业资本的劳动生产率不同的结果,说明土地原有的生产力只有在它们的程度不同即有差别时,才能得到报酬,借此为级差地租理论奠定基础。

第二节　肯定级差地租,并将它置于劳动价值学说的基础上,认为它是价格的结果,而不是价格的原因

资本主义生产发展到一定程度,租地经营的农业资本家产生了。农业资本的利润和农业资本家交付的地租明显地分开来,这种地租额因土地肥沃程度等原因而呈现出差别是个明显的事实。对于这种级差地租,经济学家一般都是肯定的。但对其产生的解释,就各有不同,不一定是正确的。例如,斯密就说过:"不问土地的生产物如何,其地租随土地肥沃程度的不同而不相同;不问其肥沃程度如何,其地租又随土地位置的不同而不相同。"[②]这里说的就是级差地租。它是怎样产生的?他认为,肥沃程度相同的土地,靠近都市的比远离都市的,之所以产生更多的地租,是由于虽然两者耕种时耗费

① 大卫·李嘉图:《政治经济学及赋税原理》,郭大力、王亚南译,商务印书馆1962年版,第56页。

② 亚当·斯密:《国民财富的性质和原因的研究》(上卷),郭大力、王亚南译,商务印书馆1972年版,第140页。

的劳动相同，产量也相同，但远离都市的土地，其生产物运送到市场，耗费的劳动较多，要支付较多的工资，能够分解为利润和地租的剩余部分势必减少；而且远离都市的地方因资本供应少，利润率较高，这样一来，在已经减少的剩余部分中，分解为地租的部分便更小了。这解释是错误的，因为它认为决定农产品价值的不是劣等地的生产条件，并错误地以供求关系说明远离都市的地方利润率高，再通过它来说明其地租比都市附近的土地的地租少。正确的分析将在下面进行。

李嘉图对级差地租理论的积极贡献，是将当时已流行的这个理论建立在他的理论体系的出发点——劳动价值学说的基础上。

他说："使用土地支付地租，只是因为土地的数量并非无限，质量也不是相同的，并且因为在人口的增长过程中，质量和位置较差的土地也投入耕种了。在社会发展过程中，当次等肥力的土地投入耕种时，头等的土地马上就开始有了地租，而地租额取决于这两份土地在质量上的差别。"①又说："地租总是使用两份等量资本和劳动而获得的产品之间的差额。"②所以，这种地租便是级差地租。前面说过，他认为价值量由最劣等的生产条件所必需的劳动时间决定。这样，当农产品的价值由最劣等的土地所耗费的劳动量决定时，肥沃地由于产量较多，能实现较多的利润，这种利润便转化为级差地租；由距离市场最远的农产品的价值决定时，距离市场较近的农产品耗费的运输劳动较少，实现较多的利润，它也转化为级差地租。情况如下：

他说：假定一、二、三等土地使用等量资本和劳动，所生产的产品扣除了工资后的净产品，分别为 100、90、80 夸脱谷物。在一个新开辟的地区中，肥沃的土地相对于人口而言很丰富，因而只需要耕种第一等土地，这时全部净产品便成为资本的利润，没有地租。当人口增加，以致需要耕种只生产 90 夸脱谷物的第二等土地时，第一等土地便产生地租，其数额等于一等地比二等地多产的 10 夸脱谷物或其价值。因为如果不是这样，这两个农业资本便有不等的利润率。他认为无论耕种第一等土地的是土地所有者还是别人，这 10 夸脱都同样会形成地租，也就是说，它同土地私有权无关。随着人口增

① 大卫·李嘉图：《政治经济学及赋税原理》，郭大力、王亚南译，商务印书馆 1962 年版，第 57 页。

② 同上书，第 59 页。

加,只生产 80 夸脱谷物的第三等土地进入耕种,第二等土地便开始产生 10 夸脱谷物或其价值的地租,而一等地的地租便增为 20 夸脱谷物或其价值。随着更劣的土地进入耕种,较优的土地地租不断增加,而更劣的土地没有地租,因为它的净产品只等于利润。

他认为,和最肥沃的土地一样,位置最适宜的土地首先投入耕种,农产品的价值是由生产到送入市场这一整个过程中所必需的劳动量决定的。这样,根据同样的道理,当较偏远的土地被投入耕种时,最适宜的土地便产生地租。斯密没有解释清楚的问题,李嘉图解释清楚了。

以上的级差地租,就是马克思说的级差地租第一形态,它是等量资本投在不同的土地上的利润差额。

李嘉图还分析了级差地租第二形态,认为它是等量资本投在同一土地上的利润差额。他说,通常的情况是:在第二、第三等或更差的土地投入耕种以前,人们能使资本在已耕的土地上生产出更多的东西。我们可能发现,将投在第一等土地上的资本增加一倍,产量虽然不会加倍或增加 100 夸脱,但可能增加 85 夸脱。这时,在同一土地上追加的那笔投资,就像投在一块净产小麦 85 夸脱的土地上一样,成为生产率最低的投资,而小麦的价值由它的生产条件决定,因而原投资就获得了 15 夸脱的小麦或其价值的超额利润,它转化为级差地租。如果继续追加投资,其产量递减,前此的逐次投资便产生和增加级差地租。但最后即生产率最低的投资,不产生级差地租。这里讲的道理,和分析级差地租第一形态时讲的相同。

这样,无论是耕种更劣的土地,还是在同一土地上追加投资而使其生产率降低,粮食价值或价格都上涨,级差地租也随之增加。根据这一点,他针对当时争论的问题,即地租是价格的结果还是价格的原因的问题,提出自己的看法,认为地租是价格的结果。他论辩说:“如果谷物价格昂贵是地租的结果,而不是它的原因,那么,价格就会相应于地租的涨落而改变,地租也就会成为价格的构成部分了。但是,规定谷物价格的是用最大量劳动生产出来的谷物;地租决不会也决不可能成为谷物价格的组成部分。”①他再次指出

① 大卫·李嘉图:《政治经济学及赋税原理》,郭大力、王亚南译,商务印书馆 1962 年版,第 64 页。

斯密的错误，即认为要支付地租，商品的价值就不能由生产它时投下的劳动决定。在他看来，这个原理完全适用于说明地租：劣等生产条件决定的农产品价值，分解为工资和利润，其他生产条件下生产的农产品价值，分解为工资、利润和地租。他认为级差地租是价格的结果，这看法是正确的。

第三节　李嘉图的级差地租理论的缺陷

前面说明，李嘉图在劳动价值学说的基础上，说明农产品的价值由最劣等的生产条件决定，较优的农业投资产生的超额利润，转化为级差地租，它是农业资本之间的利润差额，不构成价值或价格。他建立了资产阶级政治经济学中最完善的级差地租理论。

但是，他的级差地租理论是有缺陷的。第一，他只从土地私有权角度谈论地租，而没有指出这种土地私有权的社会性质。换句话说，他不区分资本主义土地私有权和封建主义土地私有权。这样便混同了资本主义的地租和封建主义的地租。他分析的事实上是资本主义的级差地租规律，但他认为是地租一般的规律。这是他把资本主义生产看成生产的自然形态的另一种表现。

第二，他把级差地租产生的条件，看成其产生的原因。他认为土地数量有限和质量不同，是级差地租产生的原因，其实这些自然条件只是级差地租产生的条件，而不是它的原因。原因应该是，土地作为资本主义的经营对象，存在着垄断。由于土地面积有限，优良地被某些资本家经营，它就被垄断了，因为其他资本家不可能用资本来创造同样的优良土地。这同工业不一样。由于这样，农产品价值才由劣等的生产条件决定。生产条件较优良的农业资本获取的超额利润，便具有相对牢固的性质，便转化为级差地租。只要存在着这种经营上的垄断，土地即便是无主的，级差地租也是存在的。它的产生和土地私有权无关，土地私有权不过把它转到土地所有者的口袋里。

第三，由于混同了生产价格和价值，他在分析级差地租时，便认为农产品是按价值出卖的。其实，这时由劣等生产条件决定的农产品价值，由于只能分解为工资和平均利润，这个价值就不是由劳动决定的价值，而是由工资和平均利润构成，或等于工资和平均利润的生产价格，也就是说，分析级差

地租时,农产品是按生产价格出卖的。我们参照他说的情况,将级差地租第一形态的产生表解如下(见表1-5):

表1-5　李嘉图级差地租(第一形态)的产生:社会生产价格与个别生产价格差额

土地	资　本	产量	平均利润率	总生产价格	每担个别生产价格	每担社会生产价格	按社会生产价格出售的收益	农业资本之间的利润差额	级差地租
Ⅰ	760c+240v	120担	20%	1 200	10	12	1 440	240	240
Ⅱ	760c+240v	110担	20%	1 200	10.9	12	1 320	120	120
Ⅲ	760c+240v	100担	20%	1 200	12	12	1 200	0	0

在分析方法上,李嘉图的级差地租理论也有缺点,虽然这并不影响理论本身。第一,他认为劣等耕地是不需被支付任何地租的。这实质上是对土地私有权的否定,而他的地租理论是以土地私有权为前提的。正确的做法是先作此假定,等全部说明级差地租的产生以后再分析。而李嘉图的着眼点,显然是自由移民的垦殖殖民地,那里在经济上事实上不存在土地私有权,而不是确立了资本主义土地私有权的发达国家。

第二,他把级差地租的第一形态和第二形态的分析,完全分裂开来。其实,这两者是以第一形态为基础,结合着发生变动的。例如,在优等地上的追加投资所生产的谷物,会排斥第三等土地上的投资,而使第二等土地上的投资成为生产率最低的,这样,谷物的价值便由它的生产条件决定,从而使各级土地的级差地租发生变化。当然,生产率最低的投资,也可能是另一种土地,或这次追加投资本身,等等,情况很复杂,但基本原理还是一样。

第三,他完全没有必要把级差地租的产生,同资本主义耕种土地的顺序必然是从优到劣联系起来。资本主义耕种土地的顺序也并不都是这样。它可以从优到劣,可以从劣到优,也可以有其他变化,而级差地租同样可以产生,因为它是等量农业资本之间的利润差额。至于他为什么这样认为,我们下面再分析。

第四,他完全没有必要把级差地租的产生,同在一块土地上的追加投资的生产率必然是下降的,即同所谓的土地报酬递减律联系起来。这个"规律"是虚伪的,因为对土地递增投资,要以技术进步为前提,在这前提下递增投资，产量是增加的。其实，在同一块土地上追加投资，其生产率只要同已有的最低生产率(不产生级差地租)不同，总的说来，都使级差地租产生。它的生产率，如果比最低的生产率高，这次投资本身就产生级差地租；如果比最低的生产率低，它就决定农产品价值，它本身不产生级差地租，但原来生产率最低的投资开始产生级差地租，其他投资产生的级差地租则增加。

李嘉图级差地租理论中的缺陷，他在研究这理论中方法上存在的缺点，都由马克思克服了。

第四节 混同生产价格和价值，就必然否认绝对地租

理解地租理论的困难之点在于说明绝对地租的产生，怎么能和劳动价值学说相一致。所谓绝对地租是指，由于土地私有权的存在，资本投到任何一块土地上，不问土地的肥沃程度和距离市场的远近如何不同，都要支付的地租。表面看来，绝对地租的产生似乎和劳动价值学说是相矛盾的。因为等量资本投在工业和农业上，都要在生产物的价值或价格中取得工资和利润，在自由竞争条件下，这利润是平均的，但投在农业上的资本还要支付一个多得多的地租。这样，这地租就似乎不可能是劳动创造的，不可能是从生产物价值中分解出来的，而只能是或者在价值以上出卖农产品的结果，或者由土地本身生产出来。这都违反劳动价值学说和等价交换规律。

斯密事实上是看到了绝对地租的。他谈到土地私有产生后，价值除了分解为工资外，还要分解为地租和利润。但当他离开劳动决定价值的正确原理去说明地租的产生时，却认为有一种地租是农产品价格高于自然价格的结果，有时又把它解释为在农业生产上的自然力生产的。关于前者，他说："作为使用土地的代价的地租，当然是一种垄断价格。"①它的产生，是由于农产品的普通价格除提供普通利润外还有剩余。它是普通价格高于自然价格的结果。我们知道，在斯密看来，自然价格等于价值，因此，产生这种地

① 亚当·斯密：《国民财富的性质和原因的研究》(上卷)，郭大力、王亚南译，商务印书馆1972年版，第138页。

租的价格是高于价值的。关于后者,他说:“农业资本家所能推动的生产性劳动量最大。……在农业上,自然也和人一起劳动……他们除了再生产农业资本家的资本及利润外,通常还要再生产地主的地租。这种地租,可以说是地主借给农业资本家使用的自然力的产物。”①

李嘉图由于坚持劳动决定价值的原理,又混同了生产价格和价值,就当然看不到除了因各等量的农业资本有不同的生产率而产生的地租即级差地租外,还有其他的地租即绝对地租。这在他论述投在最劣等地上的农业资本,以及投在优良地上的最后追加的农业资本都不支付地租这点上表露出来。因为这两种投资都是劳动生产率最低的,农产品的自然价格(生产价格)由它决定,自然价格只包含平均利润,在这个价格中当然不可能产生任何地租。

其实,只要区别了生产价格和价值,是完全可以在遵守等价交换原则和坚持劳动决定价值的原理下说明绝对地租的产生的。农业资本有机构成低于工业资本有机构成,农产品价值高于它的生产价格,它按价值或高于生产价格而低于价值出售,便有一个高于工业资本的利润差额,它不参加平均利润的形成,而转化为绝对地租,归土地所有者。它的实体,是等量的资本在农业中使用比在工业中使用,推动更多的活劳动,生产更多的剩余价值,其中的超过平均利润的差额,即农业资本和工业资本之间的利润差额。它不单是生产率最低的农业资本要支付的,而且是任何农业资本都要支付的。情况如下表(见表 1-6,假设剩余价值率为 100%)。

表 1-6 土地私有权绝对地租:价值与生产价格差额

土地	资本	产量	总生产价格	总价值	每担个别价值	每担社会价值	按社会价值出售的收益	农业资本之间的利润差额	级差地租	工农业资本之间的利润差额	绝对地租
Ⅰ	760c+240v	120 担	1 200	1 240	10.33	12.4	1 488	248	248	40	40
Ⅱ	760c+240v	110 担	1 200	1 240	11.27	12.4	1 364	124	124	40	40
Ⅲ	760c+240v	100 担	1 200	1 240	12.4	12.4	1 240	0	0	40	40

① 亚当·斯密:《国民财富的性质和原因的研究》(上卷),郭大力、王亚南译,商务印书馆 1972 年版,第 333 页。

如果土地私有权消灭了,农业由于资本有机构成较低而产生的更多的剩余价值,便参加平均利润的形成,从而提高平均利润,如同资本主义的手工业那样。由于有土地私有权,它便转化为绝对地租。所以,绝对地租产生的原因,是土地私有权的存在。

李嘉图论述地租时,是从土地私有权出发的,因为他一开始就把地租定义为使用土地而付给地主的那一部分产品。但在分析的过程中,他离开了这一点,因为他是从在经济上不存在土地私有权的自由移民殖民地来进行分析的。这种错误的方法论,使他无视因土地私有权而必然存在的绝对地租。

根据前面的分析,我们可以看出,李嘉图是用农业生产率的绝对减少来说明级差地租,这已经是错误的,而他又用农业劳动的生产力和工业劳动的生产力相等,即农业和工业的资本有机构成相等,来否认绝对地租,这同样是错误的。这两种说法是自相矛盾的。之所以如此,都是由于他混同了生产价格和价值。这样,为了要说明较优土地生产的农产品的个别生产价格低于它的价值,便要说农业的生产率在绝对降低,农产品价值越来越高;为了要说明最劣土地生产的农产品的生产价格等于它的价值,便要说农业劳动的生产力和工业劳动的生产力相等。这是犯了二重的历史错误:一方面认为农业生产率绝对降低,是农业的发展规律;另一方面否认农业劳动的生产力和工业劳动的生产力相比,在历史上其发展程度更低。

第五节 以地租理论解释利润率的下降趋势

前面说过,资本主义平均利润率有下降趋势的真正原因,是劳动生产力的提高所导致的资本有机构成的提高。但李嘉图却相反地认为,其原因是农业生产力绝对降低所导致的货币工资的提高。但货币工资的提高并不意味着实际工资的提高。工人的实际工资不变,利润率也会下降。在混同利润率和剩余价值率的情况下,只能认为其原因在于,地租的增加,使利润在剩余价值中占有的份额减少。这样,李嘉图最后便以其地租理论来解释利润率的下降趋势。

他说:随着资本积累的进行,所需粮食增加,越来越贫瘠的土地投入耕种,“生产的价值虽然增加了,但这一价值在支付地租后所剩余的部分中却有更大的比例由生产者消费,而规定利润的正是这一比例、也唯有这一比例”。[①] 这就是说,全社会生产的价值总量增加,但支付地租后,在剩余的部分中,工资占的比重增大,因为粮食价格上涨使货币工资增加,利润占有的比重降低,因为工资和利润的变化相反,这就是利润率下降的原因。

这种解释是错误的。以前分析过的李嘉图的一系列错误理论和方法,导致他作这样的解释。首先,他混同了剩余价值率和利润率,并把工作日的长度看成固定的,这样,利润率的下降趋势,就只能用使剩余价值率下降的原因来解释。其次,在工作日长度既定时,剩余价值率的下降,只能用工资的提高来解释。第三,货币工资的提高,只有在生活必需品价值提高的条件下才能发生,而生活必需品价值的提高,又只能用农业的生产率降低来解释,也就是用李嘉图的地租理论来解释。第四,以为全部产品的价值只分配为地租、工资和利润,而没有不变资本的部分,只有这样,才能用剩余价值率的下降来解释利润率的下降,而不变资本价值降低是阻止利润率下降的一个因素这一点便看不到了。第五,以为产品价值的分配顺序,是先扣除地租,然后分为工资和利润,其实,按照他的正确理论,应该是:价值产品分配为工资和利润,农业中的超额利润转化为地租。

他认为,这样发展下去,就会没有剩下任何东西作为利润了。他假定每个工人每年的实际工资等于 6 夸脱小麦的价值,其中一半用在购买小麦上,其余一半用在购买其他东西上;10 个工人在优良地上劳动,一年生产 180 夸脱小麦,每夸脱 4 镑,共 720 镑,工资占 240 镑,利润占 480 镑,此时没有地租。到耕种较劣的土地,比如一年生产 100 夸脱小麦的土地时,原优良地多产的 80 夸脱小麦的价值就转化为地租,余下的 100 夸脱的价值,便分为工资和利润,它的价值等于较劣的土地生产的 100 夸脱小麦的价值,仍为 720 镑,因为后者是花了 10 个工人的一年劳动生产出来的,和原来的优良地生产的

① 大卫·李嘉图:《政治经济学及赋税原理》,郭大力、王亚南译,商务印书馆 1962 年版,第 106 页。

小麦价值相等。由于这时小麦的价值增大，工人的工资在 720 镑中占的比重便增大，利润的比重便减小。到耕种一年只能生产 36 夸脱小麦的土地时，每夸脱小麦的价值增大为 20 镑(720 镑÷36)，原优良地多生产 144 夸脱小麦或其价值 2 880 镑(144×20 镑)便转化为地租。余下的 36 夸脱小麦，共值 720 镑，原是要分为工资和利润的，但是，现在工人的工资就是 720 镑，付了工资，利润就没有了。具体地说，按照假定，每个工人每年的工资是 6 夸脱小麦的价值，其中一半用来买小麦，一半用来买其他东西，在每夸脱小麦的价值为 4 镑时，实际上是消费 3 夸脱小麦和 12 镑其他东西。现在 3 夸脱小麦价值 60 镑，其他东西的价值仍为 12 镑，因此，每个工人的工资为 72 镑，10 个工人为 720 镑，利润被吞噬殆尽。

这种分析是很不合理的。首先，它混同了小麦的生产价格和价值。工资提高，平均利润率便发生变动，而小麦是资本有机构成较低的部门生产的，其生产价格会提高，但仍低于价值，这从前面分析过的工资变动对生产价格的不同影响便可以理解。其次，农产品是按价值出卖的，产品价值扣除不变资本后，先分解为工资和利润，超过平均利润率的超额利润，即劣等地产品的价值超过生产价格的部分，转化为它支付的绝对地租，其他土地的小麦的社会价值超过个别生产价格的部分，分别转化为它支付的绝对地租和级差地租，这从前面分析级差地租和绝对地租的综合表中便可以理解。地租既然是超额利润，就不可能有地租而没有利润。再次，他假定最劣地生产 36 夸脱小麦，其价值(生产价格)刚刚够支付工人的工资，这就等于假定这土地的生产力刚刚能维持工人的生活，没有剩余，工人的劳动全部是必要劳动，这就当然没有利润和地租，这种土地在资本主义条件下，就不可能被耕种。如果必须耕种，小麦就只能按高于价值的垄断价格出售。以前所分析的一切经济规律，其发生作用的形式都要发生变化。

资本主义的利润不可能被其地租全部吞噬，资本主义利润率的下降，由于有遏制的因素发生作用，只是一种趋势。但李嘉图谈论这个问题，并表示担忧，却是很有意义的。他朦胧地感到，资本主义生产是为了利润，但这个生产结构又限制了利润的生产，这就是这种生产的局限性。

第六节 以地租理论为基础,提出废除谷物法的政治主张

李嘉图以其地租理论为基础,主张废除当时旨在限制廉价谷物进口的谷物法,以利于产业资本家;同维护谷物法的马尔萨斯站在相反的立场上。

从李嘉图的工资理论、利润理论和地租理论中可以看出,他认为不仅工资和利润如上所述是对立的,而且利润和地租也是对立的;但是,前一种对立,是通过使地租增加的农产品价格增加而成立的,后一种对立,是通过使货币工资增加的农产品价格增加而成立的。根据他的理论,随着农业生产力降低,粮食价值增加,地租便随之增加;不论地租如何增加,分解为工资和利润的价值产品是不变的,但货币工资随着粮食价格增加而增加,它增大了,利润便缩小。

因此,在他看来,在生产的发展中,无产阶级不受影响,因为粮食价格虽然上涨,但其货币工资也相应增加了,实际工资不变,或者由于人口的增加快于资本积累的增加,"劳动"供过于求,使货币工资的增加慢于粮食价格的上涨,因而使实际工资有所下降,但影响不大,因为这只能是一种很慢的趋势。资产阶级蒙受损失,因为其利润在价值分配中占的份额日益减小。而地主阶级得利最大,农业生产的困难,使其得到双重利益:第一,在价值产品中,它占的份额日益增大,第二,转化为地租的产品,其价值也增大了。

他把社会生产力的发展看成社会的利益。而社会生产力的发展,有赖于资本的积累。利润率下降,会削弱积累,对社会生产力的发展不利。地主阶级对社会生产毫无贡献,但生产发展所带来的好处,全归地主。就这样,他把矛头指向地主阶级,认为它是寄生虫。地主阶级和社会生产力的发展同社会的利益是对立的。

在他看来,这本来是一种自然趋势,是无可奈何的。但如果有一种人为的方法助长这种趋势,减少利润,妨碍积累,那么,在发展生产力的前提下,这种人为的方法便应该废除。拿破仑战败后,英国重新修订的谷物法就是这样一种人为的方法,因为它限制国外廉价谷物自由进口,使英国国内谷物

价格维持在一个很高的水平上，使货币工资上涨，利润下降，而地租则增加。

谷物法的存废，关系到相对立的地主阶级和资产阶级的利益。由此产生的理论斗争是很激烈的。马尔萨斯代表地主阶级的利益，反对李嘉图的地租理论和由此产生的政策。

马尔萨斯认为地租是总产品价值中扣除各种费用（包括利润）后归于地主的部分，它是自然的赐予。他认为土地有一种特性，就是自然使其产量大于耕种土地的人的消费量；土地生产物又有一种特性，就是它自身造成需求，并且永远不会过多（由其人口学说产生的）；肥沃土地相对较少。这样，农产品价格由最劣等生产条件决定，在这条件下没有地租。较优良地的生产费用低于价格，其差额便转化为地租（级差地租）。地租随劣等地的耕种而增加。地主阶级的收入增加，对商品的需求便增加，商品的市场价格便上涨，资本家的卖价便大于其垫支的价值，其中的差额是利润。结果是地租越高，需求越大，卖价越高，利润越大。政治结论便是：谷物法万万废除不得。

这样就酝酿着一场关于商品的价值实现问题的争论，它是以否定还是肯定普遍的生产过剩的经济危机的形式进行的。

第九章　经济危机理论

第一节　对资本积累的错误看法

前面说过，李嘉图信奉斯密教条。这使他对资本积累必然持错误看法。

斯密根据生产资料的价值最终要分解为收入的分析，得出这样一个荒谬的结论：虽然每一个单位的资本可以分为用于购买生产资料的和用于支付工资的两个部分，但社会资本全部只用来支付工资。例如，毛呢厂主把2 000镑转化为资本，把这些货币的一部分用来雇用工人，另一部分购买织机和羊毛，而出卖织机和羊毛的资本家，又要把其中的一部分用来雇用工人，另一部分用来购买铁和羊……这样一直进行下去，全部2 000镑都用来支付工资。

这个错误的基础就是斯密教条，但有所发展。斯密原来认为产品价值全部分解为v+m，即收入。现在他认为，转化为资本的剩余价值，虽然要分别用来购买生产资料和雇用工人，但购买生产资料的部分，最终全部分解为v，不分解为m。其实，既然是资本主义生产，那么价值分解时v和m总是同时存在的，否则就成为小商品经济的价值分解了。所以，根据这教条虽可得出社会资本只分解为v和m，因而从资本的角度，并且仅仅从资本的角度看，全部分解为v的结论，但不能得出社会资本全部由工人消费的结论。所以，斯密的错误是二重的：既否认不变资本的存在，又否认剩余价值的存在。

关于否认不变资本的存在问题，从单个资本来看和从社会资本来看有所不同。马克思说："这里包括一个正确的观点：事物在社会资本即单个资本的总和的运动中的表现，和它从每个个别考察的资本来看的表现，也就是从每一单个资本家角度来看时的表现，是不同的。对每一单个资本家来说，商品价值分解为1.不变要素……，2.工资和剩余价值之和……。而从社会的观点来看……不变资本价值，就消失了。”[①]这段话，要从资本主义生产是一个长远的历史过程来理解，因为不断地回溯过去，人类确实有过使用不是劳动生产物的生产资料进行生产的时候，这时生产资料的价值确实是不存在的；而不能从一定时间的资本主义生产来理解，是因为从一定时间来看，生产资料的价值总是存在的。尤其不能将这段说明价值最终分为 v 和 m 的话，用来说明资本主义生产不存在生产资料的生产，只存在消费资料的生产。这就是说，分析一定时间的资本主义生产，既要在价值上将商品分解为 c＋v＋m，又要在物质上或用途上将商品分为生产资料和消费资料。

李嘉图沿用了斯密的社会资本全部用来支付工资的错误见解。他说：“当我们说节约收入以增加资本时，意思就是说：所谓增加到资本中去的那一部分收入，是由生产性劳动者，而不是由非生产性劳动者消费的。如果认为资本由于不消费而增加，便是大错而特错了，如果劳动价格腾贵到一种程度，以致资本虽然增加，也不能有更多的劳动被雇用，那我就应当说，资本的这种增加，仍然作了非生产性的消费。”[②]这里的基本思想是：用于积累的那部分剩余价值，全部由生产劳动者消费，这种消费指的是个人消费，不包括劳动者使用生产资料的生产消费，亦即全部用于支付工资，而不用于购买生产资料；这可以从如果工资（他称为劳动价格）腾贵，以致资本增加，也不可能有更多的工人被雇用的叙述中清楚地看出来。至于这里涉及的生产性劳动者和非生产性劳动者的区别，那是斯密开始使用的概念，他有时认为生产物质资料的是生产性劳动，有时又认为生产剩余价值的是生产性劳动，反之，是非生产性劳动。这个问题同我们现在的分析无关，就不多谈了。

第二节　认为消费等于生产，并由此否认普遍的生产过剩的经济危机

从斯密教条出发，李嘉图逻辑性地认为，既然产品价值全部是分解为 v

---

① 马克思：《资本论》（第二卷），人民出版社 1975 年版，第 427 页。

② 大卫·李嘉图：《政治经济学及赋税原理》，郭大力、王亚南译，商务印书馆 1962 年版，第 128 页注。

和 m 的,m 一部分用于消费,一部分用于积累,用于积累的 m 又全部分解为 v,v 全部用于消费,那么,价值就全部用于消费,产品也全部用于消费,消费就等于生产。消费既然等于生产,普遍的生产过剩的经济危机,就是不可能的。只有那种由于某些产品的供需不等而发生的局部危机是可能的。

斯密虽然错误地认为商品价值全部分解为 v 和 m,而 v 和 m 最终又用于个人消费,但他并没有由此便错误地认为全部产品都进入个人消费。因为他除了从价值上考察外,还从物质上考察,这样,他便看到有的物质资料是不能进入个人消费的,尽管它的价值是全部分解为 v 和 m 的。用他的话来说,就是:"很明显,补充固定资本的费用,决不能算在社会纯收入(斯密说的纯收入是 v 和 m——引者)之内。……修葺所必要的材料,以及把这种种材料制为成品所需要的劳动产品,也都不能算作社会上的纯收入。"因为它们的物质形态是不能进入个人消费的。但是,"这种劳动的价格,也许会成为社会纯收入的一部分,因为从事此种劳动的工人,可能要把工资的全部价值作为留供目前消费的资财"。[①] 这就是说,这些物质资料分解出来的价值,在这里提到的只是工资,其实还应包括剩余价值,是进入个人消费的。这表明斯密既从物质方面又从价值方面考察问题,所以有这种说法。

李嘉图不是这样考察问题。他错误地认为产品价值全部分解为 v 和 m 后,便逻辑性地认为全部产品都进入个人消费。我们前面引用的那段话之前还有这样一句:"必须了解,一国的产品全部都是要被消费的;但究竟由再生产另一种价值的人消费,还是由不再生产另一种价值的人消费,这里面的区别却是难以想象的。"[②]这里的基本思想是,产品全部被个人消费,没有进入生产消费。至于被哪一种人消费,这是另一个问题。所谓再生产另一种价值的人,就是生产价值和剩余价值的生产劳动者;不再生产另一种价值的人有两种,一种是不生产价值和剩余价值的非生产劳动者,主要是提供服务的劳动者,一种是资本家和地主这类非劳动者。

由于他认为产品是全部进入个人消费的,再加上他认为货币只是流通

---

① 亚当·斯密:《国民财富的性质和原因的研究》(上卷),郭大力、王亚南译,商务印书馆 1972 年版,第 262 页。

② 大卫·李嘉图:《政治经济学及赋税原理》,郭大力、王亚南译,商务印书馆 1962 年版,第 128 页。

手段,是交换的媒介,不会退出流通成为储藏手段,就是说,他将商品交换等同于产品交换,就必然认为生产等于消费,或消费等于生产,因而否认资本主义生产所特有的生产与消费的矛盾和普遍的生产过剩的经济危机的可能性。他说:"任何人从事生产都是为了消费或销售;销售则都是为了购买对于他直接有用或是有益于未来生产的某种其他商品。所以一个人从事生产时,他要不是成为自己商品的消费者,就必然会成为他人商品的购买者和消费者。"①

他只认为,由于生产的盲目性,或生产的比例不当而产生的局部危机是可能的。他说:"某一种商品可能生产过多,在市场上过剩的程度可以使其不能偿还所用资本;但就全部商品来说,这种情形是不可能有的。"②局部危机的产生,是由于这种或某几种商品的生产多于人们对它们的需要;而随着价格、利润的变动,它便归于消失。普遍危机是不可能的,因为总生产带来与其相等的总消费。

应该指出,李嘉图否认普遍危机、肯定局部危机,同他所处的历史条件有关。虽然英国于 1788 年、1793 年、1797 年、1803 年、1810 年、1815 年、1819 年都发生过危机,但它们都是局部的危机,到 1825 年开始发生周期性的普遍的经济危机时,他已经与世长辞了。对于在反对法国拿破仑的战争结束后发生的危机,他是用工商业途径的突然变化,也就是生产的比例失调来解释的。历史条件的限制,是他否认普遍危机的一个原因,但主要原因还在于他的危机理论是错误的。这对逻辑严密、首尾一贯的李嘉图来说是必然的。

第三节　货币理论的错误和危机理论的错误的关系

人们谈论李嘉图的危机理论时,常常引用他的这段话:"产品总是要用产品或劳务购买的,货币只是实现交换的媒介。某一种商品可能生产过多,

① 大卫·李嘉图:《政治经济学及赋税原理》,郭大力、王亚南译,商务印书馆 1962 年版,第 247 页。

② 同上书,第 248 页。

在市场上过剩的程度可以使其不能偿还所用资本;但就全部商品来说,这种情形是不可能有的。”①其实,货币的流通手段职能,包含着发生经济危机的可能性。马克思从商品生产的基本矛盾,即社会劳动和私人劳动的矛盾发展,说明货币的产生后指出,货币作为流通手段,使商品交换分为两个行为,即买和卖,它们在时间上和空间上都可能是分开的,只要一个人卖了之后,不马上继之以买,另一个人就不能卖,经济危机就有了抽象的可能性。既然这样,李嘉图为什么相反地,从货币是交换的媒介中,得出普遍危机不可能的结论呢?

这是因为,正如前面已谈过的,他不了解商品是既具有私人性质又具有社会性质的劳动的产物,它必须交换,而在交换中必然会遇到矛盾;他不了解货币是商品交换中的矛盾发展的产物,它不仅像一般商品那样含有劳动时间,而且直接代表社会劳动。这样,当他谈商品交换时,就看不出其中可能产生的买和卖的脱节;谈货币时,就只看到它方便商品交换的作用,看不到它使买和卖相脱节的作用,否认在这种情况发生时,货币便执行储藏手段的职能。这样,他就不仅把商品交换看成产品交换,而且把资本主义的商品交换看成产品交换,所谓的“产品总是用产品或劳务购买的”,就是这种错误看法的表现。既然资本主义生产是产品生产,货币又只起方便交换的作用,买和卖不会脱节,当然就既不会发生普遍危机,也不会发生局部危机。

那么,他为什么又肯定局部的危机呢?在产品交换的前提下,产品交换在以下两个条件下是不能发生的:第一,一方生产了无用的东西;第二,另一方没有生产什么有用的东西。而在交换已经发展的条件下,一般说来这是不可能的。还有一种情况,就是某些产品不能全部交换完毕,它有一部分是过剩的。其原因是社会劳动在各个生产部门分布不均,有一部分在某一部门过多,另一部分在某一部门过少,前者表现为生产过剩,后者则表现为生产不足,有一部分商品买卖脱节,不能出卖。对于这些商品来说,货币虽然能够方便交换,也无能为力。这就是局部危机。很明显,社会劳动不可能在一切生产部门都过多,因此,普遍的危机是不可能的。

---

① 大卫·李嘉图:《政治经济学及赋税原理》,郭大力、王亚南译,商务印书馆 1962 年版,第 248 页。

这样，我们便可以看到，李嘉图货币理论的错误，使他否认买和卖的脱节，从而否认一般危机。但他却肯定局部危机，否定普遍危机，其原因就不能是货币理论的错误了。他肯定局部危机，并认为其原因是生产中的比例失调，这是正确的。他否定普遍危机，这是错误的，其原因在于他错误地认为生产等于消费。这就是说，他否定普遍危机的原因，最根本的是错误地认为生产等于消费。

第四节 一场关于经济危机的争论

19 世纪 20 年代，欧洲的经济学家就经济危机问题展开了一场争论。李嘉图和穆勒、萨伊站在一边，反对站在另一边的西斯蒙第和马尔萨斯。从争论中，可以进一步理解李嘉图的经济危机理论。

李嘉图积极支持同他一样认为普遍的生产过剩的经济危机是不可能的，只有局部的经济危机是可能的穆勒和萨伊。严格说来，李嘉图在这个问题上是受他们的影响的。他在《原理》的序言中，特别推崇萨伊的危机理论即销路说，认为它“包含许多十分重要的原理，我相信这些原理都是这位杰出的著作家首先加以解释的”。[①] 其实，在萨伊提出完整的销路说之前，穆勒已提出了与销路说实质相同的供需均等说。

穆勒的供需均等说，是建立在认为货币只是交换媒介、买卖不会脱节的产品交换论，以及认为产品价值全部分解为收入的斯密教条的基础上的。他认为，从价值看，每个人的供给就构成其需要，全社会的供给就构成其需要；普遍的危机是不可能的，只有局部的危机是可能的。因为一个部门投入的资本和劳动过多，引起生产过剩时，其他部门则因投入的资本和劳动过少而引起生产不足，这种过剩和不足，可以通过价格和利润率的变动而自发解决。萨伊的销路说认为，生产给产品创造需求，它也是建立在产品交换论和斯密教条的基础上的，同供需均等论实质相同。

① 大卫·李嘉图：《政治经济学及赋税原理》，郭大力、王亚南译，商务印书馆 1962 年版，第 4 页。

李嘉图当然同意他们的理论，因为他的生产消费均等论的实质和他们的相同，并且也是建立在产品交换论和斯密教条的错误理论上的。这里需要指出的是，由于信奉斯密教条，他们在价值上否认不变资本的存在，便看不到不变资本中的固定部分，从一个企业看，是一次购买，多年使用，多年才购买的，因此，该企业的供给和需要，即使撇开其他原因不谈，从价值量来看，每年都是不等的。从全社会的角度来看，要这两者相等，全社会的折旧部分，就要等于更新部分，这在生产无政府状态下是很难做到的。

李嘉图等人反对马尔萨斯和西斯蒙第的肯定普遍的生产过剩经济危机的可能性的理论。马尔萨斯的危机理论是对西斯蒙第的消费不足论的剽窃。前面说过，马尔萨斯认为利润包括在生产成本中，这实质上等于说利润是卖价高于垫支的资本和工资的差额，是价格高于价值的结果。问题是谁支付利润。资本家之间不能用相互贵卖的办法来取得利益。将商品贵卖给工人是可以的，因为他不能报复。但这样一来，有一部分商品就不能出卖，生产过剩就不可避免，因为生产超过了消费。幸好有一个只买不卖、只消费不生产的地主、贵族阶级，他们凭特权取得巨额收入，高价购买、拼命挥霍，普遍的危机才得以避免。李嘉图当然看出，这种理论事实上就是斯密的交换商品支配的劳动决定价值的错误理论，极力对之加以反驳。

马尔萨斯也反对李嘉图的危机理论，认为不是产品交换，而是产品和劳动交换，不是生产等于消费，而是生产大于消费，因为生产物实质上是同劳动交换，而生产发展，是将非生产劳动变为生产劳动，生产增加了，劳动没有增加，消费也没有增加，如果没有地主贵族的挥霍，普遍的危机是不可避免的。

西斯蒙第是和李嘉图同时代的法国古典政治经济学家，也是小资产阶级政治经济学的鼻祖。他用消费不足来说明普遍的危机是不可避免的。他同样认为产品价值全部分解为收入，从这点看产品就由收入购买。但他认为，今年的产品是由去年的收入来购买的。如果逐年生产规模相同，生产便等于收入，也等于消费，就不会发生普遍的危机。但是资本主义是有积累的，生产一扩大，去年的收入就不能全部购买今年的产品，消费小于生产，普遍的危机便发生。积累越迅猛，危机越激烈。解决的办法，只能是减缓积累。他在理论上未能自圆其说，因为减缓不能使危机不发生。

李嘉图在其生命的最后一年即 1823 年，曾赴日内瓦和西斯蒙第面对面讨论经济危机问题。西斯蒙第在其著作中谈及这次讨论情况。从中我们知道，他们把货币问题和国外市场问题撇开不谈。从前面的分析中，我们知道，他们都信奉斯密教条。这就决定了讨论不可能解决问题。

从上述分析可以看出，讨论的双方都只承认有个人消费，不考察生产消费，这表明他们都是在斯密教条的基础上进行讨论的。这样，无论肯定或是否定普遍的经济危机，双方的理论都是错误的。

第十章　对外贸易理论

第一节　对外贸易和利润率

李嘉图同斯密的看法相反，认为一个国家在对外贸易中取得较高的利润，不能提高该国的利润率，因为它将降低该国原有的利润率水平。只有进口的是廉价的工人生活必需品，一个国家的利润率才能提高。

斯密认为，从事对外贸易的个别商人，有时赚得的高额利润会使该国的一般利润率提高，因为其他生产单位的资本会转移到这项对外贸易中来，减少这单位的商品供应，而在需求不变时，价格上涨，这些单位的资本家和外贸商人一样，得到更多的利润。

李嘉图同意斯密的这种看法，即在没有垄断的条件下，国外贸易和国内贸易的利润率，有彼此一致的趋势；但反对斯密的另一种看法，即利润的均等是由利润的普遍上升造成的，而认为这个有利的外贸行业的利润很快就会降到一般的水平。

应当说，斯密的结论是正确的，但分析要改进。当中的规律应当是这样：如进口的生产资料价格较为低廉，不变资本的价值便下降，进口的生活资料价格较为低廉，劳动力的价值便下降，剩余价值率便提高，预付资本缩小，剩余价值量增加，利润率就提高；有些部门在出口中取得很高的利润，是由于它们的商品的个别价值或生产价格，低于世界的商品的价值或生产价格，商品按世界市场价格出售，便得到超额利润，在自由竞争条件下，它转化为并提高了平均利润。

李嘉图在争论时，只突出在对外贸易中某一个行业的高额利润问题，这样他便看不到社会生产力较高的国家在对外贸易中的优势。在这基础上，他根据自己揭示的利润和工资对立的关系，指出进口的如果不是廉价的工人生活必需品，利润率就不可能提高。他说：同机器改良，因而劳动者的食物和必需品能按降低的价格送入市场，利润就会提高一样，“如果我们不自己种植谷物，不自己制造劳动者所用的衣服以及其他必需品，而发现了一个新市场可以用更低廉的价格取得这些商品的供应，工资也会降低，利润也会提高”①；但如从对外贸易中以更低廉的价格取得的商品，全是富人消费的商品，那么利润率便不会发生什么变动。

斯密将其观点运用来分析英国和它的殖民地的贸易。他认为殖民地贸易由于是一种只有英国资本能投入的贸易，所以这种贸易的发展提高了其他一切行业的利润率。然后，他根据其价值由工资、利润和地租构成的错误原理，认为这会提高英国商品的价格，降低英国和其他国家进行竞争的能力。结果，英国对殖民地的贸易虽然扩大了，但对其他国家的贸易却相对缩小了。据此，他主张废除英国对殖民地的贸易垄断，全部实行自由贸易政策，认为这样对英国更为有利。

李嘉图反对斯密的对殖民地实行自由贸易政策的主张。他在理论上认为，一般地说，对殖民地进行贸易，不能提高母国的利润率，因为前面说过，这时若有较高的利润，也会降到原有的利润水平；特殊地说，如从殖民地输入较廉价的谷物，母国工人的货币工资会降低，利润会提高，但不会提高母国商品的价值，因为工资和利润合起来是一个常数；情况不像斯密所说的那样。

应该说，斯密指出的这种情况，即一国在对外贸易包括殖民地贸易中取得较高利润，并提高该国的利润水平，该国商品的价值或生产价格便会提高，是确实存在的。但斯密的解释是错误的。问题不在于李嘉图所说的，由于工资和利润合起来是一个常数，所以它们的相反变化不能影响价值。问题在于：发达国家在国外市场、母国在殖民地市场上出售的商品，其个别价值或生产价格低于该商品在这个市场上的价值或生产价格，按这个市场上的价值或生产价格出售，便会取得超额利润，它转化为平均利润，使平均利润增大，因而该国商品的价值或生产价格会增大。这个问题的实质在于：该国商品在国内市场价值较小，因为价值由该国平均劳动条件决定；在国外市

① 大卫·李嘉图：《政治经济学及赋税原理》，郭大力、王亚南译，商务印书馆1962年版，第112页。

场价值较大，因为该国劳动条件在国外市场上比较优越，同样的劳动时间能形成较大的价值；其中较多的剩余价值由该国资本平均分配，因而该国商品的生产价格便会提高。斯密和李嘉图都不了解这个问题。

李嘉图实际上认为，殖民地向母国输出谷物时实行补贴政策，补贴的部分就是母国得益的部分，母国谷物价格由此便能降低。

李嘉图对殖民地贸易问题的看法，反映了英国产业资本家从殖民地输入廉价谷物的要求。

第二节　比较成本理论

一个国家为什么要进行对外贸易，输出本国商品，输入他国商品？斯密的看法是：由于国家之间存在着自然分工，一国在甲商品生产上有绝对优良条件，另一国在乙商品生产上有绝对优良条件，这样，一国以甲商品和另一国的乙商品交换，资本和劳动都得到最合理的运用，国民财富的生产便能迅速发展。他抹杀了国家的分工还有其重要的历史原因。按照他的说法，如果一国在所有的商品生产上都没有绝对优良条件，它就不可能进行对外贸易了。为了解决这个矛盾，李嘉图便在斯密的看法的基础上进一步指出，一国生产甲、乙商品的条件，虽然都绝对地比另一国生产这两种商品的条件差，但相对地说，生产甲商品的条件的差距小些，生产乙商品的条件的差距大些，这样，一国便应专门生产甲商品，和另一国专门生产的乙商品相交换，对外贸易由此产生。这叫作比较成本理论。

他举了这样的例子：英国生产毛呢需要 100 人的一年劳动，生产葡萄酒则需要 120 人的一年劳动；葡萄牙生产同样的毛呢需要 90 人的一年劳动，生产同样的葡萄酒需要 80 人的一年劳动；英国生产这两种商品的条件都比葡萄牙差；但生产毛呢的条件，英国和葡萄牙是 100 ∶ 90，生产葡萄酒的条件，英国和葡萄牙是 120 ∶ 80，前者的比值较小，这就是说，英国生产毛呢的比较成本较低，它应该专门生产毛呢；反过来说，葡萄牙生产这两种商品的条件都比英国好，但生产葡萄酒的比较成本较低，因而，它应该专门生产葡萄酒；这样，英国以其毛呢和葡萄牙的葡萄酒相交换，对两国都有利。如果两国都生产这两种商品，那么，英国220人、葡萄牙170人的一年劳动，只能生产2单位毛呢和2单位葡萄酒；如果英国专门生产毛呢，便可生产2.2单位(220÷100)毛呢，葡萄牙专门生产葡萄酒，便可生产2.125单位(170÷80)葡萄酒；两国合起来的生产增加了，彼此再进行交换，显然是很有利的。

本来，最理想的办法，是将英国的资本和劳动都移到葡萄牙去。但是，他认为"有种种因素阻碍着资本移出：比方说，资本不在所有者的直接监督下时将会使他产生想象的或实际的不安全感；并且每一个人自然都不愿意离乡背井，带着已成的习惯而置身于异国政府和新法律下"。① 因而，实际可行的办法，是由英国分工生产毛呢，葡萄牙分工生产葡萄酒，然后彼此交换。这是李嘉图自由贸易理论的一种表现。

现在的问题是毛呢和葡萄酒的交换比例如何决定。如果两国既生产毛呢又生产葡萄酒，那么，在英国就应该是1单位毛呢和0.833单位葡萄酒交换，在葡萄牙就应该是1单位毛呢和1.125单位葡萄酒交换，因为这两种交换包含的劳动都相等。但是，现在由英国生产毛呢，葡萄牙生产葡萄酒，这两者的交换比例如何决定呢？

李嘉图认为，英国以其生产的1单位毛呢和葡萄牙生产的1单位葡萄酒交换。他说："英国将以100人的劳动产品交换80个人的劳动产品。这种交换在同一国家中的不同个人间是不可能发生的。不可能用100个英国人的劳动交换80个英国人的劳动，但却可能用100个英国人劳动的产品去交换80个葡萄牙人、60个俄国人或120个东印度人的劳动产品。"②表面看来，这是违反劳动价值学说的。因此，他又说："支配一个国家中商品相对价值的法则不能支配两个或更多国家间互相交换的商品的相对价值。"③这就是说，价值规律在这里有重要的改变。

自从李嘉图提出在对外贸易中可能发生一国的大量劳动和另一国的小量劳动相交换这个在国内贸易中据说是不可能发生的问题后，一个多世纪以来，经济学家们争论不休，至今尚未解决。这里不可能介绍争论的情况，

① 大卫·李嘉图：《政治经济学及赋税原理》，郭大力、王亚南译，商务印书馆1962年版，第115页。

② 同上书，第114页。

③ 同上书，第112页。

只能就李嘉图的有关论述和马克思的有关论述，谈谈个人理解。

对于这个问题，李嘉图有一段很概括的说明。他说："关于一个国家和许多国之间的这种差别是很容易解释的。我们只要想到资本由一国转移到另一国以寻找更为有利的用途是怎样困难，而在同一个国家中资本必然会十分容易地从一省转移到另一省，情形就很清楚了。"①这不外是说，一国之内利润率是相同的，国家之间利润率是不同的。从利润率谈商品交换问题，就是从生产价格的角度谈问题；但是从劳动的大小谈商品交换问题，却是从价值的角度谈问题。我们知道，李嘉图是混淆了生产价格和价值的。矛盾就在这里。

只要区分了生产价格和价值，就可以看出，商品在国内按生产价格交换，虽然利润率是均等的，但两种商品包含的劳动却可能不等，其中的规律是：资本有机构成高的商品，其生产价格高于价值，资本有机构成低的商品，其生产价格低于价值，这两种商品交换，实质上是后者以大量劳动交换前者的小量劳动。李嘉图认为不可能发生的问题，事实上是存在的，只是由于他这时把生产价格看成价值，才看不到这一点。而他观察国与国的交换时明显地感到，越是发达的国家，其利润率越低（他认为这是由于农业生产率越来越低），不同国家的利润率又不能均衡，这样，不同国家生产的价值不同的商品，按生产价格交换，各商品包含的劳动便不相同，从而发生一国以大量劳动和另一国小量劳动交换的问题。这只要把资本有机构成高的看成发达国家，把资本有机构成低的看成落后国家，再分析两国生产价格的形成，问题便可以理解。我们用表 1-7 来说明。

表 1-7　高资本有机构成发达国家和低资本有机构成落后国家：不同平均利润因而不同生产价格

发达国家					落后国家				
资　本	剩余价值	价值	平均利润	生产价格	资　本	剩余价值	价值	平均利润	生产价格
Ⅰ 90c＋10v	10	110	20	120	甲 70c＋30v	30	130	40	140
Ⅱ 80c＋20v	20	120	20	120	乙 60c＋40v	40	140	40	140
Ⅲ 70c＋30v	30	130	20	120	丙 50c＋50v	50	150	40	140

① 大卫·李嘉图：《政治经济学及赋税原理》，郭大力、王亚南译，商务印书馆 1962 年版，第 114 页。

我们看到,发达国家资本Ⅲ生产的商品,和落后国家资本甲生产的商品,价值相同,生产价格不同。按生产价格交换,落后国家1单位商品,便要和发达国家1.166单位商品交换,即发达国家要以151.58的价值或劳动,和落后国家的130的价值或劳动相交换。由于他在考察不同国家间的商品交换时,认为不同国家的利润率是不同的,因此,他事实上是考察生产价格而不是价值,从而认为存在着大量劳动和小量劳动相交换的问题,价值规律要有所改变。

马克思对这个问题也有所论述。他说:"即使从李嘉图理论的角度来看……一个国家的三个工作日也可能同另一个国家的一个工作日交换。"[①]马克思的这个论述,按我个人的理解,包含两层意思。第一,根据表1-7所列,并且根据事实,认为发达国家输出的是资本有机构成较高的重工业产品,如它的资本甲的产品;落后国家输出的是资本有机构成较低的手工业产品,如它的资本丙的产品。双方按生产价格交换,这样,1单位手工业产品便和1.166单位重工业产品交换,即150的价值或劳动和128.26的价值或劳动交换。第二,在世界市场上,商品的价值和生产价格是按进入市场的各国生产商品的平均条件决定的,越发达的国家,其生产价格越低于世界市场的生产价格,越落后的国家情况相反,但都按世界市场的价格出售。由于这样,在上述基础上,大量劳动和小量劳动相交换中的大小差距就更大了。

本来,这一切都可以用劳动价值学说来解释。既然这样,马克思为什么又说在国际贸易的世界市场上,价值规律有"重大的变化"呢?我想,原因可能是:在国内交换中,虽然由于个别商品的生产价格和价值的偏离,存在着大量劳动和小量劳动交换的问题,但在一国之内,这种偏离可以完全抵消,因为总价值等于总生产价格,价值规律充分发挥作用,没有变化;在世界市场上,一些商品按相等的生产价格进行交换,但这些生产价格分别高于或低于国内价值,这样,实现的总生产价格便和它们在国内的总价值不等了。李嘉图不可能这样分析问题。因此,他说的变化和马克思说的变化,其内容是不同的。

这些都是有待进一步研究的问题。

---

① 马克思:《剩余价值理论》(第三册),人民出版社1975年版,第112页。

第三节 比较成本理论和英国产业资本家的利益

如果按照比较成本理论的要求去做,当时正在成为工业国的英国,势必分工制造比较成本低的工业品,其他国家则制造比较成本低的农产品和其他产品,构成发达国家和落后国家进行贸易的格局,前者以小量劳动和后者的大量劳动交换,对英国产业资本家有利。

李嘉图说:"一个在机器和技术方面占有极大优势因而能够用远少于邻国的劳动来制造商品的国家,即使土地较为肥沃,种植谷物所需劳动也比输出国更少,也仍然可以输出这些商品以输入本国消费所需的一部分谷物。"①这里说的是,无论生产何种商品,该国都占有绝对优良的条件,情况和他谈的葡萄牙的条件相同,但得出的结论却和葡萄牙应该生产葡萄酒不同,该国应该生产工业品以换取谷物。这里谈的是英国的情况。但要加上补充,即按照李嘉图的理论,英国在机器和技术方面越占优势,它耕种的土地便越是低劣,工业生产力和农业生产力发展的方向相反。在这前提下,不论和哪一个国家相比,英国工业品的比较成本,总比它的农业品的比较成本小;其他国家的情况则相反。这样就得出"葡萄酒应在法国和葡萄牙酿制,谷物应在美国和波兰种植,金属制品和其他商品则应在英国制造"②的结论。

我们知道,英国从18世纪下半期开始进行产业革命,到19世纪80年代在工业生产上被美国等国赶上为止,作为世界的工厂,它以其工业品同其他国家的粮食和原料相交换。即使撇开它可以利用其工业生产的垄断地位,将工业品以垄断高价出售给其他国家不谈,单从上述的分析中,就可以看出,它确实是以一个工作日和其他国家的三个工作日相交换的。这是它作为一个工业国和其他非工业国,按照价值规律交换商品的必然结果。

当然,非工业国在这种交换中也得到好处,因为它如果不从英国进口工业品,就要自己生产,这样,它生产的工业品就可能比英国的贵,或者虽然比

① 大卫·李嘉图:《政治经济学及赋税原理》,郭大力、王亚南译,商务印书馆1962年版,第114页注。

② 同上书,第113页。

英国的便宜，但不如从英国进口而以其资本和劳动集中生产农产品来得有利，情况就如葡萄牙那样。这当然也是一种利益，但这种利益是以自己的大量劳动和英国的小量劳动交换而取得的。如果这种情况继续不变，英国人只用一分劳动，其消费就能比其他人高两倍，而其他人虽用三分劳动，其消费却仅为英国人的三分之一。如将阶级关系抽掉，抽象地分析问题，结论就是这样。

马克思说："在这种情况下，比较富有的国家剥削比较贫穷的国家，甚至当后者……从交换中得到好处的时候，情况也是这样。"①

① 马克思：《剩余价值理论》（第三册），人民出版社 1975 年版，第 112 页。

第十一章　19世纪20年代至40年代以李嘉图经济理论为轴心的各派经济理论

第一节　马尔萨斯从地主阶级的利益出发，反对李嘉图的经济理论

在《原理》出版前，由于对谷物法存废问题抱的态度不同，马尔萨斯和李嘉图在经济理论上便有分歧。前者认为，由于这法律，英国国内粮价高，地租高，地主需求高，商品价格也高，利润随之也高，因此对谷物法持肯定看法。后者认为，由于这样，工人货币工资高，利润便减少，利润减少，对资本积累不利，对发展生产不利，因此对谷物法持否定看法。

在《原理》中，李嘉图全面阐述了价值分解为工资和利润，超额利润转化为地租(级差地租)的理论，说明工资和利润、利润和地租的对立关系，认为地租是地主阶级对社会生产发展成果的一种掠夺，资产阶级发展社会生产，得益的却是地主阶级。

马尔萨斯反对李嘉图的经济理论，其目的是为地租和地主阶级辩护；李嘉图的经济理论，之所以被马尔萨斯找到攻击的目标，是由于它存在着矛盾。马尔萨斯对准李嘉图不能跨越的两大难关，向他步步进逼。

马尔萨斯攻击李嘉图理论体系中的第一个矛盾：李嘉图认为，工资上涨、利润便下降，可是"工资价值上涨时利润将成比例地下降这一命题，则除非是假定包含等量劳动的商品的价值永远相等，否则就不可能正确，这种假定大概在五百个例子里也难找出一个相符合的"。① 应该说，如果将利润看

① 马尔萨斯：《政治经济学定义》，何新译，商务印书馆1960年版，第15页。

成剩余价值，并且将工作日看成固定的，则李嘉图的上述命题便是正确的。它之所以受到马尔萨斯的攻击，并不是由于这个命题依以建立的前提，即分解为工资和利润的价值由劳动决定不正确，而是由于李嘉图混同了生产价格和价值，错误地认为两种资本的结合比例和商品的上市时间不同，以及在这两种不同存在条件下的工资变动，都使价值变动，这就成为马尔萨斯攻击的对象。因为要资本结合比例相同和商品上市时间相同，商品价值(其实是生产价格)才不变，只有这样，工资上涨，利润便下降这命题才是正确的，而要符合这条件，确实是五百个例子中也难找到一个。这里，并没有涉及李嘉图体系的第一个矛盾：劳动决定价值，劳动和资本交换，利润怎能产生。这是因为，马尔萨斯自己也认为劳动是和资本交换的，所以不能从根本上提出反驳。

马尔萨斯对李嘉图理论体系中的第二个矛盾的攻击是很明确的。前面说过，李嘉图混同了生产价格和价值，便认为在资本结合比例和商品上市时间不同的条件下，工资的变动会影响价值。这是违反他的劳动决定价值学说的。为了维护这学说，他便说劳动变动引起价值的变动是基本的、巨大的，工资变动引起价值的变动则是次要的、弱小的，并且认为这种条件不同只是一种例外。这显然是说不过去的。马尔萨斯抓住这一点，对李嘉图学派说："诚然，李嘉图先生自己也承认他的法则有相当多的例外。这些例外的品类，就是所用固定资本量不等、耐用程度不同、而所用流动资本的回收时期又彼此各有不同的商品。如果我们研究一下这些品类，就会发现其为数之多，使得该法则可以看成例外，而例外倒成为法则了。"①确实，随着资本主义生产的发展，资本有机构成不同和资本周转时间不同，以及由此产生的生产价格和价值不同，不是例外，而是通例。这就难怪马尔萨斯说，李嘉图的例外论是与文明发展不相容的。但他并没有解决李嘉图的矛盾：等量资本推动的活劳动不等，形成的价值不等，为什么利润相等。他解决矛盾的办法是像李嘉图那样，先假定了平均利润率的存在，然后利用斯密的错误，认为价值由交换商品所支配的劳动决定，这劳动包含生产商品所需的积累劳动、直接劳动，以及根据这些劳动按平均利润率计算的利润。

① 马尔萨斯：《政治经济学定义》，何新译，商务印书馆1960年版，第13页。

第二节　欧文等人从无产阶级的利益出发，利用李嘉图的经济理论

恩格斯指出，空想社会主义者从19世纪20年代开始，为了无产阶级的利益，便“利用李嘉图的价值理论和剩余价值理论来反对资本主义生产”，“用资产阶级自己的武器来和资产阶级进行斗争”，“欧文的整个共产主义（指欧文在《新道德世界书》等著作中阐述的空想社会主义理论——编者注）在进行经济学论战时，是以李嘉图为依据的”①，还有几位李嘉图派社会主义者也是这样。

李嘉图的由劳动决定的价值分解为工资和利润即剩余价值的理论，理所当然地被空想社会主义者利用来攻击资本主义生产。

和李嘉图同时代的英国伟大空想社会主义者欧文，完全是从其工厂主的实践来提问题的。1800年到1829年，他成功地经营了一个有2 500人的大棉织厂。他优待工人及其孩子，但工厂仍有巨大的利润。他不满足于这一点，提出问题：“这2 500人中从事劳动的那一部分人给社会生产的实际财富，在不到半个世纪前还需要60万人才能生产出来。我问自己：这2 500人所消费的财富和以前60万人所应当消费的财富之间的差额到哪里去了呢？”②问题提得很尖锐，是以李嘉图的剩余价值理论为依据的。答案是清楚的：差额落到企业所有者的腰包里了。

问题的提法显然是有缺点的。他不应提财富，而应该提价值。李嘉图是区分这两者的。在这基础上，他还应该指出，从前60万人生产的、现在只要2 500人中从事劳动的人便能生产出来的，是产品价值即c+v+m，还是价值产品即v+m。在李嘉图那里，这两者是混淆的。他应该着重指出，从前60万人的劳动形成的价值，大于其消费的价值，其中的差额是利润，它和预付资本之比是利润率；现在2 500人中从事劳动的人形成的价值，比从前

① 马克思：《资本论》（第二卷），人民出版社1975年版，第18页。

② 转引自恩格斯《反杜林论》，载《马克思恩格斯全集》（第二十卷），人民出版社1973年版，第287页。

60 万人的要小，但现在由于劳动生产力提高，他们消费的价值，从每个人来说比从前少，总体看更少，形成的价值和消费的价值的差额是利润，它和预付资本之比是利润率。不这样提出和回答问题，当然是不够的。但是，尽管如此，问题的矛头还是对准资产阶级的。欧文把资产阶级的位置放到李嘉图放置地主阶级的位置上去了。

利用李嘉图的剩余价值理论来反对资本主义生产的，除了欧文和欧文派空想社会主义者之外，还有李嘉图派社会主义者。他们之间的区别在于：前者通过合作制来建设新社会，后者则没有这种思想。在李嘉图派社会主义者中，我们选择了 1821 年出版《民族困难的源泉及其救治》这本小册子的匿名作者，看看他是怎样利用李嘉图的剩余价值理论的。

他把李嘉图称为利润的东西，叫作剩余劳动，认为不论有多少应归于资本家，他总只能占有劳动者的剩余劳动，因为劳动者必须活下去。资本家总要把劳动者可以维持生活的数额以上每一个劳动小时的产品，都从劳动者身上压榨出来，并总要在劳动者的生活资料上打主意，对劳动者说，不应该吃肉，而应该吃萝卜和马铃薯，这样，剩余劳动便可以增加。实际上，劳动者已经处在这种情况中了。这是李嘉图剩余价值理论的进一步运用。

在这个问题上，小册子作者的缺点只在于：把剩余价值还原为剩余劳动后，未能把它归结为剩余价值，而把它叫作资本利息，虽然他表示这资本利息和各种特殊形式的利润、利息、地租不同，即它是一种抽象形式，但终于未能摆脱经济生活中的日常用语而提出一个科学范畴。

重要的是，他提出了对资本的使用不要支付利息的要求。他说，如果不要劳动 12 小时，只要劳动 6 小时，一个国家就真正富裕了。虽然问题提得很含糊，因为这可以有两种理解：一种是，所有有工作能力的人都要劳动，因此劳动者的劳动时间，便可以减为 6 小时，这意味着发展起来的生产力，在摆脱资本的束缚后，仍在发展；另一种是，劳动者只劳动为生产其必需生活资料所需要的那么长的时间，其劳动时间也可以缩减为 6 小时，这意味着摆脱资本的束缚后，生产力不可能再发展，因为没有积累。虽然这样，对资产阶级来说，这是一个可怕的问题。

第三节　李嘉图的门徒使李嘉图学派庸俗化和解体

李嘉图的门徒，首先是穆勒和麦克库洛赫，在“捍卫”李嘉图学派时，使它庸俗化和解体。

他们要通过这个学派的两个难关。第一个难关，他们试图这样通过：穆勒认为，商品的价值，要在工人和资本家之间分配，其份额要由他们之间的竞争来决定，即由供给和需要的关系决定。这就等于说分别等于工资和利润的价值可以由什么都不能说明的供需关系来决定。这是明显地违反李嘉图的基本原理的。他只好说，劳动者确实是供给了东西的。供给什么呢？不可能是生产物。因为劳动者能够占有的生产物，要在他和资本家对产品进行分配后才能决定。那么，劳动者所提供的只可能是劳动。但劳动者供给或出卖劳动，他就应得到劳动形成的全部价值，而如果这样，利润的来源就没有了——这正是李嘉图未能解决的问题。于是他只好说，“在生产完毕以前……资本家常常支付工资来雇用工人，从而购得了属于工人的那一份”。[①] 工资是预先支付的，所以要扣除利息，这利息就是利润。所谓资本家“支付”工资给工人，从再生产角度看，是无稽之谈。不过，我们不谈这一点，用利息解释利润，也是违反李嘉图的基本原理的。

穆勒论述的庸俗化者约翰麦克库洛赫对这个问题是这样论述的，他说：“这并不是说，购买劳动的人，总是以不变量的劳动所生产的同样分量产品来交换同量的劳动”；“事实上，它总是交换到多一点，这多余的部分，便构成利润。没有一个资本家愿意把已经制成的一定量劳动的产品，来交换尚待制造的同量劳动产品。这等于不收取利息的贷款”。[②] 这等于说，资本和劳动交换，是已制成的产品和待制造的产品交换。就劳动量来说，小量的前者和大量的后者交换。其差额是利润。这正是用以攻击李嘉图的马尔萨斯的原理，即利润是商品在交换中所支配的劳动量大于商品包含的劳动量的差

① 詹姆斯·穆勒：《政治经济学纲要》，转引自季陶达主编《资产阶级庸俗政治经济学选辑》，商务印书馆1963年版，第159页。

② 约翰·麦克库洛赫：《政治经济学原理》，郭家麟译，商务印书馆1975年版，第125页。

额，它是在流通中产生的。

他们试图这样通过第二个难关。穆勒认为，利润是生产资料或机器进行劳动的报偿，“它可以称为工资，这样称呼在文字上毫无牵强附会，甚至连一点隐喻的意思也没有；它是这样一种劳动的工资，即不是用手直接去做的劳动，而是用手所生产的工具间接去做的劳动”。[①] 但在解释的时候，他实际上又把机器的折旧费用（他称为年金）看成这种报偿。然后又以这个模糊的概念去解释陈葡萄酒的价值（其实是生产价格）为什么比新葡萄酒大。他说：“酒窖中的葡萄酒的例子同自行工作、不需附加劳动而在一年中消耗的一部机器的例子完全吻合。新葡萄酒——这是一部机器，被它的产品——陈葡萄酒——所代替了，还加上……一种增加的价值。”[②]这就等于说，葡萄酒的酿熟过程，即自然的作用能创造价值。这是李嘉图所反对的萨伊的价值学说。现在的问题是，他怎样说明这样产生的利润会是均等的。李嘉图由于混同了平均利润和剩余价值，便无法说明它，而只能假定它的存在。这正是第二个难关的实质。穆勒同样没有办法说明，只好说：“使用在土地上的资本所得的收益，决定着从资本的其他一切用途所得的年利润率。”[③]为什么这样，他当然无法回答。

麦克库洛赫则把穆勒的思想进一步庸俗化。关于陈葡萄酒价值较大的问题，他的解释是：“葡萄酒藏在地窖时所增加的价值，不是对时间的补偿或收益，而是在酒上所产生的效果或变化的补偿或收益。”[④]这即明白地说，利润是自然产生的。利润为什么会均等化呢？他认为，“工人可以被看作只是需要一定量的劳动制造的机器”，和机器没有区别。这样，“一个商品不管它是由人费了一定劳动量备置的资本的损耗所生产的，或者是由直接用于其上的劳动量所即时生产的，这都无关紧要。在这两个情况中，商品都是由完全等量的劳动生产的……（或）是由等量的资本生产的。实际上，人的劳动和机器的劳动，并无本质上的不同”。[⑤] 这就是说，等量资本不论其有机构成

① 詹姆斯·穆勒：《政治经济学纲要》，转引自季陶达主编《资产阶级庸俗政治经济学选辑》，商务印书馆1963年版，第164页。

② 同上书，第165页。

③ 同上。

④ 约翰·麦克库洛赫：《政治经济学原理》，郭家麟译，商务印书馆1975年版，第177页。

⑤ 同上书，第181页。

如何不同，由于工人和机器都在劳动，所以资本的利润是均等的。机器的作用能创造价值，这种思想也是萨伊的。

在跨越李嘉图学派的两大难关时，李嘉图的门徒就这样使这个学派庸俗化和解体。它和原有的庸俗政治经济学汇合为一种新的庸俗政治经济学，取代古典政治经济学。

第四节　庸俗政治经济学家指控李嘉图为共产主义之父

李嘉图混同了剩余价值率和利润率，这样，利润率的下降便可以被说成是剩余价值率的下降，即工人占有的份额增加，资本家占有的份额减少。庸俗政治经济学家利用这一点来为资本主义辩护，把资本主义描绘成一幅有利于工人的和谐的图画。他们中的代表人物，就是法国的巴斯夏和美国的凯里。他们是在19世纪40年代散布这种思想的。

马克思举了这样一个例子：欧洲国家资本有机构成较高，为84c+16v，剩余价值率较高，为100%，这样，其产品价值为84c+16v+16m=116，利润率为16%；亚洲国家资本有机构成较低，为16c+84v，剩余价值率较低，为25%，这样，其产品价值为16c+84v+21m=121，利润率为21%。马克思由此得出结论："这个亚洲国家的利润率比这个欧洲国家的利润率高25%以上，尽管前者的剩余价值率只有后者的四分之一。凯里、巴斯夏之流一定会得出正好相反的结论。"①只要把产品价值混同于价值产品，即接受斯密教条，就可以把利润率的下降，看成剩余价值率的下降。

巴斯夏和凯里实际上都把一个社会的利润率随着生产的发展而下降，看成剩余价值率下降，即工人占有的份额在增加，资本家占有的份额在减少。

巴斯夏说："比例于资本的增加，社会总产品中分配给资本家的那部分产品的绝对量也会增加，但是相对量却会减少；相反的，分配给劳动者的那

① 马克思：《资本论》（第三卷），人民出版社1975年版，第169页。

部分产品的绝对量和相对量却都会增加。”①资本家占有的份额相对减少，也就是利息（利润）率降低，其反面就是工人占有的份额增加。资本家占有的份额要绝对增加，因为不这样，他就宁可花掉一半资本，这样，便使其份额绝对增加。

这种论调是这样提出来的：先认定总产品即 c＋v＋m 不分解为 c，只分解为 v＋m，然后认为，既然利润率是下降的，那就一定是 m 占的份额减少，v 占的份额增大。

由此，他得出辩护的结论：“资本家和工人们，你们不要再以嫉妒和不信任的眼光来相互看待……你们双方的利害是一致的……你们中间的最巧妙和最公平的分配是在天意这种明智的规律下进行的……”②

凯里的论调也是这样。他认为商品的价值由再生产商品所必需的劳动量决定，它随生产力的提高而下降；资本的价值也是这样。“资本价值的减少，使得无力自备资本因而必须租用的人们为使用资本而支付的那一部分劳动产品也减少了。”③认为资本的价值在减少，一般说来是正确的。但由此得出结论，认为为使用资本而支付的那一部分劳动产品也减少了，却是不正确的。它是由利润率有下降趋势，并错误地认为价值只分解为 v 和 m 推算出来的。

他由此得出同样的辩护结论：“人类整体的长远利益是完全一致的……各个阶层之间的和谐将招致各个民族之间的和谐，全世界将充满对于和平的热爱。”④他特别痛恨李嘉图的理论，因为这个理论揭示了利润和工资、利润和地租的对立。他说，李嘉图的理论体系是仇恨的体系，总是要在各个阶层之间和各个民族之间挑起战争。他甚至指控李嘉图为共产主义之父。

① 弗里德雷克·巴斯夏：《经济和谐论》，转引自季陶达主编《资产阶级庸俗政治经济学选辑》，商务印书馆1963年版，第218页。

② 同上书，第220页。

③ 亨利·查理士·凯里：《社会科学教本》，转引自季陶达主编《资产阶级庸俗政治经济学选辑》，商务印书馆1963年版，第229—230页。

④ 同上书，第245页。

第五节 德国历史学派在方法论上和李嘉图经济理论相对立

德国缺乏产生古典政治经济学的条件。当有条件促使它产生政治经济学时,它只能产生与英国古典政治经济学相对立的庸俗政治经济学,即德国的历史学派。

德国资本主义的发展比英、法晚得多。18 世纪末 19 世纪初,在法国大革命和拿破仑战争的影响下,德国自上而下地废除了农奴制度。1810 年废除了行会制度。1834 年又建立了有 30 多个重要邦国参加的关税同盟。这样,国内市场的障碍逐步消除了,资本主义的发展加快了。但有一个对外税率问题没有解决。因为资产阶级化的封建地主为了输出粮食,主张实行自由贸易,低率征税,产业资本家要与英、法竞争,则主张采取保护政策,高率征税。这样,当英国古典政治经济学作为舶来品,于此时输入德国并被德国产业资本家注意时,其自由贸易政策,以及导致这个政策的政治经济学的方法论和理论便遭到反对。到德国资本主义发展起来的时候,由于英、法的阶级斗争形势以及德国的阶级斗争形势的影响,又使德国缺乏客观地分析经济关系的条件。它产生的只能是历史学派。

作为英国古典政治经济学的对立物的德国历史学派,其特点就是认为德国不能实行自由贸易政策。为此,它反对古典政治经济学所揭示的在一切国家中都起作用的经济规律,反对这个学派揭示经济规律所遵循的方法论,即个人主义、世界主义和物质主义。为了反对个人主义和世界主义,它提出了国家主义,认为国家利益高于个人利益,世界是分裂为国家的,各个国家情况不同;为了反对物质主义,它认为人们的行为不仅受物质利益支配,而且受法律、文化、道德的支配。在这种方法论的指引下,它认为客观的经济规律是没有的,各个国家的经济政策,由该国所处的历史发展阶段决定。历史学派诸子各有一种历史发展阶段划分法,用以证明德国所处的阶段和英国不同,所以不能像英国那样实行自由贸易政策。

这里以希尔特布兰为代表,分析一下其学说在方法论上是如何和古典政治经济学对立的。他在其1848年出版的《国民经济学的现在与将来》一书中，表达了以下的思想。

经济科学的任务，不是揭示经济规律，而是随着国民经济和人类的进化，找寻现代经济、文化的基础和待解决的问题。经济科学不可能是政治经济学，只可能是各国不同的国民经济学，它和国民的语言、文学、艺术和法律一样，是人类精神和工作的产物，不可能像自然科学那样有普遍的规律。

因此，他认为英国古典政治经济学方法论的错误在于：揭示适合于一切时代和一切地方的普遍规律，这是忽视各国的特点，去建立全人类或全世界的经济学；忽视人是社会动物，是文化的娇儿，是历史的产物。人的欲望和性格，人与事以及人与人的关系，都因历史、地理的不同而不同。所以，不仅没有上述的规律，而且没有任何规律；政治、宗教因素和物质利益对人的活动有同等的作用，不应从物质利益出发研究经济科学。

他将经济的发展划分为三个阶段：自然经济、货币经济和信用经济。在自然经济中，人和土地结合在一起，经济生活呈沉滞现象；在货币经济中，土地自由买卖，农民从土地中解放出来成为自由劳动者，产业自由，工商业发达；在信用经济中，信用节省了劳动，经济更为发展。

他记录的是经济现象，并没有说明经济为什么会这样发展。这种划分法虽然是不科学的，但是却等于承认有普遍的经济规律。这是其学说中自相矛盾之处。

古典政治经济学把资本主义看成生产的自然形态，这是错误的，但它揭示的资本主义经济规律，却是一种客观存在。历史学派认为没有经济规律，反对经济科学以揭示经济规律为任务，这是完全错误的。凡是科学都要揭示规律。从这一点上说，历史学派是政治经济学的坟墓。

第十二章　李嘉图摈弃的利润理论和新李嘉图学派的利润理论

第一节　问题的提出

古典政治经济学家李嘉图最终不能解决的利润来源和平均利润率的形成问题，其他资产阶级经济学家当然也不可能解决。这个问题，是由无产阶级政治经济学的创立者马克思科学地予以解决的。但是，第二次世界大战后，在英国形成了所谓的新李嘉图学派，其奠基者和重要领袖，就是主编《李嘉图著作和通信集》的斯拉法教授。斯拉法读了李嘉图生前未发表的有关价值理论的著作，从中找出解决利润理论的线索，然后以李嘉图的价值理论为基础，运用李嘉图的抽象法和里昂惕夫的投入产出分析法，提出了在既定生产技术条件下各生产部门的产品价格、工资率和利润率的计算模型，用以解决经济学的最大难题。这件事情引起了经济学界的重视。斯拉法到底有没有解决，或者说，在马克思解决了这个问题以后，斯拉法有没有用不同的方法解决了李嘉图不能解决的利润问题，这是要弄清楚的。

我读了斯拉法的重要著作《用商品生产商品》、他为李嘉图的《原理》剑桥版所写的"编者序言"，以及李嘉图身后才发表的关于价值理论的著作后，觉得情况不是这样。实际的情况是：李嘉图自己予以摈弃的、并且确实是违反劳动价值学说的利润理论，斯拉法却把它捡起来，并加以发展，提出一种违反李嘉图的基本原理的利润理论，而自认为这是李嘉图理论的回归。不过，李嘉图自己摈弃的利润理论，是经过了几个庸俗经济学家的利用，才传到斯拉法手里的。

第二节　李嘉图的谷物比例利润率理论

在写作《原理》之前，李嘉图的利润理论是谷物比例利润率理论。其内容是，生产基本粮食即谷物的资本的利润率，决定其他资本的利润率；而生产谷物的资本的利润率，取决于产出的谷物大于投入的谷物的比率，投入的谷物包括消耗的生产资料，而种子、肥料、农具和工人的工资即消费资料，主要的也是谷物。这种思想，用李嘉图的话来说就是，“决定所有其他行业的利润的是农场主的利润”，因为农业资本和其他资本的相互转移，使利润均等；而农场主的利润则这样决定：“假使某个人在这样的土地上使用的资本，其价值相等于小麦200夸脱……假使于重置……资本之后，余下的产品价值是小麦100夸脱，或100夸脱的等值，则所有主资本的净利润是50%，即资本200获利润100。”①

在这里，李嘉图虽然说明了农业资本的利润的产生，但没有说明其他资本的利润的产生，因而在这基础上，他用自由竞争的办法来说明其他资本也要有利润，并且要和农业资本的相等，是不科学的。马尔萨斯和他通信时，对他的这种理论提出了异议。马尔萨斯指出，在任何生产中，产出的产品和投入的预付资本，都不会具有完全相同的性质，因此，决不能提出产品的物质形态的比率，以此来决定一般资本的利润率。李嘉图考虑了马尔萨斯的反对意见，在写《原理》时摈弃了这种利润理论，而认为利润是由劳动形成的价值分解而来的，对任何生产部门都一样。

斯拉法对李嘉图的这种理论加以发挥，认为确定农业利润对资本的比例，是直接根据谷物的数量进行的，不涉及任何估价问题；只有农业这种行业处于不利用其他行业的产品作资本，所有其他行业却必须使用它的产品(粮食)作资本的特殊地位，“由此可以推论，如果所有的行业要有一种一致的利润率，那么其他行业的产品相对于其本身资本(相对于谷物)的交换价

① 大卫·李嘉图:《论低价谷物对资本利润的影响》，载斯拉法主编《李嘉图著作和通信集》(第四卷)，蔡受百译，商务印书馆1980年版，第13页。

值必须调整得能够提供谷物生产中所确立的利润率。因为在后者之中，产品和资本是由同一种商品构成的，任何价值的变动都不会改变其间的比例”。[①] 这样，斯拉法便在李嘉图的理论中，加上了自己的思想，即各行业要和农业一样有一致的利润率，从而它们的产品的交换价值要根据其生产中必须使用的谷物（工人消费必需）的价值进行调整，使其获得的利润和农业的利润相同，农产品和其他产品的交换价值就是这样确立的。

李嘉图的谷物比例利润率理论，是在法国重农主义的影响下提出来的。重农主义把使用价值看成价值，因而认为剩余价值（他们称为纯产品）就是生产出来的使用价值，大于在生产中消耗掉的使用价值的余额，只有农业部门才生产纯产品。在他们看来，工人和资本家在生产中所消耗的工资和利润（他认为这是资本家进行劳动的工资）的价值，只是不增不减地加到产品中，所以，纯产品不是在任何生产中都存在的劳动创造的；在农业部门中起作用的，除了劳动，还有自然力，由于自然界的恩惠，农业的生产量比其在生产中耗费的种子、肥料、工资、利润大些，其中的差额便是纯产品——他们认为是地租。

重农主义有这种看法是很自然的。笼统地看，它也是正确的。重农主义产生于法国大革命之前的法国。当时法国的资本主义较为落后，贸易和航海不发达，雏形的资本家还参加劳动，利润和这种劳动的工资结合在一起。由于这样，在农业生产中，作为商品买来的生产资料比工业部门少些，工人和资本家消费的绝大部分是自己生产的农产品，可以从物质方面即使用价值来衡量产出大于投入的数量和比例。但是，对于工业生产，无论如何不能这样考察，因为在工业生产中，投入和产出的使用价值是不同的。即使对农业生产，在英国也不能这样考察，因为英国贸易、航海较为发达，农业生产中的生产资料、工人和资本家消费的必需品，大多是作为商品买来的。这就是说，资本主义生产发展了，如果缺乏正确的价值概念，就无法理解剩余价值在一切生产部门中是如何产生的。

李嘉图所处的历史条件和重农主义者不同。他这样分析农业利润的产

① 大卫·李嘉图：《政治经济学及赋税原理》，郭大力、王亚南译，商务印书馆 1962 年版，第 381 页。

生，并由此推论其他行业利润的产生，并认为农业利润率决定其他行业的利润率观点是完全错误的。因为在英国的条件下，即使是农业利润也不能这样说明，更不用说其他行业的利润了。李嘉图后来摈弃这个理论无疑是正确的。

李嘉图摈弃不用的理论，却被庸俗经济学家捡起来，作为辩护之用。

穆勒就是这样。前面说过，他认为新葡萄酒酿熟为陈葡萄酒后，后者增加的价值即利润，是新葡萄酒这部“机器”创造的。但他没有说明利润率的高低如何决定。这时，他搬用了李嘉图的理论。他说，使用在土地上的资本所得的收益，决定其他一切用途的资本所得的年利润率，自然也决定着在酒窖中改进葡萄酒所使用的资本的年利润率；对一种收益所作的说明，也就是对另一种收益的正确说明。

德国庸俗经济学家卡尔·阿伦德更把这种理论发展为原始的森林利息率理论。他在其《与垄断精神及共产主义相对立的合乎自然的国民经济学》中，为了说明利息率的水平，十分天真地说：“在财物生产的自然进程中，只有一个现象，已经充分开发的国家，看来在一定程度内负有调节利息率的使命；那就是欧洲森林的树木总量由于树木的逐年增长而增加的比率。这种增长完全不以树木的交换价值为转移，而按每一百棵增加三棵到四棵的比率来进行。因此，不能指望它（利息率——引者）会下降到最富有的国家的现有水平以下。”①这就是说，欧洲森林每年每百棵增加三至四棵，增长率为3%—4%，利息率由它决定。马克思讽刺地称这为“原始的森林利息率”。在这里，投入和产出都是树，使用价值完全相同，并且没有人类劳动投入，树木的增加完全是自然力作用的结果，因此他说，树木的增长完全不以树木的交换价值为转移。但如果这种谬论能够说明利息的产生和利息率的高低，那就等于把魔术信以为真。

以上两个庸俗经济学家都是以一个生产部门的利润率或利息率来说明社会上均等的利润率或利息率；这个部门的产品，从物质上看，和投入的资本相同。他们的不同在于：穆勒认为，农业资本的利润是资本创造的；阿伦德认为，原始的森林利息是自然创造的。

---

① 马克思：《资本论》（第三卷），人民出版社1975年版，第407页。

第三节　新李嘉图学派的利润理论

新李嘉图学派奠基者斯拉法的利润理论，是对被李嘉图摈弃的利润理论的发展，因而是违反李嘉图后来建立的理论体系的基本原理的。

斯拉法运用了李嘉图的谷物比例利润率理论的方法论，即认为有一种标准商品，其投入的生产资料和产出的产品，在物质形态上是相同的，因而其产出超过投入的比率，完全不必用价值，而只用物质数量便可以计算，并且这个超过量不论分配为工资和利润时，两者的比例发生何种变动，都不会影响这种标准商品的价值。在这基础上，他又根据自己对李嘉图这个理论的理解，即谷物生产可以不使用其他生产部门生产的产品，而其他生产部门却必须使用谷物（工资的购买对象）才能生产，认为这种标准商品是用来估算工资的。这样，当生产标准商品的部门的利润率已定时，它的利润率便决定其他生产部门的利润率。后者的产品的价格，便要依据生产它的生产资料的价值和已定的利润率进行调整，使这价格包含的利润，同依据生产资料的价值和已定的利润率计算出来的利润相等，其道理和谷物利润决定其他行业的利润一样。这样，利润的产生和利润率的均等化问题，就似乎解决了。

他是在寻求李嘉图没有寻求到的不变的价值尺度的基础上展开其利润理论的。李嘉图认为，不变的价值尺度必须具备三个条件：生产它的劳动时间不变，生产它的两种资本的结合比例，以及它的上市时间，要和由它衡量价值的商品完全相同。李嘉图认为，符合这条件的商品是没有的。我们知道，李嘉图事实上是在寻找生产价格不变的商品。马克思已经指出生产价格永远符合于价值的条件，但马克思并没有提出什么不变的价值尺度，这不仅是因为价值随着生产力的变化而变化（这是必然发生的），与价值相等的生产价格也必然发生变化，而且更重要的是因为价值尺度是代表社会劳动对私人劳动进行质的承认，并以此为前提对它进行量的计算，这个问题不是找出一个不变的价值尺度（从生产它的劳动时间必然发生变化来说，不可能有不变的价值尺度）所能解决的。

他根据李嘉图对工资变动，从而利润率变动，引起价值（其实是生产价格）变动的分析，即认为这要取决于两种资本的结合比例和商品上市时间的长短。假定商品上市时间即资本周转时间为一年，然后指出价值的变动不仅取决于生产这种商品时所使用的劳动和生产资料的比例，还要取决于这种生产资料本身被生产时，和生产生产资料的生产资料本身被生产时，以及由此上推，最后的生产资料本身被生产时，所使用的劳动和生产资料的比例。用我们的话来说，就是不仅新创造出来的价值，可能与生产价格不一致，而且转移下来的旧价值也是这样。要这两者一致，便要遵守许多条件。

斯拉法认为，这个条件是：生产中消耗的生产资料的比例，和这些生产资料产量的比例相同。因为从一个商品看，其价值中的新价值（他称为纯产品），由于是分解为工资和利润的，这个部分的大小就不会因工资或利润的变动而变动；其价值中的旧价值即生产资料的价值，其中的纯产品也是这样；由此上推，最后的生产资料全部是纯产品，它当然也是这样。因此，只要生产这商品的全部生产资料和纯产品的比例都相同，那么，工资和利润不论如何变动，其价值（其实是生产价格）都不发生变动。上述条件便能满足这要求。他认为符合这条件的具体商品是没有的，合成商品却是有的。他列举如下：

90 吨铁＋120 吨煤＋60 夸脱小麦＋$\frac{4}{16}$劳动→190 吨铁

30 吨铁＋75 吨煤＋90 夸脱小麦＋$\frac{4}{16}$劳动→285 吨煤

30 吨铁＋30 吨煤＋150 夸脱小麦＋$\frac{8}{16}$劳动→380 夸脱小麦

总计　150 吨铁＋225 吨煤＋300 夸脱小麦＋1 劳动

在这里，生产中消耗的生产资料的比例是 150 ∶ 225 ∶ 300，这些生产资料的产品数量的比例是 190 ∶ 285 ∶ 380，两者相同，都是 1 ∶ 1.5 ∶ 2；各种纯产品对其生产资料的比例是：铁为（190－150）÷150＝26.6％，煤为（285－225）÷225＝26.6％，小麦为（380－300）÷300＝26.6％，也完全相同。因此，其中作为不变的价值尺度的商品由这个比例合成：1 吨铁 ∶ 1.5 吨煤 ∶ 2 夸脱小麦。他称这种商品为标准商品，这种纯产品为标准纯产品，这些部门为标准部门。

在这里，他并没有告诉我们这些纯产品为什么这么大，也没有告诉我们它如何分解为工资和利润。他只告诉我们，纯产品必须和生产资料有一致的比例(在这里是26.6%)，只要这样，不管工资和利润如何变动，这标准商品的价值都不变。

他认为工资不是资本的垫支，而是纯产品的一部分；纯产品的另一部分是利润，它只和生产资料成比例，不和生产资料加上工资成比例——这是和李嘉图不同的。假定工资占纯产品的24.8%，即在纯产品为26.6时，工资为6.6，那么，利润便为20。和这纯产品对应的生产资料为100，这样，利润率便为20%。这是标准利润率。由这生产资料生产的产品的价值，便由100(生产资料)、20(利润)和6.6(工资)构成。很明显，这里事实上谈的是生产价格，但是这三个构成部分只是一种相对关系即比例，因此，它是相对生产价格。

他认为，只要用标准商品相同数量的等价物支付工资，标准利润率便能决定实际经济体系中的利润。实际经济体系中的纯产品，和标准体系中的标准纯产品是不同的，因此没有理由认为，前者扣除工资后余下来的利润和生产资料的比率，会和标准利润率相同。但是，他认为这时实际经济体系中商品的价格，必须按这个原则进行调整，即价格中包括的利润的价值，要等于社会使用的实际生产资料价值的20%(假定这是标准利润率)。只有这样调整价格，利润率才和标准利润率一致。这样，他就以为既解决了利润的产生问题，又解决了平均利润率的形成问题，并且是根据李嘉图的谷物比例利润率理论来解决的。

斯拉法将上述分析加以总结时说："相同的利润率，在标准体系中是作为商品的**数量**之间的比率得出的，在实际体系中则是由**价值**总量的比率得出。"①

现在的问题在于：他如何说明纯产品，尤其是标准纯产品的产生和其量的决定，以及它划分为工资和利润的规律。只有这个问题解决了，才能说明他既利用李嘉图摈弃的利润理论，又遵守李嘉图的基本原理，而且能够跨越

① 斯拉法：《用商品生产商品》，巫宝三译，商务印书馆1979年版，第29页。

李嘉图学派的两大难关。

显然，他不可能说明标准纯产品是生产资料支配的活劳动形成的，其大小由劳动时间决定；他也不可能用工资支配的活劳动来说明，因为工资不是垫支的资本，并且它是作为产生纯产品之后对纯产品进行分配的结果归于工人的。他只能用不产生这样的标准纯产品，不变的价值尺度便是不可能的来说明它的产生和量的大小。这样，他便把纯产品的产生看成生产资料自身的结果，和劳动没有必然的联系。这是违背李嘉图的基本原理的。

关于工资的决定问题，他将工资分为生存工资和剩余工资两部分。前者对于工人，一如燃料之对引擎，饲料之对牲畜，他将其列入生产资料。后者是可变的，是属于生存用品以外的商品。因此，两种工资合起来是可变的，它取决于资本家和工人的斗争。按照其理论逻辑，纯产品扣除剩余工资后的余额便是利润。工资取决于两个阶级之间的斗争，这是对穆勒的工资理论的回归。

新李嘉图学派原来是违反李嘉图基本原理的学派。

结论：李嘉图在政治经济学史上的地位

对李嘉图的经济理论的分析表明，在资产阶级经济学家中，李嘉图在政治经济学史中占有最重要的地位。政治经济学史要揭示作为一门科学的政治经济学，首先是研究资本主义生产关系的政治经济学产生的规律。这种政治经济学，最初由英国古典学派奠定基础，最后由马克思对古典学派的理论加以扬弃而创立。在这当中，李嘉图的经济理论既是古典学派的完成，又是马克思的经济理论的重要出发点。不仅如此，由于李嘉图的经济理论说明了工资和利润的对立关系，表明了利润率的下降趋势是资本主义生产具有历史局限性的标志，它还导致了某些空想社会主义者提出变资本主义为社会主义的要求和方案。马克思根据对资本主义生产方式基本矛盾的分析，得出了社会主义必然代替资本主义的结论。空想社会主义发展为科学社会主义。政治经济学从一门研究资本主义生产关系的科学，发展为一门研究历史上各种生产关系发展规律、包括社会主义生产关系的科学。

李嘉图在政治经济学史上的地位，可以分三方面来谈。

李嘉图是英国古典政治经济学理论的完成者。英国古典政治经济学是资本主义生产关系的最初的科学的说明者。它对政治经济学的最重要的贡献，是奠定了劳动价值理论和剩余价值理论的基础。前者是分析资本主义这个商品生产制度的理论基础，后者是以前者为前提，揭示资本主义生产本质的理论基础。缺少这两者，资本主义生产关系的科学研究便成为一句空话。它的创始人威廉·配第，虽然提出了劳动价值学说，但认为只有生产金银（货币）的劳动才是形成价值的，生产其他产品的劳动，要在这些产品和金银交换后，才在这个意义上形成价值；他虽然也提出了剩余价值学说，但认为地租就是剩余价值。亚当·斯密，虽然克服了配第的矛盾，提出了生产一切产品的劳动都形成价值，这价值要分解为工资、利润和地租（后两者就是剩余价值)的学说,但又认为价值是由工资、利润和地租构成,这三者各有其源泉。李嘉图批判了前人学说的矛盾,提出了生产商品的劳动决定价值,价值分解为工资和剩余价值(利润)的伟大学说,并以此为其理论体系的基础。

李嘉图虽然不能克服古典学派由于资产阶级世界观的局限性而具有的理论缺陷,但他对这些问题的分析,绝大多数已达到这个学派的顶点,其中对价值变动原因的分析,确实是在迷误中显示出天才,为马克思解决这个矛盾,提供了充分的思想材料。

李嘉图的经济理论是李嘉图派社会主义者的思想武器。李嘉图派社会主义者不仅利用李嘉图的剩余价值理论以攻击资本主义生产,而且根据李嘉图对资本主义生产的历史局限性的看法,提出了以另一种生产代替资本主义生产,以公有制代替私有制的主张。作为改造私有制的第一步,他们提出在私有制和商品生产存在的条件下,消除商品交换的矛盾、生产者全部获得其创造的价值的方案;创办劳动交换商场,商场中以劳动货币代替货币。劳动货币的思想也是来自李嘉图。因为在李嘉图看来,价值只有量的规定问题,没有质的承认问题。提出劳动货币方案的空想社会主义者认为,劳动货币就是证明生产商品所耗费的必要劳动时间的凭证。小生产者送来商品,领取劳动货币,用以换取含有同量劳动的其他商品。由于它不是代表社会劳动的货币,不能解决商品是否为别人所需要这个质的问题,因此种种试验都归于失败。但是,李嘉图派社会主义者提出的问题,却启发人们去找寻答案。

李嘉图对马克思创立无产阶级政治经济学的影响极大。李嘉图贡献的重要经济理论,他的理论体系中存在的缺陷和矛盾,他在通过难关时的迷误,以及由他的理论而产生的李嘉图派社会主义者的种种改革私有制的方案,都促使马克思在无产阶级世界观的指导下,对英国古典政治经济学进行扬弃,创立无产阶级政治经济学,并指出资本主义生产方式由于存在着不可克服的矛盾,必然被社会主义所代替。

马克思在资本主义生产方式是生产的一种历史形态的基础上,在生产关系是人与人的关系的前提下,研究生产关系各方面的规律和反映生产关系的经济范畴。马克思解决和克服了李嘉图理论体系的矛盾和缺陷。他指出商品生产的基本矛盾、商品的二因素、生产商品的劳动的二重性、价值的实体、价值形态的发展、货币的本质;他提出劳动力成为商品的伟大学说,通过了李嘉图学派的第一个难关,建立了科学的剩余价值理论,认为工资只是劳动力价值的转化形态;他根据劳动的二重性的学说,提出不变资本和可变资本、资本有机构成这些重要经济范畴,并以此为基础,分析了资本主义积累的规律;他提出了价值转化为生产价格、利润转化为平均利润的学说,通过了李嘉图学派的第二个难关,说明了资本有机构成和周转时间不同,在形成生产价格和平均利润中的作用;他以资本有机构成学说,说明了利润率趋于下降的原因是生产力的发展;他以生产价格和价值理论,肯定了绝对地租的存在和劳动价值学说并不矛盾;他批判了斯密教条,说明了社会资本再生产的条件和普遍的生产过剩经济危机的必然性;最后,他通过对资本积累的分析,指出资本主义生产方式的基本矛盾日益尖锐,社会主义必然代替资本主义。

李嘉图的经济理论,从其产生时看,是反对封建主义、地主贵族,发展资本主义生产,为资产阶级谋利益的理论武器。但由于历史辩证法的作用,它后来又成为无产阶级反对资本主义生产的理论武器和创立政治经济学的理论来源:这就是李嘉图在政治经济学史上的地位。

第二部分

李嘉图经济理论研究

（本部分内容根据陈其人先生著、上海人民出版社2009年4月出版的《李嘉图经济理论研究》一书校订刊印）

自　　序

在这里，我谈两个问题：一是为何要写这本书；二是如何写这本书。先谈第一个问题。

我在大学经济系求学时，"经济思想史"是必修课，课程中当然讲到李嘉图的经济思想。但是当时没有留下深刻的印象。修读该课后，我找到李嘉图的《经济学及赋税之原理》（中华书局 1936 年出版，郭大力和王亚南译）来读。首先读第二章"地租论"，其中第二节有这样的话："使用了原有不可灭的土壤力，必须给地主一部分生产物。这即所谓地租。地租，往往与资本的利息、利润混同……"①就是这几句简单的话，深深地吸引了我。我想这是多么深刻的抽象力呀。如果阅读该书能培养我的抽象力，该有多好。这是 1946 年暑假的事。从此我就断断续续地先啃这本书的前六章，因为马克思说最重要的理论问题就在这六章。

读着读着，许多包含着深刻理论的句子，常常出现在我眼前。例如，"地租是高昂价格的结果，而不是高昂价格的原因"。② "地租和工资的提高以及利润的跌落通常是同一原因的必然结果；也就是食物的需求增加，生产食物所必需的劳动量增加以及由此引起的劳动价格腾贵这一原因的必然结果。即使地主放弃全部地租，劳动者也得不到丝毫好处。"③"当英国货币减少而使英国商品的自然价格降低时，法国货币价值增加却使法国商品和葡萄酒的自然价格提高了"。"这是通过贵金属的分配情况来实现的。"④这是复杂问题简单化或理论化，这简直是一句就是一篇文章，甚至一本书。它们的含

① 大卫・李嘉图：《经济学及赋税之原理》，郭大力、王亚南译，中华书局 1936 年版，第 33 页。

② 大卫・李嘉图：《政治经济学及赋税原理》，郭大力、王亚南译，商务印书馆 1962 年版，第 351 页。

③ 同上书，第 352—353 页。

④ 同上书，第 293 页。

义，读者可以在本书中得到回答。

这里，我想谈一谈阅读《政治经济学及赋税原理》对我理解《资本论》中有些论述的帮助。那是1951—1952年的事情了。但是，我记忆至今。当时我在教育部举办的政治经济学研究生班学习。读《资本论》时，遇到这么一段话："一个国家的资本主义生产越发达，那里的国民劳动的强度和生产率，就越超过国际水平。因此，不同国家在同一劳动时间内所生产的同种商品的不同量，有不同的国际价值，从而表现为不同的价格，即表现为按各自的国际价值而不同的货币额。**所以，货币的相对价值在资本主义生产方式较发达的国家里，比在资本主义生产方式不太发达的国家里要小。**"①对于其中我所标为黑体的文字，我们全班20多人，没有一个人读懂。问老师，也不得要领。后来我请教一位学对外贸易的。他说："应该反过来，发达国家的货币值钱。"这样一来，我更感到问题需要研究。

还是读李嘉图的《政治经济学及赋税原理》帮助我理解马克思的论述。李嘉图认为，对外贸易是会影响一国物价水平的。他说：通过外贸，"在生产方法有所改良的国家中，物价会提高，而在没有发生变化，但有一种有利的对外贸易被剥夺的国家中，物价倒会下落"。② 他认为其原因，不是斯密所说的在商品方面，而在货币价值方面，即货币价值变化使商品价格发生相反的变化。他认为，其所以如此，是由于某国例如英国，制造业发达，商品出口增加，货币进口增加，这样，"货币价值就会比任何其他国家更低，而谷物和劳动的价格相对说来则会更高"。③ 如果是经济落后国，商品进口增加，货币出口增加，货币价值就升高，商品自然价格就下降。

这里的指导理论是错误的货币数量论。虽然这样，还是启发了我。只要将其加以改造，以马克思的劳动价值理论和国际价值理论来进行分析，就能解决问题。

马克思对李嘉图的货币相对价值变动的理论，只接受货币相对价值会因外贸而发生变动的思想，但不认为这是由货币的数量变化引起的。在马克思

---

① 马克思：《资本论》(第一卷)，人民出版社1975年版，第614页。

② 大卫·李嘉图：《政治经济学及赋税原理》，郭大力、王亚南译，商务印书馆1962年版，第118页。

③ 同上书，第123页。

看来，资本主义发达国家和落后国家在相同时间内生产同一种商品，前者由于劳动生产率较高而在世界市场上实现更多的价值的同时，也得到更多的货币。这更多的货币可以从两方面看：(1)比落后国家多，这就是说，在世界市场上获得一单位货币，发达国家花的劳动比落后国家少些；(2)比国内市场多，这就是说，发达国家获得一单位货币，在国外市场花的劳动比在国内市场少些，货币价值比在国内市场低些。但是，货币在国外市场和国内市场之间流通，货币从价值低的地方向价值高的地方流动，结果，发达国家货币价值降低，落后国家货币价值提高；发达国家的货币价值比原来的降低了。这个过程的另一面就是：发达国家物价水平提高，落后国家物价水平降低。

为了加深对马克思这一理论的理解，我们可以回顾一下这样一段历史：美洲发现富饶银矿，其劳动生产率较旧大陆高，银子输入旧大陆，使旧大陆劣矿退出生产，因而银的价值下降，反过来物价就上涨(这就是经济史上说的“价格革命”)。现在，不是在海外发现富饶的金银矿，而是发现一个有利的市场，在那里出售商品比在国内可以得到更多的金银货币，这就等于用较少的劳动就换来1单位货币，货币相对价值下降，也引起物价上涨，情况同发现富饶的金银矿有些相像。所不同的只是，不是用劳动开发金银矿去生产货币，而是用劳动生产了商品再在有利的世界市场上换取货币。正因为不是用劳动去生产，而是用劳动经过交换去换取，所以就不是货币的绝对价值而是相对价值发生变动。

我曾在另一场合说过：马克思这一理论，开辟了一条研究物价问题的新途径。这就是从外贸影响纸币价值(代表金的价值)和价格标准去研究物价问题。在自由贸易条件下，有利和不利的外贸对货币相对价值的影响，已见上述。在纸币流通和自由汇兑条件下，在有利和不利的外贸中增加或减少纸币，对纸币流通量、从而对价格标准的变动和物价水平的变动都有影响。过去，从这条途径去进行研究的似乎很少。现在，可以从这一途径出发而开辟一个新的领域。

根据这一理论，我大胆提出这样的假设：两个经济高度发展的国家，其中一个比另一个：出口总额占国民生产总值的比重大些，贸易顺差大些，其货币的相对价值就低些，物价就高；反之，就相反。历史上，英国属于前者，美国属于后者，所以，英国的物价高于美国。

在写作本书的过程中，我深深感到百家争鸣、相互切磋的重要。正如我们将看到的：马尔萨斯对李嘉图理论的批评，有的是致命的，就是使李嘉图将一些命题推倒重来（例如，李嘉图最初以谷物生产的利润率推论社会平均利润率，即从使用价值方面分析谷物生产的投入与产出之差，不涉及价值来说明社会平均利润率的形成，被马尔萨斯批评，因而摈弃此说）。而李嘉图对马尔萨斯的批评也同样厉害：认为他的地租理论是为寄生虫辩护。但是，这丝毫不影响他们的私人交情；为了讨论问题，他们往来密切，有时一方住在另一方家里……李嘉图和西斯蒙第在危机理论方面是对立的。但是，前者逝世前，还到日内瓦与后者面对面讨论经济危机理论……联系到我们的情况，真是感慨万分！

再谈第二个问题。如何写这本书，我是思考了很久的。我深感读懂李嘉图的重要著作《政治经济学及赋税原理》是不容易的。该书出版时，李嘉图自己认为在英国读懂它的只有 25 人。幸而后来马克思对它进行了深刻的剖析，为后来的读者创造了条件。为了读懂它，我阅读了《马克思恩格斯全集》（第二十六卷）和《反杜林论》第二篇“《政治经济学》的批判史”一节（事实上是马克思写的）。我是根据马克思的著作用马克思的观点来写这本书的。

本书的主要内容，从 7—20 部分，安排的理论逻辑如下：价值理论、货币理论、资本理论、剩余价值理论、工资和利润理论、地租理论、机器使用的界限及其对各阶级的不同影响、危机理论、国际分工理论和国际交换理论、英国的对外贸易问题、与权威论战及在其中暴露出李嘉图的弱点、19 世纪 20 年代至 40 年代以李嘉图经济理论为轴心的各派理论、李嘉图经济学说的庸俗化及其学派的瓦解、马克思的经济理论是对李嘉图的经济理论的积极扬弃。

以上这些内容，不是根据李嘉图的《政治经济学及赋税原理》各章顺序，而是根据马克思的政治经济学体系来写的，用此改造李嘉图的叙述方法。

需要特别指出的是，在论述李嘉图的价值理论时，大体上根据《政治经济学及赋税原理》第一章“论价值”第七节的内容和顺序来写的。这很有必要。因为李嘉图的经济理论最难理解的，就是第一章“论价值”和第二章“论地租”。第一章“论价值”之所以难读，是由于这里有理论逻辑的跳跃。这就是他未经说明就假定平均利润的存在及其大小。（如果他说明一个企业的平均利润是怎样形成的，那他会明显看到，它和由剩余劳动决定的剩余价值在绝大多数情况下，其大小是不相同的。）也就是将平均利润等同于利润或剩余价值。这样，他就必然将生产价格的形成受工资和平均利润的影响，看成价值在劳动以外也受工资和平均利润的影响，这样他就修改了价值只由劳动决定的理论。对于这里的说明我想有的读者还不易理解，但我相信，随着阅读本书的内容会慢慢理解的。我现在这样的写法，目的就是让读者按照《政治经济学及赋税原理》第一章的顺序，理解其中最难懂的地方。关于李嘉图为何修正劳动价值理论这一问题，最难理解；所以，我在不同的地方不怕重复地运用马克思的理论加以解释。所有这些，敬请读者理解。

在这里，我还要说明的是，从21—24部分，涉及的马克思以后发生的事情，那是我对它们的评论。当然，也是我运用马克思的观点来进行评论的。

在写作过程中，我也参考过一些经济学说史的论著。例如陈岱孙所著的《从古典经济学派到马克思》一书中所论述的基本理论，如价值学说、剩余价值学说等四个方面的学说，我在本书中虽然列出了李嘉图经济理论的十多个方面的内容，但也包括不了其全部理论。例如陈岱孙所列出的几个方面的理论中有关于社会总资本的再生产和流通学说，我就没有列入。这是因为，我认为这不是李嘉图的主要理论，它更不是马克思积极扬弃的理论。因为马克思说过，包括斯密和李嘉图在内的再生产理论，是重农学派尤其是魁奈经济思想的倒退，而且是一个比一个倒退。譬如李嘉图错误地认为积累全部用于支付工资，而不用于购买生产资料。试问，这样怎能扩大再生产？所以，马克思的再生产理论是对重农学派的扬弃，绝不是对李嘉图再生产理论的扬弃，而是抛弃。因此，我在本书中没有论述。

关于如何写这本书就谈这些。我诚恳希望读者能根据这些“路标”来阅读本书。末了，谈一下写作本书的经过：从1957年到现在，在不同的场合我写过几次李嘉图。本来想将它们集中起来，搞一本李嘉图论集的，后来觉得这样做免不了内容重复，所以就写成现在这样的一本独立的著作。

限于水平，错误难免，敬希读者指正。

陈其人

2004年6月14日初稿

2005年6月10日定稿

2007年2月修改定稿

开　头　语

马克思很赞同布卢姆勋爵这句话："李嘉图先生似乎是从别的行星上掉下来的(mr. ricardo seemed as if he had dropped from an other planet)。"①

配第说过："劳动是财富之父和能动要素，土地是财富之母。"这就有必要在这两者之间建立等同的关系，使它们可以换算。经过10年思考，他说："必须找出土地和劳动之间的自然的等同关系(a natural par)，以便价值可以随意'在二者之一，或者更好是在这二者中'表现出来。"②马克思说："这个迷误本身是天才的。"③之所以是迷误，是因为这两者是不可能换算的，而配第竟然想出换算的办法。于是，马克思认为这迷误是天才的。我们未尝不可以说：李嘉图对劳动价值理论的修正等等的迷误是天才的，因为它们导致马克思的正确。

---

① 《马克思恩格斯全集》(第十三卷)，人民出版社1962年版，第51页。

② 恩格斯：《反杜林论》，人民出版社1970年版，第229页。

③ 同上。

前　言

英国经济学家大卫·李嘉图是英国古典政治经济学的伟大代表和完成者。英国古典政治经济学，从威廉·配第开始，经过亚当·斯密，到李嘉图结束。从思想渊源看，李嘉图又是斯密的直接继承者。

李嘉图的经济理论，是他站在产业资本家的立场上，对19世纪最初20年英国的经济问题所提出的政策主张的理论依据。这些政策主张后来被付诸实施。当时，英国的阶级斗争形势还允许李嘉图为了资产阶级的利益，客观地研究资产阶级和地主阶级、资产阶级和无产阶级之间的经济关系。

不同的阶级对李嘉图的经济理论采取不同的态度。资产阶级在欢呼中把李嘉图选入下议院，以便使他更好地将其理论变成实施的政策。但代表资产阶级根本的、长远的利益，即要求掩盖阶级矛盾的经济学家，以法国的萨伊为代表，则反对他。地主阶级也通过英国经济学家马尔萨斯反对他。

无产阶级最初用来反对资本主义的经济理论，就是李嘉图提供的。空想社会主义中有一派是李嘉图派社会主义。随着资本主义矛盾的发展，马克思扬弃了由李嘉图完成的英国古典政治经济学，使它成为马克思主义三大来源之一。因此，研究李嘉图的经济理论有重要的意义。

研究李嘉图的经济理论，还具有这样的意义：我们看到，他一掌握正确的理论，就坚持到底，不畏权威（李嘉图写作和出版《政治经济学及赋税原理》时，还不是权威，他是在朋友的怂恿和鼓励下，才出版《政治经济学及赋税原理》的），不管世俗，不管人们说他是从别的星球掉下来的，让理论按照逻辑发展下去。这是学者应有的科学品质。

第一章　生平、重要著作及其特点

大卫·李嘉图(1772—1823 年)是英国古典经济学的著名代表和集大成者。他的父亲是从荷兰移居到英国的富有犹太人,在证券交易所当经纪人。李嘉图所受的学校教育不多,论学历是一个中学生。他从 14 岁起,就随父亲在交易所工作。因爱上一个教友派的女子并与其结婚,李嘉图就皈依教友派,与家庭信仰的犹太教相异,遭到其父的反对,遂离开家庭,开始独立经营,时年 21 岁。他利用其父的社会关系,加上精明的头脑,当交易所的经纪人赚了很多钱。成为百万富翁后,他就专心于学问:先研究自然科学,后来才研究经济学。起因是 1799 年他 27 岁时,偶然看到了斯密的《国民财富的性质和原因的研究》,极感兴趣,就开始研究经济学。自学 10 年后,1809 年(这时,英国与法国作战)就针对当时英国黄金和一般商品用不兑现的银行券来表现的价格上涨,探索其原因,开始发表一系列关于货币与物价的论文,在这基础上写成《黄金的高价》,于 1810 年出版;1815 年又发表反对新"谷物法"(英国战后修订并颁布此法,限制廉价的谷物进入英国,借以抬高英国粮食价格)的论文——《论谷物价格低廉对资本利润的影响》。这两大项研究都是为了解决当时的实际经济问题,而后者又是有利于产业资本家的。在这基础上,他开拓研究领域,以研究劳动价值理论为基础,研究经济学的其他范畴,并形成体系。1817 年他将 32 篇独立的论文集成《政治经济学及赋税原理》出版。这是一部划时代的大作。由于他研究的科学性和阶级性密切结合,名声大振,1819 年被选入英国下议院。1823 年逝世前,他还到日内瓦同瑞士经济学家西斯蒙第面对面讨论经济危机问题,还孜孜不倦地研究价值理论,写下《绝对价值和交换价值》(生前没有发表;此前他研究的只是一个商品表现在另一个商品上的相对价值,即交换价值)。他的一生是科学研究同为新兴的资产阶级谋利益相结合的一生。

李嘉图在资产阶级世界观范围内贡献了最好的劳动价值理论、剩余价值理论，还有新的价值分解为工资和利润，因而工资和利润合起来是一个常数的理论，以及地租是价格的结果而不是价格的原因的理论。在混淆价值和自然价格（生产价格）的迷误中，他实质上提出了工资水平的变动引起利润的相反变动（此大彼小；反之亦然），对于个别生产价格有不同的影响的理论：有的升高、有的下降、有的不变，但升高和下降必然抵消，因而总生产价格还是等于总价值，并提出国际分工学说和在国际交换中的不等量劳动交换问题。

马克思对李嘉图的总评价是：他"虽然受……资产阶级视野的限制，但是他对深处与表面完全不同的资本主义经济作了非常深刻的理论上的分析，以致布卢姆勋爵说：'李嘉图先生似乎是从别的行星上掉下来的'（mr. ricardo seemed as if he had dropped from an other planet）"。[①] 例如，在资本家看来，工资提高，价格就必然提高；二次大战后的物价上涨成本推动论，就是以此来说明当时的物价上涨现象的。这些理论家也不想一想：如果工资上涨了，价格就由于成本上涨而上涨，那么，资产阶级就不会反对工会关于提高工资的要求了。对于工资水平上涨，李嘉图相反地认为，总价格不会提高，而个别价格，则有的提高，有的反而降低，高低两者必然抵消（详见下述）。这好像不是生活在地球上的人们的看法。也就是说，他的见解，与资本主义社会中的常识格格不入。

综观李嘉图的生平和论著，我有一点感受：他自学成才，经过刻苦思考，认为一切要从价值决定于劳动这一点出发，凡与此相悖的，越是权威说的，他越要反对，敢于树立自己的理论体系。他的思维逻辑极强，但是文字能力却不强，文章的逻辑不强，常常有跳跃之处。也就是说，他写的东西似乎是给自己看的，他自己当然明白，但是，读者从其叙述中不一定明白。例如，在这一节中，他就论述要在下一节才能说清楚的问题，而又不交代一下。总之，他的著作不是教科书，他没有学院气。他自己也知道这一点，所以，他的划时代著作《政治经济学及赋税原理》是由 32 篇独立的论文构成的，各篇内容不无重复之处，他估计在英国只有 25 个人能读懂。本来他不愿出版此书，

---

① 《马克思恩格斯全集》（第十三卷），人民出版社 1962 年版，第 51 页。

最后是在他的好友老穆勒的怂恿下，该书才最终出版的。

老穆勒认为《政治经济学及赋税原理》“行文晦涩，体裁零乱”，不易阅读，于是每天散步时，将其内容讲给小穆勒听，后者加以消化，并提出问题，加以整理，日复一日，从斯密讲到李嘉图：这样，老穆勒就写出《政治经济学纲要》(1821 年)。小穆勒时年 13 岁。《政治经济学纲要》将经济学的内容分为四大部分，即生产、分配、交换与消费，开经济学四分法之先河。在这之前的萨伊的《政治经济学概论》(1803 年)则是三分法：生产、分配和消费。两者都是记录没有社会内容的经济活动，即使有时使用资本主义经济范畴，但其内容则是自然的、没有资本主义特点的。《政治经济学纲要》记录的是没有任何社会内容的生产、分配、交换和消费，李嘉图的《政治经济学及赋税原理》研究的确实是资本主义现实的倒退。这一经济学四分法的方法论被其后的资产阶级经济学奉为圭臬，因为它比三分法更整齐合理：多了一个交换。

第二章　李嘉图经济理论产生的历史条件

亚当·斯密是英国产业革命前夕、工场手工业时期的资产阶级经济学家,他的理论是为反对妨碍资本主义发展的封建制度和行会制度服务的。李嘉图是英国产业革命时期的资产阶级经济学家。他从事理论活动时,产业革命已进行了四五十年,封建制度和行会制度已经消灭,封建主义只留下一个尾巴,即由地主阶级把持的议会所修订的、不利于资产阶级的谷物法。因此,李嘉图的理论主要是围绕反对谷物法和解决其他经济问题展开的。

当时,英国引起资产阶级注意的经济问题有两个。一个是货币问题。它的表现是一般商品价格高涨,黄金这种货币商品的市场价格,高于它的造币局价格或法定价格,也就是银行券贬值。原因是18世纪末英国进行反对法国拿破仑的战争,军费增加,为了筹措军费,英格兰银行便增发银行券,银行券发行过多,黄金对内准备不足,银行券兑现发生困难。此外,英国农业歉收,粮食进口增加,工业品出口则因拿破仑封锁大陆而减少,国际收支发生逆差,黄金输出,加剧了黄金对内准备不足。因此,1797年英国便停止了银行券对黄金的兑现。从此,银行券便贬值。1809年,它的购买力下降了20%—25%。这便引起了政治斗争和为它服务的理论斗争。李嘉图抱着使问题的解决有利于资产阶级这个目的,参加了这场斗争。

另一个是谷物法问题。谷物法是英国为保护农业或消费者,调节谷物输出入而制定的一系列法令的总称。它开始于重商主义时期。当时英国是谷物输出国,为保护消费者,便限制谷物输出。1660年,封建王朝复辟,地主贵族政治力量加强,它便变成保护地主利益的法律,对输入谷物征税,其后又对输出谷物给予奖励。随着产业革命的进行,英国从谷物输出国变成谷物输入国。在反对法国拿破仑战争期间,从波罗的海沿岸进口的谷物中断,英国只好改牧地为耕地,粮价上涨,地租日高。1814年,战争结束,地主阶级害怕国外廉价谷物输入，经过舆论准备，于1815年把持议会修订出新的谷物法，规定粮食在其价格高于法定价格时，才能输入，而法定价格定得很高，以保证国内粮食按较高的价格出售。这使工人货币工资增加，地租增加，利润减少。也就是说，这部法律于工人无损，于资本家有害，于地主有利。为了增加积累，发展生产，也就是为了产业资本家的利益，李嘉图主张废除谷物法。

李嘉图对上述问题提出政策主张时，不可避免地要涉及各个阶级之间的，包括资产阶级和无产阶级之间的经济关系。按当时资本主义政治、经济发展的总形势来看，为了自己的根本利益，资产阶级是不可能客观地去分析这种关系的。18世纪发生的两次革命，对当时的阶级斗争形势有重大的影响。一次是1789年的法国资产阶级革命。在革命开始时，无产阶级还是资产阶级的追随者，但随着革命的发展，无产阶级便离开资产阶级而提出自己的政治主张，并为之奋斗，这使资产阶级觉察到一个敌人已在成长。为了蒙骗无产阶级，掩盖资产阶级的经济关系的实质，资产阶级嗅觉最灵敏的法国庸俗经济学家萨伊，于1803年出版《政治经济学概论》，这部最早的庸俗经济学著作大肆宣传劳动、资本、土地这三种生产要素，通力合作进行生产，它们的所有者以工资、利润、地租的收入形式，公平合理地进行分配的谬论。另一次是18世纪下半期开始的英国产业革命。随着它的进行，个体生产者破产了，无产者失业人数增加，社会问题严重。针对这个问题，英国的高德文于1793年出版了《政治正义论》，批判私有制度，认为它是罪恶和贫困的根源。他的思想被统治阶级认为是危险的思想。作为它的对立物，英国庸俗经济学家马尔萨斯，于1798年匿名出版其《人口原理》第一版，以殖民地北美的人口增加率，中国和日本的粮食增加率为数据，加以对比，得出前者大于后者的结论，并不顾爱尔兰人口绝对减少、贫困却在增加的事实，认为贫困是人口增加快于粮食增加这一规律造成的，与社会制度无关。在这种形势下，总的来说，资产阶级经济学家不可能对各阶级的经济关系进行客观的分析。

但是，当时的英国有特殊的情况。这就是尽管资本主义经济在发展，资产阶级的经济力量在壮大，但是地主阶级在政治上，特别是在议会里还占优势，资产阶级还没有最后掌握政权（直到1832年，英国才通过有利于新兴资产阶级的议会改革法，主要内容是修改产生议员的方法)。地主阶级凭借政治力量，在经济上侵害资产阶级的利益，其集中表现就是谷物法的修订。因此，在当时的英国，资产阶级和地主阶级之间的矛盾是主要的社会矛盾，资产阶级和无产阶级之间的矛盾是次要的社会矛盾。英国资产阶级正围绕着改革议会改革法和废除谷物法同土地贵族发生争吵，资产阶级和工人阶级之间的斗争还没有公开爆发。在这种社会条件下，为了资产阶级的利益而反对地主阶级的经济学家，才有可能客观地分析各个阶级之间的经济关系。

关于英国古典经济学(李嘉图是其最后的重要代表)产生的历史条件，马克思有精辟的分析。他说："只要政治经济学是资产阶级的政治经济学，就是说，只要它把资本主义制度不是看作历史上过渡的发展阶段，而是看作社会生产的绝对的最后的形式，那就只有在阶级斗争处于潜伏状态或只是在个别的现象上表现出来的时候，它还能够是科学。

"拿英国来说。英国古典政治经济学是属于阶级斗争不发展的时期的。它的最后的伟大的代表李嘉图，终于有意识地把阶级利益的对立、工资与利润的对立、利润与地租的对立当作他的研究的出发点，因为他天真地把这种对立看作社会的自然规律。这样，资产阶级的经济科学也就达到了它的不可逾越的界限。还在李嘉图活着的时候，就有一个和他对立的人西斯蒙第批判资产阶级的经济科学了。"①

① 马克思:《资本论》(第一卷)，人民出版社 1975 年版，第 16 页。

第三章　参加“金价论战”：一元论的“黄金高价”论和以劳动价值论为基础的货币数量论的发轫

18 世纪末 19 世纪初，英国在对法国拿破仑作战中，因粮食歉收而进口增加，因大陆封锁而出口减少，外贸发生逆差，黄金对外准备不足；因筹措军费，增发银行券数量过多，黄金对内准备不足；由于这两个不足，1797 年银行券被停止兑现而成为纸币。1799 年黄金的纸币价格就上涨到造币局的法定平价以上，其他物价也上涨。这一经济现象被称为“黄金高价”。黄金的法定平价长期以来是 1 盎司黄金为 3 镑 17 先令 10.5 便士，黄金和白银的法定比价大体是 1∶15。

李嘉图从以下几方面加以分析后，得出这样的结论：“黄金高价”的起因是纸币流通量大于在没有纸币流通时所需要的金银币流通量，因而纸币贬值，致使包括黄金在内的商品价格上涨。但是，这个上涨了的价格如果折算为黄金或白银的重量，则和涨价前一样没有发生变化，原因是单位纸币所含的金量减少，即价格标准缩小。这好比一块布，用公尺量是 1 尺，用市尺量是 3 尺，布的长度没有变化，其所以从 1 尺变为 3 尺，原因是尺的衡量标准变小了。

李嘉图不同意其论点质疑者特罗尔用这时的黄金缺乏来解释“黄金高价”。他承认在英国当时的特殊条件下，黄金的市场价格因供求关系会上涨。但是，即使这样，他还是认为，对黄金或金币的需求，不可能使黄金的市场价格上涨到如此程度(最高达 20%)。

李嘉图还从另一个角度论证黄金高价的原因不是由于黄金自身价值(市场价格)提高。那就是，黄金对于其他的商品并没有高价，只是对于纸币来说是高价的；因为其他商品对于纸币来说也是高价的。因此，原因在于纸币贬值，流通量过多。

但是，当时有一个特殊的价格现象，表面上看来，它是李嘉图的纸币流通过多论不能解释的。这个现象是：用纸币来表示，黄金价格的上涨幅度大于白银。既然纸币贬值导致物价上涨，金和银的上涨幅度为何不同？

李嘉图说：特罗尔会认为：原因是银铸币的重量减轻了，所以就要用更多的银铸币来购买生银，而黄金的高价除了其数量不足之外，还有一个原因就是银铸币的重量减轻。据此，李嘉图逻辑地指出：根据特罗尔这种论证，金和银的价格的涨幅之所以不同，就是因为银行纸币不是标准银币的代表，而是减轻了的银币的代表，因而用代表贬值银币的纸币去表示黄金和白银的价格，其涨幅是金价高于银价，这就说明金价涨幅大于银价涨幅的那部分不是由代表贬值银币的纸币引起的，而是由黄金自身所特有的原因引起的，这个原因特罗尔认为是黄金缺少。

这样，就产生三个问题：第一，“黄金高价”现象是否由银币贬值引起？第二，当时实行金银复本位制（凡实行这种货币制度，两种货币中，只有一种执行价值尺度职能，另一种则成为商品），但实际上作为价值尺度的是否是白银，尤其是否是贬值的银币？第三，停止兑换的银行券即纸币，是否代表贬值银币？特罗尔对此三者持肯定看法。李嘉图则认为黄金是价值尺度，“黄金高价”的原因只是代表黄金的纸币流通量过多。

第一，先谈白银是否作为价值尺度的问题。特罗尔根据劣币驱逐良币的规律认为：现在白银一定是衡量价值的尺度。

对此，李嘉图提出两个问题。其一，即使白银是价值尺度，但是“如果说黄金高价是从这一原因产生的话，那么，在只有重量十足的硬币才是法定货币的时候，白银的价格就决不会涨到法定平价以上”。① 也就是说，根据劣币驱逐良币的规律，虽然能说明银币是价值尺度，也能说明金的市场价格以银币来表示是上升了，但不能说明银的市场价格以银币来表示也是上升了。其二，在当时条件下，价值尺度究竟是银还是金的问题。他说：从实质看，“特罗尔先生认为，如果英格兰银行突然被迫要履行它们的义务，它们能够

---

① 斯拉法主编《李嘉图著作和通信集》（第三卷），经文正译，商务印书馆 1977 年版，第 48 页。

并将以银币偿付,因为这样做是对它们有利的;恰恰相反,我认为如果要它们履行这种义务,它们将不得不以金币偿付,因为银币的数量不足以应付需要,而且根据法律的明文(规定)也不能以白银铸造硬币。我承认,如果白银能铸成货币,这种金属将更宜于铸币,因为我们能以最少的费用获得这种金属;但既有法律禁止以白银铸币,事实上它就使我们只能利用黄金”。①

第二,“黄金高价”是否由银币贬值引起的问题。特罗尔认为是的。李嘉图认为:如果重量不足的银币是法定的货币,则白银的市场价格超过其法定平价的数额,就可以根据那种重量不足的情况得到充分的说明。但是,现在这一数额却低于由于银币重量不足而应引起的白银市场价格增加的数额,可见白银市场价格上涨的原因不是银币贬值。单就这一点而言,李嘉图以后的解释有所不同。

对此,有一种解释是:“如果这种重量不足的银币是没有限额的法定货币,白银市场价格超过法定平价的部分将不仅是 8%而是会高出很多,几乎可以比例于其重量不足的程度。所以,对于这种重量不足的银币作为法定货币的限制,就是白银市价与其平价的差额何以没有大于现有差额的原因。”②这里也存在减轻的铸币如限制其数量,其价值可以不与重量减轻发生同方向和同比例的变化的问题。这个问题和上面的问题合起来就是铸币减轻与价格上涨不成比例的原因问题,留在下面谈。

对此,李嘉图回答说:特罗尔先生认为是由银币的减轻情况造成对商品及金银价格的影响。我现在要问,如果这是事实,何以在 1797 年限制英格兰银行兑现以前,那时银币减轻已经发生,但对这些金属的市场价格没有产生同样的影响呢?

第三,停止兑现的银行券即纸币是否代表贬值的银币问题。特罗尔认为是的。李嘉图反对这种看法。他先说明纸币不代表贬值银币。他说:“也许有人会说,银行纸币是我们减轻的银币的代表而不是我们标准银币的代表。这是不正确的,因为我已经援引的法律规定银币除非按实重计算,只有在不超过 25 镑的数额内才是法定货币。如果银行坚持要以银币兑付 1 000

① 斯拉法主编《李嘉图著作和通信集》(第三卷),经文正译,商务印书馆 1977 年版,第 42 页。
② 同上书,第 40 页。

镑的纸币，他们或者必须给他以重量十足的标准银或给以折合同等价值的轻质银币，只有那规定的 25 镑他们才可以用轻质的银币偿付。但这 1 000 镑既然是由 975 镑的纯质货币和 25 镑轻质银币所构成，按白银的现有市场价值就要值到 1 112 镑以上。”①这就是说，就现在论述的问题而言，对于支付 25 镑以上的银币来说，纸币不是贬值银币的代表，而是标准银币的代表。

李嘉图进一步说明纸币是贬值的。他指出：特罗尔正确地说，“黄金的高价并不能证明银行纸币的贬值，因为即使没有银行纸币的存在，黄金也可能由于其与白银相对价值的改变而涨到法定平价以上。从我已经说过的话里，可以看出我是毫不含糊地承认这一主张中的真理的”。② 但是，他认为：“当白银的价格超过它的法定平价而黄金则合乎或低于法定平价时（这在 1797 年以前一般都是如此），没有人认为银行纸币是贬值了；并且，如果黄金的价格高于它的法定平价 20%，而白银则合乎法定平价，我也会承认银行纸币没有跌价；但当这两种金属的价格都在法定平价之上（发生金价争论时情况正是这样——引者），那就是银行纸币贬值的无可争辩的明证。”最后，李嘉图还指出：“特罗尔先生要想从银币重量不足这一公认的事实来说明原因。如果这种减轻的通货是法定的货币，我也不会同他争辩这一点，但他既承认它并非法定的货币，那么，银币的减低重量也就不是成为白银涨价的原因。”③

还有人认为，此时谷物歉收是价格上涨的唯一原因。李嘉图反驳说：如果由此引起谷物价格上涨了一倍，那么似乎就必须要加倍的货币价值才能使它流通。但这不是必然的。“如果必须有加倍的货币，也就应该有同等数量的谷物按平时价格的倍数出售——但谷物价格之所以加倍，是因为它的数量减少了。”④换言之，假如谷物总量减少一半，单位价格上涨 1 倍，那么，由谷物吸收的货币就不发生变化，社会总货币流通量就不应增加，这样，虽然单位谷物价格上涨了，但谷物总价格、社会总价格也不会增大。人们认为

① 斯拉法主编《李嘉图著作和通信集》（第三卷），经文正译，商务印书馆 1977 年版，第 85—86 页。

② 同上书，第 48 页。

③ 同上。

④ 同上书，第 227 页。

谷物价格上涨了，由于谷物与其他商品存在比价关系，总的物价水平就要上涨，但是，这显然要以货币流通量增加为前提，即要以货币流通量超过必需量为前提。这就说明是货币流通量过多起的作用，而不是谷物歉收、单位谷物价格上涨起的作用。当时的英国就是如此。这样，他就坚持了货币流通量过多导致物价上涨的一元论。

我之所以详细谈论这些历史问题，是为了提供一元论物价论的典范。只要回忆一下我国不久前物价上涨时对其解释的杂乱，读者就能深刻地感受一元论的重要。薛暮桥关于通货膨胀与物价上涨的有关论述①是一元论物价上涨论的典范。

① 薛暮桥：《通货膨胀与物价上涨》，《光明日报》1988 年 6 月 30 日。

第四章　反对“谷物法”：提出谷物比例利润率学说，并说明三大阶级的对立关系

李嘉图1815年发表的《论低价谷物对资本利润的影响》一文，揭示了工资和利润、地租和利润是对立的。他发表此文的目的，是反对在1815年，即英国在反对法国拿破仑战争获得胜利后公布的新的谷物法。根据这一法律，英国国内的谷物价格不超过一定高的水平，国外的廉价谷物就不能进口；其目的在于维持英国的高价谷物。李嘉图指出：谷物价格提高，工人的名义工资就随之提高，工人虽不受影响，但利润就减少了（以后我们可以看到，李嘉图认为：活劳动创造的价值是一个常数，它分解为工资和剩余价值，此大而彼小）；谷物价格提高，地租就随之提高，利润也就减少了。因此，实施谷物法，工人不受影响，地主最得益，资本家则夹在当中，最受损。而资本家是发展生产的动力，为了发展生产，就应废除谷物法，让国外廉价谷物进口，以降低谷物价格，再降低名义工资和地租，以提高利润，让资本家增加积累，发展生产。因此，李嘉图已经从经济上揭示了，也就是从分配上揭示了工人和资本家、资本家和地主的对立关系。这种揭示，尽管还只限于分配领域，还没有挖到生产资料所有制问题，但是，应该说是科学的。这是因为，事物的本质就是：劳动创造的新的价值，除了工人得到的工资外，余下的部分是由地主和资本家分割的，他们两者都是占有工人的剩余劳动，性质相同。李嘉图并不讳言资本家是剥削者，同地主一样。但是，又有所不同：地主不是发展生产的动力，资本家则是。这是李嘉图的经济理论的阶级性和科学性的统一。因此，从经济理论看，剩余价值理论和与其密切联系的阶级斗争理论，是由李嘉图初步建立的。

正因为这样，马克思才在1852年致魏德迈的信中谦逊地说：“无论是发

现现代社会中有阶级存在或发现各阶级间的斗争，都不是我的功劳。在我以前很久，资产阶级的历史学家就已叙述过阶级斗争的历史发展，资产阶级的经济学家也已对各个阶级作过经济上的分析。我的新贡献就是证明了下列几点：1.阶级的存在仅仅同生产发展的一定历史阶段相联系；2.阶级斗争必然要导致无产阶级专政；3.这个专政不过是达到消灭一切阶级和进入无阶级社会的过渡。”①这里所说的从经济理论上说明阶级斗争的，是英国古典经济学家，尤其是李嘉图。因为英国古典经济学家中的斯密，后来有工资、利润和地租各有来源的庸俗价值学说，这样，资本主义三大阶级就井水不犯河水，其利益并不对立。如上所述，李嘉图则与斯密不同，确实说明了三大阶级的利益对立。

还要指出的是：在《论低价谷物对资本利润的影响》中，李嘉图将产出和投入，即种子、口粮等和产量之差，视为利润，它和投入之比就是谷物利润率，它的确定不涉及价值问题。例如，投入 100 磅谷物，产出 150 磅谷物，扣除投入的资本 100 镑后，利润为 50 镑，利润率为(150－100)/100％＝50％。他将谷物利润率视为社会的平均利润率，由它调节其他生产部门的产品价格，这样，全社会就有一个相同的利润率。后因受到马尔萨斯指责：投入和产出，自然形态不完全相同，不能建立比例关系，他就摒弃这种方法。但是，他直至去世再也无法说明平均利润率的形成了。

① 《马克思恩格斯书信集》，人民出版社 1962 年版，第 63 页。

第五章 《政治经济学及赋税原理》的背景、方法和结构

李嘉图作为英国古典政治经济学的集大成者，其标志是他的划时代的大作《政治经济学及赋税原理》(以下简称《原理》)的出版。李嘉图以劳动价值理论为基础而构成一个体系的经济理论，完成于19世纪最初20年的英国，体现了产业资本家的要求。当时的英国，产业革命已进行了三四十年，资本主义在发展，但政治权力还在封建贵族手里，他们把持议会，制订某些重要的经济政策，如1815年重新修订的、限制廉价粮食进口的谷物法，该法妨碍了资本主义的发展，产业资本家要求废除。这就是李嘉图主要经济理论产生的重要背景。

李嘉图的主要经济理论，和它提出时的阶级斗争形势以及各派政治经济学的发展，都有重大关系。资产阶级把它作为旗帜，地主阶级把它看作敌人，无产阶级则从伦理的角度把它作为武器。由于这样，随着英国资产阶级最后掌握政权，李嘉图经济理论中已被无产阶级利用的科学因素，便被资产阶级政治经济学抛弃，它的庸俗因素便和庸俗经济学相结合，发展为取代古典经济学的庸俗经济学。19世纪50年代，马克思以无产阶级世界观批判英国古典经济学，吸收李嘉图经济理论中的科学因素，创立了无产阶级政治经济学。从此以后，资产阶级政治经济学就不可能真正运用和发展李嘉图经济学理论中的科学因素。

李嘉图是师承亚当·斯密的，其经济理论是在对斯密的理论进行商榷的基础上展开的。但是，他的《原理》和斯密的《国民财富的性质和原因的研究》(以下简称《研究》)，在结构形式上有很大的不同。斯密的《研究》在结构上体系严密，是一本经济科学教科书。全书共五篇，第一、二篇论述的是政治经济学原理，第三、四、五篇从这些原理出发，分别研究国民经济史、经济

思想史和财政学。李嘉图的《原理》与此不同，全书由三十二篇独立的论文构成，论文并不构成严密的体系，各篇之间缺乏逻辑的联系，并且部分内容是重复的，表面上看来，全书只是论文的堆积。

但从内容上看，李嘉图的《原理》和斯密的《研究》同样是清楚的，符合政治经济学的方法论要求。斯密从其时代的经济特点，即以手工劳动为基础的、已经有了分工的工场手工业出发，也就是从分工出发，根据政治经济学方法论的要求，依次论述交换、货币、价值、价格、工资、利润和地租，这是《研究》的第一篇的主要内容和逻辑程序；然后，在第二篇中论述资本。这样，在第一和第二两篇中便把政治经济学的基本原理论述完毕。李嘉图的《原理》，前六章论述的是政治经济学的基本原理，其中尤以第一章和第二章最为重要，其余各章不过是这些基本原理的运用、补充和发挥。在第一章“论价值”中，作为资本主义政治经济学理论基础的劳动价值理论，是同工资、利润、资本、利润率、自然价格和市场价格等，结合在一起论述的。在第二章“论地租”中，李嘉图特别论述了地租和劳动价值理论的关系，因为从表面上看，农业资本家缴纳的地租比工业资本家大得多，农产品的价值就应该不像工业品那样只由生产它所耗费的劳动决定，所以地租理论问题的科学解决，便成为贯彻劳动价值理论的关键，需要特别加以论述。在这里，李嘉图以价值理论为基础，不受各章形式的限制，将生产、分配，交换结合在一起研究，而贯彻着生产的决定性作用的思想。

《原理》的方法与斯密的《研究》以及其他有关著作的方法不同。斯密的方法是二重性的。这又有两方面的意义。首先，斯密既研究人的物质生活，又研究人的精神生活。研究精神生活时，他是唯心主义者，并不理解精神生活是由物质生活决定的，认为人总有一种抽象的同情心，这见于他较早的著作《道德情操论》；研究物质生活时，他是唯物主义者，认为物质生活受经济规律的支配，这见于他的代表著作《研究》，但在《研究》中他并没有清除《道德情操论》中的唯心主义观点，以致在分析遇到矛盾时，便倒向唯心主义。[①] 其次，他研究人的物质生活时，由于事实上研究的是资本主义的经济关系，一方面他要说明这种经济关系和前资本主义的简单商品生产具有同

① 陈其人：《大卫·李嘉图》，商务印书馆 1985 年版，第 10 页。

样的经济规律，即劳动决定价值的规律，它是其他的经济规律发生作用的轴心；另一方面他又不可能说明简单商品生产的经济规律怎样在资本主义条件下发生作用，例如，按照劳动决定价值的规律，简单商品生产者的劳动形成的价值便全部成为他的收入（工资），但是，如果工资劳动者的劳动形成的价值全部成为他的工资，那么利润（包括利息）和地租就没有来源了。由于不能解决矛盾，斯密便采用把经济现象记录下来的方法，并用生意人的方法对这现象加以解释。这两种方法是矛盾的，但斯密并不觉察。由于存在着两个方面的二重性方法，《研究》不可避免地存在着庸俗因素。

《原理》的方法不是这样。李嘉图只研究人的物质生活，不研究人的精神生活，或者说，他认为人的精神生活全部地、直接地由其物质生活决定。在这个社会内，人只有一种活动，即牟利的活动；只有一种要求，即生计的要求；只有一个目的，即变成富裕者。人追求的不是真、善、美，只是金钱。像斯密那样解释人的物质生活和精神生活的二元论，在李嘉图那里是不存在的。换句话说，资产阶级政治经济学中所谓的经济人的假设，到李嘉图那就更为完善了。这是一。此外，在研究人的物质生活的规律时，他连斯密仅有的资本主义以前是有历史的这样的历史观点也没有了，他除了知道英国伟大空想社会主义者欧文提出的社会形态外，就不知道资本主义以外还有其他的社会形态。换句话说，在他看来，资本主义生产就是社会生产本身。这样，他便抓住分析商品经济的出发点，即由斯密详尽论述过的劳动决定价值的原理，用它来说明种种经济范畴和其他的经济规律，看看这些范畴和规律同这个原理是否发生矛盾，然后据此或者肯定这些范畴和规律，或者否定这些范畴和规律，或者修改这个原理。这种方法有很大的优点：假如原理正确，逻辑的力量就会导致正确的结论；但又有很大的缺点，它跳过必要的中间环节，例如劳动力成为商品、价值转化为生产价格，直接去论述这个原理和工资、平均利润和地租的一致性。当确实不一致时，便或者否定其他规律，例如否定绝对地租规律的存在，或者不得不修改这个原理。李嘉图最后是修改了劳动决定价值的原理。

按照李嘉图的说法，政治经济学的主要问题是确立支配在他看来是生产的自然形式的资本主义社会的分配规律。因此，他的价值理论（劳动价值理论），以及价值分解为工资和利润的理论（后者是剩余价值理论），便成为其经济理论的基础。这是他对斯密有关学说进行了分析批判的结果。

从方法上看，李嘉图和斯密各有长短。斯密感觉到资本主义以前和资本主义是不同的，劳动决定价值的原理在其中发挥的作用会有不同的历史特点，这是他胜于李嘉图的地方；但由于不能说明它，他便离开这个原理，而以另一套方法来说明，这是他不如李嘉图的地方。李嘉图坚持劳动决定价值的原理，用它来说明所有经济范畴和经济规律，即使不得不修改价值决定的原理时，仍然认为劳动决定价值是价值决定原理的基础，其他的只能是次要的因素，这是他胜于斯密的地方。但他完全没有历史观点，否认劳动决定价值的原理在不同历史条件下发挥作用会有不同的特点，这是他不如斯密的地方。

《政治经济学及赋税原理》初版于 1817 年，李嘉图生前出了三版。

关于《原理》的背景、方法和结构，70 多年前，该书中译者之一郭大力老师在译序中有所说明，现在读来还觉得意义深刻。由于现在的《原理》的中译本已经不采用这篇序言了，因此，知道的人不多。现在节录其要者于下：

“历史告诉我们，工业发展的结果，决不如亚当・斯密所想象。工业发展，对于劳动阶级及资本阶级，可以而且一定会发生极端相反的影响。于资本阶级有利的，一定于劳动阶级有害。所以，在特殊情状下，工业发展不是国民之富的原因，只是特殊阶级之富的原因。

“由工业发展而引起的社会上各种惨状，终随时代之推进而暴露。乌托邦(空想——作者注)社会主义的兴起，乃为必要。圣西门、傅立叶、欧文辈的学说，遂大行于世。但在他们之前，还有一个思想家为我们所不可忽视的，是英国的威廉・高德文。

“亚当・斯密《国富论》的公表，是 1776 年间事，瓦特蒸汽机在工业上的实际应用，则始自 1785 年。亚当・斯密去世，是 1790 年间事，高德文《政治正义论》的著作，即始于亚当・斯密死后之翌年。以空想共产主义资格而流行于劳动阶级的这部名著，对于罪恶穷困，则断定其可灭绝，对于富裕阶级的游惰，则直言其非正义。在这部书中，流出了对劳动阶级同情的呼声，对于工业类发展工厂发达当时的社会状况，加上了极严正的批评。

“这部书的公表，暴露了当时英国社会的不安现象。亚当・斯密所未曾眼见或未曾提及的阶级斗争，至是渐就发生，而有日甚一日的趋势。分配问题的黑影,第一次印在人类脑中,而这一次印象的表现,不幸却是反对资本主义的呼声。就尚未充分发展的资本主义的立场说,这可说是恶作剧了。

"但尚未充分发展的资本主义,决不能因这种反抗呼声而稍示退缩。为促进这个过渡时期的必要故,拥护资本主义的理论的出现,无论如何,亦不能避免。马尔萨斯起来了,马尔萨斯在第一版《人口原理》[①]中便根据一种所谓自然法则,把高德文的理论驳倒。赖(有)他这本不满三百页的著作的出现,反资本的满天风云,才慢慢收敛起来。他肯定社会贫困的必要,认为贫困是自然法则作用的结果,故在人类生活上,绝对不可避免。一切救济贫困提高工资改良工人待遇的要求,等于违反自然法则的妄言,有害于社会进步。

"马尔萨斯这种议论,对于资本主义的贡献,不下于亚当·斯密的自由放任论。但亚当·斯密只看到一个生产问题,马尔萨斯则因时代较后之故,再在生产问题之外,发现了一个分配问题。他认出了,生产问题的解决,不是分配问题的解决。所以,在第一版《人口原理》中,他说:

'亚当·斯密博士研究所揭的对象,是国民之富的性质与原因。但还有一种研究也许更有趣味,即研究那种种有影响于国民幸福或社会下层阶级(各国都以这阶级占大多数)幸福的原因。亚当·斯密屡屡把这二种研究,混而为一。我亦充分承认这两个问题的密切关系,并且,就一般说,增加国富的原因,亦有增进下等人民幸福的趋势。但这二种研究的实质关系,也许不如斯密博士所说的那样切近,至少,他不曾注意一种事实,即,社会财富的增进,并不增进劳动阶级的幸福。'

"在《人口原理》最后的订正版中,他的意见,便更确定了。他改订前言,说:

'亚当·斯密研究所揭的对象,是国民之富的性质与原因。但还有一种研究也许更有趣味,即研究那种种有影响于社会下层阶级(各国都以这阶级

---

① 《人口原理》共有六版,以第二版改动最多。第二版中有这样的话,表明马尔萨斯对工人阶级的刻骨仇恨。他说:"在一个已被占有的世界中出生的人,如果不能从他具有正当要求的双亲那里取得生活资料,以及如果社会不需要他的劳动,那么他就没有取得小量食物的权利,事实上他在地球上是多余的。"《人口原理》一书我国有三个译本:郭大力译的,世界书局 1933 年版;胡企林等译的,商务印书馆 1992 年版,以上两者都是根据第一版译的;台湾地区出版的译本是由周宪文根据第六版译的。

占大多数)幸福的原因。亚当·斯密屡屡把这二种研究混而为一。这二(个)问题,无疑有密切关系。但其关系之性质与程度如何,财富增进对于贫民状况之影响又如何,他所叙述的,尚未能十分准确。……仔细考察一下,则知维持劳动的基金,不必随财富增加而增加,若按比例而同时增加之事,则为绝无仅有了。'

"马尔萨斯对于经济学的贡献,在于他明白认识了分配问题的重要,马尔萨斯对于资本主义的贡献,在于他把社会上的贫困现象,归因于人口的自然法则,而为资本主义解去一层重围,把劳动运动的声势压下。从马尔萨斯的论调,我们知道当时英国的经济问题,不外两个,一为如何发展资本主义的问题,一为如何压制社会主义的问题。前者的特色,是企图打破生产上一切可能的束缚,后者是企图把一切可能的束缚,加在劳动者身上。资本主义一方面要求自由,一方面压制自由。

"这是一种矛盾,但资本主义就在这种矛盾中发育。当时尚无人能认识这种矛盾的原因,从目的论的立足点说,固可由资本主义发展自身之内在要求而解释,但从唯物论的立足点说,则当由资本主义尚未充分发展之事实而说明。反谷物条例同盟的成立是 1838 年间事,谷物条例的明令废止,是 1846 年间事,保护政策的放弃,是 1852 年格莱斯登任财政大臣时所决定。《人口原理》第一版公布之时,却为 1798 年,最后订正版的发行,亦不过 1826 年。所以,在马尔萨斯生命尚未完毕之时,资本主义的发展,亦尚未达到相当繁荣的地步。这时就是没有马尔萨斯,马尔萨斯主义却一定会发生。当时资本主义的现状,必须有马尔萨斯这样的辩护。

"李嘉图经济学说的发生,亦应从同一见地解释。他是马尔萨斯的朋友。他的学说,亦是当时实际经济问题的表现。什么是当时的经济问题呢?不嫌重复,可再述一遍,即:资本主义为完成它自身的任务起见,有完成它自身的必要,但要完成它自身,则对当时生产上种种束缚,必须实现自由的要求,而对当时劳动运动的种种要求,必须加以不自由的束缚。"①

① 大卫·李嘉图:《经济学及赋税之原理》,郭大力、王亚南译,中华书局 1936 年版,第 3—6 页。

第六章　《政治经济学及赋税原理》出版后的反响和引起的争论

李嘉图的《政治经济学及赋税原理》是一本划时代的经济著作，它的出版引起很大的反响，它的内容引起很大的争论。由于李嘉图在《政治经济学及赋税原理》中，消除了斯密著作中的庸俗方法，这种方法是将经济现象记录下来，然后加以解释，这种解释对在竞争中过生活的人来说是满意的，例如错误地认为价值由工资、利润和地租构成（应该是价值分解为工资、利润；李嘉图认为不分解为地租，理由以下再谈），因此就认为工资提高，价值便提高；坚持了斯密著作中的科学方法，即认为一切经济现象，都要从劳动决定价值这个原理去解释，表面看来这是与某些经济现象相矛盾的，例如工资提高，价值似乎也应提高，但根据劳动决定价值这个原理，生产商品投下的劳动没有变动，其价值就不可能由于工资提高而提高，不但如此，有的商品的价格（马克思所说的生产价格，即李嘉图所说的自然价格，但李嘉图混淆价值与自然价格，这些下面将予以详细的说明）反而要降低（这些是李嘉图的重大贡献，下面将予以说明）；由于坚持这样的方法，当时便有人认为他似乎是从别的星球上掉下来的，因为他的观点和经济生活中的常识格格不入。

《政治经济学及赋税原理》出版后，其理论体系的基础，即劳动决定价值的原理，受到马尔萨斯和萨伊的攻击。前者在1819年写成、1820年出版《政治经济学原理》，主要反对李嘉图的经济理论，尤其是他的劳动价值理论。后者则在为《政治经济学及赋税原理》法文译本作的注释中，反对李嘉图，要点也是反对劳动价值理论。李嘉图对于这些反对意见，都予以反驳。

由于《政治经济学及赋税原理》难读和受到批评，李嘉图的朋友、门徒，即曾经怂恿他出版《政治经济学及赋税原理》的穆勒，便于1821年出版其《政治经济学纲要》。穆勒形式上是捍卫李嘉图的理论，实质上却将它庸俗化，即把政治经济学的研究对象，从资本主义生产变成没有任何社会性质的空洞的生产，并在价值理论上向李嘉图的反对者投降。李嘉图的另一位门徒麦克库洛赫，则把穆勒的学说进一步庸俗化，完全投入李嘉图反对者的怀抱。之所以如此，是因为这时阶级斗争形势已发生变化，资产阶级和无产阶级的矛盾已上升为社会主要矛盾。

与上述情况同时发生的，还有空想社会主义者利用李嘉图的经济理论，来反对资本主义生产。他们利用李嘉图的劳动决定价值，新的价值(撇开转移下来的旧价值)分解为工资和利润的理论，提出工人要获得其生产的全部价值的主张；利用李嘉图的货币理论，认为可以用劳动货币(劳动券)来消除商品生产的矛盾，并进行试验。李嘉图的经济理论，由于在分配上说明了各个阶级的关系，有可能被无产阶级利用，便逐渐地被资产阶级视为洪水猛兽。其后，美国庸俗经济学家凯里甚至指控李嘉图是共产主义之父。

《政治经济学及赋税原理》出版后第二年即1819年，英国发生经济危机。根据《政治经济学及赋税原理》中阐述的观点，经济危机只能是局部的，不可能是普遍的，即不可能一切生产部门都发生生产过剩。这种观点和穆勒与萨伊相同，而和马尔萨斯相反。另一位法国(原籍瑞士)古典经济学家西斯蒙第也不同意李嘉图的观点。双方就经济危机问题发生一场争论。

李嘉图研究的资本主义生产，是英国的资本主义生产，他提出的自由贸易政策是有利于英国这个当时的世界工厂的。这种政策主张显然不符合落后的资本主义国家，例如德国和美国的利益。德国的资产阶级经济学家，在反对斯密的自由贸易政策的基础上，进一步反对李嘉图的自由贸易政策。这是德国的历史学派(相对于后来主要是反对马克思的经济理论的新历史学派，它被称为旧历史学派)。它和萨伊、马尔萨斯不同，在理论上不和李嘉图交锋，只从方法论上反对，强调德国经济发展的历史阶段与英国不同，强调各国情况不同，英国古典政治经济学揭示的规律和提出的政策不适用于德国。

第七章　价 值 理 论

一　劳动价值理论产生的社会经济条件

李嘉图的价值理论是从批判斯密的价值理论开始的。他们两人是英国古典学派的伟大代表。英国古典学派的主要贡献是建立了劳动价值理论和剩余价值理论的基础。这里先谈劳动价值理论产生的社会经济条件。

劳动价值理论是唯一科学的价值理论，它是在一定的社会经济条件下产生的。商品生产存在于几个社会形态中，但是，并不是在任何条件下都能产生劳动价值理论。

价值理论是说明商品价值本质和价值量如何决定的理论。在原始公社末期产生的剩余产品交换，即商品交换，由于它的反作用，原始公社也发生商品生产。商品生产到奴隶占有制社会已经有了进一步的发展。在奴隶社会里，生产资料和知识为不从事物质资料生产的奴隶主所占有，从事物质资料生产的奴隶只不过被人看作会说话的工具，根本没有人格；这样，即使面对着商品生产和商品交换的经济现象，由于人与人间的不平等，由于人类劳动力的不平等，受这社会条件的限制，思想家们决不会以为生产商品的人类劳动是等一的。恩格斯甚至说："在希腊人和罗马人那里，人们的不平等比任何平等受重视得多。如果认为希腊人和野蛮人、自由民和奴隶、公民和被保护民、罗马的公民和罗马的臣民（指广义而言），都可以要求平等的政治地位，那么这在古代人看来必定是发了疯。"①希腊奴隶社会的大学者亚里士多德对价值形态的分析，清楚地说明人身的不平等在其中所起的限制作用。

① 恩格斯：《反杜林论》，人民出版社1970年版，第101页。

他分明了解商品的货币形态是价值形态的发展，因为他说过“五床等于一屋”，等于说“五床等于若干货币”；他分明了解价值形态中的价值关系，是在质相同的基础上而量又相等的关系，因为他说过“没有等一性，就不能交换；没有公约性，就不能等同”①；但他又认为这些不同的物品在质上是不能相等的，从而在量上也是不能进行比较的。为了解决当中的矛盾，他只好认为有一种习惯上使用的统一单位来进行这种比较。这就是货币。亚里士多德能在价值形态中发现一种均等关系，这体现了他的天赋。但在奴隶社会中，由于人与人间的不平等，由于人类劳动力的不平等，就使他不能发现这种均等本身及其量的规定，是由劳动决定的，使他根本不能提出劳动价值理论。

在封建主义生产方式下，商品生产者——农民、手工业者和手工业行会，生产商品只耗费了他们的劳动，由于狭小的市场和自然经济占统治地位，生产者彼此能清楚地看见生产产品耗费了多少劳动，因此交换的尺度自然而然地就是劳动。劳动和价值的关系，毫无掩饰地呈现在人们的面前。劳动价值理论似乎应该在这种条件下产生了。但是，中世纪的知识是由封建主，在欧洲尤其是由僧界封建主——僧侣所占有的，一切知识与文化都得为宗教服务，这就必然使一个自然而朴素的道理被涂上了一层宗教色彩。欧洲中世纪经院派学者的所谓公正价格理论，就是这种社会经济条件下的产物。公正价格理论有许多流派，它们分别以一种或几种因素来说明价值的决定；这些因素有劳动、商品生产者因等级不同而需要的不同的生活费用、正义、平等、效用和供求，等等。劳动价值理论不可能在这样的社会经济条件下产生。

封建社会末期，商业资本作用的逐渐加强，使劳动和价值或价格之间的关系，不能赤裸裸地表露出来。这是因为，第一，商业资本是靠贱买贵卖而获取利润的。由于小生产者经济力量的脆弱和对于日渐扩大的市场的无知，他们就不能不受商人的任意摆布；封建主和贵族们出售的既然是毫无耗费地从农奴身上搜刮来的产品，购买的又是供享乐用的奢侈品，对于商人的欺骗当然也就不在乎。这样，无论在生产者或在消费者看来，商品的价格似乎是由商人的垄断、由偶然的因素决定的。至于商人自己虽然榨取劳动，但

① 转引自马克思《资本论》(第一卷)，人民出版社 1975 年版，第 74 页。

没有组织劳动，在他们的思想里当然也就不会产生价值和劳动的关系问题。第二，市场扩大了，金属货币的使用增多了，劳动时间决定价值这一点，就不能像从前那样明显地表现出来，实际上，货币已成为衡量价值的社会的或外部的尺度。这是因为，市场越扩大，商品越来自远方，人们对于生产商品所需要的劳动时间就越难估计，人们已经习惯用货币作为价值尺度；同时，金属货币无论是来自外国还是产自本国，人们对于生产货币材料所需要的劳动时间都很难估计，这样，劳动时间和价值的关系就不容易看出来，货币就开始在人们的头脑中代表绝对的价值。商业资本这种作用，在资本原始积累时期已达到顶点。商业资本的活动，促使封建主义的消灭和助长资本主义的产生，并把小生产者"俘虏"过来组织成资本主义的生产。于是，人们的视线就自然而然地集中在商业即流通领域上。代表着新兴商业资本家利益的重商主义就是这样产生的。重商主义的理论——价值是在流通领域内产生的，利润是贱买贵卖的结果，货币是金银，只有金银才是财富，等等——就是在这样的社会经济条件下产生的。

资本主义最初是在流通中发轫的。但是，资本主义生产方式的出现，要以资本主义在生产领域中成立为条件。从封建主义生产方式转变为资本主义生产方式，是由商人变成产业资本家和小生产者变成资本家两条途径来完成的。随着资本主义生产方式的产生和发展，流通就成为总的生产过程中的一个方面，商业资本屈从于产业资本，于是人们的视线就从流通领域转入生产领域。产业资本家是在组织劳动的基础上榨取劳动的。在产业资本家的生产耗费中，劳动的耗费占有显著的地位。按照事情的本性来说，产业资本家是不能离开劳动来谈论价格形成的基础的。同时，随着资本主义生产的发展，商品生产普遍化了，劳动力的商品化也成为普遍的现象，在商品交换和劳动力的买卖中，劳动的等一性和平等性实际上已为人们所公认。这样，人们已经有条件从生产中、从劳动的耗费中探求价格形成的基础。此外，在资本主义生产方式发展初期，资产阶级和封建主阶级的矛盾越来越大，新兴的资产阶级需要一种理论武器来反对封建主阶级。古典派的经济理论就是最锐利的理论武器，构成这个经济理论的基础的，自然而然地就是劳动价值理论。产生在资本主义工场手工业时期的古典政治经济学及其劳动价值理论，就是这样产生的。

亚当·斯密和他的直接继承者大卫·李嘉图，是资产阶级古典政治经济学的伟大代表，也是古典派劳动价值理论的系统的说明者。在他们之前，威廉·配第、富兰克林和斯图亚特等人，虽然已经提出了劳动决定价值的思想，但是，这些思想包含着许多错误，并且还没有和他们的经济理论发生逻辑的联系。例如，斯图亚特认为一个商品的价格包括两个完全不相同的部分：一部分是商品的现实价值，一部分是让渡利润。商品价格不能小于现实价值，价格超过现实价值的部分便是让渡利润。商品的现实价值是由三个要素决定的：一个劳动者平均在一定时间内生产的商品量、劳动者自己生活所需的和制造工具所需的生活资料的价值和种种支出、原料的价值。在这三个要素中，除原料的价值外，前两项都应用平均数计算。从这一分析中可以看出，斯图亚特所说的第一要素内实际上已经大致把劳动时间决定商品价值的原理说出来了，第二、第三两个要素则是以价值来说明价值的循环推论。斯密第一个提出了较为系统的劳动价值理论，并使他的全部经济理论和这个学说有了逻辑上的联系。李嘉图则坚持和发展了斯密的劳动价值理论的正确的一面，指出并在某种程度上克服了它的错误和矛盾。李嘉图劳动价值理论的根本缺陷及不能克服的矛盾，是由无产阶级政治经济学的创始人马克思予以彻底解决的。马克思在完成政治经济学的革命中，建立了科学的劳动价值理论。

二　对斯密二元论的劳动价值理论的批判

对于斯密把价值区分为使用价值和交换价值，李嘉图是同意的。同斯密不同的是，他认为效用虽然不是交换价值的尺度，但对于交换价值来说是不可少的。他认为具有效用的商品，其交换价值从两个泉源得来，一个是稀少性，一个是获取它们时所必需的劳动量。在这里，他在混淆了价值和交换价值的条件下，谈论价值的决定。认为价值取决于生产有效用的商品所必需的劳动量，这是正确的，尽管他谈的是第一层含义的社会必要劳动时间，并不认识第二层含义的社会必要劳动时间；但是，认为价值也要取决于这商品的稀少性，却是错误的。虽然他分析一般商品价值的决定时，只谈生产它所必需的劳动量这个因素，没有谈它的稀少性，但是分析货币这种一般商品价值的决定时，却在谈生产它所必需的劳动量的同时，特别强调它的数量。可以说，这是他的错误的货币理论，即我们要在下面才能论述的货币数量论反过来在其价值理论上留下的痕迹，不是他的价值理论中的本质的因素。对于斯密的另一种劳动价值理论，即在认为商品的价值由投在它的生产上的劳动量决定的同时，又说价值由它在市场上所能换得的劳动量决定，并认为这两者是相等的，李嘉图是反对的。他坚持前者，反对后者，认为这两种说法是不同的。他说："亚当・斯密如此精确地说明了交换价值的原始源泉，他要使自己的说法前后一贯，就应该认为一切物品价值的大小和它们的生产过程中所投下的劳动量成比例；但他自己却又树立了另一种价值标准尺度，并说各种物品价值的大小和它们所能交换的这种标准尺度的量成比例。好像这两种说法是相等的。"①从理论上看，这两种说法确实是不相同的。第一，生产商品投下的劳动量和交换商品换得的劳动量，常常是不相等的，要它们相等，商品的供给和需求就要刚好相等，市场价格和价值就要刚好相等，但这是很偶然的；第二，前一种说法是正确的，后一种说法是错误的，两种说法不相同。后者之所以错误，是因为它是循环论证。如果交换商品换得的劳动量，如同斯密认为的那样是活劳动，它就是商品了，就具有价值了，劳动的价值由什么决定呢？由劳动决定，这是循环论证。如果换得的劳动量是物化劳动，它就要体现在一定量的商品中，这就等于说甲商品的价值由它换得的一定量乙商品决定。那么，乙商品的一定量又怎样决定呢？由它的价值决定。但按照前面的说明，它的价值要由所换得的一定量的甲商品决定，这也是循环论证。能够指出斯密的混同，是李嘉图的功绩。

但是，李嘉图并不了解斯密产生这种混同或错误的原因何在。根本原因是斯密在资产阶级世界观的视野内，不可能理解工人出卖的是劳动力，而认为工人出卖的是劳动。这样，他提出生产商品投下的劳动量决定价值的原理时，便觉得它适用于"资本"和土地都属于自己的个体生产者，这时投下的劳动形成的价值便成为生产者的"工资"，而不适用于已经有了资本积累和土地私有的社会，即资本主义生产。因为如果价值成为劳动者的工资，那

① 大卫・李嘉图：《政治经济学及赋税原理》，郭大力、王亚南译，商务印书馆1962年版，第9页。

么,属于资本的利润和属于土地私有权的地租就没有来源了。由于遇到困难,斯密便只好说,这时的利润和地租由交换商品换得的劳动量决定,价值由工资、利润和地租构成。这样,另一种劳动价值理论便产生了。不过它已经不是劳动价值理论,而是工资、利润和地租构成价值的生产费用论了。再发展下去,为了说明利润和地租的高度,它又成为供求论,为了说明工资、利润和地租的来源,它最后又成为劳动创造的是工资、资本创造的是利润、土地创造的是地租的生产要素论了。

我们要问:作为前提的价值,生产这个价值的劳动量,同作为结果的价值,构成这个价值(由三种收入合起来构成)的劳动量,这两种劳动量是否相等?斯密没有明确地回答。问题的关键在于:工资的大小如何决定。在斯密的思想里,工人得到的工资,应该就是其劳动创造的价值,工资这个概念就是"劳动价值",换言之,它应该同上述独立小生产者创造的价值或得到的收入相等。但是,这样一来,三种收入合起来的劳动量,就大于生产该商品投下的劳动量。这是矛盾的。对此,马克思的评论是:斯密觉察到由价值全部归生产者所有,到价值分解为工资、利润和地租,这当中有一个空隙,在越过这一空隙时,他发现价值规律从能够发挥自己的作用到不能发挥自己的作用。他苦于不能解释其原因。因为斯密将资本主义商品的价值增殖过程和商品一般的价值形成过程对立起来。很明显,他是将工人出卖劳动力看成出卖劳动了,将日常生活中所说的工资理解为劳动价值,而不是理解为劳动力的价值的转化形态。

正由于李嘉图不了解,也不可能了解斯密产生错误的原因,他虽然指出了这个错误,但不仅不能解决问题,而且自己也陷入了这个错误。他说,一个国家在某一时期内生产生活必需品所投下的劳动量,可以两倍于另一时期,但为了能够生活,劳动者的报酬却可能不减少,"在这情况下,食物和必需品如果按其生产所必需的劳动量来计算,就会涨价百分之百,但如果按其所能交换的劳动量来衡量,则价值几乎没有增加"。① 他说这段话的目的在于驳斥斯密,证明投下的劳动量和交换的劳动量是不相等的。

---

① 大卫·李嘉图:《政治经济学及赋税原理》,郭大力、王亚南译,商务印书馆1962年版,第11页。

但是，这段话是错误的。这段话不适合于生产物和生产物、生活必需品和劳动力相交换的场合，因为生产物包括生活必需品生产时投下的劳动量加倍了，假设供求相等，它所能交换到的生产物和劳动力商品所包含的劳动量也加倍。这段话只适合于生活必需品和活劳动或雇佣劳动相交换这特定的场合。而所谓和活劳动或雇佣劳动相交换云云，就是斯密所不能理解的工人出卖劳动力的另一种说法。李嘉图自己也陷到这个泥潭里去了。

李嘉图并不理解斯密发生错误的真正原因，而能够指出这种错误事实，这是由于他是产业革命期间的经济学家，清楚地看到巨大的技术变革，使劳动生产率提高了，生产商品投下的劳动量减少了，但同数量的生活必需品能换得的活劳动量并没有减少，因此，便看到这两者是不等的。

三　坚持生产商品投下的劳动决定价值的正确原理

指出了斯密的价值学说的二元论后，李嘉图坚持斯密最初提出的价值由生产商品投下的劳动决定的正确原理。他的《政治经济学及赋税原理》的第一章“论价值”中第一节的标题是：“商品的价值或其所能交换的任何另一种商品的量，取决于其生产必需的相对劳动量，而不取决于付给这种劳动的报酬的多少。”①在这里，他认为价值取决于生产商品所必需的劳动量，这是正确的。但他又认为它不取决于付给这种劳动的报酬，混同了劳动力的价值或价格和“劳动的价值”，这就产生很多混乱。只有当我们把“劳动的价值”理解为劳动力价值或价格的转化形态即工资时，认为商品的价值不取决于生产它所支付的工资，才是正确的。

但是，李嘉图所以能够坚持这个正确的原理，并不是由于他清楚地认识到，交换商品所支配的劳动决定价值的原理，如像我们在前面所指出的那样，只是一种没有出路的循环论证。他说：“如果劳动者的报酬总是和他的生产量成比例，那么，投在一种商品内的劳动量和该种商品所能换得的劳动

---

① 大卫·李嘉图：《政治经济学及赋税原理》，郭大力、王亚南译，商务印书馆1962年版，第7页。

量就会相等，两者之中的任一种都可以准确地衡量他物价值的变动。”①可见，他认为用这两种劳动中的任一种去衡量商品的交换价值(价值)都是一样的，根本不存在循环论证的问题。

李嘉图能够坚持这个正确原理，只是由于：第一，他认为这两种劳动量是不相等的。我们在前面已经指出，他的分析不适合于商品和商品、生活资料和劳动力商品相交换的场合，只适合于生活资料和活劳动相交换的场合，这个活劳动就是亚当·斯密所不理解的出卖劳动力的另一种说法。按照李嘉图的思想，活劳动能和生活资料相交换，它就应该有价值，这表现在生活资料上。按照前面的说明，活劳动没有变化，生活资料包含的劳动却可以变化，这样，他就应该同意斯密这种看法，即劳动所能购买的财货有时多有时少，这是财货的价值发生了变动，而不是购买这财货的劳动的价值发生了变动。斯密的看法当然是错误的，因为活劳动不能交换或出卖，劳动本身也没有价值。但在认为活劳动能交换、劳动有价值的人看来，斯密的看法倒应该是正确的。李嘉图应该是这样。但是，他却认为斯密这看法是错误的。

李嘉图说：“如果我们附和这种意见那就错了。……规定各种物品的现在相对价值或过去相对价值的，是劳动所将生产的各种商品的相对量，而不是给与劳动者以换取其劳动的各种商品的相对量。”②

这是什么意思呢？这就是说，商品的相对价值(与价值相混淆的交换价值)取决于等量劳动生产的各种商品的对比，假设一只羊和三把石斧、一袋盐是等量劳动的产物，那么，三把石斧和一袋盐便分别是一只羊的相对价值，而不取决于为了换取劳动者的活劳动而付出的各种商品的对比，因为在活劳动不变的条件下，不同时期付给支出这活劳动的劳动者的商品所包含的劳动量是不同的。在这里，他事实上已议论到雇佣劳动了，但他对此并没有认识，以致不了解商品的价值由生产它所投下的劳动决定，以及资本主义的商品的价值由作为工资的商品所购买的劳动力支出的活劳动决定，这两个命题是同样正确的。在后一条件下，生产商品投下的劳动量和交换商品所支配的活劳动，两者在量上是不等的。

---

① 大卫·李嘉图：《政治经济学及赋税原理》，郭大力、王亚南译，商务印书馆1962年版，第10页。
② 同上书，第12页。

第二，他认为投下的劳动决定的价值是根本的，支配的劳动的价值是由它决定的，随着它的变化而变化。很明显，这也不适合于商品与商品相交换的场合，因为两种商品的价值都由各自生产所投下的劳动决定；也不适合于他所认为的作为工资的商品和活劳动相交换的场合，因为活劳动的量（他认为是价值）并不由作为工资的商品的价值决定，只适合于他所不理解的作为工资的商品和劳动力相交换的场合，因为劳动力的价值是由生活资料的价值决定的，并随着后者的变化而变化。他针对前面谈过的，对斯密认为劳动的价值不变的观点加以反驳时说："劳动的价值不也同样是变化无常，不但和其他一切物品一样，要受始终随着社会状况的每一变动而变化的供求比例的影响，而且也要受用劳动工资购买的食物与其他必需品的价格变动的影响吗？"①他还说："谷物和必需品的价值降低是由于生产所必需的劳动量已经减少，而劳动价值的降低是随着这种为劳动者提供生活资料的更为便利而来的。"②这里的劳动价值云云，只能是劳动力价值。在这里，他事实上已经议论到劳动力成为商品了，但他对此也没有认识，以致不了解作为商品的劳动力的价值由生活资料的价值决定，以及资本主义的商品的价值由这个劳动力支出的活劳动决定，这两个命题是同样正确的。

从上面的分析可以看出，李嘉图由于不理解劳动力成为商品，混淆了劳动和劳动力，将劳动力的价值看成劳动的价值，便产生许多混乱，不能彻底地批判斯密的错误，建立科学的投下的劳动决定价值的原理。如果他能理解劳动力成为商品，便可以看到，资本主义商品的价值，是由交换到的劳动力支出的劳动决定的。斯密要说的，其实是这一点，但他无法说清楚。李嘉图也是这样。

四　不研究价值的实体，只研究价值量的决定

李嘉图的劳动价值理论，仍然保存着斯密的价值理论的根本缺陷，就是

① 大卫・李嘉图：《政治经济学及赋税原理》，郭大力、王亚南译，商务印书馆1962年版，第10页。
② 同上书，第13页。

不研究价值的实体，只研究价值量的决定。一般说来，只要认为资本主义生产方式，从而商品生产制度是生产的自然形态，就必然存在这个缺陷。我们知道，价值是商品的一个因素，商品是由在社会分工和私有制条件下的产品转化而来的，价值是在产品这个外壳掩盖下生产者交换劳动的一种关系，价值的实体就是已经转化为社会劳动的生产者的私人劳动，价值的量就是价值实体的量，它由社会劳动来衡量。因此，价值、价值实体和价值量，都是历史的范畴。

斯密实际上是脱离了商品生产来谈论价值的。他认为人类有交换的天性，分工是其表现，因而产品本来就是为了交换，本来就是商品，就有价值，生产产品的劳动本来就是价值的源泉。他从不认为这些是历史的范畴。李嘉图也是这样。他一开始就谈论，在一个渔猎民族中，如果捕杀一只海狸所费的劳动通常两倍于捕杀一只野鹿所费的劳动，那么一只海狸自然就会交换两只野鹿，也就是值两只野鹿。他从来没有想过，海狸和野鹿相交换，即产品转化为商品、劳动凝结为价值的社会条件是什么。

由于不研究价值实体，他就不理解从产品变为商品，生产者的劳动便具有二重的社会性质，就不能把体现为价值的抽象劳动和体现为使用价值的具体劳动有意识地区分开，便在理论上发生矛盾。这在他对萨伊和特拉西的价值学说的评论中，表现得很清楚。特拉西也是法国经济学家。这两人都把财富或使用价值看成价值。但是，在价值的源泉问题上，李嘉图完全同意特累西的主张，而在价值的概念问题上，他却根本反对萨伊的看法。特累西说，人类的肉体机能和精神机能是人类的唯一原始财富，它们的运用，即劳动是人类唯一原始的富源，如果它们有一种价值，甚至有两种不同的价值，也只能从创造它们的劳动中得来。其实，就财富或使用价值而言，它并不唯一地由劳动创造，劳动对象和劳动手段也发生作用。李嘉图之所以表示同意，是由于他把特累西对使用价值源泉的论述，当作对价值源泉的论述了。但当萨伊责备斯密，说斯密忽视了自然要素和机器所赋予商品的价值时，李嘉图却正确地说明斯密区别了它们加到商品去的价值的性质，即增加的是使用价值而不是价值。既然李嘉图对特累西把使用价值说成是价值，然后认为它唯一的源泉是劳动（这是错误的）的看法是同意的，那么他就没有理由对萨伊同样把使用价值说成是价值，然后认为它的源泉是劳动、工具、土地(从使用价值的源泉看,这是正确的)的看法表示不同意。之所以有这种矛盾,是由于他有时没有明确区分价值和使用价值。

不研究价值实体,就不可能科学地说明价值量的决定。价值量既然是价值实体的量,其决定就是社会的事情,其大小由社会必要劳动时间决定。就一种商品来说,这有两方面的社会规定:一是在正常的社会生产条件下,以平均的劳动熟练程度和劳动强度,生产该商品所需要的时间;二是投到该商品生产部门中的全部劳动,是社会需要的,其量等于该社会需要。就生产各种不同商品的劳动来说,它们之间还有一个相对地说是简单劳动和复杂劳动的社会换算问题。总之,价值量的决定,是一个社会过程。可是,李嘉图并不完全是这样看的。他和斯密一样,越过了生产商品的劳动的质是否为社会所承认,即私人劳动的质是否为社会所承认的问题,而直接论述价值的大小由劳动时间的长短决定,只是在这个限度内研究决定商品价值量的劳动时间,是根据哪一种生产条件所必需的劳动时间,说明简单劳动和复杂劳动之间的换算。也就是说,他看不到商品生产的基本矛盾是私人劳动和社会劳动的矛盾,不了解由私人劳动转化为社会劳动,它的质首先要被社会承认,在这一前提下,它的量再由社会计算,这就是价值量的决定,而简单地认为价值量只由劳动时间来衡量。这就使他的货币理论发生错误。

五　不研究价值为什么表现为相对价值及相对价值形式的发展,只研究相对价值量的规定

李嘉图的劳动价值理论还有一个由于不研究价值实体而产生的缺陷,就是不研究价值为什么必然要表现为相对价值,以及相对价值的形式为什么必然要发展为货币的形式,而只研究相对价值量的规定。一般说来,只要认为资本主义生产方式是生产的自然形态,产品自然就是商品,劳动自然就是价值,就必然不认识和不研究商品生产中的私人劳动和社会劳动的矛盾,以及私人劳动必须转化为社会劳动并凝结为价值,就必然认为价值自然就表现为相对价值,即生产商品的劳动时间表现在与这商品相交换的使用价值量上,而不去研究价值为什么必然要表现为相对价值。李嘉图就是这样。

由于认为价值自然就表现为相对价值，李嘉图就常常将这两者相混淆。其实他完全有条件将它们加以区分，因为他对斯密将投下劳动决定价值和交换劳动决定价值相混淆的批判，实质上就是对将这两者相混淆的批判。他并且用术语将它们区分开来：用价值、绝对价值、真实价值来表示价值，用相对价值、交换价值、比较价值来表示相对价值，但在论述的时候，他又常常将这两者相混淆。例如，他说："劳动使用的节约必然会使商品的相对价值下降，无论这种节约是发生在制造这种商品本身所需的劳动方面，还是发生在构造协助生产这种商品的资本所需的劳动方面。"①这里所说的相对价值其实是价值。他还将价值的变化作为相对价值的变化来表述。例如，他说："如果我看到一盎司黄金所换得的……商品的量都已减少，并且看到……用较少量的劳动量就可以获得一定量的黄金，那么，我就有理由说，黄金相对于其他商品的价值发生变动的原因，是它的生产……所必需的劳动量已经减少。"②就这段话论述的问题来说，既然看到了用较少的劳动量就可以获得一定量的黄金，那么黄金自身的价值肯定是发生变动的，大可不必说黄金相对于其他商品的价值来说是发生变动的。李嘉图之所以有这种混淆和这种表述，是由于他认为价值自然就表现为相对价值。

由于这样，他就根本不去研究相对价值的形式的发展，因为根本不存在这个问题。我们知道，商品生产中的私人劳动和社会劳动的矛盾，不仅使价值必然表现为相对价值，而且使相对价值的形式的发展，经历了简单的价值形式、扩大的价值形式、一般的价值形式，再到货币形式。他不研究相对价值形式的发展，就不能正确理解货币的本质。马克思明确地指出："因此，我们发现，在那些完全同意用劳动时间来计算价值量的经济学家中间，对于货币即一般等价物的完成形态的看法是极为混乱和矛盾的。"③李嘉图就是这样。

李嘉图既然不研究价值实体，只研究价值量的决定，又认为价值自然表现为相对价值，那么在价值和相对价值的问题上，他当然着重相对价值的研

① 大卫·李嘉图：《政治经济学及赋税原理》，郭大力、王亚南译，商务印书馆 1962 年版，第 20 页。

② 同上书，第 13 页。

③ 马克思：《资本论》（第一卷），人民出版社 1975 年版，第 98 页注(32)。

究。他说:“我希望读者注意的这种探讨,关涉的只是商品相对价值变动的影响,而不是绝对价值变动的影响。”①

他论述了相对价值变动的几种规定性:一是商品价值变了,而与它相交换的其他商品的价值没有变,如某商品换到的鞋、袜等数量变了,其原因是它本身生产所需的劳动量变了;二是商品价值没有变,而与它相交换的其他商品的价值变了,如上述鞋、袜等的价值没有变,但它们换到的黄金数量变了,其原因是黄金生产所需的劳动时间变了②;三是双方的价值发生反方向变化,他说,“如果用同量劳动所获得的鱼减少,或是所猎得的猎物增加,那么鱼的价值和猎物相比就会上升”。③

六 在价值量决定上的必要劳动、异质劳动、直接劳动和间接劳动

在价值量的决定上,李嘉图所看到的必要劳动,如上所述,只是具有某种生产条件的生产者生产商品所需要的劳动时间。由于他在这个限度内理解价值量的决定是一个社会过程时,只看到农业生产中的一些现象,因此错误地认为,这种决定价值量的必要劳动,不分工业和农业,都是劣等生产者生产商品所需要的劳动时间。他说:“一切商品,不论是工业制造品、矿产品还是土地产品,规定其交换价值的永远不是在极为有利,并为具有特种生产设施的人所独有的条件下进行生产时已感够用的较小量劳动,而是不享有这种便利的人进行生产时所必须投入的较大量劳动;也就是由那些要继续在最不利的条件下进行生产的人所必须投入的较大量劳动。”④这段话说明,不适合于工业品价值量的决定,只适合于矿产品和农产品价值量的决定。因为在工业生产上不存在作为经营对象的垄断,资本能创造任何生产条件

① 大卫·李嘉图:《政治经济学及赋税原理》,郭大力、王亚南译,商务印书馆 1962 年版,第 16 页。

② 以上参见大卫·李嘉图《政治经济学及赋税原理》,郭大力、王亚南译,商务印书馆 1962 年版,第 13 页。

③ 同上书,第 21 页。

④ 同上书,第 60 页。

的工业企业，必要劳动时间便由中等的平均生产条件决定；在农业和矿业生产上则存在着作为经营对象的土地的垄断，肥沃的土地、富矿的土地一旦被经营了，其他的资本是无法创造的，因此必要劳动时间便由劣等的生产条件决定。李嘉图不是从这样的社会关系去理解问题。他被当时英国粮价上涨现象所迷惑，又受到马尔萨斯的人口理论的影响，认为在农业生产上存在着土地报酬递减规律，而人口的增长又快于粮食的增加，这样，粮食的价格，从而它的价值便由最劣等的土地生产的粮食价值决定，这种土地生产粮食的劳动时间就是必要的劳动时间。然而以此来说明矿产品和工业品的生产的必要劳动时间，当作一个原理来看，应该说是不科学的。

在价值量的决定上，还有简单劳动和复杂劳动的换算问题。李嘉图说："当我说劳动是一切价值的基础，相对劳动量是几乎唯一的决定商品相对价值的因素时，决不可认为我忽视了劳动的不同性质，或是忽视了一种行业一小时或一天的劳动与另一种行业同等时间的劳动相比较的困难。为了实际的目的，各种不同性质的劳动的估价很快就会在市场上得到十分准确的调整，并且主要取决于劳动者的相对熟练程度和所完成的劳动的强度。估价的尺度一经形成，就很少发生变动。"①在这里，他从市场上的估价说明这种换算，比斯密后退了。斯密还从社会过程和劳动价值理论来说明这种换算。这个问题有现实意义，我们详尽地谈一谈。

李嘉图说："由于我希望读者注意的这种探讨，关涉的只是商品相对价值变动的影响，而不是绝对价值变动的影响，所以研究对于不同种类人类劳动的估价的高低并没有什么重要性。我们很可以作出结论说：不论这些人类劳动原来是怎样地不相等，不论学习一种手艺所需要的技术、智巧或时间比另一种多多少，其差别总是世代相传近乎不变，或者说至少逐年的变动是微乎其微的，所以在短时间内对商品相对价值没有什么影响。"②这里值得注意的是：李嘉图强调的是相对价值，即一种商品的价值用另一种商品的价值来衡量时，两者结成的数量关系，例如，甲商品价值是乙商品价值的 4 倍；至于甲、乙商品本身的价值，即绝对价值的大小，则不在考察之内。换言之，假

① 大卫·李嘉图：《政治经济学及赋税原理》，郭大力、王亚南译，商务印书馆 1962 年版，第 15 页。

② 同上书，第 16—17 页。

如简单劳动的产物的价值定为1,而复杂劳动的产品的价值为其4倍,那么就只能说:后者所值是前者的4倍。至于它们各自的价值如何,就无法回答了。还要注意的是:李嘉图认为这种关系是由市场机制确定的。他说:“为实际目的,各种不同性质的劳动的估价很快就会在市场上得到十分准确的调整,并且主要取决于劳动者的相对熟练程度和所完成的劳动的强度。估价的尺度一经形成,就很少发生变动。如果宝石匠一天的劳动比普通劳动者一天的劳动价值更大,那是很久以前已经作了这样的调整。”①

李嘉图强调市场机制在这里的作用,是受到斯密的影响。斯密说:“劳动虽是一切商品交换价值的真实尺度,但一切商品的价值,通常不是按劳动估定的。要确定两个不同的劳动量的比例,往往很困难。两种不同工作所费去的时间往往不是决定这比例的唯一因素,它们的不同困难程度和精巧程度也须加以考虑。一个钟头的困难工作,比一个钟头的容易工作,也许包含有更多劳动量;需要十年学习的工作做一小时,比普通业务做一月所含劳动量也可能更多。但是,困难程度和精巧程度的准确尺度不容易找到。诚然,在交换不同劳动的不同生产物时,通常都在一定程度上,考虑到上述困难程度和精巧程度,但在进行这种交换时,不是按任何准确尺度来做调整,而是通过市场上议价来做大体上两不相亏的调整。这虽不很准确,但对日常买卖也就够了。”②我们知道,凡是由市场机制决定的,就只能是价格,而不是价值;再根据这一点,让各种商品的市场价格发生量的比较,就是商品的交换价值或相对价格。

斯密还有另一种机制,用以说明复杂劳动的产品的绝对价值,只是李嘉图没有留意。斯密的论述有两点:第一,越是从事复杂劳动的人才,越难培养。他说,培养一个律师,平均20个人中才有一个成功者,这样,19个失败者所花费的教者和学者的劳动都集中在一个成功者的身上,亦即1个律师是花费了20个人的培养劳动才培养出来的。马克思说,金刚石在地壳中是很稀少的,因而发现金刚石平均要花很多劳动时间,也是这个意思。第二,斯

① 大卫·李嘉图:《政治经济学及赋税原理》,郭大力、王亚南译,商务印书馆1962年版,第15页。

② 亚当·斯密:《国民财富的性质和原因的研究》(上卷),郭大力、王亚南译,商务印书馆1972年版,第27页。

密将一种经过学习才具有的才能称为“高价机器”，并认为它是固定资本中的一种，其使用不仅要得到收回培养所费的劳动，即折旧，而且还要得到一切资本都得到的利润（可以看出，这一“高价机器”论，就是现在流行的“人力资本”论，或“剩余索取权”论的滥觞）。这是从固定资本的质的规定看的。此外，还有从才能即劳动的质的规定一面看的，即要获得工资。

根据斯密的有关论述，似乎可以这样解决问题。这有三个方面：第一，“高价机器”在使用时的折旧，属于旧价值的转移。假如一个普通劳动者的培养费（理论上等于耗费的劳动，下同）是 X，一个律师的培养费是 4X，而一个律师要平均集中 20 个人的培养费，那么一个成功的律师的培养费就是 80X，即 80 倍于一个普通劳动者；这样，这“高价机器”的折旧，即旧价值的转移就 80 倍于普通机器的；只要我们知道 X 的绝对数和“机器”的使用年限，折旧的绝对数就出来了。第二，“高价机器”的使用本身，就是这个载体上的劳动所创造的新价值。我认为剥离了“高价机器”的折旧后，其载体上的劳动就同一般的劳动没有什么不同了。这就是说，撇开旧价值转移即折旧不谈，所有劳动创造的新价值都是相同的。复杂劳动是倍加的简单劳动的机制在于：从事复杂劳动者的培养费用本身的巨大和集中了许多失败者的培养费用。它的过程是：巨额旧价值的转移和新价值的创造结合在一起。第三，有的复杂劳动者是要经常充电的，也有的复杂劳动者是要经常练习的，前者如电脑工程师，后者如演员。前者补充进固定资本，后者则成为集中支出的活劳动。它们分别在旧价值转移和新价值创造中起作用。

至于“高价机器”作为固定资本（人力资本）得到的利润（利息），那是从社会剩余价值中的扣除，同一般的平均利润没有区别。值得注意的是，固定资本按全额获取利润，而根据折旧转移旧的价值。不能从复杂劳动者获取的工资反过来计算他的劳动形成的价值。

李嘉图在价值量的决定的问题上，有一个比斯密进步的地方，这就是，他指出决定价值的，不仅有直接劳动即活劳动，而且还有间接劳动即物化劳动，就是投在协助这种劳动的器具、工具和工场建筑上的劳动。斯密没有明白地指出间接劳动，不是因为他看不到，而是因为他不了解生产商品的劳动具有二重性质，因此就无法说明生产者的一次劳动为什么既能形成新的价值，又能转移物化劳动体现在生产资料上的旧价值，于是他就用下面将谈及的方法将这种旧价值加以驱逐，或最终全部分解完毕。李嘉图同样不了解这种劳动的二重性质，因此，他虽然指出决定价值的还有物化劳动，但无法说明其价值是如何转移的，所以，他要么将物化劳动的全部价值加到商品的价值上，要么丝毫不加到商品的价值上，物化劳动形成的价值可以部分地转移到商品价值上这种观点他是没有的。不仅如此，正如后面将指出的，他最后也同意斯密的物化劳动形成的旧价值会全部分解掉的看法。

七　在间接劳动决定价值的问题上，只提投在生产工具、建筑物的劳动，不提投在原料上的劳动的原因

《政治经济学及赋税原理》第一章第三节“影响商品价值的不仅是直接投在商品上的劳动，而且还有投在协助这种劳动的器具、工具和工场建筑上的劳动”。① 这就是说，影响商品价值的，不仅是生产商品的活劳动，而且还有生产资料上的物化劳动。但是，后者为何不包括原材料？

马克思认为，这是由于李嘉图有丰富的逻辑本能。他指出，在写上述的第三节时，下一节（其实两节）已经在李嘉图的脑里。写第三节时，他说明棉袜子的价值包括种植原棉和运输棉花的设备和劳动：这些就是C。但是，他由于信奉认为C会不断分解为V＋M而不复存在的斯密教条（下面详细论述），就认为既然C不断分解为V＋M，而V＋M是直接劳动创造的，这样，就等于说，价值就是劳动创造的，没有区分活劳动和物化劳动的必要。

但是，写第四节时（这是我们要到下面才能论述的），他由于混同了价值与生产价格，就认为利润构成生产价格（价值）。本来生产资料全部都能带来利润（平均利润），但是，其中的固定资本和流动资本的作用不同：流动资本由原材料构成的部分（此外还有工资部分）没有所用和所费之差，全部价值就转移到商品上去，也全部获取利润；固定资本与它不同，有所费（折旧）与所用之差，所费部分的价值转移到商品上去，而按所用全部获取利润。

① 大卫·李嘉图：《政治经济学及赋税原理》，郭大力、王亚南译，商务印书馆1962年版，第17页。

已经用掉的流动资本（不包含工资）和固定资本这两种资本的旧价值，是由具体劳动在生产使用价值时转移到商品上的，根据斯密教条，旧价值就化为与抽象劳动创造的新价值同样的价值，都是劳动创造的价值。这样，由按所用的固定资本获取而加到生产价格上的那一部分利润，就突现出来，成为在劳动以外能影响价值的唯一因素，就是说这部分利润其价值是固定资本创造的，原材料这个因素则不起这样的作用。因此，他就不提原材料对价值的影响作用了。

由于李嘉图写作上的跳跃，在论述间接劳动决定价值这个问题上所以不提原料，除了混淆价值和生产价格是一个重要的原因外，还预先假定了一些要到后面才谈论的前提：价值是一个常数，它分解为工资和剩余价值，必然是此大彼小，反之亦然；平均利润率与工资率的变动必然相反；平均利润率的高低是随意假设的。

由于李嘉图写作上的跳跃，要了解他为何在间接劳动问题上不提原料，我们只好提前看一看要到后面才论述的甲例。从中我们看到：第二年终，机器作为所用的固定资本，它的全部要求产生 550 镑利润，这利润要分别加到毛呢和棉布上，构成它们的价值，所以它们的价值都是 6 050 镑。毛呢、棉布和谷物耗费的劳动时间相同，前两者的价值所以比后者的价值多 550 镑，那是因为它们生产时使用了价值 5 500 镑的固定资本，它要求利润 550 镑，它要分别加到毛呢和棉布的价值（其实是生产价格）上去。上面不涉及利润率的变动。

下面的利润率是变动的。由此引起的生产价格变动也只与固定资本有关，与原材料的流动资本无关。他举了这样一个例子，它是甲例的继续。他一直认为工资上涨，利润就下降，但两者合起来的数额不变。现在假定由于工资上涨，利润从 10%下降为 9%。根据工资和利润之关系的原理，谷物的价值不变，仍为 5 500 镑，毛呢和棉布本身的价值由生产它们劳动决定，也是 5 500 镑，但由机器获得的利润却由 550 镑（5 500×0.1）下降为 495 镑（5 500×0.09），利润加到毛呢和棉布上去，它们的价值（其实是生产价格）便从 6 050 镑下降为 5 995 镑。这个要求获取平均利润的固定资本额越大，商品价值下降就越大。如果工资下降，情况就相反。他把生产价格的变动，看成价值的变动。毛呢和棉布的情况相同，其相对价值不变。

现在，我们可以看到，李嘉图谈论商品价值决定中的间接劳动时，为什么只提机器之类的固定资本，而不提原料之类的流动资本的原因了。因为机器等固定资本的价值转移的时间超过一次生产过程，在其后的生产过程，由于利润率的变动，它获取的利润也变动，由利润构成的生产价格也变动，他把它看成价值的变动；原材料价值转移的时间以一次生产过程为限，此后它再也不能获取利润了，利润率的变动对它毫无影响。而在一次生产过程中，李嘉图由于信奉斯密教条，认为劳动不分活的和物化的，例如棉袜子的价值就是由其决定的。

对于李嘉图不提原材料的价值问题，郭大力老师说："没有说到这种劳动予以支出的对象，即材料之类的东西，是一种疏忽。"[①]对此，吴易风教授批评说："不是出于偶然疏忽，而是有深刻的原因。……李嘉图根本不会根据资本的不同部分在价值增殖过程中的不同作用，把资本划分为不变资本和可变资本；而只是像斯密等人一样按照资本的不同部分在价值转移方法上的区别，把资本划分为固定资本和流动资本。这样，李嘉图就漏掉了属于流动资本的、作为原材料的那部分不变资本。"这是正确的。但是，他又说，李嘉图"只是在以袜子为例时，才想到了棉花和棉纱。当他一般地论述问题时，总是忘掉了原材料"。[②] 这就值得商榷了。我认为，用"有时想到，有时又忘掉"，以此来解释李嘉图之所以不提原材料是不能同意的。理由见上述：在一次生产过程中，由于他信奉斯密教条，C 即劳动工具和原料的存在都被否定了，或与活劳动融合在一起形成价值。进入第二次生产过程，固定资本计算利润的作用突现出来，被理解为创造价值，原材料则没有这种作用，因此，原材料转移价值这件事就被抹杀了。

八　接受斯密教条，即认为价值最终分解为 V+M，并在这前提下和斯密争论

李嘉图的价值学说有一个错误，就是接受斯密的教条，认为商品（资本

① 参见郭大力《西洋经济思想》，中华书局 1949 年版，第 87 页。
② 吴易风：《英国古典经济理论》，商务印书馆 1988 年版，第 177 页。

主义商品)的价值,不是分解为 C+V+M,而是最终分解为 V+M。

前面说过,斯密由于不能解决利润和地租的来源问题,便认为资本主义商品的价值不再由生产所投下的劳动决定,而改由交换所支配的劳动决定,这个劳动包括工资、利润和地租。这个原理,除了我们在上面指出的错误外,还有一个错误,就是认为价值仅由 V(工资)和 M(利润和地租)构成,不包括 C(生产资料或不变资本)。他认为 C 最终也分解为 V+M。他举谷物的价值为例,认为其中的 C 例如耕马的价值最终也就是 V+M。由于这样,产品价值即 C+V+M,便等于价值产品即 V+M 了,也就是说,一年中总产品的价值被说成全部是该年的活劳动创造的。这个教条产生的原因,如马克思所指出的,是斯密不理解生产商品的劳动具有二重性,因此无法说明一次劳动何以既能创造新价值,又能转移旧价值,于是便用最终分解为 V+M 的方法,把旧价值驱逐掉。这个教条一直为资产阶级的经济学家所信奉。李嘉图也是它的信奉者。

李嘉图说:"每一个国家的全部土地和劳动产品都要分成三部分,其中一部分归于工资,一部分归于利润,另一部分归于地租。"①这就是说,总产品的价值全部分解为 V+M 这种收入,C 即不变资本的价值是不存在的。他就是在这种观点下,考察总收入和纯收入的。他说:"假定一个国家所有的产品——即可以在一年之内送上市场的全部谷物、农产品和制造品等——的价值是两千万镑,为了取得这一价值必须使用一定人数的劳动,这些劳动者的绝对必需品须支付一千万镑。在这种情形下,我就说这个社会的总收入是两千万镑,纯收入是一千万镑。"②这里所说的总收入其实是总收益即总产品的价值,要扣除掉其中的生产资料价值(李嘉图看漏了这一点)后,余下的才是总收入,也就是说,总收益是 C+V+M,总收入是 V+M,纯收入是 M。

在接受斯密教条的前提下,李嘉图和斯密的争论只有两点。第一,关于 M 即剩余价值的分解。斯密认为它分解为利润和地租。李嘉图实质上认为,从全社会来看是这样,但从每个生产单位来看,就不完全是这样。问题在于:他认为在农业生产中没有单独的地租存在。李嘉图由于混淆了生产价格和价值,看不到在农产品中,价值高于生产价格,有一个可以转化为绝

① 大卫·李嘉图:《政治经济学及赋税原理》,郭大力、王亚南译,商务印书馆 1962 年版,第 297 页。

② 同上书,第 362 页。

对地租的余额，在坚持等价交换的价值规律时，他便否认有绝对地租的存在。他又认为，最劣等的耕地不可能有级差地租，因为由它决定的农产品价值只能分解为利润和工资；而中等地和优良地的级差地租是包括在超额利润中的。其实，不仅从全社会看，而且从每个生产单位看（以土地私有为前提），剩余价值都要分解为绝对地租，所以李嘉图反对绝对地租的存在是错误的。第二，关于V和M是价值量的结果还是它的前提。斯密认为，V和M是价值量的前提，价值量是由它们构成的。这是从交换商品支配的劳动量决定价值这个错误原理产生的。依照这看法，各种收入增加，由它们构成的价值量便增加；李嘉图坚决反对此说，认为V和M是价值量的结果，在价值量已定的前提下，V增加了，M便减少，这是从生产商品投下的劳动量决定价值这个正确原理产生的。换言之，V和M是常数，必然此大就彼小。这是贯彻在其《政治经济学及赋税原理》中的重要原则。李嘉图对于斯密教条，即斯密错误地认为C的价值由于不断地分解为V+M，而不复存在，也就是C+V+M最终会等于V+M，是完全同意的。在共同否认C的存在的基础上，李嘉图同斯密的争论只是：他认为价值分解为V+M，斯密则认为V+M构成价值。这是两种价值理论导致的不同。李嘉图的看法是正确的。以后我们知道，这实质上已涉及资产阶级和无产阶级、资产阶级和地主阶级之间的经济利益问题了。

九　由于混淆价值和生产价格就修正劳动价值理论

在坚持劳动价值理论方面，李嘉图最大的失误是：由于混淆了自然价格（马克思说的生产价格）和价值，就将自然价格变动的原因理解为价值变动的原因，即认为除了劳动之外还有其他因素决定价值。使用的固定资本和流动比例不同、商品上市的时间不同，以及在这两种不同条件下工资的变动都是使价值发生变动的原因。其实，这就是马克思所说的：资本有机构成和资本周转时间不是居于中等条件的资本，其工资变动就会引起利润的相反变动，再引起生产价格的变动。[①] 但是，李嘉图将其看成价值的变动。他举

① 参见马克思《资本论》（第三卷），人民出版社1975年版，第十一和十二章。

了如下三个例子。

(1) 甲例:假定两人各雇 100 人劳动一年,分别制造两架机器,另一农场主雇 100 人种植谷物,年终每架机器和谷物的价值相等,因为它们是等量劳动生产出来的(耗费的生产资料的价值除外,下同)。下一年,一架机器所有者雇 100 人利用机器制造毛呢,另一架机器所有者雇 100 人利用机器制造棉布,农场主则和以前一样雇 100 人种植谷物。第二年终,毛呢和机器,棉布和机器,是 200 人劳动一年,或 100 人劳动两年的结果,谷物是 100 人劳动一年的结果,前两者的价值就分别应为谷物的 2 倍。但他认为实际上不止 2 倍。因为前两者的"资本在第一年中的利润已经加入各自的资本之中,而农场主的资本在第一年中的利润却被消费和享受掉了……商品价值的大小便不会恰好与各自所投入的劳动量成比例,也就是说,比例不是二比一,而是大一些,以便补偿价值较大的一种被送上市场以前所须经过的较长的时间"。① 他还用数字来说明这些价值或自然价格的形成和变动。假定工人的工资每年为 50 镑,即资本为 5 000 镑,平均利润率为 10%,第一年终每架机器和谷物的价值都是 5 000 镑+(5 000 镑×0.1)=5 500 镑。第二年终,机器作为固定资本使用,要求生产 10%利润即 550 镑,这利润要加到毛呢和棉布上,构成它们的价值(这"价值"明显是生产价格或自然价格),所以它们的价值都是:5 000 镑+(5 000 镑×0.1)+550 镑=6 050 镑;而谷物的价值则仍为 5 500 镑。毛呢、棉布和谷物耗费的劳动相同,前两者的价值所以比后者多 550 镑,那是因为它们生产时使用了价值 5 500 镑的固定资本,该固定资本要求利润 550 镑。

这里必须指出,李嘉图提出的 10%的利润率是未经说明就存在的。他在这里说明的其实是生产价格和价值的不同。第一年终,每架机器和谷物的价值都是 5 500 镑,这价值虽然包含着 10%的平均利润,但它确是由劳动决定的价值。因为正如下面将指出的,它不因工资和利润的相反变动而变动。第二年终,谷物的价值为 5 500 镑,仍然是由劳动决定的价值;但机器和毛呢,机器和棉布,各自合起来的价值为谷物的 2 倍多,这就不是由劳动决定

① 大卫·李嘉图:《政治经济学及赋税原理》,郭大力、王亚南译,商务印书馆 1962 年版,第 26—27 页。

的价值了，而是由于它们之中的机器的上市时间实为二年，比谷物长一年，机器要根据这一年，再按其价值获得平均利润，然后将此平均利润分别加到机器和毛呢、机器和棉布的价值上，因此这价值就应该是生产价格；毛呢和棉布的价值为 6 050 镑，也是生产价格，因为其中的 550 镑是其生产所使用的固定资本，即机器 5 500 镑获得的平均利润。李嘉图由于混淆了生产价格和价值，便得出错误的结论。

(2) 乙例：假定 A 花 1 000 镑，雇 20 个人劳动一年，生产一种商品，第二年再花 1 000 镑，雇 20 个人来加工这商品，于第二年终上市出售，如利润为 10%，商品价值便为 2 310 镑，因为第一年使用的资本 1 000 镑，到第二年加上利润，便变为 1 100 镑，再加上第二年新用的 1 000 镑，第二年共用资本 2 100 镑，所以商品价值为 2 310 镑。其实，这个价值是包含着平均利润的生产价格。B 花 2 000 镑，雇 20 个工人劳动一年，生产一种商品，于年终上市出售，利润为 10%，商品价值便为 2 200 镑。[①] 其实，这价值和甲例中的谷物的价值一样，都是由劳动决定的价值。但李嘉图由于混淆了生产价格和价值，便得出错误结论。

(3) 丙例：它是甲例的继续。李嘉图一直认为工资(V)上涨，利润(M)就要跌，但两者合起来不变。现在，假设由于工资上涨，利润从 10%下降为 9%。根据工资和利润之关系的原理，谷物的价值不变，仍为 5 500 镑(可见它是由劳动决定的价值)，毛呢和棉布由生产它们的劳动决定的那部分价值，也是 5 500 镑，但由机器获得的利润却从 550 镑(5 500 镑×0.1)下降为 495 镑(5 500 镑×0.09)，利润要分别加到毛呢和棉布上去，这样，它们的价值(其实是生产价格)便从 6 050 镑下降为 5 995 镑(机器和毛呢、机器和棉布的相对价值或相对生产价格仍旧不变：利润下降前是 6 050∶6 050，下降后是 5 995∶5 995，在两种条件下都是 1∶1)。这个要获取平均利润的固定资本额越大，商品价值下降也就越大。如果工资下降，利润上涨，情况就相反。[②] 他把生产价格的变动看成价值的变动。

但是，李嘉图仍然认为："商品价值变动这一原因的影响是比较小的。

---

① 大卫·李嘉图：《政治经济学及赋税原理》，郭大力、王亚南译，商务印书馆 1962 年版，第 30 页。

② 同上书，第34 页。

工资上涨到使利润跌落1%时，在前述假定情况下生产出来的商品相对价值只会发生1%的变动；利润发生如此巨大的变动，它们的相对价值却仅由6 050元(镑)跌落到5 995元(镑)。工资上涨对商品相对价值的最大影响不能超过6%或7%，因为利润在任何情况下都不能有超过这个限度的普遍和持久的跌落。”①他以为这样还能保持劳动价值论。他错了。要知道：千里之堤，毁于蚁穴！

李嘉图力图坚持劳动价值理论，但是，他上述全部论述都遭到马尔萨斯的攻击，并且只要混淆了价值与生产价格，就是击中要害的。这留在下面谈。

根据上述分析，李嘉图反对斯密和当时流行的看法，即认为工资上涨必然使价格随着上涨。他说：“据我所知，亚当·斯密和一切追随他的作家都毫无例外地认为劳动价格上涨之后，所有商品价格都会随之上涨。我希望我已经证明这种意见是没有根据的，只有生产时所用固定资本比估计价格的媒介所用的少的商品才会在工资上涨的时候涨价，一切使用固定资本较多的商品的价格在工资上涨时都可能跌落。反之，工资跌落时，只有那些在生产时所用固定资本的比例比估计价格的媒介所用的小的商品才会跌价，一切比例较大的商品的价格都可能上涨。”②李嘉图这种科学分析与生活常识格格不入，我想这就是他所以被人称为“从别的星球上掉到地球上来的人”的原因吧。

十　李嘉图的迷误引导出马克思的正确

从上述可以看出，李嘉图是由于混淆了剩余价值和平均利润，才对劳动价值理论提出修正的。这就是说，在利润问题上，他产生了迷误。但是，他在堕入迷误中进行的分析，却是很有意义的。我们未尝不可说，马克思正是从这迷误中出发，在科学的劳动价值理论和剩余价值理论的基础上，建立了

① 大卫·李嘉图：《政治经济学及赋税原理》，郭大力、王亚南译，商务印书馆1962年版，第28页。

② 同上书，第37页。

生产价格理论。马克思的生产价格理论和李嘉图的迷误的关系，许多人不加注意，这里只提出以下四点。

第一，资本有机构成不同，使资本的利润率不同，使价值转化为生产价格，利润转化为平均利润。价值和生产价格的不同在于：前者分解出剩余价值，后者包含着平均利润。具有中位资本有机构成的资本，其产品的价值等于生产价格，因为它产生的剩余价值等于它获得的平均利润。当李嘉图从固定资本和流动资本的结合比例不同去说明价值的变动，其实是说明生产价格的形成时，马克思则明确地指出，从劳动决定价值的原理看，固定资本和流动资本的比例不同，对剩余价值或利润的生产是没有作用的；只有不变资本和可变资本的比例不同，才有这种作用。马克思并且指出，生产价格中包含的生产成本，是按所耗费的资本构成的；平均利润是按所使用的资本计算的；所使用的资本和所耗费的资本所以不同，是由于固定资本是全部使用而部分地耗费的。马克思的思想可如表 2-1 所解。

表 2-1　不同资本有机构成下利润-平均利润转化和价格-生产价格转化

资　本	剩余价值率	剩余价值	利润率	已用的 C	商品价值	生产成本	平均利润率	生产价格
90C+10V	100%	10	10%	40	60	50	20%	70
80C+20V	100%	20	20%	30	70	50	20%	70
70C+30V	100%	30	30%	20	80	50	20%	70

第二，资本周转时间不同，也有同样的作用。因为如果两个资本，其有机构成相同，都是 80C∶20V，但周转时间不同，一个一年一次，一个一年两次，前者生产的剩余价值为 20，年利润率为 20%，后者生产的剩余价值为 40，年利润率为 40%。这里和前面分析资本有机构成问题的角度的不同在于，它多了一个时间因素，因此谈的是年利润率。根据同样道理，一个具有中位资本有机构成和中位资本周转时间的资本，其产品价值等于生产价格，因为它生产的剩余价值等于它获得的平均利润。当李嘉图从资本的耐久性即商品上市时间不同去说明实质上是生产价格的形成时，马克思指出，这种不同对剩余价值或利润的生产是没有作用的，只有可变资本周转时间不同，才有这种作用。马克思的思想可如表 2-2 所解。

表 2-2　不同可变资本周转次数下价值-生产价格转化与剩余价值-平均利润转化

资　本	以一年为单位的						一次周转的生产价格
	周转次数	使用的 V	剩余价值	商品价值	平均利润率	生产价格	
80C+20V	1	20	20	120	40%	140	140
80C+20V	2	40	40	240	40%	240	120
80C+20V	3	60	60	360	40%	340	113.3

第三，在上述两者基础上，马克思指出了商品的价值和它的生产价格相等的条件。这条件就是生产这商品的资本具有中位的有机构成和周转时间。李嘉图认为，不变的价值尺度不仅需要具备生产它的劳动不变，而且需要具备生产它的资本结合比例和它的上市时间都要与由它衡量价值的商品完全相同的条件时，马克思指出："李嘉图这里所说，宁可说适用于这样一些商品，在这些商品的构成中，不同有机构成部分是按平均的比例参加，它们的流通时间和再生产时间也是平均的。这些商品的成本价格（生产价格——引者）和价值是一致的；因为，就这些商品说，平均利润和现实剩余价值是一致的。但也只有就这些商品说是这样。"①马克思的思想可以如表 2-3 所解。

表 2-3　不同资本有机构成和不同可变资本周转次数下价值-生产价格转化和利润-平均利润转化

资　本	以一年为单位的						一次周转的生产价格
	周转次数	使用的 V	剩余价值	商品价值	平均利润率	生产价格	
90C+10V	1	10	10	110	50%	150	150
80C+20V	2.5	50	50	300	50%	300	120
70C+30V	3	90	90	390	50%	390	116.66

这里需要说明的是，不是说只要具有中位的有机构成和周转时间，这个资本生产的商品的价值便等于生产价格，而是说，这两个条件合起来，使这个资本在一年中所使用的可变资本量居于中位，因而它生产的剩余价值量

① 马克思：《剩余价值学说史》（第二卷），郭大力译，人民出版社 1978 年版，第 218 页。

便居于中位,便和平均利润相等,价值便等于生产价格。表中的资本 80C+20V,每年周转 2.5 次,即两年周转 5 次,便符合这条件,因而其商品价值等于生产价格:都是 300。

第四,工资变动,从而利润率的反变动,对生产价格变动的影响。李嘉图在混同了生产价格和价值的条件下,认为这种影响只是由于利润率的变动引起利润量的变动而产生的,工资本身不发生作用。例如工资和利润率不论如何变动,谷物的价值始终为 5 500 镑,这是因为他认为,这种只由劳动生产的商品,其价值分解为工资和利润,工资和利润合起来始终等于价值,同那种使用了固定资本、固定资本获取的利润要随利润率变化而变化的商品不一样。其实,从生产价格来看,在谷物生产中,由于工资发生变化,生产成本也要发生变化,加上平均利润率的变化,它的生产价格是要发生变化的,除非它符合下面指出的条件。马克思指出,工资变动对生产价格变动的作用有几种情况:工资提高,对于社会平均构成的资本来说,商品的生产价格保持不变,对于较低构成的资本来说,商品的生产价格提高,对于较高构成的资本来说,商品的生产价格降低;工资降低,情况就恰恰相反。根据前面的分析,资本周转时间的长短在这方面起的作用和资本有机构成的高低相同,因而可以将上述分析应用到资本周转时间的长短上来。马克思的思想,可以如表 2-4 所解(假设工资提高 50%,表 2-3 便发生变化,成为表 2-4)。

表 2-4 不同资本有机构成下工资变动对生产价格变动的不同作用

资 本	以一年为单位的						一次周转的生产价格
	周转次数	使用的 V	剩余价值	商品价值	平均利润率	生产价格	
90C+15V	1	15	5	110	22.72%	128.86	128.86
80C+30V	2.5	75	25	300	22.72%	300.00	120.00
70C+45V	3	135	45	390	22.72%	371.13	123.71

与表 2-3 比较可以看出,工资提高了,原一年中使用的可变资本居于中等的资本,其商品的生产价格不变,仍为 120,高于中等程度的资本,其商品的生产价格下降,原为 150,现为 128.86,低于中等程度的资本,其商品的生

产价格上升，原为 116.66，现为 123.71。李嘉图例子中的谷物如果不符合居于中等的资本的条件，工资变动了，其生产价格应发生变化，而符合这条件的资本是罕见的。

十一　劳动量的增减是价值变动的主要原因和价值不变动所需具备的条件

在李嘉图看来，因两种资本结合比例不同、商品上市时间不同而引起的商品价值不同，只是一种例外；因工资变动引起利润的反变动，而使商品价值发生的变动，比由于劳动量的增减而使价值发生的变动，其作用要小得多。换句话说，他认为价值变动的主要原因是劳动的增减。在修正劳动价值理论的同时，他仍然要坚持劳动价值理论。

李嘉图在分析工资的变动对价值变动的作用时指出：在前述工资上涨使利润从 10%下降到 9%，即利润下降 1%时，毛呢的价值才从 6 050 镑下降为 5 995 镑，即价值下降 1%左右。因此，“工资上涨对商品相对价值的最大影响不能超过 6%或 7%，因为利润在任何情况下都不能有超过这个限度的普遍和持久的跌落”。①

在分析劳动的增减对价值变动的作用时，李嘉图指出：“如果生产谷物所需的人数不是 100 而是 80，谷物的价值就会下跌 20%，或由 5 500 镑下跌为 4 400 镑；如果生产毛呢时 80 人的劳动已经够用而无需 100 人，毛呢的价值就会从 6 050 镑下跌为 4 950 镑。”②他认为，长期利润率的任何大变动总是要经过多年才会发生作用的原因所产生的结果；而生产商品所需的劳动量的变动却是天天都有的事。“因此，在研究商品价值变动的原因时，完全不考虑劳动价值涨落所发生的影响固然是错误的，但过于重视它也同样是错误的。”③这就是说，同工资的变动或利润的反变动相比，劳动变动对价值

① 大卫·李嘉图：《政治经济学及赋税原理》，郭大力、王亚南译，商务印书馆 1962 年版，第 28 页。

② 同上书，第 29 页。

③ 同上。

变动的影响是更大的。在他的分析中,他总认为商品价值的巨大变动是由它生产所必需的劳动的增减所引起的。

李嘉图在这里分析的,事实上是劳动的变动直接使价值和生产价格发生变动,工资和利润的变动只能迂回曲折地使生产价格发生变动。他由于混淆了价值与生产价格(自然价格),就将引起生产价格变动的原因看成引起价值变动的原因。

前面说过,李嘉图着重考察的是价值量的决定,并且是相对价值量的决定。相对价值量的变动是由两种相交换的商品中有一种价值发生变动,还是由两种商品的价值同时变动所引起的,这从相对价值量的变动本身是得不到回答的。为了找出千千万万种相对价值量变动的原因,他总想找出一种不变的价值尺度,以便用它去衡量相对价值的变动,找出变动的原因。这就是说,假设货币即黄金的价值是不变的,那么其他商品的价值由黄金来衡量时如有变动,其原因就在商品方面,而不在黄金方面了。

李嘉图认为,这样的价值不变的商品是没有的,黄金也一样。因为前面已说过,除了劳动时间变动使真正的价值发生变动外,两种资本结合的比例不同、商品上市时间不同,以及在存在这两种条件下的工资变动也使商品价值(其实是生产价格)发生变动。因此,在他看来,要使商品的价值不变,就不仅生产它的劳动时间应当不变,而且它的两种资本结合的比例、商品上市时间都要和由它衡量的商品一样。甲例中的毛呢和棉布虽因资本结合比例、商品上市时间相同,工资无论怎样变化,它们的相对价值始终不变,原来是 6 050∶6 050,后来是 5 995∶5 995,都是 1∶1。但是,上述条件只能使这两种商品的相对生产价格不变,而不能使分别生产它们的劳动时间不变,从而使它们各自的价值不变。也就是说,由于混淆了生产价格与价值,李嘉图就认为,一种商品的价值不发生变化,就不仅生产它的劳动时间要不变,而且它的资本结合比例、上市时间也要和其他商品相同,这是不可能的。因此,价值不变的商品是没有的。但是,他还是孜孜不倦、努力寻求这样的商品,直至与世长辞。

十二　对不变价值尺度的追求及其真正意义

李嘉图从劳动价值理论和以其为基础的货币理论出发，深深感到商品价格与价值成正比，与货币价值成反比，因此，商品价格的变动既可来自商品价值的变动，也可来自货币价值的变动。由于这样，李嘉图就特别想寻找一种不变的价值尺度；如果真的有这样的尺度，那么，商品价格发生变动，其原因就只能是商品价值的变动了。他说："当商品的相对价值变动时，最好是能有一种方法可以确定究竟是哪种商品的实际价值上涨，哪种商品的实际价值下跌。这一点只有把它们依次和一种不变的标准价值尺度相比较才能办到；这种尺度本身不能发生其他各种商品那样的变动。"①马克思当然也认为商品价格的变化既可来自商品价值的变化，也可来自货币价值的变化。他在论述相对价值形式的量的规定性时，详细地分析了相对价值变化的各种原因。②

李嘉图是在混淆价值与自然价格（马克思所说的生产价格）的条件下，论述工资变动引起利润的相反变动，从而使自然价格发生不同的变化所需的条件时，从相反方面看到自然价格不变所需的条件的。这一不变动的自然价格就是他要寻找的不变价值尺度。他认为，自然价格发生变化的条件是：第一，"生产所需的固定资本的比例和其价值变动须加确定的其他商品不同"；第二，"所用的固定资本的耐久性和与之相比较的商品所使用的固定资本如不相等，或是将它运上市场所必需的时间和其变动须加确定的商品相比时如有长有短"③；第三，在上述两种条件下，它的价值会由于工资的涨落而发生相对的变动。根据这三个条件，他用三个例子说明问题，这已见上述。

---

① 大卫·李嘉图：《政治经济学及赋税原理》，郭大力、王亚南译，商务印书馆 1962 年版，第 35 页。

② 马克思：《资本论》（第一卷），人民出版社 1975 年版，第 67—69 页。

③ 大卫·李嘉图：《政治经济学及赋税原理》，郭大力、王亚南译，商务印书馆 1962 年版，第 35 页。

从上述可以看出：如果有一种商品，其资本有机构成是属于中等的，资本周转时间也是属于中等的，或者更精确地说，两者再加上权数合起来发生的作用是属于中等的，其生产价格就不会因工资的变动或利润的相反变动而发生变动，即永远等于其价值。这就是李嘉图所寻找的不变的价值尺度。

可以看出，李嘉图心目中的不变价值尺度，不可能是一种不变的价值，因为凡是价值，生产它的劳动量发生变化，它就随着发生变化；只能是一种不变的自然价格或生产价格，因为只要它是由居于中等条件的有机构成和周转时间的资本的产物，工资的变动或利润的反变动，就都不能使它发生变动，它永远等于价值。而价值和生产价格的不同则在于前者分解出剩余价值，后者包含着平均利润，居于上述中等条件的资本推动的劳动所生产的剩余价值恰与全部资本带来的平均利润相等。因此，李嘉图要寻找不变的价值尺度，就必须：第一，说明平均利润率是怎样形成的；第二，具有这种不变生产价格的商品是哪一种商品。然而他终其一生，都没能解决这两个问题。

其实，我认为根据李嘉图的劳动价值理论，是完全可以用他后来予以摈弃的谷物比例利润率的方法提出劳动比例利润率的原理的。这就是：全社会产出的劳动（价值）大于投入的劳动（包括物化劳动和凝结在劳动力中的劳动，它们会分别转移价值和增殖价值）的差额与投入劳动之比率，即是社会平均利润率。但是，他不可能这么做，因为他信奉斯密教条，认为物化劳动即 C 会最终分解为 V＋M，而不复存在；因而，社会平均利润率即 M/(C＋V)，便等同于剩余价值率即 M/V 了。

在无法说明调节生产价格的平均利润率形成的条件下，李嘉图虽然知道工资变动，从而利润作相反的变动却不影响生产价格（充当不变价值尺度所需要具备的条件），但他寻找不到这样的商品。

李嘉图曾经设想黄金是不变的价值尺度。他当然知道：“黄金显然也和任何其他商品一样都是在同一变化不定的条件下取得的，而且都需要有劳动和固定资本来进行生产。正像其他任何商品一样，黄金的生产也能应用节约劳动的改良方法，所以它对其他物品的相对价值也能仅仅由于生产更加便利而跌落。”可是，他进一步又认为：“即使我们假定这一变动原因已经消除，获得黄金始终需要等量劳动，黄金仍然不是一种能够用来准确地测定一切其他物品价值变动的完美的价值尺度，因为生产黄金所用的固定资本与流动资本的配合方式不会和其他物品所用的完全一样，固定资本的耐久性不会完全相等，送上市场以前所需经过的时间也不会完全相等。对于一切和它在完全相同的条件下生产出来的东西来说，它固然是完美的价值尺度，但对其他物品来说就不然了。”但是，他还是认为，黄金是最接近于充当不变价值尺度的理想商品。他设问：“我们能不能认为生产黄金这种商品时所用的两种资本的比例最接近于大多数商品所用的平均量呢？这类比例与两个极端（一个极端是不用固定资本，另一个极端是不用劳动）是不是可以接近相等，以致形成两者之间的一个适当中数呢?”①

李嘉图的这段论述，表明他思想上存在着极大的矛盾：世界上根本不存在生产所需的劳动变动时其价值不变的价值尺度，只可能存在价值分配为工资和利润的比例变动时其生产价格不变的价值尺度，这是他朦胧认识到的；但在现实世界上确实是由黄金充当价值尺度的，尽管他知道生产黄金所需的劳动时间是变动的，尽管生产黄金的固定资本和流动资本的比例，以及黄金从生产到上市所经历的时间，这两者是不是都居于社会资本的中等条件，对他来说还是一个问题，他却假定它们是居于中等条件的，以此将黄金装进他所设计的不变价值尺度的框子里。这说明他不懂得“黄金天然不是货币，货币天然是黄金”的原因在哪里。但他又不能抹杀黄金是普遍的价值尺度这一事实，于是就有上述充满矛盾的说法。

李嘉图在混淆价值和生产价格的条件下，虽然详细地探讨了生产价格变动的不同情况，以及生产价格不变所需要具备的条件，这对马克思有重要的启示，但是他寻求不变价值尺度的指导思想始终是“价值尺度是劳动时间本身”，也就是没有经过社会确认的劳动，亦即私人劳动，而不是社会劳动。生产商品的始终是私人劳动，而对私人劳动的质的承认就需要直接的社会劳动即货币这一根本问题，他始终认识不到。他认为对私人劳动只有量的计算问题。

正由于不变的价值尺度不能解决对生产商品的私人劳动的质的承认这个根本问题，所以马克思虽然知道生产价格永远等于价值所需具备的条件（资本有机构成和周转时间合起来居于社会的中位），但并不提出不变的价

---

① 大卫·李嘉图：《政治经济学及赋税原理》，郭大力、王亚南译，商务印书馆 1962 年版，第 36—37 页。

值尺度的理论。这不仅因为不可能有不变的价值尺度(从生产所需的劳动看);就是有,也不一定适合代表社会劳动。

马克思拒绝使用不变的价值尺度概念,因为即使有这样的其价值不变的尺度,也只能是其中凝结的劳动时间是不变的,用它来衡量其他商品所包含的经常变动的劳动时间,这就只能从生产者内部衡量商品的价值,说到底,衡量的还是生产商品的私人劳动的多少,而不能从社会衡量商品的价值,不能解决生产商品的私人劳动最终要转化社会劳动的问题。

这已经涉及下面才能详细论述的马克思的货币理论同古典派李嘉图的货币理论的质的区别问题了。届时,我们再回头论述这问题。这里必须指出的是:李嘉图设想的不变价值尺度,用来衡量其他商品的价值,这并不是货币,而是生产者内部的价值尺度,其实质是劳动券。我认为,斯拉法的标准商品理论就是李嘉图的不变价值尺度设想的复制。

十三　对社会必要劳动时间第二含义不理解

任何一种社会生产,都要求社会劳动在各个生产部门之间有合乎比例的分布。在商品生产条件下,各个生产部门的劳动交换,这样的劳动就成为价值实体,生产商品所必需的劳动量决定价值量,必需的劳动量有两层含义:一是指平均条件下所需的劳动量,它使商品的个别价值转化为同一的社会价值;二是指商品的生产量和对它的需要量相适合,这两者都包含着劳动,如果适合,价格就与价值相等,否则就不相等,不相等会调节生产量和需要量,使其在变动中体现相等。这就是说,如果能够合乎比例地分布社会劳动,商品价格就等于价值。在生产资料私有制条件下,资本主义的自由竞争不可能用计划做到这一点;资本主义的垄断统治在垄断经济范围内能大体上做到这一点。在社会主义公有制条件下,能在公有制的范围内,并在较高程度上做到这一点。

第一层的社会必要劳动时间,大家都已了解;现在侧重谈第二层含义的社会必要劳动时间问题。它的最初提出者是法国古典学派鼻祖布阿吉尔贝尔。它是法国实行重商主义政策,使国民经济严重比例失调,然后拨乱反正的理论产物。

重商主义将金银即货币看成唯一的财富。因此，为了增加一国的财富，它就认为在有金银矿的国家，应多开采金银；在没有金银矿的国家，应禁止金银出口，或者应取得外贸顺差，以增加金银进口。重商主义的实施，以法国为典型；法国又以国王路易十四的财政大臣科尔伯的施政为典型。科尔伯为了取得贸易顺差，便以法令牺牲农业，发展以出口为目的的手工制造业；而为了保证这些产品的质量，单对罗纱等产品的制造就颁布了 150 个条例。在 1671 年的一项法令中，就包括有 317 个项目，规定毛织品的颜色、花纹，并研究所用染料的药色和成分。为督促这些规定的执行，又设置种种监督人员。这些措施，短期内效果显著，但时间一长，则农业凋零，工业窒息，在经济总衰退中，国民经济严重比例失调。于是，路易十四的顾问、法国古典经济学鼻祖布阿吉尔贝尔就从理论上批判科尔伯的施政，认为各行各业分工的基础和源泉在于农业的存在和发展，一切财富都来源于土地的耕种，只有相互依存的各个行业形成了一条财富的链条，只有组成链条的各个环节连接在一起的时候，才有价值。各个部门和行业必须在以农业为基础的前提下保持协调平衡的发展，才能实现国民经济的繁荣。这实质已经提出国民经济各部门必须合乎比例才能发展，一种商品的价值量要合乎社会的需要量才能实现这样的理论。这对马克思和恩格斯的影响很大。

1844 年 2 月底，刚过 23 周岁的恩格斯提出价值是生产费用(劳动)对效用(使用价值)的关系的命题；其后，马克思提出决定价值的必要劳动时间的第二层含义是合乎比例的劳动时间的命题:其思想渊源就是布阿吉尔贝尔的有关论述。

其后，马克思在《资本论》(第三卷)第十章和《剩余价值学说史》(第一卷)第四章对此作了详尽的研究。根据马克思的研究，两层含义的社会必要劳动共同决定商品的价值量，其实质是平均条件的必要劳动和比例分配的必要劳动的关系应如何理解。首先一个问题是，前者的形成有没有一定的界限，换言之，即使是进入同一市场的，生产同种商品的生产者，其劳动条件是不是都进入平均化的过程。这个问题只要我们研究马克思关于价值尺度的理论，即将内部尺度和外部或社会尺度之分弄清楚，便可回答。马克思在批判作为尺度的劳动券就是货币的看法时指出，生产一种商品所必需的由平均条件决定的社会劳动时间，只是生产者内部的价值尺度，其中的劳动还是私人劳动，它要实现为社会劳动，这样，只由生产者内部来计算平均条件的劳动时间是不能解决私人劳动要实现为社会劳动的问题的。它要取得社会的承认，才可能实现。这个承认包括三方面：第一，生产的使用价值确实是有用的，这一点由于社会分工是长期形成的，一般说来生产的使用价值确实是有用的；第二，生产的使用价值的数量是符合需要的，这就对据以计算平均条件的劳动的商品量起界限的作用；第三，在上述基础上计算生产一件商品的必要劳动。代表社会劳动来对商品的使用价值的质予以承认，然后以此为前提对商品的价值的量予以计算的是外部尺度即货币。因此，平均条件的社会劳动的形成是以假设的供需均衡为范围的。如果没有范围，如欧文试验的劳动券，对所有生产同种商品的生产者生产商品所费的时间，都予以平均计算，即使十分精确，由于得不到社会的承认，私人劳动就不能实现为社会劳动，试验以失败告终。由此可以看到，比例分配的必要劳动，对平均条件的必要劳动的形成，起界限的作用。

现在进一步谈谈这个问题。这个问题说清楚了，许多误解就会随之消失。上述的界限作用，集中到一点就是使平均条件的经济内容发生变化。这里首先要指出的是，马克思在《资本论》（第一卷）第一篇第一章论述的平均条件的必要劳动是一种居中的平均条件，大体上与前面谈的供需均衡的第一种状况相当。在供需均衡的第二种状况下，平均条件下降，即较坏的条件起很大的作用。在求大于供的状况下，平均条件还要下降。在供需均衡的第三种状况下，平均条件上升，即较好的条件起很大的作用。供大于求时，平均条件还要上升。由于从发展趋势看，供需趋于平衡，再由于自由竞争充分展开，作为一种规律，价值是由居中的平均条件的必要劳动决定的。

这里，我认为有必要对上海市高等学校的政治经济学教材中论述货币的部分提出不同的看法。它说：“货币执行价值尺度职能的时候，要用一定的价值单位来表现其他商品的价值量的多少，这种价值单位又表现为价格标准。为了衡量其他商品价值量的大小，货币本身必须确定一个代表一定价值量的计量单位，这个单位又分成若干等分，这种被确定的货币单位就叫作价格标准。当然，不同货币的价格标准所使用的计量单位可以是不同的。例如，我国货币的价格标准使用的计量单位是元，英国货币的价格标准使用的计量单位是英镑,等等。用货币单位来表现商品价值量的大小,其实质是反映了商品中包含的劳动量的多少。因此,**凝结在商品中的劳动量才是衡量商品价值量的内在尺度,而货币作为价值尺度表现的只是商品价值的外在尺度。"**①

从马克思的货币理论看,这段话存在许多问题。这里只谈价值尺度问题。黑体字按汉语理解,似乎内在尺度比外在尺度重要。错了。内在尺度只是商品产生者内部计算劳动耗费,其实就是欧文的劳动券或劳动货币,不能解决社会是否承认的问题;重要的是要社会计算、社会承认,这就要社会的尺度,即外部尺度,也就是要有一种直接代表社会劳动的商品,比如金和银,来执行外部价值尺度的职能。纸币只是它的符号。

十四　劳动价值理论:斯密和李嘉图的异同

李嘉图的价值理论是从批判斯密的价值理论开始的。斯密的价值理论是二元的:有时认为价值决定于生产商品所投下的劳动,有时又认为决定于交换商品所支配的劳动,后者包括了工资、利润和地租。这就是生产费用论。原因是斯密不了解劳动力成为商品,而认为劳动是商品,因此,工人就应该得到其劳动创造的价值,这样一来,利润和地租就没有来源了,就只好说它们分别来自资本和土地。这样就认为,工资是劳动创造的全部价值,利润是资本创造的价值,地租是土地创造的价值。这就是生产要素价值论。

正因为这样,李嘉图虽然指出斯密的见解——生产商品所投下的劳动决定价值的原理不适用于资本主义——是错误的,他认为这个原理同样适用于资本主义,可是为什么同样适用于资本主义,他却没有加以必要的说明,而且也不能有所说明。斯密感到价值由生产商品所投下的劳动决定的原理,从资本主义以前到资本主义应该有所变化,这证明他看到了矛盾而无法解决;李嘉图则根本看不见这个问题,不了解斯密的矛盾所在,因为他根本就不了解原始社会与资本主义社会的区别。因为在他看来,原始社会猎

① 顾钰民、尤立喜主编《马克思主义政治经济学原理》,上海教育出版社2003年版,第19页。

人的猎具与资本主义社会中的资本根本就没有什么差异，所以，在他的脑海里，也就不存在工资劳动出现后，价值规律如何能用以解释资本与劳动的等价交换问题。这是李嘉图不如斯密的地方。但李嘉图也有胜于斯密的地方，从纯粹的逻辑出发，他认为价值规律不因工资劳动的出现而失效。

李嘉图极力坚持斯密的投下劳动决定价值的正确原理，反对斯密其他的决定价值的原理。《政治经济学及赋税原理》第一章第一节"商品的价值或其所能交换的任何另一种商品的量，取决于其生产所必需的相对劳动量，而不取决于付给这种劳动的报酬的多少"①，就是批判工资构成价值的理论的。但是，李嘉图对斯密错误价值论的批判并不彻底。对于斯密认为生产费用构成价值，他是反对的；然而，斯密拐了一个弯，说具有自然率的工资、利润和地租合起来构成等于价值的自然价格时，他就同意了，而不了解这骨子里还是生产费用论。

李嘉图对于斯密教条，即斯密错误地认为C的价值，由于不断地分解为V＋M而不复存在，也就是C＋V＋M最终会等于V＋M，是完全同意的。在共同否认C的存在的基础上，李嘉图同斯密的争论只是：他认为价值分解为V＋M，斯密则认为V＋M构成价值。这是两种价值理论导致的不同。

---

① 大卫·李嘉图：《政治经济学及赋税原理》，郭大力、王亚南译，商务印书馆1962年版，第7页。

第八章　货币理论

一　货币与商品没有质的区别，不是贮藏手段

前面谈到，李嘉图和斯密一样，不研究价值实体，只研究价值量的决定。从这里出发，他也和斯密一样，认为衡量价值的尺度就是劳动或劳动时间。他们并不认识货币是真正的、社会的价值尺度。认为劳动是价值的尺度，是很不够的，因为它只解决商品生产者生产某一种商品所需要的平均劳动时间大小的问题，而不能解决社会上对这种劳动的质，即它生产的这种使用价值是否需要，在需要的前提下，它的量是否与需要相等的问题，也不能解决生产这种商品的劳动和生产另一种商品的劳动之间的换算问题。只有货币才能解决这个问题，因为它直接代表社会劳动，对生产任何商品的私人劳动的质加以承认，并在承认的基础上进行量的计算。所以，马克思多次指出，劳动是内部的价值尺度，即生产者内部衡量价值的尺度，货币是外部的价值尺度，即社会衡量价值的尺度，只有货币才是真正的、社会的价值尺度。

古典学派既然认为劳动是价值的尺度，就必然又认为任何一种劳动生产物都可以成为衡量其他商品的价值的尺度。换句话说，任何一种商品都执行价值尺度的职能；从执行价值尺度的职能看，任何商品都是货币，因此也就没有货币。在这一点上，李嘉图和斯密的不同仅在于：斯密要寻求一种其本身价值不变的商品来执行这个职能，从而认为劳动是这样一种商品。他不仅错误地认为劳动有价值，而且认为其价值不变，因为在等量的劳动时间内，劳动者必然要"牺牲等量的安乐、自由与幸福"。① 李嘉图同样认为劳

① 亚当·斯密：《国民财富的性质和原因的研究》（上卷），郭大力、王亚南译，商务印书馆1972年版，第29页。

动有价值，不过认为它的价值和任何其他商品的价值一样，是变动的，因此，他认为以任何一种商品来衡量其他商品的价值，都是可以的。

这样，李嘉图便认为，任何一种商品都可以是货币，其所以是黄金，只因为黄金和其他商品相比，不易损坏和可分可合，仅此而已。这就表明，他不了解货币的本质是直接代表社会劳动，对生产商品的私人劳动加以质的承认和量的计算。黄金本来也和其他商品一样是私人劳动的产物，但由于它不论产于何地，质量都一样，都近于足赤，因此，其私人劳动最适合于表现无差别的、抽象的人类劳动，即社会劳动，就是说货币天然是黄金。

在应由何种商品成为货币的问题上，我认为斯密和李嘉图都比坎蒂隆后退了。爱尔兰的坎蒂隆早在1755年就说，货币成为价值的共同尺度。这就要进一步解决哪一种商品“被挑选出来充当共同尺度，是出于必然还是由于人们的一时冲动”①的问题。逐一比较分析了谷物、酒、肉食、布匹、亚麻、皮革、钻石、宝石、铁、铅、锡和铜的特性之后，他得出结论说：“只有黄金和白银具有体积小、质量相同、易于运输、可分割……易于保管，用它们制造的物品美丽而明亮，几乎可以无限期地使用等特性。所有使用其他物品充当货币的人一旦找到足够的用于交换的金银，就转而把它们当作货币。”②在这里，我认为最可注意的，是它关于充当货币的商品要具有质量相同这种特性的论述，这是坎蒂隆超越于其他资产阶级经济学家的地方。尽管他不了解商品生产的基本矛盾是私人劳动要转化为社会劳动的矛盾，这个矛盾的解决必然要求有一种虽然是私人劳动的产物，但它无需经过交换就直接代表社会劳动的商品，这样的商品就是货币，它既然直接代表社会劳动，生产它的劳动就必须是同质的，亦即它的产品不论产于何地，质量都是相同的，尽管他不了解这些，但能说出这一点，这是他的建树。

还要指出，马克思的货币理论同古典派的货币理论有质的区别。根据劳动价值理论，价值的泉源是劳动，一种商品的价值由生产它的社会必要劳动时间决定。英国古典经济学派由此就认为，劳动时间是价值尺度，而劳动时间是凝结在商品中的，所以任何商品都可以是价值尺度，都可以用来媒介

---

① 理查德·坎蒂隆：《商业性质概论》，余永定、徐寿冠译，商务印书馆1986年版，第51页。

② 同上书，第53页。

交换,这就是他们所理解的货币。他们认为,货币之所以是金银,只是由于它们可分可合,易于贮藏,不会锈烂,总之,他们并没认识到生产货币的虽然也是私人劳动,但是它无需经过交换,直接就是社会劳动,从而对生产商品的私人劳动进行质的承认和量的计算,最终将它们实现为社会劳动。

马克思指出,劳动时间只是内在的、生产同一种商品的生产者之间的价值尺度,社会劳动才是外在的、社会的、真正的价值尺度,而社会劳动就是货币。这是因为,内在的价值尺度即使计算得十分精确,也只能解决生产者之间或内部生产商品所需的社会必要劳动时间问题,不能解决生产这种商品的劳动的质(形成使用价值)是否为社会所需要的问题,也不能解决投下生产这种商品的全部劳动时间,同构成对这种商品的需要的社会劳动,即供需两者是否均等的问题,而这一切都要由社会劳动来解决。社会劳动对生产商品的私人劳动进行质的承认,并在这基础上对私人劳动进行量(既从平均条件方面,又从供需平衡方面)的计算,就是货币执行价值尺度的内容。

现在,我们可以解决上述李嘉图的理论矛盾,即说明金银的自然属性使其最适合充当货币的问题了。既然生产货币的私人劳动直接就是社会劳动,那就要求充当货币的那种商品最好是不论产于何地、产自何人,其质量都是相同的、无差别的。马克思说:“一种物质只有分成的每一份都是均质的,才能成为价值的适当的表现形式,或抽象的因而等同的人类劳动的化身。另一方面,因为价值量的差别纯粹是量的差别,所以货币商品必须只能有量的差别,就是说,必须能够随意分割,又能随意把它的各部分合起来。”①此外,它又要求比重较大,小小的体积就包含较多的劳动时间,有较大的价值,这有利于流通和贮藏。这样,很明显,用牲畜、贝壳、布帛充当货币是不理想的。金银就不是这样。虽然“金无足赤”,但它是近于赤的,即质量相同。此外,它又可分可合;体积小,比重大,价值高;不会锈烂,不怕虫蛀,不怕水火,可以作为直接社会劳动的载体,长久地贮藏起来;等等。这说明“金银天然不是货币,但货币天然是金银”。② 这就是说,生产金银的私人劳动的自然性质使这种劳动最适合于负担表现社会劳动的社会职能。

---

① 马克思:《资本论》(第一卷),人民出版社 1975 年版,第 107—108 页。
② 《马克思恩格斯全集》(第十三卷),人民出版社 1962 年版,第 145 页。

李嘉图是在货币或黄金代表劳动时间(不是社会劳动)的基础上,谈论货币价值,以及商品价格和货币流通量的决定的。他说:“黄金和白银像一切其他商品一样,其价值只与其生产以及运上市场所必需的劳动量成比例。金价约比银价贵十五倍……因为获取一定量的黄金必须多花费十五倍的劳动量。”①这是他的劳动价值理论在货币价值决定上的运用,是正确的。由此出发,他便认为,商品的自然价格由商品的价值和货币的价值决定。根据前面说过的相对价值量规定的原理,便可以看出:商品价值的变化引起价格正比例的变化;货币价值的变化引起价格的反比例变化。据此,他又指出货币流通量的决定原理:在商品价值和商品量已定的条件下,流通所必需的货币量,决定于货币价值本身,与货币价值成反比。他说:“一国所能运用的货币量必然取决于其价值。如果只用黄金来流通商品,其所需的数量将只等于用白银流通商品时所需白银数量的十五分之一。”②所有这些都是正确的。

但是,错误发生了。李嘉图认为货币和一般的商品的不同,只在于它是流通手段,并且永远处于流通中,不是贮藏手段。这是因为,在他看来,根本不存在私人劳动和社会劳动及其矛盾,不存在由此引起的买和卖的脱节,商品流通只需货币作媒介。这样,当货币流通量超过其必需量时,其价值便下降,商品价格便上升;反之,也就相反。货币的价值由其流通量调节,犹如商品的市场价格由其供给量调节一样。这就是李嘉图的货币数量论。

二 以劳动价值论为基础的货币数量论

李嘉图的货币数量论和以休谟为代表的一般的货币数量论不同,它是以劳动价值理论为基础的。因为他明确地说过,贵金属的价值和商品的价值一样,都是由生产和上市所需的劳动时间决定。但是,他还是认为生产的贵金属量和通过外贸导致的贵金属量变化,如不适合于所需的货币量,便会使物价发生变化,即否认货币的贮藏手段职能,认为生金生银全是货币。其

---

① 大卫·李嘉图:《政治经济学及赋税原理》,郭大力、王亚南译,商务印书馆1962年版,第301页。

② 同上。

原因在我看来有两个。其一，他不了解货币是商品生产基本矛盾的产物，事实上将货币等同商品。他认为，既然劳动决定价值，那么劳动时间本身就是价值尺度，任何商品都包含有劳动时间，从这点出发，任何商品都可以是货币。其实，这样的价值尺度不是货币，而是劳动券，即生产者内部的价值尺度，而货币是外部的或社会的价值尺度，即直接代表社会劳动。由于将货币等同于商品，它就有一个供需是否相等的问题，如不相等，它的“价格”便围绕着价值波动，物价便作相反的变动。其二，李嘉图在金价论战中，针对复杂的价格现象，以一元论的纸币流通量过多论，来说明当时以黄金高价为特征的物价升高现象，这是他的功绩。但是，在论战中他也提出了错误的货币数量论。马克思指出，李嘉图对货币的研究，不是由金属货币流通的现象，而是由银行券流通的现象引起。银行券是从货币的支付手段流通职能中产生的，它能随时兑现金币，并和金币一起流通，所以，它的流通规律就是金币的流通规律。1797 年英国停止了银行券的兑现，银行券就变成国家强制流通的纸币。随着它的流通量增加，物价就上涨，最明显的例证，就是以纸币表现的黄金价格高于造币厂的金价。很明显，这是由于纸币即价值符号流通量过多，价格标准缩小，导致商品(包括生金生银)价格上涨。但是，李嘉图将价值符号的流通规律看成银行券即信用货币的流通规律，而后者就是金币的流通规律。这样一来，他就将金币流通规律看成价值符号流通规律，从而认为如像纸币流通量过多一样，金币流通量也会过多，这时它的“价格”就降到其价值以下，商品价格就上涨，反之就相反，即否认金币具有贮藏手段的职能；并且认为，在美洲发现富饶的金银矿使贵金属数量增加，和英国在针线街印发更多的纸币，都促使物价上涨，并有同样的意义和经济内容。

三　试图解决劳动价值论和货币数量论之间的矛盾

李嘉图明显感到，劳动价值论和以它为基础的货币数量论之间是有矛盾的，他力图解决。第一，他从黄金的国内生产来解决。他说，在商品价值和商品数量即商品总价格已定的条件下，如果流通中的货币量决定于作为货币的黄金的价值，那么流通中的货币量就处于正常的水平。如果商品总价值减少，或黄金的产量增加，流通中的黄金数量就超过正常的水平，黄金的价值就跌到原来的金属价值以下，商品价格就上涨；反之，情况就相反。但是，他认为在前一种情况下，黄金的生产就会减少，直到它的数量适合于它所需的流通必需量，即它的价值提高到等于它的正常价值时为止；反之，黄金的生产就会增加，也直到它的数量适合于它所需的流通必需量，即它的价值降低到等于它的正常价值时为止。这种解释是不对的。因为按照李嘉图的解释，流通中的金币就成为大于或小于它的真实价值的一种符号了。其所以有这种错误，是因为他把货币看成只是流通手段，而不同时又是贮藏手段。

当然，我们认为在货币流通量不受限制时，李嘉图这种说法是错误的。但是，如果货币流通量受限制时，就不是这样了。例如，铸币铸造如受到限制，而对它的需要超过它的流通量，这时，它的价值就会超过其面值；它的流通量过多，其价值就会低于面值，但不会低于其金属自身的价值；这是因为，由于技术上的原因，不足时私自增加铸币是困难的，过多时私自加以熔化当作金属出售是容易的。纸币的价值也由它的数量调节。不同的是，由于价格方面的原因，纸币过多也不能当废纸或纸浆出卖。

第二，他从黄金在国际的流动来解决。根据上述货币流通量的决定原理，在正常的流通条件下，他认为黄金不仅在国内是按照其价值来流通的，而且在一切国家有相同的价值，不会有货币的输出和输入。因为如果货币在甲国的价值高于在乙国，那么甲国的商品（价格低）就流到乙国，乙国的黄金就流到甲国，甲国货币增加，价值降低，乙国货币减少，价值提高，一直到两国的黄金的价值相同时为止。他由此得出结论说，把黄金当作商品的等价物来输出，除了因为流通手段过剩以外，从来不会发生。据此，他又认为，19 世纪最初 20 年，英国在荒年时的黄金输出，是由于流通中商品数量减少（粮食减产），致使黄金流通量过多，其“价格”下跌，因而商品价格上涨的结果，不是由于英国要在世界市场上购买粮食，从而黄金被当作购买手段和支付手段从英国输出。用他的话来说就是：“英国是商品贵而货币贱的市场，而大陆则是商品贱而货币贵。”①因此，英国输出货币。这个金额的输出会使流通手段的价值重新同别国的流通手段的价值相一致。马克思明确指出：

---

① 《马克思恩格斯全集》（第十三卷），人民出版社 1962 年版，第 168 页。

"同这种怪论相反,统计材料证明,从1793年到最近,每逢英国遇到荒年的时候,流通手段的现有数量不是过多,而是不足,因此就有并且必须有比从前更多的货币流通。"①针对这些,马克思严肃地说,"李嘉图完全受价值符号因它的数量而贬值的现象所支配,当他被逼得很紧的时候就武断了事",甚至不顾事实,"如果李嘉图像我们刚才所说的那样抽象地建立这个理论,而不引进一些具体情况……那么它的空虚是很明显的。然而他给整个阐述涂上了一层国际的色彩。但是不难证明,表面上的规模宏大一点也不改变他的基本思想的渺小"。②

对于李嘉图这种理论,马克思加以逻辑分析之后说,他"应该证明的是,商品价格或金的价值决定于流通中的金量。要证明这一点必须先证明:用作货币的贵金属的任何数量,不论与其内在价值成何比例,必定成为流通手段,成为铸币,因而成为流通中商品的价值符号,而不管这些商品的价值总额如何。换句话说,这个证明就在于抹杀货币除了作为流通手段的职能以外的一切职能"。③

四　劳动价值论者李嘉图为何会提出货币数量论?

李嘉图所以提出错误的货币数量论,是由于他被当时英国银行券贬值这个现象所迷惑。我们在前面曾谈论过,英国因战争和荒年,黄金准备不足,多发的银行券无法兑现,致使银行券贬值,物价上涨。银行券是从货币的支付手段中产生的信用货币,它随时能兑换黄金,等同于黄金并和黄金一起流通,构成货币流通量。因此,银行券的流通规律和黄金货币的流通规律是一样的,流通量的过多和过少都由货币的贮藏手段职能来调节,使之符合于正常。但是,银行券不能兑换黄金,它就变为从货币的流通手段中产生的纸币了。纸币只是货币的符号,它的流通规律和银行券不同。它不能作为贮藏手段,即不能退出流通,只能永远在流通中。这样,它的流通量超过流

① 《马克思恩格斯全集》(第十三卷),人民出版社1962年版,第167—168页。
② 同上书,第164页。
③ 同上。

通商品所必需的金量，每单位代表的金量就减少，价值就降低，物价就上涨，换句话说，物价和它的流通量成正比。李嘉图把纸币流通规律和银行券流通规律混为一谈，然后又把纸币流通规律和金币流通规律等同起来，便得出金币的价值取决于它的数量的结论，并把这种错误看法引到商品价值的决定上，认为它决定于劳动时间和稀少性。

马克思指出，美国矿山对休谟的意义，就是针线街纸币印刷厂对李嘉图的意义。美洲大陆发现后，随着富饶金银矿的开采，欧洲同时发生物价上涨和金银币流通量增加的现象，有的经济学家如休谟便认为，物价上涨是金银币流通量增加的结果。其实，按照李嘉图所提出的商品自然价格决定和货币流通量决定的原理，便可以看出，由于富饶金银矿的开采，货币价值下降，商品自然价格上升，这样就促使货币流通量增加，它是商品价格上升的结果而不是原因。李嘉图认为，纸币印刷厂印刷的纸币和矿山开采的金银具有同样的意义，即货币流通量增加，降低货币的价值。其实，不仅从劳动价值理论看，这两者是不同的，而且从原因和结果看，它们也是不同的。金银货币流通量的增加，是价格上升的结果；而纸币流通量的增加，则是价格上升的原因，因为纸币流通量超过了实现商品总价格所需要的金银货币的数量，使每单位纸币代表的金量或银量降低，价格便上升。

李嘉图把矿山开采的金银增加看成金银货币流通量的增加，是由于他不认识货币是贮藏手段；把金银货币流通量的增加看成价格上升的原因而不是结果，则是由于他混淆了纸币流通规律和金属货币流通规律。

李嘉图提出货币数量论，还有其理论根源，即有缺陷和错误的价值理论。前面说过，他把资本主义生产以及商品生产制度看成生产的自然形态，不研究价值实体，只研究价值量的决定，并且混淆了价值和相对价值，这样，他就不理解货币是直接代表社会劳动的，从而是代表价值的，是贮藏手段；而商品流通中断，即出卖之后并不马上继之以购买，货币便从流通手段变为贮藏手段了。他认为货币不是贮藏手段，而只是流通手段，永远处在流通中，这样，货币就要和一般的商品一样，其市场价格就要在价值的基础上，受供给和需求规律的调节，而环绕着价值上下波动。这里的市场价格就是李嘉图所说的相对价值中的一种，不过这里谈的是商品和货币的相对价值，而不是商品和商品的相对价值。李嘉图是混淆了价值和相对价值的。这样，当黄金生产量增加、全部进入流通成为货币时，相对于商品来说，货币过多，其相对价值即价值，便下跌到其由劳动时间决定的价值以下，反之，黄金生产量减少时，情况就相反。

穆勒就是这样理解李嘉图的货币数量论的。他怂恿李嘉图出版《政治经济学及赋税原理》后，便成为李嘉图学派的重要人物，并庸俗化了这个学派，但他并没有庸俗化或误解李嘉图的货币数量论。他把这个学说涉及的国际的关系去掉，纯粹作为一国的问题来考察。他说："货币的价值等于人们用它交换别种物品的比例，或人们在交换一定量的其他物品时所给的货币量。这个比例决定于一国中存在的货币总量。假定一方是一国的全部商品，另一方是一国的全部货币，那么显然，当两方交换时，货币的价值，即货币所交换的商品量，完全决定于货币本身的数量。……只要货币价值有了增减而人们能用货币交换的商品数量和流通速度保持不变，这个变动的原因必然是货币的成比例的增减，而不会是任何别的。如果商品量减少而货币量不变，情形就同货币总量增加一样；反之亦然。……但金银是商品，它们的价值同其他一切商品的价值一样，是由它们的生产费用，即它们所包含的劳动量决定的。"①在这里，他一方面说货币的价值取决于全部商品和全部货币数量的对比，另一方面又说它取决于生产它所需的劳动量，这是自相矛盾的。

所有货币数量论的根本错误在于，它们认为进入流通前货币和商品都是没有价值的，价格只是两者的量的比例。

五　铸币减色与价格上涨不成比例的原因

斯密早就发现，北美洲的纸币由政府发行，非经数年，不能兑现，政府不付持票人任何利息，但宣告纸币为法币，必须按面额接受其对债务（如纳税）的支付。这样，如果利息率以年计是6%，15年后才能兑现的100镑纸币，由于贴现，现在其价值约为40镑。但是这些纸币，既然允许人民按其面额

① 转引自《马克思恩格斯全集》（第十三卷），人民出版社1962年版，第170—171页。

用以交纳本州各种赋税，不折不扣，所以即使纸币真的或被认为要造很久以后才兑现，其价值亦可多少增一些，即100镑纸币的价值不止值40镑现金。不过这种增加价值，要看本州发行的纸币额超过本州交纳赋税所能使用的纸币额多少。据他考察，各州纸币额都大大超过本州交纳赋税所能使用的纸币额。斯密在这里说明的规律是：如果纸币共150万镑，假设交纳赋税共需100万镑，多出50万镑纸币，这150万镑纸币，每100镑所值的现金当然大于40镑，其大于的程度比交纳赋税共需50万镑、多出100万镑纸币时高些；总之，纸币额超过纳税所需量越多，其值现金越少。当然，正如斯密所说，也有这样的情况："发行纸币的银行，若测度纳税所需，使所发纸币额常常不够应付纳税人的需求，那纸币价值即将高于它的面值，或者说，纸币在市场上所能买得的金银会多于它的票面所标志的数量。"①这个问题，形式与前面的不同：纸币价值不是小于而是大于其面值，但实质却是相同的。李嘉图发现的铸币减色与价格上涨不成比例，实质上也是这个问题。

李嘉图并不认为，银铸币贬值了，物价就无条件地按其贬值的程度上涨。这要取决于贬值了的银币的流通量是否适合于必需量。他说："在限制数量之后，减色铸币也会像具有法定重量和成色一样按表面所标价值流通，而不按其实际含有的金属重量的价值流通。因此，在英国铸币史中，我们看到通货贬值从不与其减色同一比例，原因是通货数量的增加从不与其内在价值的减少成比例。"②

据此，李嘉图正确地提出一个原理："在黄金成了法偿币，银行纸币也被用来进行支付的……时期中，减色银币的数量却没有超过在没有减色银币情况下所能流通的铸币厂新铸银币的数量，所以货币虽然减色了，但却没有贬值。"③

他由此又推论纸币的价值。他说："纸币就是根据这一原则流通的。纸币的全部费用都可以看作铸币税。它虽然没有内在价值，但只要限制它的数量，它的交换价值就会等于面值相等的铸币或其内含生金的价值。"④撇开

① 亚当·斯密：《国民财富的性质和原因的研究》(上卷)，郭大力、王亚南译，商务印书馆1972年版，第302页。

② 大卫·李嘉图：《政治经济学及赋税原理》，郭大力、王亚南译，商务印书馆1962年版，第302页。

③ 同上书，第317页。

④ 同上书，第302页。

铸币税这概念不谈，这里的论述也是正确的。

很明显，马克思接受了李嘉图这一重要的货币理论。他说："在英法两国政府货币伪造的历史上，我们一再看到价格不是按照银铸币成色减低的比例而上涨。这只是因为铸币增加的比例同铸币成色减低的比例不相当，也就是因为金属成色较低的铸币的发行量还不足以使商品的交换价值以后用这种成色较低的金属当作价值尺度来计算，并且用同这种较低的计量单位相适应的铸币来实现。"最重要的是马克思接受了李嘉图阐述的原理，他明确地说："价值符号——不论是纸还是降低了成色的金银——按什么比例代表按造币局价格计算的金银重量，不是决定于这些符号本身的物质，而是决定于它们在流通中的数量。"因为"在货币作为价值尺度的职能上，货币只是用作计算货币，而金只是用作观念的金，对于这种职能来说，一切看货币的自然物质而定。交换价值用银计算或表现为银价格，自然完全不同于用金计算或表现为金价格。相反，在货币作为流通手段的职能上，货币不仅是想象的，而且必须作为实在的东西同其他商品并列，对于这种职能来说，货币材料变得毫无关系，而一切决定于它的数量"。① 这就等于说，不管流通的纸币是多少，它只能代表流通所需要的金币或银币数量那么多的价值。因此，表现在纸币上的"黄金高价"如折算为金量或银量和高价前一样，并没有增加。

马克思提出李嘉图所没有的价格标准这一概念。它就是单位货币的含金量或含银量，如 1 镑重 0.25 盎司黄金(约数)，这个金量就是价格标准。这样，如果纸币流通量和所需的金币量相等，1 镑纸币就值 0.25 盎司黄金；如果纸币流通量超量 1 倍，1 镑纸币就只值 0.125 盎司黄金，物价就上涨 1 倍，即从 1 镑涨为 2 镑。但将这上涨了的价格折算为金量，则和原来的一样。

六　发达国家货币相对价值较低

有利的对外贸易能提高一国的物价水平(也提高利润率水平)，不利的外贸则反之；斯密用商品价格提高来说明，李嘉图用货币相对价值降低来

① 《马克思恩格斯全集》(第十三卷)，人民出版社 1962 年版，第 100—111 页。

说明。

李嘉图反对斯密，认为有利外贸不能提高平均利润率，斯密认为能提高只是暂时的；外贸只有在进口廉价生活必需品，从而能降低工人的货币工资的条件下，才能提高平均利润率。他认为，即使这样，价值即物价水平也不会提高，因为工资加利润等于价值，而决定价值的劳动并没有增加。这是以斯密的正确的劳动价值理论，即价值由生产商品投下的劳动决定，这样，工资和利润合起来就应该是一个常数，即此增彼减，反之亦然的理论，去反对斯密。

李嘉图明确指出："对外贸易的扩张虽然大大地有助于一国商品总量的增长，从而能使享受品总量增加，但却不会直接增加一国的价值总量。"这是因为，"一切外国商品的价值既然是由用来和它们交换的本国土地和劳动产品的数量来衡量的，所以，即使由于新市场的发现而使本国一定量的商品所能换得的外国商品增加一倍，我们所得到的价值也不会更大"。[①] 这就是说等价交换的外贸不能增加价值，在其他条件不变时，不能提高平均利润率。

李嘉图根据他一直坚持的价值分解为工资和利润，工资变动必然和利润变化相反，但两者合起来始终等于价值的原理，指出外贸只有在进口廉价生活资料的条件下，才能提高一国的平均利润率。因为这能降低工人的货币工资，从而提高利润。如果进口富人的奢侈品，那就不管如何低廉，都不能提高一国的平均利润率，因为它与工资无关。李嘉图坚决地说，他始终力图证明的是，工资不跌落，利润率就决不会提高；而工资除非用它来购买的各种必需品的价格跌落，否则决不会持久地跌落。在这里，李嘉图没有提到进口廉价的生产资料（如原料），虽不能直接增加利润量，但能提高利润率和平均利润率，因为这使 C 减少，从而使 M/(C+V) 提高，即利润率提高。这是由于他信奉斯密教条，认为 C 不断地分解为 V+M，直到最后不复存在。

他后退一步，然后反问道，平均利润率即使由于这个原因提高了，全部商品的价值能否就提高呢？他认为物价水平也不因此而提高。这是因为，

---

① 大卫·李嘉图：《政治经济学及赋税原理》，郭大力、王亚南译，商务印书馆 1962 年版，第 108 页。

“价格既不由工资决定，也不由利润决定”，决定价值的“劳动量不论利润高低或工资高低都不会受到影响。那么价格又怎样会由于利润高而腾贵呢”?① 这是以斯密之矛，攻斯密之盾。

李嘉图用有利的外贸能使一国的货币相对价值降低来说明一国的物价会提高。他说，通过对外贸易，“在生产方法有改良的国家中，物价将会提高，而在没有发生变化，但有一种有利的对外贸易被剥夺的国家中物价倒会下落”。② 其原因，不像斯密所说在商品方面，而在货币价值方面，即货币价值的变化引起商品价格的相反变化。他称这种不受供求关系影响、表现在货币上的商品价格为自然价格，以区别于受供求关系影响的市场价格。他说，出口多的国家，“商品的自然价格将提高，因而消费者虽然仍能以相等的货币价值进行购买，但所购得的商品量却会减少”。③

在李嘉图看来，之所以如此，是由于一个国家如英国在制造业上有专长，它的出口就增加，货币进口就增加，这样，“货币价值就会比任何其他国家更低，而谷物和劳动的价格相对说来则会更高”。④ 他明确指出，由谷物价值上涨而引起的谷物价格腾贵，和由货币价值低落而引起的谷物价格腾贵，效果是完全不同的。在这两种情形下，工资的货币价格都会上涨。“但是如果原因是货币价值跌落，那就不仅是工资和物价会上涨，而且其他一切商品都会腾贵。”⑤

货币进口增加，它的价值为什么下跌呢？原来李嘉图认为，货币增加如同商品增加一样，在其他条件不变时，其价格要下跌到价值以下。所不同的，他称这种因供求关系而变动的货币“价格”为货币相对价值，以区别于由生产货币投下的劳动所决定的价值。

按照李嘉图的理论逻辑，正像商品价格低就向价格高的地方流去一样，货币相对价值低也向价值高的地方流去，这样，货币出口后，货币减少，相对价值提高，商品价格下跌；与此相反，那个货币进口的国家，货币相对价值就

---

① 大卫·李嘉图：《政治经济学及赋税原理》，郭大力、王亚南译，商务印书馆 1962 年版，第 296 页。

② 同上书，第 118 页。

③ 同上书，第 295—296 页。

④ 同上书，第 123 页。

⑤ 同上书，第 122 页。

降低，商品价格上涨。他举例说："当英国货币减少而使英国商品的自然价格降低时，法国货币价值增加却使法国商品和葡萄酒的自然价格提高了。"他认为："这是通过贵金属的分配情况来实现的。"①

李嘉图的这些说明，就其中的货币理论来说是错误的。他在这里无非是说，货币的价值除了由生产它的劳动决定外，还受货币本身数量的调节，如同商品的价值由生产它的劳动决定、商品的价格受商品的供求关系调节一样。这表明他并不了解货币的本质，即没有区别商品与货币，货币是社会劳动的直接体现，它本身就是价值。货币作为价值的绝对代表，是贮藏手段，并能长久地积累下来。货币作为贮藏手段，能调节其流通量并使它符合必需量。

但是，李嘉图认为对外贸易会影响一国货币的相对价值，从而影响物价水平，这是值得注意的。马克思就是受到这启发才提出发达国家的货币相对较低的理论。② 对此，论者很多，无暇论及。现只将我对其理解说明如下：为了加深对马克思这个理论的理解，我们可以回顾一下美洲发现富饶银矿，其劳动生产率较旧大陆高，银子输入旧大陆，使旧大陆劣矿退出生产，因而银的价值下降，反过来物价就上涨(这就是经济史上说的"价格革命")这段历史。现在，不是在海外发现富饶的金银矿，而是发现一个有利的市场，在那里出售商品比在国内得到更多的金银货币，这就等于用较少的劳动就换来 1 单位货币，货币相对价值下降，也引起物价上涨，情况同发现富饶的金银矿有些相像。所不同的只是，不是用劳动开发金银矿去生产货币，而是用劳动生产了商品再在有利的世界市场上换取货币。正因为不是用劳动去生产，而是用劳动经过交换去换取，所以就不是货币的绝对价值而是相对价值发生变动。

七　以货币理论为基础，提出自由贸易政策和稳定通货建议

李嘉图以其货币理论为产业资本家服务，提出自由贸易政策。当时，英

① 大卫·李嘉图：《政治经济学及赋税原理》，郭大力、王亚南译，商务印书馆 1962 年版，第 293 页。

② 马克思：《资本论》(第一卷)，人民出版社 1975 年版，第 613—615 页。

国产业资本家主张自由贸易，以便夺取更多的市场和得到廉价的原料和粮食；地主阶级则反对这样做，以便阻止廉价的粮食进口，提高粮食价格，增加地租。他们反对的理由之一是，自由贸易将使黄金外流，甚至枯竭。李嘉图以其货币理论及以其为基础的金银在国际的流动的理论，反对这种说法，支持自由贸易政策。根据李嘉图的货币理论，金银输出，是由于其数量过多，价值下跌，它的输出，正可减少其流通量，提高其价值至正常水平。他说："虽然通常称作贸易差额的部分会于出口货币或金银块的国家不利，但显然它是在进行一种最有利的贸易，因为它是在出口一种对它已经没有什么用处的东西，以换取各种可以用于扩大其制造业并增加其财富的商品。"①前面说过，这是李嘉图否认货币是贮藏手段得出来的错误结论，他就以此来和其对手争论。

李嘉图又以其货币理论为基础提出一个稳定当时的通货的建议。所谓通货就是流通中的种种货币。当时英国币值不稳定，对发展资本主义经济不利。他提出的建议是，稳定的通货必须是以金本位为基础的，但在流通中完全使用黄金则是一种不生产的耗费，因此，应该以一种与黄金等值的、随时可以兑换黄金的银行券来全部代替黄金，投入流通。他说："当一种通货完全由纸币构成，而这种纸币的价值又与其所要代替的黄金的价值相等时，这种通货就处于最完善的状况。以纸币代替黄金就是用最廉价的媒介替代最昂贵的媒介。这样国家便可以不使任何私人受到损失而将原先用于这一目的的黄金全部用来交换原料、用具和食物，使用这些东西，国家财富和享受品都可以得到增加。"②这里所说的纸币其实是银行券，因为它是兑换黄金的。这就等于说，货币是流通手段时，必须是黄金。这是不正确的，因为作为流通手段的货币，也可以是纸币，即不兑换黄金的价值符号。

为了防止银行券贬值，李嘉图认为必须用法律规定银行发行银行券的最高额，超过最高额时，每多发一镑，必须有十足的黄金准备，以保证随时可以兑换黄金。这样，在流通中的银行券，便可以兑换黄金。货币符合于流通

① 大卫・李嘉图：《黄金的高价》，载斯拉法主编《李嘉图著作和通信集》(第三卷)，经文正译，商务印书馆 1977 年版，第 58 页。

② 大卫・李嘉图：《政治经济学及赋税原理》，郭大力、王亚南译，商务印书馆 1962 年版，第 308 页。

商品所需要的正常量，商品价格就不会因货币数量过多或过少而上涨或下跌。因为如果银行券发行过多，物价上涨，黄金价值下降，就会一方面引起商品输入，另一方面引起一部分银行券兑换黄金，并将黄金输出，货币流通量减少，物价下降，恢复正常水平；如果银行券发行过少，物价下降，黄金价值上升，就会一方面引起商品输出，另一方面引起黄金输入，并流入发行银行，转化为银行券，货币流通量增加，物价上升，恢复到正常水平。

第九章　资 本 理 论

一　把生产资料看成资本

在李嘉图的理论体系中，我深深感到其资本理论最为肤浅和庸俗。这是有深层次的原因的。马克思深刻地指出，资本就是带来剩余价值的价值，而资产阶级经济学家都有健全的阶级本能，深知探讨剩余价值的起源这个爆炸性问题，是极其危险的。这就从根本上制约了李嘉图的资本理论。它的集中表现就是将生产资料本身看成资本。

在资本主义生产方式下生活的资产阶级经济学家，由于世界观的限制，一般都将生产资料本身看成资本。据我所知，只有两位所处社会历史条件不同的资产阶级经济学家例外：斯密和殖民经济学家威克菲尔德。前者认为个体生产者手中的生产资料不是资本，只有资本家手中的生产资料才是资本，因为他生活在从封建主义社会到资本主义社会的过渡期中，清楚地看到两者的不同。后者看到资本家从资本主义的母国或宗主国带了工人和机器到殖民地去，但一到达移民殖民地，工人就很容易获得土地，不是像在母国那样出卖劳动力，而是变成独立生产者，资本家连仆人都找不到。对此，马克思说："威克菲尔德在殖民地发现，拥有货币、生活资料、机器以及其他生产资料，而没有雇佣工人这个补充物，没有被迫自愿出卖自己的人，还不能使一个人成为资本家。他发现，资本不是一种物，而是一种以物为媒介的人和人之间的社会关系。"①李嘉图生活在英国资本主义迅速发展时期，因而视生产资料本身为资本就不足为奇了。

① 马克思：《资本论》(第一卷)，人民出版社 1975 年版，第 834 页。

把生产资料，尤其是其中的生产工具，看成资本，是李嘉图的资本理论的特点。他把任何社会形态下的生产工具都看成资本。他说："即使是在亚当·斯密所说的那种早期状态中，虽然资本可能是由猎人自己制造和积累的，但他总是要有一些资本才能捕猎鸟兽。没有某种武器，就不能捕猎海狸和野鹿。"①他说这段话的目的，在于说明决定商品价值的不仅是生产商品投下的活劳动，而且是生产商品所需的间接劳动或物化劳动，即生产工具等所包含的劳动。但是，他把生产工具本身看成资本，这是错误的。

在这里，李嘉图曲解了斯密。斯密并没有说在早期状态中，生产工具就是资本。前面说过，斯密是有土地私有和资本积累产生之前和之后的区别的，他称前者为原始状态，事实上是简单商品生产，后者事实上是资本主义商品生产；他认为商品生产是永远存在的，资本不是永远存在的。前面说过，李嘉图由于所处的时代不同，其资产阶级世界观比斯密的更为彻底，他认为资本主义生产是生产的自然形态，资本是永远存在的，生产工具就是资本。

其实，生产资料包括生产工具，并不就是资本，只有在建立了资产阶级剥削无产阶级的生产关系的条件下，生产资料才取得资本这种社会性质。马克思很生动地写了一个故事：殖民者皮尔先生从欧洲带了生产资料和劳动力到移民殖民地去，这些在欧洲是构成资本的生产要素，到了移民殖民地就不再是资本，劳动力很快就成为拥有土地的独立生产者。只有将雇佣的劳动力和购买的生产资料结合起来，进行生产，使劳动者的劳动创造的新价值大于劳动力的价值，生产资料所有者和劳动力购买者占有其中的超额部分，这样的生产资料才取得资本的社会属性。

但是，认为资本就是生产资料或生产工具也有两种观点。一种是：资本是价值物品，从价值的角度分析其运动，这就要以劳动价值理论来说明资本获得的利润。另一种是：资本就是自然物质，从物质的角度分析其运动，这就要以要素价值理论来说明资本产生并获得的利润。李嘉图属于前者，以萨伊为代表的一切庸俗经济学家属于后者。

---

① 大卫·李嘉图：《政治经济学及赋税原理》，郭大力、王亚南译，商务印书馆 1962 年版，第17—18页。

所以，李嘉图虽然不了解资本的历史性，但是，他是劳动价值论者，绝不认为生产资料自己创造价值，因此，资本——利润这个公式，在他看来，就不是生产的公式，只是分配的公式。这表明，李嘉图虽然犯了自然主义的错误，把生产工具看成资本，但在这里他是从社会观点看待资本，认为它虽然在物质生产上有作用，但不能生产价值。

萨伊不是这样。他不仅把生产工具看成资本，而且从自然物质的观点看待资本，认为它参加的物质生产即使用价值或财富生产就是价值生产。因此，由他首创的资本——利润这个公式既是生产的公式，又是分配的公式。他不像李嘉图那样谈论资本时还看到其社会特点，而认为没有任何社会内容的生产形态就是资本主义生产，因而谈论资本时看不到任何社会特点。

二　不区分不变资本和可变资本，不理解不同部分的生产资料在转移旧价值上的不同特点

李嘉图不理解不同部分的生产资料在转移价值上的不同特点。前面说过，李嘉图不理解生产商品的劳动具有二重的社会性质，因此，他就和斯密一样，不能说明生产者的一次劳动怎么既能形成新的价值，又能转移生产资料的旧价值到由它生产的商品上去。这个缺陷在资本研究中就表现为，不理解资本家用来购买生产资料的那部分资本，由于只是转移价值，在生产过程中不改变自己的价值量，从而取得了不变资本的性质；也不理解资本家用来雇用工人的那部分资本，由于被它推动的工人的活劳动是创造价值的，这部分价值比用来雇用工人的那部分资本的价值大，因此和不变资本不同，雇用工人的那部分资本，在生产过程中改变自己的价值，使它成为一个可变量，取得可变资本的性质。就是由于这个原因，李嘉图不能从生产价值，尤其是生产剩余价值的角度，把投在生产中的资本区分为不变资本和可变资本。一方面，因为他不能说明生产资料的价值是怎样不变地转移到由它生产的商品上去的，所以没有不变资本的概念；另一方面，他不理解资本家雇用工人是购买工人的劳动力，而不是工人的活劳动，因而就不能科学地说明

这部分资本的价值是可变的,所以没有可变资本的概念,也没有与它相对立的不变资本的概念。这对概念的缺乏,对李嘉图的研究发生重大的影响。在不能说明商品生产者的一次劳动怎么既能形成新价值,又能转移生产资料的旧价值的前提下,李嘉图也不能说明不同部分的生产资料,在生产过程中转移旧价值时有不同的特点,即不管这些生产资料的自然实体已经消失即变成另一种物质,或改变形态,或不改变形态,其价值却同样要转移,可是,有的是在一次生产中转移完毕的,有的却是在多次生产中才转移完毕的。

其原因在于,李嘉图不理解资本主义的生产过程是劳动过程和价值增殖过程的统一。一般说来,把资本主义生产看成生产的自然价态,就不可能理解这一点。资本主义生产过程作为一个劳动过程,其结果是使用价值,其要素有三种:劳动、劳动对象和劳动资料,后两者构成生产资料。不同部分的生产资料在劳动过程中的作用和形态变化是不同的。马克思说:"为发动机器而燃烧的煤消失得无影无踪,为润滑轮轴而上的油等也是这样。染料和其他辅助材料消失了,但是又在产品的属性中表现出来。原料形成产品的实体,但是改变了自己的形式。可见,原料和辅助材料丧失了它们作为使用价值进入劳动过程时所具有的独立形态。真正的劳动资料却不是这样。工具、机器、厂房、容器等只有保持原来的形态,并且明天以同昨天一样的形式进入劳动过程,才能在劳动过程中发挥作用。"①资本主义生产过程作为一个价值增殖过程,其结果是剩余价值,内容则是价值形成过程,即劳动力的使用创造的价值超过它本身的价值。在价值形成中,有新价值的创造,又有旧价值的转移,而在价值转移时,形态已经改变的原料、性质已经改变的燃料等,其价值在生产中一次便转移完毕,而形态没有变化的工具、厂房等,其价值却要根据其使用价值可能经历的时间,在多次生产中按比例地转移完毕。李嘉图由于不理解资本主义生产过程的二重性质,就不能理解不同部分的生产资料在转移价值中有不同的特点,而只能从流通过程的角度来区分资本的不同部分。但当他从这角度区分不同部分的生产资料时,又陷入新的错误。

---

① 马克思:《资本论》(第一卷),人民出版社 1975 年版,第 229 页。

三　固定资本和流动资本的区分，流动资本指的只是工人的消费资料，不包括原料

前面我们谈到李嘉图认为间接劳动也是决定价值的因素，但是，他提到的间接劳动，只有劳动工具和建筑物，而不包括原料。其原因是：工具、机器、厂房建筑物等，其价值转移的时间超过一次生产过程，在其后的生产过程，由于利润率（工资率变动必然引起利润率的反变动）的变动，它获取的利润也变动，由利润构成的生产价格也变动，李嘉图把它看成价值的变动；原材料价值转移的时间以一次生产过程为限，此后它就不再存在，当然就不能获取利润了，利润率的变动对它毫无影响，这与固定资本不同。在一次生产过程中，由于李嘉图信奉斯密教条，C 即劳动工具和原料的价值的存在被否定了，或被认为与活劳动融合在一起形成价值。进入第二次生产过程，固定资本计算利润的作用凸现出来，被理解为创造价值，而原材料则没有这种作用，因此，原材料作为间接劳动转移价值这件事就被抹杀了。

以上我们是从生产资料中的固定资本，其存在超过一次生产过程，以后的生产过程，由于工资变化或利润的反变化，它加到生产价格上的利润便发生变化，而生产资料中的原料，在一次生产过程中便将价值全部转移到产品上去，以后发生上述的变化，对它来说是不存在的这一角度，论述李嘉图谈论间接劳动也是决定价值的因素时，所以不提原料的原因。现在，我们换一个角度，即从区分资本的角度，来探讨李嘉图为什么将资本只区分为固定资本和流动资本，而在流动资本中却不包括原料。

李嘉图不可能对在生产过程中发生作用的资本，从是否生产剩余价值的角度将其区分为不变资本和可变资本，而只能从流通过程的角度，即根据取回这些预付的资本的时间长短，将其区分为固定资本和流动资本。这种区分是极其相对的，取回时间长的是固定资本，取回时间短的是流动资本。这种区分是有缺陷的，因为固定资本的特点是，它的使用价值全都参加劳动过程，但它的价值是部分地转移到商品上去，如工具和厂房等。因此，从流通过程的角度看，其价值要经历多次资本周转才能取回。流动资本的特点

是，它的使用价值全部参加劳动过程，在一次资本周转中，它的价值全部转移到商品上去，如原料、材料和燃料等。购买劳动力的那部分资本，由于它推动的活劳动是创造价值的，所以不存在价值转移问题，但不管购买原料、燃料和购买劳动力的两部分资本在这一点上有什么不同，从流通过程的角度看，它们价值在一次资本周转中便能取回，这和固定资本不同。李嘉图离开多次或一次资本周转便能取回投下的资本的价值这一点，单纯从取回的时间长短来区分固定资本和流动资本，其原因在于不理解不同部分的生产资料的价值转移有不同的特点。

李嘉图说："资本有些消耗得快，必须经常进行再生产，有些则消耗得慢。根据这种情形，就有流动资本和固定资本之分。"①这是从物质的观点看的，快慢的区分当然是相对的。他又说："流动资本的流通和回到使用者手里的时间可能极不相等。农场主买来播种的小麦相对于面包坊主买来做面包的小麦而言是一种固定资本。前者把它种在地里，一年之内不能取得报酬；后者则把它磨成面粉，做成面包出售给他的顾客，使他的资本在一星期内就可以重新进行同一事业，或开始任何另一事业。"②这就是说，流动资本又可以相对地分为固定资本和流动资本。概念之所以十分混乱，是由于他不理解生产资料不同部分的价值转移问题。在我们看来，购买小麦的资本在这两种情况下都是流动资本，因为其价值都是在一次资本周转中取回的。如果种在地里的小麦长成麦树，如像苹果树那样要经过多次生产过程才衰老、死亡，那么这麦种便是固定资本了。由于区分的标准是极其相对的，他最后不得不承认："要严格地说明流动资本和固定资本的区别从哪里开始却很困难。因为资本耐久性大小的等差几乎是无限的。"③

将两种资本作这样的区分时，李嘉图没有把购买原料的资本列入流动资本，原料在这里又被省略掉了。他说："维持劳动的资本和投在工具、机器、厂房上的资本的比例也可能有各色各样的配合方式。"④因为在一种行业

① 大卫·李嘉图：《政治经济学及赋税原理》，郭大力、王亚南译，商务印书馆1962年版，第24页。
② 同上书，第24—25页。
③ 同上书，第127页。
④ 同上书，第23—24页。

中,“流动资本(也就是用来维持劳动者生活的资本)可能很少”①;在另一种行业中,所使用的资本额可能相等,但主要是用来维持劳动者的生活。在这里,他都把原料排除在外。

马克思指出,李嘉图将“固定资本=劳动资料,流动资本=投在劳动上的资本。维持劳动的资本,是从亚当·斯密那里抄袭来的陈词滥调”。② 斯密的这种理论,同重农主义相比是后退了。重农主义正确地从生产资本出发,将投在生产中的资本分为原预付和年预付,前者是多年才能取回价值的,后者是一年便能取回价值的。这都是指农业资本而言的。斯密虽然正确地将这范畴扩大到所有部门,并用固定资本和流动资本来代替原预付和年预付,但是错误地把与固定资本相对立的流动资本,和那些属于流通领域的资本形式即流通资本混同起来。我们知道,从资本循环的角度看,资本要经历两次流通过程和一次生产过程,经历货币资本、生产资本和商品资本三种形态。斯密把货币资本和商品资本这两种在流通领域中的资本形式,混同于流动资本。由于这样,他便把商品资本和生产资本中的流动部分相混同,把工人的消费资料本身,而不是把它的价值看成流动资本。重农主义错误地认为,农业生产中消耗的消费资料的价值会不变地转移到农产品上去。这种混同可变资本和流动资本的看法也影响了斯密。这样,不变资本和可变资本的区分便是不可能的,这两者的对立同固定资本和流动资本的对立也混同了。

李嘉图之所以把流动资本仅看成工人的消费资料,不包括原料,有两个原因。第一,我们知道,由不变资本和可变资本组成的资本有机构成的差别,对剩余价值生产的差别,有决定性的作用,而固定资本耐久程度或使用寿命的差别,则没有这种作用。但是,如不从剩余价值生产的角度,而从剩余价值在不同的生产部门的资本中进行分配的角度看,那么这两种差别对于平均利润率的形成和价值向生产价格转化,都发生同等作用。因为在相同时间内使用的等量资本,不管生产的剩余价值如何不同,分配到的剩余价值是相同的。第二,从生产剩余价值的角度看,在资本有机构成中,同一价值量的不变资本,其中劳动资料和原料各占多少是毫无关系的;从投下的资

① 大卫·李嘉图:《政治经济学及赋税原理》,郭大力、王亚南译,商务印书馆1962年版,第25页。
② 马克思:《资本论》(第二卷),人民出版社1975年版,第240页。

本何时能取回的角度看，在固定资本和流动资本的对立中，同一价值量的流动资本，其中原料和工资各占多少也是毫无关系的。从前一角度看，劳动资料和原料要放在一起，与可变资本相对立；从后一角度看，工资和原料要放在一起，与劳动资料的固定资本相对立。

由于这样，投在购买原料上的那部分资本价值，不出现在任何一方，它消失了。它不适合于放在固定资本方面，因为在取回投下的价值的方式上，它与固定资本不同，而与工资相同；它不应该放在流动资本方面，因为这样一来，从斯密流传下来的把固定资本和流动资本的对立同不变资本和可变资本的对立混同起来的做法，就站不住脚。马克思指出："李嘉图有丰富的逻辑本能，不会不感觉到这一点，所以，这部分资本就在他那里消失得无影无踪了。"[①]从流动资本中不合理地排除了原料，认为流动资本只是工资之后，李嘉图又不从价值的角度而从物质资料的角度来看待工资，认为它是维持劳动或维持劳动者生活的资本，即消费资料。其所以如此，也和斯密把两种不同的资本的对立相混同有关。因为劳动资料的物质现实性是它的固定资本性质的重要基础，就是说固定资本要由比较耐用的材料制成，这样，只要有上述的混同，就自然会从同一方向，从投在劳动力上的资本的物质性，得出其和固定资本相对立的流动资本的性质，然后由这可变资本的物质现实性来规定流动资本，认为流动资本就是维持劳动者生活的消费资料。

李嘉图的这个命题可以被利用来掩盖资本主义的实质，使人看不出剩余价值的源泉。如果流动资本中的工资，从货币形态上去把握，就不会认为它像生产资料那样，不仅其价值，而且其物质资料都进入生产过程；从消费资料的形态上去把握，就会认为，和生产资料的价值转移到商品上去一样，它的价值是先转移到劳动力中，再通过劳动力所起的作用转移到商品上去。这样，剩余价值产生的秘密就不可能被揭露了。庸俗经济学家正是利用这一点为资本主义辩护，虽然李嘉图的本意不是这样。

《政治经济学及赋税原理》中译本序言的作者指出："在李嘉图的公式中，未曾包括原材料中的劳动却是一个缺陷。"[②]但是，没有进一步作分析，这是令人感到遗憾的。

---

① 马克思：《资本论》(第二卷)，人民出版社 1975 年版，第 242 页。

② 大卫·李嘉图：《政治经济学及赋税原理》，郭大力、王亚南译，商务印书馆 1962 年版，第 8 页。

第十章　剩余价值理论

一　剩余价值理论方法论和价值实体问题

剩余价值，尤其是它的具体形态，即利润、利息、企业收入和地租的存在，是明显的事实。但是，要科学地说明剩余价值的产生，必须解决一个方法论问题，以及一个理论问题，这两者是统一的；解决不好，就不可能说明剩余价值的产生。

关于研究剩余价值的方法论问题，马克思说："一切经济学者，都在这点上面犯了错误，他们不把剩余价值纯粹地当作剩余价值来进行考察，而是在利润和地租那各种特殊形态上进行考察。"①他在 1867 年 8 月 24 日即《资本论》(第一卷)出版前致恩格斯的信中，又说："我的书最好的地方是：……研究剩余价值时，撇开了它的特殊形态——利润、利值、地租……古典经济学总是把特殊形态和一般形态混淆起来，所以在这种经济学中对特殊形态的研究是乱七八糟的。"②他在 1868 年 1 月 8 日为批判杜林致恩格斯的信中，又说："过去的一切经济学一开始就把表现为地租、利润、利息等等固定形式的剩余价值的特殊部分，当作已知的东西来加以研究。"③这就是说，马克思多次强调要从剩余价值的抽象形态，而不能从其具体形态出发去研究剩余价值的产生。

剩余价值是价值的一部分，因此，对理论的实体的理解就必然制约了对剩余机制的实体是什么的理解。马克思说："剩余价值定义，当然要看价值

---

① 马克思：《剩余价值学说史》(第一卷)，郭大力译，人民出版社 1975 年版，第 5 页。

② 《马克思恩格斯全集》(第三十一卷)，人民出版社 1962 年版，第 331 页。

③ 《马克思恩格斯〈资本论〉书信集》，人民出版社 1976 年版，第 250 页。

本身是在什么形式上被把握而定。因此，在货币主义和重商主义体系中，它表现为货币；在重农主义者看来，它表现为土地的产品，为农产品；最后在亚当·斯密手里，它表现为商品一般。在重农主义者接触到价值实体问题的限度内，它在他们手里总是分解为纯粹的使用价值（物质具体物），好像在重商主义者手里，总是完全分解为单纯的价值形式……即货币；在亚当·斯密手上，商品的这两个条件，使用价值和交换价值，综括在一起了……亚当·斯密再把产品价值当作资产阶级财富的本质来确立……”[①]很明显，这是历史上继起的经济学派对价值实体的认识史，它制约了对剩余价值实体的认识史，而对剩余价值实体的认识则制约了对剩余价值纯粹形态和特殊形态的认识。

这就是说，既不能从剩余价值的具体形态或分支形态，而要从它的抽象形态，又不能从错误的价值实体观，而要从正确的价值实体观，去研究剩余价值的产生。

重商主义由于认为价值就是金银货币，因此剩余价值就是金银的增加额。个人贱买贵卖可以增加个人的金银，但是，一方的剩余价值就是他方的不足价值，没有增加一国的金银。在有金银矿的国家，开矿可以增加金银，但是，这是本来就存在的，严格说来也没有绝对增加剩余价值。进行外贸，实行输出大于输入的政策，让金银进口，这是重商主义的剩余价值生产观。但是，从价值量看，只要是等价交换，就没有剩余价值产生。总之，在流通中不可能产生剩余价值。马克思关于资本总公式的矛盾表明，剩余价值即“资本不能从流通中产生，又不能不从流通中产生。它必须既在流通中又不在流通中产生”。[②] 我们必须遵守这个方法论。

重农主义将剩余价值的产生从流通领域移到生产领域——农业部门。因为它认为使用价值就是价值，而只有农业部门能增加使用价值。工业部门只能改变使用价值的形态和效用，而不能增加其数量。当然，从自然科学的观点看，物质不灭，投下的物质和产出的物质，两者必然是相等的。但是，从投下的麦种、肥料等看，结出的麦子比麦种多些，肥料是农民自己制作的，

① 马克思：《剩余价值学说史》（第一卷），郭大力译，人民出版社 1975 年版，第 167—168 页。

② 马克思：《资本论》（第一卷），人民出版社 1975 年版，第 188 页。

也可以还原为麦子。这样,勉强地也可以说:农业有剩余产品。重农主义就将种子、肥料、农业经营者的消费资料(包括工人和农业企业主,这时农业经营者还参加体力劳动,利润还不是一个独立的范畴)视为投入,产出大于投入的,就是纯产品,它来自自然的恩惠,是为地租,即农业中的剩余价值。工业没有剩余价值。

斯密有正确的价值理论。他事实上已经说明了剩余价值的产生。恩格斯在《资本论》(第二卷)编者序中特别摘录了他的话和马克思的评论:"斯密在《国富论》第一篇第六章中说:'一旦资本在个别人手中积累起来,其中某些人自然就利用它使勤劳者去劳动,向他们提供原料和生活资料,以便从他们的劳动产品的出售中,或者说,从这些工人的劳动加到那些原料价值上的东西中,取得利润……工人加到原料上的价值,在这里分成两部分,一部分支付工人的工资,另一部分支付企业主的利润,作为他预付在原料和工资上的全部资本的报酬。'

"稍后,他又说:'一旦一个国家的土地全部变成了私有财产,土地所有者也像所有其他人一样,喜欢在他们未曾播种的地方得到收获,甚至对土地的自然成果也索取地租……工人……必须把用自己的劳动收集或生产的东西让给土地所有者一部分,这一部分,或者说,这一部分的价格,就构成地租。'

"对于这段话,马克思在上述《批判》手稿第 253 页中作了如下评注:'可见,亚当·斯密把剩余价值,即剩余劳动——已经完成并物化在商品中的劳动超过有酬劳动即超过以工资形式取得自己等价物的劳动的余额——理解为一般范畴,而本来意义上的利润和地租只是这一般范畴的分枝。'

"其次,斯密在第一篇第八章中说,'一旦土地成为私有财产,对工人在这块土地上所能生产和收集的几乎一切产品,土地所有者都要求得到一份。他的地租是对耕种土地的劳动所生产的产品的第一个扣除。但是,种地人在收获以前很少有维持自己生活的资金。他的生活费通常是从他的雇主即租地农场主的资本中预付的。如果租地农场主不能从工人劳动的产品中得到一份,或者说,如果他的资本不能得到补偿并带来利润,他就没有兴趣雇人了。这种利润是对耕种土地的劳动所生产的产品的第二个扣除。几乎所有其他劳动的产品都要作这样的扣除,来支付利润。在所有产业部门,大多数工人都需要雇主预付给他们原料以及工资和生活费，直到劳动完成的时候为止。这个雇主从他们劳动的产品中得到一份，或者说，从他们的劳动加到加工原料上的价值中得到一份，这一份也就是雇主的利润。’

“对于这段话，马克思的评注是（手稿第256页）：‘总之，亚当·斯密在这里直截了当地把地租和资本的利润称为纯粹是工人产品中的扣除部分，或者说，是与工人加到原料上的劳动量相等的产品价值中的扣除部分。但是，正如亚当·斯密自己在前面证明过的，这个扣除部分只能由工人加到原料上的、超过只支付他的工资或只提供他的工资等价物的劳动量的那部分劳动构成；因而这个扣除部分是由剩余劳动，即工人劳动的无酬部分构成。’

“可见，亚当·斯密已经知道‘资本家的剩余价值是从哪里产生的’，以及土地所有者的剩余价值是从哪里产生的；马克思在1861年已经坦率地承认了这一点。

“马克思接着说：‘然而，斯密并没有把剩余价值本身作为一个专门范畴同它在利润和地租中所具有的特殊形式区别开来。斯密尤其是李嘉图在研究中的许多错误和缺点，都是由此而产生的。’……马克思的剩余价值，却是生产资料所有者不付等价物就占有的价值额的一般形式。这个价值额，按照马克思首先发现的一些十分独特的规律，分割为利润和地租这样一些特殊的转化形式。这些规律将要在第三卷中加以阐述。在那里将第一次说明，从理解一般剩余价值到理解剩余价值转化为利润和地租，从而理解剩余价值在资本家阶级内部进行分配的规律，需要经过多少中间环节。”①

二　利润、平均利润和剩余价值的混同，生产价格和价值的混同

前面我们说明，剩余价值和利润在量上是相等的，不过前者是从科学的观点看的，认为它是可变资本产生的；后者是从资本家的观点看的，认为剩余价值是全部预付资本的产物，这样，剩余价值便被歪曲为利润。当李嘉图

① 马克思：《资本论》（第二卷），人民出版社1975年版，第14—15页。

撇开了不变资本，而只从工资即可变资本去考察利润时，这利润就是剩余价值，两者在量上相等，在概念上也相符。现在，我们要进一步说明李嘉图混同了利润和平均利润，并由于这个混同，又把平均利润和剩余价值混同，这样，利润、平均利润和剩余价值三者便混同在一起。这在另一方面，又表现为生产价格或自然价格和价值的混同，因为它们的区别只在于，前者包含着平均利润，后者分解出剩余价值，只要混同了平均利润和剩余价值，就必然混同生产价格或自然价格和价值。

李嘉图除了从生产商品投下的劳动决定价值，价值分解为工资和利润的角度分析利润外，还从预付的资本总量要获取与其量成比例的利润的角度分析利润。前者是从生产的角度看的，这利润是剩余价值；后者是从分配的角度看的，这利润是在资产阶级中按资本额分配的剩余价值，是平均利润。他并不理解其中有什么不同，这样，便把利润、平均利润和剩余价值混同起来了。

李嘉图说，如果制造机器和生产谷物，分别要 100 个劳动者劳动一年，“假定每年要为每个劳动者的劳动付出 50 镑，也就是要用资本 5 000 镑，利润为 10%，那么每架机器的价值和谷物的价值在第一年末便同样是 5 500 镑”。[①] 这里的利润就是平均利润，因为它是根据资本量的大小获得的，而不是李嘉图以前说的那种利润，那是工人的劳动创造的价值，从中扣除了工资余下来的。应该说，不说明价值大小、工资大小，利润的大小是无法说明的，这里的 10%的利润是无法说明的。这样，李嘉图就把利润视为平均利润了。

这种混同的另一种表现，就是混同生产价格或自然价格和价值。价值是由生产商品投下的劳动量决定的，等量资本如果推动的活劳动量不等，就有不同的价值产品，有不同的剩余价值量，产品按价值出卖，实现的剩余价值量就不同，等量的资本就有不同的利润率。在自由竞争的条件下，不同的利润率均衡化为平均利润率，利润转化为平均利润，价值转化为生产价格。生产价格由生产商品所耗费的资本和工资（两者构成为生产费用或生产成本），加上按生产商品所使用的全部资本计算的平均利润构成。耗费的和使

① 大卫·李嘉图：《政治经济学及赋税原理》，郭大力、王亚南译，商务印书馆 1962 年版，第 27 页。

用的资本并不都是一致的，因为固定资本是全部使用而部分耗费的。前面说的机器和谷物的价值都是 5 500 镑，这里的价值，其实是生产价格，因为它由耗费的资本（李嘉图假定它全部是工资）和根据资本计算的平均利润构成，与那种由生产投下的劳动决定的价值是不同的。李嘉图把这两者混同了。

生产价格是马克思使用的概念。李嘉图使用的自然价格这个概念，有时指的就是生产价格，有时指的是价值，因此，他混同了生产价格和价值，或自然价格和价值。李嘉图说："假定一切商品都按照它们的自然价格进行买卖，因之一切行业的资本利润率都恰好相同……"①这里的自然价格包含有平均利润，因此应该是生产价格。李嘉图接着又说："假定时尚变迁使丝绸的需求增加，毛呢的需求减少；丝绸和毛呢的自然价格——也就是生产所必要的劳动量——仍旧不变，但丝绸的市场价格提高，毛呢的市场价格降低……"②这里的自然价格是由劳动决定的，因此应该是价值。李嘉图把这两者混同了。

从量上来看，认为平均利润和利润、生产价格和价值相等，一般说来是错误的。因为只有那些具有中位的资本有机构成和资本周转时间的资本生产的商品，这两个方面才是相等的，而这种情况是罕见的。这个问题下面再谈。

三　混同的原因

马克思说："李嘉图从来没有离开剩余价值的特殊形式——利润（利息）和地租——同它们分别开来考察剩余价值。"③

利润（不是平均利润）和剩余价值两者在量上是相等的，只是在质上不同。剩余价值是从生产和创造的角度看的，它是劳动创造的，这样看是科学

---

① 大卫·李嘉图：《政治经济学及赋税原理》，郭大力、王亚南译，商务印书馆 1962 年版，第 75 页。

② 同上。

③ 马克思：《剩余价值学说史》（第二卷），人民出版社 1978 年版，第 429 页。

的;利润是从实现和分配的角度看的,它是资本获得的,如果认为它是资本产生的,就是不科学的。在自由竞争充分展开条件下形成的生产价格,它和价值的不同就是平均利润与剩余价值的不同,因此混同平均利润和剩余价值,就必然混同生产价格和价值。

让我们进一步分析这问题。李嘉图产生这种错误的原因是很复杂的,可以从他的世界观、方法论和所受的思想影响这几方面来谈。

第一,李嘉图的世界观决定他不了解工人出卖的是劳动力,而认为是劳动,工资就是劳动的价值。我们知道,只要认为工资是劳动的价值,剩余价值来源就无法说明,就必然被歪曲为资本的产物,被歪曲为利润。李嘉图不仅没有资本主义以前和资本主义之分,而且也没有资本主义发展阶段之分。我们知道,资本主义以前的简单商品经济的商品,从发展趋势说,是按价值出售的,因供求关系的变动,市场价格围绕着价值上下波动,这个依以波动的水平,就是由生产商品耗费的劳动决定的价值。这一点,恩格斯在《资本论》(第三卷)的附录中叙述得很详细。① 资本主义的商品,在资本主义刚产生时,与简单商品相同,也是按价值出售的,只是到了资本主义的自由竞争已在国民经济中充分展开的时候,亦即机器生产已经彻底战胜手工业、行会制度和小农生产,由于资本主义各生产部门资本有机构成和周转时间的差别很大,其产品如按价值出售,各部门的利润率就必然差别很大,于是,竞争就使利润平均化,价值转化为生产价格,商品按生产价格出售,市场价格围绕着它上下波动,并均衡化为生产价格。生产价格就是"资产阶级的共产主义",是资产阶级"共"剩余价值之产的结果。马克思指出:"商品按照它们的价值或接近于它们的价值进行的交换,比那种按照它们的生产价格进行的交换,所要求的发展阶段要低得多。而按照它们的生产价格进行的交换,则需要资本主义的发展达到一定的高度。"②李嘉图由于把资本主义看成生产的自然形态,就不仅看不到资本主义商品生产和简单商品生产的区别,而且也看不到资本主义生产发展的阶段性,也就看不到价值要转化为生产价格,而认为在自由竞争条件下市场价格依以波动的中心,即自然价格便是价值。

---

① 马克思:《资本论》(第三卷),人民出版社 1975 年版,第 1016—1017 页。

② 同上书,第 197—198 页。

这样，就把生产价格混同于价值。

第二，李嘉图缺乏抽象力，将自由竞争中形成的平均利润看成剩余价值。前面说过，他从生产商品投下的劳动决定价值的原理出发，来研究经济规律和经济范畴，这是一种抽象法。在运用抽象法上，他比斯密强，因为斯密从这个原理出发，遇到困难，便改用交换商品支配的劳动决定价值的错误原理，来解释利润和地租的产生。但是，李嘉图缺乏足够的抽象力，没有能够将抽象法贯彻到底。在考察商品价值时，不了解平均利润这个只是由于竞争才出现的现象，以致不理解这个比例于资本量而产生的利润，同由投下的劳动形成的价值分解出来的利润，是不相同的。这样，他便混同了利润、平均利润和剩余价值。我们说过，李嘉图从生产商品的劳动形成价值出发，把利润从这价值中分解出来，这时他考察的利润是剩余价值。但是，他进一步研究利润时，又把平均利润混同于利润和剩余价值。如果说，前一场合下的剩余价值是剩余价值的纯粹形态，后一场合下的平均利润便是剩余价值的具体形态。将这两者混同是方法论的错误。这就必然产生很重大的理论错误。

第三，李嘉图对斯密的批判不彻底，被斯密所说的具有自然率或平均率的三种收入构成等于价值的生产价格（自然价格）这概念弄糊涂。从价值是由工资、利润、地租构成，还是工资、利润、地租是由价值分解而来的这个角度看问题，李嘉图本来应该清楚地看出价值和自然价格是有区别的。自然价格是斯密使用过的经济范畴，它是市场价格依以波动的中心，由具有自然率或平均水平的工资、利润和地租构成。斯密认为它和价值相等。很明显，这个被认为等于价值的自然价格，是斯密由于遇到困难，不得不放弃生产商品投下的劳动决定价值的正确原理，改为主张交换商品支配的劳动决定价值的错误原理的产物。因为这时支配的劳动包括具有自然率的工资、利润和地租，由这三者构成的价值，其实是自然价格。对于斯密的这个错误原理，李嘉图是批判过的，因为他明确表示，价值不由工资和利润构成，不因工资增加而增加，相反，工资和利润由价值分解而来，工资增加，只能使利润减少。有了这个正确的看法，李嘉图就应该看出，由具有自然率的工资、利润构成的自然价格，是不可能等同于由生产商品投下的劳动决定的价值的。当斯密直接说价值由工资、利润构成时，李嘉图是反对的，但是，当斯密说由工资、利润构成的自然价格等于价值时，李嘉图却同意了。在我看来，从价值理论看，把生产价格混同于价值，在斯密是有理由的，因为他的交换劳动构成价值的错误原理，是酿成这种混同的理论基础；而在李嘉图是没有理由的，因为他到目前为止还是坚持投下劳动决定价值的正确原理，坚持这个原理就不应有这种混同。他实在不应说斯密对此作了极为精辟的讨论。

四　在价值决定问题上反对萨伊和马尔萨斯，在价值构成问题上却同意他们的原因

由于混同了生产价格和价值，尽管李嘉图在价值由什么决定的问题上，是正确地反对萨伊和马尔萨斯的，但在价值包含着什么，即在价值构成问题上，却错误地同意他们的观点。

萨伊把财富、效用、使用价值说成价值，便认为价值由效用决定。只是由于效用不能衡量，他便认为可以用价值来衡量效用。价值表现为价格，价格由生产一个使用价值所需要的生产要素，即劳动、资本、土地的出租价格构成，这三种出租价格由它们在生产使用价值时提供的服务决定。用他自己的话来说便是："生产就是通过给予或增加物品的效用从而使人们对它有需求来创造价值"，"物品的价值是它们的效用的尺度"，而"价格是物品价值的尺度"，"生产成本不过是生产中所消费的生产性劳务的价值；而生产性劳务的价值也就是所生产的商品的价值。因此商品的价值，生产性劳务的价值，生产成本的价值，在一切都任其自然时，便是相同的价值"，但由于效用是价值，所以由出售生产性劳务而取得的"收入不管通过什么方式只要能够取得更多的产品(效用——引者)，其价值就增加了"。①

对于萨伊所说的价值的决定，李嘉图进行了批判。他除了认为萨伊混淆了使用价值(效用)和价值外，还着重指出：第一，说价值的尺度是效用，而效用的尺度又是价值，这是循环论证；第二，如果毛呢的生产条件不变，而谷物的生产条件变了，用同样的生产要素，从前生产一袋，现在生产两袋，从价

① 转引自大卫·李嘉图《政治经济学及赋税原理》，郭大力、王亚南译，商务印书馆1962年版，第240页。

值是生产成本看，它没有增加，因为生产成本不变，从价值是使用价值看，它增加了，因为谷物的使用价值量增加了，这是自相矛盾。

但是，萨伊对价值构成的看法，即认为商品的价值等于其生产成本，而生产成本由生产要素的价值（工资、利润、地租）构成的看法，李嘉图却十分赞同。他说："萨伊先生几乎毫无出入地支持我所主张的价值学说。"①为什么是"几乎"，而不是全部呢？因为李嘉图只在地租是否构成生产成本或价值的问题上，和萨伊有分歧。正如前面说过的，李嘉图在价值是否分解为地租的问题上，和斯密也有分歧。关于李嘉图对地租的看法下面再谈。

李嘉图为什么在价值的决定问题上反对，而在价值的构成问题上同意萨伊，因为他混同了生产价格和价值。生产价格由平均利润构成。李嘉图的自然价格，萨伊的生产成本，指的都是生产价格（不包括生产资料）。这里谈的这些范畴都不包括生产资料的价值，这是斯密教条的产物。以后没有特别说明的，也是这样。李嘉图如果能区分价值和生产价格，他就能够看出，萨伊的等于生产成本的价值和他的由劳动决定的价值是根本不同的。

马尔萨斯利用了斯密的商品价值由它在交换中支配的劳动决定的错误原理，认为在"任何时间与地点的商品的自然价值的尺度"，就是"商品在该时间与地点处于自然正常状态下时所能交换的劳动量"。这劳动量包括"商品生产所需的积累劳动与直接劳动"，以及这种垫支的劳动在其使用期间按普通利润率获得的利润。他把这几种劳动之和称为供应条件或原始生产成本，认为它就是"商品在其自然与普通状况下所能交换的劳动量"。②

对于马尔萨斯所说的价值由交换的劳动量决定，李嘉图是反对的，因为它是他曾经反对过的斯密的认为商品价值由交换所支配的劳动决定这一错误原理的翻版。但是，对于马尔萨斯所说的交换的劳动量就是生产成本，李嘉图事实上是同意的。他说："马尔萨斯先生似乎认为物品的成本和价值相同这一说法是我的理论的一部分。如果他所说的成本是指包括利润在内的

① 大卫·李嘉图：《政治经济学及赋税原理》，郭大力、王亚南译，商务印书馆 1962 年版，第 241 页。

② 马尔萨斯：《政治经济学定义》，何新译，商务印书馆 1962 年版，第 106、107 页。

‘生产成本’,情形就确实是这样。”①李嘉图所说的生产成本和马尔萨斯的不同,只在于它不包括利润。如加上利润,两人所说的生产成本就是自然价格或生产价格,也就是李嘉图所说的价值。但是,李嘉图显然不了解马尔萨斯将利润列入成本的用意何在。这一点,留在下面谈。

五　混同的破坏作用

由于有上述的混同,李嘉图就不能根据生产商品投下的劳动决定价值的正确原理,不经过任何中间环节,直接说明平均利润的产生,因而感到需要修改这个原理;就不能看到农产品的价值高于它的生产价格,其中的差额要转化为绝对地租,因而就否认绝对地租的存在。这对李嘉图的理论体系的破坏是决定性的。

剩余价值或利润是随着资本主义生产的出现而出现的。处在资本主义不同历史条件下的资产阶级经济学家想说明它是从哪里来的,但最后都归于失败。其中的原因有历史条件和世界观的限制方面的,也有属于方法论方面的。在这里,方法论尤为重要,马克思在《剩余价值学说史》中,开宗明义第一句话就是:一切经济学家都在这点上面犯了错误,他们不把剩余价值纯粹地当作剩余价值来进行考察,而在利润和地租等特殊形式上进行考察。这就是说,从剩余价值的特殊形态,例如商业利润、地租、平均利润,直接说明它的产生,就必然产生理论错误。这里说的一切经济学家,包括了从重商主义、重农主义到古典政治经济学的经济学家。

重商主义认为商业利润就是剩余价值的唯一形态。商业资本的运动公式是货币—商品—货币(原货币加上一个货币额,如 1 000 元—商品—1 100 元)。这样,它便只能认为商业利润是从流通中产生的,是贱买贵卖的结果,这当然不能说明资本主义利润的产生。重农主义认为地租就是剩余价值的唯一形态。农业产品,都要从其价值中分解出工资和利润,但农业支付的地

① 大卫・李嘉图:《政治经济学及赋税原理》,郭大力、王亚南译,商务印书馆 1962 年版,第 38 页。

租比工业多,工业和农业同样耗费工人的劳动,农业支付更多的那部分地租,便不可能来自劳动,只可能来自土地。重农主义就是这样解释地租的来源的。这当然是错误的。因为土地只在生产作为使用价值的农产品中起作用,在生产价值和剩余价值中丝毫没有作用。

李嘉图的出发点和他们不同。他从劳动决定价值这个原理出发,指出斯密混淆了投下的劳动决定价值和支配劳动决定价值是一种错误。虽然他也遇到斯密所遇到的困难,即劳动者出卖的是劳动,劳动的价值就应等于它形成的价值,这样,剩余价值的来源就没有了。但是他事实上是以劳动力的价值的决定,来代替劳动的价值即工资的决定,然后认为价值分解为工资和利润(剩余价值),这是正确的。但是,他错误地把资本比例于它的量而获取的平均利润,看成剩余价值,就必然无法解决等量资本推动的活劳动不等,就应有不等的剩余价值或利润,但实际上都有平均的利润的矛盾。它预示着李嘉图要走上歧途。

只要把生产价格看成价值,就必然看不到它们两者在量上可能存在的差异,就必然认为劣等条件下生产的农产品,按价值出卖后,除了工资和利润外,就不可能有余额可以转化为地租,这样坚持劳动决定价值的原理,就必然否认土地私有权必然要勒索的地租,即绝对地租的存在。

六　以李嘉图为代表的英国古典政治经济学的两大难关

从上面的分析可以看出,英国古典政治经济学的伟大代表斯密及其后继者李嘉图的理论体系,存在着不可克服的矛盾。他们的理论体系的基础是劳动价值理论。就价值而论价值的时候,这个学说没有遇到矛盾,商品的价值量由生产它的必要劳动时间决定这个原理,是由他们确立的。矛盾是在运用这个原理说明利润或剩余价值时产生的,其集中地表现为以下两点。

第一,劳动决定价值,劳动是价值的尺度。如果和资本相交换的是劳动,即工人出卖的是劳动,它就有价值,它的价值就由它自己的量来衡量,这样不仅在理论上是循环论证,而且无法说明利润或剩余价值的产生,因为工人作为劳动的出卖者，已全部得到其劳动形成的价值。

前面说过，斯密明显地看到这个矛盾，力图解决，但归于失败。他是用交换的商品支配的劳动量——这劳动量包括工资、利润、地租——决定价值的原理来解决这矛盾的。但是，这样一来，就等于说价值是由工资、利润、地租构成的，这已经是生产费用论了。如果追问一句，工资、利润、地租的源泉是什么，就只好认为它们是分别由劳动、资本和土地创造的。马尔萨斯和萨伊就是这样利用了斯密的错误。其实，斯密的真正想法是，资本主义以前的商品的价值由生产商品投下的劳动决定，资本主义的商品的价值由交换到的劳动力这一商品的使用所支出的劳动决定。如果能这样认识，剩余价值来源之谜就由他破解了。但他对此不可能有真正的认识。

李嘉图虽然指出了斯密的错误，但不了解发生这错误的原因。他实际上遇到同样的矛盾而不觉察。因为他同意斯密的工资、利润和地租构成自然价格的说法，而他认为自然价格就是价值。因此，矛盾并没有由此解决。他的论敌抓住这一点向他进攻。

很明显，只要认为工人出卖的是劳动而不是劳动力，矛盾就无法解决。而站在资产阶级立场上，视资本主义生产为生产的自然方式的经济学家是无法理解劳动力成为商品的。

第二，劳动决定价值，利润或剩余价值是价值的一部分。等量资本推动的活劳动不等，就应有不等的利润量，有不同的利润率，但在自由竞争的条件下，利润率却是趋向于均等的。

斯密事实上遇到这矛盾，但由于他后来改用交换的劳动决定价值的错误原理，认为具有自然率或平均的工资、利润、地租构成等于价值的自然价格，自然率的形成是由供求或竞争决定的，这样矛盾便被掩盖了。但这样一来，就等于承认价值由供求决定，从而为庸俗的供求决定价值论开了方便之门。其实，供求关系的变动，只能说明市场价格，或工资、利润、地租率的变动，而不能说明它们在其上下波动的那个水平。

李嘉图明显地看到这个矛盾，力图解决，但归于失败。前面说过，他混同了平均利润、利润和剩余价值，混同了生产价格和价值，这样，他越是坚持生产商品投下的劳动决定价值的正确原理，不向斯密的错误观点妥协，就越不能用这原理来解决矛盾。最后，只好修正这原理，认为它有例外。但他仍然坚信，这个原理是正确的。这当然是说不过去的。他的论敌抓住这一点向他进攻，认为他说的“例外”是通例。

只要混同了平均利润和利润、生产价格和价值，矛盾就无法解决。而由资产阶级世界观决定的方法论又使李嘉图必然混同这两者，因为平均利润和生产价格是资本主义发展到较高阶段才出现的，他受到资产阶级世界观的限制，不能觉察到这个发展的阶段性。

这一切表明，英国古典政治经济学发展到李嘉图的阶段，已达到资产阶级世界观范围内的最高点，它不可能跨越两大难关，再向前发展了。以后，随着 19 世纪 30 年代法国和英国资产阶级最终获得政权，资产阶级和无产阶级的矛盾和斗争逐步上升到主要地位，古典政治经济学便被庸俗政治经济学所取代。在这一过程中，李嘉图的门徒起了很大的作用。

七　李嘉图对平均利润的解释是十分庸俗的

在上述分析中，利润率（而且是平均利润率，10％）是未经说明其形成便存在的。其实，李嘉图应该根据劳动决定价值、价值分解为工资和利润的原理，将利润量和全部预付资本量相比，得到各个生产部门的利润率。这样，他就会发现，由此决定的各个生产部门的利润率是不同的。它取决于全部预付中可变资本占的比重，即资本有机构成；以及在同一时间内比如在一年内，这可变资本的使用次数，即资本周转时间。只有在劳动价值理论的基础上，说明了各生产部门的特殊利润率的形成，才有可能说明它们由于竞争而平均化，以及平均利润率的高度，而不至于 10％还是 100％都无法说明。他由于混同了平均利润和利润，便不可能这样分析问题。

我们仿效李嘉图的甲例来说明问题。毛呢业的资本家，两年中共用两个 5 000 镑即 10 000 镑雇用工人，如将他说的 10％的利润率看成剩余价值率，它便能产生 1 000 镑剩余价值；谷物业的资本家，两年只用 5 000 镑雇佣工人，但可变资本周转次数为 2 次，能发挥 10 000 镑的作用，也产生 1 000 镑剩余价值。前者资本 10 000 镑（不变资本略去）两年产生剩余价值 1 000 镑，一年产生剩余价值 500 镑，年利润率是 5％；后者资本 5 000 镑，一年产生剩余价值 500 镑，年利润率是 10%，倍于前者，与其两年中产生的剩余价值量倍于前者相同。这是从资本周转时间不同，说明它对利润率的影响。再从资本有机构成不同来看。甲例发展到第二年的情况是：毛呢业资本家有资本10 500镑，其中 5 500 镑是机器，5 000 镑是可变资本；谷物业资本家有资本 5 000 镑，全部是可变资本。剩余价值率是 10%，前者的剩余价值量是 500 镑，利润率是 500/10 500=0.047 6；后者的剩余价值量也是 500 镑，利润率是 500/5 000=0.10。不过，严格说来，这还不是严格意义上的资本有机构成不同，因为后者没有使用不变资本。这是他的例子决定了的。

不从劳动价值理论去说明各生产部门的特殊利润率的形成，是无法说明平均利润率的形成及其高度的。李嘉图对平均利润的形成的说明是庸俗的。

上面曾两次提到，李嘉图认为价值的差额（其实是生产价格和价值的差额）是由于利润积累为资本，利润被占用也就是对资本家不能消费利润的一种公正的补偿。这种主观主义的解释当然是庸俗的。以后的庸俗经济学家就利用这种说法，认为利润是对资本家的节欲的报酬。但即使是这样，他也不能说明，利润率为什么是趋向于平均的。斯密被迫放弃了正确的原理后，对于平均利润的产生是用资本家的“兴趣”来解释的：如果售卖所得不多于预付的资本，他就不会有雇用工人的兴趣；如果利润不和资本成比例，他就不进行大投资而只进行小投资。李嘉图对此没有明确的说明。

八　评中译本序言关于混淆剩余价值、利润和平均利润之原因的说明

李嘉图混淆剩余价值、利润和平均利润三者，原因何在?《政治经济学及赋税原理》中译本序言对此有一段很长的解释：李嘉图“只考察了比较次要的固定资本与流动资本的区别，并且将这种区别同不变资本和可变资本的区别混淆起来。因而他也就混同了利润与剩余价值的区别，进而混同了生产价格与价值的区别。为利润率的规律和地租的规律定下了错误的前提”。①

① 大卫・李嘉图：《政治经济学及赋税原理》，郭大力、王亚南译，商务印书馆 1962 年版，第 11 页。

这段解释参考了马克思《剩余价值学说史》。但我认为仍然需要讨论。我们知道，可变资本和不变资本的区分，是从生产价值和剩余价值的角度着眼的，在相等的资本中，可变资本占的份额不同，生产的剩余价值也就不同；流动资本和固定资本的区分，是从取回预付资本经历的时间着眼的，在一次生产过程中取回的是流动资本，在多次生产过程中取回的是固定资本：这既不涉及剩余价值的生产，也不涉及利润的获得，因为固定资本虽然有所用资本（全部）和所费资本（折旧）的差别，但是，却按全部资本获得平均利润。这就是说，平均利润的获得，不论是否区分或混同不变资本与可变资本、固定资本与流动资本这两组资本，只要每组资本的总数是相同的，就能获得相等的利润，即平均利润。这样，怎能说两组资本的混淆是混同利润和剩余价值的原因呢？

那么，原因何在呢？我们知道，只要认为工资是劳动的价值，剩余价值来源就无法说明，就必然被歪曲为资本的产物，被歪曲为利润。李嘉图正是这样。至于他为什么混同平均利润或剩余价值，也混同生产价格（自然价格）和价值，其原因是：第一，缺乏抽象力，将自由竞争中形成的平均利润看成剩余价值；第二，对斯密的批判不彻底，即批判斯密的由三种收入构成价值的说法，却同意斯密的具有自然率的三种收入构成等于价值的生产价格（自然价格）的说法，不能洞察两种说法的实质相同。

译序又说："利润与剩余价值、生产价格与价值，在只有资本全部为可变资本的条件下才可能是完全一致的。但这样的条件是根本不存在的。"①除了最后一句话以外，其余的也使人难以理解。这段话参考了马克思《剩余价值学说史》，但是也有译序作者自己的思想在其中。

如前面说的，孤立地看，利润与剩余价值是一回事，两者在数量上是完全一致的。如果将资本看成全部是可变资本，亦即全部为 V，C 为 0，那么，利润和剩余价值就是同一回事；利润率［M/(0＋V)］和剩余价值率［M/V］，也是同一回事。但是联系到"生产价格与价值完全一致"来看，由于生产价格是包括了平均利润的，因此，"利润与剩余价值完全一致"中的利润指的就应该是平均利润了。那么，是否只要在资本全部为可变资本的条件下，平均

① 大卫·李嘉图：《政治经济学及赋税原理》，郭大力、王亚南译，商务印书馆 1962 年版，第 11 页。

利润与剩余价值，以及生产价格与价值就完全一致了呢？不是。问题在于：平均利润是社会总剩余价值由社会总资本平均分配的结果，它不可能无条件地等于个别资本中的可变资本生产的剩余价值。那么，要在什么条件下，平均利润才与剩余价值一致，生产价格才与价值一致呢？只有具有中位的资本有机构成和中位资本周转时间这种条件的资本，由于所使用的可变资本是属于社会中等条件的，其生产的剩余价值在社会上就是属于中等的，它本身就是平均利润，就必然同这可变资本和不变资本之和获得的平均利润相等，也就是说，生产价格与价值相等。这种生产价格，不受工资变动和利润的反变动的影响，永远等于由劳动决定的价值。它就是李嘉图孜孜以求的不变的价值尺度。

第十一章　工资和利润理论

一　工资和利润(剩余价值)是一个常数,此大彼小

李嘉图明确指出:新的价值要分解为工资和利润。这里的利润就是剩余价值。从劳动价值论看,工资和利润必然是此大彼小、互相对立的。这就说明了阶级利益是对立的。

但是,我认为李嘉图只是初步建立了剩余价值理论和阶级利益对立的理论。这有两层意思。第一,不是由亚当·斯密初步建立。斯密虽然正确地认为,随着资本积累和土地私有权的产生,劳动者创造的价值就不能全部归劳动者所有,而要分出一部分为利润,另一部分为地租,因此这两部分合起来就是剩余价值。但是,他由于错误地认为工人出卖的是劳动,工资是劳动的价值,它等于劳动创造的价值,这就无法说明利润和地租的来源,就只好说,资本主义条件下的商品价值,由交换商品所支配的劳动量决定,它包括工资、利润和地租,而它们又各有来源,这样,利润和地租就不是对工人创造的价值的扣除;因此,这两者就不是剩余的价值;不仅如此,既然工资、利润和地租都是各有来源的,就井水不犯河水,就不存在此大而彼小的关系,就不存在阶级对立的关系。第二,李嘉图只是初步建立,因为完成这个理论的是马克思。李嘉图其实也遇到和斯密一样的矛盾而不觉察,他事实上用劳动力的价值代替了劳动的价值。但问题没有最终解决。马克思明确提出劳动力成为商品的理论,问题才最终解决了。马克思将工资和利润的对立、利润和地租的对立,归结为所有制上的对立,要解决所有制问题,矛盾才能解决。这种揭示是科学的,既反映社会发展规律的要求,也符合在促进社会发展中解放自己的无产阶级的利益。

因此，马克思的剩余价值理论是李嘉图的剩余价值理论的发展，两者都说明阶级的对立，都说明工人的被剥削，所不同的只是：李嘉图认为资本家向与其争夺剩余价值的地主作斗争，多占剩余价值有利于生产的发展；马克思认为随着社会的发展，最终消灭剩余价值，即剩余价值成为社会所有更有利于生产的发展。换言之，马克思的剩余价值理论的科学性与无产阶级要在解放人类中解放自己的阶级性是统一的。

二　工资变动原因不同，对利润影响不同

李嘉图认为，上述工资与利润的对立关系，因下列情况而有所改变。这一点，应予以注意。

李嘉图说，为了更明确地指出其他各种物品的价值发生相对变动的原因，就有必要把货币的价值视为是不变的。然而谈谈商品价格由于以上已经指出的原因（生产所需的劳动量不等）而发生变动，以及它们由于货币自身价值的变动而发生变动的不同影响，也是有好处的。

货币是一种其价值可变的商品，因而货币工资上涨往往是货币价值下跌所造成的。这种原因所造成的工资上涨，的确会无一例外地伴随着商品价格上涨。但在这种情形下，我们将发现，劳动和一切商品相互之间的关系并没有发生变动，变动只限于货币方面。

李嘉图认为货币由于是从外国取得的商品，由于是一切文明国家之间进行交换的普遍媒介，也由于它在这些国家之间的分配比例将因商品和机器每有改进（这种情况对货币相对价值的影响，见下面的论述）、日益增加的人口所消费的食物与必需品的生产困难每有增加而变动不定，所以其本身价值也不断发生变化。在叙述各种支配交换价值与价格的原理时，我们应该仔细区别哪些是商品自身的变动，哪些是由估计价值和表示价格的媒介物（货币）价值的变动所引起的变动。

货币价值变动而引起的工资上涨，对于价格会产生普遍的影响，所以对于利润不会有实际的影响。相反地，如果工资上涨是由于劳动者的报酬更加优厚，或由于用工资购买的必需品的生产困难增加而来的，那么除了某些

情形以外，就不会有提高价格的影响，但对于利润降低却有很大的影响："在前一种情形下，一个国家每年的劳动用于维持劳动者生活的比例并没有加大，在后一情形下，用于这方面的份额却加大了。"①

但是，如果分配给各阶级的产品发生比例性的变化，情况就不同了。李嘉图举例说明这问题。

李嘉图说，当我们判断地租、利润和工资的涨落时，所根据的是某一农场的全部土地产品在地主、资本家和劳动者三个阶级之间的分配情况，而不是这种产品按公认为可变的媒介计算的价值。要正确地判断地租率、利润率和工资率，我们不应当根据任一阶级所获得的绝对产品量，而应当根据获得这种产品所必需的劳动量。由于机器和农业的改良，总产品可能加倍。但如果工资、地租和利润也增加一倍，三者之间的相互比例就会和以前一样，任何一项也不能说有相对的变动。但是，如果工资没有照数增加，没有增加一倍而只增加了一半，如果地租也没有增加一倍而只增加了四分之三，剩下的增量全部归于利润，那么我认为我说利润已提高而地租和工资则都已降低这句话时，是不错的。因为如果我们有一个可以衡量这种产品价值的不变的标准，我们就会发现归于劳动者阶级和地主阶级的价值比以前减少了，而归于资本家阶级的则比以前加多了。例如，我们可能发现，商品的绝对量虽然已经增加了一倍，但仍然刚好是以前那样多的劳动的产品。在所生产的每一百顶帽子、每一百件衣服或每一百夸脱谷物中，如果以前劳动者得 25，地主得 25，资本家得 50，合计 100。在这些商品的数量增加一倍之后，如果每一百单位中，劳动者仅得 22，地主得 22，资本家得 56，合计 100。在这种情形下，尽管因为商品更为充裕（增加一倍）而使付给劳动者和地主的数量按 25 对 44 的比例（按产量增加一倍计算，如果分配给劳动者和地主的也增加一倍，则应按 25 对 50 的比例增加）增加了，我们仍然会说工资和地租都已跌落而利润则已提高。工资应当按实际价值计算，也就是按生产所用的劳动和资本量计算，而不应当按它以衣、帽、货币或谷物等所表示的名义价值计算。在我刚才所假定的情况下，商品价值会跌落为原先的一半；如

① 大卫·李嘉图：《政治经济学及赋税原理》，郭大力、王亚南译，商务印书馆 1962 年版，第 39 页。

果货币价值没有变动的话，价格便也会跌落为原先的一半。因此，如果用这种价值没有变动的媒介计算时，我们发现劳动者的工资已经跌落的话，这种跌落仍然不是真正的跌落，因为这时工资为劳动提供的低廉商品量可能比原先的工资所提供的多。

货币价值的变动无论怎样大，对于利润率并没有什么关系。因为假定制造业者的商品由 1 000 镑上涨到 2 000 镑，即涨价百分之百时，如果他的资本（货币变动对资本的影响和对产品价值的影响是一样的）、机器设备、厂房建筑和存货也上涨百分之百，那么他的利润就会照旧不变，他在全国的劳动产品中所能支配的数量也会是一样多，而不会更多。

如果制造业者由于节约劳动而能用一定价值的资本使产品的数量增加一倍，而其价格也下降到原有价格的一半时，产品对生产它的资本的比例就会和以前一样，因此利润率便也仍然和以前一样。

如果在制造业者运用等量资本把产量增加一倍的同时，货币的价值也由于偶然情形而减半的话，出售商品所得的货币价值便会比以前增加一倍；但用来生产这种产品的资本的货币价值也会比以前增加一倍。所以在这种情形下，产品价值和资本价值也会保持和以前一样的比例。因此，产量虽然增加了一倍，地租、工资和利润却只会随着这种加了一倍的产品在三个阶级间分配的比例的变动而变动。

三　所谓工资铁则

郭大力老师十分注意马尔萨斯和李嘉图，在认为无产阶级不可能改善生活方面的看法上有一致性。以下是他在 1936 年翻译《经济学及赋税之原理》时所写序言的摘录：

“李嘉图的工资学说，亦极可注意。劳动的价格，和市场上的一般商品的价格，同样有自然价格与市场价格之区别。市场价格虽因人口增减或劳动之供求比例变化而变化，但市场价格与自然价格的符合，又是最终的趋势，什么原因呢？他说：

‘当劳动的市场价格超过于其自然价格时，劳动者的境况是繁荣而幸福的，他有能力在生活必需品方便品上，支配一个较大的比例，因而可以供养一个健康而较大的家庭，但高工资又是增加人口的奖励，劳动者的人数加多了，工资便将降而至于其自然价格，且有时由于一种反动，而降到自然价格以下。'

'劳动市场价格低于其自然价格时，劳动者的境况，便最难堪。这时，习惯上绝对必需的享乐品，亦因贫困而剥夺了。在这种困顿的场合，劳动者的人数减少而劳动的需要增加，劳动的自然价格才再提高而至于自然价格。劳动者又依自然工资率，得到他们适度的享乐品。'

"把劳动阶级的生活状态，抑制在这样一个自然标准上，使他们所领受的工资，只足维持他们自身和他们的家族，那真无异把劳动阶级锁在千斤的铁枷上，叫他们永远不能翻身。他把劳动者的劳动视为商品，那又以非人格的待遇，来待遇劳动者了。

……

"增进劳动者幸福的希望，只是希望，社会主义的实现，只是幻想。

"李嘉图这种学说，虽不像马尔萨斯那样肯定贫困的必要，但至少否定了劳动者生活改良的可能。马尔萨斯的学说，固甚残忍，李嘉图的学说，亦未免冷酷。他们都想靠一自然法则来压制劳动者的生活。经济思想家常常把他们列为悲观派，或是因为这样吧。但我们不可忘记，他们所描写的劳动阶级生活状况，正是工业发展后的真实情形。

"李嘉图的分配学说，还有点令我们注意的，是他视地主、资本家和劳动者三阶级的利害关系极端相反。

……

"李嘉图的工资法则，我们前面讲过，确实是最冷酷的一个结论，但又是资本主义社会中最真确的一个结论。这结论后来被社会主义者拉塞尔称为工资铁则，认为难于打破，但其打破又被认为社会主义者应有之目标。马克思亦承认这个法则在资本主义社会内的正确。在他的《资本论》中他常提及这个理论。他的剩余价值学说，亦未始不以此为根据。但李嘉图的工资铁则，是钳制劳动者的铁枷，马克思的剩余价值说，却是解放劳动者的福音。"①

① 大卫·李嘉图：《经济学及赋税之原理》，郭大力、王亚南译，中华书局 1936 年版，译序 9—14 页。

第十二章 地租理论

一 斯密的地租理论的矛盾

在马克思提出科学的地租理论之前，李嘉图的地租理论是这一理论的最高峰。但他只承认级差地租，否认绝对地租。李嘉图将级差地租定义为："使用两份等量资本和劳动而获得的产品之间的差额。"①它或者起因于在肥沃程度不同和社会位置不同的土地上的投资，有不同的生产率(他认为投资的顺序是从优等地到劣等地)；或者起因于在同一土地上递增投资，每一单位投资有不同的生产率(他认为每增加一单位投资，开始时生产率增加，其后生产率就降低)。这样，生产率最低下的投资就不可能产生地租。于是，李嘉图就从理论上否认绝对地租的存在。

对此，马克思批评说："这决不是必然的结论，而之所以会作出这样的论断，只是因为商品的价值和它的生产价格之间的区别一直没有被人理解。""一个商品的生产价格可以高于它的价值，或低于它的价值，只有在例外的情况下才和它的价值相一致。所以，土地产品高于它们的生产价格出售这一事实，决不证明它们也高于它们的价值出售……农产品高于它们的生产价格但低于它们的价值出售的现象是可能的……"②李嘉图混淆了自然价格(马克思称为生产价格)与价值，因此看不出农产品以高于自然价格、低于价值的价格出售，便有一个可以转化的绝对地租的超额利润的存在。

在自由竞争充分展开条件下，工农业部门都要获取平均利润，而农业生

① 大卫·李嘉图：《政治经济学及赋税原理》，郭大力、王亚南译，商务印书馆 1962 年版，第 59 页。

② 马克思：《资本论》(第三卷)，人民出版社 1975 年版，第 854—855 页。

产用地比工业多得多，交纳的地租也多得多。这就发生一个问题：工农业产品按由劳动决定的价值出售，但是，农业部门比工业部门多交的地租是否只能是由非劳动因素创造的价值的转化而来。斯密就认为是牲畜或自然创造的。

斯密说："农业家资本所能推动的生产性劳动量最大。他的工人是生产性劳动者，他的牲畜也是生产性劳动者。在农业上，自然也和人一起劳动；自然的劳动虽无须代价，它的生产物却和最昂贵的工人生产物一样，有它的价值。农业的最重要的任务，与其说是增加自然的产出力，毋宁说是指引自然的产出力，使生产最有利于人类的植物，虽然它也增加自然的产出力。长满蓬蒿荆棘的田地可能生产的植物，常常不比耕作最好的葡萄园或谷田所能生产的少。耕耘与其说是增益自然的产出力，毋宁说是支配自然的产出力。人工以外，尚有大部分工作，非赖自然力不可。所以，农业上雇用的工人与牲畜，不仅像制造业工人一样，再生产他们消费掉的价值（或者说，再生产雇用他们的资本）及资本家的利润，而且生产更大的价值。他们除了再生产农业家的资本及利润外，通常还要再生产地主的地租。这种地租，可以说是地主借给农业家使用的自然力的产物。地租的大小取决于想象上的自然力的大小，换言之，取决于想象上的土地的自然产出力或土地的改进产出力的大小。减除了一切人的劳作之后，所余的便是自然的劳作。它在全生产物中，很少占四分之一以下，常常占三分之一以上。用在制造业上的任何同量的生产性劳动都不能引出这样大的再生产。在制造业上，自然没做什么，人做了一切；再生产的大小总是和导致再生产的生产因素的力量的大小成比例。所以，和投在制造业上的等量资本比较，投在农业上的资本不仅推动较大的生产性劳动量，而且，按照它所雇用的生产性劳动的量来说，它对一国土地和劳动的年产物所增加的价值、对国内居民的真实财富与收入所增加的价值都大得多。在各种资本用途中，农业投资最有利于社会。"①这是斯密对农业比工业多交的地租来自非劳动因素的说明。这是错误的，是重农学派的痕迹。

斯密还有一种关于畜牧业用地的地租理论。马克思引用并同意他的论述："耕地扩大，未开辟原野，就不够供应家畜肉的需求。许多耕地必须用于

---

① 亚当·斯密：《国民财富的性质和原因的研究》（上卷），郭大力、王亚南译，商务印书馆1972年版，第333—334页。

饲养牲畜。所以牲畜价格不但要足够维持饲养所需要的劳动，而且要足够支付土地用作耕地时地主所能收得的地租及农业家所能收得的利润。可是，荒野地上所饲养的牲畜，与改良地上所饲养的牲畜，在同一市场，按照品质和重量，以同一价格出售。荒野地所有者，就乘此良机，按照其牲畜的价格，增加土地的地租。"①

马克思对此评论道："在大规模畜牧业中，和作为牲畜本身存在的不变资本相比，所用劳动力的总量是非常微小的，这一情况似乎可以用来断然驳斥如下的说法：按百分比计算，农业资本比非农业的社会平均资本推动更多的劳动力。不过，这里应当指出，我们在阐明地租时，作为具有决定意义的出发点的是农业资本中生产主要植物性食物，即生产各文明国家中一般主要生活资料的那一部分。亚当·斯密已经证明（这是他的贡献之一），畜牧业中的价格是由完全不同的方法决定的，并且一切不是为生产主要生活资料（例如谷物）而投在土地上的资本，平均来说也是这样。在这里，价格是这样决定的：例如，一块土地用作畜牧业的人工牧场，但这块土地同样也可以变成有一定质量的耕地，那么，这块土地的产品的价格，必须提高到这种程度，足以使这块土地和一块质量相等的耕地提供相等的地租；在这里，谷物地的地租就会参加决定牲畜的价格。因此，拉姆赛曾正确指出，这样一来，通过地租，通过土地所有权的经济表现，也就是，通过土地所有权，牲畜的价格就被人为地提高了。"②

大体上，这就是斯密对农产品和畜产品用地的地租产生的说明。由于这是违反劳动价值理论以及价格受价值制约的原理的，李嘉图都反对。

由于排除了非劳动因素创造价值，因此地租到底是价格的原因还是结果，就成为争论的问题。马克思将农业地租区分为级差地租和绝对地租，认为两者都是价格的结果。因为它们是价值包含着的，没有超过价值。李嘉图认为，从理论逻辑看，地租只能是价格的结果。这样，他在坚持劳动价值理论时，就只看到级差地租，否认绝对地租。

---

① 亚当·斯密：《国民财富的性质和原因的研究》（上卷），郭大力、王亚南译，商务印书馆1972年版，第142页。

② 马克思：《资本论》（第三卷），人民出版社1975年版，第865页。

二　区分土地租金和地租

同研究工资和利润时一样，李嘉图研究地租也是从劳动决定价值的原理出发的。但是，研究的结果有一点不同。由于混同了生产价格和价值，他便认为由工资的变动引起的利润的相反变动，会使价值变动，从而修正劳动决定价值的原理，他便看不到农产品的价值高于生产价格，而农产品按价值出售，其中的超额利润便可以转化为绝对地租。但是，他为了坚持劳动决定价值理论和等价交换的原则，宁可否认绝对地租的存在，而不修正农产品价值由劳动决定的原理。他只承认级差地租，认为它是经营农业的资本有不同的劳动生产率，有不同的利润率的结果，也就是农业资本之间的差额利润。

李嘉图首先提出，要区分土地租金和地租。他说："地租是为使用土地的原有和不可摧毁的生产力而付给地主的那一部分土地产品。但它往往和资本的利息与利润混为一谈。在通俗的说法中，农场主每年付给地主的一切都用这一名词来称呼。"①这就是说，土地租金除了包括地租外，还包括在土地上的投资，例如建筑物的利息或利润以及折旧费用。地租理论研究的是地租，而不是租金。将这两者区分开来是有科学意义的。

但是，为了区分这两者，李嘉图强调地租是为了使用土地的原有和不可摧毁的生产力而付给地主的，则是不科学的。因为正如马克思所指出的，第一，土地并没有不可摧毁的生产力；第二，土地也不具有原有的生产力，因为土地根本就不是什么原有的东西，而是自然历史过程的产物。至于地租为什么要支付给地主，这要留到下面再说明。

李嘉图为说明这两者的区分而举的例子也是不恰当的。他的例子就是斯密的例子，但他用来反驳斯密。为了区别于真正的农业地租即耕地地租，斯密谈到为原始森林、煤矿和采石场支付的地租，这是正确的。但李嘉图认为不对。他认为支付原始森林的地租，是"为了当时已经长在地上的有价值的商品，而且在出售木材时实际上已连本带利一起收回"；支付煤矿和采石

① 大卫·李嘉图：《政治经济学及赋税原理》，郭大力、王亚南译，商务印书馆1962年版，第55页。

场的地租，是“为了从矿坑中可以取出的煤炭或石块的价值”。[①] 他认为这些和土地原有的不可摧毁的生产力没有关系。原来李嘉图错误地将未经人类耗费劳动而存在的森林、煤炭、石块看成像土地的建筑物那样是有价值的，由于使用它而支付的是利润及折旧费用。他之所以有此错误，是由于他要把真正的农业地租区分出来，强调它是农业资本的劳动生产率不同的结果，说明土地原有的生产力只有在它们的程度不同，即有差别时才能得到报酬，借此为级差地租理论奠定基础。

三　肯定级差地租，否认绝对地租

李嘉图由于混淆自然价格和价值，因此就只承认级差地租的存在，认为它是等量农业资本的利润差额，其起因或者是土地的肥沃程度不同，距离市场远近不同，或者是在同一土地上增加投资而每笔投资有不同的生产率。因为农产品的价格由最劣的生产条件决定，中等的和优等的生产率产生的利润就是级差地租的实体，劣等投资本身不产生级差地租，就否认存在土地私有权的土地都有的绝对地租的存在，因为如果承认其存在就意味着要承认其实体不是劳动创造的。只要混淆了自然价格和价值，就一定认为由劣等投资决定的农产品价值只能分解为工资和平均利润，再不能产生任何地租，而中等和优等的投资产生的超额利润已全部转化为级差地租，再也没有交纳绝对地租的可能。这样，如果承认绝对地租，那就要承认它是劳动以外的什么因素创造的，这是违反李嘉图一直坚持的劳动价值理论的。

其实，只要区分了自然价格和价值，就可以看到：由于农业资本的有机构成低于工业资本的有机构成，农产品的价值就高于自然价格，其中的差额，即农业资本高于工业资本的利润差额，就成为绝对地租的实体。只要在自然价格和价值之间的任何价格出售农产品，一切农业投资就都有一个高于平均利润的利润差额，它就转化为绝对地租。所以，绝对地租的产生并不违反劳动价值理论。

① 大卫·李嘉图：《政治经济学及赋税原理》，郭大力、王亚南译，商务印书馆1962年版，第56页。

我认为李嘉图对地租理论的最重要贡献是明确指出地租(级差地租)是价格的结果而不是原因。这是对当时关于地租理论最大争论的科学总结。这是因为,就他承认的级差地租而言,既然由劣等投资决定的价格本身不包含级差地租,而中等和优等投资生产的农产品,其单位产品价格是由劣等投资决定的,当然也不包含级差地租,所以,级差地租就不构成农产品的价格,它只是价格的结果。

由于这样,李嘉图就明确地反对斯密。他说:“斯密认为规定商品交换价值的基本尺度(商品生产时所用的相对劳动量)会由于土地的占有和地租的支付而改变的看法,便不能说是正确的。”①我们知道,斯密是由于认为工人出卖的是劳动,因而工资就应该是工人的劳动创造的全部价值,这样利润和地租就再也没有来源,才认为由于资本积累和土地私有权的产生,价值就要改为由交换商品所支配的劳动决定,这劳动包括利润和地租。值得注意的是:上述引文没有资本积累和利润的支付的提法。我们知道,李嘉图是不同意这种由收入构成价值的方法论的,因为他坚持价值分解为收入的方法论。但是,撇开这一点不谈,在价值的因素问题上,他肯定工资,默认利润,排除地租。为什么?因为农产品的价格既然由劣等生产率决定,这个价格就不包含地租,只包含工资和利润(C除外)。我认为不能说李嘉图的看法不对。当然,这还是就他仅承认级差地租的存在而言的。

那么,就马克思肯定的绝对地租的存在而言,它与价值和价格的关系又怎样呢?根据马克思的说明,它是由在价值与生产价格之间的价格出售农产品得到的超额利润转化而来的,它同样包括在价格(出售价格)或价值中,也不是构成价格(生产价格)或价值的因素。当然,由于绝对地租的存在,农产品的价格高于生产价格,但仍受价值的限制不能高于价值,而工业品的价格则等于生产价格。

在李嘉图看来,土地的耕种顺序是从优到劣,他的地租理论就建立在这上面。其实,土地的耕种顺序不一定如此,级差地租理论也不必以此为前提。李嘉图还正确地说过:“地租额取决于……两份土地在质量上的差别。”②这就与

---

① 大卫·李嘉图:《政治经济学及赋税原理》,郭大力、王亚南译,商务印书馆1962年版,第64页。

② 同上书,第57页。

土地的耕种顺序无关。但是，耕地从优到劣，农产品价值逐渐上升，地租就提高，工人实际工资不变而货币工资上涨，利润就降低。他一方面以此说明利润率下降是自然的趋势，另一方面认为如果有人为的因素促使农产品价格上升，就应反对，而《谷物法》就是这样的人为因素。

四　将级差地租理论置于劳动价值理论的基础上，认为级差地租是价格的结果，不是价格的原因

资本主义生产发展到一定程度，租地经营的农业资本家就产生了。农业资本的利润和农业资本家交付的地租明显地分开来，这种地租的数额因土地肥沃程度等原因而呈现出差别，是一个明显的事实。对于这种级差地租，经济学家一般都是肯定的。但对其产生的解释就各有不同，不一定都是正确的。例如，斯密就说过："不问土地的生产物如何，其地租随土地肥沃程度的不同而不相同；不问其肥沃程度如何，其地租又随土地位置的不同而不相同。"①这里说的就是级差地租。它是怎样产生的？斯密认为，肥沃程度相同的土地，靠近都市的比远离都市的，其之所以产生更多的地租，是由于，虽然两者耕种时耗费的劳动相同，产量也相同，但远离都市运送生产物到市场耗费的劳动较多，要支付较多的工资，能够分解为利润和地租的剩余部分势必减少，而远离都市的地方因资本供应少，利润率较高，这样一来，在已经减少的剩余部分中，分解为地租的部分便更小了。这个解释是错误的，因为它认为决定农产品价值的不是劣等地的生产条件，并错误地以供求关系说明远离都市的地方利润率高，再通过它来说明其地租比都市附近的土地的地租小。正确的分析将在下面进行。

李嘉图对级差地租理论的积极贡献，是将当时已流行的这个理论建立在他的理论体系的出发点——劳动价值理论的基础上。

李嘉图说："使用土地支付地租，只是因为土地的数量并非无限，质量也

① 亚当·斯密：《国民财富的性质和原因的研究》（上卷），郭大力、王亚南译，商务印书馆1972年版，第140页。

不是相同的，并且因为在人口的增长过程中，质量和位置较差的土地也投入耕种了。在社会发展过程中，当次等肥力的土地投入耕种时，头等的土地马上就开始有了地租，而地租额取决于这两份土地在质量上的差别。”①又说："地租总是使用两份等量资本和劳动而获得的产品之间的差额。”②所以，这种地租便是级差地租。前面说过，他认为价值量由最劣等的生产条件所必需的劳动时间决定。这样，当农产品的价值由最劣等的土地所耗费的劳动量决定时，肥沃地由于产量较多能实现较多的利润，这种利润便转化为级差地租，由距离市场最远的农产品的价值决定时，距离市场较近的农产品耗费的运输劳动较少，实现较多的利润，它也转化为级差地租。其情形如下。

李嘉图说：假定一、二、三等土地使用等量资本和劳动，所生产的产品扣除了工资后的净产品，分别为 100、90、80 夸脱谷物。在一个新开辟的地区中，肥沃的土地相对于人口而言很丰富，因而只需要耕种第一等土地，这时全部净(纯)产品便成为资本的利润，没有地租。当人口增加，以致需要耕种只生产 90 夸脱谷物的第二等土地时，第一等土地便产生地租，其数额等于一等地比二等地多产的 10 夸脱谷物或其价值。因为如果不是这样，这两个农业资本便有不等的利润率。他认为无论耕种第一等土地的是土地所有者还是别人，这 10 夸脱谷物都同样会形成地租，也就是说，它同土地私有权无关。随着人口增加，只生产 80 夸脱谷物的第三等土地进入耕种，第二等土地便开始产生 10 夸脱谷物或其价值的地租，而一等地的地租便增为 20 夸脱谷物或其价值。随着更劣的土地进入耕种，较优的土地地租不断增加，而更劣的土地没有地租，因为它的净(纯)产品只等于利润。

李嘉图认为，和最肥沃的土地一样，位置最适宜的土地首先投入耕种，农产品的价值是由生产到送上市场这一整个过程中所必需的劳动量决定的。这样，根据同样的道理，当较远的土地投入耕种时，最适宜的土地便产生地租。斯密没有解释清楚的问题，李嘉图解释清楚了。

以上的级差地租，就是马克思说的级差地租第一形态，它是等量资本投在不同的土地上的利润差额。

---

① 大卫·李嘉图：《政治经济学及赋税原理》，郭大力、王亚南译，商务印书馆 1962 年版，第 57 页。

② 同上书，第 59 页。

李嘉图还分析了级差地租第二形态，认为它是等量资本投在同一土地上的利润差额。他说，通常的情况是：在第二、第三等或更差的土地投入耕种以前，人们能使资本在已耕的土地上生产出更多的东西。我们可能发现，将投在第一等土地上的资本增加一倍，产量虽然不会加倍或增加 100 夸脱，但可能增加 85 夸脱。这时，在同一土地上追加的那笔投资，就像投在一块净产小麦 85 夸脱的土地上一样，成为生产率最低的投资，而小麦的价值由它的生产条件决定，因而原投资就获得了 15 夸脱的小麦或其价值的超额利润，它转化为级差地租。如果继续追加投资，其产量递减，此前的逐次投资便产生和增加级差地租。但最后即生产率最低的投资不产生级差地租。这里讲的道理，和分析级差地租第一形态时讲的相同。

这样，无论是耕种更劣的土地，还是在同一土地上追加投资而其生产率降低，粮食价值或价格都上涨，级差地租也随之增加。根据这一点，李嘉图针对当时争论的问题，即地租是价格的结果还是价格的原因的问题，提出自己的看法，认为地租是价格的结果。他论辩说："如果谷物价格昂贵是地租的结果，而不是它的原因，那么，价格就会相应于地租的涨落而改变，地租也就会成为价格的构成部分了。但是，规定谷物价格的是用最大量劳动生产出来的谷物；地租决不会也决不可能成为谷物价格的组成部分。"①李嘉图再次指出斯密的错误，即认为要支付地租，商品的价值就不能由生产它的投下的劳动决定。在他看来，这个原理完全适用于说明地租：劣等生产条件决定的农产品价值，分解为工资和利润；其他生产条件生产的农产品价值，分解为工资、利润和地租。李嘉图认为级差地租是价格的结果，该看法是正确的。

五　李嘉图的级差地租理论的缺陷

前面说明，李嘉图在劳动价值理论的基础上，说明农产品的价值由最劣等的生产条件决定，较优的农业投资产生的超额利润，转化为级差地租，它

---

① 大卫·李嘉图：《政治经济学及赋税原理》，郭大力、王亚南译，商务印书馆 1962 年版，第 64 页。

是农业资本之间的利润差额,不构成价值或价格。他建立了资产阶级政治经济学中完善的级差地租理论。

但是,李嘉图的级差地租理论是有缺陷的。第一,他只从土地私有权谈论地租,而没有指出这种土地私有权的社会性质。换句话说,他不区分资本主义土地私有权和封建主义土地私有权。这样便混同了资本主义的地租和封建主义的地租。他分析的事实上是资本主义的级差地租规律,但他认为是地租一般的规律。这是他把资本主义生产看成生产的自然形态的另一种表现。

第二,李嘉图把级差地租产生的条件看成其产生的原因。他认为土地数量有限和质量不同是级差地租产生的原因,其实这些自然条件只是级差地租产生的条件,而不是原因。原因应该是,土地作为资本主义的经营对象存在着垄断。由于土地面积有限,优良地被某些资本家经营就被垄断了,因为其他资本家不可能用资本来创造同样优良的土地。这同工业不一样。由于这样,农产品价值才由劣等的生产条件决定。生产条件较优良的农业资本获取的超额利润便具有相对牢固的性质,便转化为级差地租。只要存在着这种经营上的垄断,土地即便是无主的,级差地租也是存在的。它的产生和土地私有权无关,土地私有权不过把它转到土地所有者的口袋里。

第三,由于混同了生产价格和价值,李嘉图在分析级差地租时,便认为农产品是按价值出卖的。其实,这时由劣等生产条件决定的农产品价值,由于只能分解为工资和平均利润,这个价值就不是由劳动决定的价值,而是由工资和平均利润构成,或等于工资和平均利润的生产价格,也就是说,分析级差地租时,农产品是按生产价格出卖的。

在分析方法上,李嘉图的级差地租理论也有缺点,虽然这并不影响理论本身。

第一,他认为劣等耕地是不付任何地租的。这实质上是对土地私有权的否定,而他的地租理论是以土地私有权为前提的。正确的做法是先作此假定,等全部说明级差地租的产生以后再分析。而李嘉图的着眼点,显然是自由移民的垦殖殖民地,在那里在经济上事实上不存在土地私有权,而不是确立了资本主义土地私有权的发达国家。

第二,他把级差地租的第一形态和第二形态的分析完全分裂开来。其实这两者是以第一形态为基础，结合着发生运动的。例如，在优等地上的追加投资所生产的谷物会排斥第三等土地上的投资，而使第二等土地上的投资成为生产率最低的，这样，谷物的价值便由它的生产条件决定，从而使各级土地的级差地租发生变化。当然，生产率最低的投资也可能是另一种土地，或这次追加投资本身，等等，情况很复杂，但基本原理还是一样。

第三，他完全没有必要把级差地租的产生同资本主义耕种土地的顺序必然是从优到劣联系起来。资本主义耕种土地的顺序也并不都是这样。它可以从优到劣，可以从劣到优，也可以有其他变化，而级差地租同样可以产生，因为它是等量农业资本之间的利润差额。至于他为什么这样认为，我们在下面再分析。

第四，他完全没有必要把级差地租的产生同在一块土地上的追加投资的生产率必然是下降的，即同所谓的土地报酬递减律联系起来。这个“规律”是虚伪的，因为对土地递增投资要以技术进步为前提，在这前提下递增投资，产量是增加的。其实，在同一块土地上追加投资，其生产率只要同已有的最低生产率(不产生级差地租)不同，总的说来，都使级差地租产生。它的生产率，如果比最低的生产率高，这次投资本身就产生级差地租；如果比最低的生产率低，它就决定农产品价值，它本身不产生级差地租，但原来生产率最低的投资开始生产级差地租，其他的投资的级差地租则增加。

李嘉图级差地租理论中的缺陷，他在研究这理论中在方法上存在的缺点，都由马克思克服了。

六　混同生产价格和价值，就必然否认绝对地租

地租理论的困难之点在于说明绝对地租的产生怎么能和劳动价值理论相一致。所谓绝对地租是指，由于土地私有权的存在，资本投到任何一块土地上，不问土地的肥沃程度和距离市场的远近如何不同，都要支付的地租。表面上看来，绝对地租的产生似乎与劳动价值理论是相矛盾的。因为等量资本投在工业和农业上，都要在生产物的价值或价格中取得工资和利润，在自由竞争条件下，这利润是平均的，但投在农业上的资本还要支付一个多得

多的地租，这样，这地租就似乎不可能是劳动创造的，不可能是从生产物价值中分解出来的，而只能是或者是在价值以上出卖农产品的结果，或者是土地本身生产出来的。这都违反劳动价值理论和等价交换规律。

斯密事实上是看到绝对地租的。他谈到土地私有权产生后，价值除了分解为工资外，还要分解为地租和利润。但当他离开劳动决定价值的正确原理去说明地租的产生时，却认为有一种地租是农产品价格高于自然价格的结果，有时又把它解释为在农业生产上的自然力生产的。关于前者，他说："作为使用土地的代价的地租，当然是一种垄断价格。"①也就是说，它的产生是由于农产品的普通价格除提供普通利润外还有剩余。它是普通价格高于自然价格的结果。我们知道，在斯密看来，自然价格等于价值，因此，产生这种地租的价格是高于价值的。关于后者，他说："在农业上，自然也和人一起劳动……他们除了再生产农业（资本）家的资本及利润外，通常还要再生产地主的地租。这种地租可以说是地主借给农业（资本）家使用的自然力的产物。"②

李嘉图由于坚持劳动决定价值的原理，而又混同了生产价格和价值，就当然看不到除了因各等量的农业资本有不同的生产率而产生的地租即级差地租外，还有其他的地租即绝对地租。这在他论述投在最劣等地上的农业资本，以及投在优良地上的最后追加的农业资本都不支付地租这点上表露出来。因为这两种投资都是劳动生产率最低的，农产品的自然价格（生产价格）由它决定，自然价格只包含平均利润，在这个价格中当然不可能产生任何地租。

其实，只要区别了生产价格和价值是完全可以在遵守等价交换原则和坚持劳动决定价值的原理来说明绝对地租的产生的。农业资本有机构成低于工业资本有机构成，农产品价值高于它的生产价格，它按价值或高于生产价格而低于价值出售，便有一个高于工业资本的利润差额，它不参加平均利润的形成，而转化为绝对地租，归土地所有者。它的实体是等量的资本在农业中使用比在工业中使用或推动更多的活劳动，生产更多的剩余价值，其中

---

① 亚当·斯密：《国民财富的性质和原因的研究》（上卷），郭大力、王亚南译，商务印书馆1972年版，第138页。

② 同上书，第333页。

的超过平均利润的差额，即农业资本和工业资本之间的利润差额。它不单是生产率最低的农业资本要支付的，而且是任何农业资本都要支付的。

如果土地私有权消灭了，农业由于资本有机构成较低而产生的更多的剩余价值，便参加平均利润的形成，从而提高平均利润，如同资本主义的手工业曾经起过的作用那样。由于有土地私有权，它便转化为绝对地租。所以，绝对地租产生的原因是土地私有权的存在。

这里附带指出：假如土地私有权消灭了，绝对地租就随之消灭。这时，农业资本由于资本有机构成较低而产生的高于工业的超额利润，就参加平均利润的形成，从而提高社会平均利润率，农产品就同工业品一样，按照生产价格出售，即降低农产品的价格。只是这时新的工农业品生产价格，由于平均利润率提高了，就比原来的生产价格提高一些，但农产品这个新的生产价格仍比高于原来的生产价格而低于价值的那个市场价格低。这就能降低工人的名义工资，提高资本家的利润。这就是激进的资产阶级经济学家也主张废除土地私有制的原因。美国的亨利·乔治就曾经是这样。但是，主张废除土地私有权会使工人想到也应废除资本私有权，因此，在资产阶级掌握政权的条件下，废除土地私有权是不能实现的。

李嘉图论述地租时，是从土地私有权出发的，因为他开始就把地租定义为使用土地而付给地主的那部分产品。但在分析的过程中，他离开了这一点，因为他是从在经济上不存在土地私有权的自由移民殖民地来进行分析的，这种错误的方法论，使他无视因土地私有权而必然存在的绝对地租。

根据前面的分析，我们可以看出，李嘉图是用农业生产率的绝对降低来说明级差地租，这已经是错误的，而他又用农业劳动的生产力和工业劳动的生产力相等，即农业和工业的资本有机构成相等，来否认绝对地租，这同样是错误的。这两种说法是自相矛盾的。之所以如此，都是由于他混同了生产价格和价值。这样，为了要说明较优土地生产的农产品的个别生产价格低于它的价值，便要说农业的生产率在绝对降低，农产品价值越来越高；为了要说明最劣土地生产的农产品的生产价格等于它的价值，便要说农业劳动的生产力和工业劳动的生产力相等。这是犯了二重的历史错误：一方面认为农业生产率绝对降低，是农业的发展规律；另一方面否认农业劳动的生产力和工业劳动的生产力相比，在历史上其发展程度更低。

七　以地租理论解释利润率的下降趋势

前面说过，资本主义平均利润率有下降趋势的真正原因，是劳动生产力的提高所导致的资本有机构成的提高。但李嘉图却相反地认为，其原因是农业生产力绝对降低所导致的货币工资的提高。但货币工资的提高并不意味着实际工资的提高。工人的实际工资不变，利润率也会下降。在混同利润率和剩余价值率的条件下，只能认为其原因在于，地租的增加，使利润在剩余价值中占有的份额减少。这样，李嘉图最后便以其地租理论来解释利润率的下降趋势。

李嘉图说，随着资本积累的进行，所需粮食增加，越来越贫瘠的土地投入耕种，"生产的价值虽然增加了，但这一价值在支付地租后所剩余的部分中却有更大的比例由生产者消费，而规定利润的正是这一比例，也唯有这一比例"。① 这就是说，全社会生产的价值总量增加，但支付地租后，在剩余的部分中，工资所占的比重增大，因为粮食价格上涨使货币工资增加，利润所占有的比重降低，因为工资和利润的变化相反：这就是利润率下降的原因。现在，我们在开头引用的李嘉图这句话，就可以全部理解了。这句话是："地租和工资的提高以及利润的跌落通常是同一原因的必然结果；也就是食物的需求增加，生产食物所必需的劳动量增加以及由此引起的劳动价格腾贵这一原因的必然结果。即使地主放弃全部地租，劳动者也得不到丝毫好处。"②

李嘉图这样解释利润率下降趋势的原因是错误的。以前分析过的李嘉图的一系列错误理论和方法导致他作出这样的解释。第一，他混同了剩余价值率和利润率，并把工作日的长度看成固定的，这样，利润率的下降趋势，就只能用使剩余价值率下降的原因来解释。第二，在工作日长度既定时，剩余价值率的下降只能用工资的提高来解释。第三，货币工资的提高，只

① 大卫·李嘉图：《政治经济学及赋税原理》，郭大力、王亚南译，商务印书馆 1962 年版，第 106 页。

② 同上书，第 352—353 页。

有在生活必需品价值提高的条件下才能发生，而生活必需品价值的提高，又只能用农业的生产率降低来解释，也就是用李嘉图的地租理论来解释。第四，以为全部产品的价值只分解为地租、工资和利润，而没有不变资本的部分，只有这样，才能用剩余价值率的下降来解释利润率的下降；不变资本价值降低是阻止利润率下降的一个因素，这一点便看不到了。第五，以为产品价值的分配顺序，是先扣除地租，然后分为工资和利润，其实，按照他的正确理论，应该是价值产品分配为工资和利润，农业中的超额利润转化为地租。

李嘉图认为，这样发展下去，就会没有剩下任何东西作为利润了。他假定每个工人每年的实际工资等于 6 夸脱小麦的价值，其中一半用在购买小麦上，其余一半用在购买其他东西上；10 个工人在优良地上劳动，一年生产 180 夸脱小麦，每夸脱 4 镑，共 720 镑，工资占 240 镑，利润占 480 镑，此时没有地租。到耕种较劣的土地，比如一年生产 100 夸脱小麦的土地时，原优良地多产的 80 夸脱小麦的价值就转化为地租，余下的 100 夸脱的价值便分为工资和利润，它的价值等于较劣的土地生产的 100 夸脱小麦的价值，仍为 720 镑，因为后者是花了 10 个工人的一年劳动生产出来的，和原来的优良地生产的小麦价值相等。由于这时小麦的价值增大，工人的工资在 720 镑中占的比重便增大，利润的比重便减小。到耕种一年只能生产 36 夸脱小麦的土地时，每夸脱小麦的价值增大为 20 镑(720 镑÷36)，原优良地多生产 144 夸脱小麦或其价值 2 880 镑(144×20 镑)便转化为地租。余下的 36 夸脱小麦，共值 720 镑，原是要分为工资和利润的，但是，现在工人的工资就是 720 镑，付了工资，利润就没有了。具体地说，按照假定，每个工人每年的工资是 6 夸脱小麦的价值，其中一半用来买小麦，一半用来买其他东西，在每夸脱小麦的价值为 4 镑时，实际上是消费 3 夸脱小麦和 12 镑其他东西。现在 3 夸脱小麦价值 60 镑，其他东西的价值仍为 12 镑，因此，每个工人的工资为 72 镑，10 个工人为 720 镑，利润被吞噬殆尽。

这种分析是很不合理的。首先，它混同了小麦的生产价格和价值。工资提高，平均利润率便发生变动，而小麦是资本有机构成较低的部门生产的，其生产价格会提高，但仍低于价值，这从前面分析过的工资变动对生产价格的不同影响便可以理解。其次，农产品是按价值出卖的，产品价值扣除不变资本后，先分解为工资和利润，超过平均利润率的超额利润，即劣等地产品的价值超过生产价格的部分，转化为它支付的绝对地租，其他土地的小麦的社会价值超过个别生产价格的部分，分别转化为它支付的绝对地租和级差地租，这从前面分析中便可以理解。地租既然是超额利润，就不可能有地租而没有利润。最后，假定最劣地生产36夸脱小麦，其价值(生产价格)刚刚够支付工人的工资，这就等于假定这土地的生产才仅能维持工人的生活，没有剩余，工人的劳动全部是必要劳动，这就当然没有利润和地租。这种土地在资本主义条件下就不可能被耕种。如果必须耕种，小麦就只能按高于价值的垄断价格出售。以前所分析的一切经济规律，其发生作用的形式都要发生变化。

资本主义的利润不可能被其地租全部吞噬，资本主义利润率的下降，由于有遏制的因素发生作用，只是一种趋势。但李嘉图谈论这个问题，并表示担忧，却是很有意义的。他朦胧地看到，资本主义生产是为了利润，但这个生产结构又限制了利润的生产，这就是这种生产的局限性。

八　以地租理论为基础，提出废除谷物法的政治主张

李嘉图以其地租理论为基础，主张废除当时旨在限制廉价谷物进口的《谷物法》，以利于产业资本家，同维护《谷物法》的马尔萨斯站在相反的立场上。

从李嘉图的工资理论、利润理论和地租理论中可以看出，他认为不仅工资和利润，如上所述是对立的，而且利润和地租也是对立的；但是，前一种对立是通过使地租增加的农产品价格增加而成立的，后一种对立是通过使货币工资增加的农产品价格增加而成立的。根据他的理论，随着农业生产力降低，粮食价值增加，地租便随之增加；不论地租如何增加，分解为工资和利润的价值产品是不变的，但货币工资随着粮食价格增加而增加，它增大了，利润便缩小。

因此，在李嘉图看来，在生产的发展中，无产阶级不受影响，因为粮食价格虽然上涨，但其货币工资也相应增加了，实际工资不变，或者由于人口的

增加快于资本积累的增加,"劳动"供过于求,使货币工资的增加慢于粮食价格的上涨,因而使实际工资有所下降,但影响不大,因为这只能是一种很慢的趋势。资产阶级蒙受损失,因为其利润在价值分配中占的份额日益减小。而地主阶级得利最大,农业生产的困难使其得到双重利益:第一,在价值产品中,它占的份额日益增大;第二,转化为地租的产品,其价值也增大了。

李嘉图把社会生产力的发展看成社会的利益。而社会生产力的发展有赖于资本的积累。利润率下降会削弱积累,对社会生产力的发展不利。地主阶级对社会生产毫无贡献,但生产发展所带来的好处全归地主。就这样,他把矛头指向地主阶级,认为它是寄生虫。地主阶级和社会生产力的发展同社会的利益是对立的。

在李嘉图看来,这本来是一种自然趋势,是无可奈何的。但如果有一种人为的方法,助长这种趋势,减少利润,妨碍积累,那么,在发展生产力的前提下,这种人为的方法便应该被废除。拿破仑战败后,英国重新修订的《谷物法》就是这样一种人为的方法,因为它限制国外廉价谷物自由进口,使英国国内谷物价格维持在一个很高的水平上,使货币工资上涨,利润下降,而地租则增加。

《谷物法》的存废关系到相对立的地主阶级和资产阶级的利益。由此产生的理论斗争是很激烈的。马尔萨斯代表地主阶级的利益反对李嘉图的地租理论和由此产生的政策。

马尔萨斯认为地租是总产品价值中扣除各种费用(包括利润)后归于地主的部分,它是自然的赐予。他认为土地有一种特性,就是自然使其产量大于耕种土地的人的消费量;土地生产物又有一种特性,就是它自身造成需求,并且永远不会过多(由其人口学说产生的),肥沃土地相对较少。这样,农产品价格由最劣等生产条件决定,在这条件下没有地租。较优良地的生产费用低于价格,其差额便转化为地租(级差地租)。地租随劣等地的耕种而增加。地主阶级的收入增加,对商品的需求便增加,商品的市场价格便上涨,资本家的卖价便大于其垫支的价值,其中的差额是利润。结果是地租越高,需求越大,卖价越高,利润越大。政治结论便是:《谷物法》万万废除不得。

这样就酝酿着一场关于商品的价值的实现问题的争论,它是以否定还是肯定普遍的生产过剩的经济危机的形式进行的。

九　评中译本序言关于地租的说明

《政治经济学及赋税原理》中译本序言对地租理论有所说明。它说：从劳动创造的价值是各种收入的来源这一前提出发，李嘉图又进一步指明了，“工资等于工人及其家属的生活资料的价值，利润等于商品价值超过工资的余额，地租是商品价值超过工资和利润的余额”。[①] 这里对利润的简单化的处理就必然使地租为零。假设新的价值为 120，工资为 70，那么，120－70＝50，按照定义，这 50 为利润；120－(70＋50)＝0，按照定义，地租为零。

因此，不应简单地处理利润，应该提出利润差额的概念。两份农业资本之间的利润差额构成级差地租，工业资本与农业资本之间的利润差额构成绝对地租。这样，就涉及译序对绝对地租的理解了。

序言说：“对于绝对地租，李嘉图是从其劳动决定价值的原理出发，把它轻易地否定了。他以为，如果承认了绝对地租的存在，就是承认了同量劳动因其加工要素或材料的不同（如不同丰沃程度的土地）会创造出不同的价值。这样就承认了不是劳动时间，而是某种另外的东西决定价值了。”[②]这里包含的理论逻辑是：工业、农业的等量资本，要获得等量利润，即平均利润。但是，农业要交纳多得多的地租，它是从哪里来的？如果不是农产品的出售价格高于价值，就是劳动以外的自然因素能创造价值了。这两者都是李嘉图反对的。因此，他否认绝对地租。

但是，我认为译序对李嘉图否认绝对地租的说明有严重的错误。我们知道，绝对地租是所有租用土地都有的，是土地私有权在经济上的表现，与土地的丰沃程度（还有位置）丝毫无关。与此有关的倒是级差地租的第一形态。我曾与中译本序言作者通信，他认为“括号内‘如丰沃程度的土地’几个字是不应该有的。陈其人这个意见是正确的。这句话，本来是摘自《剩余价值学说史》上的一句引文，在作文字修饰时将引号去掉了，后来又加了个注

① 大卫・李嘉图：《政治经济学及赋税原理》，郭大力、王亚南译，商务印书馆 1962 年版，译序第13 页。

② 同上书，译序第 18—19 页。

释性的括号，原意是想特别指明，将同量劳动投在不同于加工工业的劳动对象的土地上，就会创造出不同的价值。……没有想到会产生相反的解释，会想到级差地租方面去。现在既然陈其人同志指出来，就应该去掉它”。中译本序言作者这一说法是正确的。

译序正确地认为，李嘉图否认绝对地租的存在，除了受历史条件的限制外（英国的圈地运动、美国的几乎无代价获得土地，等于土地私有权的不存在），原因是“如果承认绝对地租的存在，农产品的价格就要高于价值，但这同等价交换原理是相违背的”。① 这也是正确的。

但是，问题还没有完全解决。这在说明重农主义的地租理论时暴露出来。它说：重农学派主张“地租来源于土地特别肥沃性的自然恩施”。② 不知道这说法有何根据？据我所知，重农学派诸子都认为地租就是土地的纯产品，即从使用价值看的农业产出大于投入的差额。产出的是农产品，投入的也是农产品，或者可以折算为农产品（包括工人和农场主的生活资料），这个差额是自然的恩赐，并不只是土地。因此，与土地的肥沃与否没有关系。当然，不毛之地是不能产生纯产品的，也是无人耕种的。但是，这是土地被资本主义方式经营耕种的条件，而不是纯产品的产生条件。

还有一个问题，译序对李嘉图地租理论的总说明：“他从劳动决定价值的原理出发，认为地租来源于农业中的超额利润，这种超额利润是在土地有限、需要大于供给的条件下，由于优等地与中等地上的农产品价格大于由劣等地条件所决定的社会价值而产生，并固定在农业中的。农产品是按照价值出售的。决定价值的劣等地没有超额利润，当然也就不会有地租。”③

这里的说明有不清楚和混乱的地方。不清楚的是“农业中的超额利润”。我们知道，除了经营劣等地的农业资本只有一种大于工业资本的超额利润（其起因是农业资本有机构成较低，它转化为绝对地租）外，其他的农业资本有两种超额利润：一种是两份农业资本之间的超额利润，它转化为级差地租；另一种是农业资本大于工业资本的超额利润，它转化为绝对地租。这

① 大卫·李嘉图：《政治经济学及赋税原理》，郭大力、王亚南译，商务印书馆 1962 年版，译序第 19 页。

② 同上书，译序第 16 页。

③ 同上。

里的“农业中的超额利润”指的是一种还是两种，不清楚。换言之，这里说的地租来源是所有地租，还是一种地租？从“农产品是按照价值出售的”看，是两种地租的来源。因为农产品的价值高于其社会生产价格的超额利润是绝对地租的来源，而优良地和中等地农产品的个别生产价格低于由劣等地调节的社会生产价格的超额利润则是级差地租的来源。李嘉图是否定绝对地租的，原因是混淆价值和生产价格，因而看不到农产品的价值高于其社会生产价格的差额。因此，为了排除转化为绝对地租的那种超额利润，“农业中的超额利润”最好改用我们已经引用的李嘉图的原话：地租总是使用两份等量资本和劳动而获得的产品之间的差额。这里强调的是产品之间的差额。

还有，“这种超额利润是在土地有限、需求大于供给的条件下，由于优等地与中等地的农产品的价格大于由劣等地条件所决定的社会价值而产生，并固定在农业中的”。① 这里的“劣等地……社会价值”应该是单个农产品的社会价值，全部农产品就按此出售。这里的“优等地与中等地的农产品的价格大于……社会价值”，其中的农产品价格，与社会价值相对照，也应是单个农产品的。但是，这样一来，单个农产品价格大于单个农产品价值，而按价值出售，就不可能有任何超额利润了。如果说是总价格，那么，与此对照的社会价值也应是总社会价值，而只有以总价格出售，由于它大于总社会价值，这才有超额利润。但是，又说“农产品是按照价值出售的”。这就不能说明为何有超额利润的产生了。这里包含着混乱。

① 大卫·李嘉图：《政治经济学及赋税原理》，郭大力、王亚南译，商务印书馆1962年版，译序第16页。

第十三章　机器使用的界限及其对各阶级的不同影响

一　机器使用的资本主义界限

在《政治经济学及赋税原理》第一章"论价值"中，李嘉图就论述使用机器的界限问题。他说："假设……一台机器用于某生产部门，能做100个人一年能做的劳动，但也只经用一年。再假设这台机器花费5 000镑，100个工人一年的工资也是5 000镑，所以很明白，对这个工厂主来说，是购买机器还是使用这些工人，完全没有两样。"①这就是说，机器（工具）总能节省社会劳动，这是社会经济发展根本原因之一；但是，在资本主义条件下，假如机器的价值和它能代替的劳动力（不是劳动；因为劳动力的使用是劳动，但是有一部分劳动是不需支付的，这就是无酬劳动）价值相等，那么使用机器与否，都是一样的。当然，即使相等，从社会看，使用机器仍然是节省劳动的。

马克思谈论机器的使用要受社会条件制约时说："如果把机器看作使产品便宜的手段，那么使用机器的界限就在于：生产机器所费的劳动要少于使用机器所代替的劳动。可是对资本来说，这个界限表现得更为狭窄。"②

李嘉图接着说："但假设劳动[的价值]提高了，因此100个人一年的工资等于5 500镑，那很明白，这个工厂主将不会再踌躇；为他的利益计，当然是购买机器，让他的工作可以用5 000镑来完成。"③这就是说，只有机器代替的劳动力的价值大于机器的价值时，机器才能被使用：这就是资本主义使用

① 大卫·李嘉图：《政治经济学及赋税原理》，郭大力、王亚南译，商务印书馆1962年版，第32页。
② 马克思：《资本论》（第一卷），人民出版社1975年版，第430—431页。
③ 大卫·李嘉图：《政治经济学及赋税原理》，郭大力、王亚南译，商务印书馆1962年版，第32页。

机器的社会界限。马克思在《资本论》(第一卷)中说:“由于资本支付的不是所使用的劳动,而是所使用的劳动力的价值,因此,对资本来说,只有在机器的价值和它所代替的劳动力的价值之间存在差额的情况下,才会使用机器。”①这一思想就是来自李嘉图。这就是说,要机器的价值小于使用机器所代替的劳动力的价值,机器才有可能被使用。譬如,假定1小时劳动创造的价值为1元,一部机器是100小时劳动创造的,价值100元,使用它可以代替150元的劳动,从社会看,使用这机器是有利的,是符合生产力的发展要求的;但是,从资本家看,就不一定是这样了。因为,工人劳动150小时,创造的价值虽然是150元,但是,劳动力的价值必然小于150元,其差额就是剩余价值,譬如劳动力价值为75元,剩余价值也是75元,这样,由于劳动力价值低于机器的价值,这机器就不可能被资本家使用了。因此,在劳动力价值很低廉的地方,机器就不可能被使用。

李嘉图并没有停留在这里。他思想的深刻性促使他由工人工资提高这个问题去思考机器的价格是否上涨。他接着说:“但劳动[价值]上涨的结果,机器的价格是不是也会上涨呢,是不是也会值5 500镑呢?如果在机器的制造上没有使用资本,也无需对它的制造者支付利润,它的价格是会上涨起来的。例如,如果机器是100个人的劳动的产品,他们在这上面劳动,每人一年的工资是50镑,因此它的价格是5 000镑,如果工资上涨到55镑,机器的价格就是5 500镑。但情况不能如此。”②

为什么“不能如此”呢?这时候,他想到了利润,它必须从机器的价格中扣除。因此,他接着说:“在它只卖5 000镑时,在它的制造上使用的人,必须不到一百人,不然的话,售价就不能是5 000镑,因为使用这些人的资本的利润必须从这5 000镑中支付。假设只有85个人被使用,每人50镑,一年合计是4 250镑。机器售卖时,在垫付给工人的工资以上留下的余额750镑,就形成机器制造业者的资本的利润。如果工资上涨10%,机器制造业者就将被迫要使用425镑的追加资本,所以他投下的资本,不是4 250镑,而是4 675镑。所以,如果他继续照5 000镑的价格出售机器,他就只能就此得到

① 马克思:《资本论》(第一卷),人民出版社1975年版,第430—431页。

② 大卫·李嘉图:《政治经济学及赋税原理》,郭大力、王亚南译,商务印书馆1962年版,第32—33页。

325镑的利润。但一切其他工厂主和资本家的情况都正好是这样:工资的上涨会影响他们全体。所以,如果由于工资上涨,机器制造者就可以把机器的价格提高,那就会有异常大量的资本被用来制造这种机器,直到它的价格只提供一般利润率为止。所以,我们可以看出,机器不会因工资上涨而在价格上提高。"①这里,李嘉图混淆了价值与生产价格,是从机器的价值,而不是其生产价格的角度观察问题的,即认为生产机器的劳动既然不变,那么其价值也不变;但是,工资水平的变动,是会使平均利润率发生反变动的,在多数情况下,这会使生产价格发生变动,这是李嘉图谈论过的。现在,他似乎遗忘了这个问题。

接着,李嘉图又说:"但是,那个在工资普遍上涨时能借助于机器,而无需将商品生产费用提高的工厂主如能继续为他的商品要求和以前相同的价格,他就会享有一种特殊的利益。但和我们已经看到的一样,他将被迫降低他的商品的价格,不然的话,就会有资本向他那个生产部门流入,直到他的利润降到一般水准为止。所以,得到机器的利益的是公众,这个哑巴工人,甚至在它的货币价值和它所排挤的劳动的货币价值相等时,和它所排挤的劳动比较,也总是少得多的劳动的产品。"②

马克思对此评论说:"这一点是完全正确的。同时,对那些相信由机器排挤出来的劳动者将会在机器制造本身找到职业的人,又是一种反驳。其实,这种见解,不过属于那个采用机器的工厂尚未完全建立在分工基础上,机器尚未被用来生产机器的时期。"③

在《政治经济学及赋税原理》第三十一章"论机器"(《政治经济学及赋税原理》第一、二版没有此章,1821年《政治经济学及赋税原理》第三版才增设此章)中,关于机器使用的社会界限问题得到进一步的论述;并且用来分析不同地区和国家使用机器的情况。李嘉图说:"资本和人口每有增加时,食物的价格就会因为生产更加困难而普遍上涨。食物上涨会使工资提高。而工资每有提高会使被积蓄起来的资本比以前更多地用于机器方面。机器与

---

① 大卫·李嘉图:《政治经济学及赋税原理》,郭大力、王亚南译,商务印书馆1962年版,第32—33页。

② 同上书,第32—33页。

③ 马克思:《剩余价值学说史》(第二卷),郭大力译,人民出版社1978年版,第639页。

劳动不断在竞争中，劳动价格未上涨前，机器往往是不能被采用的。”①这是从李嘉图一直主张的农产品生产越来越困难得出的结论。从这里出发，他必然认为老国家的食物比新国家昂贵。由此，他又分析不同国家的使用机器的情况。

李嘉图说：“在容易取得食物供应的美洲和许多其他国家里，采用机器的动机不像在英国那样大，因为在英国食物很贵，而且生产食物时需要更多的劳动。使劳动腾贵的原因并不会提高机器的价值。所以资本每有增加，其中大部分将用在机器方面。资本增加时，劳动的需求虽将继续增加，但却不会成比例地增加，其增加率一定是递减的。”②

这段话包含两层意思：第一，英国这类旧国家使用机器比美国这类新国家多，原因是其食物较昂贵；第二，资本增加时，用在机器的部分比用在劳动的部分多些。第二点很重要，它就是马克思后来说的 c 比 v 增加得快些，即资本有机构成有提高的趋势。这一点非常重要，留在下面谈。这里先谈第一点。

第一点明显与历史事实不符。情况恰恰相反。马克思当时就看到：英国发明的机器只能在北美使用。因为英国人口过剩，工资低廉，而北美是移民殖民地，移民获得土地容易，缺乏工人，工资昂贵。殖民经济学家威克菲尔特就发现：同母国的小生产者在破产中产生工人不同，在当时的移民殖民地，地广人稀，资本家即使从母国带去工人，他们很容易获得土地，从工人变成独立的小生产者，害得资本家连一个仆人也很难找到。因此，像在美国，不仅生产上多用机器，生活上也是这样。美国新移民获得土地困难，是在 19 世纪 60 年代，即南北战争以后，因为内战中产生的金融寡头大量廉价占有土地。

这里，再次证明李嘉图重视理论的逻辑运用，竟达到不顾事实的地步。我们已经看到，他否认绝对地租的存在，是这样；现在，从理论推论老国家必然比新国家更多地使用机器，也是这样。

---

① 大卫·李嘉图：《政治经济学及赋税原理》，郭大力、王亚南译，商务印书馆 1962 年版，第 338 页。

② 同上。

二　机器代替劳动意味着资本构成发生变化

尽管资本使用机器（工具）是有界限的，资本使用机器以代替劳动毕竟是一种趋势。李嘉图就从这一角度谈论资本构成（不是马克思说的“资本有机构成”即 C∶V）的变化。但是，他不是从产生剩余价值的角度，将资本区分为不变资本和可变资本，前者不能产生剩余价值，后者则相反；也不是从资本周转的角度，将资本科学地区分为固定资本和流动资本，即多次周转取回价值的是固定资本，一次周转取回价值的是流动资本；而是从经历流通时间的长短及其相对地将资本区分为固定资本和流动资本，这样做的时候，又将原料排除在流动资本之外，这是我们在前面谈论过的。这样，他就将机器取代劳动的趋势看成：固定资本的增长快于流动资本。这就是前述引文中的第二点。

李嘉图非常尊重其前人已经有的同样的论点。他引用了巴顿的话：“劳动的需求不取决于固定资本的增加，而取决于流动资本的增加。如果这两种资本确能在一切时间和一切国家都保持同一比例，那我们就可以说，被雇用的劳动者人数与国家财富成正比。但这是绝不可能的。技术愈发达，文化愈发展，固定资本对流动资本的比例就愈大。生产一匹英国细布所投下的固定资本量比生产同样一匹印度细布所投下的至少大一百倍，还可能大一千倍，所用流动资本的比例则小一百倍以至一千倍。我们很容易想象，在一定的条件下，一个勤劳民族每年的储蓄可能全部增加到固定资本上，在这种情况下，就不可能发生增加劳动需求的效果。”①

对此，李嘉图说：“我认为在任何情形下资本增加而劳动的需求不随之增加是难以想象的。至多只能说劳动需求的增加率将是递减的。巴顿先生在上述著作中关于固定资本日渐增长对劳动阶级生活状况的某些影响所采

① 巴顿：《论劳动阶级生活状况的各种条件》，转引自大卫·李嘉图《政治经济学及赋税原理》，郭大力、王亚南译，商务印书馆 1962 年版，第 338 页。

取的看法，我认为是正确的。他的论文中包含很有价值的资料。"①

这样，李嘉图虽然不能提出正确的资本有机构成的概念，并且错误地认为流动资本不包含原料，但是，他心目中流动资本增长慢于固定资本，就说明随着资本的增加，失业工人的增加就是不可避免的了。

三　机器使用对不同阶级的有利和不利

在《政治经济学及赋税原理》第三十一章中，李嘉图说："我们将讨论机器对于社会各不同阶级的利益所发生的影响。这是一个极为重要的问题，似乎还没有人运用能导致任何确定或令人满意的结论的方法探讨过。我对于这一问题的看法由于进一步考虑以后已经有了相当大的变化，所以更有把它们提出来的必要。虽然我知道在机器问题上我没有发表过什么需要收回的东西，但我曾用其他方式支持过某一些我现在认为错误的学说，所以我有责任把我现在的看法及其理由提出来加以研究。

"自从我开始注意政治经济学问题以来，我一直认为在任何生产部门内应用机器，只要能节省劳动，便是一种普遍的利益，其不便之处只是资本和劳动由这一种用途转移到另一种用途时在大多数情形下会出现的一些麻烦。在我看来，地主的货币地租如果不变，用地租购买的商品的价格的跌落将有利于地主，而价格跌落必然是采用机器的结果。我还认为，资本家最后也会以完全相同的方式获得利益。发明机器或首先有成效地使用机器的人虽然可以暂时获得厚利而享受额外的好处；但随着机器的普遍应用，产品的价格就会由于竞争而降至等其生产成本的程度，这时资本家们所得到的货币利润就会和从前一样，因而便只能由于可以用同样的货币收入支配更多的享用品和享受品，以消费者资格享受一般的利益。"②

这里，李嘉图的观察是极其表面的。他将地主和资本家当作消费者，然

① 大卫·李嘉图：《政治经济学及赋税原理》，郭大力、王亚南译，商务印书馆 1962 年版，第 338—339 页注。

② 同上书，第 331 页。

后认为机器的使用使商品降价，他们就可以以同量的货币支配更多的享受品。这就是说，他并没有针对他们是资本家和地主这种特性与机器使用的关系进行研究。在我看来，机器普遍使用有利于资本家和地主，深层次的原因分别是(1)降低劳动力价值，从而增加相对剩余价值，使全部资本家得益；(2)工业部门先使用机器，因而工农业资本有机构成的差距拉大，绝对地租增加，使全部地主得益。因为绝对地租的实体就是农业资本由于有机构成较低而产生的高于工业资本的利润。

李嘉图继续说："我认为，劳动者也将因为采用机械而同样得到好处，因为他们将能用同样的货币工资购买更多的商品。我认为工资不会降低，因为资本家仍能需要和雇用和以前一样多的劳动，虽然他们也许必须用它来生产新的商品，或者至少要用它来生产不同的商品。如果由于使用改良的机器雇用等量劳动所生产的袜子四倍于前，而袜子的需求却只加了一倍，有些劳动者就必然会从织袜这一行业中被解雇出来。但由于雇用这些劳动者的资本仍然存在，而具有资本的人把资本投在生产事业上又是有利的，所以我便认为这种资本会被用来生产其他对于社会有用而且社会对之一定会有需求的商品。我之所以有这种想法是因为在以前和现在对于亚当·斯密下一段话中的真理具有极深的印象：'每一个人对于食物的欲望都要受有限的食量的限制；但对于享用品、建筑物的装饰、衣服、车马、家具等物的欲望却似乎是没有限制或确定界限的。'由于我认为劳动的需求不会有变化，而工资又不会降低，所以我便认为工人阶级将由于使用机器后商品普遍跌价而和其他阶级同样受益。"①

"以上就是我已往的看法。关于地主和资本家方面的看法现在仍然没有改变。但我现在深信，用机器代替人类劳动，对于劳动者阶级往往是极为有害的。"②

我之所以如此冗长地引用李嘉图的论述，是由于马克思明确指出："论机器"这一章证明了李嘉图的"老老实实的态度，这使他从本质上和那些庸

① 大卫·李嘉图：《政治经济学及赋税原理》，郭大力、王亚南译，商务印书馆 1962 年版，第 331—332 页。

② 同上。

俗经济学者区别开来”。[①] 正如我们看到的，李嘉图明确表明对问题看法前后截然变化，而不隐瞒；对于自己的足迹不涂抹：这是大学者的风度，这是那些庸俗经济学家做不到的。例如，英国庸俗经济学家西尼尔就前后矛盾，而不加解释。西尼尔先说：利润是劳动日中最后1小时创造出来的，因此，劳动日不能缩短；后来又说：利润是对资本家节欲、不消费、进行积累的报酬，好像资本家不论生产什么，即使是钢铁、军火等，都可以用来干杯，都可以进入他个人的消费似的。这类庸俗经济学家，经常是前言与后语相矛盾，不仅不解释，反而加以掩盖。

最难能可贵的是，李嘉图明确说出前后看法发生变化的原因。

李嘉图说：“我的错误是由这个假定生出：社会纯收入每次增加，它的总收入也一定增加。现在我已有一切理由相信，土地所有者和资本家由以取得其收入的基金，可以在劳动者阶级主要赖以维持生活的另一个基金减少时增加。如果我的看法不错，那就可以得到结论说，同样一些使一国纯收入增加的原因，同时也能够生出一个过剩的人口，并使劳动者的状况恶化。”[②]

对此，马克思说：“首先要指出，李嘉图在这里承认，促进资本家和土地所有者的财富增加的原因，‘能够生出一个过剩的人口’，所以，在这里，人口的过剩或过剩的人口，表现为致富过程本身和引起这个过程的生产力发展的结果。”[③]

四　作为生产目的的纯产品与维持人口和雇佣能力的总产品的矛盾

这里首先要明确何谓纯收入、总收入和总收益或总产品。我们说过：对此，斯密是混乱的。他说的纯收入其实是总收入（V＋M），或国民收入，总收入其实是总收益（C＋V＋M），或总产品；这是斯密教条导致的混乱。在李嘉

① 马克思：《剩余价值学说史》（第二卷），郭大力译，人民出版社1978年版，第643页。

② 大卫·李嘉图：《政治经济学及赋税原理》，郭大力、王亚南译，商务印书馆1962年版，第332—333页。

③ 马克思：《剩余价值学说史》（第二卷），郭大力译，人民出版社1978年版，第655页。

图看来，纯收入就是产品或其价值在其中用以补偿垫支(C+V)的部分以上的余额。所以，纯收入只由利润和地租构成，而地租也不外是从利润分解出来的部分，属于一个和资本家不同的阶级。李嘉图这一看法是正确的。但是，他却将总收入错误地看成总产品。

关于这两点，李嘉图在评论马尔萨斯的地租理论时表现得很清楚。他说："明确区分总收入和纯收入是重要的，因为一切课税都必须用社会的纯收入来支付。假设一国能在一年的进程中运到市场去的全部商品，全部谷物、原料、制造品等(这是总产品或总收益——引者)，有2 000万的价值。生产这个价值必须有一定人数的劳动，而这些劳动者的生活必需品要花费一千万。这样，我就要说，这样一个社会的总收入(应是总收益——引者)是2 000万，它的纯收入是1 000万。从这个假设出发，我们不能得到结论说，这些劳动者只应得到1 000万作为他们的劳动的报酬；他们尽可以得到1 200万、1 400万、或1 500万，在这个场合，他们就要取去200万、400万、或500万的纯收入。其余额将分配在土地所有者和资本家之间；但全部纯收入不会超过1 000万。假设这样一个社会将支付课税200万，它的纯收入就会因此减少到800万。"①

李嘉图在第二十六章"论总收入和纯收入"中还说："如果一国的纯地租和纯利润相加不论所用的劳动量多大总是一样，那么，大量生产劳动者的使用，对于该国究竟有什么利益？"②正是由于这样，李嘉图将生产纯产品本身当作生产的目的，是十分正确的。对此，马克思是同意的。他说："资本主义生产的永恒目的，是用最小限度的垫付资本，生产最大限度的剩余价值或剩余产品，在这个结果不是由劳动者的过度劳动来实现时，资本的趋势是力图用最小限度的支出……来创造定额的产品。从而，资本的经济趋势，是叫人学会怎样节约自己的力量，以各种资料的最小限度的支出来达到生产的目的。"③

正是这一点构成资本主义生产的矛盾：增加纯收入而减少生产它的各

① 大卫·李嘉图：《政治经济学及赋税原理》，郭大力、王亚南译，商务印书馆1962年版，第362页。

② 同上书，第297页。

③ 马克思：《剩余价值学说史》(第二卷)，人民出版社1978年版，第634页。

种预付(垫支)。这就造成纯收入和总产品发展的矛盾,而维持社会人口和增加就业却取决于总产品。因此,李嘉图说:“如果纯收入不会减少,那么,总收入是有 3 000 镑的价值,有 10 000 镑的价值,还是有 15 000 镑的价值,又对他有什么重要呢?

“因此,在这个场合,总产品已由 15 000 镑的价值减少到 7 500 镑的价值,虽然纯产品没有在价值上减少,并且它对商品的购买力已经大大增加;并且,因为维持人口和雇用劳动的能力,总是取决于一国的总产品,而不是取决于该国的纯产品。

“所以,劳动的需要必然会减少,人口必然会变为过多,劳动阶级的状况必然会陷于困苦和贫穷。”①

是的。完全正确。总收入对于资本绝对无关紧要。资本关心的唯一的事情是纯收入。正是从这里,李嘉图隐约感到资本主义生产的局限性。

以上谈的只是对工人阶级不利。由于李嘉图以机器已经在所有生产部门普遍使用为前提,他就不谈对手工生产者的不利问题。由于竞争不过机器的高度生产力,他们的破产就是必然的。不仅他们自身,他们的工具,在李嘉图看来就是“资本”,也已经不复存在了。

---

① 马克思:《剩余价值学说史》(第二卷),郭大力译,人民出版社 1978 年版,第 654—658 页。

第十四章　危 机 理 论

一　对资本积累的错误看法

前面说过，李嘉图信奉斯密教条。这使他对资本积累必然持错误看法。

斯密根据生产资料的价值最终要分解为收入的分析，得出这样一个荒谬的结论：虽然每一个单位的资本可以分为用于购买生产资料的和用于支付工资的两个部分，但社会资本全部只用来支付工资。例如，毛呢厂主把 2 000 镑转化为资本，把这些货币的一部分用来雇用工人，另一部分购买织机和羊毛，而出卖织机和羊毛的资本家又要把其中的一部分用来雇用工人，另一部分用来购买铁和羊……这样一直进行下去，全部 2 000 镑都用来支付工资。

这个错误的基础就是斯密教条，但有所发展。斯密原来认为产品价值全部分解为 V+M，即收入。现在他认为，转化为资本的剩余价值虽然要分别用来购买生产资料和雇用工人，但购买生产资料的部分最终全部分解为 V，不分解为 M。其实，既然是资本主义生产，那么价值分解时 V 和 M 总是同时存在的，否则就成为小商品经济的价值分解了。所以，根据这教条虽可得出社会资本只分解为 V 和 M，因而从资本的角度，并且仅仅从资本的角度看，全部分解为 V 的结论，但不能得出社会资本全部由工人消费的结论。所以，斯密的错误是二重的，既否认不变资本的存在，又否认剩余价值的存在。

关于否认不变资本的存在问题，从单个资本来看和从社会资本来看有所不同。马克思说："这里包括一个正确的观点：事物在社会资本即单个资本的总和的运动中的表现，和它从每个个别考察的资本来看的表现，也就是从每一单个资本家角度来看时的表现，是不同的。对每一单个资本家来说，商品价值分解为 1.不变要素……2.工资和剩余价值之和……而从社会的观点来看……不变资本价值,就消失了。”①这段话要从资本主义生产是一个长远的历史过程来理解,因为不断地回溯过去,人类确实有过使用不是劳动生产物的生产资料进行生产的时候,这时生产资料的价值确实是不存在的;而不能从一定时间的资本主义生产来理解,因为从一定时间来看,生产资料的价值总是存在的。尤其不能将这段说明价值最终分为 V 和 M 的话,用来说明资本主义生产不存在生产资料的生产,只存在消费资料的生产。这就是说,分析一定时间的资本主义生产,既要在价值上将商品分解为 C+V+M,又要在物质上或用途上将商品分为生产资料和消费资料。

李嘉图沿用了斯密的社会资本全部用来支付工资的错误见解。他说:“当我们说节约收入以增加资本时,意思就是说:所谓增加到资本中去的那一部分收入,是由生产性劳动者,而不是由非生产性劳动者消费的。如果认为资本由于不消费而增加便是大错而特错了,如果劳动价格腾贵到一种程度,以致资本虽然增加,也不能有更多的劳动被雇用,那我就应当说,资本的这种增加仍然作了非生产性的消费。”②这里的基本思想是,用于积累的那部分剩余价值全部由生产劳动者消费,这种消费指的是个人消费,不包括劳动者使用生产资料的生产消费,亦即全部用于支付工资,而不用于购买生产资料;这可以从如果工资(他称为劳动价格)腾贵,以致资本增加,也不可能有更多的工人被雇用的叙述中,清楚地看出来。至于这里涉及的生产性劳动者和非生产性劳动者的区别,那是斯密开始使用的概念,他有时认为生产物质资料的是生产性劳动,有时又认为生产剩余价值的是生产性劳动,反之,是非生产性劳动。这个问题同我们现在的分析无关,就不多谈。

二　认为生产等于消费,就否认普遍的经济危机

从斯密教条出发,李嘉图逻辑地认为,既然产品价值全部分解为 V 和

① 马克思:《资本论》(第二卷),人民出版社 1975 年版,第 427 页。

② 大卫・李嘉图:《政治经济学及赋税原理》,郭大力、王亚南译,商务印书馆 1962 年版,第 128 页注*。

M,M 一部分用于消费,一部分用于积累,用于积累的 M 又全部分解为 V,V 全部用于消费,那么,价值就全部用于消费,产品也全部用于消费,消费就等于生产。消费既然等于生产,普遍的生产过剩的经济危机就是不可能的。只有那种由于某些产品的供需不等而发生的局部危机是可能的。

斯密虽然错误地认为商品价值全部分解为 V 和 M,而 V 和 M 最终又用于个人消费,但他并没有由此就错误地认为全部产品都进入个人消费。因为他除了从价值上考察外,还从物质上考察,这样,他便看到有的物质资料是不能进入个人消费的,尽管它的价值是全部分解为 V 和 M 的。用他的话来说,就是:“很明显,补充固定资本的费用决不能算在社会纯收入(斯密说的纯收入是 V 和 M;正确的说法纯收入应是 M——引者)之内。……修葺所必要的材料,以及把这种种材料制为成品所需要的劳动产品,也都不能算作社会上的纯收入。”因为它们的物质形态是不能进入个人消费的。但是,“这种劳动的价格,也许会成为社会纯收入的一部分,因为从事此种劳动的工人可能要把工资的全部价值作为留供目前消费的资财”。[①] 这就是说,这些物质资料分解出来的价值,在这里提到的只是工资,其实还应包括剩余价值是进入个人消费的。这表明,斯密既从物质方面又从价值方面考察问题,所以有这种说法。

李嘉图不是这样考察问题。他错误地认为产品价值全部分解为 V 和 M 后,便逻辑地认为全部产品都进入个人消费。我们前面引用的那段话之前还有这样一句:“必须了解,一国的产品全部都是要被消费的;但究竟由再生产另一种价值的人消费,还是由不再生产另一种价值的人消费,这里面的区别却是难以想象的。”[②]这里的基本思想是,产品全部被个人消费,没有进入生产消费。至于被哪一种人消费,这是另一个问题。所谓再生产另一种价值的人就是生产价值和剩余价值的生产劳动者。不再生产另一种价值的人有两种:一种是不生产价值和剩余价值的非生产劳动者,主要是提供服务的劳动者;一种是资本家和地主这类非劳动者。

---

① 亚当·斯密:《国民财富的性质和原因的研究》(上卷),郭大力、王亚南译,商务印书馆 1972 年版,第 262 页。

② 大卫·李嘉图:《政治经济学及赋税原理》,郭大力、王亚南译,商务印书馆 1962 年版,第 128 页注 * 。

李嘉图认为产品是全部进入个人消费的，再加上他认为货币只是流通手段，是交换的媒介，不会退出流通成为贮藏手段，也就是说，他将商品交换等同于产品交换，就必然认为生产等于消费，或消费等于生产，因而否认资本主义生产所特有的生产与消费的矛盾和普遍的生产过剩的经济危机的可能性。他说："任何人从事生产都是为了消费或销售，销售则都是为了购买对于他直接有用或是有益于未来生产的某种其他商品。所以一个人从事生产时，他要不是成为自己商品的消费者，就必然会成为他人商品的购买者和消费者。"①

李嘉图只认为，由于生产的盲目性，或生产的比例不当而产生的局部危机是可能的。他说："某一种商品可能生产过多，在市场上过剩的程度可以使其不能偿还所用资本，但就全部商品来说，这种情形是不可能有的。"②局部危机的产生，是由于这种或某几种商品的生产多于人们对它们的需要；而随着价格、利润的变动，它便归于消失。普遍危机是不可能的，因为总生产带来与其相等的总消费。

应该指出，李嘉图否认普遍危机、肯定局部危机，同他所处的历史条件有关。虽然英国于1788年、1793年、1797年、1803年、1810年、1815年、1819年都发生过危机，但它们都是局部的危机，到1825年开始发生周期性的普遍的经济危机时，他已经与世长辞了。对于在反对法国拿破仑的战争结束后发生的危机，他是用工商业途径的突然变化，也就是生产的比例失调来解释的。历史条件的限制是他否认普遍危机的一个原因，但主要原因还在于他的危机理论是错误的。这对逻辑严密、首尾一贯的李嘉图来说是必然的。

三 货币理论错误和危机理论错误的关系

人们谈论李嘉图的危机理论时，常常引用他的这段话："产品总是要用产品或劳务购买的，货币只是实现交换的媒介。"③其实，货币的流通手段职

① 大卫·李嘉图：《政治经济学及赋税原理》，郭大力、王亚南译，商务印书馆1962年版，第247页。

② 同上书，第248页。

③ 同上。

能就包含着发生经济危机的可能性。马克思从商品生产的基本矛盾，即社会劳动和私人劳动的矛盾发展，说明货币的产生后，接着指出货币作为流通手段使商品交换分为两个行为，即买和卖，它们在时间上和空间上都可能是分开的，只要一个人卖了之后，不马上继之以买，另一个人就不能卖，经济危机就有了抽象的可能性。既然这样，李嘉图为什么相反地、从货币是交换的媒介中得出普遍危机不可能的结论呢？

这是因为，正如前面已谈过的，李嘉图不了解商品是既具有私人性质，又具有社会性质的劳动的产物，它必须交换，而在交换中必然会遇到矛盾；他不了解货币是商品交换中的矛盾发展的产物，它不仅像一般商品那样含有劳动时间，而且直接代表社会劳动。这样，当他谈商品交换时，就看不出其中可能产生的买和卖的脱节；谈论货币时，就只看到它方便商品交换的作用，看不到它使买和卖相脱节的作用，否认在这种情况发生时，货币便执行贮藏手段的职能。这样，他就不仅把商品交换看成产品交换，而且把资本主义的商品交换看成产品交换，所谓的“产品总是用产品或劳务购买的”就是这种错误看法的表现。既然资本主义生产的是产品，在产品交换中，货币又只起方便交换的作用，也就是买和卖不会脱节，当然就既不会发生普遍危机，也不会发生局部危机。

那么，李嘉图为什么又肯定局部的危机呢？在产品交换的前提下，产品交换在以下两个条件下是不能发生的：第一，一方生产了无用的东西；第二，另一方没有生产什么有用的东西。在交换已经发展了一段长时间的条件下，一般说来这是不可能的。还有一种情况，就是某些产品不能全部交换完毕，它有一部分是过剩的。其原因是社会劳动在各个生产部门分布不均，有一部分在某一部门过多，另一部分在某一部门过少，前者表现为生产过剩，后者则表现为生产不足，有一部分商品买卖脱节，不能出卖。对于这些商品来说，货币虽然能够方便交换，也无能为力。这就是局部危机。很明显，社会劳动不可能在一切生产部门都过多，因此，普遍的危机是不可能的。

这样，我们便可以看到，李嘉图货币理论的错误使他否认买和卖的脱节，从而否认危机一般。但他却肯定局部危机，否定普遍危机，其原因就不能是货币理论的错误了。他肯定局部危机，并认为其原因是生产中的比例失调，这是正确的。他否定普遍危机，这是错误的，其原因在于他错误地认为生产等于消费。这就是说，他否定普遍危机的原因最根本的是错误地认为生产等于消费。

四　一场关于经济危机的争论

19 世纪 20 年代，欧洲的经济学家就经济危机问题展开了一场争论。李嘉图和穆勒、萨伊站在一边，反对站在另一边的西斯蒙第和马尔萨斯。从争论中，可以进一步理解李嘉图的经济危机理论。

李嘉图积极支持同他一样认为普遍的生产过剩的经济危机是不可能的，只有局部的经济危机是可能的穆勒和萨伊。严格说来，李嘉图在这个问题上是受他们的影响的。他在《政治经济学及赋税原理》的序言中，特别推崇萨伊的危机理论即销路论，认为它“包含许多十分重要的原理，我相信这些原理都是这位杰出的著作家首先加以解释的”。[①] 其实，在萨伊提出完整的销路论之前，穆勒已提出了与销路论实质相同的供需均等论。

穆勒的供需均等论是建立在认为货币只是交换媒介、买卖不会脱节的产品交换论，以及认为产品价值全部分解为收入的斯密教条的基础上的。他认为，从价值看，每个人的供给就构成其需要，全社会的供给就构成其需要；普遍的危机是不可能的，只有局部的危机是可能的。因为一个部门投入的资本和劳动过多引起生产过剩时，其他部门则因投入的资本和劳动过少而引起生产不足，这种过剩和不足，可以通过价格和利润率的变动而自发解决。萨伊的销路论认为，生产给产品创造需求，它也是建立在产品交换论和斯密教条的基础上的，同供需均等论实质相同。

李嘉图当然同意他们的理论，因为他的生产消费均等论的实质和他们的相同，并且也是建立在产品交换论和斯密教条的错误理论上的。这里需要指出的是，由于信奉斯密教条，他们在价值上否认不变资本的存在，便看不到不变资本中的固定部分，从一个企业看，是一次购买，多年（多次生产过

---

① 大卫·李嘉图：《政治经济学及赋税原理》，郭大力、王亚南译，商务印书馆 1962 年版，第 4 页注 *。

程)使用,因此,该企业的供给和需要,即使撇开其他原因不谈,从价值量来看,每年都是不等的。从全社会和固定资本的角度来看,要这两者相等,全社会的折旧部分就要等于更新部分,这在生产无政府状态下是很难做到的。

李嘉图等人反对马尔萨斯和西斯蒙第的肯定普遍的生产过剩的经济危机的可能性的理论。马尔萨斯的危机理论是对西斯蒙第的消费不足论的剽窃。前面说过,马尔萨斯认为利润包括在生产成本中,这实质上等于说利润是卖价高于垫支的资本和工资的差额,是价格高于价值的结果。问题是谁支付利润。资本家之间不能用相互贵卖的办法来取得利益。将商品贵卖给工人是可以的,因为工人不能报复。但这样一来,有一部分商品就不能出卖,生产过剩就不可避免,因为生产超过了消费。幸好有一个只买不卖、只消费不生产的地主、贵族阶级,他们凭特权取得巨额收入,高价购买、拼命挥霍,普遍的危机才得以避免。李嘉图当然看出,这种理论事实上就是斯密的交换商品支配的劳动决定价值的错误理论,极力加以反驳。

马尔萨斯也反对李嘉图的危机理论,认为不是产品交换,而是产品和劳动交换,认为不是生产等于消费,而是生产大于消费,因为生产物实质上是同劳动交换,而生产发展是将非生产劳动变为生产劳动,生产增加了,劳动没有增加,消费也没有增加,如果没有地主、贵族的挥霍,普遍的危机是不可避免的。

西斯蒙第是和李嘉图同时代的法国古典政治经济学家,也是小资产阶级政治经济学的鼻祖。他用消费不足来说明普遍的危机是不可避免的。他同样认为产品价值全部分解为收入,从这点看,产品就由收入购买。但他认为,今年的产品是由去年的收入来购买的。如果逐年生产规模相同,生产便等于收入,也等于消费,就不会发生普遍的危机。但是资本主义是有积累的,生产一扩大,去年的收入就不能全部购买今年的产品,消费小于生产,普遍的危机便发生。积累越迅猛,危机越激烈。解决的办法只能是减缓积累。他在理论上未能自圆其说,因为减缓不能使危机不发生。

从上述分析可以看出,讨论的双方都只承认有个人消费,不考察生产消费,这表明他们都是在斯密教条的基础上进行讨论的。这样,无论肯定或是否定普遍的经济危机,双方的理论都是错误的。

五 去世那一年与西斯蒙第面对面讨论危机问题

李嘉图在其生命的最后一年即 1823 年，曾赴日内瓦和西斯蒙第面对面讨论经济危机问题。西斯蒙第在其著作中谈及这次讨论情况。这些讨论的结果就成为西斯蒙第在 1824 年 5 月出版的关于《不列颠百科全书》评论中发表的一篇以“论生产与消费间的平衡”为题的论文。从中我们知道，他们把货币问题和国外市场问题撇开不谈。从前面的分析中，我们知道，他们都信奉斯密教条。这就决定了讨论不可能解决问题。

这里值得注意的是：争论双方同意将货币的作用予以舍象即抽掉，李嘉图仍然认为普遍的生产过剩的危机是不可能的。这就证明我在上面的看法：李嘉图的货币理论错误与其危机理论错误无关。

罗莎·卢森堡在《资本积累论》中对此有评论。以下是最重要的摘录：

“李嘉图在他的《政治经济学及赋税原理》里，完全接受了萨伊的陈腐的生产和消费协调的理论。在第二十一章中，他说：‘萨伊已最令人满意地证明没有任何数量的资本在一个国家内会找不到被使用的场合，因为生产的唯一限界就是需求。人们如果不是为了消费或出售，就不会生产；如果不是为了购买其他某种商品，也不会出售，而所购买的某种其他商品或者是直接对他有用的，或者是对于将来生产能够起作用的。因此，生产者必然是自己的产品的消费者，或者是别人产品的购买者和消费者’。”①

卢森堡继续说：“在讨论之初，西斯蒙第和李嘉图双方同意了一个异常清晰和精确地表述问题的方法，他们把对外贸易问题完全撇开不谈。……但尽管如此，西斯蒙第并没有像后代评论家所归功于他那样，认识到剩余价值的实现问题，即积累问题，依赖对外贸易，作为唯一的解救方法。相反地，西斯蒙第……明白地表示：‘为了使这些估计具有更多的确定性，并为了简化这些问题，我们迄今为止一直把对外贸易完全抽象掉，并假定一个孤立存

① 罗莎·卢森堡：《资本积累论》，彭尘舜、吴纪先译，生活·读书·新知三联书店 1959 年版，第 152 页。

在的国家；这个孤立的国家是人类本身。凡是适应于一个没有对外贸易的国家的，也同样适用于全人类。”①这里，我要说明的是：后代评论家加在西斯蒙第身上的对外贸易，同卢森堡所说的剩余价值赖以实现的“对外贸易”不是同一的概念。前者就是一般所说的超越国界的贸易；后者是卢森堡的重大贡献，它指的不是超越国界的，而是资本主义同非资本主义之间，大量是同小生产者之间的贸易。这个概念在卢森堡的资本积累理论中具有决定性的作用。下面将详细予以研究。

卢森堡继续指出：“在与西斯蒙第争辩中，李嘉图的论点是这样：‘假定100个农夫生产1 000袋小麦，100个毛呢工人生产1 000欧纳呢料，这里暂不考虑人类需要的其他一切产品，不考虑他们中间有任何中介人，只假定世界上仅有这么两部分人：他们用1 000欧纳呢料交换1 000袋小麦；假定由于生产不断发展，劳动生产力提高了10%，同样的人就要用1 100欧纳呢料交换1 100袋小麦，从而每个人穿得更好，吃得更饱了；如果再向前发展一步，就要用1 200欧纳呢料交换1 200袋小麦，这样发展下去，提高生产只能增加生产者的享受。’②”③这个例子其实就是上述麦卡库洛赫的例子的翻版。这就怪不得卢森堡评论说：“我们不得不遗憾地指出，伟大的李嘉图的推理水平似乎比那个苏格兰大骗子麦卡库洛赫还要低些。我们又一次被邀请来参观‘欧纳’和‘袋’两者间的和谐而优雅的舞蹈会。”④卢森堡接着指出：“真正的问题，真正的争辩对象是：如果资本家生产的产品多于他们自己消费和工人消费所需要的，也就是如果他们把他们的剩余价值的一部分转化为资本，用来扩大生产，增加他们的资本，那么，谁是这些随之而来出现的剩余生产物的购买者和消费者呢？李嘉图的答复是对资本的增大问题完全不管。……这个例子中对于资本的扩大只字都没有提到。这里，我们见到的不是扩大再生产，而是简单再生产。”⑤西斯蒙第接过李嘉图的例子，指出：李

① 罗莎·卢森堡：《资本积累论》，彭尘舜、吴纪先译，生活·读书·新知三联书店1959年版，第153页。

② 西斯蒙第：《政治经济学新原理》，何钦译，商务印书馆1964年版，第544页。

③ 罗莎·卢森堡：《资本积累论》，彭尘舜、吴纪先译，生活·读书·新知三联书店1959年版，第154页。

④ 同上。

⑤ 同上。

嘉图假设的劳动技术的变化必然归结到下列两种中的任何一种的结果：其一是比例于劳动生产率的提高，若干数目工人必将被解雇——而从一方面出现剩余的生产物，另一方发生失业和贫困的遭遇。或者，这些剩余生产物用来维持那些从事新的生产部门，即奢侈品生产的工人。卢森堡对此评论说："这里西斯蒙第的见解无疑地超越了李嘉图：他突然想起了不变资本的存在，并激烈地对英国古典学派予以正面的攻击。"①西斯蒙第说："恢复平衡必须取决于奢侈品工人的迅速形成。"而建立一所新的奢侈工厂还必需一笔新资本："必须制造机器，必须运来原料……"②这些就是不变资本。我们记得：李嘉图论述资本积累时，曾断言它是全部分解为工资的，只是应为生产劳动者的工资，而不应为不生产劳动者的工资。这是斯密教条的产物。现在，"西斯蒙第与古典派的一个迷信决裂了，这个迷信就是资本扩张时，所有追加资本都是用在工资，即可变资本上的。西斯蒙第清楚地与李嘉图分道扬镳了。但是，尽管如此，在三年以后，他仍然让从这个学说所产生的全部错误混进他的《新原理》第二版中去"。③

六　评中译本序言关于李嘉图否认普遍危机的论述

《政治经济学及赋税原理》中译本序言说：李嘉图接受了斯密教条；并"以为资本主义的生产的直接目的，也是为了满足社会的需要。生产只受资本的限制，任何数量的资本都能投在生产的用途上，只要生产出来，就不愁卖不出去，因为生产物总是用生产物或服务来购买的，货币只是交换的媒介，买和卖是不会脱节的"。④ 这些确实是错误的，因为李嘉图看不到货币执行流通手段的职能，有可能使买卖分离（但这说明只从这方面批判李嘉图的

---

① 罗莎·卢森堡：《资本积累论》，彭尘舜、吴纪先译，生活·读书·新知三联书店1959年版，第156页。

② 西斯蒙第：《政治经济学新原理》，何钦译，商务印书馆1964年版，第509—510页。

③ 罗莎·卢森堡：《资本积累论》，彭尘舜、吴纪先译，生活·读书·新知三联书店1959年版，第156—157页。

④ 大卫·李嘉图：《政治经济学及赋税原理》，郭大力、王亚南译，商务印书馆1962年版，译序第20页。

危机理论是不够的。因为认为买卖不会脱节就应该否认任何危机，包括局部的和普遍的，但李嘉图却承认局部危机而否认普遍的危机：可见原因不是他的货币理论不正确）；看不到固定资本的折旧和更新，从一个工厂看，必然是不一致的，从全社会看，要使其一致，需要具备许多条件，是很难做到的。但是，它们并不是李嘉图独有的思想，而是他同意的萨伊的“销路论”和老穆勒的“买卖均衡论”或“供需均衡论”；他自己独有的“生产消费均衡论”是植根于斯密教条的，这一点译序倒没有强调。

李嘉图信奉斯密教条，认为商品中的旧价值，即马克思所说的 c，是不断地分解为收入的，即分解为马克思所说的 V 和 M 的。不单李嘉图是这样，他的同期的经济学家，如萨伊、老穆勒、西斯蒙第、马尔萨斯，也是这样；甚至在马克思指出其错误后，凯恩斯仍然是这样。这一教条今天仍影响着经济学界。由于李嘉图认为生产出来的价值全部最终分解为三种收入，而收入是可以用于消费的，这样一来，在不是简单再生产（以ⅠV+ⅠM=ⅡC 为条件）而是扩大再生产（以ⅠV+ⅠM>ⅡC 为条件）的条件下，他也认为生产等于消费（个人消费），这样，普遍的生产过剩的危机就不可能发生了。李嘉图在世时，资本主义世界还未发生普遍的危机，这是历史条件使他否定普遍的危机，但是他的理论也必然反对认为有发生这种危机的可能。在这一点上，斯密和李嘉图不同：斯密还从构成收入的物质资料出发，看到有的收入是体现在生产资料上，如钢铁、机器等物质，是不能进入个人消费的；所以，斯密虽然是斯密教条的始祖，但是没有提出生产等于消费的理论。李嘉图完全从概念出发，认为收入可以全部进入个人消费，得出生产等于消费，否定普遍危机的错误结论。

第十五章　国际分工理论和国际交换理论

一　以比较成本论说明国际分工

李嘉图之前的国际分工论是斯密的绝对成本论。斯密是产业革命前夕的经济学家,以绝对成本论来说明国际分工和交换。所谓绝对成本就是生产要素的价值比贸易伙伴的小些。这是容易理解的。但是,值得注意的是,斯密也说过:“在土地广大的国家,常有大部分农地,位于僻远地方,其肥料不易仰给于都市,因此耕种优良的土地其数量一定和农地自能生产的肥料成比例;而农地自产肥料量,又一定和农地所维持的牲畜成比例。土地施加肥料,不外二途:其一,放畜于田,因而得粪;其二,饲畜于厩,出粪肥田。”①这里,斯密不自觉地说明,大都市的兴起和发展使土地不能就近取得肥料,肥料要从远处运来,这在一定条件下,使尚未发生产业革命、工厂密集的城市尚未兴起的贫国之农产品价值低于富国。这就隐藏着一种新的国际分工论。

李嘉图生活在产业革命在英国急剧进行的年代,国际分工的现象已较明显。李嘉图用比较成本论来说明其原因。他说:“如果两人都能制造鞋和帽,其中一个人在两种职业上都比另一个人强些,不过制帽时只强 1/5 或 20%,而制鞋时则强 1/3 或 33%,那么这个较强的人专门制鞋,而那个较差的人专门制帽,岂不是双方都有利么。”②这是从个人看的,但也适用于国家。

---

① 亚当·斯密:《国民财富的性质和原因的研究》(上卷),郭大力、王亚南译,商务印书馆 1972 年版,第 212 页。

② 大卫·李嘉图:《政治经济学及赋税原理》,郭大力、王亚南译,商务印书馆 1962 年版,第 114 页。

他进一步用数字来说明这一原理:假设生产1单位毛呢,英国需要100单位劳动,葡萄牙需要90单位劳动;生产1单位酒英国需要120单位劳动,葡萄牙需要80单位劳动,论绝对成本,英国都较高,葡萄牙都较低,最好的办法是将英国的劳动和资本都输到葡萄牙去,从事毛呢和酒的生产。但是他认为,这是不可能的,因为资本由一国转移到另一国以找寻更有利的用途是很困难的。因此,他认为,英、葡应该分别生产比较成本低的商品,就能增加产量,然后交换,双方都有利。从英国看,两种商品的比较成本是100/90和120/80,前者比值较低,英国应专门生产毛呢;从葡萄牙看,两种商品的比较成本是90/100和80/120,后者的比值较低,葡萄牙应专门生产酒。分工前,英国220单位劳动和葡萄牙170单位劳动,合起来生产2单位毛呢和2单位酒;分工后,英国220单位劳动生产2单位毛呢,葡萄牙170单位劳动生产2.125单位酒,总量较前增加,然后按下面再论述的价格交换,双方都有利。他认为,正是这一原理,决定葡萄酒应在法国和葡萄牙酿制,谷物应在美国和波兰种植,金属制品及其他商品应在英国制造。这就是世界分工理论中的比较成本论。

二　评比较成本导致国际分工论

我认为,根据李嘉图的比较成本论,并不能说明世界为什么长期地划分为工业国和农业国,因为它不能说明为什么一些国家长期是工业品的比较成本低,另一些国家长期是农产品的比较成本低。分析一下就可以看出,李嘉图的思想深处存在着斯密的这种理论:增加劳动,其生产率在工业上是递增的,在农业上是递减的。这样,先发生产业革命的国家,其工业比其他国家的制造业和工业的相对优势就越来越大,其农业比其他国家的农业的相对优势就越来越小,最终甚至消失,也就是说工业品的比较成本总是低的。我们知道,李嘉图始终认为,随着工业的发展,农业就从耕种优良地到耕种劣等地,或在同一土地上增加投资,其生产率在降低,这和工业不同。他认为只要情况是这样,他的理论就能成立。

但是,我认为,这仍不能说明工业国、农业国的世界分工何以能长达200

多年。我修改一下李嘉图的例子，而用他的抽象法来论证。生产1单位毛呢所需劳动，英国为80单位，葡萄牙为120单位；生产1单位酒所需劳动，英国为90单位，葡萄牙为100单位。从上述可知，比较成本低的，在英国是毛呢，在葡萄牙是酒，它们分工生产，并因此分别成为工业国和农业国。此后，按照李嘉图的说法，英国毛呢的生产率提高，葡萄牙酒的生产率降低，假设前者提高10倍，即为8单位，后者降为原来的1/10，即为1 000单位。再将它们分别同它们各自原来生产酒和毛呢所需的劳动相比，英国两种商品的比较成本如下：毛呢为8∶120，酒为90∶1 000，前者仍然较低。但在李嘉图看来，农业劳动生产率下降的幅度最终必然比工业劳动生产率提高的幅度大（李嘉图接受马尔萨斯的人口学说，认为人口压力必然使土地生产率下降到惊人的地步），以至生产1单位酒所需劳动为1 500单位，这样，比较成本就变为8∶120和90∶1 500，在英国比较成本低的是酒，它应停止生产毛呢，而改为生产酒，原来的世界分工要发生变化。这就是说，比较成本论不能说明长期的世界分工。

此外，李嘉图的比较成本世界分工论本身还存在着矛盾。我们可以从李嘉图信奉的土地报酬递减律和由他提出的地租理论（只承认级差地租，否认绝对地租）来说明这一问题。他将地租定义为两份农业资本生产不同量产品的差额；也就是说，价值由最劣等的生产条件决定，当只耕种优良地时，没有地租，到耕种次等地或在同一土地上投资其生产率降低时，优等地或优等的生产率的超额产品便转化为地租。扣除了地租后的价值分解为工资和利润。这样，随着农业劳动生产率的降低，农产品价值就提高，货币工资就随着提高，最终货币工资就全部吞掉利润，这时，农业就不能经营了。他举了这样的例子：假定每一工人每年的实际工资等于6担小麦的价值，其中一半用于购买小麦，即要购买3担小麦以满足需要，另一半用于购买其他东西；10个工人每人在优良地上劳动一年或180天，共生产小麦180担，即每担耗费劳动10天，价值4镑，共值720镑；其中工资占240镑，余下的480镑为利润，此时没有地租。随着劳动生产率的降低，农产品价值提高，从而货币工资也提高，利润就降低；待耕种劣等地或在同一土地上的投资其生产率为最劣时，例如，只生产36担小麦，这36担的总价值仍为720镑，因为它同样是10人每人劳动180天所生产的；这样，每担的价值就为20镑，优等地多产的

144 担共值 2 880 镑,便转化为地租;余下的 36 担共值 720 镑,原是要分解为工资和利润的,但是,现在货币工资就为 720 镑,因为每个工人的工资要买 3 担小麦,一担小麦为 4 镑时,工资总额为 240 镑,现在每担小麦涨了 16 镑,每一人的货币工资要涨 48 镑,10 个工人就要涨 480 镑,即总货币工资为 240+480=720 镑,利润就再也不存在了。没有利润,资本主义的生产就不能存在。于是,包括优良地在内的一切耕地就再也不能耕种了。这样,我们就可以看到,劳动生产率从 10 人共劳动 180 天生产小麦 180 担,降低到生产 36 担,每担耗费劳动 50 天,即只降低为原来劳动生产率的 1/5,资本主义的农业就已不能存在。也就是说,李嘉图信奉的土地报酬递减律,一方面是其建立在比较成本论基础上的世界分工论得以维持的前提,另一方面又是最终必然使这一理论不能说明世界长期地分为工业国和农业国的原因。

我认为,马克思并没有接受比较成本论。他的国际分工理论主要是对斯密有关理论的扬弃,而他的国际交换价格的理论则是对李嘉图有关理论的扬弃。

马克思挖掘斯密关于农业、土地和肥料之间的关系的论述,提出产业革命的进行是工业领域快于农业领域,在这条件下,工业城市兴起。大量农民离开土地流入城市,土地就近取得肥料日益困难,只能从远处取得,这在一定条件下,在工业品变得便宜的同时,农产品反而变得昂贵。他说:“资本主义生产使它汇集在各大中心城市的人口越来越占优势,这样一来,它一方面聚集着社会的历史动力,另一方面又破坏着人和土地之间的物质变换,也就是人以衣食形式消费的土地的组成部分不能回到土地,从而破坏土地持久肥力的永恒的自然条件。”①这样,为了恢复土地的肥力,就要从很远的地方,例如当时的英国就要从南美洲挖掘并运回鸟粪在土地上施肥。这要耗费大量的劳动。只要它大于因产业革命对农业的影响而节省的劳动,生产同产谷物所需的劳动就增大,谷物的价值就增大。马克思说明其中的规律:“一部分不变资本的价值不会加入到俄国农业家农产品的价值中去,但会加入到英国农业家农产品的价值中去。假如价值的这个部分等于 10 人 1 日的劳动,并假设 1 个英国劳动者会把这不变资本推动……如果 1 个英国人借助不

① 马克思:《资本论》(第一卷),人民出版社 1975 年版,第 552 页。

变资本所生产的产品，必须有5个俄国人才能生产出来，而俄国人所用的不变资本只等于1个劳动日，英国人的产品就=10+1=11劳动日，而俄国人的产品=1+5=6劳动日。如果俄国的土地比英国的土地更肥沃到这个地步，以至不用不变资本，或用1/10的不变资本，已经能够和那个使用10倍不变资本的英国人生产一样多的谷物，同量英国谷物和俄国谷物的价值，就会成11与6之比。”①这就是说，英国人使用比俄国人先进的农业工具所节省的活劳动，小于为了使其土地的肥力提高到等于俄国土地的肥力程度所需增加的劳动，这就使英国谷物的价值比俄国的高。就是这一规律的作用使先在工业领域发生产业革命的国家，在工业品变得便宜的同时，农产品的价值却变得昂贵，而未发生产业革命的落后国家的情况则相反，这就使世界划分为工业国和农业国。

马克思在这里虽然是说明产业革命与城市兴起对国际分工的决定性影响，但我认为这同样适用于说明城市的规模不宜过大，以便使人类以衣食的形式取自自然的能就近返回自然。

正是由于这样，恩格斯就认为：大城市应该消灭，以便使“现在城市中日益病弱的群众的粪便不致引起疾病，而是作为植物的肥料”。② 斯大林反对恩格斯的看法，认为“还要出现新的大城市，它们是文化最发达的中心，它们不仅是大工业的中心，而且是农产品加工和一切食品工业部门强大发展的中心”。③ 但是他没有回答如何解决人和土地之间的物质代谢的问题。

人们可能认为，随着科学的发展，恢复土地的肥力，不必一定要使用有机肥料，无机肥料可以起同样的作用。我请教过农学家，他们认为：有机肥料胜于无机肥料。如果不解决这问题，自然界是要报复的。其实，自然界早已报复了。

人们可能认为，现在有的发达国家已经将粪便压缩为颗粒状，再施于土地上，解决了人取自土地的应回到土地的问题。因此，城市再大也可以解决这问题。这就涉及前面谈论的英国从南美洲取鸟粪回来再施肥的问题。这就是很可能增加了C的支出，使农产品个别价值在社会价值之上。这对我

① 马克思：《剩余价值学说史》（第二卷），郭大力译，人民出版社1978年版，第550—551页。
② 恩格斯：《反杜林论》，人民出版社1970年版，第292页。
③ 斯大林：《苏联社会主义经济问题》，人民出版社1952年版，第23页。

国参与世界竞争是很不利的。当然,这是一个很复杂的核算问题,要专门研究。但是,我认为,在还没有提出相应的数据以前,要特别防止盲目发展大城市。

三　比较成本理论和英国产业资本家的利益

如果按照比较成本理论去做,当时正在成为工业国的英国,势必分工制造比较成本比较低的工业品,其他国家则制造比较成本低的农产品和其他产品,构成发达国家和落后国家进行贸易的格局,前者以小量劳动和后者的大量劳动交换,对英国产业资本家有利。

李嘉图说:"一个在机器和技术方面占有极大优势因而能够用远少于邻国的劳动来制造商品的国家,即使土地较为肥沃,种植谷物所需劳动也比输出国更少,也仍然可以输出这些商品以输入本国消费所需的一部分谷物。"①这里说的是,无论生产何种商品,该国都占有绝对优良的条件,情况和他谈的葡萄牙的条件相同,但得出的结论却和葡萄牙应该生产葡萄酒不同,该国应该生产工业品以换取谷物。这里谈的是英国的情况。但要加上补充,即按照李嘉图的理论,英国在机器和技术方面越占优势,它耕种的土地便越是低劣,工业生产力和农业生产力发展的方向相反。在这前提下,不论和哪一个国家相比,英国工业品的比较成本总比它的农业品的比较成本小,其他国家的情况则相反。这样就得出"葡萄酒应在法国和葡萄牙酿制,谷物应在美国和波兰种植,金属制品和其他商品则应在英国制造"②的结论。

我们知道,英国从18世纪下半期开始进行产业革命,到19世纪80年代在工业生产上被美国等国赶上为止,作为世界工厂,它以其工业品同其他国家的粮食和原料相交换。即使撇开英国可以利用其工业生产的垄断地位,将工业品以垄断高价出售给其他国家不谈,正如下面的分析将指出的,它可以是比方以一个工作日和其他国家的三个工作日相交换的。这是英国作为

① 大卫·李嘉图:《政治经济学及赋税原理》,郭大力、王亚南译,商务印书馆1962年版,第114页。

② 同上书,第113页。

一个工业国和其他非工业国按照价值规律交换商品的必然结果。

当然，非工业国在这种交换中也得到好处，因为它如果不从英国进口工业品，就要自己生产，这样，它生产的工业品就可能比英国的贵，或者虽然比英国的便宜，但不如从英国进口，而以其资本和劳动集中生产农产品来得有利，情况就如葡萄牙那样。这当然也是一种利益，但这种利益是以自己的大量劳动和英国的小量劳动交换而取得的。如果这种情况继续不变，英国人只用一分劳动，其消费就能比其他人高两倍，而其他人虽用三分劳动，其消费却仅为英国人的三分之一。如将阶级关系抽掉，抽象地分析问题，结论就是这样。

马克思说："在这种情况下，比较富有的国家剥削比较贫穷的国家，甚至当后者……从交换中得到好处的时候，情况也是这样。"①

四　两大类国家按相等价格交换商品的经济内容

关于两大类国家交换工业品和农产品的比价问题，如果舍掉货币对价格的影响这一作用不谈，那么李嘉图是这样论述的："只要不是独占品，最后决定商品在进口国家中的售价的乃是出口国家中的自然价格。"②按前例：葡萄牙生产 1 单位酒需要 80 单位劳动，舍去运费不算，在英国也就按这个价格卖；英国生产 1 单位毛呢需要 100 单位劳动，同理，在葡萄牙也就按这个价格卖；这样，是不是 100÷80＝1.25，即 1.25 单位酒交换 1 单位毛呢？李嘉图又认为不是这样。他指出葡萄牙用多少酒交换英国的毛呢，不是由各自生产上所用的劳动量决定的，情况不像两种商品都在葡萄牙或在英国生产那样。由此他提出一个重要的原理："支配一个国家商品相对价值的法则不能支配两个或更多国家间互相交换的商品的相对价值。"③他明确指出：英国人将以 100 人生产的毛呢交换葡萄牙人以 80 人劳动生产的酒。这种交换在一个国

① 马克思：《剩余价值学说史》(第三卷)，郭大力译，人民出版社 1978 年版，第 112 页。

② 大卫·李嘉图：《政治经济学及赋税原理》，郭大力、王亚南译，商务印书馆 1962 年版，第 321 页。

③ 同上书，第 112 页。

家中不同个人之间是不可能发生的。其原因在于:资本从一国移到另一国以寻求更为有利的用途十分困难,而在一国各地之间却十分容易达到这一目的。他这一段论述暗含着这样的思想:利润率在国家之间因资本不能自由转移就不均等,在一个国家内部因资本能自由转移就均等。

从利润率的高低看商品的价格,这价格就不是价值的直接表现,而是包含着平均利润的自然价格(马克思所说的生产价格)。价值和自然价格的区别在于:前者分解出剩余价值,后者则包含着平均利润。生产出来的剩余价值和分配得到的平均利润,其数量在大多数的场合是不等的,这要取决于资本有机构成的高低和资本周转时间的长短。我们知道,李嘉图是混淆价值和自然价格、剩余价值和平均利润的。由于这样,他就认为:投下等量资本,在一国之内,不管哪一生产部门,尽管推动的活劳动不等(从而有不等的价值),总有等量的利润,有相等的自然价格(他认为就是价值),商品按这价格交换就必然是等量劳动的交换(从生产价格包含的劳动或价值看,不一定是这样);在不同国家,不管推动的活劳动是否相等,总有不等量的利润,有不等的自然价格,而自然价格要换算为相等的才能交换,这样,按逻辑推论,他认为劳动量就必然不等。这就是李嘉图之所以提出价值规律只能决定一国内部的商品交换,而不能决定国家之间的商品交换这一错误看法的方法论根源。

马克思谈到李嘉图的有关论述时说:“损失和利得在一国之内会互相抵消。但在国家之间不是如此。甚至李嘉图的理论也认为……一国的 3 个劳动日可以和别一国的 1 个劳动日相交换。价值规律在这里有重要的修正。不同国家劳动日的关系,能够像一国之内熟练的复杂的劳动和简单的劳动的关系一样。”①

应该指出,很多论者解释过马克思这一段论述,但是在我看来大多是离开了马克思的原意的。例如,有人认为工业国与农业国交换中的价格问题,就是复杂劳动和简单劳动交换的关系。诚然,是存在这样的内容。但这并不能说明富国剥削贫国,因为一国之内也有这样的交换,可是马克思并不认为是剥削,因为他认为在形成价值的时候,复杂劳动要转化为倍加的简单劳

① 马克思:《剩余价值学说史》(第三卷),郭大力译,人民出版社 1978 年版,第 112 页。

动，这既然是形成价值的内容，当然就谈不上什么剥削了。何况这种解释与马克思谈到的李嘉图的理论即价值规律在这里有重要的修正，以及贫国也会在交换中得到利益等无关。我们必须按照马克思的原意来解释这段论述。

让我们进一步论述这一极其重要的理论问题。

前面我们谈到李嘉图的迷误引出马克思的正确：资本有机构成高的和资本周转时间长的部门，其商品的生产价格高于价值，与此相反的部门则相反；发达国家的情况属于前者，落后国家的情况则属于后者。上述原理可如表 2-5、2-6 所解(为了简明，资本周转时间没有在表中反映，但道理和资本有机构成相同：周转快，一年中周转次数多，等于一年中使用的 V 总量大，即等于资本有机构成低，反之，就相反)。

表 2-5　工业国家：不同资本有机构成下生产价格与价值关系

资　本	剩余价值率	剩余价值	价值	平均利润	生产价格
A　90C+10V	100%	10	110	20	120
B　80C+20V	100%	20	120	20	120
C　70C+30V	100%	30	130	20	120

表 2-6　农业国家：不同资本有机构成下生产价格与价值关系

资　本	剩余价值率	剩余价值	价值	平均利润	生产价格
Ⅰ　70C+30V	60%	18	118	24	124
Ⅱ　60C+40V	60%	24	124	24	124
Ⅲ　50C+50V	60%	30	130	24	124

马克思主义政治经济学告诉我们：工业国资本有机构成高，剩余价值率高，利润率低，农业国则相反。这两大类国家，资本有机构成高的 A 和Ⅰ，其生产价格高于价值；资本有机构成低的 C 和Ⅲ，其生产价格低于价值；资本有机构成中等的 B 和Ⅱ，其生产价格等于价值。从表 2-5、2-6 可以看出：同样是 100 的投入，其生产价格，在工业国都是 120，在农业国都是 124。两国交换，前者 1 单位产品就换后者 0.967 741 9 单位。A 是重工业产品，它同Ⅲ相交换，Ⅲ是农产品，1 单位 A 的价值是 100，它换取 0.967 741 9 单位Ⅲ，

这样，后者的价值则是：130×0.967 741 9＝125.806 44。因此，在按相等生产价格交换的背后，工业国是以较小的价值即劳动换取农业国的较大的劳动。也就是说，前者投入的国民劳动小，实现的国民价值大，后者则相反。这就是我根据马克思的有关理论，对由他提出的富国剥削贫国的解释。这也是富国和贫国即使在等价交换之下，其发展差距也要扩大的最根本的原因。

那么，又应怎样理解在交换中，贫国也得到利益呢？这就是：如果农业国不以农产品去交换工业国的重工业品，而在不具备技术条件时，自己去生产，开始时花的劳动必然比用生产农产品去交换重工业品的办法所花的劳动还要多些。这就有一个长远利益和当前利益应如何结合的问题。这是每个落后国实现工业化和现代化时，都遇到的发展战略问题。

五　对外贸易和利润率

李嘉图同斯密的看法相反，认为一个国家在对外贸易中取得较高的利润，不能提高该国的利润率，因为它将降低到该国原有的利润率的水平。只有进口的是廉价的工人生活必需品，一个国家的利润率才能提高。

斯密认为，从事对外贸易的个别商人，有时赚得的高额利润会使该国的一般利润率提高，因为其他生产单位的资本会转移到这项对外贸易中来，减少这单位的商品供应，而在需求不变时，价格上涨，这些单位的资本家和外贸商人一样，得到更多的利润。

李嘉图同意斯密的这种看法，即在没有垄断的条件下，国外贸易和国内贸易的利润率有彼此一致的趋势；但反对斯密的这种看法，即利润的均等是由利润的普遍上升造成的，而认为这个有利的外贸行业的利润很快就会降到一般的水平。

应当说，斯密的结论是正确的，但分析要改进。其中的规律应当这样：如进口的生产资料价格较为低廉，不变资本的价值便下降，进口的生活资料价格较为低廉，劳动力的价值便下降，剩余价值率便提高，预付资本缩小，剩余价值量增加，利润率就提高；有些部门在出口中取得很高的利润，是由于它们的商品的个别价值或生产价格，低于世界的商品的价值或生产价格，商品按世界市场价格出售，便得到超额利润，在自由竞争条件下，它转化为并提高了平均利润。

李嘉图在争论时，只突出在对外贸易中某一个行业的高额利润问题，这样他便看不到社会生产力较高的国家在对外贸易中的优势。在这基础上，他根据自己揭示的利润和工资对立的关系，指出进口的如果不是廉价的工人生活必需品，利润率就不可能提高。他说：同机器改良，因而劳动者的食物和必需品能按降低的价格送上市场，利润就会提高一样，“如果我们不自己种植谷物，不自己制造劳动者所用的衣服以及其他必需品，而发现了一个新市场可以用更低廉的价格取得这些商品的供应，工资也会低落，利润也会提高”①，但如从对外贸易中以更低廉的价格取得的商品，全是富人消费的商品，那么利润率便不会发生什么变动。

斯密将其观点运用来分析英国和它的殖民地的贸易。他认为殖民地贸易由于是一种只有英国资本能投入的贸易，所以这种贸易的发展提高了其他一切行业的利润率。然后，他根据其价值由工资、利润和地租构成的错误原理，认为这会提高英国商品的价格，降低英国和其他国家进行竞争的能力。结果，英国对殖民地的贸易虽然扩大了，但对其他国家的贸易却相对缩小了。据此，他主张废除英国对殖民地的贸易垄断，全部实行自由贸易政策，认为这样对英国更为有利。

李嘉图反对斯密的对殖民地实行自由贸易政策的主张。他在理论上认为，一般来说，对殖民地进行贸易不能提高母国的利润率，因为前面说过，这时若有较高的利润，也会降到原有的利润水平；特殊地说，如从殖民地输入较廉价的谷物，母国工人的货币工资会降低，利润会提高，但不会提高母国商品的价值，因为工资和利润合起来是一个常数，情况不像斯密所说的那样。

应该说，斯密指出的这种情况，即一国在包括殖民地贸易的对外贸易中取得较高利润，并提高该国的利润水平，该国商品的价值或生产价格便会提

---

① 大卫·李嘉图：《政治经济学及赋税原理》，郭大力、王亚南译，商务印书馆 1962 年版，第 112 页。

高,是确实存在的。但斯密的解释是错误的。问题不在于李嘉图所说的,由于工资和利润合起来是一个常数,所以它们的相反变化不能影响价值。问题在于:发达国家在国外市场、母国在殖民地市场上出售的商品,其个别价值或生产价格低于该商品在这个市场上的价值或生产价格,按这个市场上的价值或生产价格出售,便会取得超额利润,它转化为平均利润,使平均利润增大,因而该国商品的价值或生产价格会增大。这个问题的实质在于:该国商品在国内市场价值较小,因为价值由该国平均劳动条件决定;在国外市场价值较大,因为该国劳动条件在国外市场上比较优越,同样的劳动时间能形成较大的价值;其中较多的剩余价值由该国资本平均分配,因而该国商品的生产价格便会提高。斯密和李嘉图都不了解这个问题。

第十六章　英国的对外贸易问题

一　概　　述

按照经济和历史条件来说，只要英国在航海、外贸、工业方面都居于遥遥领先的地位，它就可以在经济上“解放”殖民地，对殖民地实行自由贸易，这样，它就可以省掉对殖民地的行政管理费用和军事占领费用，反而得到更大的利益。这就是亚当·斯密、边沁和迪斯累里等经济学家和政治家提出英国应“解放”殖民地的理论和政策的经济和历史条件。这些条件，一般说来，要到19世纪70年代才发生显著的变化，因为从这时起，法国、德国、比利时等都迅速发展起来，英国的“世界工厂”地位受到严重的挑战。为了保护自己的利益，英国从这时起，就不仅不再主张“解放”殖民地，反而要将它的殖民地和英国在政治上联结起来，组成像罗马帝国那样的大英帝国，并不断扩大这个帝国。19世纪80年代英国召开的殖民地会议，就是大英帝国的雏形。条件发生变化后，英国资产阶级理论家当然不主张解放殖民地，某些“社会主义”者反而论证英国实现“社会主义”时，非有殖民地不可，不然的话，英国工人的生活水平，就要降低到东方人的水平。

但是，19世纪初，英帝国产生前，当英国经济地位仍然大大高于其他国家时，英国经济学家李嘉图就已提出了反映工业国根本利益的殖民地理论，认为英国从殖民地贸易中可以提高它的产业利润，有利于产业的发展。李嘉图的英国与殖民地贸易的理论，无论从哪一方面看，都同斯密的相反。

斯密是产业革命前夕的经济学家，李嘉图是产业革命迅速发展期的经济学家。斯密时代英国殖民地的农产品，例如棉花，对英国来说还没有什么意义，但对产业革命期的英国就不同了。除了这些工业原料外，粮食对英国来说也非常重要。我们知道，为了废除阻止廉价粮食进口的《谷物法》，李嘉图为之斗争多年。与此同时，李嘉图提出比较成本理论，得出工业器皿应在英国生产，粮食应在美国、波兰生产的结论。由此就可以看到，李嘉图完全理解殖民地贸易对工业国的重要性。

但是，李嘉图不是从事实上说明，而是从理论上论证这一点的。李嘉图的基本原理就是，劳动决定价值，而价值分解为工资和利润，利润的变动只能由工资的相反变动引起，反之亦然。因此，就同斯密的看法相左。这涉及下面几个问题。

二　从殖民地输入比英国便宜的粮食，就能降低货币工资，提高利润

李嘉图以逻辑严密、首尾一贯著称于世。他从其极力想坚持的劳动价值理论出发，就断然认为："对外贸易的扩张，虽然大大有助于一国商品总量的增长，从而使享受品总量增加，但却不会直接增加一国的价值总额"①，从而也不会增加利润。交换如果是等价的，结论似乎应当是这样。这就是说，英国同殖民地的交换如果是等价的，英国也许能增加享受品总量，但不能增加价值和利润。在这里，他显然忽视了国内贸易和国外贸易是有所不同的。在自由竞争条件下，价值转化为生产价格，生产价格在绝大多数情况下同价值有偏离。这样，商品按相同的生产价格交换，从每一次交换行为看，价值事实上往往是不相等的，但在国内，得失必然相互抵消，因为在国内总生产价格必然等于总价值。但在国与国之间不是这样，由于两国的平均利润率不同，由它们分别调节的生产价格虽然相等，但其价值往往是不等的。这样，通过对外贸易，一国就可以增加（或减少）价值。其实，李嘉图是看到这一现象的，他说，可以用"100 个英国人劳动的产品去交换 80 个葡萄牙人、60 个俄国人或 120 个东印度人的劳动产品"②就是这个意思。他把它解释为：

① 大卫·李嘉图：《政治经济学及赋税原理》，郭大力、王亚南译，商务印书馆 1962 年版，第 108 页。

② 同上书，第 114 页。

“支配一个国家中商品相对价值的法则不能支配两个或更多国家间相互交换的商品的相对价值。”①但由于他混淆了价值和生产价格，就无法说明为什么是这样。

这是一国能从对外贸易中取得更多价值的原因，另外还有一个原因，要到下面才谈。

由于坚持等价交换的原则，李嘉图就认为，在殖民地向母国输出商品而支付大量的补贴的条件下，母国才能得到利益。他假定英国是法国的殖民地，再假定英国谷物售价为每夸脱 4 镑，每出口一夸脱补贴 10 先令，这样输到法国的谷物价格每夸脱便为 3 镑 10 先令（不计运费），如果法国谷物原价每夸脱为 3 镑 15 先令，法国消费者便可得到每夸脱 5 先令的好处，如果原价为 4 镑，则得到 10 先令的好处。这里的道理自明，无需解释。

在这个基础上，李嘉图就进一步论述，要输入何种廉价（是由于有出口补贴而低廉，还是由于价值原来就比英国的低廉，李嘉图没有说明）商品，才能提高一国的利润或利润率。在这里，他坚持他的劳动形成价值，而价值分解为工资和利润的原理，因此坚决认为：“工资不跌落，利润率就决不会提高，而工资除非用它来购买的各种必需品的价格跌落，否则决不会持久地跌落。”②这样，他就认为，如果由于对外贸易的扩张，以更低廉的价格取得的商品完全是富人所消费的，那么利润率便不会发生什么变动。比如，葡萄酒、天鹅绒、丝绸等高贵商品的价格即使降低 50%，工资率也不会受到影响，利润也会依然不变。在这条件下，由于商品价格低廉，资本家个人消费支出可减少，从而可以增加积累，但这不是利润或利润率的提高。但是，“如果我们不自己种植谷物，不自己制造劳动者所用的衣服，而发现一个新市场可以用更低廉的价格取得这些商品的供应，利润也会提高”。③ 因为这可以降低工资。这就从某方面说明，殖民地贸易有可能提高母国的利润或利润率。

李嘉图这些理论，如果我们将发达国家同落后国家在世界市场上竞争，由于有更高的劳动生产率，便可以实现一个更大的价值，即得到超额利润，

---

① 大卫·李嘉图：《政治经济学及赋税原理》，郭大力、王亚南译，商务印书馆 1962 年版，第 112 页。

② 同上书，第 111 页。

③ 同上书，第 112 页。

因而可以提高一国的平均利润率这个问题暂时不谈，那么它们就要在下列条件下才是正确的：进口廉价谷物等工人生活必需品既能提高利润，也能提高利润率；进口廉价工业原料不能提高利润，却能提高利润率。李嘉图的错误在于，混淆了利润和利润率，以及看不到进口廉价原料对提高利润率的作用。这样，他就看不到殖民地提供廉价原料能提高宗主国的利润率。

问题本来是很清楚的，利润在这里还没有分解出地租来，因而就是剩余价值，它和垫支资本之比就是利润率。就是说，利润率＝剩余价值/(不变资本＋可变资本)。工资低廉了，剩余价值即利润增加，利润率也提高；原料便宜了，不变资本减少了，利润虽不增加，利润率却提高。李嘉图之所以有此错误，混淆利润和利润率，是由于他接受斯密教条，认为不变资本即C最终会分解为可变资本和剩余价值，即最终分解为V＋M，这样一来，C不存在，利润率就变成：剩余价值/可变资本。其实这是剩余价值率，而在价值已定条件下，剩余价值率的变动只取决于剩余价值量的变动，而后者只能由可变资本即工资的变动引起。他既然混淆了剩余价值率和利润率，就必然认为，凡是不通过工资的变动而使剩余价值即利润发生相反变动的，都不影响利润率。这就从论证利润和利润率变动的一致性，变为混淆利润和利润率。

三　同殖民地缔结商约，两方等价交换，也有利于英国

李嘉图反对斯密关于独占殖民地贸易，既不利于殖民地的产业，又不利于建立这种制度的国家的产业的论点，认为斯密对后者的论述不如对前者的论述那样令人折服。他自己则认为："母国是不是总是不能从限制殖民地的做法中得到利益，是值得讨论的问题。"①他进一步根据斯密的理论来反对斯密。

他说，斯密自己说过：两个国家的劳动分配方式不善所造成的损失，可能有利于其中的一国，而另一国所受的损害则将大于实际由分配不善所引

① 大卫·李嘉图：《政治经济学及赋税原理》，郭大力、王亚南译，商务印书馆1962年版，第289页。

起的损失,"这一点如果是正确的,那就马上可以证明大大有害于殖民地的措施未尝不可以片面地有利于母国"。[①] 如果母国独占殖民地的贸易,母国就有更高的利润,这不利于殖民地产业,而有利于母国的产业,李嘉图认为是清楚的。至于斯密认为,这样一来,母国的平均利润率就提高,自然价格也随着提高(不利于母国产业同其他国家的竞争),对此,李嘉图是不同意的。这一点,留在下面再谈。

李嘉图逐步深入论述这个问题。假如对殖民地贸易的独占权不是操在一个独占公司手里,这样,外国购买者须支付的商品价格就不会高于本国购买者,这两方须支付的价格就不会与出口国中商品的自然价格有很大差别。这同没有缔结商约时差不多。那么,商约对缔结双方有何利弊呢?

这对输入国不利。"当该国可以按低廉得多的自然价格从他国购买时,这条约使该国只能从例如英国这样的国家按照商品在英国的自然价格购买。这就使总资本形成一种不利分配,其损害主要是落在受条约限制而不得不在最不利市场上进行购买的国家。"[②]但李嘉图认为,单就这点而言,并不就有利于卖者即英国,因为本国人的竞争使其货物售价不能超过自然价格。

那么,缔结商约对英国又有什么好处呢?李嘉图认为:"好处在于,英国要不是独享供应这一特殊市场的特权,这些货物就不会在英国制造以供出口之用,因为自然价格较低的国家的竞争将夺去它出售这些商品的一切机会。"[③]当然,如果英国能够在其他有利市场上销售它制造的等量其他商品,这一点就无关紧要了。例如,英国要购买5 000镑法国的葡萄酒,如果能以销售毛呢来达到这个目的,英国就会这样做。但他认为,如果贸易是自由的,其他国家的竞争就会使英国毛呢的自然价格不会低廉到这种水平,其出售量足以获得5 000镑,而又获得普通利润。这样,英国的劳动就要改为生产其他商品。但他又认为,"在现存货币价值下,英国也许没有任何产品能按外国的自然价格出售"。[④] 换句话说,英国货币价值低,商品价格高,它就

① 大卫·李嘉图:《政治经济学及赋税原理》,郭大力、王亚南译,商务印书馆1962年版,第290页。

② 同上书,第291—292页。

③ 同上书,第292页。

④ 同上。

只好输出 5 000 镑向法国买葡萄酒。英国输出货币后,“货币价值在英国便会上升,在其他国家则会跌落。随之英国所生产的一切商品的自然价格也都会跌落。货币价值提高和商品价格跌落是同一回事”。① 这时,英国由于商品自然价格跌落,竞争能力增强,便可输出商品取回那 5 000 镑。但由于自然价格降低,要取回 5 000 镑,便要输出更多的商品。而取回的 5 000 镑,再也不能买回原来那么多的葡萄酒了,因为法国由于输入 5 000 镑,货币价值跌落,商品的自然价格提高,情况同英国相反。因此,在这种条件下,“法国的利益在于可以以一定量的法国货物换得更多的英国货物,而英国所受的损失则是以一定量本国货物换得的法国货物减少了”。②

很明显,英国这些损失是由于不同殖民地缔结商约、不能在那里出售自然价格较高的商品所致。这就说明缔结这种商约虽不利于殖民地,却有利于英国。因此,李嘉图的结论是:“对殖民地的贸易可以调节得使之比完全自由的贸易更有利于母国而不利于殖民地。”③

从李嘉图冗长的论述中可以看出,他感觉到从某一静止状态看,英国的物价相对较高,因而有“英国也许没有任何产品能按外国的自然价格出售”之说,其原因在于货币价值低,而货币价值之所以低,则是由于货币数量多,因此输出 5 000 镑到法国后,英国物价就降低,而法国由于货币数量增加,物价就上升。因此,认为商品自然价格(不是自然价值)的调节,是“通过贵金属的分配来实现的”。④ 我们知道,亚当・斯密认为英国独占殖民地贸易使英国平均利润率提高,这使英国商品的自然价格提高,李嘉图不同意此种看法,这留在下面再谈。

但李嘉图这里的解释,我是不同意的,因为这是错误的货币数量论,也就是,贵金属货币数量和物价成正比,和货币价值成反比,因而是违反劳动价值理论的。他在这里是把货币看成一般的商品,不能贮藏,永远在流通中。这样,如果货币过多,就像商品过多一样,其价格降到价值以下,反之亦

① 大卫・李嘉图:《政治经济学及赋税原理》,郭大力、王亚南译,商务印书馆 1962 年版,第 292 页。

② 同上书,第 293 页。

③ 同上。

④ 同上。

然。这就是李嘉图之所以认为改变贵金属的分配，可以调节商品价格的原因。其实，货币和商品不同，它作为贮藏手段，可以调节它的流通量，过多时从流通手段变为贮藏手段，过少时从贮藏手段变为流通手段。李嘉图所说的情况是不存在的。

四　同殖民地贸易这件事本身，不能从根本上提高英国的平均利润率

前面说过，李嘉图认为，从殖民地输入有补贴的、从而价格低于价值的商品，对英国有利，从国外输入廉价的工人生活必需品，能降低货币工资，提高英国的平均利润率，除此以外，任何外贸，包括同殖民地进行的对外贸易，都不能提高英国的平均利润率。这同斯密的论述完全对立。

斯密认为，独占殖民地贸易能提高英国的平均利润率。对此，李嘉图明确地提出反对意见。他说，这位权威学者的说法，“有一点与鄙见相同，即不同行业中的利润有彼此一致、进退与共的趋势。彼此的分歧点在于，他们认为利润的均等是由利润的普遍上升造成的，而我则认为受特惠的行业的利润很快就会下降到一般水平”。①

斯密是这样论述的：独占殖民地贸易，就减少他国的竞争，在这一领域中的利润率就提高，独占殖民地贸易所需资本，要从其他领域调来，减少其他领域的竞争，利润率也提高，殖民地贸易和其他领域的贸易、产业之间存在着竞争，形成一个更高的利润率。总之，斯密是用竞争来说明的。

反驳斯密时，李嘉图坚持这个原理：“在所有情况下，对外国商品和本国商品的需求总加起来就价值来说要受一国的收入和资本的限制。一个增加，另一个就不得不减少。”②从这里出发，他提出这样的问题：英国独占殖民地贸易时，国内商品的需求会发生什么变化呢？回答自然是：这要取决于用来购买外国包括殖民地商品的那份英国土地和劳动的产品发生何

① 大卫·李嘉图：《政治经济学及赋税原理》，郭大力、王亚南译，商务印书馆 1962 年版，第 109 页。

② 同上书，第 110 页。

种变化。这不外有三种可能：不变、增加和减少。如果不变，对国内商品的需求也就不变，它们的资本、价格和利润都不变；如果增加，对国内商品的需求就减少，从这领域抽出来的资本刚好用来生产更多的商品，用以交换较贵的外国商品，这样也不会提高价格和利润；如果减少，对国内商品的需求就增加，多出来的资本刚好用来生产这些商品，这就是说，需求增加时，同时也存在着增加供给的手段，因此价格和利润不可能持久地上涨。① 总的来说就是：不论发生哪种情况，对外贸易包括独占殖民地贸易不可能使一国的平均利润率上升。在这里，我们清楚地看到李嘉图的方法：一个国家的收入和资本合起来就是该国拥有的总价值。这个总价值已定就决定了它的总需求，这个总需求由外国商品和本国商品构成，这两者合起来是一个常数，一个增加，另一个就减少，反之亦然。这样，只要在价值中，工资占有的份额不变，利润就当然不能提高。这就是李嘉图一直坚持的原理。

斯密用竞争减少去说明平均利润率的提高是错误的，因为这是他放弃生产商品投下的劳动决定价值的正确原理后，主张交换商品支配的劳动（这劳动包括工资、利润、地租）决定价值的错误理论的产物，这时他认为竞争能使利润率趋向于平均，但其高度显然是无法说明的。至于他进一步以竞争减少为理由，说明平均利润率可以提高，这是以资本总的说来没有增加为前提，而资本是要增加的，资本一增加，平均利润率就要降下来。李嘉图的说法，只有在一国商品在世界市场上不能比在国内市场上实现更多的价值为前提，才是正确的。但一个先进国家，由于有更高的劳动生产率，其商品在世界市场上是能实现更多的价值，即实现更多的利润的，这更多的利润在自由竞争条件下便转化为较高的平均利润。

有利的对外贸易是能提高一国的平均利润的，斯密肯定这一点是对的，但他的解释是不对的；李嘉图否定这一点是错误的，但他的解释，从想坚持劳动价值理论这一点来看则是对的，他的不足则在于运用劳动价值理论来说明外贸问题时，没有看到先进国的商品在世界市场上能实现更多的价值。

① 大卫·李嘉图：《政治经济学及赋税原理》，郭大力、王亚南译，商务印书馆 1962 年版，第 109—110 页。

五　即使平均利润率提高了，商品的自然价格也不会随之提高

斯密用来支持其英国应该“解放”殖民地论点的重要论据，就是英国独占殖民地贸易提高了英国的平均利润率，从而也提高了英国商品的自然价格，不利于英国同其他国家的竞争。李嘉图除了在前面说明平均利润率不可能提高外，现在进而指出，即使平均利润率提高了，商品的自然价格也不会提高。

李嘉图在这里将其原理贯彻到底。这个原理就是，劳动形成的价值分解为工资和利润，因此，利润增加，只能使工资减少，而不能使价值或价格提高，也就是说，“价格既不由工资，也不由利润决定”。① 他运用这个原理，说明它同斯密过去的主张相同，而同斯密现在的主张相反，从而指出斯密是自相矛盾的。他说：“斯密曾说：‘商品的价格，或者说金银与各种商品相比较的价值，决定于把一定量金银运上市场所必需的劳动量与把一定量任何其他商品运上市场所必需的劳动量之间的比例。’他说这句话时，岂不是同意我在上面所说的意见吗？这种劳动量不论利润高低或工资高低都不会受到影响。那么价格又怎样会由于利润高而腾贵呢？”②李嘉图的这些话，从逻辑上看，确实无懈可击，从语言上看，确实淋漓尽致，但是并没有解决问题。

我们知道，李嘉图所说的自然价格，有时指的是由劳动形成的价值，有时指的是包含着平均利润的价格，即生产价格。至于前面提到的，他有时又把因贵金属分配变化引起的价格变动，也称为同自然价值相区别的自然价格，这个问题以后再谈。因此，在这个问题上，李嘉图同斯密发生分歧的原因就很清楚了：斯密说的平均利润率提高使总自然价格提高，在李嘉图看来，就等于说总价值因而提高了。他当然认为是不可能的，因为总价值不因工资变动或利润的相反变动而变动，只因劳动量的变动而变动。

---

① 大卫·李嘉图：《政治经济学及赋税原理》，郭大力、王亚南译，商务印书馆 1962 年版，第 296 页。

② 同上。

应该指出，先进资本主义国家的整个价格水平是会因有利的对外贸易而提高的。这个现象，斯密看到了，并加以解释，但他的解释是不正确的；李嘉图有时也朦胧地看到了，但由于这不符合他坚持的基本原理，便否认它，正如他由于混淆价值和生产价格，便否定绝对地租一样，是错误的。

斯密的错误在于：不仅平均利润率不能由资本的竞争减少而提高（这一点前面已说过），即使按照工资降低，平均利润率就能提高的原理，也不能说明自然价格（生产价格）整个水平能提高，因为总自然价格等于总价值，而总价值不因工资变动，或利润的相反变动而变动。李嘉图就从这一点反对斯密。至于不同部门产品的生产价格，这时则有的提高，有的降低，有的不变①，但提高部分和降低部分必然相等，因为总生产价格等于总价值。

产生这种情况的真正原因应该是，先进国的商品在世界市场上能实现更多的价值，因此它实现的总价值增大，总生产价格也增大，这种商品在全体商品中占的比重越大，总价值或总生产价格就越增大。这个道理，同有利的对外贸易，在不降低工人的货币工资的条件下，就能直接提高平均利润率的道理，是相同的；或者说，在这种条件下，平均利润率的提高和价值（生产价格）增大是同一回事。

李嘉图认为，对外贸易是会影响一国物价水平的。他说，通过外贸，"在生产方法有所改良的国家中，物价会提高，而在没有发生变化，但有一种有利的对外贸易被剥夺的国家中，物价倒会下落"。② 其原因不是斯密所说的在商品方面，而在货币价值方面，即货币价值变化使商品价格发生相反的变化。他称这种不受供求关系影响的、只表现在货币上的商品价格为自然价格，以区别于受供求关系影响的市场价格。他说，出口多的国家，"商品的自然价格将提高。因而消费者虽然仍能以相等的货币进行购买，但所购得的商品量却会减少"③，就是这个意思。

李嘉图认为，之所以如此，是由于某国例如英国，制造业发达，商品出口增加，货币输入增加，这样，"货币价值就会比任何其他国家更低，而谷物和

---

① 马克思：《资本论》（第三卷），人民出版社 1975 年版，第 226—227 页。

② 大卫・李嘉图：《政治经济学及赋税原理》，郭大力、王亚南译，商务印书馆 1962 年版，第 118 页。

③ 同上书，第 295—296 页。

劳动的价格相对说来则会更高”。① 他指出，由谷物价值上涨而引起的谷物价格腾贵，和由货币价值低落而引起的谷物价格腾贵，效果不同。这两者都使工资的货币价格上涨，但是，“如果原因是货币价值跌落，那就不仅是工资和谷物会上涨，而且其他一切商品都腾贵”。② 如果是经济落后国，商品输入增加，货币出口增加，货币价值就升高，商品自然价格就下降。这就是前面谈到的错误的货币数量论。

---

① 大卫·李嘉图:《政治经济学及赋税原理》，郭大力、王亚南译，商务印书馆 1962 年版，第 123 页。

② 同上书，第 122 页。

第十七章　与权威论战及在其中暴露出李嘉图的弱点

学历为中学生而自学成才的李嘉图，虽然在“金价论战”中开始崭露头角，又在反《谷物法》中引起不同阶层人们的重视，但是直至《政治经济学及赋税原理》出版前，仍然不是经济理论方面的权威，这从他起初不敢将由32篇独立的论文编辑成书，只是由于朋友老穆勒的怂恿，才交付出版一事得到证明。当时的经济理论权威，是已故的斯密博士和健在的萨伊与马尔萨斯。此外，还有李嘉图与其就危机问题进行争论的西斯蒙第。

一　以子之矛，攻子之盾：干净利落地批评斯密和萨伊

斯密是公认的经济理论权威。李嘉图极力坚持斯密的投下劳动决定价值的正确原理，反对斯密其他的决定价值的原理。斯密坠入支配劳动决定价值的错误原理后，就从生产费用论（支配劳动包括工资、利润和地租，这就构成生产费用）出发，认为英国垄断对北美殖民地的贸易，提高了利润率，就使英国商品的自然价格提高，不利于英国同其他国家的竞争。李嘉图反驳说：生产商品的“劳动量不论利润高低或工资高低都不会受影响。那么价格又怎样会由于利润高而腾贵呢”？这是因为，“价格既不由工资决定，也不由利润决定”。他又说：“亚当·斯密曾说：‘商品的价格，或者说金银与各种商品相比较的价格，决定于把一定量金银运上市场所必需的劳动量之间的比例。’他说这话时，岂不是同意我在前面所说的意见吗？这样不论利润高低或工资高低都不会受到影响。那么价格又怎样会由于利润高而

腾贵呢?”[①]这反驳干净利落、正确痛快!

萨伊和马尔萨斯都是利用斯密的支配劳动决定价值的错误理论建立自己的价值理论的。李嘉图当然反对。但是,李嘉图反对马尔萨斯不如反对萨伊来得彻底。

萨伊被称为科学王子,以提出销路论而著称于世,并将斯密的《国民财富的性质和原因的研究》介绍和翻译到大陆。李嘉图在价值决定问题上,对萨伊的要素价值论进行猛烈的批判。可以说,他是揭露萨伊自相矛盾的能手。《政治经济学及赋税原理》第二十章“价值与财富:它们的特性”无论从内容,还是从篇幅看,主要是揭露萨伊的自相矛盾的。因为萨伊混淆了价值与财富,即混淆了价值与使用价值;而这两者的运动有时是相反的,这时,矛盾就发生了。李嘉图首先指出:“不增加任何劳动量,而使等量劳动的效率增大——这会增加商品的数量,但不会增加商品的价值。”[②]然后对萨伊的重要论述作了摘录,指出其互相矛盾之处。我特录两条:(1)“除了生产成本(生产费用——引者)所造成的高价以外,不会再有什么真正的高价。真正的昂贵的东西就是生产成本很大的东西。”[③]这里说的是价值。(2)“收入不论通过什么方式只要能够取得更多的产品,其价值就增加了。”[④]这里说的是使用价值或财富。对此,李嘉图批评说,这两条是矛盾的。因为“如果除了生产成本所造成的高价以外,就不会有什么真正的高价,那么当商品的生产成本没有增加时,又怎么能说它的价值增加了呢?是仅仅因为它能够换得更多的低廉商品——也就是更多的生产成本已经减低的商品吗”?[⑤] 这真是以子之矛,攻子之盾,痛快之至!

萨伊在《经济学精义》(1817年)中的自问自答使矛盾更为突出。假设劳动生产率提高了,财富或效用总量增加了,单位商品生产费用降低了,总量商品的生产费用不变。在这假设下,问:价值是否增加了?答:增加了,因为构成财富的价值由效用决定,而这时总效用是否增加了,没有增加,因为构

① 大卫·李嘉图:《政治经济学及赋税原理》,郭大力、王亚南译,商务印书馆1962年版,第296页。

② 同上书,第236—237页。

③ 同上书,第239页。

④ 同上书,第240页。

⑤ 同上书,第240—241页。

成财富的价值由生产费用构成，而这时总生产费用没有增加。

“由于把‘价值’和‘财富’两词混为一谈而产生的混乱在以下几段看得最为清楚……他的学生说：‘此外您还说，一个社会的财富是由其所具有的价值总量构成的。在我看来，这样就可以得出一个推论：一种产品比如袜子的价值跌落，由于减少了社会的价值总量，就会减少其财富总量。’关于这一点，他作了如下的答复：‘社会的财富总量不会因此而减少。生产的是两双袜子而不是一双；两双三法郎的袜子的价值等于一双六法郎的袜子。社会的收入也仍旧是一样，因为制造业者从两双三法郎的袜子中所获得的利益和从一双六法郎的袜子中所获得的一样多。’到此为止，萨伊先生的看法虽然不正确，但至少是前后一致的。如果价值是财富的尺度，那么社会的景状便还和以前一样，因为一切商品的价值都和以前一样。现在让我们看看他的推论：‘但当收入不变而产品价格跌落时，社会实际上更加富裕了。如果所有的商品同时这样跌落（这并非绝不可能的），那么社会由于能按原价的一半取得一切消费品而收入又没有受到任何损失，实际上就会比以前加倍富足，所能购得的商品也会增加一倍。’

“在第一段中他告诉我们，如果每一种东西都由于产量更多跌落到原有价值的一半，社会的财富是仍旧不变的，因为跌价一半的商品数量增加了一倍；换句话说，就是仍然具有相同的价值。但在后面一段中他却告诉我们说，商品量加倍之后，虽然每一种商品价值会减少一半，因而使所有商品的价值加起来仍然完全和原先相等，但社会却比原先加倍富足。在前一种情形下，财富是按价值量估定的，在后一种情形下则是按有益于人类享受的商品的多寡估定的。萨伊先生还进一步说：‘一个人如果能无偿地取得他所欲求的一切东西，他就是一个不具有任何有价物而无限富足的人。’可是在另一处他又说，‘财富不在于产品本身，而在于产品的价值，因为产品如果没有价值就不是财富’。”①

李嘉图指出：“关于总产品与纯产品，萨伊先生有这样一种说法：‘生产出来的全部价值是总产品；这一价值扣除生产成本后就是纯产品。’这样一

① 大卫·李嘉图：《政治经济学及赋税原理》，郭大力、王亚南译，商务印书馆1962年版，第244—245页注。

来便不可能有纯产品了。因为根据萨伊先生的说法，生产成本是由地租、工资和利润构成的。……他又说：'因此，如果一切都任其自然的话，产品的价值、生产性劳务的价值和生产成本的价值便是性质相同的价值。'从全部取去全部之后，就没有什么可剩下的了。"①

李嘉图还从同一角度驳斥萨伊错误地评论斯密。他说："萨伊先生责备亚当·斯密忽视了自然要素和机器赋予商品的价值，因为他认为一切物品的价值都来自人类的劳动。但是我认为这种责备并不能成立。因为亚当·斯密从来没有低估自然要素和机器为我们提供的这种作用，而是极其确当地区别了它们加到商品中去的价值的性质——它们由于使产品数量增加、使人类更为富裕，并增加使用价值，所以对我倒是有用处的；但由于它们做的工作无需报偿，由于使用空气、热和水时无需支付任何代价，所以它们提供给我们的助力就不会使交换价值有任何增加。"②

马克思对李嘉图在科学上的勇气给予高度评价。他指出："最后李嘉图出来了。他在这种科学面前高声喊了一声立正！资产阶级体系的生理学——其内部有机联系和生活过程的理解——的基础、出发点，是价值由劳动时间决定。李嘉图由此出发，要使这种科学放弃它以前的老一套，并且要在这上面清算一下其他一些由此开展和说明的范畴——生产关系和交换关系这个基础，这个出发点相适应或相矛盾到什么程度。"③

二　李嘉图由于自身的弱点，未能彻底批判马尔萨斯

马尔萨斯 1798 年匿名出版《人口原理》，由于获得统治阶级的青睐，又于 1803 年大增篇幅并以真名实姓出版《人口原理》第二版，名声大振。李嘉图虽然对其人口原理非常服膺，但是对他以人口原理来支持其地租理论和价值理论，却进行攻击。

① 大卫·李嘉图：《政治经济学及赋税原理》，郭大力、王亚南译，商务印书馆 1962 年版，第 361 页。

② 同上书，第 244 页。

③ 马克思：《剩余价值学说史》（第二卷），郭大力译，人民出版社 1978 年版，第 179 页。

我国研究和翻译李嘉图专著的胡世凯教授，对李嘉图批驳马尔萨斯的经过和要害问题都有介绍：

“李嘉图和马尔萨斯的阶级立场不同，因而两人在经济理论上有许多分歧。他们不但在口头上、书信上而且在出版物上进行争论。李嘉图于1817年出版的《政治经济学及赋税原理》批评了马尔萨斯的某些观点。马尔萨斯看到后，打算写一本书全面答复李嘉图。他在1818年春季开始写他的《政治经济学原理》。此书的出版一再推迟，终于在1820年4月问世，书中充满了对李嘉图理论的攻击。李嘉图立即匆忙地读了一遍，在1820年5月2日致麦克库洛赫信中说，他想评论马尔萨斯同他有分歧的某些论点，并为自己的意见辩护。他特别不同意马尔萨斯关于价值尺度和地租的学说，认为马尔萨斯书中最可以反对的是关于资本过度积累的不良影响那一章，还指责马尔萨斯误解了他关于土地上的改进的论点（土地上的改进的利益最终都归于地主，地主的利益与社会其他阶级的利益相对抗）。1820年7月，李嘉图重读了马尔萨斯的书，并开始写评论。他在马尔萨斯的书上注上数字，并在纸上写上相同的号码和自己的评论。11月份评论工作完成，但他对于是否出版还未拿定主意。他把手稿给麦克库洛赫、马尔萨斯、特罗尔和穆勒看过，麦克库洛赫和特罗尔都认为这些评注不宜于出版，因为它们的论战性太强，而且它们的形式使读者看起来太麻烦，不容易理解。当时这部手稿没有出版，李嘉图将评注中的一些材料用在他的《原理》第三版中。从此这部手稿就湮没无闻了。经过了将近一百年，李嘉图的曾孙弗兰克·李嘉图于1919年无意中发现了这部手稿，送交英国博物馆。1928年雅各布·霍兰德教授和格雷戈里教授将手稿编辑出版，名为《马尔萨斯〈政治经济学原理〉评注》，这本书成为李嘉图第二部篇幅最大的著作。”①

“第二卷是《马尔萨斯〈政治经济学原理〉评注》。以前霍兰德和格雷戈里的版本没有将马尔萨斯的《原理》全文刊出，只将马尔萨斯书中被李嘉图批评的部分作了摘要，使读者有所了解。斯拉法的版本则将马尔萨斯的《原理》全文刊出。所以，第二卷的排版很特别，每一页的上半部用小字印马尔萨斯的书，下半部用大字印李嘉图的评注，使读者能更清楚地理解李嘉图的

---

① 高崧等编《马克思主义来源研究论丛》（第十二辑），商务印书馆1990年版，第141—142页。

评注。应当指出，李嘉图的批评是针对马尔萨斯《原理》的第一版，所以第二卷收入的是这第一版，文字与第二版很不相同。马尔萨斯看到李嘉图《评注》手稿以后，并不心服，随即改写自己的《原理》，继续与李嘉图争论，到1834年他去世时，全书还只改了大约三分之二。他死后，他的一位主教朋友继续完成了修改工作，于1836年出版了第二版。这位主教没有说明哪些地方是他改的，而只承认他在某些地方'稍加改动'，并删去了某些段落。这一卷为我们了解李马之争提供了重要材料。"①

虽然李嘉图认为自己与马尔萨斯分歧最大的是价值理论和地租理论。但是由于他混淆了价值与生产价格，就修正劳动价值理论，就否认绝对地租的存在，这就使他说出这样的话："马尔萨斯先生指出，商品的交换价值，实际上并不是比例于与使用的劳动量严格成比例的。这一点我不但现在同意，以前也从来没有否认过。"②这段话直接决定了李嘉图不可能从根本上批判马尔萨斯的地租理论和价值理论。

下面，我们侧重介绍李嘉图对马尔萨斯关于地租理论和价值尺度的批判。

李嘉图说："地租的性质虽然已经在本书的前一部分相当详细地讨论过，但我觉得我还必须指出这一问题上我认为是错误的某些看法；由于这些看法出现在当前对于经济科学某些部门最有贡献的人的著作里，所以就更加重要了。关于马尔萨斯先生的《人口原理》，我在这里能有机会表示赞扬，不胜欣幸。反对这部伟大著作的人的攻击只能证明它的力量。我相信它应有的声誉将随着经济学的发展而传播遐迩，因为它对于这门科学作了非常卓越的贡献。关于地租的原理，马尔萨斯先生也作了令人满意的说明，并指出地租的涨落与各种已耕地的肥力或位置的相对便利条件成比例，因之对以往人们完全不了解或了解得不完全的许多有关地租问题的疑难之点提供了解释。然而在我看来他也陷入了一些错误；他的权威使我更有必要把这些错误指出来，而他坦率的性格也使我愿意指出来。这些错误之一是认为

① 高崧等编《马克思主义来源研究论丛》(第十二辑)，商务印书馆1990年版，第149页。

② 斯拉法主编《李嘉图著作和通信集》(第二卷)，蔡受百译，商务印书馆1979年版，第70页。

地租是一种净收益和新创造的财富。”①

根据马尔萨斯在《政治经济学原理》第三章第一节“地租的性质和原因”中对几位经济学家对地租理论的评述，尤其是对西斯蒙第的评述，可以看出上述的净收益就是重农学派的全部转化为地租的纯收入。

首先要说明：重农学派分析的社会生产，还不是成熟的资本主义生产。最集中的表现，就是利润还没有成为一个独立的范畴，往往同参加生产劳动的资本家的工资混在一起，因而，重农学派诸子都将这合而为一的资本的利润和资本家的工资，看成同工人的工资一样，是投入的因素，连同生产资料的投入，小于产出的农产品，就是纯产品，其价值就是纯收入。所以，我们说重农学派的纯产品就是剩余价值，严格说来是不对的，因为它不包括利润。这是社会经济条件对他们的认识的限制。

但是，就重农学派的纯收入的内容来看，倒是在剩余价值中扣除了利润之后的剩余，即剩余价值中的超额利润，这确实是“歪打正着”，同马克思后来分析的地租的实质不谋而合。马克思认为资本主义农业地租有两种形态：级差地租，是农业资本之间的利润差额；绝对地租，是农业资本和工业资本之间的利润差额，两者都是剩余价值中的剩余。也就是说，马克思认为地租是纯收入中的一部分。

那么，李嘉图为什么认为地租不是纯收入？第一，他由于混淆了价值和生产价格，就看不到农产品由于资本有机构成较低，价值高于生产价格，当中的差额由于土地私有权要索取地租，就不参加平均利润的形成，而转化为所有私有地都有的地租，即绝对地租，因此就否认其存在。马尔萨斯也是否认绝对地租的。至于级差地租，李嘉图认为是两份农业资本的利润差额已经包括在利润之中。所以，李嘉图认为价值只分解为工资和利润这两者，而不是分解为工资、利润和地租三者。也就是说，在李嘉图的价值理论中，没有独立存在的地租。

值得我们注意的是：正如下面将进一步指出的，李嘉图认为农产品是按劣等生产条件决定的价值出售的，和工业品的价值由平均的生产条件决定

---

① 大卫·李嘉图：《政治经济学及赋税原理》，郭大力、王亚南译，商务印书馆 1962 年版，第 341 页。

不同，这种被抬高了的价值是虚假的。他认为劣等的生产条件（包括土地和投资）没有地租，因此，中等及以上的生产条件产生的地租，其实体就是这种虚假的价值。所以说到底，他否认地租是价值的增加。他同意布卡南的看法：地租只是一种对地主有利，并相应地有害于消费者的价值的转移。

我认为，李嘉图否认地租是纯收入，是从个别资本着眼的，因为其要从利润中将超额部分转化为地租；马克思认为地租是纯收入，是从社会着眼的，因为剩余价值最终要分解为利润、利息和地租，而剩余价值则是纯收入的抽象形态。

不仅如此，李嘉图还进一步认为地租也不是新创造的财富。他解释道："地租在我所了解的字义下，是一种价值的创造，而不是财富的创造。如果谷物的价格由于任何一部分谷物的生产困难（生产条件下降——引者）而从每夸脱 4 镑增加到 5 镑，那么 100 万夸脱的价值就不再是 400 万镑而是 500 万镑了。由于这种谷物不仅会换到更多的货币，并且会换到更多的其他各种商品，所以谷物的所有者将具有更多的价值量。其他人所具有的价值既不会因此而减少，所以整个社会所具有的价值就增加了。就这种意义来说，地租是价值的创造。但这种价值是有名无实的，所以它不能增加社会的财富，也不能增加社会的必需品、享受品与娱乐品。我们所具有的商品量将完全相同而不会更多，而谷物也仍旧是 100 万夸脱。但价格由每夸脱 4 镑增加到 5 镑的结果却使谷物和商品的一部分价值由原来的所有者那里移归地主。所以地租是价值的创造，但不是财富的创造。它不能增加国家的资源，也不能使它维持海陆军，因为如果这一国家的土地质量较好，它就会有更多的可供支配的基金，它能使用同量资本而不致产生地租。"①这里，除了清楚地说明价值的运动与财富的运动不一致外，我认为是提出了"这种价值是有名无实的"，尽管他在论述的过程中没有将这极有创见的观点贯彻始终。我初步认为，马克思后来说的农产品由劣等（不是中等的或平均的）生产条件决定的社会价值是虚假的价值，就是得益于李嘉图这一创见。

李嘉图又说："马尔萨斯先生对地租下了一个定义，说它是'总产值扣除

① 大卫·李嘉图：《政治经济学及赋税原理》，郭大力、王亚南译，商务印书馆 1962 年版，第 342 页。

耕种土地的各种开支后，留归地主的一部分，这些开支包括投入的资本根据当时的一般农业资本利润率计算所应得的利润’。这余额所能售得的金额无论是多少都是货币地租。这就是马尔萨斯所说的‘农产品售价超过其生产成本(注意：马尔萨斯将利润，并且是平均利润包括在成本内——引者)的余额’。所以，研究可以使农产品价格相对于其生产成本而言上涨的原因就是研究可以使地租上涨的原因。”①我初步认为，这段引文中两个“上涨”使全文成为不可理解的。如果将引文改译为：“研究可以使农产品价格相对于其生产成本而言超过的原因就是研究可以使地租产生的原因”，似乎就能理解了。

“在《地租的性质与发展》一书的另一个地方，马尔萨斯先生说，‘地租的直接成因显然是农产品的市场售价超过其生产成本的余额’。在另一地方他又说，‘农产品价格上涨的原因可以说有三种：

‘第一种也是主要的一种，是土地有一种性质使其所生产的生活必需品多于供养土地上所用人手的需要量。

‘第二，生活必需品有一种特殊性质，可以为自身造成需求，或者说按其产量增加需求者的人数。

‘第三，最肥沃的土地较少’。”②

最重要的是第二点。因为第一点说的不外是：在一定高度农业劳动生产率下，粮食生产者除了满足本身的需要外才可能有剩余的粮食，非粮食生产者才能有生存的可能(这就是 1766 年斯图亚特提出的“自由人手”的形成规律)；同时，只有这样，才有地租产生的可能。这应是不能反对的。第三点，也是李嘉图自己的级差地租得以成立的前提，同样是不能反对的。

因此，李嘉图着力反对的是第二点。他说：“在我看来，马尔萨斯先生未免过分地认为人口只是由于先有了食物才增加的。他说‘食物会创造本身的需求’，说先提供食物，结婚就会受到鼓励。他没有考虑到使人口普遍增加的是资本的增加以及因之而来的劳动需求的增加和工资的上涨。食物的生产不过是这种需求的结果。”③在这里，李嘉图未能指出：正是这一点，使马

① 大卫·李嘉图：《政治经济学及赋税原理》，郭大力、王亚南译，商务印书馆 1962 年版，第 344 页。

② 同上书，第 343 页。

③ 同上书，第 348 页。

尔萨斯的地租理论同其人口理论发生逻辑的联系。因为按照其人口理论，食物的增加是落后于人口的增加的，这必然使食物的市场价格大大高于其生产成本(包含平均利润)，其超出部分就是地租。

我们知道，工农业产品都要获得平均利润，在马尔萨斯看来，地租只是销售农产品获得的超过平均利润的那部分超额利润。那么，这里就有一个平均利润的高度和来源问题。应该说，李嘉图未能从这方面追击马尔萨斯，因为李嘉图本人也存在这个问题。

马尔萨斯理论体系的特点是：以人口论来支持地租理论，再以地租论来支持价值理论。这尽管与政治经济学的方法论相反，但是，仅就逻辑而言，并不错误。它的错误在理论方面，并且集中在利润或平均利润的说明上。而李嘉图本人，由于混淆剩余价值、利润和平均利润，就不能说明利润或平均利润的来源和达到的水平。正是这一弱点，致使李嘉图不可能深入批判马尔萨斯。

关于这个问题，郭大力老师深刻地说："一句话，李嘉图会设立他的例外，是由于利润在作怪；马尔萨斯会把这个例外当作通例，也是由于利润在作怪。利润问题的插入，价值与生产价格的混同，使李嘉图陷于迷途；马尔萨斯则是利用李嘉图的缺陷，才使价值由劳动时间决定的法则，取得歪曲的变形。价值由劳动时间决定的法则的再树立，要在别一个基础上实行，才是可能的。把利润当作前提，这个法则是无论如何不能贯彻的。不了解利润的性质，不把利润还原为它依以形成的要素，真的价值法则即使确立了，也会是不能支持的。"①

那么，马尔萨斯是怎样说明平均利润的来源和达到的水平的？他对价值的尺度作了这样的说明："在《价值的尺度》一书中，我认为商品的价值平均说来是由它们的自然和必要供应条件决定的。我说这些条件就是商品中所包含的积累的和直接的劳动，加上全部垫支项目在垫支期间的一般利润。在该书的前一部分和表格中都可以看出，商品一般所能支配的劳动量必然可以代表和衡量其中所包含的劳动量和利润。"②这就是说，利润是交换商品

① 郭大力：《西洋经济思想》，中华书局 1949 年版，第 118 页。

② 马尔萨斯：《政治经济学定义》，何新译，商务印书馆 1962 年版，第 92 页。

支配的劳动大于生产商品消耗劳动的差额。原来他发展了斯密价值学说中最庸俗的、李嘉图对之大力抨击的、价值由商品所能交换或支配的劳动决定的思想，由此去建立他的庸俗价值学说。但是，李嘉图由于自身的弱点，即同样无法说明平均利润的来源和达到的水平，就不可能从根本上批判马尔萨斯。

批判马尔萨斯利润理论的是马克思；批判马尔萨斯理论体系的关系的是恩格斯。他们的批判一针见血，击中要害。

从上述可以看出，马尔萨斯认为利润是从流通中产生的，它是贵卖的结果。但是资本家互相贵卖，因为他们可以相互报复，结果谁也得不到利润。贵卖给工人，工人虽然不能报复，但是全体资本家就有一部分产品就不能实现。例如，将商品贵卖 10%给工人，100 元的卖 110 元，工人以其工资，就只买回这些商品的 10/11，余下的 1/11 是资本家的利润。但是它停留在实物形态上，不能实现，不能变成货币。因此，马尔萨斯认为，必须将商品贵卖给只消费不生产、只买不卖的“第三者”，即地主、贵族、官僚等，才能解决实现问题。否则，资本主义的经济危机是不可避免的。地租越高、粮价越高、赋税越高，“第三者”越浪费，资本家的利润就越高。所以，利润的达到的水平取决于“第三者”的浪费程度，就是说具有偶然性。在无能为力的情况下，马尔萨斯只好承认利润率的高度是无法说明的。他说：“商品一般所能支配的劳动，如果没有其他情况说明，的确不能指出产品在劳动与利润之间分配的比例。”①他最终只能说：利润率的变动决定于该商品出卖后的价值和已知的垫支价值之间的差额，而这差额的大小总是决定于供求情况的。不错，供求情况能说明利润率的变动，但不能说明它依以变动的基础。

当然，“第三者”的源源不断的购买手段，如果不是从天上掉下来的，就只能是从剩余价值或利润那里分出来的。这样，我们就不明白，资本家将口袋中的基金分一部分给地主等人，然后又以高价出卖商品的办法将它骗回来，这对利润和产品的实现怎么能发生魔术般的作用？这个问题，他是不能有所说明的。

马尔萨斯的主张就是这样：要有人挨饿，因为食物生产不足；同时要有人浪费，因为要实现利润，因为要避免生产过剩的经济危机。但是，他的实

---

① 马尔萨斯：《政治经济学论文五篇》，何新译，商务印书馆 1961 年版，第103 页。

现学说同他的人口学说却发生了惊人的矛盾。他的人口学说认为：绝对的人口过剩是必然的，因为生活资料的生产绝对不足；他的实现学说却认为：一般的生产过剩是可能的，只是由于地主等寄生者的拼命消费，它才没有成为现实。

这个理论上的矛盾是资本主义现实矛盾的反映——只不过是表面的。恩格斯尖锐地指出，马尔萨斯发现了资本主义生产的三个怪物：生产过剩、人口过剩和消费过剩的同时存在。当然，三者的内部联系，他是无法说明的。

马尔萨斯是一个一身而二任的人物：既代表剥削阶级反对无产阶级和社会主义；在土地贵族和资产阶级发生利害冲突时，又代表前者反对后者。在前一场合，他肯定工人的贫困，但认为其原因是工人本身的繁殖；在后一场合，他肯定产品的实现是困难的，一般的生产过剩的危机是可能的，但幸有地主等不生产者的“第三者”的消费，这灾难才得以避免。他向代表产业资本家利益的李嘉图反挑战：你们为积累而积累，他们为消费而消费。

第十八章 19世纪20年代至40年代以李嘉图经济理论为轴心的各派理论

一 19世纪20年代法英政治经济和经济思想简况

古典政治经济学的伟大代表斯密的经济学说中的庸俗因素，因法国资产阶级革命后阶级矛盾的发展，以及英国产业革命后资本主义生产方式矛盾发展的缘故，分别被萨伊和马尔萨斯发展为庸俗政治经济学。

在斯密以后，古典政治经济学被庸俗化，和它在李嘉图手中的继续发展，是同时平行地进行的。这是因为，当时的政治经济情况，除了有如上述的使古典政治经济学庸俗化的一面之外，还有使它向前发展的一面。这就是英国资产阶级在经济上虽然完全成长了，但政治权力还较小，封建地主还欺压他们，英国资产阶级反对封建主义的历史任务还没有最后完成，议员产生的办法还是有利于封建贵族。于是，他们就需要反对封建主义的经济学说。在斯密的经济学说基础上发展起来的李嘉图的经济学说，就是反对封建主义的有力的理论武器。

在李嘉图的手中，古典政治经济学发展到了它的最高峰。从这以后，无论从阶级斗争的形势来看，还是从理论本身存在的矛盾来看，它都不可能再向前发展了。在这种条件下，庸俗政治经济学在以前的基础上，适应于新的形势，利用了李嘉图学说中的矛盾和漏洞，作为自己的思想材料，向前发展了一步。李嘉图经济学说被庸俗化，其学派开始解体。但是，古典政治经济学还没有完全崩溃，资产阶级还不能完全抛弃它，庸俗政治经济学还未能完全取代它。这是由以下的原因决定的。

第一，到这时，资本主义大工业生产、资本主义生产方式还刚刚在英国社会生产中居于统治地位，它的矛盾才开始暴露出来——第一次周期性的普遍生产过剩的经济危机是在 1825 年发生的。视资本主义生产为生产的自然方式的资产阶级庸俗经济学家，根本不可能对反映这种生产方式的经济理论(古典政治经济学)，有深入的批判，这是不必说的。就是视资本主义生产为灾难的空想社会主义者和小资产阶级经济学家，他们的批判，也不能动摇古典政治经济学的理论。当资产阶级的对立物——无产阶级还不能够科学地批判资本主义生产方式和古典政治经济学，并由此得出革命的结论时，庸俗政治经济学是不能，也不必完全取代古典政治经济学的。

第二，这时，资产阶级和无产阶级的斗争，相对于资产阶级和封建地主的斗争来说，暂时还居于次要地位。在法国，1814 年拿破仑政权垮台后，出现了 1814 年至 1830 年的波旁封建王朝的反动复辟，并面临着帮助这个王朝复辟和以镇压资产阶级革命为宗旨的“神圣同盟”的反动。法国逃亡贵族大批回国，身居要职，要求恢复旧制度——首先是恢复封建土地所有制。即使是在法国这样一个经历了深刻的资产阶级革命、比较彻底地废除了封建制度的国家里，这时，资产阶级和封建贵族之间的矛盾，不论在经济上还是在政治上，也重新尖锐起来。为了对付当前的主要敌人，法国资产阶级又利用劳动大众；他们和无产阶级之间的矛盾，暂时居于次要地位。在英国，1815 年因拿破仑战败重新修订《谷物法》时，封建地主比之资产阶级显著地占了上风。其后，李嘉图虽然在理论上驳斥了马尔萨斯，但对实际问题的解决并没有起什么作用。这样，资产阶级还要利用劳动大众，自 1825 年起，进行议会选举改革运动，以期获得更多的议席，并废除《谷物法》。这时，工人运动还是资产阶级民主运动的一个构成部分。英国资产阶级和无产阶级之间的矛盾也暂时居于次要地位。

法英资产阶级既然都要利用无产阶级去对付封建地主，无产阶级既然还跟随着自己的敌人去反对敌人的敌人，在这种条件下，资产阶级就不能和不必完全抛弃古典政治经济学。他们保留了其中的有利于资产阶级、不利于封建地主的东西(主要是地租学说)，而去掉了其中的有利于无产阶级、不利于资产阶级的东西(主要是劳动价值理论和剩余价值理论)。

这个时期经济思想中的斗争就是这种政治斗争的反映。

19 世纪 20 年代是李嘉图经济学的普及化和庸俗化的时期。这个时期的经济思想，不论其倾向如何，事实上都是以李嘉图的经济学说为轴心的。

二　马尔萨斯从地主阶级的利益出发，反对李嘉图的经济理论

在《政治经济学及赋税原理》出版前，由于对《谷物法》存废问题抱的态度不同，马尔萨斯和李嘉图在经济理论上便有分歧。前者认为，由于这法律，英国国内粮价高、地租高、地主需求高、商品价格也高，利润随之也高，因此对《谷物法》持肯定看法。后者认为，由于这样，工人货币工资高，利润便减少，利润减少，对资本积累不利，对发展生产不利，因此对《谷物法》持否定看法。

在《政治经济学及赋税原理》中，李嘉图全面阐述了价值分解为工资和利润，超额利润转化为地租（级差地租）的理论，说明工资和利润、利润和地租的对立关系，认为地租是地主阶级对社会生产发展成果的一种掠夺，资产阶级发展社会生产，得益的却是地主阶级。

马尔萨斯反对李嘉图的经济理论，其目的是为地租、为地主阶级辩护。李嘉图的经济理论，之所以被马尔萨斯找到攻击的目标，是由于它存在着矛盾。马尔萨斯对准李嘉图不能跨越的两大难关，向他步步进逼。

马尔萨斯攻击李嘉图理论体系中的第一个矛盾：李嘉图认为，工资上涨，利润便下降，可是马尔萨斯尖锐地指出，“工资价值上涨时利润将成比例地降落这一命题，则除非是假定包含等量劳动的商品的价值永远相等，否则就不可能正确，这种假定大概在五百个例子里也难找出一个相符合的”。①应该说，如果将利润看成剩余价值，并且将工作日看成固定的，则李嘉图的上述命题便是正确的。它之所以受到马尔萨斯的攻击，并不是由于这个命题依以建立的前提，即分解为工资和利润的价值由劳动决定不正确，而是由

① 马尔萨斯：《政治经济学定义》，何新译，商务印书馆 1962 年版，第 15 页。

于李嘉图混同了生产价格和价值，错误地认为两种资本的结合比例和商品的上市时间不同，以及在这两种不同存在条件下的工资变动，都使价值变动，这就成为马尔萨斯攻击的对象。因为要资本结合比例相同和商品上市时间相同，商品价值(其实是生产价格)才不变，只有这样，工资上涨，利润便下降这命题才是正确的，而要符合这条件，确实是五百个例子中也难找到一个。这里，并没有涉及李嘉图体系的第一个矛盾：劳动决定价值，劳动和资本交换，利润怎能产生。这是因为，马尔萨斯自己也认为劳动是和资本交换的，所以不能从根本上提出反驳。

马尔萨斯对李嘉图理论体系中的第二个矛盾的攻击是很明确的。前面说过，李嘉图混同了生产价格和价值，便认为在资本结合比例和商品上市时间不同的条件下，工资的变动会影响价值。这是违反他的劳动决定价值的理论的。为了维护这学说，他便说劳动变动引起价值的变动是基本的、巨大的，工资变动引起价值的变动则是次要的、弱小的，并且认为这种条件不同，只是一种例外。这显然是说不过去的。马尔萨斯抓住这一点，对李嘉图学派说："诚然，李嘉图先生自己也承认他的法则有相当多的例外。这些例外的品类，就是所用固定资本量不等，耐用程度不同，而所用流动资本的回收时期又彼此各别的商品。如果我们研究一下这些品类，就会发现其为数之多，使得该法则可以看成例外，而例外倒成为法则了。"①确实，随着资本主义生产的发展，资本有机构成不同和资本周转时间不同，以及由此产生的生产价格和价值不同，不是例外，而是通例。这就难怪马尔萨斯说，李嘉图的例外论是与文明发展不相容的。但他并没有解决李嘉图的矛盾：等量资本推动的活劳动不等，形成的价值不等，为什么利润相等。他解决矛盾的办法，是像李嘉图那样，先假定了平均利润率的存在，然后利用斯密的错误，认为价值由交换商品所支配的劳动决定，这劳动包含生产商品所需的积累劳动、直接劳动，以及根据这些劳动按平均利润率计算的利润。

马尔萨斯站在地主、贵族立场上，提出人口学说，说明废除《谷物法》，粮价的下降只会助长工人繁殖后代、增加贫困。他为地租辩护时，最初运用的是斯密的错误学说。他说，由于人口规律和粮食本身的特点，粮食的交换价

① 马尔萨斯：《政治经济学定义》，何新译，商务印书馆1962年版，第13页。

值便会超过按利润率计算应得的利润在内的生产成本，其差额就是地租。这种价值学说，就是斯密的价值由交换商品支配的劳动决定这一说法的翻版。其中利润率的高低是无法说明的。其后，他使用李嘉图的庸俗说法来支持自己的观点。他说，对于垫支在工资和工具上的资本，按照其垫支时间，应予补偿，这就是利润。两件产品耗费劳动相同，一件马上出卖，一件要经历一年后才出卖，它们相互交换时根据的只能是各自的劳动量加上利润量。这里，语言和例子都是李嘉图的。

前面说过，李嘉图不能解决工人出卖的是劳动，利润又怎能产生的问题。这就给了马尔萨斯利用利润问题为地主辩护的可乘之机。他根据上述价值学说，把利润定义为产品卖价高于垫支资本的价值的差额，是贵卖的结果，然后问它怎样实现。它当然不能由资本家相互贵卖来实现。将卖给工人的商品贵卖，工人以其工资只能买这商品的一部分，余下的就是利润，但它在实物形式上，其价值不能实现。因此，他认为在只有资本家和工人的条件下，要取得利润就必然发生普遍的生产过剩的经济危机。幸亏有一个只消费不生产、只购买不出卖的地主阶级，不断地以其地租，按高价购买商品，利润才得以实现，普遍的生产过剩的经济危机才得以避免。

三　欧文等人从无产阶级利益出发，利用李嘉图的经济理论

李嘉图的劳动价值理论和剩余价值理论理所当然地被空想社会主义者用来反对资本主义。他们被称为李嘉图派社会主义者。伟大空想社会主义者欧文的共产主义，当它参与进行经济学论战时，也完全是以李嘉图为基础的。他们的理论发生重大影响的时期，是从 19 世纪 20 年代到马克思主义产生的 50 年代。

1800 年到 1829 年，欧文经营了一个发展为 2 500 人的工厂后，在理论上提出：尽管工人有较为优良的环境，“可是，这 2 500 人中从事劳动的那一部分人给社会生产的实际财富，在不到半个世纪前还需要 60 万人才能生产出来。我问自己：这 2 500 人所消费的财富和以前 60 万人所应当消费的财富

之间的差额到哪里去了呢”?[①] 以前的60万人生产的财富，被他们消费后有没有剩余，欧文没有告诉我们：现在2 500人中从事劳动的那一部分人生产的财富和从前60万人生产的一样多，但每个人消费的财富没有增加（或增加不多），这样，现在生产的当然就比消费的多得多。这就等于说，工人的工资小于他生产的价值，其差额落到企业所有者手里去了。从理论上看，这显然是以李嘉图为基础的。

欧文应该把营业实践中的问题上升为理论问题，这就是：(1)以价值概念取代财富；(2)以2 500人（应略小于）生产的价值大于其消费的价值的差额，取代60万人消费的财富大于2 500人消费的差额。落到企业所有者手里的其实是前一差额，它就是利润（剩余价值）。

李嘉图派社会主义者也是以李嘉图的劳动价值理论和剩余价值理论为理论基础的。他们的理论，从总体上看，由于是从理性出发的（所以成为空想的），就不像李嘉图的理论体系那样完整、严密，因为后者是从经济分析出发，探索成为体系的规律，但从某一部分看，有的则比李嘉图深刻，这和他们站在无产阶级立场上、致力于揭露资本主义生产的秘密、批判资本主义生产有很大的关系。

例如，小册子的作者说：“付给资本家的利息，不论是采取地租的形式，是采取货币利息的形式，还是采取企业利润的形式，总是由别人的劳动支付。……不论有多少应归资本家，他总只能占有劳动者的剩余劳动，因为劳动者必须生活。”[②]这里不仅包含劳动创造价值，即收入的思想，而且将所有的剥削收入归结为剩余劳动，归结为利息。这利息就是纯粹形式的剩余价值。这就克服了李嘉图把平均利润看成剩余价值的缺点。他的不足之处，是被资产阶级政治经济学概念所俘虏，以致将剩余劳动归结为利息。

在李嘉图看来，工人的工资由工人生活资料的价值决定，和资本家的利润由均等的利润率决定一样，都是自然而然的，因此，工资和利润的对立也是自然而然的。与此相反，李嘉图派社会主义者特别强调这两者的对立性。其认为，资本家之所以给工人留下生活资料，是因为他们如果没有工人的劳

① 《马克思恩格斯全集》(第二十卷)，人民出版社1962年版，第287页。

② 马克思：《剩余价值学说史》(第三卷)，郭大力译，人民出版社1978年版，第266页。

动就不能从事任何工作，所以他们才慷慨地这样做，以便把超过工人的生活资料的劳动生产物全部据为己有。

这派社会主义者还论证了资本的不生产性。其把资本分为流动资本和固定资本，前者不过是并存的劳动，例如，皮鞋匠能够工作，是因为和他同时工作的有磨粉工人、面包师和成衣匠等，他们的劳动是相互并存的，后者虽然是经济学家所称的积累劳动，但它没有生产力，不能生产任何东西。结论是借助资本而占有剩余生产物是一种暴力行为。

李嘉图派社会主义者认为，价值或财富既然是劳动创造的，它就应该全部归于劳动阶级，并由此得出共产主义的结论。在欧文看来，从前仅仅使少数人发财而使群众受奴役的强大的生产力，提供了改造社会的基础，它作为大家的共同财产就应当为大家的共同福利服务。他们还主张，劳动者生产产品，必须有能够完全使用其产品的保证。

这种共产主义理论和工人有获得全部劳动产品的权利的理论，是建立在伦理观点上的，不是分析生产方式矛盾的结果，因此是不科学的、空想的。

欧文等李嘉图派社会主义者都有一套消灭剥削、解决社会矛盾的方案，这就是交换组织的方案。我认为，作为它的重要理论基础的劳动货币学说，就是以李嘉图的错误的货币学说为基础的。前面说过，李嘉图认为，货币是流通手段，劳动是价值尺度，后者就是劳动货币的理论基础。他们的错误在于不了解商品生产的基本矛盾，不了解私人劳动之转化为社会劳动既有质的承认又有量的计算的问题，而错误地认为只有量的计算问题，于是便认为劳动就是货币。这实质上等于说，凡是劳动生产的商品就是货币，因而就没有货币，凡是生产商品的私人劳动直接就是社会劳动，因而直接代表社会劳动对私人劳动进行质的承认和量的计算的真正的货币，是不必要的。这样，就必然无法解决商品生产的基本矛盾。

欧文在1820年实质上便有劳动货币的思想。其后，他又提出组织生产合作公社和劳动交换商场，作为改造社会的一个步骤，劳动货币就是后者的理论基础。他认为，在物物交换时，劳动是价值的唯一尺度，商业出现后，货币才代替劳动成为价值尺度，劳动是自然的价值尺度，货币是人为的价值尺度，货币出现后，等价交换被破坏，剥削随之产生。原来他认为，工人出卖的是劳动，资本家付给他的货币低于劳动的价值，工人以货币购买商品时，又受剥削，问题都出在金属货币身上。因此，要以劳动货币取代之。这表明他不了解货币的本质以及货币之所以天然是金银，都在于它直接代表社会劳动。

19世纪30年代初，欧文还没有办生产合作公社，便办劳动交换商场。小生产者送来商品，按生产的平均劳动时间，得到一张本身没有价值的凭证，即劳动货币，以此换取有同量劳动时间的其他商品。私人劳动的量的计算可谓完善，但其质的承认问题没有解决，有些商品因其使用价值不为人们所需，长期积压，有些劳动货币因换不到合适商品又不能贮藏，便贱价卖给私商，商场只好停办。这说明劳动货币只是生产者内部登录社会必要劳动量的凭证，并不代表社会劳动，不是货币，保持商品生产而消灭货币，必然是失败的。

李嘉图派社会主义者认为，发展社会生产力就要使出卖和购买一样容易，但是，金属货币妨碍了这样做，因此要用劳动货币来取代之。这同样表明他不了解货币的本质，货币这种特殊商品代表社会劳动，一般商品代表私人劳动，商品和货币交换分别就是卖和买。由于卖是私人劳动要转化为社会劳动，就比较困难，买是一切私人劳动都要取得它的承认的社会劳动和私人劳动交换，就十分容易。由于凡是商品都能换到劳动货币，表面看来出卖是容易的。但是，这样一来，劳动货币就等于是商品的符号，从社会看生产者得到劳动货币并不意味着商品出卖了。前面说的积压证明了这一点。由此可见，劳动货币由于不代表社会劳动，所以不能解决商品出卖困难的问题。保持商品生产，不消灭私人劳动和社会劳动的矛盾，而又要使出卖和购买一样容易，是不可能的。

四　经济和谐论者指李嘉图为共产主义之父

李嘉图的经济学说，如上所述，在理论上已不可能在资产阶级手里发展。此外，阶级斗争形势也不需要和不容许它再在资产阶级手里发展。这就是：19世纪20年代起，空想社会主义者利用它攻击资本主义生产，30年代法英资产阶级最终取得政权，40年代《谷物法》终于废除，50年代美国庸俗经济学家凯里指控李嘉图是共产主义之父。

李嘉图混同了剩余价值率和利润率，这样，利润率的下降便可以被说成剩余价值率的下降，即工人占有的份额增加，资本家占有的份额减少。庸俗政治经济学家利用这一点来为资本主义辩护，把资本主义描绘成一幅有利于工人的和谐的图画。他们中的代表人物就是法国的巴斯夏和美国的凯里。他们是在19世纪40年代和50年代散布这种思想的。

马克思举了这样一个例子：欧洲国家资本有机构成较高，为84C＋16V，剩余价值率较高，为100％，这样，其产品价值为84C＋16V＋16M＝116，利润率为16％；亚洲国家资本有机构成较低，为16C＋84V，剩余价值率较低，为25％，这样，其产品价值为16C＋84V＋21M＝121，利润率为21％。马克思由此得出结论："这个亚洲国家的利润率比这个欧洲国家的利润率高25％以上，尽管前者的剩余价值率只有后者的四分之一。凯里、巴斯夏之流一定会得出正好相反的结论。"①只要把产品价值混同于价值产品，即接受斯密教条，就可以把利润率的下降看成剩余价值率的下降。

巴斯夏和凯里实际上都把一个社会的利润率随着生产的发展而下降，看成剩余价值率下降，即工人占有的份额在增加，资本家占有的份额在减少。

巴斯夏说："比例于资本的增加，社会总产品中分配给资本家的那部分产品的绝对量也会增加，但是相对量却会减少；相反的，分配给劳动者的那部分产品绝对量和相对量却都会增加。"②资本家占有的份额相对减少，也就是利息(利润)率降低，其反面就是工人占有的份额增加，资本家占有的份额要绝对增加，因为不这样，他就宁可花掉一半资本，这样，便使其份额绝对增加。

这种论调是这样提出来的：先认定总产品即C＋V＋M不分解为C，只分解为V＋M，然后认为，既然利润率是下降的，那就一定是M占的份额减少，V占的份额增大。

由此，巴斯夏得出辩护的结论："资本家和工人们，你们不要再以嫉妒和

---

① 马克思：《资本论》(第三卷)，人民出版社1975年版，第169页。

② 转引自季陶达主编《资产阶级庸俗经济学选辑》，商务印书馆1963年版，第218页。

不信任的眼光来相互看待，……你们双方的利害是一致的，……你们中间的最巧妙和最公平的分配是在天意这种明智的规律下进行的……”①

凯里的论调也是这样。他认为商品的价值由再生产商品所必需的劳动量决定，它随生产力的提高而下降，资本的价值也是这样。“资本价值的减少，使得无力自备资本因而必须租用的人们为使用资本而支付的那一部分劳动产品也减少了。”②随着生产力的提高，再生产同样的资本，认为其价值在减少，一般说来是正确的。但由此得出结论，认为为租用资本而支付的那一部分劳动产品也减少了，却是不正确的。它是由利润率有下降趋势，并错误地认为价值只分解为 V 和 M 推算出来的。

凯里由此得出同样的辩护结论：“人类整体的长远利益是完全一致的……各个阶层之间的和谐将招致各个民族之间的和谐，全世界将充满对于和平的热爱。”③他特别痛恨李嘉图的理论，因为这个理论揭示了利润和工资、利润和地租的对立。他说，李嘉图的理论体系是仇恨的体系，总是要在各个阶层之间和各个民族之间挑起战争。他甚至指李嘉图为共产主义之父。

五　德国历史学派在方法论上和李嘉图经济理论相对立

德国缺乏产生古典政治经济学的条件。当其条件促使它产生政治经济学时，它只能产生与英国古典政治经济学相对立的庸俗政治经济学，即德国的历史学派。

德国资本主义的发展比英、法晚得多。18 世纪末、19 世纪初，在法国大革命和拿破仑战争的影响下，德国自上而下地废除了农奴制度。1810 年废除了行会制度。1834 年又建立了有 30 多个重要邦国参加的关税同盟。这样，国内市场的障碍逐步消除了，资本主义的发展加快了。但有一个对外税率问题没有解决。因为资产阶级化的封建地主为了输出粮食，主张实行自

① 季陶达主编《资产阶级庸俗经济学选辑》，商务印书馆 1963 年版，第 220 页。
② 同上书，第 229—230 页。
③ 同上书，第 245 页。

由贸易、低率征税，产业资本家要与英、法竞争，则主张采取保护政策，高率征税。这样，当英国古典政治经济学作为舶来品，于此时输入德国并被德国产业资本家注意时，其自由贸易政策，以及导致这个政策的政治经济学的方法论和理论，便遭到反对。到德国资本主义发展起来的时候，由于英、法的阶级斗争形势以及德国的阶级斗争形势的影响，又使德国缺乏客观地分析经济关系的条件。它产生的只能是历史学派。

作为英国古典政治经济学的对立物的德国历史学派，其特点就是认为德国不能实行自由贸易政策。为此，它反对古典政治经济学所揭示的在一切国家中都起作用的经济规律，反对这个学派揭示经济规律所遵循的方法论，即个人主义、世界主义和物质主义。为了反对个人主义和世界主义，它提出了国家主义，认为国家利益高于个人利益，世界是分裂为国家的，各个国家情况不同；为了反对物质主义，它认为人们的行为不仅受物质利益支配，而且受法律、文化、道德的支配。在这种方法论的指引下，它认为客观的经济规律是没有的，各个国家的经济政策，由该国所处的历史发展阶段决定。历史学派诸子各有一种历史发展阶段划分法，用以证明德国所处的阶段和英国不同，所以不能像英国那样实行自由贸易政策。

这里以希尔特布兰为代表，分析一下其学说在方法论上是如何和古典政治经济学对立的。他在其1848年出版的《国民经济学的现在与将来》中表达了以下的思想。

经济科学的任务不是揭示经济规律，而是随着国民经济和人类的进化，找寻现代经济、文化的基础和待解决的问题。经济科学不可能是政治经济学，只可能是各国不同的国民经济学，它和国民的语言、文学、艺术和法律一样，是人类精神和工作的产物，不可能像自然科学那样有普遍的规律。

因此，希尔特布兰认为英国古典政治经济学方法论的错误在于，揭示适合于一切时代和一切地方的普遍规律，这是忽视各国民的特点去建立全人类或全世界的经济学，忽视人是社会动物、是文化的产儿、是历史的产物。人的欲望和性格、人与自然以及人与人的关系都因历史、地理的不同而不同。

所以，不仅没有上述的规律，而且没有任何规律：政治、宗教因素和物质利益对人的活动有同等的作用，不应从物质利益出发研究经济科学。

希尔特布兰将经济的发展划分为三个阶段：自然经济、货币经济和信用经济。在自然经济中，人和土地结合在一起，经济生活呈沉滞现象；在货币经济中，土地自由买卖，农民从土地中解放出来成为自由劳动者，产业自由，工商业发达；在信用经济中，信用节省了劳动，经济更为发展。

希尔特布兰记录的是经济现象，并没有说明经济为什么会这样发展。这种划分法虽然是不科学的，但是却等于承认有普遍的经济规律。这是其学说中自相矛盾之处。

古典政治经济学把资本主义看成生产的自然形态，这是错误的，但它揭示的资本主义经济规律却是一种客观存在。历史学派认为没有经济规律，反对经济科学以揭示经济规律为任务，这是完全错误的。凡是科学都要揭示规律。从这一点上说，历史学派是古典政治经济学的坟墓。

第十九章　李嘉图经济学说的庸俗化及其学派的解体

李嘉图经济学说中的庸俗因素和与他同时代的庸俗经济学家的学说，在它们的形成和发展过程中，就是混合生长的。其后，作为李嘉图门徒的庸俗经济学家，在通过李嘉图学派的两大难关时，就使这个学说完全解体，并建立起取代了古典经济学的庸俗经济学。这发生在李嘉图《政治经济学及赋税原理》出版后10年间，即19世纪20年代。

李嘉图特别推崇萨伊的销路论。法国最早的庸俗经济学家萨伊的经济学说是对法国资产阶级革命后逐渐觉醒的无产阶级的一种反动。其体系以两个错误论点为基础：第一，接受法国重农学派的论点，将使用价值（效用）说成价值；第二，接受斯密的庸俗理论，认为价值（实为使用价值）是劳动、资本、土地这生产三要素创造的。我们说过，斯密放弃了价值由生产商品投下的劳动决定的观点后，便走投无路，最后只好说劳动、资本、土地就是工资、利润和地租的源泉。这就是萨伊的生产三要素论的依据。这两点都是李嘉图坚决反对的，那他为什么赞同萨伊的销路论呢？原来它还要建立在两个李嘉图完全同意的错误论点上。第一，斯密教条，即认为价值只分解为或只包括工资、利润、地租三种收入，而没有生产资料或不变资本的价值。正因为这样，在价值学说的根本问题上反对萨伊的李嘉图，才会说萨伊是支持他的价值学说的。他和萨伊在这个问题上的分歧，只在于他认为地租（级差地租）不构成价值。他们看到的，实质上是生产价格（看漏了不变资本的价值）。第二，把商品交换看成产品交换，把资本流通看成商品流通，认为货币只是流通手段，人们以商品交换货币，这货币只能用于购买其他的商品，而不可能用于支付和贮藏。这种货币学说李嘉图是完全同意的。在这基础上，萨伊便创立了“单单一种产品的生产就给其他产品开辟了销路”[①]的学说。

李嘉图创立的生产消费均等论实质上和这相同，也是以斯密教条为基础的。斯密由于不了解生产商品的劳动具有二重性，无法解释生产者的一次劳动怎能既创造新价值，又转移生产资料的旧价值到商品的价值中去，便只好说后者的价值最终也分解为收入，和投下的劳动创造的价值分解为收入一样。但是，他还从物质的角度看问题，并不认为生产物都像收入那样，全部用于个人消费。李嘉图不是这样。他接受了这个教条后，便从逻辑上加以发展，认为生产物价值既然全部分解为收入，而收入是用于消费的，利润虽然有一部分用来购买生产资料，但后者的价值也全部分解为收入。这样，收入既然是用于消费的，那生产和消费便是均等的了。

李嘉图认为销路论的原理，首先是萨伊加以解释的，其实，它是 1807 年詹姆斯·穆勒在《商业辩护论》中提出的供需均等论。庸俗经济学家老穆勒这一理论的基础是：第一，将商品交换看成产品交换，这样，从一个行为看，买和卖是同一回事，从个人和全社会看，供给的价值和需要的价值也是同一回事；第二，信奉斯密教条，这样，虽然在物质上看到不变资本，尤其是它的固定部分的存在，但又认为它在价值上最终分解为收入，而收入必定用于购买，固定资本的物质特点是一次购买、多年使用这种情况便被看漏了。于是便认为，从个人和社会看，买和卖、供给和需要必然是均等的。

由于销路论、生产消费均等论、供给需要均等论是建立在相同的错误论点上的，所以三者便混合生长成为否定普遍的生产过剩经济危机的学说，而与马尔萨斯等人的危机学说相对立。

李嘉图的门徒，庸俗经济学家老穆勒和麦克库洛赫，在“保卫”李嘉图的经济学说，回答其攻击者时，使其完全解体。

马尔萨斯这样攻击李嘉图学派的第一个矛盾：“工资上涨，利润便下降”这一命题，只有假定包含等量劳动的商品的价值永远相等，才是正确的。但是，李嘉图说过，因上市时间不同等原因，它们的价值是不等的，因此，这个命题在大多数场合下是错误的。前面说过，马尔萨斯提出利润是卖价高于垫支资本的差额的说法，是利用了斯密的价值由交换所支配的劳动决定的

---

① 让·巴蒂斯特·萨伊：《政治经济学概论》，陈福生等译，商务印书馆 1963 年版，第 144 页。

错误原理,而斯密发生错误的原因是不认识工人的劳动力是商品,李嘉图学派的第一个难关就是由此产生的。马尔萨斯沿用了斯密的说法,就表明他根本不了解问题的关键何在。他对李嘉图的攻击没有切中要害。

老穆勒通过难关的方法如下:为了维持工资和利润是对立的这一说法,他起初说工资由劳动供求关系决定,它的大小决定后,在商品价值中把它扣除,余下的便是利润。但供求变动只能说明工资波动,不能说明它依以波动的那个水平。于是他又说,商品价值由工人和资本家分割。以什么标准分呢?劳动生产的属于工人,成为工资。但全部价值都是劳动生产的,都成为工资,利润就没有了——这正是问题的所在。于是他又改口说,是资本家事先支付工资给工人,他是贷者,要从工资中扣除利息,这就是利润。从利息说明利润,是违反李嘉图的原理的。这样一来,利息来源和利息率都是无法被说明的。他的后继者麦克库洛赫重复了这个论调。经过这样的糟蹋,李嘉图的劳动价值理论便荡然无存了。

马尔萨斯对李嘉图学派第二个矛盾的攻击是切中要害的。前面说过,李嘉图由于混淆了生产价格和价值,无法解释等量劳动生产的商品,因上市时间不同等原因,其价值便不同,就认为工资变动会影响价值,这是违反他的劳动价值理论的。为了维持这个学说,李嘉图便说,上述情况只是一种例外。这是说不过去的。因为生产价格和价值相符是偶然的,不符是常见的。他解决矛盾的办法是,不经说明便假定普通利润率的存在,然后认为商品价值由交换所支配的劳动量决定,这劳动量包含垫支资本的价值和根据这价值按普通利润率计算的利润。

老穆勒企图这样通过难关:先肯定窖藏两年才出卖的陈酒,由于要增加利润,其价值(其实是生产价格)便增大,然后回答这利润是哪里来的。起初说是时间创造的,不通。后来又说,这是机器这种过去劳动的价值的转移,但这是折旧费,不是利润,何况窖藏的严格意义是不耗费这种过去劳动,又不通。最后只好说,新酒本身是机器,陈酒就是它生产的,利润是机器生产的。麦克库洛赫说得更干脆,酒从新变陈的发酵过程,是一种看不见的劳动,和机械与役畜从事看得见的劳动一样,都创造价值。认为自然、工具能创造价值,这就不是李嘉图的劳动价值理论,而是萨伊的生产要素创造价值的学说了。

第二十章　马克思的经济理论是对李嘉图的经济理论的积极扬弃

马克思主义政治经济学的一个重要内容，就是对李嘉图经济学说的扬弃，这是在无产阶级世界观指导下，将商品生产和资本主义生产看成生产的历史形式，并将后者看成有阶段性的，然后进行研究的结果。

在李嘉图看来，产品就是商品，价值是自然存在的，它自然表现为价值（相对价值）；他只研究价值量怎样决定，认为劳动是价值的尺度。马克思不是这样，他认为，只有独立的互不依赖的私人劳动的产品才作为商品互相对立，私人劳动要通过交换实现为社会劳动。因此，私人劳动便取得了二重的社会性质：它作为一种有用的具体劳动创造使用价值，私人劳动通过使用价值的交换而实现为社会劳动时，其具体的劳动特点已被抽去，成为无差别的抽象劳动，它创造价值。价值的实体就是抽象劳动，这个实体的量即价值量，由抽象劳动量决定。商品的价值不能表现自己，而要以另一种商品的使用价值来表现。这两种商品的比例关系就是交换价值。

由于私人劳动实现为社会劳动存在着矛盾，要解决这个矛盾，交换价值最后便发展为货币形式。货币就是用来表现价值的唯一的使用价值，生产它的私人劳动直接就是社会劳动。黄金这种使用价值由于具有某种自然的特点，生产它的私人劳动最适于代表社会劳动，因此便成为货币。这就是马克思的劳动价值理论以及由它发展而来的货币学说，前者与李嘉图的劳动价值理论有联系又有质的不同，后者与李嘉图的货币学说则任何联系也没有。

这样，马克思便在坚持李嘉图的商品价值由生产投下的劳动量决定的原理的基础上，解决了以下问题。

第一，在两种产品即两种不同的使用价值相交换的等式中，亦即在交换价值中，马克思论证了其中必然有一个不同于这两种使用价值，但又是它们所共有的质相同量相等的第三物，它不可能是商品的几何的、物理的、化学的或其他的天然属性，只能是无差别的抽象劳动。这就是价值实体，是两种商品都有的，质相同，量相等。这个劳动价值理论的方法论是批判各种庸俗价值学说的锐利武器，它将当时流行的把使用价值说成价值，从而认为生产要素创造价值的谬论，以及认为供求关系决定价值的谬论，都加以彻底批判。它也可以用来批判以后产生的、其目的在于反对马克思的劳动价值理论的主观效用价值学说，因为对于相交换的使用价值的主观评价，并不是结成交换的两种商品自身包含着的，而且是因人而异，不可能相等的。

第二，指出斯密教条的错误根源，在于不了解生产商品的劳动具有二重性：作为抽象劳动，创造新的价值；作为具体劳动，在生产使用价值时，将生产它的生产资料的价值移到商品上去。因此，产品价值（C＋V＋M）和价值产品（V＋M）是不同的，前者要分解为资本（C）和收入（V＋M）。这样，就从理论上指出了李嘉图的生产消费均等说的错误，肯定了生产过剩的经济危机的可能性，并为解决政治经济学一系列重大问题打下了理论基础。

第三，指出价值和交换价值的联系和区别，货币是交换价值发展的结果，它是从商品界中分离出来的特殊商品，它的使用价值是用来表现价值，它的价值由生产它的劳动决定，生产它的私人劳动直接表现为社会劳动。因此，劳动是价值的内在尺度，货币是价值的外在尺度，劳动货币或劳动券并不是货币。货币不仅是流通手段，而且是贮藏手段，它的流通的量可以由其贮藏机能来调节。因此，认为货币的价值由其数量来调节的说法是错误的，它的价值和商品的价值由同样的原理决定。货币的流通手段和贮藏手段的机能使买和卖可能脱节，使经济危机有了抽象的可能性。李嘉图和老穆勒等认为买和卖相均衡是错误的。

马克思通过了李嘉图学派的第一个难关。他站在无产阶级立场上，看到工人和资本相交换的是劳动力，劳动的价值应该是劳动力的价值，提出了劳动力成为商品的伟大理论，使政治经济学发生了根本的变革。这样，就科学地说明了，剩余价值就是劳动力支出的活劳动创造的价值，大于劳动力本身的价值的差额，后者取决于工人及其家庭所必需的消费资料的价值，工资是它的转化形式。

从剩余价值的纯粹形式出发，而不是从它的特殊形式出发，去说明它的产生，这是马克思的剩余价值学说的方法论。鉴于重商主义从商业利润、重农主义从农业地租、李嘉图从平均利润出发去说明剩余价值的产生，就必然发生错误，马克思便从剩余价值的纯粹形式出发。对于这一点，马克思非常重视。《资本论》(第一卷)付印后，他写信给恩格斯说，这本书的优点之一就是讨论剩余价值时，把它的各种特殊形式，如利润、利息、地租等，都丢开了。作为这种方法论的表现的资本总公式，即货币—商品—货币，就不应理解为具体的资本，如商业资本、借贷资本和产业资本的公式，而是资本一般的公式。

根据生产商品的劳动具有二重性质的原理，生产资料的价值只是不变地由具体劳动转移到商品价值中，而劳动力支出的抽象劳动创造的价值却比劳动力本身的价值更多些，马克思便首创地将购买生产资料的资本称为不变资本，将购买劳动力的资本称为可变资本，并提出了资本有机构成这一重要范畴。这就不仅比李嘉图更深刻地说明了无产阶级受剥削的秘密，而且在这基础上提出了资本积累学说，分析了资本主义生产方式的基本矛盾必然加深的原因，揭示了资本主义积累的历史趋势，得出了共产主义必然代替资本主义的科学结论。欧文和李嘉图社会主义者的共产主义理论只建立在工人是受剥削的这个基础上，而不是建立在剩余价值生产使资本主义基本矛盾加深的基础上，所以是不科学的。

马克思通过了李嘉图的第二个难关。他指出，李嘉图的方法是从劳动决定价值的正确原理出发去研究经济关系，看看它们是否和这原理相符，或者要在多大程度上要修改这原理。这有很大优点：原理正确，逻辑力量便会将它导至正确的结论。例如，李嘉图能指出斯密价值学说的某些错误，就是坚持这一原理的结果。但又有很大缺点，即跳过某些中项，直接论证某些经济关系与这原理的一致性；如不一致，便修正这原理，或否定这经济关系。例如，李嘉图由于不了解价值要转变为生产价格，便修正劳动决定价值的原理，便否定绝对地租。马克思与此不同，他既看到了资本是个平等主义者，在自由竞争条件下，要平分剩余价值，又看到资本主义发展的阶段性，当它发展到自由竞争阶段，作为“资本主义的共产主义”的生产价格便形成，这是价值的转化形式。

前面说过，李嘉图混淆了生产价格和价值，然后认为除了劳动，使用的两种资本比例不同，商品上市的时间不同，以及在这两者存在条件下的工资变动，都是价值（其实是生产价格）变动的原因。但是，混淆了这两者后，他也不能说明生产价格形成和变动的真正原因，这是必然的。因为价值和剩余价值（利润）既然是劳动创造的，它的大小便只同可变资本购买的劳动力多少有关，而在一个单位时间（一年）中等量资本使用的可变资本数量，只同资本有机构成和资本周转时间有关，同李嘉图说的那两种不同毫无关系。

由于等量资本在相同时间内使用的可变资本不同，创造的价值和剩余价值不同，便有不同的年利润率，由于竞争的缘故，价值便转化为生产价格，剩余价值便均等化为平均利润，不同的利润率便均等为平均利润率。上述原理，可如表 2-7 所解（假设 M′=100%，C 在一次生产中用完）。

表 2-7　不同可变资本下等量资本：不同价位和剩余价值，相同平均利润和生产价格

	C	V	M	价值	平均利润率	平均利润	生产价格
钢铁业	90	10	10	110	20%	20	120
纺织业	80	20	20	120	20%	20	120
食品业	70	30	30	130	20%	20	120

对李嘉图所说的工资变动，引起利润率变动，对生产价格（他认为是价值）的影响，马克思作了科学的说明。① 我们以表 2-7 为基础，假设工资水平提高二分之一，再用表 2-8 说明生产价格的变化，在这里可以看出，李嘉图所描绘的应该是这幅图画：工资提高了，平均利润率降低了，等量的总资本因有机构成不同和周转时间不同，在相同时间中使用的可变资本，较多的

表 2-8　工资普遍提高二分之一后的生产价格

	C	V	M	价值	平均利润率	平均利润	生产价格
钢铁业	90	15	5	110	9.09%	9.5	114.5
纺织业	80	30	10	120	9.09%	10	120
食品业	70	45	15	130	9.09%	10.5	125.5

① 马克思：《资本论》（第三卷），人民出版社 1975 年版，第 223—227 页。

其生产价格便低于价值，较少的其生产价格便高于价值，居中的其生产价格不变，永远等于价值。

马克思的地租学说，就其与李嘉图的关系来说，主要是肯定了绝对地租的存在，以及使级差地租学说更为完善。他强调了资本主义土地私有权的存在，资本投到土地上来不纳地租是不可能的，看到了价值和生产价格的区别，农业资本有机构成较低，价值高于生产价格，其中的差额，即等量的农业资本由于使用的劳动力较多，比工业资本生产更多的那部分剩余价值，便不参加平均利润的形成，而转化为绝对地租。他说明级差地租只是农业资本之间的利润差额，它的产生不是以耕种的土地要从优良到低劣为条件，也不与那个错误的土地报酬递减规律相联系。由于耕种土地的次序不是这样，李嘉图以此来说明利润率的下降趋势便是错误的，产生这趋势的原因是社会生产力发展所导致的资本有机构成的提高。

第二十一章　李嘉图摈弃的利润理论和新李嘉图学派的利润理论

一　问题的提出

古典政治经济学家李嘉图最终不能解决的利润来源和平均利润率的形成问题，其他资产阶级经济学家当然也不可能解决。这个问题是由无产阶级政治经济学的创立者马克思科学地予以解决的。但是，第二次世界大战后，在英国形成了所谓的新李嘉图学派，其奠基者和重要领袖就是主编《李嘉图著作和通信集》的斯拉法教授。斯拉法读了李嘉图生前未发表的有关价值理论的著作，从中找出解决利润理论的线索，然后以李嘉图的价值理论为基础，运用李嘉图的抽象法和里昂惕夫的投入产出分析法，提出了在既定生产技术条件下各生产部门的产品价格、工资率和利润率的计算模型，用以解决经济学的最大难题。这件事情引起了经济学界的重视。斯拉法到底有没有解决，或者说，在马克思解决了这个问题以后，斯拉法有没有用不同的方法解决了李嘉图不能解决的利润问题，这是要弄清楚的。

我读了斯拉法的重要著作《用商品生产商品》，他为李嘉图的《政治经济学及赋税原理》剑桥版所写的编者序言，以及李嘉图身后才发表的关于价值理论的著作后，觉得情况不是这样。实际的情况是：李嘉图自己予以摈弃的，并且确实是违反劳动价值理论的利润理论，斯拉法却把它捡起来，并加以发展，提出一种违反李嘉图的基本理论的利润理论，而自认为这是李嘉图理论的回归。不过，李嘉图自己摈弃的谷物比例利润率理论是经过了几个经济学家的利用才传到斯拉法的手里的。这里仅谈那几个经济学家怎样利用李嘉图这一方法论。

二　李嘉图的谷物比例利润率理论

在写作《政治经济学及赋税原理》之前，李嘉图的利润理论是谷物比例利润率理论。其内容是：生产基本粮食即谷物的资本的利润率决定其他资本的利润率，而生产谷物的资本的利润率取决于产出的谷物大于投入的谷物的比率，投入的谷物包括消耗的生产资料，如种子、肥料、农具和工人的工资即消费资料，主要的也是谷物。这种思想，用李嘉图的话来说就是："决定所有其他行业的利润的是农场主的利润"，因为农业资本和其他资本的相互转移使利润均等。而农场主的利润，则这样决定："假使某个人在这样的土地上使用的资本，其价值相等于小麦 200 夸脱……假使于重置……资本之后，余下的产品价值是小麦 100 夸脱，或 100 夸脱的等值，所有主资本的净利润是 100 夸脱，即资本 200 获利 100。"①

在这里，李嘉图虽然说明了农业资本的利润的产生，但没有说明其他资本的利润的产生，因而在这基础上，他用自由竞争的办法来说明其他资本也要有利润，并且要和农业资本的相等，是不科学的。马尔萨斯和他通信时，对他的这种理论提出了异议。马尔萨斯指出，在任何生产中，产出的产品和投入的预付资本都不会具有完全相同的性质，因此，决不能提出产品的物质形态的比率，以此来决定一般资本的利润率。李嘉图考虑了马尔萨斯的反对意见，在写《政治经济学及赋税原理》时摈弃了这种利润理论，而认为利润是由劳动形成的价值分解而来的，对任何生产部门都一样。

李嘉图的谷物比例利润率理论，是在法国重农主义的影响下提出来的。重农主义把使用价值看成价值，因而认为剩余价值（他们称为纯产品）就是生产出来的使用价值，大于在生产中消耗掉的使用价值的余额，只有农业部门才生产纯产品。在重农主义看来，工人和资本家在生产中所消耗的资本和利润（李嘉图认为这是资本家进行劳动的工资）的价值，只是不增不减地加到产品中，所以，纯产品不是在任何生产中都存在的劳动创造的。在农业

① 斯拉法主编《李嘉图著作和通信集》（第四卷），蔡受百译，商务印书馆 1980 年版，第 13 页。

部门中起作用的，除了劳动，还有自然力，由于自然界的恩惠，农业的生产量比其在生产中耗费的种子、肥料、工资、利润大些，其中的差额便是纯产品——重农主义认为是地租。

重农主义有这种看法是很自然的。笼统地看，它也是正确的。重农主义产生于法国大革命之前的法国。当时法国的资本主义较为落后，贸易和航海不发达，雏形的资本家还参加劳动，利润和这种劳动的工资结合在一起。由于这样，在农业生产中，作为商品买来的生产资料比工业部门少些，工人和资本家消费的绝大部分是自己生产的农产品，可以从物质方面即使用价值来衡量产出大于投入的数量和比例。但是，对于工业生产，无论如何不能这样考察，因为在工业生产中，投入和产出的使用价值是不同的。即使对农业生产，在英国也不能这样考察，因为英国贸易、航海较为发达，农业生产中的生产资料、工人和资本家消费的必需品大多是作为商品买来的。这就是说，资本主义生产发展了，总的说来，缺乏正确的价值概念，就无法理解剩余价值在一切生产部门是如何产生的。

李嘉图所处的历史条件和重农主义者不同。他这样分析农业利润的产生，并由此推论其他行业利润的产生，并认为农业利润率决定其他行业的利润率，是完全错误的。因为在英国的条件下，即使是农业利润也不能这样说明，更不用说其他行业的利润了。李嘉图后来摈弃了这个理论，无疑是正确的。

李嘉图摈弃不用的理论，却被庸俗经济学家捡起来，作为辩护之用。

三　谷物比例利润率理论方法的影响

英国古典经济学鼻祖配第和重农主义一样，都没有提出和解决社会平均利润率的形成问题，严格说来，他们还没有这种历史任务。斯密有此任务，但未能完成。他是在坚持生产商品投下的劳动决定价值，但因不了解工人出卖的是劳动力，无法说明利润的来源，因而提出交换商品支配的劳动(这劳动包括工资、利润和地租)决定价值时，说明平均(自然)利润率的形成。这就是竞争本身使利润趋向于均等。但这不能说明利润率为何是

10%,而不是50%,即不能说明平均利润率的高度。

李嘉图不是这样。他说明了谷物利润的产生和变动的原因后,便以谷物利润率来说明社会平均利润率,以谷物利润率的下降趋势来说明平均利润率的下降趋势。他是用竞争引起的资本转移来说明谷物利润率决定其他行业的利润率的。他说,假使谷物资本的利润率是50%,其他行业也是一样。因为"如果在对外贸易中使用资本的利润超过了50%,资本将从土地撤出,使用于贸易。反之,如果其利润降低,资本将从贸易转向农业"。① 换句话说就是,要按照谷物利润率调整其他行业产品的价格,在此价格下,其他行业的利润率和谷物利润率相同,这就是李嘉图的以谷物利润率为基础的平均利润率理论的方法。但这样一来,他就无法说明,具有平均利润率的其他行业产品的价格,如何能够同由其劳动形成的价值相一致,或总价格和总价值相一致。他又用耕地日益贫瘠,或在同一土地上增加投资,其生产力日益降低,来说明谷物价值增大,工资提高,谷物利润率降低,由它决定的社会平均利润率也降低。由此得出的政治结论就是:应该实行自由贸易政策,废除《谷物法》,使国外廉价谷物自由输入英国,以便降低粮价,提高社会平均利润率。

李嘉图的这些理论是有缺点的,当时就受到代表地主阶级利益、主张维护《谷物法》的马尔萨斯的反对。马尔萨斯认为,在任何生产中,投入和产出,即垫支和产品,都不会具有完全相同的自然性质,因此不能从物质形态方面计算利润率。谷物或农业利润决定其他行业的利润,其他行业的利润也决定农业利润。前一批评虽然正确,但如前所述,李嘉图的理论并不是真正建立在物质形态上。后一批评并不完全正确,因为农业利润虽然不能决定其他行业的利润,但是其他行业的利润却要决定农业利润。正确的批评应该是这样:资本主义生产先在工业中占统治地位,因此平均利润先在工业中形成;由于土地私有权的存在,后来发展起来的农业资本主义生产,由于资本有机构成较低,相对于工业来说就有一个超额剩余价值,它不参加平均利润的形成,而转化为绝对地租。因此,是工业(加上商业)的平均利润决定农业的平均利润。

① 斯拉法主编《李嘉图著作和通信集》(第四卷),蔡受百译,商务印书馆1980年版,第15页。

由于存在着某些错误，李嘉图在《政治经济学及赋税原理》中便改变了某些提法，以工人的劳动形成的价值比工人消费的消费资料价值大些，来说明其中的差额就是利润或剩余价值。这是十分重要的。这时的李嘉图已彻底摆脱配第理论的影响了。但是，李嘉图在改正以谷物利润率来说明平均利润率的错误时，却发生了新的错误，即未经说明便假定了平均利润的存在，这就等于混同了价值和生产价格，以致将生产价格形成和变动的原因误认为是在劳动之外的形成价值的原因，最终不得不对劳动价值理论加以修正。

斯拉法对李嘉图已经摈弃的谷物比例利润率理论加以发挥，认为确定农业利润对资本的比例是直接根据谷物的数量进行的，不涉及任何估价问题，只有农业这种行业处于不利用其他行业的产品作资本，所有其他行业却必须使用它的产品(粮食)作资本的特殊地位，"由此可以推论，如果所有的行业要有一种一致的利润率，那么其他行业的产品相对于其本身资本(相对于谷物)的交换价值必须调整得能够提供谷物生产中所确立的利润率。因为在后者之中，产品和资本是由同一种商品构成的，任何价值的变动都不会改变其间的比例"。① 这样，斯拉法便在李嘉图的理论中加上了自己的思想，即各行业要和农业一样有一致的利润率，从而它们的产品的交换价值要根据其生产中必须使用的谷物(工人消费必需)的价值进行调整，使其获得的利润和农业的利润相同，农产品和其他产品的交换价值就是这样确立的。

在李嘉图和马克思之间这段时间里，对劳动价值理论不论持反对或赞成态度的经济学家，都利用李嘉图的谷物比例利润率理论的方法。前者的代表是老穆勒和阿伦德，其特点是从形式上学李嘉图的方法，但阉割李嘉图的理论中的精华——劳动价值理论。后者的代表是想坚持劳动价值理论的拉姆赛。

穆勒认为新的葡萄酒醇熟为陈葡萄酒后，后者增加的价值即利润，是新葡萄酒这部"机器"创造的。但他没有说明利润率的高低如何决定。这时，

① 大卫·李嘉图:《政治经济学及赋税原理》，郭大力、王亚南译，商务印书馆 1962 年版，附录第 381 页。

他搬用了李嘉图的方法。他说，使用在土地上的资本所得的收益，决定其他一切用途的资本所得的年利润率，自然也决定着在酒窖中改进葡萄酒所使用的资本的年利润率。对一种收益所作的说明也就是对另一种收益的正确说明。

德国庸俗经济学家阿伦德更把这种理论发展为原始的森林利息率理论。他在其《与垄断精神及共产主义相对立的合乎自然的国民经济学》中，为了说明利息率的水平，十分天真地说："在财物生产的自然进程中，只有一个现象，在已经充分开发的国家，看来在一定程度内负有调节利息率的使命，那就是欧洲森林的树木总量由于树木的逐年增长而增加的比率。这种增长完全不以树木的交换价值为转移，而按每一百棵增加三棵到四棵的比率来进行。因此，不能指望它（利息率——引者）会下降到最富有的国家的现有水平以下。"[①]这就是说，欧洲森林每年每百棵增加三至四棵，增长率为3%—4%，利息率由它决定。马克思讽刺地称这为"原始的森林利息率"。在这里，投入和产出都是树，使用价值完全相同，并且没有人类劳动投入，树木的增加完全是自然力的作用的结果，因此他说，树木的增长完全不以树木的交换价值为转移。但如果这种谬论能够说明利息的产生和利息率的高低，那就等于把魔术信以为真。

以上两个庸俗经济学家都是以一个生产部门的利润率或利息率来说明社会上的均等的利润率或利息率；这个部门的产品，从物质上看，和投入的资本相同。他们的不同在于：穆勒认为，农业资本的利润是资本创造的；阿伦德认为，原始的森林利息是自然创造的。

拉姆赛指出，在一般生产部门里，投入和产出的物质资料不同，因而不能在物质形态上计算利润率，但农业部门却是可以的，从全国各部门的总和看更可以，也就是将各种农产品综合起来是可以的，因为投入和产出的物质资料在这两种范围内都是相同的。[②] 但他事实上并没有从这里说明社会平均利润率的形成。他是从各个特殊部门的利润率为何不同（劳动是原因之一），再从竞争使这些特殊利润率趋于平均，来说明平均利润率的形成。他

---

① 马克思：《资本论》（第三卷），人民出版社1975年版，第407页注（67）。

② 乔治·拉姆赛：《论财富的分配》，李任初译，商务印书馆1982年版，第93—94页。

认为，在这过程中产品的价值是要变化的（其实是生产价格与价值发生偏离）。①

四 凯恩斯对李嘉图谷物利润率理论的模仿

凯恩斯的生产黄金的利润（利息）率支配社会利润率的理论是对李嘉图谷物比例利润率理论的模仿。

1936年，凯恩斯在《就业利息和货币通论》中，提出货币利率是“利率之最大者，是利率之王，支配其他利率”②的论点。这就是他的利润率理论和平均利润率理论。

凯恩斯认为，利息就是各种资产（不单只是货币）取得的总收益大于该资产的部分；总收益及其中的利息是以各该资产本身来计算的。他认为，各种资产取得的总收益取决于三个因素：(1)有些资产可以帮助某种生产过程，产生一种产品；(2)除货币外，大部分资产在其存在时间内要支出保藏费，这要从总收益中扣除；(3)资产持有人对资产的便利性或安全性而产生的灵活升值。因此，从方法上看，利息是产出（产品减保藏费加灵活升值）大于投入（资产）的余额，利率就是该余额和投入量之比。由于这三种因素在各种资产中的作用不同，各种资产的利率也就不同。

凯恩斯就用这种理论说明各种资产的利率是不等的，但又认为它们应该是相等的。要它们相等，凯恩斯认为有两种办法。第一，“假使有一种复合商品，可以完全代表商品全体，则此复合商品之本身利率”，“可以看作唯一利率”③，但要找出这样的商品是困难的；代表商品全体的复合商品的思想显然是来自拉姆赛。第二，以一种资产的利率为准，调整其他资产的需求价格，在这需求价格下，各种资产的利率都是均等的。④ 凯恩斯是按第二种办

① 乔治·拉姆赛：《论财富的分配》，李任初译，商务印书馆1982年版，第150页。

② 约翰·梅纳德·凯恩斯：《就业利息和货币通论》，徐毓枬译，商务印书馆1977年版，第188页。

③ 同上书，第189页。

④ 同上书，第188页。

法做的。他说：他的研究线索，“是本身利率之最大者”，“支配其他利率”便是这个意思。以一个行业的利润率决定社会平均利润率，这种方法显然来自前期的李嘉图。

凯恩斯认为，在各种资产的利率中，货币的利率最大。他说：“货币的确有若干特征，使其本身利率……固然随资产之增加而下降，但其下降速度，不若其他资产之本身利率……之大。”①其理由是：第一，货币的生产弹性为零，其他资产因价格增高，其产量能增加，而以工资单位计算的货币价格提高，货币（黄金）并不能随意增加；第二，货币的替换弹性为零，当其他资产价格增加时，人们便倾向于用其他因素来替代它，货币不是这样；第三，在一切资产中，人们对货币的灵活偏好最大。就这样，分析到底，他是以货币量不易增加，而人们对其灵活偏好又最大，即以前者代表货币供给，后者代表货币需求，来说明货币利率的下降，不如其他资产下降得快，即货币利率最大。

我认为这些分析是不对的。首先，凯恩斯把黄金等同于金币，把黄金产量等同于金币供应量，把利息是利润的一部分，利息率在这前提下取决于借贷资本的供求，说成是利息率完全取决于货币的供求关系。其次，凯恩斯是在混淆利息率和利润率（他称为资本边际效率）的条件下，用说明生产货币（黄金）的利润率下降较慢的办法来说明货币的利息率是所有资产的利息率中最大的。最后，凯恩斯认为利润是在流通中产生的，是追加单位产品的卖价高于生产它的成本的差额②，它和成本之比就是利润率。其他资产随着产量增加，竞争一方面使卖价降低，另一方面使成本中的工资增加，这使利润率下降。货币的生产不同，它的产量不能随意增加，或增加很慢，而对其需求又很强烈，它的“卖价”不易下降。但由于成本中的工资增加，它的利润还是下降了，但要慢得多。随着生产的发展，生产货币的利润率，亦即货币的利息率，便成为利息率中最大的。

配第认为货币租金是由劳动生产的金银纯产品，凯恩斯说的其实也是这个问题，但他认为生产货币的利润是货币的卖价大于其成本的差额，这是说不通的，因为在这里，投入的是货币，即成本，产出的也是货币，从每一货

---

① 约翰·梅纳德·凯恩斯：《就业利息和货币通论》，徐毓枬译，商务印书馆 1977 年版，第 193 页。

② 同上书，第 50 页。

币价值看，投入前和产出后是相等的，但从物质形态看，产生的货币更多些，差额是从哪里来的，在这里，利润来源之谜表现得最清楚。唯一退路是把生产货币的利润说成是货币的利息。在否定劳动价值理论的人看来，将货币的生产过程抽掉，那么，生产货币和借贷货币便是一样的，都是以现在的货币交换未来更多的货币，其中的差额是利润或利息。凯恩斯认为，雇主之所得等于本期所售产品之价值减去其直接成本。直接成本由使用者成本和原素成本构成。工资属原素成本。然而，利息的来源无法说明。

凯恩斯就以这样的理论来说明货币利息率是利息率中最大的，生产货币的利润率也是利润率中最大的，两者相等，并由它调节其他产品的需求价格，即决定社会平均利润率。

但是，凯恩斯又认为，当其他产品的数量逐渐增加时，"初时其边际效率至少等于利率，以后则逐渐下降"，因此，"除非利率同时下降，否则总会达到这一点，过了这一点以后，即不值得继续生产"。①

如上所述，凯恩斯认为利息率是不能同时下降的，这就使投资中断，危机发生。因此，他认为经济危机之所以发生，说到底是由于货币供应量不能随意增加，利息率不能和一般生产部门的利润率同步降低。据此，凯恩斯说："唯一补救之道，只要公众相信：纸币也是货币，而由政府来统制纸币工厂，换句话说，由政府来统制中央银行。"②这是为垄断资本主义国家实行通货膨胀政策提供理论依据。

---

① 约翰·梅纳德·凯恩斯：《就业利息和货币通论》，徐毓枬译，商务印书馆 1977 年版，第 192 页。

② 同上书，第 198 页。

第二十二章　新李嘉图学派的利润理论

新李嘉图学派奠基者斯拉法的利润理论，是对被李嘉图摈弃的利润理论的运用和发展，因而是违反李嘉图后来建立的理论体系的基本原理的。

斯拉法运用了李嘉图的谷物比例利润率理论的方法论，即认为有一种标准商品，其投入的生产资料和产出的产品在物质形态上是相同的，因而其产出超过投入的比率完全不必用价值，而只用物质数量便可以计算，并且这个超过量不论分配为工资和利润时，两者的比例发生何种变动都不会影响这种标准商品的价值(其实是生产价格)。在这基础上，他又根据自己对李嘉图这个理论的理解，即谷物生产可以不使用其他生产部门生产的产品，而其他生产部门却必须使用谷物(工资的购买对象)才能生产，认为这种标准商品是用来估算工资的。这样，当生产标准商品的部门的利润率已定时，它的利润率便决定其他生产部门的利润率。后者的产品的价格便要依据生产它的生产资料的价值和已定的利润率进行调整，使这价格包含的利润同依据生产资料的价值和已定的利润率计算出来的利润相等，其道理和谷物利润决定其他行业的利润一样。这样，利润的产生和利润率的均等化问题就似乎解决了。

斯拉法是在寻求李嘉图没有寻求到的不变的价值尺度的基础上展开其利润理论的。李嘉图认为，不变的价值尺度必须具备三个条件：生产它的劳动时间不变(这绝对不可能)，生产它的两种资本的结合比例，以及它的上市时间，要和由它衡量价值的商品完全相同。李嘉图认为，符合这些条件的商品是没有的。我们知道，李嘉图事实上是在寻找生产价格不变的商品。马克思已经指出生产价格永远符合于价值的条件，但马克思并没有提出什么不变的价值尺度，这不仅是因为价值随着生产力的变化而变化(这是必然发生的)，与价值相等的生产价格也必然发生变化，而且更重要的是因为价值尺度是代表社会劳动对私人劳动进行质的承认，并以此为前提对它进行量的计算，这个问题不是找出一个不变的价值尺度（从生产它的劳动时间必然发生变化来说，不可能有不变的价值尺度）所能解决的。

斯拉法根据李嘉图对工资变动，从而利润率反变动，引起价值（其实是生产价格）变动的分析，即认为这要取决于两种资本的结合比例和商品上市时间的长短，假定商品上市时间即资本周转时间为一年，然后指出价值的变动，不仅取决于生产这种商品时所使用的劳动和生产资料的比例，还要取决于这种生产资料本身被生产时，和生产生产资料的生产资料本身被生产时，以及由此上推，最后的生产资料本身被生产时，所使用的劳动和生产资料的比例。用我们的话来说，就是不仅新创造出来的价值，可能与生产价格不一致，而且转移下来的旧价值也是这样。要这两者一致，便要遵守许多条件。

斯拉法认为，这个条件是，生产中消耗的生产资料的比例，和这些生产资料产量的比例相同。因为从一个商品看，其价值中的新价值（他称为纯产品）由于是分解为工资和利润的，这个部分的大小就不会因工资或利润的变动而变动；其价值中的旧价值即生产资料的价值，其中的纯产品也是这样；由此上推，最后的生产资料全部是纯产品，它当然也是这样。因此，只要生产这商品的全部生产资料和纯产品的比例都相同，那么，工资和利润不论如何变动，其价值（其实是生产价格）都不发生变动。上述条件便能满足这要求。他认为符合这条件的具体商品是没有的，合成商品却是有的。他列举的体系如下：

90 吨铁＋120 吨煤＋60 夸脱小麦＋4/16 劳动——190 吨铁
30 吨铁＋75 吨煤＋90 夸脱小麦＋4/16 劳动——285 吨煤
30 吨铁＋30 吨煤＋150 夸脱小麦＋8/16 劳动——380 夸脱小麦

总计 150 吨铁＋225 吨煤＋300 夸脱小麦＋1 劳动

在这里，生产中消耗的生产资料的比例是 150∶225∶300，这些生产资料的产品数量的比例是 190∶285∶380，两者相同，都是 1∶1.5∶2。各种纯产品对其生产资料的比例是：铁为（190－150）/150＝26.6％，煤为（285－225）/225＝26.6％，小麦为（380－300）/300＝26.6％，也完全相同。因此，在这个体系中，作为不变的价值尺度的商品由这个比例合成：1 吨铁∶1.5 吨煤：2 夸脱小麦。他称这种商品为标准商品，这种纯产品为标准纯产品，这些部门为标准部门。

在这里，斯拉法并没有告诉我们这些纯产品为什么这么大，也没有告诉我们它如何分解为工资和利润。他只告诉我们，纯产品必须和生产资料有一致的比例（在这里是 26.6%），只要这样，不管工资和利润如何变动，这标准商品的价值都不变。

斯拉法认为，工资不是资本的垫支，而是纯产品的一部分：纯产品的另一部分是利润，它只和生产资料成比例，不和生产资料加上工资成比例——这是和李嘉图不同的。假定工资占纯产品的 24.8%，即在纯产品为 26.6 时，工资为 6.6，那么，利润便为 20。和这纯产品对应的生产资料为 100。这样，利润率便为 20%。这是标准利润率。由这生产资料生产的产品的价值便由 100（生产资料）、20（利润）和 6.6（工资）构成。很明显，这里事实上谈的是生产价格，但是这三个构成部分只是一种相对关系即比例，因此，它是相对生产价格。

斯拉法认为，只要用标准商品相同数量的等价物支付工资，标准利润率便能决定实际经济体系中的利润。实际经济体系中的纯产品和标准体系中的标准纯产品是不同的，因此没有理由认为，前者扣除工资后余下来的利润和生产资料的比率会和标准利润率相同。但是，他认为这时实际经济体系中商品的价格必须按这个原则进行调整，即价格中包括的利润的价值要等于社会使用的实际生产资料价值的 20%（假定这是标准利润率）。只有这样调整价格，利润率才和标准利润率一致。这样，他就以为既解决了利润的产生问题，又解决了平均利润率的形成问题，并且是根据李嘉图的谷物比例利润率理论来解决的。

斯拉法将上述分析加以总结时说："相同的利润率，在标准体系中是作为商品的数量之间的比率得出的，在实际体系中则是由价值总量的比率得出。"①

现在的问题在于：斯拉法如何说明纯产品，尤其是标准纯产品的产生和其量的决定，以及它划分为工资和利润的规律。只有这个问题解决了，才能

---

① 彼罗·斯拉法：《用商品生产商品》，巫宝三译，商务印书馆 1963 年版，第 29 页。

说明他既利用李嘉图摈弃的利润理论，又遵守李嘉图的基本原理，而且能够跨越李嘉图学派的两大难关。

显然，斯拉法不可能说明标准纯产品是生产资料支配的活劳动形成的，其大小由劳动时间决定，他也不可能用工资支配的活劳动来说明，因为工资不是垫支的资本，并且它是作为产生纯产品之后对纯产品进行分配的结果归于工人的。他只能用“不产生这样的标准纯产品，不变的价值尺度便是不可能的”来说明它的产生和量的大小。这样，他便把纯产品的产生看成生产资料自身的结果，和劳动没有必然的联系。这是违背李嘉图的基本原理的。

关于工资的决定问题，斯拉法将工资分为生存工资和剩余工资两部分。前者对于工人，一如燃料之对引擎，饲料之对牲畜，他将其列入生产资料。后者是可变的，是属于生存用品以外的商品。因此，两种工资合起来是可变的，它取决于资本家和工人的斗争。按照其理论逻辑，纯产品扣除剩余工资后的余额便是利润。工资取决于两个阶级之间的斗争，这是对穆勒的工资理论的回归。

新李嘉图学派原来是违反李嘉图基本原理的学派。

第二十三章　驳张五常所谓“马克思误解了李嘉图”

1984 年 12 月 20 日，张五常在香港的网站 STUDENT 上发表一篇题为“马克思奄奄一息”的文章。在文章的开头，他就引用了李嘉图好像是全部否定他自己的劳动价值理论的话：“马尔萨斯指出货品的交换价值跟生产时所用的劳力并没有一定的比例。这观点我不仅是现在同意，而且是从来没有反对过。”这就是说：张五常借此要推翻李嘉图的科学的劳动价值理论（它是斯密劳动价值理论的积极扬弃）。其目的是经过反对李嘉图而将马克思经济理论的基础即劳动价值理论推倒。

一　声言要反对马克思的理论

众所周知，张五常反对中国的建设事业由马克思主义指导。按照张五常的这个观点，他就应该直接批评马克思的理论。但是他不，他深知马克思理论的基础，即劳动价值理论是以李嘉图的学说为基础的；而他认为李嘉图是修正了自己的劳动价值理论的。这样，只要将李嘉图自己的话搬出来，就可以推翻马克思的理论基础了。因此，他说现在的问题是：马克思的模糊理论架构却是有着一个毫不模糊的基础。它就是“劳力价值定律”（the labour theory of value）。那就是说，马克思的理论是基于“所有价值都是从劳力而来的”这个基础定律，这是马克思取自李嘉图的；所以共产中国一向都重视李嘉图。历来有不少研究经济思想史的学者，都以为李嘉图提出了“劳力价值定律”。这是一个不幸的误解，近人斯蒂格勒曾作了很精辟的改正。很明显地，根据本文开始时所引用的李嘉图的话，李嘉图自己是否认了价值与劳力是有着一定的关系的。因此,他认为,马克思的理论基础是误解了李嘉图的原意。

接着,张五常就讲了一通劳动价值理论之所以错误的历史原因。

在19世纪初期,欧洲主要的生产资源(中国称为生产资料)是劳力和土地。又因为当时是地多人少,未经劳力开垦的土地不值钱。所以这期间的经济学者很容易得到一个错觉,认为所有有价值的东西都是从劳力而得来的。至于那些可以不劳而获的宝石或珍品,及其他显然与劳力多少脱了节的价值,经济学者都不大重视。马克思既认定所有价值都是从劳力而来,资本家"不劳"而获的就成了"剩余价值",是剥削工人而得来的。《资本论》滔滔数十万言,还是基于一个简单的"劳力价值定律"。

张五常的分析显然不符合史实。配第在17世纪中叶、坎蒂隆在18世纪上半期的著作还强调土地和劳动在创造财富中的作用。只是由于这两者无法换算,就无法单独算出它们分别创造的财富,无法据此进行分配。至于宝石等的价值问题,我们留在下面谈。

张五常接着说:但是,到了19世纪末期,土地价值急升。有些经济学者就认为这些"不劳而获"的升值,是不应得到的,给地主享受是不公平的。持有这观点的首要人物是美国的亨利·佐治;他以极有煽动性的文字写成《进步与贫穷》,提倡所有税收应该在土地上征收。我们的孙中山先生是个医生,对经济一无所知,跑到美国为革命筹款,读了佐治的《进步与贫穷》,自己加上了孔夫子的"天下为公",写成了"三民主义"。中国人之所以一穷二白,无知及盲目崇拜都是原因。佐治还主张将土地国有化,借以消灭绝对地租,降低粮食价格,提高资本家的平均利润——这一点,他就不谈了。

可是,恩格斯对土地创造价值的说法是予以驳斥的。他在19世纪末说:"中世纪的农民相当准确地知道,要制造他换来的物品,需要多少劳动时间。村里的铁匠和车匠就在他眼前干活;裁缝和鞋匠也是这样。在我少年时代,裁缝和鞋匠们还挨家挨户地来到我们莱茵地区的农民家里,把各家自备的原料做成衣服和鞋子。农民和卖东西给他的人本身都是劳动者,交换的物品也是他们各人自己的产品。他们在生产这些产品时耗费了什么呢?劳动,并且只是劳动。他们为补偿工具,为生产和加工原料而花费的,只是他们自己的劳动力。因此,如果不按照花费在他们这些产品上的劳动的比例,他们又怎么能把这些产品同其他从事劳动的生产者的产品进行交换呢？在这里，不仅花在这些产品上的劳动时间对互相交换的产品量的数量规定来说是唯一合适的尺度；在这里，也根本不可能有别的尺度。不然的话，难道可以设想，农民和手工业者竟如此愚蠢，以致有人会拿10小时劳动的产品来和另一个人1小时劳动的产品交换吗？在农民自然经济的整个时期内，只可能有这样一种交换，即互相交换的商品量趋向于越来越用它们所体现的劳动量来计量。自从货币进入这种经济方式的时候起，一方面，适应价值规律（注意，指马克思所表述的价值规律！）的趋势变得更明显了，但另一方面，这种趋势又由于高利贷资本和苛捐杂税的干扰而受到了破坏；价格平均起来达到几乎完全接近价值的程度就需要更长的期间了。”①

张五常继续说：到了20世纪，资本家的“高瞻远瞩、果敢判断及承担风险而对社会所作出的贡献”，渐被经济学者认为是一些极有价值的生产资源。奈特的博士论文一举成名，是众望所归。第二次世界大战之后，科技的进展一日千里。“劳力价值定律”就被公认为谬论；知识资产投资的理论大行其道！至于那些因为对市场需求估计错误而使劳力血本无归的现象，经济学教授们在课堂上就喜欢提出“劳力价值定律”，来博取学生们的哄堂大笑！

张五常总结地说：“严格地说，马克思的理论不是过了时，而是从未对过。马克思由头错到尾。”②

二　李嘉图修正劳动价值理论的原因：马克思说明了，张五常说不出

我们知道，李嘉图是批判斯密的二元论价值学说的：主张生产商品投下的劳动决定商品价值的原理，反对交换商品支配的劳动决定商品价值的原理。后来由于遇到他不能克服的矛盾，才认为前一原理在一定条件下要修改。但是，他认为这是在通例之外的。

---

① 马克思：《资本论》（第三卷），人民出版社1975年版，第1016页。

② 张五常：《马克思奄奄一息》（1984年12月20日），张五常文章网站，http://nscheung.blogspot.com/1984/12/blog-post_20.html，最后浏览日期：2019年11月1日。

张五常对李嘉图为何会同意马尔萨斯的交换商品支配的劳动决定商品的价值的主张,其原因何在,只字不提。恕我直言,我以为这就是张五常可能没有全部读懂李嘉图的著作。李嘉图的大作《政治经济学及赋税原理》出版时,他自己认为在英国能读懂的人不超过25个。人们还认为李嘉图是从另外的行星上掉下来的。这个原因就是:不理解劳动价值理论,以及混淆价值与生产价格。老实说,如果不借助于张五常极其鄙视的马克思的著作,许多经济学家至今大概还是读不懂《政治经济学及赋税原理》。

以李嘉图为代表的英国古典派经济学有如下两大难关。第一,认为工资是劳动的价值,剩余价值或利润就没有来源;问题的解决是认识劳动力成为商品。第二,劳动创造价值,等量资本在同样时间内推动的活劳动不等(这有两个原因:资本有机构成不同;资本周转时间不同),就应有不等的价值和剩余价值,但是在现实中等量资本却有相等的利润;问题的解决是提出价值转化为生产价格的理论。李嘉图就是试图通过第二难关时(他由于假定了平均利润的存在,第一难关就可以蒙混过关),摔了跟斗的。

在前面我们分散在各处说明一个问题,即价值与生产价格(自然价格)的区别是:前者分解出剩余价值,后者则由平均利润构成。而要这两者相等,就必须资本有机构成和资本周转时间都居于中等条件,因为在这个条件下,生产的剩余价值就必然是中等的,大小同平均利润一样。但是符合这条件的资本是罕见的,因此,生产价格等于价值的商品是罕见的(这就是李嘉图一直追求而不可得的不变的价值尺度)。李嘉图由于混淆了价值和生产价格,就认为除了劳动之外,生产商品的资本划分为固定资本和流动资本的比例不同,固定资本的耐久性或商品的上市时间不同,以及在上述两者不同条件下的工资涨落,都是决定商品的相对价值的原因。

马克思详尽分析了李嘉图所以摔跟斗的原因。他认为,李嘉图把成本价格(生产价格,也是古典派的自然价格)和价值混同,由此引出了他的价值理论中的矛盾。李嘉图不理解利润平均化和价值转化为成本价格的过程。因此,李嘉图列举了他认为要修改劳动价值理论的两个例证,即前面说过的甲例和乙例。他认为:"在这两种情形下,价值的差额都是由于有利润积累成为资本而造成的,这一差额只不过是对占用利润的时间的一种公正的补偿。”①对此，马克思批评说：“这不外就是说，一个资本不管它的特别流通时间怎样，也不管不同生产部门（把流通过程撇开不说）各等量资本比例于它们的有机构成部分必然会生出的不等的剩余价值怎样，它在一定流通时间内比方说一年内，一定要提供百分之十。”

马克思总结说：“李嘉图应当得出如下的结论：第一，各等量资本会生产价值不等的商品，并提供不等的剩余价值或利润，因为价值由劳动时间决定，一个资本所实现的劳动的时间的量不是取决于它的绝对量，而是取决于可变资本即投在工资上面的资本的量；第二，即使假设各等量资本会生产相等的价值（虽然生产领域中的不等通常和流通领域中的不等是一致的），等量资本占有等量无酬劳动并把它转化为货币的时间，也还要看资本流通过程而有所不同。这就使等量资本在不同生产部门在一定时间内必须提供的价值、剩余价值和利润，发生第二个差别。

“所以，如果利润要作为资本（例如在一年间）的一个百分率成为相等的，让等量资本在相等时间内各提供相等的利润，各商品的价格就必然会与商品的价值不同。把一切商品的这种成本价格加在一起，其总和就会和这一切商品的价值相等。同样，总利润也会和这一切资本加在一起例如在一年间提供的总剩余价值相等。如果我们不以价值的决定为基础，平均利润从而成本价格就会只是想象的、没有根据的。不同生产部门的剩余价值的平均化不会改变这个总剩余价值的绝对量，而只会改变它在不同生产部门间的分配。但这个剩余价值本身的决定，只有来自价值由劳动时间进行的决定。没有这个，平均利润便是一个一无所有的平均，只是空想。那可以是百分之十，也同样可以是百分之一千。（以后我们看到，马尔萨斯就遇到这个问题）

“李嘉图的一切例证，对他来说，都不过有这种作用：那就是，把一般利润率的假定偷运进来。这个情况在“论价值”的第一章已经出现了，虽然表面上看，到第五章才说明工资，到第六章才说明利润。李嘉图始终没有弄明白，剩余价值、利润，甚至一般利润率怎样都要从商品‘价值’的决定出发。他

---

① 大卫·李嘉图：《政治经济学及赋税原理》，郭大力、王亚南译，商务印书馆1962年版，第30页。

在以上的例证中证明的唯一的事情是：商品的价格在它由一般利润率决定的限度内，是全然与商品的价值不同的。他因为把利润率当作规律来假定，所以，归结到了这种差别。当人们责备他过分抽象时，我们看到了，对他来说，倒是相反的责备是公正的。那就是，缺少抽象力，不能在商品价值的论述上把利润忘记，而利润只是一个因为有竞争方才出现在他面前的事实。”①

所以，马克思在《剩余价值学说史》中开宗明义就说：“一切经济学者都在这点上面犯了错误：他们不把剩余价值纯粹地当作剩余价值来进行考察，而是在利润和地租那各种特殊形式上进行考察。必然会由此生出的理论错误将会进一步在第三章内指出，在那里，我们将要分析剩余价值作为利润取得的已经大大变形的形式。”②李嘉图的方法论错误就是将平均利润看成剩余价值。

由于上述方法论的错误，李嘉图给马尔萨斯的信中就说：“我想，假使我必须重写我的著作里关于价值的那一章，则我要承认生产物品的相对价值不是受一个原因而是受两个原因调节的，即为该生产品的生产所必需的相对劳动量与因那资本停滞在事业所经过的时间与商品尚未运到市场以前所经过的时间而得到的利润水平。”③这样，他同意马尔萨斯的价值学说也就得到说明了。

老实说，离开马克思这里的说明，要弄懂李嘉图在这里的分析，即修正劳动价值理论的原因是很困难的；这正如离开马克思对魁奈《经济表》的分析，就很难读懂它一样。

三　在马克思说明之前，即使是李嘉图的弟子也说不出这个原因

张五常认为马克思误解了李嘉图。其实，可以说没有别的经济学家能像马克思那样深刻地了解李嘉图。在马克思之前，即使李嘉图的大弟子，也

① 马克思：《剩余价值学说史》(第二卷)，郭大力译，人民出版社 1978 年版，第 207—208 页。

② 马克思：《剩余价值学说史》(第一卷)，郭大力译，人民出版社 1975 年版，第 5 页。

③ 转引自金天锡编著《经济思想发展史》，正中书局 1946 年版，第 82 页。

不能像马克思那样了解李嘉图。

反对李嘉图劳动价值理论的经济学家，津津乐道的例子就是陈酒比新酒的价值高。他们自己的解决办法不外是：使用价值决定价值，酒是越陈越香的，所以陈酒的价值比新酒大；资本存放的时间越长，要求的利润就越多，利润是价值的一个因素，所以陈酒的价值比新酒大。

“忠实”于李嘉图劳动价值理论的穆勒当然不同意第一种解释，表面上也驳斥第二种解释。他说：时间不能做什么，它怎能增加价值呢，时间只是一个抽象的名词，把一个抽象的单位当作价值尺度和把时间当作价值的创造者是同样的理论上的不合理。但穆勒自己怎样回答这问题呢？他说，陈酒的窖藏时间也是劳动时间，在这时间内同样制造价值，所以陈酒的价值大些。这种说法的实质，是将劳动过程中断后，把自然发生作用的那部分生产时间（区别于劳动期间）硬说成劳动期间，这就将劳动、劳动期间的概念庸俗化了，等于将自然的作用称为劳动，认为自然的“劳动”创造价值。

麦克库洛赫的解决方法是：等量资本尽管推动的活劳动不等，但它推动的活劳动和积累劳动合起来总是相等的，不仅活劳动创造价值，积累劳动也创造价值，因而这些劳动创造的价值总是相等的；还有资本所经历的时间也创造价值。总之，等量资本在相同的时间内创造的价值总是相等的，所以有相同的利润。这就将劳动的概念扩大化，认为自然甚至时间也在劳动、也创造价值。

麦克库洛赫说：“如果一个资本家投下相等的金额来支付劳动者的工资，来饲养马，或租赁一个机器，并且如果这些人、马和机器都能完成相等的工作量，那就不管它是由人、由马，还是由机器完成，它的价值会显然是一样的。”①这是分明将马、机械等生产资料的活动或操作视为劳动，认为它也能创造价值了。他明白地说：“劳动，不问它是由人实行的，由下等动物实行的，由机械实行的，还是由自然力实行的，只要它的目的是在引起一定的结果，我们便有权把它定义为一种活动或操作。”②这不正是萨伊的生产要素价值论吗？

---

① 转引自马克思《剩余价值学说史》（第三卷），郭大力译，人民出版社 1978 年版，第 204 页。

② 同上书，第 199 页。

四　张五常未加说明的马尔萨斯的价值学说，到底说了些什么?

现在，我们对张五常未加评论的马尔萨斯价值学说进一步予以评论。

首先，马尔萨斯的价值学说，从实质看，主要是反对李嘉图的。他利用李嘉图学说中所存在的矛盾，即两大难关，极力反对它。李嘉图尖锐地察觉到这矛盾，力图解决。但由于他始终混同了生产价格和价值，因此不能不失败。最后，李嘉图仍相信劳动决定价值的原理是正确的，因为他认为资本的结合比例和周转时间不同只是例外情况，只有在例外的情况下，劳动决定价值的原理才要修改。但是，这就等于宣告了劳动决定价值的原理是错误的。

马尔萨斯全力抓住上述问题向李嘉图步步进逼。他得意洋洋地说:"李嘉图先生也承认他的法则有相当多的例外。……我们研究一下……就会发现其为数之多，使得该法则可以被看成例外，而例外倒成为法则了。"①他将李嘉图的原理指责为日益与文明不相容，因而就从根本上否定了它。因此，他说:"商品生产中实际耗用的劳动量不能满足价值尺度的……目的。"②

马尔萨斯对价值的尺度作了这样的说明:"商品在某一个国家中一般所能支配的劳动量却能表示生产所需要的劳动量加上利润，所以便能正确地衡量商品在这一国家的自然和必要的供给条件。"③而供给条件是:"商品生产所需的积累劳动与直接劳动量的垫支和全部垫支项目在其使用期间的利润百分比须等于普通利润率。"④这里的积累劳动就是生产资料，直接劳动量就是工资。前面说过，将工资认为是劳动的价值，就必然无法说明利润的产生，这是李嘉图遇到的但不曾意识到的矛盾，现在马尔萨斯重复了这个错误，他又怎能解释利润的来源呢?

其次，马尔萨斯一开始就将利润界说为商品价值中累积劳动和直接劳

① 马尔萨斯:《政治经济学定义》，何新译，商务印书馆1962年版，第13页。

② 马尔萨斯:《政治经济学原理》，厦门大学经济系翻译组译，商务印书馆1962年版，第81页。

③ 马尔萨斯:《政治经济学论文五篇》，何新译，商务印书馆1961年版，第118—119页。

④ 马尔萨斯:《政治经济学定义》，何新译，商务印书馆1962年版，第106页。

动所代表的价值以外的价值。他是看到李嘉图所遇到的矛盾的，因而不经说明就将利润，并且是具有一定比率的利润（平均利润），界说为价值中的一部分，是价值中本来就有的，企图用这个办法来解决矛盾。既然价值不仅包含了投下劳动所形成的价值（它等于生产资料的价值和工资），而且在这之外还包含了平均利润，这个利润就当然不是投下的劳动所创造的，不是在生产中形成的，而只能是在交换中形成的。因此，马尔萨斯就说：“唯有商品所能支配的劳动才能成为这种价值的尺度。”又说：“商品一般所能支配的劳动量必然可以代表和衡量其中所包含的劳动量和利润。”①总之，商品价值由交换商品所支配的劳动决定，这劳动等于生产商品所消耗的物化劳动、活劳动（这两者是投下劳动）和利润。

这明明是斯密的商品所支配的劳动量（它等于工资、利润和地租）决定价值这庸俗见解的复制。但是，马尔萨斯却大言不惭地说：“我在任何地方都没有见到有人说过，一种商品所能支配的一般劳动量必然可以代表和衡量该商品所包含的劳动量和利润。”②

商品的交换价值的尺度是交换商品所支配的劳动量，马尔萨斯这个说法有什么意义呢？应该说，他是看到了当作资本存在的一种形态的商品的价值的增殖，也就是看到了劳动和资本的交换是较多的劳动和较少的劳动的交换，因此他心目中的支配劳动量始终是活劳动，是雇佣劳动。作为资本存在形态的商品的价值增殖确实是由雇佣劳动提供的活劳动所决定的，换句话说，是由工资所“购买”或支配的活劳动决定的。但是，这种活劳动不是在交换中得到的，而是工人在生产过程中所提供、为资本所榨取的。马尔萨斯故意把生产中的榨取过程抽掉，胡说商品的价值是由支配劳动决定的，这样利润就被说成是从交换中得来的，它的来源被掩盖了，土地贵族得到的地租好像不是剥削所得了。

追问一句，利润的高度是怎样决定的，马尔萨斯就只好走向供求论。他举了这样一个例子：某人制造一只独木船，耗费的累积劳动和直接劳动是 20 天，但木材要风干之后才能造船，这要 3 个月的时间。木船由于多经历了

① 马尔萨斯：《政治经济学定义》，何新译，商务印书馆 1962 年版，第 90、92 页。

② 同上书，第 85 页。

3个月才能上市,它的交换价值就比那些只耗费20天劳动就能上市的商品大。木船的价值“取决于它们和等量劳动所生产,但直接送上市场的产品相比的稀少程度”。制造木船的资本的“利润率便刚好是以它被制成后所能交换的劳动超过本身所包含的盈余量来衡量的,如果所包含的劳动是20天,而3个月后所交换的劳动是21天,那么一季度的利润率便是5%,全年的利润率便是20%。反过来说,如果年利润率是20%,那么它们平均就一定能交换21天劳动”。① 这就是说,根据木船的“稀少程度”,生产1木船的资本的利润是5%。事实上,根据供求关系,根本不能说明它交换的为什么是21天的劳动,而不是其他;利润为什么是1天的劳动,而不是其他。

五 回答张五常用来攻击劳动价值理论的几个具体问题

末了,回答几个张五常提出来用以攻击劳动价值理论的具体问题。从这些问题可以看出,张的头脑是不能区分劳动创造的价值、劳动价值(工资)以及工资决定中的非经济因素的。它们确实是“模糊不清的”。

俯身拾到的珍宝,挖者花的劳动就是俯身的劳动,为何该珍宝价值连城?这是当年庞巴维克攻击过的。张五常只是拾人牙慧。马克思不是说得很清楚吗——“金刚石在地壳中是很稀少的,因而发现金刚石平均要花很多劳动时间。”②

为何会“血本无归”,即耗费了劳动而不能实现价值?其一,马克思的社会必要劳动时间决定价值的理论含有二层意义:(1)平均条件的必要劳动如长期高于此,就“血本无归”;(2)符合比例的必要劳动如长期不符合,也“血本无归”。这是不同社会制度下所有商品经济都遇到的问题。其二,生产过剩的经济危机,从某一点看,就是调整生产与消费的比例,就是淘汰多余生产力,必然有一部分生产设备是“血本无归”的。这是资本主义特有的问题。

① 马尔萨斯:《政治经济学论文五篇》,何新译,商务印书馆1961年版,第103页。

② 马克思:《资本论》(第一卷),人民出版社1975年版,第53页。

“一个天才用5分钟时间而可得的知识，可能比一个蠢才的终生劳力有价值。”①这是马克思论证的复杂劳动是多倍的简单劳动的问题。

政府批准进口或出口的文件为何有很大的价值？这是由于借此可以得垄断利润，将垄断利润资本化，即设想为本金的利息，这本金就非常巨大了。

为何外宾付的门票贵些？这或者由于招待较好，或者以贵补贱，而贵贱统算，则符合由劳动决定价值之规律的要求。

到外资企业工作的工人，其工资为何比国资企业工人的工资高？这个问题，恕我直言，除了技术因素外，有政治因素作用其中。

① 张五常:《马克思奄奄一息》(1984年12月20日)，张五常文章网站，http://nscheung.blogspot.com/1984/12/blog-post_20.html，最后浏览日期:2019年11月1日。

第二十四章　近来发生的对李嘉图理论的攻击

一　问题的提出

江泽民同志在庆祝中国共产党成立 80 周年大会上的讲话中指出:“现在,我们发展社会主义市场经济,与马克思主义创始人当时所面对和研究的情况有很大不同。我们应该结合新的实际,深化对社会主义社会劳动和劳动价值理论的研究和认识。”由此,我国论坛上就发生如何结合实际发展劳动价值理论的讨论。但是,与此同时,也发生劳动价值是否过时,是否已经失效,是否要让位给生产要素价值论,资本家及其代理人的劳动是否全部创造价值的争论,这是主要的争论;由此派生的争论是:纯粹在流通过程中发生作用的劳动、在政治上层建筑工作即国家工作人员的劳动,以及不提供物质产品的服务是否创造价值。争论的问题可以归纳为六个:(1)现在既然是知识经济时代,就将劳动和知识对立起来,就认为不是劳动而是知识创造价值;(2)认为生产三要素合起来创造价值;(3)认为资本家或其代理人的经营管理劳动全部创造价值;(4)认为用于实现价值的劳动创造价值;(5)关于国家工作人员的劳动是否创造价值的问题;(6)关于服务是否创造价值的问题。

争论最初是在公开的报刊上进行的,后来有些是在网上进行的。随着时间的推移,在网上进行的、否定劳动价值论的倾向十分明显。持这种看法的论者当然知道,劳动价值论的科学完成者——马克思的劳动价值理论直接是英国古典经济学尤其李嘉图的劳动价值论的完成。对于这种关系,马克思十分赞同俄国经济学家季别尔的分析。马克思在《资本论》(第二卷)跋中说："1872 年，彼得堡出版了《资本论》的优秀的俄译本。1871 年，基辅大学政治经济学教授尼·季别尔先生在他的《李嘉图的价值和资本的理论》一书中就已经证明，我的价值、货币和资本的理论就其要点来说是斯密-李嘉图学说的必然的发展。使西欧读者在阅读他（马克思）的这本出色的著作时感到惊异的，是纯理论观点的始终一贯。"①因此，反对马克思的劳动价值理论的最好办法就是反对英国古典经济学的、尤其是李嘉图的价值理论。

以下我们就集中谈论：当前李嘉图的价值理论如何被攻击和曲解。

二　胡说李嘉图的价值理论是斯密的倒退

秋风说："李嘉图的经济学理论的基础是劳动价值论，这种理论是从斯密那里来的，但经过了一些改动——怎么说呢，改动得越来越僵化了。李嘉图的价值理论的核心就是下面一句话：'商品的价值……取决于其生产所必需的相对劳动量。'根据这个理论，他认为，劳动的价值（工资）是一定社会中为维持工人生活并延续其后代通常所必需的生产资料决定的，而利润则决定于工资。在**所有这些分析中，我们看不到供给与需求的作用，一切都是某种神秘的因素所决定的。**"②

其实，这位作者已经将李嘉图价值理论胜于斯密最主要的内容点出来了。这就是：(1)认为斯密所说的"劳动价值"不是劳动创造的价值，而是维持工人生活所需生活资料的价值，即工资。这就通过了古典经济学的第一个难关，就有条件批判斯密的二元论价值论。斯密有时说，生产商品投下的劳动决定价值；有时又说，交换商品支配的劳动（包括工资、利润和地租）决定价值，并且认为这两者是相同的。斯密之所以有此错误，是由于他误认为劳动有价值，它应该等于劳动创造的价值，这样，利润和地租就没有来源了，为了自圆其说，就只好交换商品支配的劳动决定价值了。(2)这样，诚如引者所说：李嘉图就能明确说"利润则决定于工资"，这里的利润就是剩余价

① 马克思：《资本论》（第一卷），人民出版社 1975 年版，第 19 页。

② 秋风：《李嘉图：炒股致富的经济学家》，《中国经营报》2003 年 4 月 14 日，G1 版。

值;而按照斯密的交换劳动决定价值的说法,工资、利润和地租各有来源,它们(剩余价值)就不是劳动创造的了。

这里,我进一步要指出的是:上述引文中我所标为黑体字的部分,恰好是李嘉图价值理论胜于斯密的地方。原来斯密在价值理论上走错了第一步之后,理论的逻辑就迫使他不断犯错误:(1)工资、利润和地租的来源何在?只好说,来自劳动、资本和土地。这是要素价值论。(2)它们的高度如何决定?关于工资,斯密还能说出一些客观理由,不外乎就是工人的生存费用,关于利润和地租就什么客观理由都没有了,就只能求救于供需关系了。这就等于说,由利润和地租构成的价值由供求关系决定;可是供求价值论只能说明价格的波动,而不能说明波动所环绕的中心,即价值。所以,恩格斯在《反杜林论》中说:斯密的价值理论有四种之多。这是十分正确的。李嘉图不仅拒绝交换支配的劳动决定价值、生产要素创造价值的说法,而且断然拒绝以供需来说明价值。这是他的伟大功绩。

这里我顺便指出,下面所说的斯密价值论的多元化,同我上面所说的斯密价值论的四元化,不是一回事,并且含有将斯密推向主观主义价值论深渊的意图。一位论者说:"亚当·斯密认为生产商品时所耗费劳动和商品交换中所购买的或支配的劳动,在量上看作相等的、不变的。以'劳动的价值永远不会变动'为前提,得出了劳动决定价值和收入决定价值二元价值论。马克思在批判'马尔萨斯片面发展了斯密价值论错误'时,明确指出:'把劳动量和劳动的价值这两个用语等同起来','纯粹是同义反复','直接同工资相交换的不是劳动,而是劳动能力,正是这个混淆造成了谬误','但决不能从上述反复中得出这样的结论:一定的劳动量等于工资中或者说构成工资的货币或商品中包含的价值量。……也不能说,工资的价值等于代表(同工资相交换的)劳动的产品的价值,……因此,代表所能买到劳动的价值所包含的劳动的那些商品价值和用来购买或支配这一定劳动量的那些商品的价值,是不大相同的。'①**斯密有时把商品的价值量归结为劳动时间,主张'客观价值论';也有时把形成价值的劳动看作劳动者对'安乐、自由与幸福'的牺**

① 马克思:《剩余价值理论》(第三卷),人民出版社1975年版,第18—19页。

性,而不是把劳动看作'人的脑、肌肉、神经、手等等的生产耗费'①**,这样对劳动价值论做出了主观主义的解释。斯密价值论多元性是造成价值论在不同的方向发展的根源。"**②

上面这一段引文,以我所标为黑体的文字为区分,是含义截然不同的两个部分。前者说的是斯密多元价值论的根源,这些价值理论都不是主观的价值论;后者是突然冒出来的,说的是客观价值论和所谓"主观价值论",据说也是斯密的多元价值论。我不知道该论者为何突然提出后一问题。我想说明的是:正如马克思所说的,斯密是将在资本奴役下的劳动放在心中,故此有"牺牲"之说,是合理的。正因为这样,在斯密之后90年,马克思才在《资本论》(第一卷)中说:失业工人的"贫困同他们所受的劳动折磨成反比"。③ 这就是说:工人失业了,无劳动折磨;就业了,就有劳动折磨。对于资本主义的工人来说,其劳动是牺牲或折磨,难道不是吗?但是,斯密并没有以工人这种主观感受的劳动去建立他的劳动价值论。因为在资本积累和土地私有产生以前,即斯密所说的原始状态下,也存在价值范畴,那里的劳动显然不是牺牲。这位论者的意图显然是将斯密推向主观主义的价值论。

三　捏造李嘉图价值理论的"悖论"

骤然看到一篇文章提出所谓的李嘉图"悖论"时,竟不知它为何物。因为我只知道有"斯密'悖论'",即他在1759年的《道德情操论》中提出"道德人",认为人总有原始的感情,也就是同情心,亦即利他;而在1776年的《国民财富的性质和原因的研究》中,却提出"经济人",认为人总是利己的。这就是说:斯密自己在打架。这是公认的、争论至今的"斯密'悖论'"。我找了几本经济学说史来读,也不见有李嘉图"悖论"之说。那么,李嘉图是否也有自己打架之处呢?我认为是没有的。当然,关于由生产商品所投下的劳动决

---

① 马克思:《资本论》(第一卷),人民出版社1975年版,第19页。

② 陈香兰、王晓路:《正确理解马克思劳动价值论的约束条件》,《河北经贸大学学报》2002年第3期,第1—5页。

③ 马克思:《资本论》(第一卷),人民出版社1975年版,第707页。

定价值这个问题，他是说过有“例外”。既然有所解释，就谈不上“悖论”了。

后来反复阅读此文，并且又参考了其他文章，才知道现在新出现的所谓“李嘉图‘悖论’”并没有严格的界定，其内容是因提出者而异的，具体请看如下两例。

其一：“李嘉图早就意识到了这种价值理论的内在矛盾，他自己曾经犯过嘀咕：‘我不能克服这样的困难：在地窖里贮藏了三四年的酒，或最初在劳动方面花费了也许还不到2先令，后来却值100镑的橡树。’后来，人们用水与钻石来概括李嘉图等古典经济学家所面临的‘价值悖论’：水对人极端重要，是生命的支柱，但在通常情况下，价格却很低；而钻石是奢侈品，对于人的生存而言没有任何用处，通常情况下价格却很高，为什么？”①

其二：“历史真是总有惊人的相似。马克思的资本理论正面临着当年斯密和李嘉图同样的历史处境。（这不是偶然，而是体现了某种规律性、人类思维发展的规律性。）斯密、李嘉图的英国古典政治经济学，正如马克思当年正确指出的，也正是由于它的‘（劳动）价值’范畴中存在的严重缺陷……不懂或未发现‘抽象劳动’，导致出现了无法解决的‘李嘉图悖论’，从而导致了其整个理论体系的失败。”②

我不知道“李嘉图‘价值悖论’”和“李嘉图‘悖论’”是否一回事。如果是一回事，那么，两个“悖论”不同，这本身就是明显的“悖论”。

我们且看第一个“悖论”提出者如何消除“悖论”。这里要指出的是：水和钻石问题是斯密而不是李嘉图谈论的，不应笼统说“李嘉图等古典经济学家”。但是我们不管这一点。这位论者说：“李嘉图始终没有能够解决这个难题。到了1870年代，边际主义兴起，经济学家才能够解答这一问题。答案很简单：价值只能来自个体消费者的主观评估。我可能花了30年时间研究一种东西，但拿到市场上却没有一个消费者问津，那么，它就没有任何经济价值，不管我就这上面投入了多少劳动。商品和服务的价值是消费者评估的结果，商品和服务的相对价格是由消费者对这些产品的评估和欲望之水平和强度所决定的。李嘉图形成了一个庞大的经济学理论体系，在斯密奠

① 秋风：《李嘉图：炒股致富的经济学家》，《中国经营报》2003年4月14日，G1版。

② 头脑：《〈资本论〉的动摇和马克思主义——兼答黄佶君》（2000年9月30日），西祠胡同论坛，http://www.xici.net/d539814.htm，最后浏览日期：2019年10月30日。

基的基础上正式建立起了古典经济学的大厦。他的劳动价值论在新古典兴起之后已经没有多大价值了。”①

对于第一个所谓“悖论”的解惑，即以边际效用的主观价值论来解释，其解释者应该知道，布哈林早就批评过这种高见了。他说：主观价值学说的代表庞巴维克认为，当现有的满足相应需要的物质资料不多，或者根本不够，或者刚够，以致在一定的情况下进行估价的那部分物质资料要是去掉一部分，需求的一定数量就得不到满足，在这时，这类物质资料就具有价值。这可以用水的例子加以说明。一个坐在饮水资源丰富的清泉旁边的人，水对他只有用途，一个在沙漠中旅行的人，一杯水对他有很大的价值。布哈林指出，随着自然经济向商品经济，商品经济向资本主义商品经济的过渡，经营主体越来越不对产品的效用进行估价。因为效用对他来说是不存在的，“由此可见，生产财货的生产单位完全不依据效用来估价财货成为普遍现象”。②

以上是对生产者来说的。对购买者来说也是这样。任何一个商人都完全不考虑自己商品的效用或使用价值。为自己购买消费品的购买者情况虽复杂些，但绝不按照庞巴维克提出的途径办事。例如一个主妇，购买时一方面从既定价格，另一方面从拥有的货币额出发，只有在这前提下，才按效用进行某种估计。显然，这时的估价是以价格为前提的。这是一。第二，这时每一种商品的估价又不是由它的效用决定，明显的例子是对生存资料的估价，没有一个主妇是根据无限大的主观价格来估价面包的，相反，她的估价接近于市场上既定的价格。

主观价值的量由什么决定？庞巴维克的回答是：一物的价值是由这一物的边际效用的大小来测量的，亦即由现存该物所满足的许多需求中居于最后一位的具体需求的重要性决定。这就是所谓的边际效用学说。

我认为只要老实地根据李嘉图自己的论述，就可以看出所谓的“悖论”是不存在的。他关于这个问题的论述可以分为两部分：(1)贮藏了三四年的酒，就是李嘉图说的上市时间较长的，按平均利润率规律，就是它的生产价格上涨，李嘉图由于混淆价值与生产价格，就可以得出价值上涨的结论；

---

① 秋风：《李嘉图：炒股致富的经济学家》，《中国经营报》2003 年 4 月 14 日，G1 版。

② 布哈林：《食利者经济学》，载《布哈林文选》(下册)，人民出版社 1983 年版，第 55 页。

(2)如果这样的酒成为不可再生产出来的名酒，它就以垄断价格出售。正是李嘉图首创垄断价格决定的规律，这就是："有些商品的价值单只由它们的稀少性决定。劳动不能增加它们的数量，所以它们的价值不能由于供给增加而减低。属于这一类的物品有罕见的雕像和图画、稀有的书籍和古钱，以及只能在数量极为有限的特殊土壤上种植的葡萄所酿制的特殊葡萄酒。**它们的价值与原来生产时所必需的劳动量全然无关，而只随着希望得到它们的人的不断变动的财富和嗜好一同变动。**"①我所标为黑体的文字，事实上论述的是垄断价格的决定规律。马克思非常赞赏，以致加以引用。他说："当我们说垄断价格时，一般是指这样一种价格，这种价格只由购买者的购买欲和支付能力决定，而与一般生产价格或产品价值所决定的价格无关。"②当然，他又说："某些商品的垄断价格，不过是把其他商品生产者的一部分利润，转移到具有垄断价格的商品上。剩余价值在不同生产部门之间的分配，会间接受到局部的干扰，但这种干扰不会改变这个剩余价值本身的界限。"③

对于第二个"悖论"，提出者并没有提供解答。坦白地说，古典经济学"不懂或未发现'抽象劳动'，导致出现了无法解决的'李嘉图悖论'，从而导致了其整个理论体系的失败"，其具体表现是什么，我生性愚钝，思考多时，仍然不懂，就不妄加评论了。

四　曲解李嘉图的价值规律"例外"论

"李嘉图混淆了作为劳动产品的商品之间的交换与资本与劳动(力)本身商品的交换的区别，价值论从商品之间交换向劳动力商品转移时，出现了价值规律的例外和反常。"④错了。李嘉图的价值规律例外论不是由于存在这种混淆而产生的，而且严格说来，他并没有这种混淆，存在这种混淆的是斯密。

---

① 大卫·李嘉图：《政治经济学及赋税原理》，郭大力、王亚南译，商务印书馆 1962 年版，第 11 页。

② 马克思：《资本论》(第三卷)，人民出版社 1975 年版，第 873 页。

③ 同上书，第 973 页。

④ 陈香兰、王晓路：《正确理解马克思劳动价值论的约束条件》，《河北经贸大学学报》2002 年第 3 期，第 1—5 页。

这就涉及如何理解恩格斯在《资本论》(第三卷)编者序中谈论的古典经济学的两大难关的问题。两大难关是:(1)工人出卖的是劳动,劳动就有价值,它就等于劳动创造的价值,这样一来,利润和地租的来源就化为乌有;(2)等量资本在相同的时间内推动的活劳动不等就应有不等的剩余价值(或利润),现实中的利润率却是趋向于平均的。

我们知道,斯密就是通过第一难关时跌了跤的;第二难关,由于他有利润等三种收入的"自然率"即平均率之说,就得以蒙混过关。李嘉图认识工资的本质是劳动力的价格,因此,第一难关对他来说是不存在的;但是,同上述的论者所说的不同,他是试图通过第二难关时跌了跤的。这就是他认为,在一定的条件下,工资的变动或利润的反变动也是影响价值(其实是生产价格)的因素之一。但是他一直认为,这不是影响价值的主要原因,主要原因是劳动的增减。

结束语:李嘉图在政治经济学史上的地位

对李嘉图的经济理论的分析表明,在资产阶级经济学家中,李嘉图在政治经济学史中占有重要的地位。政治经济学史要揭示作为一门科学的政治经济学,首先是研究资本主义生产关系的政治经济学的产生的规律。这种政治经济学最初由英国古典学派奠定基础,最后由马克思对古典学派的理论加以扬弃而创立。在这当中,李嘉图的经济理论既是古典学派的完成,又是马克思的经济理论的重要出发点。不仅如此,由于李嘉图的经济理论说明了工资和利润的对立关系,表明了利润率的下降趋势是资本主义生产具有历史局限性的标志,它还导致了某些空想社会主义者提出变资本主义为社会主义的要求和方案。马克思根据对资本主义生产方式基本矛盾的分析,得出了社会主义必然代替资本主义的结论。空想社会主义发展为科学社会主义。政治经济学从一门研究资本主义生产关系的科学,发展为一门研究历史上各种生产关系发展规律、包括社会主义生产关系的科学。

李嘉图经济理论的阶级性和科学性的统一,最好用马克思的话来说明。他说:"英国古典政治经济学是属于阶级斗争不发展的时期的。它的最后的伟大的代表李嘉图,终于有意识地把阶级利益的对立、工资和利润的对立、利润和地租的对立当作他的研究的出发点,因为他天真地把这种对立看作社会的自然规律。这样,资产阶级的经济科学也就达到了它的不可逾越的界限。还在李嘉图活着的时候,就有一个和他对立的人西斯蒙第批判资产阶级的经济科学了。"①

李嘉图经济理论同马克思经济理论的关系,最好也用马克思的话来说明。他说:"1872 年春,彼得堡出版了《资本论》的优秀的俄译本。初版三千

① 马克思:《资本论》(第一卷),人民出版社 1975 年版,第 16 页。

册现在几乎已售卖一空。1871 年，基辅大学政治经济学教授尼·季别尔先生在他的《李嘉图的价值和资本的理论》一书中就已经证明，我的价值、货币和资本的理论就其要点来说是斯密-李嘉图学说的必然的发展。”①

李嘉图在政治经济学史上的地位，可以分三方面来谈。

第一，李嘉图是英国古典政治经济学的完成者。英国古典政治经济学是资本主义生产关系的最初的科学的说明者。它对政治经济学的最重要的贡献是奠定了劳动价值理论和剩余价值理论的基础。前者是分析资本主义这个商品生产制度的理论基础，后者是以前者为前提，揭示资本主义生产本质的理论基础。缺少这两者，资本主义生产关系的科学研究便成为一句空话。它的创始人威廉·配第虽然提出了劳动价值理论，但认为只有生产金银（货币）的劳动才是形成价值的，生产其他产品的劳动要在这些产品和金银交换后，才在这个意义上形成价值。他虽然也提出了剩余价值学说，但认为地租就是剩余价值。亚当·斯密虽然克服了配第的矛盾，提出了生产一切产品的劳动都形成价值，这价值要分解为工资、利润和地租（后两者就是剩余价值）的学说，但又认为价值是由工资、利润和地租构成，这三者各有其源泉。李嘉图批判了前人学说的矛盾，提出了生产商品的劳动决定价值，价值分解为工资和剩余价值（利润）的伟大学说，并以此为其理论体系的基础。

李嘉图虽然不能克服古典学派由于资产阶级世界观的局限性而具有的理论缺陷，但他对这些问题的分析，绝大多数已达到这个学派的顶点，其中对价值变动原因的分析确实是在迷误中显示出天才，为马克思解决这个矛盾提供了充分的思想材料。

第二，李嘉图的经济理论是李嘉图派社会主义者的思想武器。李嘉图派社会主义者不仅利用李嘉图的剩余价值理论批判资本主义生产，而且根据李嘉图对资本主义生产的历史局限性的看法，提出以另一种生产代替资本主义生产、以公有制代替私有制的主张。作为改造私有制的第一步，他们提出在私有制和商品生产存在的条件下，消除商品交换的矛盾，生产者获得其创造的全部价值的方案，办劳动交换商场，商场中以劳动货币代替货币。劳动货币的思想来自李嘉图。因为在李嘉图看来，价值只有量的规定问题，

---

① 马克思：《资本论》（第一卷），人民出版社 1975 年版，第 19 页。

没有质的承认问题，提出劳动货币方案的空想社会主义者认为，劳动货币就是证明生产商品所耗费的必要劳动时间的凭证。小生产者送来商品，领取劳动货币，用以换取含有同量劳动的其他商品。由于它不是代表社会劳动的货币，不能解决商品是否为别人所需要这个质的问题，因此种种试验都归于失败。但是，李嘉图派社会主义者提出的问题却启发人们去找寻答案。

第三，李嘉图对马克思创立无产阶级政治经济学的影响极大。李嘉图贡献的重要经济理论，他的理论体系中存在的缺陷和矛盾，他在通过难关时的迷误，以及由他的理论而产生的李嘉图派社会主义者的种种改革私有制的方案，都促使马克思在无产阶级世界观的指导下，对英国古典政治经济学进行扬弃，创立无产阶级政治经济学，并指出资本主义生产方式由于存在着不可克服的矛盾必然被社会主义所代替。

马克思认为资本主义生产方式是生产的一种历史形态，生产关系是人与人的关系，并以此为前提，研究生产关系各方面的规律，和反映生产关系的经济范畴。马克思解决和克服了李嘉图理论体系的矛盾和缺陷。他指出商品生产的基本矛盾、商品的二因素、生产商品的劳动的二重性、价值的实体、价值形态的发展、货币的本质。他提出劳动力成为商品的伟大学说，通过了李嘉图学派的第一个难关，建立了科学的剩余价值理论，认为工资只是劳动力价值的转化形态。他根据劳动的二重性的学说，提出不变资本和可变资本、资本有机构成这些重要经济范畴，并以此为基础，分析了资本主义积累的规律。他提出了价值转化为生产价格，利润转化为平均利润的学说，通过了李嘉图学派的第二个难关，说明了资本有机构成和周转时间不同在形成生产价格和平均利润中的作用。他以资本有机构成学说说明了利润率趋于下降的原因是生产力的发展。他以生产价格和价值理论肯定了绝对地租的存在和劳动价值理论并不矛盾。他批判了斯密教条，说明了社会资本再生产的条件和普遍的生产、过剩经济危机的必然性。最后，他通过对资本积累的分析，指出资本主义生产方式的基本矛盾日益尖锐，社会主义必然代替资本主义。

李嘉图的经济理论，从其产生时看，是反对封建主义，反对地主与贵族，发展资本主义生产，为资产阶级谋利益的理论武器，但由于历史辩证法的作用，它后来又成为无产阶级反对资本主义生产的理论武器和创立政治经济学的理论来源。这就是李嘉图在政治经济学史上的地位。

附录：改正一个将欧文译成李嘉图的错误

这里我想指出：郭大力、王亚南译的《资本论》是中华人民共和国成立前我国第一套完整的译本。中华人民共和国成立后，《资本论》又有马克思、恩格斯、列宁、斯大林著作编译局的译本。但是，这并没有降低郭、王译本的意义。因为有的地方我认为还是郭、王译本正确，而编译局的本子则是错了。例如，第二卷的"序言"：郭、王译本的几个版本都是："在20年代，有许多文献，在为无产阶级的利益而利用李嘉图的价值理论和剩余价值理论，以攻击资本主义生产，利用资产阶级自己的武器来与资产阶级斗争。在这全部文献中，上述那本小册子，不过是最突出的前哨。欧文的共产主义，在它以经济学的论战姿态出现时，也完全是以李嘉图为基础的。当时，**除欧文外，还有许多其他作家。**其中，有几个，已由马克思在1847年反对蒲鲁东的书……中引用过。"①上述标为黑体字的那一句话，编译局的本子译成："……但除了李嘉图还有许多著作家……"②我国台湾地区版的《资本论》(第二卷)，这里也作李嘉图。欧文换成李嘉图，错了。因为这里说的是空想社会主义，李嘉图是资本主义永恒论者，其思想当然不能算在内。这是懂一点空想社会主义史的人都清楚的。相应的英语是："Our pamphlet is but the farthest outpost of an entire literature which in the twenties turned the Ricardian theory of value and surplus-value against capitalist production in the interest of the proletariat, fought the bourgeosie with its own weapons. The entire communism of Owen, so far as it engages in the polemics on economic questions is based on Ricardo. **Apart from him**, there

① 马克思：《资本论》(第二卷)，人民出版社1953年版，第17页。

② 《马克思恩格斯全集》(第二十四卷)，人民出版社，1972年版，第18页。

are still numerous other writers, some of whome marx quoted as early as 1847 against Proudhon ..."郭大力在 1938 年版的“译者跋”中说:“就第二卷说,序和第一篇是亚南译的。”王亚南的翻译完全正确。

后　记

书稿写完后，我感想很多，主要如下。

第一，商而优则学。李嘉图 14 岁就离家，独自生活，但利用其父的关系，经营股票买卖，25 岁就成为巨富。从此就不再追逐货币，不受货币的质是无限的，但每一笔货币的量是有限的（许多人就不断追逐货币）这矛盾所支配，而埋头研究学问——先是自然科学，其后是经济学。

第二，学而优则仕——虽然是短暂的。李嘉图 1819 年因学术成就进入英国下议院，1823 年就去世。进入议院后，他主张议会改革、自由贸易、废除《谷物法》，后者 1846 年才实现。

第三，理论的阶级性和科学性高度结合。李嘉图是代表产业资产阶级的利益，其主要表现为主张废除《谷物法》，让国外廉价谷物进入英国，从而降低地租和工人货币工资，增加产业资本家的利润（按照劳动价值理论，新价值要分解为工资、利润和地租三者，工资和地租降低，利润就增加）。这是符合经济学理论的论断。

第四，奇才兼天才。李嘉图自学成才，论学历只能是“中专生”，是经济学历史上学历最低的，但他却是天才。他的天才式的迷误，导致马克思科学地发现了生产价格和价值的区别，以及生产价格的自变原因，从而完善了劳动价值理论。假如没有这迷误，就没有这科学发现。

此外，我还想说，李嘉图的经济理论不易理解，他的《政治经济学及赋税原理》出版时，他谦虚地认为，能读懂的人在英国不超过 25 人；笔者虽经努力，错误难免，敬希读者指正。

末了，本书仍然献给 1946 年就勉励我研读《资本论》的人，她永远活在我的心里。

本书能够出版，要感谢我的同事复旦大学国际关系与公共事务学院朱文忠、潘玲娣、李美玲、周韧棱同志，文科科研处处长桑玉成、副处长刘建军同志；特别是国际关系与公共事务学院新来的尚未谋面的科研秘书，也为我的书稿操劳。当然，还要感谢我的老伴和儿子叶生夫妇。没有他们的帮助，我年老体弱是不能完成各项准备工作的。

陈其人

2009年1月

第三部分

亚当·斯密经济理论研究

（本部分内容根据陈其人先生著、上海人民出版社2014年8月出版的《亚当·斯密经济理论研究》一书校订刊印）

第一章　生平与写作

第一节　家庭出身与求学时期

亚当·斯密是苏格兰的克尔卡第人，于1723年出身于一个富有的家庭。他的父亲也叫亚当·斯密，在斯密出生前已经去世。斯密受过很好的教育。

斯密在克尔卡第城接受中等教育以后，在14岁时考上格拉斯哥大学。他在这里努力学习数学和自然哲学。由于他努力学习和成绩优良，在1740年他17岁时，被送往牛津大学攻读。

斯密在牛津大学学习了7年。他在这个时期阅读了休谟的哲学名著《人性论》，很受启发。后来斯密和休谟之间建立了深厚的友谊。斯密卒于1790年，终身未娶；与母亲相依为命。

第二节　教授生活

牛津大学毕业后，斯密于1748年接受了爱丁堡大学的聘请，在校讲授修辞学和文学。这时候，还看不出他对研究政治经济学的兴趣。

1751年他的生活史开始了新的阶段。就从这一年开始，他到格拉斯哥大学任教，起初是担任逻辑学的教学，后改为道德哲学。他讲的道德哲学范围非常广泛。他的讲义共分四部分：第一，神学；第二，伦理学；第三，法学；第四，政治学。该讲义的第二部分即伦理学，经过斯密的精心研究，后来改著成《道德情操论》于1759年出版，斯密的声望由此大振。该讲义的第四部分，虽名为政治学，其实举凡贸易、价格、国家收入、税收等有关经济理论和财政问题都包括在内。因此,我们可以说,他是从这个时期开始研究政治经济学的。所以,这是斯密一生中最重要的时期。但是,在这十几年内,他的兴趣是多方面的,研究的范围很广泛,政治经济学还没有成为他专心研究的专业。一直到 1764 年,即他辞去教授职务后,才开始专门进行政治经济学方面的科学研究和写作。

第三节 大陆之行

1764 年斯密辞去教授职务,改任青年公爵柏克里德私人教师,陪同他到欧洲大陆旅行,其中在巴黎的时间最久。在巴黎,斯密与当时知名之士颇多来往,而同他友谊最深的则是重农学派的建立者魁奈和重农主义经济政策实行者杜尔阁。因此,斯密的经济学也就深受重农学派的影响。这里只指出两点:第一,斯密对重商主义见解的批判是极其严厉的,而对于重农主义的批判则很客气;第二,更重要的是,斯密本人的学说中还包含有重农主义的因素。

斯密在欧洲大陆旅行时,已经开始从事写作了。他在巴黎写信给朋友说:为了消磨时间,我已开始写作了。① 这大概就是他著述有关政治经济学著作的开始。

第四节 闭门著作

1766 年,从欧洲大陆回国后,斯密即辞去私人教师职务,返回故乡,闭门钻研,从事写作长达 10 年。在这期间,他的朋友多不了解他为什么要过这种离群孤僻的生活而劝他出来工作。可是他始终不肯接受朋友的劝告。10 年之后,即 1776 年他的划时代巨著《国民财富的性质和原因的研究》出版了。

① 亚当·斯密:《国民财富的性质和原因的研究》(上卷),郭大力、王亚南译,商务印书馆 1972 年版,第 2 页。

这部著作的出版，曾轰动一时。不仅经济学界极为重视，就是当时在国会里进行辩论时，议员们也以能引证这本著作的文句为荣，而且一经引证，反对者也多不再反驳。

由于斯密这本著作是代表产业资本利益的，这正符合当时英国资本主义发展的要求。所以即使在与拿破仑作战的年代里，斯密的有些主张，也曾经由小彼得(1759—1806 年)付诸实施。

第五节　晚年社会生活

1777 年，斯密被任命为苏格兰的海关税务司长，定居爱丁堡。他于奉公守职之余仍继续研究，著书立说。从 1787 年至 1789 年，他担任格拉斯哥大学校长职务。1790 年 7 月斯密与世长辞。临终前，他将所有尚未完成的著作都焚毁了。

第二章 《国民财富的性质和原因的研究》的内容和结构

斯密曾经写过十几种有关社会科学的著作，但在他临终以前都被焚毁了。所以，他的遗著只有《道德情操论》和《国民财富的性质和原因的研究》这两本书。第一本书是以道德世界为研究对象。第二本书则研究人们的经济活动，或如他本人所说，是研究国民财富的性质和原因。所以，斯密遗留的有关政治经济学的著作，只有《国民财富的性质和原因的研究》这一本书。

这本书一共分为五篇。

第一节 论劳动生产力改良的原因，并论劳动生产物分配给各阶级人民的自然顺序

在第一篇内，斯密从分工开始研究，说明了分工与一个国家的国民财富的关系，即分工的作用。首先，他论证了分工能够促进劳动生产率，从而能够增进国民财富。其次，说明了分工的原因。他认为分工与交换有密切的关系，因此在研究分工之后，接着就研究交换了。但交换必须要有借以使交换能够顺利进行的工具，这工具就是货币。因此，斯密跟着说明了货币的起源及其机能。在这里他主要把货币作为流通手段来研究。由于商品和货币的交换，就必然会发生价值及价格问题。所以斯密又用三章的篇幅来研究商品的价值及价格。最后，他又以四章的篇幅研究了分配问题：工资、利润和地租。在这里值得我们特别注意的是：斯密是在资产阶级经济学家中提出正确的社会阶级构成的第一人。他根据人们与生产资料的关系及其收入的特点，把社会上的人们划分为三个阶级：(1)没有生产资料，依靠工资为生

的工人;(2)占有生产资料因而能取得利润的资本家;(3)占有土地从而能获得地租的地主。

第二节 论资本的性质、积累和使用

在第二篇内,斯密首先说明了资本是积累的一部分,同时又是国民财富发展的主要因素。其次,他指出了资本的构成,固定资本和流动资本,借贷资本和资本的各种用途也都在这一篇内说明了。在这一篇内当他讨论资本积累时,他提出了生产劳动和非生产劳动的理论。在这个问题上,他克服了重农主义者认为只有从事农业的劳动才是生产劳动的偏见,认为从事工业的劳动也是生产劳动。所以,他在这个问题上比重农主义者前进了一大步。当然,他在这个问题上也是有缺点和错误的。

在第二篇内,斯密又谈到了货币,但与第一篇中研究的不同,在这里他把货币作为资本来研究了。

第三篇是"诸国民财富的增进"。事实上在这一篇中,斯密是在研究国民经济史。他论述了从罗马帝国崩溃直到他所处时代的经济发展过程。在这一篇中他又提出分工问题。不过与第一篇中所论述的分工不同,在这里,他主要说明的是城市和乡村的分工及其与城市兴衰的关系。

第四篇是"论政治经济学上的诸体系"。斯密在这一篇中所讨论的都是经济学说史上的问题。在这一篇内,他主要是批判重商主义,他用八章的篇幅对重商主义进行全面的分析批判。只是在最后一章论述了重农学派。他对这两者的批判态度是不同的:对前者极其严厉,而对后者则比较宽容。这是因为他本人的理论有些方面是受重农主义影响的。

第五篇是"论君主或国家收入",其实是财政学的内容。这一篇一共分三章:第一章讨论国家的支出;第二章讨论国家的收入;第三章则为公债论。

从上面的叙述可以很明显地看出:《国民财富的性质和原因的研究》五篇实在是有关经济科学的百科全书。其中只有第一、第二两篇是属于政治经济学研究范围的。第三篇讲经济史,第四篇讲经济学说史,而第五篇则讲财政学。由此可见,经济科学的各门学问还没有严格地划分开来。在斯密以后,资产阶级经济科学体系才逐渐建立起来。

斯密的上述著作虽然是经济科学的百科全书,但他在全书五篇中所研究的对象是前后一贯的。他的基本观念——自由主义,也是在全书中首尾一贯的。

斯密在上述著作中所研究的始终是国民财富的性质和原因。第一、二篇研究促进一个国家的国民财富增进之原因:分工和资本。

斯密认为分工进步能提高劳动生产率,从而能够增进一国的国民财富,所以分工是增加国民财富的一个积极的因素。但分工的发展必须以合理的交换,即提出商品的自然价格(价值)进行交换为前提。因此,交换、货币、价值和价格的理论,就都与他的分工论密切联系起来了。可是,根据斯密的理论,在前资本主义社会中,商品的价值是由劳动决定的。在土地私有权和资本出现以后的社会中,价值是由工资、利润和地租这三种收入决定的(这种理论是错误的)。因此,他把分配论也跟价值论和分工论联系起来,成为第一篇的研究对象。

第二篇是研究资本的。斯密认为资本也是增进国民财富的一个积极因素。因为“有用的生产性劳动者人数,无论在什么场合,都和推动劳动的资本量的大小及资本用途成比例”。① 就是说,在他看来,资本量多,劳动人数也因而增加,一国的国民财富必因此而增进。这不但因为有更多的劳动者可以生产更多的财富,而且由于劳动者人数多可以使分工发展,从而提高劳动生产率,增加更多的国民财富。所以资本同分工一样,也是增进国民财富的一个积极因素。

第三篇虽然讲经济史,但实质上斯密是根据事实论证一个国家所实行的政策正确与不正确对于分工和国民财富的关系。他认为最好的经济政策是国家不要去干涉个人的经济活动。就是说,国家应采取放任态度,让每个人的经济活动得以自由。在这种意义上说,第四篇可以说是第三篇的继续。他在第四篇中批判了重商主义的经济思想和经济政策,认为它们妨碍了个人经济活动的自由,从而妨碍了国民财富的增进。如果说,第一、二篇是研

① 亚当·斯密:《国民财富的性质和原因的研究》(上卷),郭大力、王亚南译,商务印书馆1972年版,第2页。

究国民财富增进的积极因素，那么，第三、四篇就是研究其消极因素了。

第五篇虽然讲财政学，但斯密在这一篇中论证了国家收支对于资本积累的影响，他认为一个国家的财富只有在收入超过支出的情形下才能发展。因为只有在这种情形下，才能促进资本积累，从而增进国民财富。

总而言之，全书五篇的研究对象是前后一致的。

经济活动的自由即自由主义这个中心思想，也是贯穿全书的。

斯密的出发点是自然秩序。他所了解的自然秩序，是从人的本性产生而又合乎人的本性的、正常的社会制度。他所理解的人的本性就是利己主义，他所理解的正常的社会制度就是资本自由制度。既然自然秩序，从而资本主义制度必须合乎人的利己本性，所以在斯密看来，每个人只有他自己最关心个人的私利。所以，每个人的经济活动的自由，也就成为十分必要的了。

上述著作第一、二篇所研究的分工、交换、货币、价值、工资、利润、地租、资本等经济范畴都是自然秩序的表现，在他看来，分工、交换和货币都是自然而然地发生的；而价值则叫作自然价格；工资、地租和利润则研究其自然率，即所谓自然工资、自然利润和自然地租；资本、资本构成及其各种用途也都是合乎人的利己主义本性之自然秩序的表现。

第三、四篇虽然是研究属于经济史和经济学说史的课题，但是他在这两篇中说明了自然秩序的斗争史。他不否认在人类历史上除自然秩序即资本主义制度外，还有其他经济秩序的存在。但他认为那种非自然的经济秩序不合乎人的利己的本性。例如在第三篇内，他事实上要证明，只有克服那种非自然的经济秩序，并且建立起自然的经济秩序，才能促进国民财富发展。第四篇也贯彻了这种精神。如果说在前两篇内，他从正面说明了自然的经济秩序，那么在第三、第四两篇内，他从反面论证了自然秩序为自己发展而清除道路障碍的斗争过程。因此，在他看来，只有自然秩序才是永恒的经济秩序。这样，他就把资本主义经济制度绝对化、永久化了。

在第五篇内，虽然他研究的是国家的财政收支和公债，事实上，他依然是以自然秩序为基础来论证国家经济活动的范围和财政收支的规模的。

由此可见，从形式上看，上述五篇是具有经济科学百科全书性质的，而从研究对象及其主导思想——经济自由观念来看，则全书五篇是首尾一贯的。

第三章　亚当·斯密的研究方法

从方法论上看，斯密是一个二元论者，是一个唯心主义者，同时又是一个用形而上学的方法来研究经济问题的学者。

斯密一方面从一定的原则出发来研究各种经济现象，而且把研究的结果构成为一般的规律，以便在解释这些现象时加以使用。这就是逻辑学上的所谓演绎法。另一方面，他又是一个观察家，他研究个别事实，而且细心地加以叙述。就是说，他有时又应用归纳法。马克思在提到斯密的二元论方法时曾说：他是以大的朴素性活动在一个不断的矛盾中。一方面，他要研究诸经济范畴的内部关联，或者说，要研究资产阶级经济体系的内部构造。另一方面，他又依照这种关联在竞争的现象中，在一个不科学的观察者眼里，并且在一个对资产阶级生产过程实际抱有私利的人的眼里表现出来的模样，加以叙述。这两种研究方法的一种，是走向内部关联，或者说，走向资产阶级体系的生理学；另一种，却只把那些在生活过程中表露出来的事情，照它们外表上显出来的样子，记述下来，抄写下来，列举出来，安放在系统的概念规定之下。这两种研究方法，在斯密手里，不仅无选择地被列在一处，并且相互交错着，不断地自相矛盾着。斯密同时使用着且又不正确地使用这两种方法，他把前一种方法转化为内在的方法，即揭露"内部联系"和"资产阶级体系生理学"的方法；把后一种方法转化为外在的方法，即把外表现象加以归类和叙述的方法，结果便时常产生矛盾。斯密经济理论充满着矛盾，其原因之一就是他在方法论上的二元论。

斯密在他运用"内在"的方法研究"资产阶级体系的生理学"时，是一个唯物主义者。他的出发点是自然秩序和自然法，就是从人的本性产生而又适应于人的本性的秩序和法。他认为人是利己主义者，这就是人的本性。斯密在《国民财富的性质和原因的研究》中到处都讲利己主义，讲人的利益。

依照他的意见，既然个人利益是从人的本性产生的，所以它是合法的，有存在的权利。每个人的利益只受他个人利益的限制，此外不受别的限制。

斯密并不否认社会和社会的利益。但他认为，社会是由许多人构成的。社会利益也是由个人利益产生的。这样就产生了他的方法论上的原则：分析社会的利益时，应当以分析个人、个人本性和个人利益为基础。他的思想是这样的：人的本性是利己主义，人作为利己主义者必须在互利基础上互相帮助。人们互相帮助最合理的办法就是交换。既然交换是从人的本性产生的，所以它就是自然现象。从交换又产生了分工。

可见，斯密所说的人的本性，其实就是具有一定特性的“经济人”的本性。具有这种本性的人是历史上生产方式的产物。马克思说过：“在这个自由竞争的社会里，单个的人似乎已经从过去历史时代使他成为一个狭隘人群的所属的自然联系之中解脱出来了。这种18世纪的个人一方面是封建社会形态解体的产物，另一方面是16世纪以来新兴生产力的产物。”①在资本主义社会中，个人即“经济人”的本性是由资本主义的生产关系决定的。所以，马克思是把资本家看作资本的“人格化”。这就是说，资本家的本性是由资本的“本性”决定的。这是对人的本性之唯一正确的辩证唯物主义的理解。但在斯密眼里，事物的本来关系被上下倒置了。本来是由资本主义关系决定人的本性的，可是在他看来，恰好相反，好像资本主义关系是由人的本性所决定的。他的唯心主义观点也就在这里很明白地表现出来。

斯密的方法论是形而上学的。他把为资本主义关系所决定的人的本性，理解为一般的抽象的人的本性，即把“经济人”的本性绝对化了。因此，在他看来，由人的本性所决定的资本主义关系也被绝对化了、永恒化了。资本主义的经济范畴也被他看成为超历史的范畴。他是知道历史的，不但知道，而且研究过历史。但他对历史的解释也是形而上学的。在他看来，历史是人的本性同妨碍它的障碍物作斗争的历史，只有在自由竞争的社会中，人的本性才能得到正常的发展。

从斯密对个人与社会、个人利益与社会利益的关系上，也可以看出他的方法论是形而上学的。斯密认为社会是由个人构成的，社会的一切现象是

---

①　马克思：《政治经济学批判》，徐坚译，人民出版社1955年版，第147页。

各个个人活动的结果。但是他不理解，他的“经济人”即商品生产者同时也就是在社会整体中的个人，是社会整体的一分子。马克思说过：“到18世纪，在‘市民社会’中，社会结合的各种形态，才在个人面前当作只是达到他私人目的的手段，当作外来的必需。但是，产生这种独立个人观点的时代，正是社会关系（从这种观点说是一般的关系）空前发展的时代，人是严格意义上的社会动物，不仅是合群的动物，并且是只有在社会中才能独立的动物。”①

由于斯密采用形而上学的方法，片面地强调个人及其活动的作用，他就不能理解个人的独立与社会的联系之间对立的统一。在资本主义社会中，社会的联系被个人当作达到他私人目的的手段，当作外来的必需——这个事实是为斯密所看到的，但由于他唯心主义的观点和形而上学的方法，他就错误地把社会联系当作个人活动的结果了。

① 马克思：《政治经济学批判》，徐坚译，人民出版社1955年版，第148页。

第四章　分 工 理 论

第一节　分 工 情 况

斯密的《国民财富的性质和原因的研究》(以下简称《国民财富论》),除"序论及全书设计"外,是从分析分工理论开始的。"序论及全书设计"中第一句话就是错误的,这留在后面谈。

斯密说:"劳动生产力上最大的增进,以及运用劳动时所表现的更大的熟练、技巧和判断力,似乎都是分工的结果。"①

接着,他就以扣针制造业为例,说明分工的情况。扣针的制造分为十八种操作。"有些工厂,这十八种操作,分由十八个工人专门担任。固然有时一人也兼任二三门。我见过这种小工厂,只雇用十个工人,因此,在这个小工厂中,有几个工人担任二三种操作。像这样一个小工厂的工人,虽然穷困,他们的必要机械设备,虽很简陋,但他们如果勤勉努力,一日也能成针十二磅。以每磅中等针有四千枚计,这十个个人每日就可成针四万八千枚,即一人一日制成针四千八百枚。如果他们各自独立工作,不专习一种特殊业务,那么,他们不论是谁,绝对不能一日制造二十枚针,说不定一天连一枚针也制造不出来。他们不但不能造出今日由适当分工合作而成就的二百四十分之一,就连这数量的四千八百分之一,恐怕也造不出来。"②

斯密认为:"农业由于它的性质,不能像制造业那样,细密的分工,各种工作不能像制造业那样截然分立。木匠的职业与铁匠的职业,通常是截然

① 亚当·斯密:《国民财富的性质和原因的研究》(上卷),郭大力、王亚南译,商务印书馆1972年版,第5页。

② 同上书,第6页。

分开的。但畜牧者的业务与种稻者的业务，不能像前者那样完全分开。纺工与织工，几乎都是个别的两个人，但锄耕、耙掘、播种和收割，通常由一人兼任。农业上种种劳动，随季节推移而巡回，要指定一个人只从事一种劳动，事实上绝不可能。所以，农业上劳动生产力的增进，总跟不上制造业劳动生产力增进的主要原因，也许就是农业不能采用完全的分工制度。”①

有了分工，同数量的劳动者就能完成比过去多得多的工作量，其原因有三：第一，劳动者的技巧因专业而日进；第二，由一种工作转移到另一种工作，通常须损失不少时间，有了分工，就可以免除这种损失；第三，许多简化劳动和缩减的机械的发明，使一个人能够做许多人的工作。

在斯密看来，农业的劳动生产力提高得没有制造业那么快，也是上述三个原因在起作用。但是，我个人认为，斯密的分析存在片面性。因为农业和制造业的不同，就在于农业的劳动对象处于生命的生长过程，就是说农业的生产时间大于其劳动时间，这个差额就是农作物的生长过程。这个过程不是分工就能缩短的。我国水稻专家袁隆平专攻水稻改良，其分工可以说得上非常专门，都未能缩短水稻的生长过程。我国南方水稻一年两熟，曾试行一年三熟，由于日照缩短，水稻的生命生长过程缩短，结果质量下降；我国东北水稻一年一熟，由于日照延长，水稻的生命生长时间延长，结果质量比南方的优良：以上两种都是自然界的力量所致，并非由于农业的分工改变。

可是，一切机械的改良，绝不是由机械使用者发明，有许多改良，是出自专门机械师的技巧；还有一些改良，是出自哲学家或思想家的智能。哲学家或思想家的任务，不在于制造任何实物，而在于观察一切事物，所以他们常常能够结合利用各种完全没有关系而且极不类似的物力。随着社会的进步，哲学家或推想也像其他各种职业那样，其所为成为某一特定阶级人民的主要业务和专门工作。此外，这种业务或工作，也像职业那样，分成了许多部门，每个部门，又各成为一种哲学家的行业。哲学上这种分工，像产业上的分工那样，增进了技巧，并节省了时间。个人擅长个人的特殊工作，不但增加全体的成就，而且大大扩展科学的内容。

---

① 亚当·斯密：《国民财富的性质和原因的研究》（上卷），郭大力、王亚南译，商务印书馆1972年版，第7页。

在一个政治修明的社会里，造成惠及最下层人民那种普遍富裕情况的，是各行各业的产量由于分工而大增。各劳动者，除自身所需的以外，还有大量的产物可以出卖；同时，因为一切其他劳动者的处境相同，各个人都能以自身生产的大量产物，换得其他劳动者生产的大量产物，换言之，都能换得其他劳动者大量产物的价格。别人所需的物品，他能予以充分供给；他自身所需的，别人亦能予以充分供给。于是，社会各阶级普遍富裕。

考察一下文明而繁荣国家的最普通技工或日工的日用品，你就会看到，用他的劳动的一部分来生产这些日用品的人的数目，是难以计数的。例如，日工所穿的粗劣呢绒上衣，就是许多劳动者联合劳动的产物。为完成这种朴素的产物，必须有牧羊者、剪羊毛者、梳羊毛者、染工、粗梳工、纺工、织工、漂白工、裁缝工，以及其他许多人，联合起来工作。加之，这些劳动者居住的地方，往往相隔很远，把材料由甲地运至乙地，需要很多商人和运输者。染工所用药料，常需购自世界上各个遥远的地方，要把各种药料由各个不同的地方收集起来，又需要很多商业和航运业，需要雇用许多船工、水手、帆布制造者和绳索制造者。复杂机械如水手工作用的船、漂白用的水车或织工用的织机，姑置不论，单就简单器械如牧羊者剪羊毛时用的剪刀来说，其制造就要经过许多种的劳动。为了生产者用的极简单的剪刀，矿工、熔铁炉制造者、木材伐木者、熔铁炉烧炭工人、制砖者、泥水匠、在熔铁炉旁工作的人、机械安装工人、铁匠等，必须把他们各种各样的技艺联合起来。总之，我们如果对这一切事物加以考察，并对投在这些事物上的各种劳动加以考察，就会觉得即使对于今日文明社会中一个微不足道的人，一个被误认为生活极其单纯的人，其日用品的供给也少不了数千人的合作。

第二节　分工的原因

引出上述许多利益的分工，原不是人类智慧的结果，尽管人类智慧预见到分工会产生普遍富裕并想利用它来实现普遍富裕，但它不是以这广大效用为目标的一种人类倾向所缓慢而逐渐造成的结果。这种倾向就是互通有无，物物交换，互相交易。

这种倾向,是不是一种不能进一步分析的性能,或者更确切地说是不是理性和语言能力的必然结果,这不是我们现在要研究的。这种倾向,为人类所共有,也为人类所特有,而为其他动物所无;其他各种动物,似乎都不知道这种或其他任何一种协约。两只猎犬同逐一兔,有时也像是一种协同。它们把兔逐向对方的方向,或在对手把兔逐到它那边时,加以拦截。不过,这种协同只是在某一特定时刻,它们的欲望对于同一对象的偶然一致,而并不是契约的结果。我们从未见过甲乙两犬公平审慎地交换骨头,也从未见过一种动物,以姿势或自然呼声,向其他动物示意说:这为我有,那为你有,我愿意以此易彼。一个动物,如果想由一个人或其他动物取得某物,除博得授予者的欢心外,不能有别种说服手段。小犬要得食,就向母犬百般献媚;家狗要得食,就作出种种娇态,来唤起食桌上主人的注意。我们人类,对于同胞,有时也采取这种手段。如果他没有别的适当方法让同胞满足他的需要,他会以种种卑劣阿谀的行为博取对方的注意,不过这种办法,只能偶尔为之,想应用到一切场合,都为时间不许。一个人尽毕生之力,亦难博得几个人的好感,而他在文明社会中,却有随时取得多数人的协作和援助的必要。别的动物,一到壮年期,几乎全都能独立,在自然状态下,不需要其他动物的援助。但人类几乎随时随地都需要同胞的协助,要想仅仅依赖他人的恩惠,那是一定不行的。他如果能够刺激他们的利己心,便有利于他。如果告诉他们,给他做事,是对他们自己有利的,他要达到目的就容易得多了。不论是谁,如果他要与旁人做买卖,他首先就要这样提议,请给我我要的东西吧,同时,你也可以获得你所要的东西:这句话是交易的通常之意。我们所需要的相互帮忙,大部分是依照这个方法取得的。我们每天所需要的食物和饮料,不是出自屠户、酿酒家或烙面师的恩惠,而是出自他们的自利打算。我们不说唤起他们利他心的话,而说唤起他们利己心的话。我们不说自己有需要,而说对他们有利。社会上,除乞丐外,没有一个人愿意全然依靠别人的恩惠过活。而且就连乞丐,也不是一味依赖别人。诚然,乞丐生活资料的供给,全部出自别人的恩惠。这种道义归根结底给乞丐提供了他所需要的一切东西。但他的大部分需要和其他人一样,也是通过契约、交换和买卖得到的。他把一个人给他的金钱拿去购买食物,把另一个人给他的旧衣拿去交换更合身的旧衣,或交换一些食物和寄宿的地方;或者,把旧衣换成货币,再用货币去买自己所需要的食品、衣服等。

由于我们所需要的相互帮助，大部分是通过契约、交换和买卖取得的，所以当初分工产生的原因也正是人类要求相互交换这个倾向。例如，在狩猎或游牧民族中，有个善于制造弓矢的人，他往往以自己制成的弓矢，与别人交换家畜或兽肉，结果他发现，与其亲自到野外捕猎，倒不如与猎人交换，因为交换得到的比较多。为他自身的利益打算，他就以制造弓矢为主要业务，于是，他便成为一个武器制造者。另有一个人，因为长于建造小房屋或房屋的框架和屋顶，往往被人请去造房屋，得家畜兽肉为酬，于是他终于发现，完全献身于这一工作对自己有利，因而就成为一个房屋建筑者。同样，第三个人被称为铁匠或铜匠，第四个人被称为制革者。这样一来，人人都能够把自己消费不了的劳动生产物的剩余部分，换得自己所需的别人劳动生产物的剩余部分。这就鼓励大家各自委身于一种特定业务，使他们在各自的业务上，磨炼和发挥各自的天赋资质或才能。

人们天赋才能的差异，实际上并不像我们感觉的那么大。人们壮年时在不同职业上表现出来的极不相同的才能，在大多数场合，“与其说是分工的原因，倒不如说是分工的结果”。① 例如，两个性格极不相同的人，一个是哲学家，一个是街上的挑夫。他们之间的差异，实际上是起因于习惯、风俗与教育，而不是起因于天性。他们生下来，在七八岁以前，彼此的天性极相类似，他们的双亲和朋友恐怕也不能在他们之间看出任何显著的差别。大约在这个年龄，或者在此后不久，他们就从事极不相同的职业，于是他们才能的差异渐渐地就可以看出来，以后逐渐增大，结果，哲学家被虚荣心所驱使，便不肯承认他们之间有类似的地方。然而，人类如果没有互通有无、物物交换和互相交易的倾向，个人都须亲自生产自己生活上的一切必需品和便利品，那么一切人的任务和工作就全无分别，工作差异所产生的才能的巨大差异，就不可能存在了。

斯密将人们在职业上表现出来的不同才能，归结为是分工的结果，我认为有片面性。这里以他的私淑弟子李嘉图为例。李嘉图因与一位异教徒女

① 亚当·斯密：《国民财富的性质和原因的研究》(上卷)，郭大力、王亚南译，商务印书馆1972年版，第15页。

子结婚，在十四岁时只读完中等职业学校就脱离家庭独自生活。因利用其父的旧关系做股票买卖，赚了很多钱。从分工来说，他应该成为一个经营股票买卖的行家，但他并不是这样。难能可贵的是，他虽然是百万富翁，但不受“货币的质是无限的，而货币的量是有限的”，因而人们都追求货币这个规律所驱使，无止境地追求货币。他放弃股票买卖，埋头研究学问，先研究自然科学，再研究政治经济学，终于成为大经济学家。

再举恩格斯为例。他由于要接济马克思（马克思写《资本论》得的稿费，还抵不上因写此书而抽烟所花的烟钱），经营其父亲遗留下来的工厂多年，但他并不因有此分工便成为企业家。他最终离开工厂，成为马克思的亲密战友：共同领导第一国际，写下捍卫马克思主义的《反杜林论》，执行马克思的遗言写下《家庭、私有制和国家的起源》，出版马克思的遗稿《资本论》第二卷和第三卷。

使各种职业家的才能形成显著差异的，是交换的倾向；使这种差异成为有用的也是这个倾向。许多同种但不同属的动物，得自天性的天资上的差异，比人类未受教育和未受习俗熏陶以前得自自然的资质上的差别大得多。就天赋资质说，哲学家与街上的挑夫，比猛犬与猎狗的差异，比猎狗与长耳狗的差异，比长耳狗与畜牧家犬的差异，少得多。但是，这些同种但不同属的动物，并没有相互利用的机会。猛犬的强力，绝不能辅以猎狗的敏速，辅以长耳狗的技巧，或辅以畜牧家犬的柔顺。它们因为没有交易的能力和倾向，所以，不能把这种种不同资质的才能，结成一个共同的资源，因而，对于同种的幸福和便利，不能有所增进。各动物现在和以前都须各自分立，各自保卫。自然给了它们各种各样的才能，而它们却不能从此得到任何利益。人类的情况就完全不同了。他们彼此间，哪怕是极不类似的才能也能交相为用。他们依着互通有无、物物交换、互相交易的一般倾向，好像把通过各种才能生产的各种不同产物，结成了一个共同的资源，每个人都可以通过这个资源随意购取自己所需要的别人生产的物品。

斯密的分工理论的缺点还有很多：第一，他所研究的其实是在资本主义生产方式之下的分工，但他又把分工一般化了。在他看来，无论在什么社会，只要有分工，就能提高劳动生产率。因此，他把分工的历史性忽视了。我们知道，在不同生产方式下，有不同的分工。例如，在封建社会内，行会组织不许有手工制造业的分工。虽然行会本身是由于社会分工的结果按照各行业组织起来的。在资本主义社会里，社会分工是无政府状态的，而企业内部分工则是有组织的。这些他们都不了解。由于他不了解分工的历史性，就把他实际上研究的资本主义社会的内部分工当作没有历史内容的一般的分工，因而就把资本主义生产方式一般化、永久化了。这是他的分工理论以及他的全部经济理论的最主要的缺点。

第二，斯密把社会看作一个大工场，把各个企业看作在这个大工场内的各个小部门，因此把社会分工当作在这个大工场内的分工，企业内部分工当作各个小部门的分工。就是说，把社会分工和企业内部分工混同了。例如，他一方面以制针业为例说明：如果一个人单独制针每日最多 20 枚，也许一枚也制不出来。如果把制针分为十八种作业，由 10 个工人各司其一二项作业，就可以每日制针 48 000 枚，平均每人每日制针 4 800 枚，即比一个人制针时劳动生产率至少提高了 240 倍。在这个例子中他所说的是企业内部分工。另一方面，他又以毛呢外套为例说明一个生活必需品必须是由数千人分工合作的结果，这里他所说明的是社会分工。可是他把这两种不同的分工同样看待了。

简单地说，在社会分工的范围内，使各企业发生联系的是产品作为商品来买卖这一事实。在企业内部分工的范围内，使从事各项工作的人员彼此发生联系的是生产商品本身的转移。这是因为在企业内从事各项工作的劳动者都把他们的劳动力出卖给同一个资本家，被这个资本家作为结合的劳动力来使用。从生产资料分配来看，这两种分工也是不同的。社会分工是以生产资料分散为许多彼此独立的商品生产者所有为前提，而工场手工业的分工则以生产资料集中在一个资本家手里为前提。就社会分工来说，商品生产者及其生产资料之分配于各种不同的劳动部门是自发的，在资本主义商品生产条件下，劳动力和生产资料在各生产部门之间的转移是由价值规律支配的。而在工场手工业内，则一定人数的工人归属于一定的机能都由比例的铁则决定的。就社会分工来说，社会生产毫无计划可言，完全由生产无政府状态在发生作用，而工场手工业内部的分工，则有一种预定的有组织的规律。社会分工使独立的商品生产者互相对立，而工场手工业的分工，却是以资本家对于他们雇用的工人在工作时间内之绝对的权力为前提。社会分工是各种经济社会形态所共有的,而工场手工业的分工则是资本主义生产方式所特有的。

社会分工和工场手工业分工的这些差别都是由马克思指出来的。斯密为什么不明白这些差别呢?这是因为:第一,他只从量的方面研究社会分工与劳动生产率,从而与国民财富生产之间的关系,并没有从质的方面去研究分工所体现出来的生产关系。而且从量的方面看,这两种分工都能提高劳动生产率,都能增进国民财富的生产速度。因此,他就把这两者混同了。第二,他把工场手工业分工单纯地理解为技术分工的问题,因而忽视了它的历史性和社会性,结果便把这种分工与为各种经济社会形态所共有的社会分工混同了。第三,社会分工和工场手工业分工既有类似之处,又有相互的关联。这也是斯密看不出这两种分工的差别的客观原因。

第三节　分工受市场范围的限制

分工起因于交换能力。分工的程度因此总要受交换能力大小的限制,换言之,要受到市场广狭的限制,市场要是太小,那就不能鼓励人终生专务一业。因为在这种状态下,他们不能用自己消费不了的自己劳动生产物的剩余部分,随意交换自己需要的别人劳动生产物的剩余部分。

有些业务,哪怕是最普通的业务,也只能在大都市经营。例如搬运工人,就只能在大都市生活。小村落自不待言;即使是普通城市,亦嫌太小,不能给他们以不断的工作。在苏格兰那样偏远的内地,无论如何,维持不了一个专门制针的工人。因为即便他一日制针 1 000 枚,一年只劳动 300 日,一年也能制针 30 万枚。但在那里,一年也销不了一日的产量。

水运开拓了比陆运广大得多的市场,所以各种产业的分工改良,自然而然地都开始于沿海沿河一带。这种改良往往经过许多年以后才慢慢地普及到内地。

根据可靠的历史记载,开化最早的是地中海沿岸各国。在地中海沿岸各国中,农业或制造业发达最早、改良最大的,要首推埃及。上埃及的繁盛地区都在尼罗河两岸数英里内。在下埃及,尼罗河分成无数支流,大大小小，分布全境；这些支流，只要略施人工，就不但可以在境内各大都市间，而且在各村落间，甚至在村野各农家间，提供水上交通的便利。内陆航运，如此广泛，如此便易，无怪乎埃及进步得那么早。

古代东方文明的建立远在西方之先。东方文明诸国有埃及、美索不达米亚即底格里斯和幼发拉底两河流域、腓尼基、印度和中国。现以埃及为例，略加说明。

埃及是世界上最古老的具有物质文明的国家。它早在公元前4000年就开始使用金属工具，劳动生产率已相当高。埃及土地得到尼罗河定期泛滥之赐，土地肥沃，这个流域的农田经常获得丰收。**农作物品种繁多**。同时手工业也达到了相当高的水平，**当地人所织麻布精美绝伦**。埃及人最早控制海，海上运输遍及地中海区域，**商人在各处从事贸易**。这表明市场范围扩大和分工发达。

马克思说，自然条件在经济上可分为两类："生活资料的自然富源，例如土壤的肥力、渔产丰富的水等等"，这在文明初期具有决定性意义；"劳动资料的自然富源，如奔腾的瀑布、可航行的河流、森林、金属、煤炭等等"①，这在较高的发展阶段具有决定性意义。

由此我们就可以了解，为什么古代文明诸国，其摇篮都是生活资料的自然富源较富饶的江河流域和内地、沿海，但最早产生和发展资本主义的不是它们，而是这样的国家，即生活资料的自然富源不如前者，劳动资料的自然富源却胜于前者。它们是大西洋沿岸的葡萄牙、西班牙、荷兰和英国等，而不是地中海沿岸最古老的文明国家埃及等。

斯密分析上述问题的着眼点，是市场扩大促使分工发展，从而使财富增加，因而侧重谈河流对交通和市场的影响，而不谈它提供的自然资源对经济发展所起的作用。

---

① 马克思：《资本论》(第一卷)，人民出版社2004年版，第560页。

第五章　货币理论

第一节　货币的起源及其效用

分工一经完全确立，一个人自己劳动的生产物，便只能满足自己欲望的极小部分，其大部分欲望，要用自己消费不了的剩余劳动生产物交换自己所需要的别人的劳动生产物的剩余生产物来满足。“于是，一切人都要依赖交换而生活，或者说，在一定程度上，一切人都成为商人，而社会本身，也成为商业社会。”①

既然每个人都要依赖交换而生活，那么交换究竟如何进行呢？斯密认为在分工发生的最初阶段，交换是很困难的。他说：“假如甲持有某种商品，因为自己消费不了；乙所持有的这种商品，却不够自己消费。这时甲当然乐于出卖，乙当然乐于购买甲手中的剩余物品的一部分。但假如乙手中并未持有甲目前需求的物品，他们两者的交易，就依然不能进行。比如，屠户把自己消费不完的肉，置于店内，酿酒家面包师因此可各自购取其所需要的一份。但这时，假设他们除了各自的制造品，就没有别种可交换的物品；同时，又假设屠户对于麦酒和面包，都已有充分的供给，那么，他们彼此之间，就完全没有进行交换的可能。”②

斯密进一步指出，货币就是在每个人都需要克服这种困难的情况下产生的。他说：“自分工确立以来，各时代各社会中，都不乏深思远虑之人，他们为避免这种不便起见，自然而然的要在自己的劳动生产物之外，随时身边

① 亚当·斯密：《国民财富的性质和原因的研究》(上卷)，郭大力、王亚南译，商务印书馆1972年版，第20页。

② 同上书，第27页。

携带着一定数量的特殊物品，这种特殊物品在他想来，拿去和任何人的生产物交换，都不会被拒绝。”①

这种拿去和任何人的生产物交换都不会被拒绝的特殊物品，就是货币。

这里我们要特别指出的是，斯密所说的“深思远虑”的人并不是什么特殊聪明的人，而只是从事经济活动的普通人，也就是他所说的利己主义者、经济人。因此，货币不是某个人或某些人发明的，而是随着社会生产的发展和交换的频繁，从事经济活动的人为了克服交换的困难自然而然地形成的。所以，货币是人民大众经济活动的结果，也是在克服交换困难中自然地产生的。

可是这里发生了一个问题，那就是，深思远虑的人用来交换而不致为任何人拒绝的特殊商品究竟是些什么物品？关于这个问题，斯密并没有在理论上加以说明，而只是指出历史的事实。例如，他指出这种特殊商品在荷马时代是牛，在阿比尼西亚（现在的埃塞俄比亚）是盐，在印度是贝壳，等等。接着，他叙述了货币的发展过程，说明了金属有不易磨损、久藏不坏、易分易合等特点，所以各国都以金属为克服交换困难的特殊商品。然后他又指出，一方面，在各种金属中最先用铁，其次用铜，而在商业发达的国家则用金银；另一方面，最先使用的是金属的条块，后来由于称量和检验成色的不便，便发展为铸币。

斯密没有在理论上说明的问题有两个：

第一，使用金和银作为货币。这是由于生产金和银的**私人劳动，就其自然性质而言，最合适直接代表社会劳动。**马克思就两次说过：金银天然不是货币，而货币天然是金银。

第二，关于铸币的产生和特点。我们知道，商品价值用货币表现，要通过两种契机：(1)商品的价值表现为一定的金量，这是价值尺度的职能；(2)这一定的金量，要由某种特定的货币单位去测定，这是价格标准的职能。这两种契机实际上是合为一体的。

马克思科学地说明价格标准和价值尺度的关系。他指出，假定金变成

---

① 亚当·斯密：《国民财富的性质和原因的研究》（上卷），郭大力、王亚南译，商务印书馆1972年版，第27—28页。

价值尺度，而交换价值变成价格的过程已经存在，一切商品在它们的价格上还只是想象的大小不同的金量。它们当作同一物即金的不同量互相比较、互相较量和互相衡量，这样在技术上就有必要使它们同作为计量单位的一定金量发生关系。这个计量单位就是价格标准。金量本身是用重量来衡量的。当商品不再用劳动时间来衡量价值，而是用金来衡量发生联系的时候，金就从价值尺度转化为价格标准。马克思总结说："作为价值尺度和作为价格标准，货币执行着两种完全不同的职能。作为人类劳动的社会化身，它是价值尺度；作为规定的金属重量，它是价格标准。作为价值尺度，它用来使形形色色的商品价值变为价格，变为想象的金量；作为价格标准，它计算这些金量。价值尺度是用来计算作为价值的商品，相反，价格标准是用一个金量计量各种不同的金量，而不是用一个金的重量计量另一个金量的价值。"①

根据马克思的表述，即某物值一盎司金和某物价值 3 镑 17 先令 10.5 便士，其中 1 盎司和 1 镑都是价格标准。它们实质相同，都是以金（贵金属）的一定重量来衡量作为某商品的价值尺度的金的重量，即后者为前者的若干倍，从而就表示某商品值若干盎司金或若干金镑：它们的区别在于执行职能时，前者是要称重量的，后者则只要点数。

以重量单位的金去衡量作为价值尺度的金的重量，即衡量条块状态的金的重量，严格地说，每一次都要对后者的成色加以称量，这对货币执行流通手段职能是一种妨碍。于是，铸币代替了它。关于铸币的产生和特征，马克思写道："金币在它的流通手段职能上取得一种特有的形状，它变成铸币。为了它的流通不因技术困难而受到阻碍。它是按照货币的标准来铸造的，铸币是这样的金块，它以一定的花纹和形状表示它含有镑、先令等货币计算名称所指示的金的重量。正如造币局价格由国家规定一样，铸造技术也由国家负责。作为铸币的货币，和作为计算货币的货币一样，有地方性和政治性，讲不同国家的语言，穿不同的民族服装。因此，作为铸币的货币流通领域是不同于商品世界普遍流通的，只限于国境内部的商品流通。"②

---

① 马克思：《资本论》（第三卷），人民出版社 2004 年版，第 116 页。

② 《马克思恩格斯全集》（第十三卷），人民出版社 1962 年版，第 97 页。

铸币作为价格标准是有条件的。它在流通过程中必有磨损。此外，还有人为的刮削。因此，各国都用法律规定，铸币减重到一定程度，就不能使用。这就是说，只有符合标准的铸币，才能作为价格标准。

以货币的重量单位作为价格标准，表示金属重量的衡制就起了价格标准的作用。这是很自然的。铸币作为价格标准的名称，同衡制中的名称起初也是一样的。例如，镑原来是真正 1 镑中的银的货币名称。后来金取代银作为价值尺度，这个名称也依照金银价值比例，而用来称呼 1/15 镑的金。此外，国外货币流入较不发达的民族地区，这些外国货币和本地的重量名称是不同的。还有就是几百年来君主不断伪造货币，使铸币原来的重量只剩下一个名称。由于这一切，金属重量的货币名称同它原来的重量名称就分离了。

这里讲一讲中国的情况。很久以来，中国以银作为货币。价格标准是两，如某物值 7 两 2 钱银子。1933 年废两用元，因而价格标准就是元，一银元含银 7 钱 2 分。其所以如此规定，是由于 1854 年墨西哥银元约重 7 钱 2 分，这样，某物就值 10 元(7 两 2 钱银子)。在广州、香港一带，从前有人称 5 分(元、角、分的分)为 3 分 6(两、钱、分的分)银，因为 1 角为 7 分 2 银，5 分就是 3 分 6 银了。

第二节 对“价格革命”的分析

与美洲富饶银矿开采和大量白银流入欧洲相关联的欧洲的物价上涨，其原因被许多经济学家加以研究，其中，从方法、资料到理论来看，都以斯密的研究最为科学和详尽。从其研究中我们可以看到，他既有以劳动价值论为基础的货币理论，也有货币数量论：这两种对立的理论居然在其论述中并存。

1. 研究方法

经济史中的“价格革命”，是指 16 世纪中期到 17 世纪中期约 70 年中欧洲物价上涨了三四倍这段历史。这在金(包括银，即贵金属)本位制度下，以金的重量来表现物价在70年中发生如此剧变，在历史上是仅有的。对这段历史根据实际情况进行理论研究的，有好几位经济学家或货币学家，就深刻程度而言首推斯密。他对“价格革命”的研究是包括在他对“前4世纪（从发现美洲时的15世纪到斯密写作《国民财富论》时的18世纪中期——作者）银价的变动”的研究之中的。这种写法，除了要说明“价格革命”的原因之外，还要说明这些问题：在美洲白银同样流入欧洲的条件下，为什么在“价格革命”之前，物价几乎不受影响，而在“价格革命”之后，物价都从微涨到下降1/4，即“价格革命”之前和之后的物价问题，要和“价格革命”联系在一起加以研究。这比孤立地说明“价格革命”会更全面、深刻些。

斯密在说明银价变动时，遇到许多研究方法问题，他都解决了，而且有的解决得相当好。这主要是：(1)白银的价值不能自己表现出来，它只能在一般商品的价格上反映出来，但当时还没有物价指数，他便选用小麦的价格作为代表，但小麦的价格从短期看受到供求关系的影响。因此，他就长期进行统计，以便将供求不等对小麦价格的影响去掉。但是，即使这样，一段时间内的小麦的平均价格，还不能被认为就是白银价值的反映，因为小麦本身价值的变动也会影响它的价格。因此，要科学地说明白银价值的变动，最后必然涉及银矿劳动生产率或其丰饶程度的变化的问题，对此，斯密在非意识的情况下谈了一些。不管怎样，他确实努力探讨货币自身价值的变动和商品自身价值的变动，从不将物价的变动直接等同于货币价值的变动，也不笼统地说什么货币购买力的变动。(2)白银制成铸币，其含银量有下降趋势，这或者是法律规定，或者是自然磨损，或者是人为的刮削。这种价格标准降低，会使物价上涨，并且在一较长时间内是常见的。但是，这种物价上涨只是名义价格计算数目的增加，将它折算为白银数量就不一定是这样。因此，17世纪以前的小麦平均价格，斯密是统一地将它换算成为现币计算的。这样，由铸币重量变化而引起的物价变动问题就可以去掉：17世纪以后的，没有换算为现币计算，原因不是银铸币的重量没有减到标准重量以下，而是其“价值却因它能与金币兑换，而为金币的价值所维持住了”。[①] 这

① 亚当·斯密：《国民财富的性质和原因的研究》（上卷），郭大力、王亚南译，商务印书馆1972年版，第187页。

就是说，英国银铸币虽然被刮削了，但由于实行金银复本位制度，变轻了的银铸币还能按金银法定比价使用，但是否限额，斯密没有说。如不限额，就和我们前面的分析全部相矛盾了。对此，中国李达在其《货币学概论》中有所说明。他说：1717 年，英国金银比价为 1∶15.25，“金银两币均得自由铸造，并为无限法币。但以后银价暴涨。银币被人藏匿，只有金币在流通。（这是劣币驱逐良币的规律发生的作用——作者）1774 年，国会决议对银币的法币资格加以限制，银子以 25 镑为限，得为法币；如超出 25 镑，即以生银计算”。① 这样，25 镑以上的支付，就不受银铸币重量有减轻趋势的影响。

2. 对物价变动四个时期的划分和对货币与商品比价的看法

斯密以详细的统计数字表明“价格革命”的时期是约 1570 年到约 1640 年（或 1637 年）。在这大约 70 年中，英国小麦价格上涨了 3—4 倍。在这以前，“美洲银矿的发现对英格兰的物价似未有显著的影响，直到 1570 年以后才有影响。尽管波托西矿已经被发现 29 年多了，但对英格兰物价还无影响”。在这以后，他分两段时间来论述。第一段从 1637 年到 1700 年，在这 64 年中“由 9 蒲式耳组成的 1 夸脱最好小麦，平均价格似为 2 镑 11 先令 1/3便士，这平均价格，比 16 年前的平均价格，仅高 1 先令 1/3 便士”。第二段从 1701 年到 1764 年，在这 64 年中，上述小麦的“平均价格计为 2 镑又 19/32便士。这价格比 17 世纪最后 64 年的平均价格，约低 10 先令 8 便士，即降低 25%以上”。② 据此大体上可以说，美洲银矿的开采同欧洲物价的关系是：1569 年以前，物价无变动；1570—1636 年，物价暴涨了 3—4 倍；1637—1700 年，物价微跌或持平；1701—1764 年，物价下跌 25%。这里简述四个时期物价变动的情况，表明货币即白银和以小麦为代表的商品结成的交换价值或价格在变动。但是，还没有分析这种变动是来自货币一方，还是来自商品（以小麦为代表）一方，或者两方都发生作用。

斯密进而分析作为货币材料的白银价值变动问题。对此，他有概括的

① 李达：《货币学概论》，生活·读书·新知三联书店 1950 年版，第 193 页。

② 亚当·斯密：《国民财富的性质和原因的研究》（上卷），郭大力、王亚南译，商务印书馆 1972 年版，第 184—186 页。

说明。首先，对于以货币数量论为基础说明白银与黄金比价的看法，他坚决反对。麦金斯认为，从美洲输入欧洲的黄金与白银，其数量约为 1∶22，白银有一部分输往东印度，结果留在欧洲的金银数量比例为 1∶14 或 1∶15，就是这个比例决定金银的比价，换言之，金银的比价取决于它们的数量之比。对此，他坚决反对。他指出，美洲矿山发现前，欧洲各造币厂规定纯金和纯银的比价为 1∶10 到 1∶12 之间。其后，白银对黄金的比价降低，但白银比黄金下降更快。因为美洲金银矿的丰饶程度，比以前任何已发现的矿山都大，但银矿的丰饶程度似乎比金矿更大。这是正确的。当不分金和银，总的以贵金属为一方，而以商品为另一方考察问题时，他则同意货币数量论。因为只要否认货币的贮藏手段职能，在这一条件下考察问题，就必然陷入货币数量论。他说，一个国家其贵金属增加的原因之一，是供给贵金属的矿山的产量的增加（他认为另一个原因是财富增加而交换到的金银器皿增加，这不会使物价提高）；而"随着更丰饶矿山的发现，就有更大数量的贵金属提供市场，而较大数量贵金属所交换的生活必需品和便利品，在数量上如果和从前一样，那么，同一数量贵金属所能换到的商品量必定比从前少。所以，一国贵金属增加，要是起因矿山产量的增加，那就必然使贵金属的价值有所减少"。① 这里说的是货币数量论。

但是斯密又说："欧洲的财富，自从美洲矿山发现以来已大有增加，同时金银价值亦逐渐低落。但这种价值低落，并非起因于欧洲真实财富的增加，或其土地和劳动的年生产物增加，而是起源于旷古以来就有的丰饶矿山的偶然发现。"②丰饶矿山的开采，为何使金银价值下跌，可以有两种解释。一种是生产金银的劳动生产率提高，产量大增，从而使劣矿退出生产，也就是使决定矿产品（农产品也一样）价值的劣等生产条件相对提高，致使白银价值下跌；另一种是金银的产量增加快于商品量的增加，从而要用较多的金银才能买到从前同量的产品。这两种看法，斯密都有。深入分析问题时，他的看法是后者。

---

① 亚当·斯密：《国民财富的性质和原因的研究》（上卷），郭大力、王亚南译，商务印书馆1972 年版，第 181 页。

② 同上书，第 230 页。

3. 对四个时期物价变动原因的分析

现在，我们论述斯密对上述四个时期物价问题的看法。

先谈斯密对"价格革命"原因的看法。他明确指出："美洲丰饶矿山的发现，似乎是这一时期银价对谷物比价减低的唯一原因。对于此种变动，大家都做了同样的说明，关于银的比价下降这一事实及其原因，从未发生争执。在这一时期欧洲，大部分欧洲在产业和改良上，都有着进展，而对银的要求，因此必然增加。但是银的供给大大超过了需求的增加，所以银价低落。"①这就是说，以一般商品为一方，银为另一方，两者结成需求和供给的关系，从银来看，就是供大于求，于是银价下跌，物价上涨。这就是货币数量论。其错误是将金银直接等于流通中的货币，并且否认金银货币具有贮藏手段职能，它能够调节其流通量，使之符合需求量。

斯密如何说明 1637 年至 1700 年这 64 年中，小麦价格是微涨或持平呢？他说："美洲矿山发现导致的银价低落，似乎到 1630 年与 1640 年之间或在 1636 年左右，已告停止。"足以证明这一点的是以下的事实，即"在这 60 年间，发生了两件事情，以致当时谷物的缺乏，远远超过收成情况所造成的程度。单单这两个事件，就能够说明谷物价格这时稍稍昂贵的原因，而无须设想银价又进一步的下跌"。第一个事件是内乱。"内乱阻碍耕种，妨碍商业。其结果，谷物价格的腾贵大大超过当时收成所造成的程度。"第二个事件是 1688 年颁布的谷物输出奖励法令。在短期中，它的效果是："因为奖励每年剩余量的输出，曾使前一年的丰产不能弥补后一年的歉收，所以反而抬高了国内市场的谷物价格。"②

关于 1701—1764 年小麦平均价格下跌 25％的原因，斯密明确认为是银矿的开采日益困难，耗费的劳动增加，使粮价上升。并且认为，这种情况，或许在 16 世纪即已开始。它本应导致小麦价格下跌，只是由于上述那两大事件的作用，将价格下跌抵消之后，仍使物价微涨。银的价格逐渐升高的原因，是生产银的劳动耗费增加。美洲银矿，尤其是波托西银矿，虽然十分丰

---

① 亚当·斯密：《国民财富的性质和原因的研究》(上卷)，郭大力、王亚南译，商务印书馆 1972 年版，第 185 页。

② 同上书，第 185—187 页。

饶,但是,"美国西班牙属地的银矿也像其他各矿山一样,由于开掘较以前深入,由于排除这些深处的积水以及供给这些深入处以新鲜空气等费用较大,开采费用逐渐增大"。[①] 他认为,对于这种情况,曾经调查过这些矿山的人都是承认的。他虽然没有提出银矿生产费用上升的具体数据,但是相应的说明还是有的。这就是秘鲁银矿向西班牙交纳的税率逐渐降低。而以1736年那次为最大。他说,这种赋税,最初为总产额之半,不久即减为1/3,1504年减为1/5,1736年减为1/10。税率变化是要经过法律程序的,它和经济情况变化不可能同步。但将它的降低趋势称为是银矿的生产费用有增加的趋势的反映,则是完全正确的。因为只有减税,资本家才能获得其继续经营的利润。生产费用增加情况如何,留在下面谈。

斯密将这个期间小麦平均价格的下降,和"价格革命"联系起来加以研究。他说:"美洲各丰饶矿山发现后,谷物的货币价格,比以前腾贵了3倍至4倍。当时这种变动的原因,一般人都认为不是谷物的真实价格腾贵,而是银的真实价格下落。所以,本世纪初64年的谷物平均价格,如果比上世纪大部分年度的谷物平均价格低廉,我们同样应该说,这变动的原因,不是谷物真实价值下落,而是银的真实价值上升。"[②]这段话所以值得重视,是由于斯密在前面说明了18世纪甚至17世纪就已开始的银矿生产日益困难,从而在白银价值上升导致物价下跌的基础上,又相提并论地认为"价格革命"的原因是白银的真实价值下降,这就相反地意味着白银价格下跌的原因是银矿的生产率较高。这是正确的。以前认为"价格革命"的原因是银的供给增加快于产品生产的增加的观点则是错误的。这是两种对立的货币理论。

我们留到最后才论述斯密如何说明第一时期,即美洲最丰饶的银矿波托西开采后25年,也就是在1570年,欧洲物价不变的原因。这一点十分重要。在这段时间内,美洲流入欧洲的白银增加,欧洲货币流通量增加,按照货币数量论的说法,物价应该是上涨的。按照劳动价值理论,银币是丰饶银矿生产的,其价值就应该降低,抽象地说,物价也应上涨。我们先看斯密如何说明物价没有上涨。

---

① 亚当·斯密:《国民财富的性质和原因的研究》(上卷),郭大力、王亚南译,商务印书馆1972年版,第206页。

② 同上书,第191页。

他说:“在发现美洲以后,在一段时间中,白银在欧洲市场上,依旧是以原来的价格或不低于原来的价格出售的。因而,这一期间的矿业利润,非常可观。”在这里,他不自觉地将美洲白银看成就是输到欧洲出售的商品。但是,不久之后,“以银输入欧洲的人,渐渐发觉了输入额不能全部以这高价出售。银所能交换的货物量减少了”。在这里他的意思是,从美洲输到欧洲的白银渐渐变成是同商品交换的货币,从而使欧洲的货币量增加,所以,终于减少了每单位白银换取的商品量,即白银的价格下跌,物价上涨。这是经历了一段时间才发生的。这里论述的是货币数量论。但是,他进一步论述又不是这样。他说,由于这样,“银的价格,逐渐落到自然价格的限度。换言之,银的价格,仅够按照自然率支付其上市所需支付的劳动工资、资本利润及地租了”。[①] 在这里,自然价格就是价值的变形,也就是马克思所说的生产价格。因此,斯密的真实思想是,发展到最后,白银是按照生产价格同其他商品交换的。这又是以劳动价值论为基础的货币理论。

这里,作为论述斯密对各个时期价格问题的总结,必须指出在斯密看来前面多次提到的波托西这些最丰饶的银矿生产的白银在物价决定中的重要作用。该矿山自 1545 年开采,它生产的白银在头 25 年,即在 1569 年之前,对欧洲物价无影响;从 1570—1636 年左右,它使物价上涨,因为白银的价值下降;从 1637 年起,白银的市场价格已下降到等于其自然价格即价值,所以白银价值不再影响物价(物价如上涨,就不是由白银引起的)。这就是说,白银的市场价格下降到等于其自然价格,经历了 92 年(从 1545—1636 年)。他很重视这 92 年。他说:这是“一个足够长的时间,使任何非独占商品的价格,都要降到其自然价格,或者说,降到在它继续交纳特种赋税的场合下仍能长期继续出售的最低价格”。[②] 这就是说,白银或货币的价值(自然价格)是由波托西银矿的生产条件决定的。至于从 1701 年开始的物价下降,则是由于开采深入致使白银生产费用增加,即白银价值增大,这些矿山是最丰饶的,还是中等的,或者劣等的,他没有说明。

---

① 亚当·斯密:《国民财富的性质和原因的研究》(上卷),郭大力、王亚南译,商务印书馆 1972 年版,第 193 页。

② 同上书,第 194 页。

4. 马克思对斯密有关论述的扬弃

从上述可以看到，斯密对四个时期物价进行分析所用的资料，充分说明物价上涨无论是陡然上升、大体持平，还是趋于下降，都和美洲白银劳动生产率的变化有关，这就充分证明以劳动价值理论为基础的货币理论的正确性；尽管他没有完全自觉地从这一点来证明问题，有时还陷入货币数量论。马克思对斯密的论证审慎地加以扬弃。其中最重要的是说明，美洲廉价白银输入欧洲，最初几十年为什么没有引起物价上涨。因为这一问题，对货币数量论固然是一个否定，但对以劳动价值论为基础的理论似乎也是一个难题。

对于这种片面性，马克思予以纠正。他指出：欧洲最初“实际上只有这样的出口商品的价格是提高了，这些商品同金银交换时，是把金银当作商品，而不是当作流通手段。这些商品用价值降低了的金银来估计，而其他一切商品则继续以金银的原来生产费用来估计自己的交换价值，对比起来，前者的价格是提高了。这种在同一个国家里对商品交换价值的双重计算当然只能是暂时的，用金或用银表示的各种价格会按照交换价值本身所决定的比例彼此拉平，于是一切商品的交换价值最终都会按照货币材料的新价值来估计。……在资本主义生产还不很发达的时期，这种拉平的过程进行得极其缓慢，经历很长的时间，而且无论如何赶不上流通中现金的增加。最近关于 16 世纪商品价格变动的批评性研究有力地证明了这一点”。并且他还说：“休谟也承认这一过程是缓慢地进行的，虽然这不符合他的原理。”①因为按照他的货币数量论，就应立即引起物价上涨。

我们看到在说明“价格革命”的起因方面，马克思和斯密虽有相同之处，这就是都以白银价值的降低来说明物价上涨；但是，对作为货币的白银的价值由哪一种生产条件决定，两人的看法是不同的。我们已经看到，斯密认为由最丰饶的波托西银矿的条件决定，至少是不自觉地认为如果这个矿后来变得没有原来那么丰饶了，那么在这之前，是由它的生产条件决定的。马克思则认为，矿产品和农产品一样，其价值由劣等生产条件决定。因为，丰饶

① 《马克思恩格斯全集》(第十三卷)，人民出版社 1962 年版，第 151 页及注①。

的矿山，正如优良的土地一样，不能由资本创造，这和工厂不同。马克思无疑是正确的。这样，美洲丰饶银矿的开采，尽管产银很少，但只要原来最劣等的矿继续经营，由它决定的白银价值，就不因此而变化，这样物价是不会上涨的。这时丰饶银矿得到的超额利润，就转化为级差地租，转归矿山所在的土地所有者。所以“价格革命”的发生，在理论上必然是由于富矿产银很多而使劣矿退出生产，而决定白银价值的是那些比原来劣矿稍好一些的矿山，也就是新的劣矿，这样白银的价值就比原来降低了。历史事实正是这样。马克思特别指出，在 16 世纪和 17 世纪，不仅金银的数量增加，同时它们的生产费用也减少了。休谟从欧洲矿山的停止开采看到了这个事实。由于劣矿退出生产，白银价值下降，美洲富矿的超额利润减少，级差地租减少，这就表现为矿山交纳的赋税率降低，而矿山经营者仍得到平均利润。

现在谈谈美洲富矿随着开采的深入，生产费用的增加进一步发展，与白银价值变动之关系问题。从下面对问题的回答中可以看出，斯密和马克思在货币理论上有分歧。斯密认为，生产费用增加，就导致减税，两者成正比，而“减税的结果，以前因不堪重税而中止开采的矿山，现在也许会再行开掘。这样，每年上市的银量，一定要增加若干，而一定数量银的价值，也一定要低落若干”。[①] 这是用以前停产的劣矿再进入生产使银的产量增加，而不是这样会产生新的劣矿，而以新劣矿的生产条件相对提高，来说明白银的价值应该下跌。马克思不是这样。他认为，富矿生产费用逐渐加到某种程度就成为劣矿，如果原来停产的劣矿因此再行开采，白银的价值就由新的最劣等生产条件决定。如果新的劣矿比老的更劣，白银的价值就应上升，物价应下降。只有发现了更丰饶的新矿，产量大增，劣矿又退出生产，由比原来劣等稍好的银矿(新的劣矿)的生产条件决定白银价值，银价才下跌。这情况同美洲最初发现丰饶银矿引起银价下跌相同。斯密这里论述的是货币数量论。

---

① 亚当·斯密：《国民财富的性质和原因的研究》(上卷)，郭大力、王亚南译，商务印书馆 1972 年版，第 206 页。

第六章　价 值 理 论

马克思在恩格斯著的《反杜林论》的"批评史"(这部分是马克思写的)这一章中说:"**我们在亚当·斯密的书中不但看到关于价值概念的'对立见解的痕迹',不但看到两种,而且看到三种。更确切地说,甚至四种尖锐对立的关于价值的看法。**这些看法在他的书中相安无事地并存和交错着。在政治经济学的创始者那里,这是很自然的事情。因为他必然要摸索、试验,同刚刚开始形成的观念的混乱状态进行斗争……"①这是我们研究斯密价值理论的路标。

列宁这样指示我们:"判断历史的功绩,不是根据历史活动家没有提供现代所要求的东西,而是根据他们比他们的前辈提供了新的东西。"②这样,我们就要研究斯密在价值理论上与其前辈相比,提供了哪些新的东西。

第一节　前辈的价值理论

威廉·配第认为,劳动创造价值,土地为财富之母,劳动则为财富之父和能动要素。这样一来,就有必要将土地和劳动换算为同一单位。但这两者的质是不相同的,是不可能进行量的换算的。他用如下办法换算:2 亩地没有人的劳动,长出的青草供这地上的牛吃用,一年中牛长的肉可供一个人吃 50 天;一个人在这地上种粮食,一年中收的粮食可供一个人吃 60 天,这多出的 10 天粮食,就是人的劳动创造的。这样,土地的"劳动"和人的劳动,在

① 恩格斯:《反杜林论》,人民出版社 1970 年版,第 230 页。

② 列宁:《评经济浪漫主义》,载《列宁全集》(第二卷),人民出版社 1959 年版,第 150 页。

生产粮食这一点上就可以换算。

重商主义的注意力完全集中在流通领域，认为利润是高价出卖的结果，只有交换价值的结果，即金银才是价值。但高价出卖，一方的多得价值就是另一方的不足价值，全国的价值并不由此增加；因此，要增加一国的价值，就要开采金银矿，没有金银矿的，就要取得贸易顺差，使金银进口。重商主义的代表人物是科尔柏。

重农主义的理论则认为：只有农业是生产的，即纯产品。所谓纯产品，就是农业产出大于投入的差额。它的投入都是农产品：种子、肥料、劳动者和经营者的消费资料，从物质上看，产出大于投入，其差额就是纯产品，其价值就是纯收入，即农业中的 M，它来自自然，转化为地租。因为农业和工商业的区别，就是农业的劳动对象处于生命的生长过程中，即不施加劳动的时候，它也在生长，从物质的而不是价值的观点看，它投下的物质小于它产出的物质。其他经济部门，手工业和商业，没有这样的自然赐予，就不生产纯产品。重农主义的代表人物是魁奈。

第二节　价值理论

斯密把政治经济学确定为研究财富的科学，而在资本主义制度下财富表现为庞大的商品堆积，研究财富的性质及财富的增长的规律，就必然要分析商品及支配商品生产的规律，即价值规律。

斯密在《国民财富论》中第一句话就说："一国国民每年的劳动，原本就是供给这国国民每年消费一切生活必需品方便品的资源。构成这种必需品方便品的，或者是本国劳动的直接产物，或者是用这类产品从外国购进来的物品。"①在这里，斯密肯定地指出，劳动是一切财富的根本源泉。

在斯密以前，资产阶级的经济学家，最初是重商主义者认为，只有货币——黄金和白银才是真正的财富，只有对外贸易才是财富的源泉。法国

① 亚当·斯密：《国民财富的性质和原因的研究》(上卷)，郭大力、王亚南译，商务印书馆 1972 年版，第 1 页。

的重农主义者则认为，财富是一定数量的物质形式（实物形式的产品），即一定数量的使用价值。他们宣称自然界，即供给人们以自然果实的农业（包括畜牧业）是财富的唯一源泉。斯密摈弃了重商学派和重农学派的片面性，认为一国的财富就是该国生产的商品总和；任何劳动，不论投在哪一生产部门，都是财富的源泉。并且，他所说的一国国民每年的劳动是包含有交换的劳动，也就是代表生产和流通统一的商品生产者的劳动。所以，马克思说："在农业、制造业、航海业、商业等实在劳动的特殊形式被人轮流地认为是财富的真正源泉之后，亚当·斯密宣布劳动一般，而且是在总体形式上作为分工的劳动一般，是物质财富或使用价值的唯一源泉。"①

但是，就在这研究的出发点上，斯密犯了错误。首先，如上所述，他把自己的研究对象规定为一般的国民财富，忽视了资产阶级财富的社会特点。虽然他从分工的角度考察创造财富的劳动，但是他认为分工是人类天性中存在的交换一项活动的结果，把分工看成一种自然现象，缺乏历史的观点。其实，分工是社会生产力发展的必然结果，它不是由交换产生的，相反地交换却是分工的结果。在不同的社会形态下，分工有不同的特点，有工场手工业分工和手工业工场内部分工之间的区别，他把资本主义社会看成一个大规模的手工业工场。

其次，斯密说一国国民每年所耗费的一切生活必需品和其他消费品是劳动创造的，可是要生产这些东西还需要有生产资料，这些生产资料不是当年劳动生产的，而是过去劳动的生产物。这就是说，在一国国民每年所生产的生产物中除了当年劳动所创造的部分，还包含有生产资料的耗费；在年生产物的总价值中除了这一年的劳动所创造的新价值，还包含过去劳动所创造的价值转移过来的部分。因此，不论从实物量或价值量上看，年生产物总额和一年中由劳动所创造的数额是不相等的，一般地说，前者总是大于后者。斯密在《国民财富论》一书中第一句话把这两者说成是相等的，混同了年生产物的价值和一年中劳动所创造的新价值。政治经济学基本问题上的错误，使斯密不能正确地认识许多经济问题。

斯密说："价值一词有二个不同的意义。它有时表示特定物品的效用，

① 马克思：《政治经济学批判》，徐坚译，人民出版社1955年版，第31页。

有时又表示由于占有某物而取得的对他种货物的购买力。前者叫作使用价值，后者叫作交换价值。使用价值很大的东西，其交换价值往往极小，甚或绝无；反之，交换价值很大的东西，其使用价值往往极小，甚或绝无。”①明确地把使用价值和交换价值区分为两个不同的概念，是斯密的贡献。我们知道，使物品具有使用价值，是由于物品具有效用，能满足人们的某种需要。例如粮食可以充饥，织布机能用来生产布匹。交换价值是物品以某种比例与其他物品相交换的属性，它首先表现为数量的比例，按照这个比例一种物品与别种物品相交换。

然而，斯密只知道使用价值和交换价值的区别，不了解这两者之间的内部联系。他不了解使用价值和交换价值是商品的两种属性，是它不可分割的两方面：商品就是这两者的统一体。所以，当他强调指出交换价值不是由使用价值决定时，不正确地认为没有使用价值的东西也可以有交换价值，一定数量的商品互相交换，彼此相等，表明它们之间具有共同的基础。这种基础不可能是商品的使用价值，因为互相交换的商品的使用价值总是不同的，而各种性质不同的商品使用价值在数量上是无法比较的。但是，使用价值构成财富的物质内容，是商品交换价值的物质承担者。斯密强调过分了。其实没有使用价值的东西是不可能有交换价值的。

斯密认为商品的交换价值不是使用价值决定的，而是由劳动决定的。他说：“一切物的真实价格，即欲得到此物的真实费用，也即获得此物的辛苦勤劳。”②这种见解是正确的。使用价值不同是商品交换的必要条件，谁也不会交换使用价值相同的商品，例如小麦交换小麦或糖交换糖。既然商品所有者是以不同的使用价值相互交换，那么其中必然有某种共同的东西。各种不同的商品具有一种使它们在交换时能互相比较的东西。各种不同的商品只具有一种使它们在交换时能互相比较的共同属性，即它们都是劳动产品。一尺布之所以能够交换三斤麦，就是因为两者都是劳动生产物，在它们上面都耗费了同等量的劳动。

斯密所说的决定商品价值的劳动，一方面是指生产商品时所耗费的劳

---

① 亚当·斯密：《国民财富的性质和原因的研究》（上卷），郭大力、王亚南译，商务印书馆1972年版，第38页。

② 同上书，第35页。

动,另一方面又是指商品交换中所能购买到的劳动。有时他说价值是“取得此物的辛苦勤劳”,有时又说“对于占有其物,但不愿自己消费而愿意交换他物者,这物究竟值多少价值呢?那等于它所能购买所能支配的劳动量”。① 他经常把这两种说法混在一起。在他看来,生产商品耗费的劳动和商品所能购买的劳动,在量上是相等的,因此是一样的。

不错,在简单商品生产条件下,生产者在生产商品时所耗费的劳动量和他用商品交换到或购买到的劳动量,是相等的。但是即使这样,价值也不能由该商品所能购买到的劳动来决定、衡量。价值是体现在商品中的商品生产者的社会劳动,它只能用生产商品时耗费的劳动来决定、衡量。在交换中商品所能购买到的劳动量,乃是商品的交换价值;它是商品价值的表现形态,是一个商品的价值在其他商品的使用价值上的表现。

其次,斯密所说的商品在交换中所能购买到的劳动量,既指活劳动量,又指物化劳动量即商品量。如果购买到的劳动量是指的活劳动量,那么这种活劳动量也应当是一种商品,也有价值,而它的价值当然也必须由劳动来决定。这样一来,价值由劳动决定,劳动又有价值,也就是说劳动决定劳动,成了循环推论。如果购买到的劳动量是指其他的商品量,那么甲商品的价值由乙商品量来决定。反之,乙商品的价值又由什么来决定呢?自然是甲商品。由此,甲商品的价值由乙商品决定,乙商品的价值又由甲商品决定,又是循环推论。所以,马克思说,商品价值取决于商品在交换中所能购买到的劳动量的见解,“那是一种有缺陷的循环论法”。②

但在资本主义条件下生产商品时所耗费的劳动和商品在交换中所能购买到的劳动,在量上是不等的,斯密认为商品交换价值应由购买到的劳动量决定。

既然商品的价值由劳动(即使是购买到的劳动)决定,按照等价交换学说,商品间的交换只能是等价的,资本与劳动(斯密认为劳动也是商品)间的交换也只能是等价的。那么工人所创造的价值都应归工人所有,否则就会破坏价值规律。这就给斯密带来了难题:怎么解释资本家和地主收入的来

① 亚当·斯密:《国民财富的性质和原因的研究》(上卷),郭大力、王亚南译,商务印书馆1972年版,第35页。

② 马克思:《剩余价值学说史》(第一卷),郭大力译,人民出版社1975年版,第161页。

源，怎么以劳动决定价值的原理为基础，说明利润和地租的产生，斯密无法解决资本主义社会各个剥削阶级的收入和劳动决定价值原理间的虚假的矛盾，曾被迫放弃劳动价值论，被迫认为价值规律只在“社会的原始状态”下起作用。从资本已积累和土地成为私有财产的时候开始，价值规律不再起作用了。商品交换价值不再由劳动决定，不过劳动仍然是财富的源泉和交换价值的尺度，即虽不是内在尺度，但仍是外在尺度。

斯密说：“无资本积累也无土地私有制的初期野蛮社会，获得各种物品所必需的各种劳动量间的比例，就是各种物品相互交换的唯一标准。”因为“在初期蒙昧的社会状态下，劳动的全部生产物，皆属于劳动者自己。一种物品通常可以购换支配的劳动量如何，只取决于生产这物品一般所必需的劳动量”。在资本家雇用工人来进行生产的条件下，“劳动的全部生产物，不单属于劳动者了。劳动者大都须与供给资本家——雇用他的雇主共分。于是，一种商品一般所应交换、支配或购买的劳动量，已不仅仅取决于生产这种商品或者获取这种商品一般所投下的劳动量了。对于支付工资提供材料的资本，也要付以利润。所以，添上一个追加量”。当劳动者在地主所有的土地上耕种或者采集自然生产物时，劳动者“不能不把他所生产的所采集的物品的一部分，贡献于地主。这一部分，或者说，这一部分的代价，就是土地的地租。在大多数商品价格中，我们于是有了第三个构成部分”。[①] 他得出结论说，**在资本主义条件下，价值分解为工资、利润和地租，并由这三部分构成。**

实际上，斯密混淆了不同的问题，由价值问题跳到分配问题上去了。他竟不懂得使他烦恼的这个问题，和各种商品相互交换的规律是没有多大关系的。甲商品和乙商品依照自己所含劳动进行交换，并不因为这两种商品生产者相互分配而使这两个商品的价值发生变化，并不因为甲商品的一部分归地主所有，另一部分归资本家所有，第三部分归工人所有而发生变化。这种情况正像一根绳截成三段，丝毫不影响绳的长度一样。

斯密从价值问题跳到分配问题上去以后，就被迫放弃劳动价值论，而去

① 亚当·斯密：《国民财富的性质和原因的研究》(上卷)，郭大力、王亚南译，商务印书馆1972年版，第55—58页。

建立一种新理论。这就是**生产费用论**。因为他认为一切收入都应列入生产费用。凡是和生产费用相适应的商品价格,被他称为自然价格,高于或低于自然价格的,被他称为市场价格或实际价格。

不过,在许多地方,首先是在剩余价值问题上,斯密总是无意识地用正确的价值概念,即用生产商品时所耗费的劳动决定价值的见解,来分析资本主义经济生活。

斯密的价值理论是矛盾的。他对价值的见解是多种多样的:既有生产商品所耗费的劳动决定价值的见解,又有商品在交换中所能购买到的劳动决定价值的见解,还有以三种收入决定价值的见解,这些互相矛盾的见解在他的著作中"和平共处"。

第七章　工资、利润和地租理论

斯密认为资本主义阶级社会存在三个不同的阶级：工人、资本家和地主。这是他的一个贡献。他认为这三者各有不同的收入。工人的收入是工资，资本家的收入是利润，而地主的收入则为地租。他以为这三种收入是基本的，其他的收入都是从这里派生的。他曾说："工资、利润和地租对于一切交换价值，可以说是三个根本源泉，对于一切收入，也可以说是三个根本源泉，一切收入，结局，都是这三种收入的派生。"①

这三种收入既然是一切交换价值的源泉，即它们既然是一切商品的构成因素，那么这三种收入又是如何决定的呢？这就是斯密在《国民财富论》第一篇最后四章中研究的问题。现分述如下。

第一节　工 资 理 论

工资是在资本主义生产方式之下的经济范畴，它体现出资本家与工人之间的生产关系：雇佣关系。因此，它是以生产资料被资本家占有而劳动者一无所有，因而不得不出卖劳动力这一事实为前提的。这一点已为斯密认识到，因为他曾说："……我一说到劳动工资，大家都以为我说的情况，是劳动者为一人，雇用他的资本所有者为另一人。"②可是，另一方面，他又把工资这个概念抽象化、绝对化了，认为在原始社会也有工资。他曾说过："在土地尚未私有、资本尚未积累的原始状态下，劳动的全部生产物，皆属于劳动者，

① 亚当·斯密：《国民财富的性质和原因的研究》(上卷)，郭大力、王亚南译，商务印书馆1972年版，第60—61页。

② 同上书，第79页。

没有地主分配，也没有雇主坐享”，这种全部均属于劳动者的“劳动生产物，构成劳动的自然报酬或自然工资”。① 可见，斯密是不理解工资的历史性的。

劳动生产物是劳动的自然报酬或自然工资，这是斯密的第一种工资理论。这种理论是同他的劳动价值论相一致的。既然一切商品，从而一切商品的价值都是由劳动生产出来的，所以劳动的全部生产物也就成了劳动的自然工资了。用这种理论来说明原始社会的“工资”是不会发生困难的。问题是，在资本主义社会里工资究竟如何决定？斯密认为在资本主义生产方式下，劳动者只能获得他自己劳动生产物的一部分作为工资。因为第一，“土地一旦为私人财产，劳动者想由土地生产或采集物品，就不能不在所产的物品中，以一定的份额，分给地主，而称为地租。因之，曾使用土地的劳动生产物，就不得不第一次扣了一部分作为地租”。② 第二，在资本已经积累以后，“不拘在什么工艺或制造业上，就有一部分劳动者，在作业完成之前，需雇主为他们垫付材料、工资与生活费，雇主就对他们的劳动生产物，换言之，对于劳动附加在材料上的追加价值部分，享有一份，而构成利润”。③

可见，在斯密看来，一旦资本已经积累，土地已为私有财产后，劳动者只得到他自己生产物的一部分作为工资；他们劳动生产物的其余部分则构成地租和利润分别为地主、资本家占有。从这里可以看出，斯密实质上已了解到剩余价值的真正根源了。

可是，在这里又发生一个问题：既然劳动者作为工资而取得的不过是他自己劳动生产物的一部分，那么这一部分究竟有多少，它是怎样决定的。这个问题是不可能用斯密的第一种工资理论来解决的。因为他的第一种工资理论只能说明工资的根源问题，就是说，它只能说明工资不过是劳动者的劳动生产物的一部分，其余部分劳动生产物为地主和资本家剥削去了。但它不能说明，劳动者自己所得的这一部分究竟有多少。因此，斯密又有第二种工资理论。

然而，斯密的伟大功绩也在这里。他从理论上察觉到：由简单的商品生

① 亚当·斯密：《国民财富的性质和原因的研究》(上卷)，郭大力、王亚南译，商务印书馆1972年版，第77页。

② 同上书，第78页。

③ 同上书，第79页。

产和商品交换过渡到资本主义的商品生产和工资与工资劳动的交换，由价值全部归于劳动者过渡到价值分解为工资、利润和地租，这当中有一个空隙，在越过这一空隙时，他发现价值规律不能再发挥自己的作用。因为如果价值要分解出利润和地租，那么，劳动者的工资就必然小于工人所创造的价值；工资小于工人所创造的价值，也就是以多量活劳动交换少量物化劳动的不等价交换，然而，不等价交换是不可能的。斯密感到这当中的矛盾，也力求解决这一矛盾。他在理论上的弱点在于：由于不能解决这一矛盾，使他误解了生产商品所投下的劳动量决定价值量的原理，以为它只能在简单商品经济下成立，在资本主义经济下就要由交换商品所支配的另一种劳动量决定价值量了。

工资是劳动的自然价格。根据斯密的意见，劳动是一种商品，同其他商品一样，也有市场价格和自然价格。劳动的市场价格是由工人和资本家双方所订立的契约规定的。这里，他把资本家同工人的关系当作普通的商品的买者同卖者之间的关系。因此，由工资所体现出来的资本家对工人的剥削关系被掩盖起来了。斯密以为由契约所规定的工资是劳动的市场价格，它是以劳动的自然价格即劳动的价值为基础，而且稍高于劳动的自然价格的。所谓劳动的自然价格，就是劳动者的生活维持费。他说："凡依劳作而生活的人，其工资至少须足够维持其生活。在许多场合，工资还得多少超过这种限度。否则，他将无从赡养家室，无从延续劳动者族类至一代以上。"①

我们知道劳动者的生活维持费，就是再生产劳动力的费用。劳动力价值正是由这种费用决定的。所以，斯密所说的"劳动价值，其实就是劳动力的价值"。工人所出卖，资本家所购买的不是劳动而是劳动力。当工人在资本家企业中开始劳动时，劳动已经不属于工人自己，因此也不能由他所出卖。劳动虽然创造价值并成为价值的实体，但劳动本身是没有价值的。本身有价值的不是劳动而是劳动力。由于斯密不理解劳动与劳动力的区别，便错误地认为工资是劳动价格，是由劳动的价值决定的。

斯密的这两种工资理论是矛盾的。首先，根据他的第一种工资理论，工

---

① 亚当·斯密：《国民财富的性质和原因的研究》（上卷），郭大力、王亚南译，商务印书馆1972年版，第81页。

资既然是劳动生产物的一部分，当然也就是劳动生产物价值的一部分了。所以工资是商品价值的分解因素。如上所述，这种工资理论是和他的劳动价值理论相一致的。但是，根据他的第二种工资理论，工资既然是劳动的价格，那么，它就已经不是劳动生产物或其价值的一部分，**而是生产费用的一部分，成为生产物价值构成因素之一。**所以，这第二种工资理论是同斯密的**价值构成理论相一致的**。其次，从他的第一种工资理论来看，工资不过是劳动生产物或其价值的一部分，其余部分分解为利润和地租。所以，利润和地租都是工人劳动的结果而被资本家和地主剥削去的。根据他的第二种工资理论，则资本家和地主对工人的剥削关系完全被掩盖起来了。如果说他的第一种工资理论是科学的，那么，他的第二种工资理论则完全是庸俗的。

斯密认为劳动的市场价格即货币工资决定于在劳动市场上的**供求关系**。这种供求关系主要取决于一国国民的收入和资本是否增加。他把国家分为三类：第一类国民财富不断增加，第二类国民财富虽然没有增加但也没有减少，第三类国民财富不但没有增加反而减少。他指出：在第一类国家，由于国民财富不断增加，收入和资本都会日渐增加，对劳动的需求因而增加，货币工资也随之提高；在第二类国家，因为国民财富没有增加，对劳动的需求也不会增加，因此，工资也不可能增加；在第三类国家，由于国民财富减少，对劳动的需求也会减少，因此工资不但不增加，反而降低。当他说明工资的变动及其与一国国民财富增减的关系时，他这样说："……对工资劳动者的需要，必随一国收入及资本之增加而增加。收入及资本没有增加，对工资劳动者的需求决不会增加，但收入及资本的增加就是国富的增加。所以，对工资劳动者的需要，又必随国富增加而增加。国富不增加，对工资劳动者的需求，也不会增加。"①

斯密由于他本人的教条（下面将对之进行批判的"斯密教条"），故其不能正确地理解在资本主义生产方式下国富增加，从而资本增加与工资变动之间的真实关系。在他看来，好像全部增加的资本都是用来购买追加劳动力的，因而得出工资随着资本增加而增加的错误结论。其实，在增加的资本

① 亚当·斯密：《国民财富的性质和原因的研究》（上卷），郭大力、王亚南译，商务印书馆1972年版，第82—83页。

中只有一部分用来购买劳动力，而且由于生产技术的进步，资本有机构成的提高，这部分资本的比重随着资本总额的不断增加而降低，就是说，购买劳动力的这部分可变资本，随着总资本的增加，由于资本有机构成不断提高而日益趋于相对减少了。工人所得到的工资正是由这部分日益趋于相对减少的资本来决定的。所以，事实上，并非工资随着资本增加而增加，而是工人的生活随着资本增加而日益贫困。马克思说，在资本主义生产方式下，“在一极有财富的积累，同时在对极，那个把自己生产物当作资本来生产的阶级，就有穷困、劳动折磨……的积累”。① 斯密为他自己的资产阶级本性所局限，是不懂得也不可能懂得资本主义积累这个绝对的普遍的规律的。

第二节　利 润 理 论

斯密有两种价值理论、两种工资理论，也有两种利润理论。

第一种利润理论——利润是由劳动生产出来的价值的一部分。他说：“……与货币、劳动或其他货物交换的完全制成品的价格，除了足够补偿原料代价和劳动工资，还须剩有一部分，作为企业家冒险投资的利润。”②这里说明了利润是因为劳动生产物的出卖而出现的。但是，这种利润的根源是什么？是由于提高商品的价格？或者是让渡利润？在这里是不明确的。可是斯密接着说：“……劳动者附加在原料上的价值，这时就须分作两部分……一部分支付给劳动者的工资，另一部分支付给雇主的利润，来报酬他垫付原料代价和工资的那全部资本。”③可见，利润是劳动在生产过程中所产生的价值的一部分。

这是斯密的第一种利润理论。这种利润理论是同他的劳动价值理论和第一种工资理论相一致的。这种利润理论认为，利润是劳动所生产的价值的一部分，是劳动生产的全部价值超过工资的余额。这是由于劳动时间分

① 马克思：《资本论》（第一卷），人民出版社 1957 年版，第 813 页。

② 亚当·斯密：《国民财富的性质和原因的研究》（上卷），郭大力、王亚南译，商务印书馆 1972 年版，第 56 页。

③ 同上书，第 56 页。

为两部分：一部分为必要劳动时间，另一部分为剩余劳动时间，劳动在必要劳动时间内生产出与工资相等的价值，在剩余劳动时间内生产利润，所以，他在这里谈的利润，就是剩余价值。它是由工人的无偿的剩余劳动生产出来的。马克思说："……斯密是已经把剩余价值的真正起源认识了。"①

把利润当作一种独立的经济范畴、当作剩余价值的一种转化形态来研究，是斯密的一个贡献。但是，当他说明利润的根源时，他所说的利润，其实是剩余价值。可是，他同时又以为利润是资本家"垫付原料代价和工资的那全部资本"的报酬，这里指的又是成为剩余价值一种转化形态的利润了。我们知道，剩余价值是由工人的无偿劳动生产的，是工人在生产过程所生产的全部价值对工资的超过额。而利润则是依照全部资本计算的剩余价值。剩余价值和利润这两个经济范畴性质是不同的，而且当利润转化为平均利润时，在量上也是有差别的。可是，斯密却把它们混同了。

由于斯密混同了剩余价值和利润，同时又把利润理解为平均利润，就必然会发生剩余价值生产的规律同平均利润规律之间的矛盾。他在批判那种认为资本利润不外是特种劳动的报酬的见解时，曾说："利润的多少，与资本的大小，恰成比例。比方，假定某处制造业资本的普通年利润率为10%。那里，有两种不同的制造业，各雇用劳动者20人，工资每人每年15镑，即每年各需支出工资300镑。又假定一方所制造掉的粗糙原料，所值不过700镑；另一方面的精良原料，值7 000镑。合计起来，前者逐年投下的资本，不过1 000镑，后者却有7 300镑。结果，前一企业的利润，每年仅及百镑；后一企业家的利润，每年都可预期720镑。"②这两个企业既然雇用工人的人数相等，每个工人的年工资也相等。因此，我们可以假定，他们每天的劳动时间，生产的价值和剩余价值也相等。那么，为什么一个企业的年利润率为100镑，另一企业却为720镑？从斯密所举的这个例证中可以看出，剩余价值或利润(因为他把这两个范畴混同了)由剩余劳动生产的这个规律同利润的多少比例与资本总量的规律存在着矛盾。这个矛盾，斯密并没有觉察到而放过了。能解决这个矛盾的是马克思。

---

① 马克思：《剩余价值学说史》(第一卷)，郭大力译，人民出版社1975年版，第141页。

② 亚当·斯密：《国民财富的性质和原因的研究》(上卷)，郭大力、王亚南译，商务印书馆1972年版，第56—57页。

第二种利润理论——利润是生产费用的一部分。除掉利润是劳动生产物价值的一部分这种比较正确的利润理论以外，斯密还有另一种庸俗的利润理论。他说："……他（资本家——引者）的利润，就是他的收入，也就是他生活资料的真正价值。他在完成商品，把它送到市场上去的当中，不但要偿付劳动者的工资或生活资料，且须付给他自身的生活资料。他自身的生活资料，大体上说，与他出卖商品所可期待的利润相当。商品出卖，若不能给他以利润，那就等于说，他没有从这商品的出卖，取回他自身的实际费用。"①

可见，斯密在这里又把利润当作生产费用的一部分了。这种利润理论是同他的价值由三种收入构成的理论——生产费用论以及工资是劳动的价格的理论相一致的。但是，它同斯密自己第一种利润理论是矛盾的。因为根据这种利润理论，利润既然是生产费用的一部分，它当然不是价值的分解因素而是价值的构成因素。因此，资本家对工人的剥削关系就被掩盖起来了。

斯密认为，"利息通常是一种派生的收入"。② 那是借入资本的人，利用所借资本获得的利润的一部分。因此，利息也不过是剩余价值的一种派生形态。既然利息只是利润的一部分，所以利息率也必然随着利润的变化而变化。斯密说："使用货币所获较多的地方，通常对于货币的使用权，皆支给多额的报酬；在使用货币所获较小的地方，通常对于货币的使用权，也支给小额的报酬。"③就是说，利润率高利息率也必然随之而高；反之，利润率低则利息率也必然随之降低。

根据斯密的理论，利润率会由一国国民财富之增加而降低。这是因为，会引起投在同一部门或各部门企业内部的资本的增加，结果，随着资本家之间的竞争，利润率必然下降。所以，他说："资本利润的腾落，与劳动工资的腾落，同样取决于社会财富的盛衰，但财富状态及于两者的影响，颇不相同。"④这就是

---

① 亚当·斯密：《国民财富的性质和原因的研究》（上卷），郭大力、王亚南译，商务印书馆1972年版，第65—66页。

② 同上书，第61页。

③ 同上书，第104页。

④ 同上书，第103页。

说，社会财富增加，则工资必提高而利润率必下降。如上所述，斯密不理解工人随着资本积累之增加而贫穷化。同样，他虽指出利润率随资本主义的发展而下降，但是由于他没有正确认识资本主义及其有机构成的理论和剩余价值理论，因此他就不能理解利润率下降的真正原因。

第三节　地 租 理 论

斯密有两种价值理论、两种工资理论和两种利润理论，同样也有两种相应的地租理论。

第一，从他的劳动价值理论出发，既然一切生产物及其价值都是由劳动生产出来的，工资不过是其中的一部分，其中的另一部分构成利润为资本家所占有，而其第三部分就构成地租而为地主所有了。地租是劳动生产物或其价值的一部分。这是斯密第一种比较正确的地租理论。从这种地租理论来看，地租是剩余价值的一种形态，是由工人的剩余劳动生产出来而被地主剥削去的。

但是，这种比较正确的地租理论也有很大的缺点。在斯密看来土地成为私有财产开始，地租就发生了。因此，他就不了解地租的历史性，不了解封建社会和资本主义社会两者的地租的差别。在封建社会，地租包括农民剩余劳动的全部生产物；而在资本主义生产方式下，并不包括农业工人的全部剩余劳动所生产的全部剩余价值，而只包括这种剩余价值超过平均利润的余额。这就是说，在资本主义生产方式下，地租是资本主义农业中额外剩余利润的转化形态。他研究的是资本主义的地租，但是他把它一般化了。

第二，斯密认为地租是使用土地的价格，是“租地人按照土地实际情况，所能付纳的最高价格”。① 这种地租理论是同他的第二种价值理论、工资理论和利润理论相一致的。从这种理论看，地租同工资和利润一样，都是商品

① 亚当·斯密：《国民财富的性质和原因的研究》(上卷)，郭大力、王亚南译，商务印书馆1972年版，第171页。

价格的构成部分,从而也是一种生产费用。这种地租理论显然跟他的第一种地租理论相矛盾。这正如他的第二种价值理论之间的矛盾,两种工资理论、两种利润理论之间的矛盾一样。

但是把地租当作农产品生产费用的一部分,是很勉强的。这是因为:(1)地主和经营工商业的资本家毕竟不同,他并没有任何经营企业的活动。(2)地主和贷放资本家也有区别,因为其土地出租并不像贷放资本家那样要冒风险。(3)斯密是反对那种认为"土地的地租……不外是地主投资改良土地的相当利润或利息"①的见解的。在他看来,改良土地的并不限于地主的资本,有时是用租地人的资本来改良的,即使地主曾经为了改良土地而利用一定量的资本,但这种改良费用的利息或利润只是对原来地租的一种追加额,并且地主还时常利用租地人出资改良土地,于重新订立契约时要求增加地租。(4)农业与工业不同,工业易于扩大再生产,由于自由竞争的规律发生作用,工业品价格不易过分提高;农业则比较容易提高。因此,斯密又有第三种地租理论。

第三,地租是一种垄断价格,或者更恰当地说,地租是农产品垄断价格的结果。他认为当农产品出售时,其价格除掉能够补偿足够生产这种商品所费的资本及普通利润以外,如还有余额,那么它就构成地租了。所以,他说:"地租与工资、利润,同为农产品的价格的构成部分,但其构成的方法不同。工资和利润的高低,为价格高低的原因;地租的高低,则为价格高低的结果。"②

这第三种地租理论,不仅同他的第一种,而且同第二种地租理论都是相矛盾的。首先,根据这种地租理论,地租既不是由劳动生产出来的,也不能算作商品价格的自然构成因素;因为它不是价格提高的原因,而是价格提高的结果。其次,地租既然是农产品价格提高的结果,那么,很明显,地租不是在生产过程中生产出来的,而是在流通过程中发生的。最后,地租既然是垄断价格的结果,那么它必然是由消费者支付的。这种见解是错误的。因为在这里由于**不等价交换,虽然可以使国民财富重新分配,但绝不能使它**

① 亚当·斯密:《国民财富的性质和原因的研究》(上卷),郭大力、王亚南译,商务印书馆1972年版,第171页。

② 同上书,第173页。

增加。

第四，地租是自然力生产的。在斯密看来，农业与工业不同，不仅工人在劳动，而且还有牲畜和自然力在劳动。不仅工人的劳动能生产价值，牲畜和自然力也能生产价值。他说："劳役工人，固然是生产劳动者，他的代劳牲畜也是生产劳动者。在农业上，自然与人同劳动，自然的劳动，虽然无需代价；它的生产物，却和最昂贵的工人的生产物一样，有它的价值。……地主既然把这种自然力借给农业家用了，农业家就把这种生产物，作为地主的报酬。"①所以他说，地租可以说是自然力的产物。

这第四种地租理论，是和前面的三种地租理论不同的。它是不正确的。(1)牲畜和自然力不仅在农业中"劳动"，而且在有些工业部门也"劳动"。例如，在磨坊里使用牲畜磨制米和面，在化学、制革和酿酒工业部门也有自然力"劳动"。因此，斯密认为只有农业中才有牲畜和自然力"劳动"，并不完全符合事实。(2)更重要的是，自然力的"劳动"只会影响使用价值量的生产，而与农产品的价值却是无关的。他在这里把使用价值和价值混同了。

斯密没有专门研究级差地租问题。但是，他已知道级差地租是由耕地的丰度不同和距离城市的远近这两个因素引起的。他说："不问土地的生产物如何，其地租不仅常随土地丰度而变动，并且不问丰度如何，其地租又常随土地位置而变动。在都会附近的土地，比较偏远地带同丰度的土地，能提供更多的地租。"②

---

① 亚当·斯密：《国民财富的性质和原因的研究》(上卷)，郭大力、王亚南译，商务印书馆1972年版，第407页。

② 同上书，第175页。

第八章 “斯密教条”批判

亚当·斯密有这样一种理论:商品(斯密的论述实质上是资本主义的商品)的价值全部分解为收入,即分解为工资和剩余价值;个别商品是这样,社会总产品也是这样。这一理论的错误是很明显的。因为它否认商品价值中有生产资料的价值。可是,几乎所有的资产阶级经济学家,都将这种理论视为金科玉律,所以,其后来就被称为“亚当·斯密教条”。这个教条使政治经济学的研究遭受了很大的损害。因为它使人们不可能理解资本主义再生产中的基本问题。本章的目的,是分析这个教条的错误和发生这种错误的原因。

第一节 价值全部分解为收入,否认不变资本的存在

这个教条是怎样形成的呢?

斯密的价值理论虽然以劳动价值论为主,但是却十分混杂,包含了非常庸俗的成分。他认为,资本产生和土地私有权建立以前,商品的价值取决于生产商品所投下的劳动量,这价值全部,或者说这生产物全部就归生产者,成为他们的“工资”①;资本产生和土地私有权建立以后,劳动者加在原料上的价值,就要分为两部分,一部分是工资,另一部分是利润,有时还要分出一部分为地租(因而这利润和地租就是马克思所说的剩余价值)。这一切都是十分正确的。但是,斯密的资产阶级立场,使他错误地认为工人出卖的不是

① 这种说法是错误的。首先,这种生产者不可能有“工资”。其次,如果把“工资”理解为收入,那么,这收入也不可能是价值全部,而只能是新创造的价值。斯密不可能有这种认识。

劳动力而是劳动，因而工资就不是劳动力价格的转化形态，而是全部劳动形成的价值。工资既然是全部劳动形成的价值，利润就化为乌有了。为了说明利润的来源，斯密只好认为利润是在交换中产生的。地租的来源也是这样。所以，资本主义商品的价值就不再由生产商品所投下的劳动量决定，而由交换商品所支配的劳动量决定。这劳动量包括了工资、利润和地租。

认为商品的价值是由工资、利润和地租决定或构成的，这是价值理论上一种错误的生产费用论。在这一错误的基础上，斯密又反过来认为商品的价值全部最终分解为工资、利润和地租，或者说分解为工资和剩余价值。他说："……商品价格归根到底都分解为那三个部分或其中之一。……试以谷物价格为例。其中，一部分付给地主的地租，一部分付给生产上所雇用的劳动者的工资……第三部分付给农业家的利润。"①这就是说，商品的价值全部最终分解为各种收入，而不是分解为生产资料的价值，即不是分解为不变资本。

在商品的价值中，斯密怎么能够将明明白白的生产资料的价值化为乌有呢？斯密似乎预料到人们对他的驳斥，所以辩论说："也许有人认为，农业家的资本补充，即耕畜或他种农具消耗的补充，应作为第四个组成部分。但农业上一切用具的价格，本身就由上述那三个部分组成。"②这就是说，斯密虽然承认商品的价值含有生产资料的价值，但他认为生产资料的价值本身也全部分解为各种收入，因而，商品的价值全部最终还是分解为各种收入。

个别商品的价值是这样，社会总产品的价值也是这样。斯密说："……构成一国全部劳动年产物的一切商品价格，必然由那三个部分构成，而且作为劳动工资、土地地租或资本利润，在国内不同居民间分配。"③斯密虽然认为劳动年产物④的价值全部分解为收入，但是却反对这种看法的逻辑结论：假设没有积累，劳动年产物可以全部进入个人消费。

就这样，斯密便形成他的理论：商品价值全部分解为收入。

这种理论长期地支配了以后的资产阶级经济学家。在著名的资产阶级

① 亚当·斯密：《国民财富的性质和原因的研究》(上卷)，郭大力、王亚南译，商务印书馆1972年版，第45页。

② 同上。

③ 同上。

④ 所谓劳动年产物是相对于年劳动产物而言的，后者是当年劳动新生产的，前者除包括后者外，还包括生产资料的耗费部分。

经济学家中，连李嘉图这样一位优秀的大科学家，都是这一理论的信奉者，其他的就不必说了。

李嘉图在资产阶级思想界限内接受和批评斯密的经济理论。表面看来似乎很奇怪，李嘉图一方面严正指责斯密的价值由交换商品所支配的劳动决定的错误原理，反对斯密的收入构成价值的错误主张，明确指出价值是由生产商品所必要的劳动决定的，这劳动除了直接投在商品上的活劳动外，还包括了投在工具、建筑物①上的劳动；但另一方面又完全同意斯密的社会总产物的价值全部分解为各种收入的理论。李嘉图明白地说：“一个国家的全部土地和劳动产品都要分为三部分。”②这就是：工资、利润和地租。李嘉图是以逻辑严密著称于世的，他注重逻辑胜于注重事实，因此，他就把斯密的这种理论从逻辑上发展到顶点：社会总产物不仅在价值上全部分解为收入，而且在实物上也全部进入个人消费。他说：“必须了解，一国的产品全部都是要被消费的。”③

在资产阶级思想界限内不可能彻底揭露斯密信条的错误。首先彻底揭露它的错误的是马克思。

第二节 对不变资本价值的分析：是逃遁

这个信条的错误在哪里呢？

我们先谈个别商品的价值全部最终分解为各种收入的错误。

首先，我们不能孤立地看待斯密的教条，因为它是他的价值理论的一个构成部分。前面说过，斯密的价值全部最终分解为各种收入的理论，是从他的价值由交换商品所支配的劳动决定的理论推演下来的。但分析一下就知道，这两个场合下的价值在量上是不相等的。当他说价值由交换商品所支配的劳动决定时，这劳动量或价值量就等于 v 和 m；但当他说价值全部最终

① 陈其人：《大卫·李嘉图》，商务印书馆 1985 年版，第 31—32 页。

② 大卫·李嘉图：《政治经济学及赋税原理》，郭大力、王亚南译，商务印书馆 1962 年版，第 297 页。

③ 同上书，第 297 页*注。

分解为各种收入时,这价值量除了包括前一场合下的 v 和 m 外,还包括了最终才分解为 v 和 m 的 c。所以,两者的差别是 c。这种矛盾怎样才能消除,斯密没有也不能有所说明。

其次,斯密认为个别商品的价值,除了直接分解为 v 和 m 外,事实上还直接分解为 c(因为 c 的存在是这样的明显,他不能直接加以否认),不过由于 c 最终也分解为 v 和 m,所以,个别商品的价值就全部最终分解为 v 和 m。c 怎样最终分解为 v 和 m,斯密没有清楚地告诉我们。他的说明事实上是逃遁。对谷物的价格进行最终的分解时,他尽可能把我们从谷物生产部门带到农具生产部门,从农具生产部门带到铁和木材生产部门,再从铁和木材生产部门带到伐木工具和冶金工具生产部门……带来带去问题还是不能最终解决。除非斯密能够证明,生产谷物(其他商品也一样)最终所用的生产资料,是未经人们劳动而存在的自然物,谷物价值中 c 的部分才最终分解为 v 和 m;否则,c 不仅分解为 v 和 m,而且还要不断地分解为越来越小的 c。如果斯密真的对所有商品价值的分解作这样的分析,他就必然要一层一层地追溯到商品生产以前,甚至追溯到人类开始生产产品的时候。因为只有这时候,人们生产上的生产资料才是未经人们劳动而存在的自然物。但是,这种分析是毫无意义的,因为这是在没有商品生产的地方谈论商品价值的分解了。

即使我们后退一步,承认上述的分析是可以成立的,也是毫无意义的。因为这种分析,是把商品价值的分解理解为商品价值在过去无数次生产过程中的分解,而不是在再生产过程中的分解。商品价值在再生产过程时不仅分解为 v 和 m,而且必须分解为 c,否则再生产就无法进行。只有从再生产的角度来分析商品价值的分解才是有意义的。因为这是为了了解再生产的基本问题所必需的。像斯密那样,从过去无数次生产过程的角度来证明商品的价值全部最终分解为 v 和 m,这只是理论游戏而已。因为这对理解实际问题是毫无帮助的。如果把这种分析和从再生产角度进行的分析混同起来,并由此分析再生产问题,那是注定要跌跤的。斯密本人和以后的某些资产阶级经济学家就犯了这种错误。

所以,认为个别商品的价值全部最终分解为各种收入的主张是不能成立的;即使能够成立,也是毫无意义的。

有人认为,在任何条件下,个别商品的价值全部不可能最终都分解为收入。因为商品总有由生产资料构成的部分。这种看法是不正确的。因为它把生产资料的物质因素和生产资料的价值相混同了。商品体当然是由生产资料构成的,但是生产资料如果没有经过人们的劳动加工,就没有价值。换句话说,生产商品总要用生产资料,但这生产资料如果没有经过人们的劳动加工就没有价值,这样,生产商品耗费的只是活劳动,因而商品的价值就全部分解为收入。

再谈社会总产品的价值全部分解为收入的错误。

问题和个别商品价值的分解一样。从再生产的角度看,生产总产品既然耗费了生产资料或耗费了 c,在总产品的价值中当然就有一部分分解为生产资料的价值或分解为 c,再生产才能进行。只有从无数次过去的生产过程的角度看,总产品价值中的生产资料价值或 c 才最终分解为收入或 v 和 m;但这种分析也是理论游戏,不能解决任何问题。

不过,我们还要把问题深入地分析一下。因为从个别资本的角度和从社会资本的角度来分析商品价值的分解,结果是不同的。

从个别资本看,商品价值一般是分解为 c、v 和 m 的。但从社会资本看,有些商品的价值全部等于社会上的 c,另一些商品的价值则全部等于社会上的 v 和 m。

大家知道,社会生产分为两大部类。在资本主义条件下,消费资料的价值构成是 c、v 和 m。v 和 m 分别是工人和剥削者的收入,其用途是个人消费(假设没有积累),而这种产品的自然形态就是用于个人消费的;c 是资本,其用途是代置生产上消耗掉的生产资料,这就必须和第一部类相交换。生产资料的价值构成也是 c、v 和 m。同样道理,c 是资本,其用途是代置生产上消耗掉的生产资料,而这种产品的自然形态就是用于生产消费的;v 和 m 分别是工人和剥削者的收入,其用途是个人消费(假设没有积累),这就必须和第二部类相交换。这两大部类之间的交换,即 Ⅱc=Ⅰ(v+m),是资本和收入相交换。某些资产阶级经济学家认为对资本和收入很难进行划分,因为对一个人是资本,对另一个人则是收入——这种错误看法的产生,就是由于混同了个别资本和社会资本。我们看得很清楚,从社会资本的角度看,生产资料的价值全部等于社会资本,或者说,经过交换后,全部成为资本;消费资料的价值全部等于社会收入,或者说,经过交换后,全部成为收入。但从个别资本的角度看，生产资料的价值和消费资料同样，一部分是资本，另一部分则是收入。

在这里要谈一谈劳动力的价格是资本还是收入的问题。由于商品劳动力有两重机能：在劳动者手里是商品，在资本家手里是生产资本的一个因素，所以劳动力的价格也有两重性：在劳动者手里是收入（工资），在资本家手里是资本的一部分（可变资本）。但从再生产的角度看，劳动力的价格总是收入。

所以，如果斯密说的是消费资料的价值全部等于收入，那么，从社会资本的角度看，这是对的；但是他不是这样说的。他说的是包括了消费资料和生产资料的社会总产品的价值全部分解为收入，这就错了。

正因为这样，所以，我认为马克思这段话的用意是颇难领会的："这里包括一个正确的观点：事物在社会资本即单个资本的总和的运动中的表现，和它从每个个别考察的资本来看的表现，也就是从每一单个资本家角度来看时的表现，是不同的。对每一单个资本家来说，商品价值分解为：(1)不变资本要素（斯密所说的第四要素）；(2)工资和剩余价值之和，或工资、利润和地租之和。而从社会资本的观点来看，斯密的第四要素即不变资本价值，就消失了。"①这段话中的"从社会资本的观点来看"，如果理解为从过去无数次生产过程看，那么，如上所述，不变资本价值确实是消灭了，但这是毫无实际意义的，马克思的用意大概不是这样。② 可是，如果不这样理解，不变资本的价值又不会消灭。因为这里谈的不单是消费资料价值的分解，而且是社会总产品价值的分解。

但是，我们不能认为，斯密对上述问题是毫无认识的。他知道社会生产是分为两大部类的；他也大体上知道，从个别资本的角度和从社会资本的角度来看的资本和收入是不同的。

斯密首先指出："一个大国全体居民的总收入，包含他们土地和劳动的全部年产物。在总收入中减去维持固定资本和流动资本的费用，其余留供居民自由使用的便是纯收入。换言之，所谓纯收入，乃是以不侵蚀资本为条

---

① 马克思：《资本论》（第二卷），人民出版社2004年版，第427页。

② 卢森贝：《政治经济学史》（第一卷），李侠公译，生活·读书·新知三联书店1959年版，第336页。

件,留供居民享用的资财。这种资财,或供目前的消费,或用来购置生活必需品、便利品、娱乐品等等。”①在这里,斯密把社会总产品称为总收入,因而收入是包括了资本(斯密所说的固定资本和流动资本)在内的;在总收入中减除了资本后,就是纯收入。

斯密再指出:“补充固定资本的费用,决不能算在社会纯收入之内。有用的机器,必待修补而后能用;营业上的工具,必待修补而后能工作……这种修理所必要的材料,以及把这种材料制成为成品所需要的劳动产品,也都不能算作社会上的纯收入。固然,这种劳动的价格,也许会成为社会纯收入的一部分,因为从事此种劳动的工人,把工资的全部价值作为目前消费的资财。”②在这里,斯密实际上是说:从社会资本的角度看,生产资料的价值不是收入(他称为纯收入);但从个别资本的角度看,生产资料价值的一部分——工资(他称为劳动价格)是收入,但他应该加上一句:工资是这样,利润和地租也是这样。

斯密最后指出:“但就别种劳动来说,那就不仅劳动的价格归入这种资财,而且劳动的产品,也归入这种资财;劳动的价格归入工人留供目前的消费,劳动的产品则成为别人留供目前消费的资财。”③在这里,斯密实际上是说:从社会资本的角度看,消费资料的价值是收入;从个别资本的角度看,消费资料价值的一部分——工资也是收入,同样的,他应加上一句:工资是这样,利润和地租也是这样。

从上述的分析可以看出,无论分析个别商品的价值,还是分析社会总产品的价值,斯密事实上是看到生产资料的价值或不变资本的。不过,在前一场合,他用生产资料的价值最终也分解为收入的办法,将生产资料的价值从商品的价值中驱逐掉;在后一场合,他则偷偷摸摸地承认生产资料价值的存在,但又改头换面地把它包括在总收入中,以区别于不包括资本价值的纯收入,用玩弄收入概念的办法来蒙混过去。

但是,我们已经抓住了斯密的矛盾和错误。第一,如果在个别商品的价

① 亚当·斯密:《国民财富的性质和原因的研究》(上卷),郭大力、王亚南译,商务印书馆1972年版,第262页。

② 同上书,第262页。

③ 同上书,第262—263页。

值中,没有生产资料的价值,那么,在社会总产品价值中,怎样可能有生产资料的价值呢?第二,把生产资料的价值,把资本的价值包括在总收入中,这是与收入的概念相抵触的。因为收入就是收入,而不是垫支以后的回归,它的用途是个人消费(假设没有积累),而生产资料的价值则是垫支后的回归,它的用途是生产消费。斯密玩了个把戏,将垫支以后的回归这种“收入”,混同于真正的收入。他以为这样人们就会相信,社会总产品价值全部真的分解为收入,他便可蒙混过去。第三,从前,分析个别商品的价值全部最终分解为收入时,他逻辑地认为社会总产品价值也全部分解为收入,现在,分析社会总产品的价值分解时,他又认为有一部分不分解为收入(斯密的所谓纯收入),而分解为资本(斯密把它和纯收入合起来称为总收入);他既然认为社会总产品的价值全部分解为收入,就应该承认社会总产品全部可以用于个人消费,可是他又认为社会总产品的一部分不是用于个人消费的。这里包含着多少矛盾和错误啊!

第三节　原因是不了解生产商品的劳动具有二重性

这些错误的根源在哪里呢?

以上的分析集中地表明:斯密被一个困难的理论问题所折磨,他不但不能解决它,反而被它绊倒了。在个别商品的价值和社会总产品的价值中,他是看到生产资料的价值的,涉及再生产问题时尤其如此。但是,他苦于不能以他的劳动价值理论说明生产资料的价值是怎样存在于个别商品中的,于是,就只好用种种办法把它驱逐掉,并且逻辑地把它从社会总产品的价值中驱逐掉。但遇到问题时则又偷偷摸摸地用玩弄收入概念的办法,把它拉回来,以致弄得前后矛盾。

所以,现在的问题变成这样:斯密为什么不能以他的劳动价值理论来说明生产资料的价值是怎样存在于个别商品价值中的?

大家知道,商品生产者生产商品的一次劳动,其所以既能够创造新价值,又能转移生产资料的旧价值,是因为这种劳动具有两重性:抽象劳动创造新价值,具体劳动在创造使用价值的同时又转移生产资料的旧价值。所以，理解体现在商品中的劳动的两重性，是理解商品价值中既有活劳动创造的新价值，又有生产资料转移的旧价值的关键；而理解体现在商品中的劳动的两重性，则以理解商品生产，从而理解生产商品的劳动的历史性为前提。斯密既然是资产阶级的经济学家，在资产阶级视野的界限内，就必然把资本主义生产，从而把商品生产看成生产的自然形态；把产品看成商品，从而把生产商品的劳动看成生产产品的劳动。尽管斯密是劳动价值理论的最早的有系统的倡导者，但他根本没有劳动创造价值的思想，他认为劳动自然而然地、永远地都是价值。这样，缺乏应有的历史观点，他就当然不能理解体现在商品中的劳动的两重性，从而就没有办法说明生产商品的一次劳动，怎样既能形成新价值，又能转移旧价值。而劳动者除了进行一次劳动，并由此形成新价值以外，的确没有另外进行一次劳动来转移生产资料的旧价值。由于生产资料价值在商品中的存在，和不完全科学的劳动价值理论发生矛盾，斯密就只好把生产资料的价值驱逐掉，不能直接驱逐时，就拐弯抹角地说生产资料的价值最终也分解为收入，并且断然主张价值全部分解为收入。正因为斯密事实上已被困难绊倒，但又不明白自己在这一点上的失败，而用模糊事实的办法来蒙混过去，所以他才一方面主张价值全部分解为收入，另一方面又认为生产物不能全部进入个人消费。

李嘉图不但不能解决斯密的困难，而且还不理解困难所在。正因为这样，他才若无其事地一方面强调商品的价值包含有投在工具和建筑物上的劳动，另一方面又完全接受了斯密的价值全部分解为收入的主张，并且不了解斯密的苦衷，而把这主张发展到与斯密原意相违的地步：生产物全部进入个人消费。

第四节 庸俗经济学家都信奉它

后来的庸俗经济学家，从萨伊到凯恩斯，都重复了这个错误的理论，并利用它为资产阶级进行辩护。

1789 年法国资产阶级革命后，法国工人首先觉悟，他们的战斗精神使法国资产阶级最先对工人开始警惕，政治经济学也首先在法国庸俗化。庸俗经济学始祖萨伊的阶级使命，就是麻醉法国工人，他利用了“斯密教条”来为资产阶级辩护。

“斯密教条”是从不彻底的劳动价值论通到生产三要素论的暗桥。当斯密说劳动创造的价值分解为三种收入、价值是收入的源泉时，他还是一个不彻底的劳动价值论者；可是一反掌之间，他又认为价值是由三种收入构成的，收入是价值的源泉。① 这时，他就不自觉地成为生产费用论者和生产三要素论者了。认为收入构成价值，这是明明白白的生产费用论；认为收入是价值的源泉，就必然认为收入另有源泉，是由生产要素创造的，这是生产三要素论。

萨伊正是这样为剥削阶级辩护的。他利用了重农学派的错误，将价值定义为财富，等同于使用价值，然后又发展了斯密的错误，认为在财富即效用的生产上，劳动、资本、土地共同发生作用，这些生产要素所创造的价值，分别成为它们的所有者的收入：劳动—工资，资本—利息，土地—地租。这个三位一体的公式，是三者在生产上“通力合作”、在分配上“公平合理”的反映。资本家、地主对劳动者的剥削就这样被抹杀了。直到现在，庸俗经济学家还花样翻新地重弹生产三要素的老调。

萨伊的根本错误在于将价值等同于使用价值，并以此为遮掩，大变其资本、土地“创造”价值的戏法。这是将使用价值的生产错误地说成是价值的生产。在这基础上，他又错误地认为价值全部分解为生产要素所创造的收入，不分解为生产资料的价值。这样我们就要问：资本家账簿上写得清清楚楚的折旧费用，以及工资以外的流动资本，是哪一种生产要素创造的？生产三要素论无论怎样都不能解决商品价值中生产资料价值的源泉问题。

产业革命后，英国资本主义迅速发展，李嘉图代表资产阶级反对维护封建地主的种种法律，斥责地主为社会的寄生者；马尔萨斯则利用了“斯密教条”，力言地主阶级的贡献最大。

“斯密教条”有个通俗的表现形态：商品价值最终是消费者支付的。② 这条既然主张价值全部分解为收入，而收入是用于消费的，那么价值最终就由

---

① 亚当·斯密：《国民财富的性质和原因的研究》（上卷），郭大力、王亚南译，商务印书馆1972年版，第46—47页。

② 马克思：《资本论》（第三卷），人民出版社2004年版，第953页。

消费者支付。在我们看来，消费资料的价值是消费者支付的，生产资料的价值是生产者支付的。

马尔萨斯错误地认为利润是卖价高于买价的结果，是在流通中产生的。那么，谁是利润的支付者呢？他认为不可能是资本家，因为他们既有生产，就有出卖，就不可能相互欺骗以赚钱；也不可能是工人，因为工人的工资仅为商品价格的一部分，不足以购买全部商品；只可能是只消费不生产的地主、僧侣和官吏……因为只有他们才是只买不卖的，并有足够的货币不断地支付资本家以利润。结论是地主的贡献最大。

马尔萨斯的根本错误在于认为价值，从而利润是在流通中产生的，然后又错误地认为寄生者可以生出货币以实现资本家的利润。我们且不问寄生者的货币到底是从哪里来的，也不问资本家将剩余价值分一部分给寄生者，然后又用高价出卖商品的办法将它骗回来，这对实现利润到底有何作用；就我们的问题而言，我们只要问，寄生者不屑使用的生产资料中所包含的利润是如何实现的，这就够了。

19 世纪 30 年代，英国工厂主的实际利益是反对工人要求每天工作 10 小时的运动。在这以前的庸俗经济学家的种种论调，其中包括了西尼尔的“节欲论”（利润是对资本家实行节欲的报酬），对工厂主的账房价值不大。因此，工厂主就对这位经济学教授面授经济学；教授学成回来就利用斯密的错误，制造出一套迎合工厂主需要的理论。

前面说过，斯密混同了商品全部的价值和新创造的价值，把一年中生产的产品，或其价值（包括生产资料的价值），认为完全是该年的劳动创造出来的。①

西尼尔利用了这一说法。他假定每天劳动时间为 11.5 小时，固定资本 8 万镑，流动资本 2 万镑，年生产总额 11.5 万镑，即总利润 1.5 万镑；他将这 11.5 万镑分为 23 份，每份 5 000 镑，又将 11.5 小时分为 23 份，每份 0.5 小时。由此他就证明这 1.5 万镑总利润，是一年中每天最后的 3 个 0.5 小时创造出来的，如果劳动时间从 11.5 小时减为 10 小时，总利润就消失了。②

为了实际的利益，西尼尔已忘记了他的“节欲论”，而承认价值是劳动创

① 马克思：《资本论》（第二卷），人民出版社 2004 年版，第 418—419 页。

② 马克思：《资本论》（第一卷），人民出版社 2004 年版，第 251—252 页。

造的。可是,他故意利用斯密的错误,认为生产资料的价值是工人在一定劳动时间中创造出来的,并认为每天劳动时间尽管减少,可是耗费的生产资料的价值却不变。这样一来,每天劳动时间从 11.5 小时减为 10 小时,而工人却要耗费与从前同样多的时间去创造工资和生产资料的价值,这样,所减少的 1.5 小时就是创造利润的时间,于是,总利润就消失了。所以,劳动时间万万减少不得。

其实,工人不必另外耗费时间去创造生产资料的价值,劳动时间减少了,所耗费的生产资料的价值也相应减少,只要工人的劳动时间超过必要劳动时间,利润总是存在的。

巴斯夏是马克思的政治经济学产生之前的庸俗经济学的集大成者。他的社会任务是反对 1848 年革命以来的日益高涨的社会主义运动。他利用了斯密的错误,捏造出一套无产阶级收入日益增加的谬论。

斯密既然认为价值全部分解为收入,就必然认为虽然个别资本是由 c 和 v 构成的,但是社会资本却只由 v 构成。[①] 因为 c 最终是分解为 v 和 m 的。这样发展下去,就必然混同了利润率(m∶c+v)和剩余价值率(m∶v),将利润率的下降,说成是剩余价值率的下降。

巴斯夏利用了这一点为资产阶级服务。根据经验,资本主义利润率有下降的趋势。根据这一点,他认为随着生产的发展,劳动者在总产品分配中所占的份额是增加的:

	产品总额	资本份额	劳动份额
第一期	1 000	500	500
第二期	2 000	800	1 200
第三期	3 000	1 050	1 950
第四期	4 000	1 200	2 300

巴斯夏显然错误地认为产品总额(全部价值)都分解为收入。这样,为了符合利润率下降的外观,他就认为,在总产品中利润占的份额是减少的,工资占的份额是增加的,利润率的下降在他手中已变成剩余价值率的下降了。这样,工资不断增加的把戏就变成功了。

① 马克思:《资本论》(第一卷),人民出版社 2004 年版,第 647 页。

我们看得很清楚，随着资本主义生产的发展，劳动生产率提高了，剩余价值率提高了，无产阶级在总收入中所占的份额就越来越少，更加贫困了。这现象之所以表现为利润率有下降的趋势，是因为劳动生产率的提高要求不变资本增加得很快，因而以总资本计算的利润就有下降的趋势。但这绝不是资本在总收入中所占的份额在减少，恰恰相反，资本占的份额是在增加。

19 世纪中叶，马克思主义政治经济学产生了。对于资产阶级来说，这是他们最可怕的敌人。最初，资产阶级用沉默来抵制它，70 年代又利用奥地利学派来抗击它。

奥地利学派头子庞巴维克疯狂地攻击马克思，用归属论来和马克思揭露的资产阶级剥削的理论对抗。归属论的基础是边际效用价值论，它错误地认为价值取决于消费者对最不重要的商品的主观评价。在这一基础上，归属论一方面改头换面地利用萨伊的生产三要素论，胡诌什么利润是组织才能创造的，地租是土地创造的；另一方面又想避开萨伊遇到的困难——无法说明生产资料价值的创造，因而认为资本创造的价值不是利息，而是生产资料的价值。这样，庞巴维克就只好另起炉灶，认为利息是现在财富的价值大于未来财富的价值的差额。很明显，这种利息论不但是错误的，而且与边际效用论没有联系，使分配论脱离生产论，弄得非驴非马，漏洞百出。

现代庸俗经济学美国学派鼻祖约翰·克拉克继承了庞巴维克的衣钵。他认为随着生产的进行，产品的边际效用递减，劳动的非效用（痛苦）渐增，这两者的交叉点决定价值。在生产中，劳动、资本、管理共同发生作用，因而总收益就分为三部分：劳动生产的是工资，由劳动边际生产率决定；资本生产的是利息（包括地租），由资本边际生产率决定；管理生产的是利润。他用这一套财富分配理论为剥削阶级服务。

我们不必再说生产三要素论、主观边际效用论和形而上学的边际生产率论是错误的，只要指出这套分配论是不能自圆其说的就够了。克拉克将管理“创造”的价值称为利润，将资本“创造”的价值称为利息，自以为解决了庞巴维克的困难。但是，他既然剽窃了萨伊的生产三要素论，认为价值全部分解为收入，就必然无法说明生产资料的价值是哪一种生产要素创造的。

和克拉克同时代的现代英国庸俗经济学鼻祖马歇尔，搜集了所有庸俗经济学家的烂兵器，制造出一套国民红利分配论，为资产阶级辩护。他认为价值是由相均衡的需要价格和供给价格决定的，需要价格是消费者愿意支付的价格，由商品的边际效用决定，供给价格是生产商品必需支付的费用，由生产要素的价格构成。他认为生产商品的要素有四：劳动、土地、资本、组织，因而全部商品的价格——国民红利也就分为四份：工资、地租、利息、利润。剥削收入被说成和劳动收入一样，都是生产要素创造的。

不必过多地叙述马歇尔的荒谬的工资论和利息论，就已经可以看出：他的"高见"和克拉克的论调实质相同，在他手中，生产三要素变成四要素，价值分为三种收入变成价格分为四种收入，他的新瓶里装的正是萨伊的旧酒。

资本主义进入垄断阶段，尤其是进入总危机时期以后，国家垄断资本主义、军国主义产生并增长了，失业后备军成为失业常备军，食利者越来越多。如何为这些现象作辩护，并扬言消灭失业以欺骗人民，便成为现代庸俗经济学家的重要任务。适应这种新的需要，臭名昭著的庸俗经济学家凯恩斯利用了斯密的错误，胡诌出一套就业理论——倍数理论，为垄断资产阶级服务。

"斯密教条"导致了这样一个错误结论：资本化的剩余价值全部分解为可变资本，由工人所消费①，斯密在证明商品价值中所包含的生产资料价值最终也全部分解为收入时，他实际上指的是在过去一系列的生产过程中②，这种说法往往被理解为在未来的生产过程中。

凯恩斯就是这样利用了斯密的错误，制造出一套倍数理论的。他假设增加一笔投资，这笔投资用来购买生产资料，就成为生产消费资料企业工人和资本家的收入，并使这企业的工人就业增加；这些工人和资本家在增加的收入中消费一部分（储蓄一部分），这部分收入用来购买消费资料，就成为生产消费资料企业工人和资本家的收入，并使这企业的工人就业增加……这样推演下去，投资就不断引出收入，不断促进就业。他认为，收入和投资、就业和投资之间有一定的比例或倍数关系，这倍数取决于边际消费倾向（由一般公众的消费心理决定的在增加的收入中消费所占的份额）的大小：边际消费倾向如果等于1，即增加的收入全部用于消费，倍数就为无限大，只要增加

① 马克思：《资本论》（第一卷），人民出版社2004年版，第645—647页。

② 亚当·斯密：《国民财富的性质和原因的研究》（上卷），郭大力、王亚南译，商务印书馆1972年版，第45页。

一点投资，就会充分就业。这样，资产阶级越浪费，资产阶级国家只增加一点投资就越能增加就业，甚至充分就业；这些投资如果不能用来发展正当的生产事业，那么用来发展军火生产、扩军备战，甚至雇用工人不断挖窟窿然后又填平之，都能增加就业，甚至达到充分就业。

这一“理论”错误很多，我们这里需要指出的是：首先，他有时错误地认为购买生产资料的投资全部分解为收入，有时错误地认为全部投资直接分解为可变资本，总之，错误地认为投资全部用来增加就业。其实，所谓投资就是剩余价值的资本化，它要分解为不变资本和可变资本，决定就业的只是可变资本。其次，在上述基础上，他又错误地认为在未来的生产过程中，收入会不断地产生收入，就业会不断地增加就业。其实，一笔投资所直接增加的就业和创造的收入，是由它所分解的可变资本及其雇用的工人所生产的价值决定的；在这里，就业不可能再引起就业，收入不可能再产生收入。至于一笔投资直接间接地所实现的过去生产过程的价值，从而使可能的收入变成现实的收入，所维持的过去生产过程中的就业，那是由这笔投资在社会资本循环中所居的地位决定的。但这不是产生收入和增加就业，而是实现收入和维持就业。

凯恩斯可能说，增加一笔投资，就能不断地进行生产，这样在未来的生产过程中，不是可以不断增加收入，扩大就业吗？是的，如果各生产部门都按比例地进行积累，扩大再生产，那么，一切都很理想。但如果只有一个生产企业进行积累，那么，再生产是不可能不断地进行的。再生产的进行尚且有问题，哪里还能增加收入和扩大就业呢？现在的问题恰恰是：什么原因使资本主义社会再生产不能顺利地进行，以致要国家增加投资来刺激？这一原因是凯恩斯之流不敢说出来的。凯恩斯还可能说，在失业严重时，增加小量的投资就能维持大量的就业，这也是很好的呀！是的，很好，但这只是问题的一方面，问题的另一方面是：按照凯恩斯的建议，这个投资是用增发通货的办法刮来的，它削减了广大劳动人民的消费。于是，消费品销售困难，一个资本循环中断引起许多资本循环中断，失业因而增加。

以上我们考察了各个时期主要庸俗经济学家为剥削阶级辩护的主要“理论”，这些“理论”都是这样或那样地利用了“斯密教条”的。所以，深入地批判“斯密教条”，对于深入地批判庸俗经济学家的某些谬论是很有帮助的。

第九章　何谓农民纯收入

——兼论“斯密教条”

第一节　表现及错误

所谓“斯密教条”就是亚当·斯密这样的理论：商品价值中属于旧价值的转移部分即 c，因最终会全部分解为收入即 v＋m 而不复存在。其错误的原因是他不了解生产商品的劳动具有二重性，作为抽象劳动创造价值，作为具体劳动在生产使用价值时，将耗费掉的生产资料的价值转移到商品体上；无法说明商品生产者的一次劳动怎能既创造新的价值，又转移旧的价值，因此，就用 c 的价值最终分解为 v＋m 的办法否认其存在。这样，他就认为 c＋v＋m 最终＝v＋m，即国民生产总值＝国民收入或总收入。这就是经济学说史上著名的斯密教条。

我们要说明斯密为什么把国民生产总值说成总收入，以及总收入和纯收入关系的问题。他认为由于 c＋v＋m＝v＋m，所以，第一，Ⅰ(c＋v＋m)＋Ⅱ(c＋v＋m)即国民生产总值＝Ⅰ(v＋m)＋Ⅱ(v＋m)即总收入或国民收入；第二，在总收入 m(其实是国民生产总值)中，减去固定资本和流动资本，这两者不论斯密作何解释，其和就必然等于不变资本和可变资本之和，扣除这两者，余下的就是纯收入，即Ⅰ(c＋v＋m)＋Ⅱ(c＋v＋m)－Ⅰ(c＋v)－Ⅱ(c＋v)＝Ⅰm＋Ⅱm，这就是纯收入。这纯收入就是重农学派的魁奈认为只有农业中才存在的纯产品或纯收入(它转化为地租)，再加上斯密认为工业中也存在这种收入。将国民生产总值说成是总收入，暴露出斯密思想中的矛盾：他明明看到全部产品价值中是有 c 存在的，但苦于不能以生产者的劳动说明它是怎样转移到商品上去的，因此，就否认其存在，这样，就不能使用国民总产值的概念了，因为这概念是包括 c 的，只好使用总收入的概念来代替它。也是由于这个原因，在简单再生产条件下，总收入或国民收入Ⅰ(v+m)+Ⅱ(v+m)，应该是全部用于个人消费的，但斯密由于看到他所说的总收入中是有 c 存在的，而 c 的物质形态是不能进入个人消费的，因此，又矛盾地认为总收入不能全部用于个人消费。

对于斯密的混淆，马克思明确地指出：为了避免不必要的困难，必须把总收益(gross output)和纯收益(net output)同总收入(gross income)与纯收入(net income)区别开来。总收益或总产品是再生产出来的全部产品。如果考察社会总资本的产品，那么，总收益就等于 c+v+m；总收入则等于 v+m，也就是纯收益；纯收入等于 m。“如果考察整个社会的收入，那么国民收入(national income)是工资加上利润加上地租，也就是总收入。”①

但是，我国中央编译局编译的《资本论》(第三卷)，编辑者所加的“名目索引”却这样写着：“纯收入(国民收入)”(见第 1125 页)，这里显然是将社会纯收入(m)等同于国民收入(v+m)了。这与上述马克思的定义不同，是斯密教条的产物。当然，有些经济学家是将国民收入说成是纯产品(收入)的，例如原籍意大利的英国经济学家斯拉法就是这样。但是，他不是马克思主义经济学家。

第二节　对生产过剩的经济危机理论的影响

资本主义经济危机可以分为两种：局部的危机和普遍的生产过剩的危机。前者由生产部门比例失调引起；后者由生产扩大和消费相对落后之间的矛盾引起，并且周期发生。这里只研究后者。它的发展可以分为三个阶段：(1)在接受斯密教条的基础上争论，双方都是错误的；(2)马克思批评了斯密教条，提出其危机理论；(3)卢森堡在批评斯密教条的基础上反对马克思的危机理论。这里我们只研究第一阶段的争论。第一阶段的争论发生在 19 世纪 20 年代，其时资本主义周期性的世界经济危机尚未发生。这不能不

① 《马克思恩格斯文集》(第七卷)，人民出版社 2009 年版，第 952 页。

对争论造成限制。但是,双方所根据的理论都是斯密教条,这样,不管当时经济状况如何,就决定了他们对危机的否定或肯定。在接受斯密教条的共同前提下,萨伊、穆勒和李嘉图为一方,否定危机的可能;西斯蒙第和马尔萨斯为另一方,肯定危机的可能。现述评其争论情况。

在这个问题上,李嘉图对其前人即萨伊的"销路说"和穆勒的"供需均衡说"是完全同意的,因为它们和李嘉图的"生产消费均等说"是相同的。"销路说"指的是:产品会带来自己的交换对象,即自己开拓销路;"供需均衡说"指的是:抽掉货币的作用,买卖就是同一回事。在我们的研究中,其共同错误在于:由于接受斯密教条,否认 c 的存在,就看不到固定资本运动的特点:一次购买后,就在多次生产过程使用,就是说要经过多次生产过程才购买新的。例如锅炉:假设可以使用 10 年,亦即每年折旧 10%;这样从价值看,使用该锅炉的工厂就有 9 年供给大于需求,而到购买新锅炉的第 10 年,则是需求大于供给:就是说,从价值看,一个工厂的供需必然是不均衡的。一个社会要使供需的价值均衡,供给的锅炉均衡,就要符合这样的条件:假设全社会有 100 个工厂,每一个工厂使用一个锅炉,都是 10 年才需更新的,那么,平均每 10 年就要更新 10 个锅炉,而生产锅炉的工厂就要每年生产 10 个锅炉,只有这样,锅炉的生产和销售在价值上和在实物上才是均衡的。这在生产无政府的条件下,是多么困难呀!所以马克思说:供需不等最容易发生在固定资本上。明白了这一点,"销路说"的错误也就清楚了。从任何一个工厂看,只有等于锅炉折旧基金的那部分货币,在规定的时期才能用于购买新的锅炉;反之,从生产锅炉的工厂看,锅炉只能在规定的时期卖给那部分属于锅炉折旧的基金。这里确实是"专款专用"。不是凡有锅炉就能换其他商品,也不是凡有其他商品就能用来换锅炉。这不是一个锅炉问题。其实,固定资本真的是以千万计。上述理论的破产是必然的。

上面说到,斯密虽然将 c 的价值予以驱逐,但他还是感到,从使用价值看,c 是不能用于个人消费的,因此,就认为虽然生产物价值全部分解为 v+m,即全部为收入,但是反对收入全部可以进入个人消费。李嘉图不是这样。他从收入的概念出发,就逻辑地认为其可以全部进入个人消费(李嘉图以逻辑严密、首尾一贯著称于世),这样,生产就等于消费,只看到个人消费,看不到生产消费,看不到生产落后消费,于是,就否认生产过剩的危机。他对拿破仑战争结束后不久英国发生的危机，则是以贸易通途的突变，即比例失调来解释的。

西斯蒙第同样接受斯密教条，因此认为："年生产，或国家在一年中完成的全部工作的结果，同样由两部分构成：一部分……是财富所生产的利润；另一部分是劳动的能力，它等于它所交换的那部分财富或劳动阶级的生活材料。"他又说："国民收入和年生产是相等的，是等量。全部年生产在一年中消费掉，其中一部分由工人消费，他们以自己的劳动来交换，从而把劳动变成资本；并且再生产劳动；另一部分由资本家消费，他们以自己的收入来交换，从而把收入消耗掉。"①这就是将 c+v+m 说成是 v+m 了。由于这样，他又说："应该用去年的收入来支付今年的生产。"②其实，支付生产的不仅有收入，更重要的还有资本。但是，由于斯密教条的作祟，他就只好认为只是收入了。如果仅仅是这样，他就得同意李嘉图等人的看法，而认为危机是不可能的了。

但是，他不经说明就认为，今年的生产比去年大些，这样，去年的收入就不足支付今年的生产，从而一部分过剩发生。他说："假如这种损失轻微而又分担合适，每个人都会毫无怨言地承担这种损失……但是，假如新的生产和过去的生产很不协调，资本就会枯竭，灾难就会临头，国家就不会进步，而是后退。"③这就是危机。我们看得很清楚，他是秘密地输入资本积累，承认扩大再生产，认为收入并不完全进入个人消费。

李嘉图在他逝世那一年，亲自到日内瓦同西斯蒙第面对面讨论危机问题。大家撇开对外贸易的作用不谈。这次舌战，精彩纷呈。鉴于一般经济学说史教材对此精彩竟不予介绍，我特将卢森堡所整理的介绍如下：

"李嘉图在他的《政治经济学及赋税原理》里，完全接受了萨伊的陈腐的生产和消费协调的理论。在第 21 节中，他说：'萨伊已最令人满意地证明没有任何数量的资本在一个国家内会找不到被使用的场合，因为生产的唯一界限就是需求。人们如果不是为了消费或出售，就不会生产；如果不是为了

① 《马克思恩格斯文集》(第七卷)，人民出版社 2009 年版，第 952 页。

② 同上书，第 84 页。

③ 同上。

购买其他某种商品，也不会出售，而所购买的某种其他商品或者是直接对他有用的，或者对于将来生产能够起作用的。因此，生产者必然是自己的产品的消费者，或者是别人产品的购买者和消费者’。”①

卢森堡继续说：“在讨论之初，西斯蒙第和李嘉图双方同意了一个异常清晰和精确地表述问题的方法，他们把对外贸易问题完全撇开不谈。……但尽管如此，西斯蒙第并没有像后代评论家所归功于他的那样，认识到剩余价值的实现问题，即积累问题，依赖对外贸易，作为唯一的解救方法。相反地，西斯蒙第……明白地表示：‘为了使这些估计具有更多的确定性，并为了简化这些问题，我们迄今为止一直把对外贸易完全抽象掉，并假定一个孤立存在的国家；这个孤立的国家是人类本身。凡是适用于一个没有对外贸易的国家的，也同样适用于全人类。’”就是说，“他据以立论的前提，是与其后马克思所采用的前提相同的”。② 这里，我要说明的是：后代评论家加在西斯蒙第身上的对外贸易，同卢森堡所说的剩余价值赖以实现的“对外贸易”不是同一概念；前者就是一般说的超越国界的贸易；后者是卢森堡的重大贡献，它指的不是超越国界的，而是资本主义同非资本主义之间，大量是同小生产者之间的贸易。这个概念在卢森堡的资本积累理论中具有决定性的作用。下面将详细予以研究。

卢森堡继续指出：“在与西斯蒙第争辩中，李嘉图的论点是这样：‘假定100个农夫生产1 000袋小麦，100个毛呢工人生产1 000欧纳呢料，这里暂不考虑人类需要的其他一切产品，不考虑他们中间有任何中介人，只假定世界上仅有这么两部分人：他们用1 000欧纳呢料交换1 000袋小麦；假定由于生产不断发展，劳动生产力提高了10%，同样的人就要用1 100欧纳呢料交换1 100袋小麦，从而每个人穿得更好，吃得更饱了；如果再向前发展一步，就要用1 200欧纳呢料交换1 200袋小麦，这样发展下去，提高生产只能增加生产者的享受。’”③这个例子其实就是上述麦克库洛赫的例子的翻版。这就怪不得卢森堡评论说：“我们不得不遗憾地指出，伟大的李嘉图的推理水平，

① 马克思：《资本论》(第三卷)，人民出版社2004年版，第951页。

② 罗莎·卢森堡：《资本积累论》，彭尘舜、吴纪先译，生活·读书·新知三联书店1959年版，第153页。

③ 同上书，第155页。

似乎比那个苏格兰大骗子麦克库洛赫还要低些。我们又一次被邀请来参观'欧纳'和'袋'两者间的和谐而优雅的舞蹈会。"[①]卢森堡按照她自己的积累观点，接着指出："真正的问题，真正的争辩对象是：如果资本家生产的产品多于他们自己消费和工人消费所需要的，也就是如果他们把他们的剩余价值的一部分转化为资本，用来扩大生产，增加他们的资本，那么，谁是这些随之而来出现的剩余生产物的购买者和消费者呢？（应该就是资本主义扩大再生产本身——作者注）李嘉图的答复是对资本的增大问题完全不管。……这个例子中对于资本的扩大只字都没有提到。这里，我们见到的不是扩大再生产，而是简单再生产。"[②]西斯蒙第接过李嘉图的例子，指出："李嘉图假设的劳动技术的变化必然归结到下列两种中的任何一种的结果：其一是比例于劳动生产率的提高，若干数目工人必将被解雇——而从一方出现剩余的生产物，另一方发生失业和贫困的遭遇。或者，这些剩余生产物用来维持那些从事新的生产部门，即奢侈品生产的工人。"卢森堡对此评论说："这里西斯蒙第的见解无疑地超越了李嘉图：他突然想起了不变资本的存在，并激烈地对英国古典学派予以正面的攻击。"[③]西斯蒙第说："恢复平衡必须取决于奢侈品工人的迅速形成。"而"建立一座新的奢侈品工厂，还必须一笔新资本；必须制造机器，必须运来原料……"[④]，这些就是不变资本。我们记得：李嘉图论述资本积累时，曾断言它是全部分解为工资的，只是应为生产劳动者的工资，而不是不生产劳动者的工资。这是斯密教条的产物。现在，"西斯蒙第与古典派的一个迷信决裂了，这个迷信就是资本扩张时，所有追加资本都是用在工资即可变资本上的。西斯蒙第清楚地与李嘉图分道扬镳了。但是，尽管如此，在3年以后，他仍然让从这个学说所产生的全部错误混进他的《新原理》第2版中去"。[⑤]

---

① 卢森堡：《资本积累论》，彭尘舜、吴纪先译，生活·读书·新知三联书店1959年版，第154页。

② 同上书，第155页。

③ 同上书，第156页。

④ 同上。

⑤ 同上书，第156—157页。

第三节 "斯密教条"在中国的一些表现

写到这里,读《南方周末》2003 年 4 月 10 日 A11 版,其中的《收入分配差距是如何扩大的?》一文内有这么一段话:2002 年,我国 GDP(国内生产总值,即 c+v+m)首次超过 10 万亿元大关。其分配是:其中,城市居民全部可支配收入为 3.6 万亿元;农村全部居民的纯收入将近 2 万亿元:"这两块加在一起,为 5.6 万亿元,占全年 GDP 的 56%。除了这两块之外,是国家的财政收入和企业的利润。"我们知道,国家财政收入和企业的利润,不可能包括 c(折旧和原料、材料)。这样一来,c 就没有下落了。显然,文章作者是将 c+v+m 化为 v+m 了。这就是斯密教条的表现。

上面的刚写完,读《文汇报》2003 年 4 月 27 日第 2 版,有一篇《沪郊农民人均纯收入今年力争 6 650 元》,但其内容却是:"力争年人均可支配收入达到 6 650 元。"这样一来,纯收入同可支配收入竟然是同一的东西了。谁能懂呢?

我一直注意农民的收入问题。自从看到农民人均纯收入这一概念后,我凡遇到家在农村的人,总问什么是农民人均纯收入,总是得不到解释。2003 年,全国两会期间,我看到对同一数字有两种说法,真使我"一头雾水"。一个是政府工作报告中的:5 年间"农村居民家庭人均纯收入由 2 090 元增加到(2002 年)的 2 476 元";可是,《人民日报》记者邓建胜在《两个务必:小康路上新考验》一文中却说:2002 年农民人均收入"仅有 2 476 元",而且强调"包括粮食、秸秆等实物"。(《人民日报》2003 年 3 月 14 日华东新闻版)同样的(1 年)2 476 元,一个说是农民人均纯收入,另一个说是农民人均收入。我们确实无所适从。我个人倾向于认为这是农民人均收入(v+m),而不是农民人均纯收入(m)。因为农民假如除了必要的消费(衣、食、住和行的支出)外,平均一人一年还有 2 476 元人均纯收入,那么常识告诉我,对大量农民外出打工现象就很难理解了。

老实说,我这个经济系老毕业生,再不抱希望能在报纸上弄懂什么是我们通常说的"农村居民家庭人均纯收入"了。我知道:纯收入最初是重农学派诸子使用的概念：指的是农业生产中产出的农产品大于投入的农产品（农具、种子、肥料、口粮、衣物等，折算为农产品）的那部分差额；后来斯密将其搅浑了：将总收益或总产值（c＋v＋m）理解为总收入，将总收入（v＋m）理解为纯收入（m）；虽经马克思批评，并有所说明，即认为纯收入是产出的价值大于投入的价值的那部分差额；但是将这些概念混淆的仍然大有人在。记得邓小平提出我国要将人均收入从 200 美元翻两番，人民代表讨论这问题时，有的说本地区早已超过，有的则说还差得很远。我仔细看他们的发言，原来关于收入有的说是 c＋v＋m，有的说是 v＋m，各说各的。按照纯收入的理论，农村居民家庭人均纯收入就应为：一家农户靠农业劳动得到的总收益，大于其用于生产和生活（衣、食、住、行等）支出的差额；也就是将农民一家看成一个工厂，其总收益减去生产成本（c＋v）后的余额，才是农民家庭的纯收入。换言之，农民家庭的纯收入相当于工厂的利润。我在网上查过关于农民人均纯收入的定义："农民人均纯收入（农民人均所得）＝（农村经济总收入－总费用－国家税金－上交有关部门－企业各项基金村提留乡……）。"这我也看不懂，因为这里认为纯收入等于所得，而所得就是收入，是 income 的两种不同的中译。按照这个定义，农民人均纯收入和农民人均收入是一而二、二而一的东西。我想不可能有这样的经济范畴。此外，还有这样的问题：定义中的"总费用"是什么，单纯是生产费用呢，还是包括生活费用？如是前者，定义就是收入；若是后者，定义就是纯收入。希望统计学家为我解惑！

我只好叹气了：斯密 1776 年留下的错误，竟有如此大的影响！我 1956 年写过长文批评此教条，1957 年在一本书里，又详细地批这教条，看来丝毫不起作用。

第十章　复杂劳动形成的价值是倍加的简单劳动的机制

马克思的劳动价值理论受到杜林和庞巴维克的攻击，他们认为马克思没有解决复杂劳动如何成为倍加的简单劳动的问题。因此，**劳动价值论要解决复杂劳动形成的价值是倍加的简单劳动的机制何在的问题。这个问题如果解决了，对理解我国确立的生产要素按贡献参与分配的原则，将有重大的意义。**问题从英国古典经济学派设想的机制谈起。

第一节　李嘉图根据斯密一种思想所设想的机制

由于论述的需要，我从后于斯密的李嘉图谈起。他说："由于我希望读者注意的这种探讨，关涉的只是商品**相对价值**变动的影响，而不是**绝对价值**变动的影响，所以研究对于不同种类人类劳动的估价的高低，并没有什么重要性。我们可以作出结论说：不论这些人类劳动原来是怎样地不相等，不论学习一种手艺所需要的技术、智巧或时间比另一种多多少，其差别总是世代相传近乎不变，或者说至少逐年的变动是微乎其微的，所以在短时间内对商品**相对价值**没有什么影响。"①这里值得注意的是：李嘉图强调的是**相对价值**，即一种商品的价值用另一种商品的价值来衡量时，两者结成的数量关系，例如，甲商品的价值是乙商品价值的 4 倍；至于甲、乙商品本身的价值，即**绝对价值**的大小，则不在考察之内。换言之，假如简单劳动的产物的价值定

① 李嘉图：《政治经济学及赋税原理》，郭大力、王亚南译，商务印书馆 1962 年版，第 16—17 页。

为1,而复杂劳动的产品的价值为其4倍,那么就只能说:后者所值是前者的4倍。至于它们各自的价值如何,就无法回答了。还要注意的是:李嘉图认为这种关系是由市场机制确定的。他说:“为实际目的,各种不同性质的劳动的估价很快就会在市场上得到十分准确的调整,并且主要取决于劳动者的相对熟练程度和所完成的劳动的强度。估价的尺度一经形成,就很少发生变动。如果宝石匠一天的劳动比普通劳动者一天的劳动价值更大,那是很久以前已经作了这样的安排。”①

李嘉图强调市场机制在这里的作用,是受到斯密的影响。斯密说:“劳动虽是一切商品交换价值的真实尺度,但一切商品的价值,通常不是按劳动估定的。要确定两个不同的劳动量的比例,往往很困难。两种不同工作所费去的时间,往往不是决定这比例的唯一因素,它们的不同困难程度和精巧程度,也须加以考虑。一个钟头的困难工作,比一个钟头的容易做的工作,也许包含有更多劳动量;需要十年学习的工作做一小时,比做一月普通业务所含劳动量也可能更多。但是,困难程度和精巧程度的准确尺度不容易把握。诚然,在交换不同劳动的不同生产物时,通常都在一定程度上,考虑到上述困难程度和精巧程度,但在进行这种交换时,不是按任何准确尺度来作调整,而是通过市场上议价来作大体上两不相亏的调整。这虽不很准确,但对日常买卖也就够了。”②我们知道,凡是由市场机制决定的,就只能是价格,而不是价值;再根据这一点,让各种商品的市场价格发生量的比较,就是商品的交换价值或相对价格。**斯密还有另一种机制,用以说明复杂劳动的产品的绝对价值,只是李嘉图没有留意。**这留在下面谈。

第二节　杜林的攻击和恩格斯设想的机制

马克思没有提出和解决机制的问题,这就招来杜林的攻击。杜林指出:“根据我们的理论,也只有通过所耗费的劳动时间才能计量经济物品的自然

① 李嘉图:《政治经济学及赋税原理》,郭大力、王亚南译,商务印书馆1962年版,第15页。

② 亚当·斯密:《国民财富的性质和原因的研究》(上卷),郭大力、王亚南译,商务印书馆1972年版,第27页。

成本，从而**计量经济物品的绝对价值**……事情并不像马克思先生模模糊糊想象的那样：某个人的劳动时间本身比另一个人的劳动时间更有价值，因为其中好像凝结着更多的平均劳动时间；不，不是这样，**一切劳动时间都是毫无例外地和原则地……完全等价的**，对一个人的劳动，正像对任何成品一样，只要说明，**在好像纯粹是自己的劳动时间的耗费中可能隐藏着多少别人的劳动时间**。无论是手工生产工具，或者是手，甚至是头脑本身（**如果没有别人的劳动时间，这些东西是不能得到专门的特性和劳动能力的**）……"[①]我认为：这里说的**别人的劳动时间**，值得注意。

对此，恩格斯在《反杜林论》中的答复，集中在批评杜林所说的"绝对价值"和"劳动时间"有价值这两点上。他说：马克思说的"仅仅是关于商品价值的决定……（他）说的根本不是什么'绝对价值'"。[②] 恩格斯又说：劳动创造价值，但是，劳动时间却没有价值；杜林的提法是不对的。可是，我认为，**"绝对价值"是对照于"相对价值"而言的，是存在的**；杜林的主要论点显然不在"劳动时间"有价值，而在那些我标注黑体字的文句上。我们只要将"劳动时间"中的"时间"二字去掉，其含义就非常值得我们注意了。下面还要谈这些问题。

我认为杜林提的问题，就是机制问题。对此，恩格斯的回答如下：化学把氢的原子量当作一，把其他元素的原子量简化为氢，即令其表现为氢原子量的倍数：以此说明货币这一般等价物的作用好比是氢的上述作用，然后从这一角度说明复杂劳动是倍加的简单劳动的"机制"。他说："商品生产和研究它的经济学根据各个商品的相对劳动量来比较各个商品，因而为**它所不知道的**、包含于各个商品中的劳动量获得一个**相对表现**，同样，化学根据各个元素的原子量来比较各个元素，把一个元素的原子量表现为另一个元素（硫、氧、氢）的原子量的倍数或分数，因而给它所不知道的原子量的大小造成一个相对表现。商品生产把黄金提升为绝对商品，提升为其他商品的一般等价物，同样，化学把氢的原子量当作一，并把其他一切元素的原子量简化为氢，使之表现为氢原子量的倍数，因而把氢提升为化学上的货币商

---

① 转引自恩格斯《反杜林论》，人民出版社 1971 年版，第 194 页。

② 同上。

品。"①这就是说,将简单劳动产品的价值定为一,复杂劳动产品的价值就为其若干倍。这样,市场机制就会发生这样的作用:如倍数太低,复杂劳动产品的供给就会减少,从而其价格提高,简单劳动产品的供给就会增加,从而其价格降低,这样一来,倍数就会提高;反之,亦然。这样,供求关系的变动,会归于均等,使复杂劳动成为多倍的简单劳动,这倍数符合它们各自所费的劳动的数量。这一切都是在生产者的背后进行的。

第三节 从恩格斯货币理论的缺陷看其设想机制的缺陷

我认为恩格斯这里的货币理论是有缺陷的。我们知道:化学元素都是有重量的,而以氢的重量为最轻,因而其他元素的重量都为它的若干倍:恩格斯这样解释,氢就被提升为化学上的货币商品,是有问题的。因为这样一来,以其他某一元素的重量来表示其余元素为它的若干倍和若干分之一,也是可以的。因为这里只涉及各元素之间的相对重量问题。

货币不是这样。它不是以自己所包含的劳动时间来表示其他商品所包含的劳动时间为它的若干倍和若干分之一;换言之,**货币不是商品生产者内部的价值尺度,空想社会主义者如欧文设想的劳动券或劳动货币,才是商品生产者内部的价值尺度;货币是商品生产者外部的或社会的价值尺度。货币是内在的价值尺度,还是外在或社会的价值尺度:这是区别同样以劳动价值理论为基础的古典派和马克思货币理论的重要因素。**

根据劳动价值理论,价值的源泉是劳动,一种商品的价值,由生产它的社会必要劳动时间决定。英国古典经济学派由此就认为,劳动时间是价值尺度,而劳动时间是凝结在商品中的,所以任何商品都可以是价值尺度,都可以作为媒介交换,这就是他们所理解的货币。他们认为,货币之所以是金银,只是由于它们可分可合,易于储藏,不会锈烂。总之,他们并不认识生产货币的虽然是私人劳动,但是,它无须经过交换直接是社会劳动,这和生产商品不同:生产商品的是私人劳动,它要经过交换,才能得到社会劳动的质

① 转引自恩格斯《反杜林论》,人民出版社 1971 年版,第 304 页。

的承认和量的计算,才能最终转化为社会劳动。马克思指出,劳动时间只是内在的、生产同一种商品的人之间的价值尺度,社会劳动才是外在的、社会的、真正的价值尺度,而社会劳动就是货币。这是因为,内在的价值尺度即使计算得十分精确,也只能解决生产者之间或内部生产商品所需的社会必要劳动时间问题,不能解决生产这种商品的劳动的质(形成使用价值)是否为社会所需要的问题,也不能解决投下生产这种商品的全部劳动时间,同构成对这种商品的需要的社会劳动,即供需二者是否均等的问题,而这一切都要由社会劳动来解决。**社会劳动对生产商品的私人劳动进行质的承认,并在这个基础上对私人劳动进行量(既从平均条件方面、又从供需平衡方面)的计算,就是货币执行价值尺度的内容。货币之所以长期固定地由金来充当,是由于生产金的私人劳动的产品,即金是近于"足赤"的,就其自然性质而言是最纯的,因而最适宜直接代表社会劳动。**

由此可见,生产金的劳动并不是最简单的劳动,所以不能以氢元素的重量最轻,拿它来表示其他元素的重量为其若干倍,从而它就成为化学上的商品货币为例,来解释商品中的货币。

由于这样,我认为恩格斯设想的"机制"是有缺陷的。首先,因为它认为**商品所包含的劳动量是不知道的**,未能回答绝对价值的问题;而杜林提出要解决绝对价值问题是合理的;其次,恩格斯在这里理解的货币职能,只限于将货币用来表示货币和商品之间的**比价关系**,即否认货币和商品自身都有**绝对价值**,价格就是这两者之比。这同斯图亚特的货币用以指示比例的理论,就很难区别了。

詹姆斯・斯图亚特说:"货币只是具有等分的观念标准。如果有人问:一个部分的价值的计量单位应当是什么?我就用另一个问题来回答:度、分、秒的标准大小是什么?它们没有标准大小;但是,只要一个部分已经确定,依据标准的本质,其余的必定全部都依比例确定下来。"①马克思坚决反对这种货币用以指示比例的理论。马克思认为,在斯图亚特看来,如果几种商品在价格表上分别标价为 15 先令、20 先令、36 先令,那么,在比较它们的价值量时,实际上我所关心的既不是先令的含银量,也不是先令的名称。

① 转引自马克思《资本论》(第一卷),人民出版社 2004 年版,第 70 页。

15、20、36这些数的比例已经说明一切，1这个数成为唯一的计量单位。比例的纯抽象的表现始终只是抽象的数的比例本身。他可以不说圆周的1/360是1度，而说1/180是1度；这时，直角就不是用90度计算，而是用45度计算，锐角和钝角以此类推。这样，按照货币用以指示比例说，各种商品就只存在相对价格，反映价值的价格是不存在的，而且据以决定相对价格的起点的那个“一”，只是一个空洞的东西，没有任何物质内容。

从这里就可以看出上述“机制”的缺陷。

第四节　庞巴维克的攻击和卢彬的回答

由于恩格斯的回答未能解决问题，因此就有庞巴维克的攻击。他说：“虽然一个熟练工人，一个雕刻家，一个提琴制造者，与一个工程师等，一天的劳动并不多过普通工人一天的劳动，可是前者的交换价值却超出后者多少倍。一般劳动价值派的信徒并没有看轻这种例外。他们有时也提到这个问题，不过他们不把这件事当作例外看待，只认为是与一般的价值问题些微有点不同，大体上还是离不了劳动价值的原则。例如马克思便把熟练劳动当作普通的‘倍数’来看待。

“这种学理真是令人昏迷。如果我们说，在某种意义上，一个雕刻家一天的劳动可以说是相当于一个矿工五天的劳动——例如在货币价值上——这句话还可以说得通。可是如果我们硬说雕刻家十二小时的劳动……等于普通工人的六十小时的劳动，这句话谁也不敢承认了。在学说的问题方面——例如价值方面——问题是事实究竟是怎样，而不是随意想象的事情。在理论方面，雕刻家一天的生产无论如何总是一天的劳动产品。如果我们说一种一天劳动的产品，等于另一种五天劳动的产品，我们便可以随意想象和捏造。所以马克思的学说在这里又遇到一个例外，商品的交换价值并不是由它们所含有的人类劳动量决定的……

“简单一点说，上面所说的……例外，其范围也非常广阔，日常交易的商品中，有很大一部分是属于这一类的。严格地说来，在某种意义上，我们也许可以说一切的商品都是属于这一类。因为差不多每一种商品中都包含有熟练工人的劳动——如发明家的劳动，经理人的劳动，创办人的劳动等——其结果，使物品的价值都较劳动决定的为高。”①

针对这种攻击，劳动价值论者就出来解答。威廉·李卜克内西用复杂劳动就是有强度的和密集的劳动来说明它形成的价值较高，又以从事复杂劳动的人要消费更多的热能和蛋白质，等等，来解释其工资较高。这就等于将问题部分地说成是生理上的需要。当然不能解决问题。

这个问题，俄国的卢彬也谈过。他说：“熟练劳动（应为复杂劳动——引者）所生产的生产物之价值，最低限度不但足以补偿生产该生产物（例如金玉工的制成品）所直接消耗的劳动，而且足以补偿事前学习此种职业时所耗费的劳动以及师傅教授所需的劳动。”②我认为这是正确的。但是，由于卢彬后来受批判，这一观点就被淹没了。用句俄国谚语说：这真是“倒洗澡水连孩子也倒掉了”。他之所以受批判，是因为他最终又离开上面的分析而认为：各种不同劳动要均衡地分布在各生产部门之间，否则国民经济的平衡就被破坏，再生产就无法进行；而“一小时熟练劳动（复杂劳动——引者）的价值可以等于，例如三小时简单劳动的价值，因为正是在此等交换比例上面，此二个生产部门或此二种劳动间便建立了平衡状态，且停止了劳动从一部门流到他部门中去”。③ 这就是说不同劳动应创造不同的价值，这些不同的价值如果得到社会承认，创造它们的劳动就能供求平衡，不同的劳动就不在国民经济各部门之间流动，再生产就能进行。我认为他是跟着上述恩格斯的思想谈论问题的。

第五节 回到斯密，另立机制，解决绝对价值的问题

要解决这个机制问题，我认为有必要全面分析斯密的论述。这主要有两点：(1)越是从事复杂劳动的人才，越难培养。他说：培养一个律师，大概20个人中才有一个成功者，这样，19个失败者所花费的教者和学者的劳动

① 庞巴维克：《资本与利息》，何崑曾、高德超译，商务印书馆1948年版，第298—299页。
② 李卜克内西、卢彬、布哈林：《价值学说史》，孙寒冰、林一新译，黎明书局1933年版，第19页。
③ 同上。

都集中在一个成功者的身上，亦即1个律师是花费了20个人的培养劳动，才培养出来的（从这里可以看出，杜林有些看法正是这样）。马克思说：金刚石在地壳中是很稀少的，因而发现金刚石平均要花很多劳动时间，也是这个意思。（2）斯密将一种经过学习才具有的才能称为"高价机器"，并认为它是固定资本中的一种，其使用不仅要得到收回培养所费的劳动，即折旧，而且还要得到一切资本都得到的利润（利息）。这是从**固定资本的质**的规定看的。此外，还有从才能即**劳动的质**的规定一面看的，即要获得工资。

根据斯密的有关论述，再加上我个人看法，似乎可以解决上述的"机制"问题。这表现在三方面：（1）"高价机器"在使用时的折旧，属于旧价值的转移。假如一个普通者的培养费用是A，一个律师的培养费是4A，而一个律师平均要集中20个人的培养费，那么一个成功的律师的培养费就是80A，即80倍于一个普通劳动者；这样，这"高价机器"的折旧，即旧价值的转移就80倍于普通机器；只要我们知道A的绝对数和"机器"的使用年限，折旧的绝对数就出来了。（2）"高价机器"的使用本身，就是这个载体上的劳动所创造的新价值。我认为剥离了"高价机器"的折旧后，其载体上的劳动就同一般的劳动没有什么不同了。这就是说，撇开旧价值转移即折旧不谈，所有劳动创造的新价值都是相同的（杜林的看法正是这样）。**复杂劳动是倍加的简单劳动的机制在于：从事复杂劳动者的培养费用本身的巨大和集中了许多失败者的培养费用。因此，一个复杂劳动者的劳动的过程是：巨额旧价值的转移和新价值的创造结合在一起。**（3）有的复杂劳动者是要经常充电的，也有的复杂劳动者是要经常练习的，前者如电脑工程师，后者如演员。前者补充进固定资本，后者则成为集中支出的活劳动。它们分别在旧价值转移和新价值创造中起作用。将以上的分析集中起来就是：**复杂劳动形成的价值是巨额简单劳动创造的价值的结集。**

在自由竞争条件下，"高价机器"作为固定资本（人力资本）得到的利润（利息），是从社会总剩余价值中的扣除，同一般的平均利润没有区别。值得注意的是：人力资本的形成是一个长期的过程，每一时段投下的劳动都转化为资本，都要获取利润（利息），它作为固定资本按全额获取利润，而根据折旧转移旧的价值。**不能从复杂劳动者获取的工资，反过来计算他的劳动形**

成的价值。他的工资的决定还取决于许多条件。责任重大或有风险的从业人员；要有一定的派头，以便树立企业的形象，以显信用的代表企业的高级人员；大企业失败，再就业困难的高级人员，如 CEO 等，其工资就较高。此外，也有高级复杂劳动者的供求问题，这个问题在目前我国特别突出。

特殊人力资本的使用，如精英技术和精英管理，能出精品或品牌，其产品的价格是垄断价格（固定地高于生产价格的价格），因而能带来垄断利润（固定地高于平均利润的利润）。**这垄断利润（价值）既不是人力资本的折旧，也不是它的使用即活劳动创造的，而是来自社会已有价值的重新分配。**马克思说："某些商品的垄断价格，不过是把其他商品生产者的一部分利润，转移到有垄断价格的商品上去。……如果这种具有垄断价格的商品进入工人的消费，那么，在工人照旧得到他的劳动力的价值的情况下，这种商品就会提高工资，并从而减少利润。……"[①]这垄断利润的资本化，即将其设想为一笔货币（资本）存在银行里的利息，这笔存款的绝对数，就是能够起垄断作用的人力资本的"行市"，其决定规律与股票、土地的行市一样：收入（股票收入、地租收入、垄断利润）/银行年利息率。例如，垄断利润每年为 100 万元，银行年利息率为0.015，那么，100 万元/0.015＝6 666.666 6 万元。换言之，将 6 666.666 6 万元存在银行里，每年就能拿到 100 万元利息。就是说：一个每年能带来 100 万元垄断利润的精英，他值多少呢？在银行年利息率为0.015时，他值 6 666.666 6 万元。这种特殊的人力资本就可以按此行市出卖，或折价入股。

第六节　巨大的现实意义

上述"机制"如能成立，对加深理解党的十六大提出的"确立劳动、资本、技术和管理等生产要素按贡献参与分配的原则"将有重大的意义。我想指出的是：**这里的技术和管理就是上述的"高价机器"，就是复杂劳动，它转移的旧价值非常大，这本来不是分配的收入，而是垫支（或预付）的回归；但是，**

① 马克思：《资本论》（第三卷），人民出版社 2004 年版，第 973—974 页。

人们都将其视为是参与分配的内容之一，从而同它在创造的新价值中拿到的那份工资，以及按照全部垫支索取的利润，亦即真正的分配混同起来。

不过，我要指出，在我国，管理的如果是存在阶级对立关系的企业，那么，管理这种劳动就有两重性，有一面是不创造价值的。我还要指出，恩格斯明确地说过："在按社会主义原则组织起来的社会里，（培养复杂劳动者）这种费用是由社会来负担的，所以复杂劳动所创造的成果，即比较大的价值也归社会所有。"①

可以看出，我提出"机制"是能解决绝对价值的大小问题的。这有重大现实意义。现在，我国认为劳动收入应有差距，其理论依据不外是：所谓的二八定律，即认为不管在哪里，财富（他们不说价值）中80％是20％的人创造的，而其余的80％的人只创造其余的20％财富。这里没有任何理论，而是将善于经商的犹太人的狭隘经验奉为理论。这样，收入的差距就应为：0.80/0.20＝4；0.20/0.80＝0.25；4/0.25＝16，即一个经济单位，其劳动收入差距平均是1∶16。但是，1的绝对值为何物还有待解决。读新华社2003年6月11日电，得知吉林省招聘政府官员，年薪最高近20万元。根据是："吉林省省直公务员月平均工资为1 100元……按2倍计算，2 200元起薪，最高可达（1 100元）的15倍，即16 500元，也就是年薪近20万元……"这里的比值与二八定律非常接近。不同的是：作为基数的1 100是绝对数，不是相对数1。只有这样才能操作。

写到这里，读《党史信息报》2003年4月23日第3版载陈征教授的《树立尊重劳动的思想观念》一文，其中说："复杂劳动往往是简单劳动的多量倍加，能够比简单劳动创造更多的价值。"这是对的。可是他又说："根据按劳取酬的分配原则，复杂劳动应比简单劳动取得更多的报酬。这种更多的报酬，既包括创造更多的价值的报酬，也包括贡献较大的报酬。"前面说的是复杂劳动创造更多的价值，这里说的不同：复杂劳动除了创造更大的价值之外，还有较大的贡献，这贡献较大不知指的什么。希望作者不吝赐教。

修改本书时，2005年3月9日《报刊文摘》载："全国政协副主席、中国工程院院长徐匡迪透露，国有企业管理层年薪将设最高限制，初步定为不超过

---

① 恩格斯：《反杜林论》，人民出版社1971年版，第199页。

员工平均工资的14倍。”不过，他补充说：“必须对‘员工’进行界定，如果一般的部门经理也算员工，那样势必会抬高员工的平均工资，也就会抬高国企中董事长、总经理这些人的最高年薪。”这里的14倍同上述“二八定律”计算的结果非常接近。我认为理论依据不充分。

第十一章　论“经济人”和利己与利他

——兼论“斯密难题”的产生原因

第一节　经济学家假设的“经济人”

研究资本主义经济或商品生产制度的经济学家，都有经济人的假设。所谓经济人，就是指商品生产者、商品经营者和货币经营者，或资本家之行为原则的人格化。由于经济学家研究对象的发展阶段不同，尤其是由于经济学家的世界观与方法论不同，他们所假设的经济人也不相同。我初步认为，著名的“经济人”有好几个：孟德维尔假设的、斯密假设的、李嘉图假设的、马克思假设的和边际效用学派假设的。① 由于论述的需要，我只谈孟德维尔的、斯密的和马克思的。

孟德维尔是移居英国的荷兰人，医生、经济学家和作家。1705 年他发表了《抱怨的蜂巢，或骗子变为老实人》。这是一首诗。1714 年他对原诗加上注释，以《蜜蜂寓言，或个人劣行即公共利益》书名出版。这里的公共利益指的是社会经济的发达，社会财富的增加；个人劣行指的是个人追求自己的快乐和利益。他认为：个人如果自由进行利己的活动，其结果会自然而然地增进社会全体的繁荣，其利益比最初以非利己为目的而进行的活动要大得多。该书有一首诗，是借记述蜜蜂的生活而讽刺人世的。

---

① 李嘉图假设的经济人，“只有一种活动，即谋利的活动；只有一种要求，即生利的要求；只有一个目的，即成为富人的目的。……在李嘉图的大著里，我们找不到几个关于精神文化的字样，因为在他假定的那种社会、那种市场里面，是用不着那些字样的”。(参见王亚南《政治经济学史大纲》，中华书局 1949 年版，第 244 页)奥地利学派假设的经济人是：“荒岛上的遇难船夫”“沙漠中的旅客”“孤立在全世界之外的农夫”和“在原始森林中有一单独棚舍的移民……”

诗中说:在蜜蜂的社会里,如果(被认为的)劣行和奢侈风行,那么这个社会就繁荣昌盛;如果代以(被认为的)道德和俭朴,那么这个社会就冷落衰退。他还认为,使一个人成为社会动物的,不是友情,不是善性,不是恻隐之心,不是装模作样的殷勤厚意,而是他那最卑鄙和最可恶的本性,这本性是使他能够适合于这个最大的、世俗地说也就是最幸福和最繁荣的社会的最必要的条件。

《蜜蜂寓言……》被大主教贝克莱(1685—1753 年)斥责为"亘古未有的最坏的书"。但是分析一下它出版时英国的社会经济情况,即封建土地制度和行会制度还存在,新兴的资产者还不能自由地进行利己的活动,圈地运动在急剧进行,被剥夺了土地的农民,在严刑峻法之下,被资产者强制变成工人,就可以看出,它提倡资产者要打破束缚,反对封建土地制度和行会制度,做对己有利的事,亦即反映了新兴资产阶级的要求;至于广大劳动者,则要求其服从资产者的利益。书中有一段话,是露骨地代表资本家的利益讲话的:"在财产有充分保障的地方,没有货币还比较容易生活,没有穷人就不行,不然谁去劳动呢? ……应当使工人免于挨饿,但不应当使他们拥有任何可供储蓄的东西。如果某处有一个属于最低阶级的人,想靠异常的勤劳和忍饥挨饿来摆脱自己生长起来的那种环境,那谁也不应当妨碍他,因为对社会上每一个人、每一个家庭来说,节俭无可否认是最聪明的办法;但对于一切富裕民族有利的是:绝大部分穷人永远不要无事可做,但要经常花光他们所收入的一切……靠每天劳动为生的人,只有贫困才能激励他们去工作,缓和这种贫困是明智的,想加以治疗则未免愚蠢。……要使社会幸福,使人民满足于可怜的处境,就必须使大多数人既无知又贫困。"①

日本著名马克思主义者河上肇认为"个人劣行即公共利益"在提出的时候是悖理的;但是随着资本主义经济的发展,劣行的概念就随之发生变化,牟利、增殖,乃至奢侈,就被认为是符合甚至就是伦理和道德本身了。牟利、增殖不必说了,因为一旦解除了宗教教义的束缚,这些就被认为是道德的了;那么,奢侈怎么会被认为是道德的呢? 孟德维尔认为,随着欲望的种类及其重要性的增加,人们为满足对方的欲望而进行的劳动就增加,这样就能

---

① 马克思:《资本论》(第一卷),人民出版社 2004 年版,第 674—675 页。

互相协同而成为一体，就能促进社会经济发展，因而不应非难欲望。对于欲望，人们区别必要的和奢侈的唯一标准，就是以是否为维持我们生命所必需为界线。如果是这样，差不多所有的东西都是奢侈品了。由于这样，消费奢侈品纵使是劣行，却能使社会经济发展：这就是公共利益。其后，斯密的挚友休谟从功利主义出发，认为行为对于社会全体如果是有利的就是德，而不是恶。这样，个人劣行即公共利益，就再也不是悖论了。

孟德维尔关于个人利益是经济发展的动力的思想，由亚当·斯密进一步发展了。斯密在 1776 年出版的最重要的著作《国民财富的性质和原因的研究》中，明确主张利己是经济发展的动力。[①] 但是，同一个斯密，在 1759 年另一本重要著作《道德情操论》中，又认为支配人类行为的动机，有自爱、同情心、追求自由的欲望、正义感、劳动习惯和交换倾向等。同情心和利己是对立的。于是，就发生了经济思想史上著名的“斯密难题”。但是，根据《道德情操论》中译者蒋自强教授等人的研究，“在斯密那个时代，‘道德情操’这个词是用来说明人（被设想为本能上是自私的动物）的令人难以理解的能力，即作出判断克制私利的能力。斯密在《道德情操论》中，就阐明具有利己主义本性的个人怎样控制他的感情或行为，尤其是自私的感情或行为，以及怎样建立一个有确立行为准则必要的社会”。[②] 如果是这样，所谓的“斯密难题”就不存在了。不过，问题似乎不是这么简单，我们留在下面再谈。

马克思也有经济人的假设。他认为经济人“只是经济范畴的人格化，是一定阶级关系和利益的承担者。……不管个人在主观上怎样超脱各种关系，他在社会意义上总是这些关系的产物”。[③] 我认为，马克思假设的经济人有两种类型：一种是商品生产一般的经济人，一种是资本家的化身；资本家是在商品生产一般的基础上进行生产的。马克思认为：商品生产一般的经济人，必然是平等主义者；资本家的主观愿望是攫取最大的利润，只要条件

① 亚当·斯密：《国民财富的性质和原因的研究》（上卷），郭大力、王亚南译，商务印书馆 1972 年版，第 13—14 页。

② 亚当·斯密：《道德情操论》，蒋自强、钦北愚、朱钟棣、沈凯璋译，商务印书馆 1998 年版，第 1—2 页。

③ 马克思：《资本论》（第一卷），人民出版社 2004 年版，第 12 页。

具备，他就这样做；可是在自由竞争充分展开的条件下，他们只好也成为平均主义者。

马克思明确指出“商品是天生的平等派”①，货币是比商品更进一步的平等派。因此，在商品货币关系发达的国家和地区，人们的平等关系和观念，就必然普遍化。古希腊大思想家亚里士多德明明看到5张床=1间屋，无异于5张床=若干货币；并且知道，没有等同性就不能交换，没有通约性就不能等同。但是，他又认为，这种不同的物是不能通约的。为什么？原因就是希腊社会是建立在奴隶劳动的基础上的，是以人们之间劳动力的不平等为基础的。人们之间的不平等，就妨碍了亚里士多德对上述等式中存在着平等关系的认识。封建社会虽然比奴隶社会进了一步，但仍然是等级社会。所以，封建社会虽有商品生产，但仍然像奴隶社会一样，无法从价值关系中看出商品生产者之间的平等关系。

资本主义社会的商品生产制度，使商品生产普遍化，从而也必然使平等观念普遍化。因此，在商品是天生的平等派和货币是比商品更进一步的平等派的基础上，又产生了资本是平等派。马克思说：平等地剥削劳动力是资本家的首要人权。恩格斯认为，生产价格是资产阶级“共”剩余价值之产的产物，是资产阶级的共产主义。这就是作为经济人的资产阶级的写真。

第二节　利己和利他

“斯密难题”涉及斯密仅有的两本传世之作：《道德情操论》，主要是研究人的精神生活，尤其是道德和伦理规范的；《国民财富的性质和原因的研究》，主要是研究人的物质生活，即经济规律的。德国历史学派认为，斯密在前者中提出的道德人是利他的，最集中的表现就是认为人有同情心，但同一个斯密在后者中假设的经济人却是利己的，最集中的表现就是认为面包师供应面包给我，是出于他的利己心，即他之所以这样做，只是由于必然得到我相应的回报：这两种看法处于惊人的自相矛盾之中。对于“斯密难题”或

① 马克思：《资本论》(第一卷)，人民出版社2004年版，第103页。

“斯密悖论”,《道德情操论》中译者蒋自强等认为是一个伪命题,但是这还不能全部回答我的问题。我的问题是:按照历史唯物论,《道德情操论》是论述人的精神生活即道德情操的,它和经济思想与政治思想虽然都是属于思想上层建筑,但是,后两者是贴近并直接反映经济基础和政治制度的,道德情操则是高耸入云的思想上层建筑,可以远离经济基础,然而说到底仍然要迂回曲折地反映经济基础。但在斯密论述的道德人中,我们看不到反映经济基础这一点。他在《道德情操论》中,开宗明义地说:“无论人们会认为某人怎样自私,这个人的天赋中总是明显地存在着这样一些本性,这些本性使他关心别人的命运,把别人的幸福看成自己的事情,虽然他除了看到别人的幸福而感到高兴以外,一无所得。”[①]这种道德规范很难说是迂回曲折地反映了资本主义这一经济基础的。《国民财富的性质和原因的研究》却不是这样,其中讲的经济人的特征,正如下面将谈到的,无一不是直接反映资本主义这一经济基础的。应该怎样解决这个矛盾呢?我认为斯密的道德人和经济人的关系,实质就是自然人和商品人即斯密假设的经济人的关系。

让我们详尽地研究这个问题。

恩格斯同意达尔文的说法,即人类是从猿类演变而来的。因而,两者都有生存的天性。但是,从树上到地上来生活的类人猿,遇到的敌人显然比从前要多、要狠、要凶。这时人吃兽,兽也吃人。而人类无论从感官灵敏、肌肉发达、跑动快疾、爪牙锐利哪一方面来说,都不及野兽,可是,它却能在人兽生存竞争中,最后成为胜利者,成为万物之灵长,其原因何在?最重要的,即第一点,是人能合群和爱群,也就是互助;第二,就是我们都了解的制造和使用工具,这一点不用多说。合群和爱群,这一点在从猿到人的过程中表现得很明显。例如,在两性关系上雄性的互让。恩格斯指出:高等脊椎动物中,就我们所知,只有两种家庭的形式:一夫多妻制和一对一对的共居;在两种情况下,都只许有一个成年的雄性,只许有一个丈夫。雄性的嫉妒,使动物家庭与群对立起来;群是共居的最高形式;但由于雄性的嫉妒,使其进一步的发展受到阻碍。单是这一事实,就足以证明动物的家庭与人类的原始社

① 亚当・斯密:《道德情操论》,蒋自强、钦北愚、朱钟棣、沈凯璋译,商务印书馆1998年版,第5页。

会是两不相容的东西。像正在生成过程中的人类这样无防卫能力的动物，如果与世隔绝地以一对一对为群居生活的最高形式去奋斗，恐怕很难继续生存。但是，为了在发展过程中脱离动物状态，实现那只有在自然中才有的伟大进步，还需要一种因素：即以群的联合力量与集体行动来补足个体自卫能力的不足。成年雄性的互相忍让，消除嫉妒，乃是形成这样大而永恒的集团的第一个条件，由动物转变为人类只有在这种集团的环境中才能办到，那就只能是杂交。在这种婚姻形式下，整个一群男性和整个一群女性互为所有，这种形式很少有嫉妒的余地。因此，合群和爱群，是人能够脱离动物的首要条件。由于这样，恩格斯根据摩尔根的《古代社会》特别指出：同族人必须互相援助、保护，特别是在受到异族人的欺侮时，要帮助报仇。

马克思和恩格斯十分同意摩尔根的如下总结：更高级的社会制度将是古代氏族的自由、平等、博爱的复活，但却是在更高级的形式上的复活。我认为自由、平等、博爱，就是自然人，或者更严密地说是氏族人，也是更高级社会的道德规范。摩尔根是伟大的辩证法论者。从这一点看，《道德情操论》认为人天生是有同情心的，事实上是氏族人的道德的流传。当不涉及物质利益时，即使在阶级社会中，氏族人的道德仍然可以流传下来。在斯密的著作中，常常有天性、天赋和人类倾向之类的提法；这些为人类所特有，是其他各种动物所无的。斯密试图从两条猎犬协同逐兔，来说明这种人性的产生，结果失败。这就只能是自然人或氏族人的特性。

值得注意的是，斯密在《道德情操论》中说：同情心“这种情感同人性中所有其他的原始感情一样，决不只是品行高尚的人才具备……最大的恶棍，极其严重地违犯社会法律的人，也不会全然丧失同情心”。[①] 可惜的是，他虽然提出了原始感情问题，但是对它是怎样产生的却没有分析。

以上说明，氏族的成员是完全融合在氏族之中的，个人和社会也融合在一起。氏族人在物质利益不受侵犯时，其道德没有利己和利他之分，更没有这两者的对立。因此，这种道德人和商品社会的经济人无关；它们的产生基础不同。

---

① 亚当·斯密：《道德情操论》，蒋自强、钦北愚、朱钟棣、沈凯璋译，商务印书馆1998年版，第101—102页。

由于这样，我就将氏族人的道德撇开，只从《国民财富的性质和原因的研究》中，研究斯密的假设经济人，除了利己之外，有没有利他的可能。我认为斯密的本意是，在商品经济或市场经济中，利己是目的，是经济发展的动力，利他则是达到利己这一目的的手段，手段不当，目的终归落空，因为不能利他，结果也就无法利己。就是说，为了利己，即多赚钱，办企业就要提高劳动生产率，就要精益求精，就要取信于顾客，就要童叟无欺，就要讲信誉，这就是经济发展，就是社会进步，就是顾客得益。法国大革命后，1893 年雅各宾宪法关于人民权利和义务的条款中就有这样的规定，“己所不欲，勿施于人；欲人施己，先施于人”。这规定，尤其是其中的“欲人施己，先施于人”，已将利己和利他的关系分析得很清楚了。

让我们进一步研究这个问题。

日本著名马克思主义者河上肇分析斯密所假设的经济人，其所以必然是自私自利的，完全是由经济基础决定的。河上肇说：资本主义的经济组织，是个人主义经济组织继续发展的一个历史形态。个人主义经济组织的根本特征，就是对社会成员生活不负责任，而是让社会成员各负其责。因此，在个人主义的社会组织下，其道德规范当然是承认利己主义。社会全体的繁荣，要在社会各成员谋一己利益的前提下，才能完成。这必然反映在研究资本主义经济的经济学上。就是说，斯密假设的经济人，是有深刻的社会基础的。

斯密说：“人类几乎随时随地都需要同胞的协助，想要仅仅依赖他人的恩惠，那是一定不行的。他如果能够刺激他们的利己心，使有利于他，并告诉他们，给他做事，是对他们自己有利的，他要达到目的就容易多了。不论是谁，如果他要与旁人做买卖，他首先要这样提议，请给我以我所要的东西吧，同时，你也可以得到你所要的东西，这句话是交易的通义。我们所需要的互相帮忙，大部分是依照这个方法取得的。我们每天所需的食料和饮料，不是出自屠户、酿酒家或烙面师的恩惠，而是出于他们自利的打算。我们不说唤起他们利他心的话，而说唤起他们利己心的话。我们不说自己有需要，而说对他们有利。”①许多人认为，这段话只说明人是利己的，只有启动其利

① 亚当·斯密：《国民财富的性质和原因的研究》（上卷），郭大力、王亚南译，商务印书馆 1972 年版，第 13—14 页。

己心，才有交换，才有经济活动，才有社会进步，才有作为结果的利他。我也曾这样看，但现在的看法不是这样。我认为：这段话恰好说明：利己是目的，利他则是手段，先要运用利他的手段，才能达到利己的目的。我们不妨想一想，如果面包师等人，不首先卖面包给我，他能得到我的回报吗？就是说，盈利是目的，满足顾客的需要是手段，手段不对，目的不达。所以利他的结果是利己。

斯密断然否认经济人具有其目的只是利他的经济行为。他说："我从来没有听说过，那些假装为公众幸福而经营贸易的人做了多少好事。事实上，这种装模作样的神态在商人中间并不普遍，用不着多费心机唇舌去劝阻他们。"①

第三节 "斯密难题"的产生原因

现在回到"斯密难题"。在我看来，《道德情操论》认为人是有同情心的，谈论的事实上是氏族人的道德；而《国富论》认为人是自私自利的，谈论的是商品社会经济人的行为准则，亦即经济人的道德。这是基于两种不同经济基础的道德。因此，我在1985年出版的《大卫·李嘉图》中就说过："斯密既研究人的物质生活，又研究人的精神生活，研究精神生活时，他是唯心主义者，并不理解精神生活是由物质生活决定的，认为人总有一种抽象的同情心，这见于他较早的著作《道德情操论》；研究物质生活时，他是唯物主义者，认为物质生活受经济规律的支配，这见于他的代表著作《国富论》。但在《国富论》中他并没有清除《道德情操论》中的唯心主义观点，以致在分析遇到矛盾时，便倒向唯心主义。"②我现在仍然认为：只要斯密没有说明具有同情心的道德人产生的基础，或者没有说明它是氏族人的道德的流传，以为它同经济人有同样的经济基础，那就是唯心主义。有的论者认为：斯密的道德人和经济人可以是一致的，这就等于说：氏族人的全部道德（同情心或利己与利他的完全统一）和经济人的手段（利他）可以是一致的：以此来化解斯密难题。我认为这是将不同层次的范畴放在同一层次上了。

---

① 亚当·斯密：《国民财富的性质和原因的研究》（下卷），郭大力、王亚南译，商务印书馆1972年版，第27页。

② 陈其人：《大卫·李嘉图》，商务印书馆1985年版，第10页。

这就涉及《道德情操论》的中译者蒋自强教授等认为“斯密难题”是伪命题所持的三大理由了。第一，“从《道德情操论》和《国富论》的交替创作、修订及其整个研究、写作计划来看，决不能否认斯密学术思想体系在本质上的一致性”。① 这就是说，这两本大著本来就是在一个体系，即在道德哲学讲座之中，思想不会自相矛盾。这一理由经不起分析。我们知道，就是在《国富论》中，也有自相矛盾的地方。例如，对平均利润形成的说明，有时是用竞争，有时是用“兴趣”。李嘉图的《政治经济学及赋税原理》，一方面很抽象，如将地租从租金中抽象出来，再将级差地租从地租中抽象出来，等等，其抽象力甚高；另一方面却缺乏抽象力：不能从变动的市场价格中，抽象出有别于价值的生产价格。这就是说，即使是大思想家的著作，其中的理论和方法论，自相矛盾者也有的是。

第二，“从对人的行为动机的分析来看，《道德情操论》和《国富论》都是从人的利己本性出发的”。② 前者就有“每个人生来首先和主要关心自己”③的说法；后者关于利己的说法很多，不需一一举出。但是我认为，前者说的其实是自然人的生存权，亦即食、色性也；如果说是利己，那么同经济人的利己（追逐金钱）是有质的区别的。相反地，斯密在《道德情操论》中特别指出：“人只能生存于社会之中，天性使人适应他由以生长的那种环境。人类社会的所有成员，都处在一种需要互相帮助的状况之中，同时也面临互相之间的伤害，在出于热爱、感激、友谊和尊敬而相互提供了这种必要帮助的地方，社会兴旺发达并令人愉快。所有不同的社会成员通过爱和感情这种令人愉快的纽带联结在一起，好像被带到一个互相行善的公共中心。”④这里的描写只能是自然人或氏族人的生活。如果认为这和经济人相同，不是有点滑稽吗？总之，这两本大著对人的行为动机的分析是不同的。

第三，《道德情操论》和《国富论》之间的有机联系，还集中表现在斯密那只“看不见的手”的统一论述中。⑤ 前者认为冷酷的地主，由于“眼睛大于肚

① 亚当·斯密：《道德情操论》，蒋自强、钦北愚、朱钟棣、沈凯璋译，商务印书馆 1998 年版，第 10 页。

② 同上书，第 12 页。

③ 同上书，第 105 页。

④ 同上。

⑤ 同上书，第 16—17 页。

子”,他就无法将土地生产物消费精光;而只得将多余的产品,分配给各种各样为他付出劳动的人,这种分析不是基于经济规律的作用,而是多少有点施舍的味道;亦即是出于地主的温情主义。但斯密将其归结为:“一只看不见的手引导他们对生活必需品作出几乎同土地在平均分配给全体居民的情况下所能作出的一样的分配,从而不知不觉地增进了社会利益……”[①]这里说的是:由于“看不见的手”的作用,从利己出发,结果是利他——对社会有利。但是值得注意的是:(1)只有在货币产生前,地主的消费才受肠胃的限制,因此,这里的背景是自然经济的统治;(2)“土地在平均分配给全体居民”这种提法,不正是氏族人的生活写照吗?这两点合起来说的是自然经济;后者认为“每个社会的年收入,总是与其产业的全部年产物的交换价值恰好相等……所以,由于每个个人都努力把他的资本尽可能用来支持国内产业,都努力管理国内产业,使其生产物的价值达到最高程度,他就必然竭力使社会的年收入尽量增大起来”。当然,经济人“既不打算促进公共的利益,也不知道他自己是在什么程度上促进那种利益”。但是,“在这场合,像在其他许多场合一样,他受着一只看不见的手的指导,去尽力达到一个并非他本意要想达到的目的。也并不因为事非出于本意,就对社会有害。他追求自己的利益,往往使他能比真正出于本意的情况下更有效地促进社会的利益”。[②] 这里论述的全是商品经济。我认为,施舍行为和经济规律的作用是不能有机地统一起来的。

总之,我认为:“斯密难题”是客观地存在着的,我们应根据历史唯物论来解释它的产生原因,而不应认为是个伪命题;产生原因,我认为是,斯密将自然人即氏族人的特性和经济人的特性相混淆,造成两者的对立。这种混淆,在《道德情操论》中尤其严重。其所以能相混淆,是由于道德这种层次的最高的思想上层建筑是可以远离经济基础的,并且可以流传到另一种社会。这样,商品经济或资本主义社会本身产生的经济人,同流传在资本主义社会的氏族人,就有可能被混淆了。

---

① 亚当·斯密:《道德情操论》,蒋自强、钦北愚、朱钟棣、沈凯璋译,商务印书馆 1998 年版,第 230 页。

② 亚当·斯密:《国民财富的性质和原因的研究》(下卷),郭大力、王亚南译,商务印书馆 1974 年版,第 27 页。

第十二章　关于马克思两个生产劳动定义问题

——兼论重农主义和斯密的生产劳动观

当前在关于劳动价值论的百家争鸣中,有一个问题值得我们注意:马克思有两个互相关联又互相区别的关于生产劳动的概念。第一,生产商品、从而生产价值的劳动是生产劳动,与此相反的,是非生产劳动:这对概念是从商品生产一般着眼的,由于没有涉及是哪一种社会形式的商品生产,应该说层次是较浅的;第二,实现(生产或带来)剩余价值或利润的劳动是生产劳动,与此相反的,是非生产劳动:这对概念是从资本主义生产的目的是攫取剩余价值或利润着眼的,已经涉及商品生产的社会形式了,应该说层次是较深的。根据第二对概念中的生产劳动定义,生产资本主义商品的,由于能生产剩余价值或利润,当然是生产劳动,这一点,与第一对概念中的生产劳动定义是互相联系的;那些虽然不生产商品、也不生产价值的服务(全部服务是否都不生产价值,下面再谈),但是只要它是和资本相交换的,由于能带来利润,也是生产劳动,这一点,和第一对概念中的生产劳动定义是互相区别的;而和收入相交换的劳动,则不论是否生产物质的使用价值,由于只用于个人消费,不能带来剩余价值或利润,只是提供服务,就是非生产劳动,这一点,和第一对概念中的非生产劳动定义是互相联系的。弄清这些联系和区别,我认为对当前正确开展关于劳动价值论的讨论是很重要的。

第一节　两个层次不同的生产劳动的定义

在亚当·斯密之前,重商主义和重农主义已经有了关于生产劳动和非生产劳动的划分,但都是错误的,马克思对其予以摈弃。斯密对这两者的定义有科学的成分,马克思则予以扬弃。我初步认为,马克思关于生产劳动的第一个定义,在《资本论》(第一卷)中谈得最多,这已经是我们的共识;而他关于生产劳动的第二个定义,则在《剩余价值学说史》(这是郭大力的中译本译名,他对考茨基编的和苏联编的不同版本都是这样中译其书名的;中共中央马恩列斯著作编译局对苏联版本的中译本译名则为《剩余价值理论》)(第一卷)中谈得最集中。在《剩余价值学说史》(第一卷)中,马克思详细地分析了斯密对生产劳动与非生产劳动的说明。

斯密说:"有一种劳动,加在物上,能增加物的价值;另一种劳动,却不能够。前者因可生产价值,可称为生产性劳动,后者可称为非生产性劳动。制造业工人的劳动,通常会把维持自身生活所需的价值与提供雇主利润的价值,加到所加工的原材料的价值上。反之,家仆的劳动,却不能增加什么价值。制造业工人的工资,虽由雇主垫付,但事实上雇主毫无所费。制造业工人把劳动投在物上,物的价值便增加。这样增加的价值通常可以补还工资的价值,并提供利润。家仆的维持费,却是不能收回的。"①斯密在这里说明:生产劳动是加在一个对象(物品)上的,由此形成价值;不仅如此,这个物品出售后,获得的价值除了能补偿对生产劳动支付的工资外,还能带来利润,亦即生产劳动是能增值的;非生产劳动就不是这样:它不能加在一个对象(物品)上,它发生作用的过程,同时就是被消费的过程,它没有一个载体(是否全部服务都没有载体,留到下面谈),因此就不能出售,不能换取价值,更不用说价值增值了,它是由其消费者的收入来支付的。

这个意思斯密在接着的话中说得更清楚:一个家仆的劳动,"不会固定

---

① 亚当·斯密:《国民财富的性质和原因的研究》(上卷),郭大力、王亚南译,商务印书馆1972年版,第303页。

或实现在一种特殊的物品或可卖品中。他的服务，通常是做了就完了，很少会留下什么痕迹或价值可以在以后用来获取等量的服务。……社会某些最受尊敬的阶层的劳动，和侍仆的劳动一样，不形成价值，也不会固定或实现在任何耐久的物品或可卖品中”。① 斯密称这种做了就完了，即其发生作用的过程，同时就是被消费的过程的劳动为服务，由于它不固定在一个物品中，就不能再卖，也就不能在以后用来获取等量的服务或劳动。但值得注意的是：斯密有时认为服务“很少留下……价值”，有时又认为服务“不形成价值”；总之，说法虽不明确，但含有服务创造价值之意。

马克思对斯密的扬弃是：接受了上述他对生产劳动的定义，认为生产劳动就是不仅能创造价值而且能带来剩余价值的劳动，即生产劳动是和资本相交换的劳动；对非生产劳动的定义，则纠正其片面性，最集中的就是认为：它除了没有载体、生产的同时就被消费外，也是有载体的、即生产一个使用价值的。马克思举的例子就是：请裁缝到家里缝制裤子，请钢琴装配师傅到家里来装配钢琴，两者都是供自己消费，虽然这种劳动的支出是有载体的，生产物质的使用价值，可以出售，但不是为了出售，生产者的劳动就是提供服务，消费者用收入来支付这种服务，即非生产劳动是和收入相交换的服务。

马克思认为，随着资本主义经济的发展，“家庭工业和小工业，总之，一切为本人消费而非生产商品的产业形式就会按相同的程度被消灭，所以很明白，非生产劳动者，以服务交换收入的非生产劳动者，将有最大部分从事个人的服务，只有最小部分（例如厨师、缝衣女工、修补衣服的缝衣业者等）还生产物质的使用价值”。② 这样，上述提供服务的个体劳动者就逐渐消灭，除了少数例外，生产劳动就是生产资本主义商品的劳动，非生产劳动就是提供服务的劳动。也就是说，资本一旦支配全部生产，那种一般说会与劳动相交换的收入，就不会直接与那种会生产商品的劳动相交换，而与单纯的服务相交换。它会部分与那些当作使用价值来用的商品相交换（下面说明），部分与服务相交换，不过这种服务本身也是当作使用价值消费的。就

---

① 亚当·斯密：《国民财富的性质和原因的研究》（上卷），郭大力、王亚南译，商务印书馆1972年版，第304页。

② 马克思：《剩余价值学说史》（第一卷），郭大力译，人民出版社1975年版，第105页。

是说，服务分为两种，从发展趋势看，前者越来越少，后者越来越多。

马克思还指出：劳动或服务的具体形式，不能说明它是生产的或非生产的。他说："同一种劳动，只要我是以资本家的资格，以生产者的资格购买它，以便把它的价值增殖，它就是生产的；只要我是以消费者的资格，以收入支出者的资格购买它，以便消费它的使用价值，那就不管这个使用价值会和劳动本身一同消灭，还是会物化、固定在一个物品里面，它都是非生产的。"①例如，一个西式点心师傅，被资本家雇用在店里做点心出售，他就是生产劳动者，因为其劳动是与资本相交换，能为资本家带来利润；以同样的工资，他被资本家雇用在家里做点心招待客人，他就是非生产劳动者，因为其服务是与收入相交换，不能为雇主带来利润。

第二节　关于服务能否创造价值的问题

这个问题非常复杂，因为经济学家对服务有完全不同的理解，而且很容易和生活中形成的服务概念相混淆。此外，有的经济学家还将其糟蹋和滥用到无以复加的地步。针对这个概念十分混乱的情况，马克思将它界定为："服务无非是某种使用价值在发挥效用，而不管这种使用价值是商品还是劳动。"②我就从这一角度，谈一谈两种生产劳动定义中的劳动（服务），以及非生产劳动定义中的劳动（服务），哪些是创造价值的。

前面谈到斯密隐约地认为服务能创造价值。我初步感到，马克思开始时事实上认为有载体的服务，在生产物质的使用价值的同时，也生产价值；而没有载体的服务，则不生产物质的使用价值，也不生产价值。

首先要指出，在资本主义条件下，劳动力成为商品，因此参与生产和维持这种劳动力的服务，是创造价值的。马克思说："有些服务，是训练劳动力，维持它，使它发生变形的，总之，使它取得一种专门性，或只把它维持。例如，教师的服务……医生的服务……就是这样。说到这种服务的购买，那

① 马克思：《剩余价值学说史》（第一卷），郭大力译，人民出版社1975年版，第157页。

② 马克思：《资本论》（第一卷），人民出版社2004年版，第218页。

么，这种服务也会生出一种‘可卖的商品’，即劳动力本身，作为代替。这种服务，将会加入到劳动力的生产费用或再生产费用中。”①这其实就是生产劳动第一个定义的运用；所不同的不是生产一般的商品，而是生产劳动力这一特殊商品。

有些服务，如用于实现价值的劳动，包括纯粹的商业劳动和纯粹金融业劳动，也是一种服务，由于它们只是为实现已有价值而耗费的，马克思就认为不创造价值；从事广告业的劳动，由于同样的原因，我认为也不创造价值。至于这里的从业人员，其劳动是和资本相交换的，能为资本家带来利润（剩余价值），即属于第二种定义的生产劳动，那是另一个问题。这一点，并不说明它是创造价值的。下面我们还要谈这个问题。

除了上述的，其他的服务或劳动是否创造价值？从马克思的有关论述中可以明确看出，他认为其中有一部分是创造价值的。他说：雇用到家里来的裁缝师傅和钢琴装配师傅，同资本家在厂里雇用的师傅一样，会“把他们的劳动固定在一个物品上，并且实际上把这物品的价值提高”。② 这里说的是：服务施加在物品上，便将其价值提高；可见这种服务创造价值。他接着说：“按可能性来说，这些使用价值也是商品，这些人也生产商品。”因为衣服可以卖掉，钢琴可以送当铺。就是说，“按可能性来说，这些人也生产商品，并且会把价值加入到他们工作的对象中去。但这在非生产劳动者中不过是一个极小的部类，既不适用于侍仆，也不适用于牧师、政府官员、兵士、音乐家，等等”。③ 这里说明，马克思将非生产劳动（服务）分成两种：有载体的，在生产使用价值的同时，也生产价值；没有载体的，不生产物质的使用价值，是否生产价值，他没有明确说；他只认为，随着资本主义的发展，前者越来越少，后者越来越多。

马克思既然没有明确说，马克思主义经济学家就根据马克思在《资本论》（第一卷）中的有关说明，即“在我们所要考察的社会形式中，使用价值同时又是交换价值的物质承担者”这句话④，认为在马克思看来，不生产物质的

---

① 马克思：《剩余价值学说史》（第一卷），郭大力译，人民出版社 1975 年版，第 160 页。

② 同上书，第 157 页。

③ 同上。

④ 马克思：《资本论》（第一卷），人民出版社 2004 年版，第 48 页。

使用价值的劳动(服务)是不创造价值的。由于这类服务越来越多,因此,从发展趋势,就等于说在马克思看来,服务一般不创造价值。应该说,这种推论和马克思的思想是一致的。

对于这个问题,我初步认为,不生产物质的使用价值的劳动(服务),也是一种劳动形态,只不过它不是物化在一个物品上,但和物化在一个物品上,从而创造价值的劳动(服务),没有什么本质上的不同。因此,我认为这种劳动(服务)如果没有有待说明的特殊限制,是创造价值的。特殊限制指的是:与实现商品价值和分配价值的有关的劳动(服务),不创造价值;国家工作人员的服务,有一面是直接间接担负经济职能的,创造价值,另外一面则不创造价值。

马克思之所以认为没有载体的、不生产物质的使用价值的服务不创造价值,从而也认为服务一般不创造价值,其原因,我初步考虑,很可能是被萨伊和巴斯夏这两位法国经济学家滥用服务这一概念来为资本主义辩护激怒了,于是就来一个针锋相对,或者说矫枉过正,就认为服务一般不创造价值。这和其批判重商主义认为在流通过程中产生利润的错误,认为完全离开流通过程(不通过劳动力的买卖)就能产生剩余价值一样。重农主义就是这样产生的。它认为只有农业部门(种子、肥料和口粮都是自给),即离开流通也能进行生产的部门,才能产生剩余价值,即土地的纯产品。

马克思对用糟蹋服务概念的办法,来为某些甚至是丑恶的社会现象辩护,确实是非常生气的。他说:"'服务'这个范畴对于像让·巴·萨伊和弗·巴斯夏那样的经济学家必然会提供怎样的'服务'是不难了解的。"①萨伊将劳动过程(不是生产过程)的三要素:劳动、劳动对象和劳动手段的交互作用,称为相互提供服务,其结果就是效用,也就是价值,这是指物质或有形产品而言的;此外,还有无形产品,即一生产出来便被消费掉的价值,也是服务创造的。巴斯夏说:往往有这样的情况,一种劳动论其本身意义被看成微不足道,但在社会上却换得巨大价值,例如,歌剧主角的演唱和银行家的签字(这些都是服务),等等;但更经常发生的是,一种持久而繁重的劳动,其结果却令人失望,劳而无益。既然如此,又如何确定劳动与价值的关系呢?在

① 马克思:《资本论》(第一卷),人民出版社2004年版,第218页。

这两个人看来，地主与佃农、债主与债奴、资本家与工人，等等，都是互相提供服务；总之，无论哪一种社会现象，都可以用服务来解释。有人甚至认为，奸夫与淫妇也是互相提供服务。由于这样，马克思出于愤怒，就否认服务一般创造价值。

我认为，从事社会科学研究，保持冷静的头脑是很重要的。王亚南对此深有体会。1947 年，他在国民党政府统治区写作《中国官僚政治研究》这本最触及政治敏感问题的专著时，就格外注意抑制住感情上的冲动。

我知道，我这种认为不生产物质的使用价值的服务创造价值的说法要能成立，就必然要修改前面提到的马克思这句话："在我们所要考察的社会形式中，使用价值同时又是交换价值的物质承担者。"①其中的"物质"二字，就要删除了。

第三节　由马克思自己提出来还没有来得及回答的问题

我们已经知道：马克思认为，资本主义商业的店员的劳动，只是为了实现商品的价值，因而是不生产价值和剩余价值的，由于这样，同生产价值和剩余价值的工人的劳动相比，商业店员的劳动是非生产劳动。但是，商业店员的劳动是实现价值和剩余价值的，从这一角度看，它则是生产劳动。马克思也说："投在这种流通费用上的支出，对商业资本来说，是一种生产投资。所以，它所购买的商业劳动，对它来说，也是一种直接的生产劳动。"②他曾经说过：以后"在论述资本当作商业资本采取的特殊形式时，如下问题方才得到解答：商业资本所使用的劳动者在什么程度内是生产的或非生产的"。③ 可惜，他已经来不及做这一工作了。

与此相类似的还有银行职员的劳动。马克思说："亚当·斯密当然把一切消费在物质生产上的脑力劳动，包括在那种会固定和实现在一种可卖、可交换的商品中的劳动内。不只直接的手工劳动者或机器工人，而且管理人、

① 马克思：《资本论》(第一卷)，人民出版社 2004 年版，第 48 页。

② 马克思：《资本论》(第三卷)，人民出版社 2004 年版，第 337 页。

③ 马克思：《剩余价值学说史》(第一卷)，郭大力译，人民出版社 1975 年版，第 467 页。

工程师、经理、代理人等,总之,物质生产一定部门为生产一定商品所必要的全部人员的劳动——这一切人共同劳动(协作)是商品形成上必要的——都包括在内。他们事实上也会把他们的劳动全部加入到不变资本中去,并按这个数额增加产品的价值。"①这段话的前两句说的是:价值由生产商品投下的劳动决定,这劳动包括脑力和体力劳动,设计和管理的劳动,总之,包括各种和各层次的共同劳动。后一句话说的是:这样的商品会成为不变资本,然后按所费的资本将其价值转到产品的生产成本上,又按所用的资本计算利润(所用资本和所费资本有差额,是固定资本的特点),再加到产品的生产价格中去。这样,共同劳动就不仅生产了这劳动的工资,而且生产了利润,亦即它是生产劳动。在这段话的末尾,马克思在括号中写下这么一节:"这句话,又在什么程度内适用于银行业者等等呢?"②这个问题涉及银行职员的劳动在什么条件下是生产的,在什么条件下是非生产的。马克思也来不及回答了。

这些问题都留给我们来解决。

第四节 对《马克思生产劳动范畴的两重性及其统一——兼论社会主义生产劳动》的一点补充意见

白暴力同志发表的《马克思生产劳动范畴的两重性及其统一——兼论社会主义生产劳动》(以下简称白文)③,表明他努力研究马克思的生产劳动范畴,并进一步用马克思的理论和方法论来探讨我国社会主义的生产劳动。它是一篇好文章。

白文根据马克思关于生产劳动范畴的方法论要求(要成为一个社会的生产劳动,它就一定要符合该社会的生产目的),进一步研究社会主义的生

① 马克思:《剩余价值学说史》(第一卷),郭大力译,人民出版社1975年版,第156页。

② 同上。

③ 白暴力:《马克思生产劳动范畴的两重性及其统一》,《当代经济研究》2001年第5期,第5—10页。

产劳动时，在不同的社会主义社会生产目的论中，选中我认为是确实反映社会主义生产的目的一种，即满足整个社会不断增长的物质和文化需要。据此，白文就认为：这种需要“不是通过个别生产者提供的剩余劳动在个别生产者身上直接实现的，而是通过整个社会实现的。所以，只有将剩余劳动提交社会由社会共同占有的劳动才是生产劳动，换言之，只有剩余劳动以‘为社会的劳动’形式存在的劳动才是社会主义生产的抽象劳动”。① 我认为：这对当前深化对社会主义社会的劳动性质的认识，具有方法论的意义。

白文从此出发，又认为：“生产个别人或少数人需要对象的劳动，都不创造价值。”②例如，从事“黄、赌、毒”的活动，都不是生产劳动，都不创造价值。这都是正确的。我想补充的是：按照同一理由，生产极品的劳动，如制造黄金宴的劳动等，也是非生产劳动。

白文谦虚地说：“人类需要的层次与满足这些需要的具体物质形式和具体劳动形式是一个需要进一步深入研究的专门课题。这里，我们仅作一个非常初步的讨论。”③接着，他就指出：“当社会生产力水平不高……人类需要的对象主要限于农产品，生产的具体劳动的范围也就主要限于农业劳动。重农主义就是这种经济条件的产物。……重农主义者认为只有农业劳动才是生产劳动，一切非农业劳动都是非生产劳动。”④李江帆也有这种看法。他说：在古代，民以食为天，这就产生了重农主义。⑤ 我想，这种看法可能是有根源的，只是我没有看到。我的看法不是这样。重农主义的原文是Physiocratie，意即自然统治，是对重商主义将农业和手工业统制得过死的否定，也是对重商主义只强调流通过程，并认为在流通过程中能产生利润这种看法的否定，总之，是物极必反和矫枉过正的产物。亚当·斯密把它称为农业体系，而把重商主义称为商业体系。重农主义是日本经济学家对Physiocratie的日译；我国就沿用至今。它不是产生在古代。因为在西方，古代没有重农主义，西方的重农主义产生在近代，即大体上在法国资产阶级

① 白暴力：《马克思生产劳动范畴的两重性及其统一》，《当代经济研究》2001年第5期，第5—10页。

② 同上。

③ 同上。

④ 同上。

⑤ 李江帆：《深化对现代社会劳动观的认识》，《南方日报》2001年8月13日。

大革命的前夜;而在中国古代,即战国时期的许行,其农业思想是并耕论,和真正重农主义的思想有质的区别。后者的理论特点是:将使用价值看成价值,因而认为,在农业生产中,投下的种子、肥料、口粮等,都可折合为农产品,产出的农产品比它大,其差额就是农业部门特有的纯产品,它来自自然,成为地租。其他经济部门不可能有这个差额。所以,只有农业劳动才是生产劳动。由于只有农业部门有纯产品,它就主张一切赋税都要出自土地。在法国资产阶级大革命前提出这种政策主张,是反封建主义的。

白文接着说:当社会生产力水平发展到社会生产向人们提供的产品大大超过农产品,但仍主要限于物体产品时……人类需要对象的范围就扩大为主要限于物体产品,生产的具体劳动范围也就扩大为主要限于生产物体产品的劳动。亚当·斯密关于生产劳动的重要思想就是这种经济条件的产物。他认为:一切生产物体产品的劳动都是生产劳动,不生产物体产品的劳动是非生产劳动。在我看来,斯密的生产劳动理论从根本上说不是这样。这倒是马克思所讽刺的庸俗经济学家的生产劳动观;他们离开生产的社会形式,认为会生产某种东西,会生出某种结果的劳动,不用说都是生产劳动。斯密总的说来,还是结合生产的社会形式来考察问题的。他的生产劳动理论,严格说来有四种。第一,生产商品,从而创造价值的劳动是生产劳动。第二,不仅生产价值,而且使价值增殖,即生产剩余价值的劳动是生产劳动;这两种是涉及生产的社会形式的,前面已谈过。第三,某些自然力的发挥,也是生产劳动;他说:“农业家资本所能推动的劳动量最大。他的工人是生产性劳动者,他的牲畜也是生产性劳动者。在农业上,自然也和人一起劳动;自然的劳动,虽无代价,它的生产物却和最昂贵的工人的生产物一样,有它的价值。”①这里错误地将使用价值看成价值,以及错误地认为牲畜和自然创造价值,这些都是重农主义的痕迹。第四,资本有各种用途,各种用途所用的生产劳动者不等,首先是农业,然后是制造业,再后是商业,最后是零售商业;把资本投在其中一种用途的人,就是生产劳动者。这在斯密是自相矛盾的说法,因为他对生产劳动的定义,是将商业劳动排除在外的。至于在我

---

① 亚当·斯密:《国民财富的性质和原因的研究》(上卷),郭大力、王亚南译,商务印书馆1972年版,第333页。

们看来,纯粹的商业劳动要在什么条件下才是生产的,这个问题已在前面说过了。

*　　　　　*　　　　　*

学习马克思的生产劳动与非生产劳动理论,会从一个侧面,对我们了解价值学说史与剩余价值学说史,区别生产劳动与非生产劳动、创造价值和剩余价值的劳动以及不创造价值和剩余价值的劳动、创造价值和不创造价值的服务以及不全部创造价值的服务,提供帮助;换言之,对当前深化社会主义社会的劳动性质和劳动价值论的认识,会提供帮助。如果能进一步,像白暴力同志那样,运用马克思关于生产劳动与非生产劳动的方法论,去研究社会主义的生产劳动与非生产劳动,则能开辟一个新的研究领域。

第十三章　生产劳动与非生产劳动学说简史

资本主义生产的实质和目的是攫取剩余价值。因此，从科学的观点看，在资本主义生产体系内，提供（包括生产和实现）剩余价值的劳动就是生产劳动，与此相反的劳动，就是非生产劳动。而“剩余价值的定义，当然要看价值本身是在什么形式上被把握而定。因此，在货币主义和重商主义体系中，它表现为货币；在重农主义看来，它表现为土地的产品，为农产品；最后在亚当·斯密手里，它表现为商品一般”。① 这种对剩余价值的定义，就决定了上述三者对生产劳动和非生产劳动的看法。至于反对斯密的庸俗经济学家是缺乏剩余价值观的，他们对生产劳动的看法，都是出于为资产阶级辩护。马克思分别批判和吸收前人的学说，提出了科学的生产劳动和非生产劳动理论。

第一节　重商主义和重农主义的生产劳动和非生产劳动学说

重商主义认为：“只有这些生产部门的劳动是生产的，这些生产部门的产品，会向外国输出，以致和它所费的货币相比……将会带来更多的货币。”②当时的历史背景是：美洲丰饶的金银矿的开采使劳动生产率大为提高，金银价值下降，使商品价格和劳动价格相比，按更大的比例提高起来，结果是雇主利润增加，劳动者的收入降低。因此，雇主要使用更多的流动资本

① 马克思：《剩余价值学说史》（第一卷），郭大力译，人民出版社 1975 年版，第 167 页。

② 同上书，第 144 页。

来雇用劳动者，这又致使人口增加。马尔萨斯指出，美洲金矿的发现，使谷物价格增加3—4倍时，不过使劳动价格增加1倍。当时，“只有出口商品，在用金银作尺度时，使按照金银的已经下降的价值来尺度，而供国内消费的商品用金银作为尺度时，依然按照金银的旧价值来尺度（直到后来资本家间的竞争，才消除掉用两个不同标准作为尺度的现象），所以前一生产部门的劳动就表现为直接生产的，创造剩余价值的，而这又因为工资已被压低到它的旧有水准以下”。① 这就是说，生产出口商品的生产部门的劳动，被重商主义视为生产劳动，“并不是因为劳动生产率已经增加，而是因为绝对工资……已经被压下，因为劳动者的状况已经变得更坏。所以，在这些国家里，劳动对于它的雇主来说，事实上有更大的生产率”。②

重农主义将使用价值看成价值，因而认为只有农业才是生产的，因为它能够提供纯产品，即产出的农产品大于投入的农产品（种子、肥料、农业经营者和生产者的口粮）的差额，它是自然的赐予。这种看法是片面的，因为即便从使用价值的观点看，他们的理解也不全面。马克思指出：“劳动者和租地农业家吃了以后固然还会有小麦留下来：但织布者——工人和老板——也会在本人衣着所需之外，把更多的布匹留下来。”③如果有了正确的价值观，那么农业劳动和工业劳动都是生产剩余价值的。当然，剩余价值是物质化在一个剩余产品或纯产品中。正是这样，重农主义对生产劳动的定义，其中是有正确因素的；“只有所创造的价值多于所费的价值的雇佣劳动才是生产的。这个正确定义在重农主义手里是和错误的想法结合在一起的，斯密才使它从这种错误想法中解放出来”。④

第二节　斯密的生产劳动和非生产劳动学说

在论述斯密时，马克思在开头就明确指出：“斯密关于生产劳动所发挥

① 马克思：《剩余价值学说史》（第一卷），郭大力译，人民出版社1975年版，第145页。
② 同上书，第144页。
③ 同上书，第143页。
④ 同上。

的第二种见解，错误的见解，是这么和正确的见解纠缠在一起，以致在同一段话里，这两种见解往往紧接着搅在一起。所以为了解说他的第一种见解，我们有时只好把引语割裂开来。"①其实，在属于第一种见解的引语中，有些看法也是矛盾的。

斯密说："有一种劳动，加入到它所操作的对象中去时，**会使这个物品的价值提高**，另一种劳动则不会有这样的作用。前一种劳动可以当作生产劳动来称呼，**因为它会生产一个价值**；后一种劳动，则可以当作非生产劳动来称呼。一个制造业工人的劳动，照例**会把他自己的生活费用的价值和他的雇主的利润加入到他所操作的材料中去。**与此相反，一个侍仆的劳动，却不会把任何价值加入。虽然制造业工人也要由他的雇主的垫付得到工资，但实际毫无所费于他的雇主，因为这种工资的价值，照例会由他的劳动借以投入的物品的价值加大，而**带着一个利润再回来。**一个侍仆的维持费用，却永远不会再回来。一个人会由许多制造业工人的使用而变得富裕，但会由许多侍仆的维持而变得贫穷。"②以下接着论述第二种见解。

就在这段引文里，互相矛盾的定义，还是紧密地纠缠在一起；生产劳动一方面被定义为会生产一个价值，另一方面又被定义为会把他自己的生活费用的价值和他雇主的利润加入到他所操作的材料中去，带着一个利润再回来。如果生产一个价值，仅等于生活费用的价值，就不能带一个利润再回来。

马克思撇开了斯密自相矛盾的论述，抽出他最合理的内核，指出斯密"把生产劳动当作直接与资本交换的劳动来定义；也就是通过这种交换，因为有这种交换，劳动的生产条件和价值一般(货币或商品)才变成资本(劳动在科学的意义上变为工资雇佣劳动)"。③ 马克思认为，在这里生产劳动是从资本主义生产的观点来定义的，斯密中肯地打中了这个问题的要害，并且是他的最大的科学成就之一。

什么是生产劳动说清楚了，什么是非生产劳动也就清楚了。"非生产劳

① 马克思：《剩余价值学说史》(第一卷)，郭大力译，人民出版社 1975 年版，第 145 页。

② 亚当·斯密：《国民财富的性质和原因的研究》(上卷)，郭大力、王亚南译，商务印书馆 1972 年版，第 303 页。

③ 马克思：《剩余价值学说史》(第一卷)，郭大力译，人民出版社 1975 年版，第 147 页。

动，是那种不和资本交换，但直接和收入及工资或利润……交换的劳动。”生产劳动和非生产劳动“这些定义不是由劳动的物质性质生出……而是由劳动借以实现的一定社会形式，及社会生产关系生出”。生产劳动和非生产劳动“在这里，总是从货币所有者的观点或资本家的观点来理解，而不是从劳动者的观点来理解”。①

所以，“一个向公众开放的厨师和招待员是生产劳动者，只要他们的劳动会转化为旅店老板的资本。但同样一些人，当我不能由他的**服务**生出资本，而是把**收入**用在他们的**服务**上时，他就和侍仆一样是非生产劳动者。当然，对我这个消费者来说，同一些人就是在旅店的场合，也是非生产劳动者”。②

以上谈的是斯密关于生产劳动和非生产劳动的第一种见解，现在谈他的第二种见解。

紧接着本节开头引用的斯密第一种见解的引文，他接着说：“当然，后者(侍仆——引者)的劳动也有价值，并且和前者(制造业工人——引者)的劳动一样应该得到报酬，但制造业者的劳动，会固定在、实现在一种特殊的物品或可卖品上，那至少在劳动完成以后，还保留一个期间。……一个侍仆的劳动却不会固定或实现在一种特殊物品或可卖品中。他的**服务**，通常是做完了，很少会留下什么痕迹或价值可以在以后用来获得等量的服务。”③这个定义是片面的。这等于说，生产商品的是生产劳动，提供服务的是非生产劳动。

对此，马克思批评说：“在这里，‘生产的，形成价值的’，或‘非生产的，不形成价值的’，已经和原来用在不同的意义上。有关的事情已经不是剩余价值的生产。……在这里，我们已经放弃了以上所说的按社会形式来下定义的方法，已经不复由劳动者对资本主义的生产关系，来决定谁是生产劳动者，谁是非生产劳动者。”④

---

① 马克思：《剩余价值学说史》(第一卷)，郭大力译，人民出版社 1975 年版，第 147 页。

② 同上书，第 149—150 页。

③ 亚当·斯密：《国民财富的性质和原因的研究》(上卷)，郭大力、王亚南译，商务印书馆 1972 年版，第 303—304 页。

④ 马克思：《剩余价值学说史》(第一卷)，郭大力译，人民出版社 1975 年版，第 153 页。

当然,斯密的第一个定义和第二个定义,也不是毫无关系的。因为随着资本主义生产的发展,除了少数例外,同资本交换的劳动一般是生产商品的劳动,同收入交换的劳动一般是提供服务的劳动。

严格说来,斯密关于生产劳动和非生产劳动的定义不是两个,而是四个。除上述两个外,第三个是:“农业资本所能推动的劳动量最大。他的工人是生产劳动者,他的牲畜也是生产劳动者。在农业上,自然也和人一起劳动;自然的劳动,虽无须代价,他的生产物却和最昂贵的工人生产物一样,有它的价值。”①这里斯密错误地将使用价值看成价值,这是重农主义的痕迹。第四个是:资本有各种用途,各种用途所用的生产劳动不等,首先是农业,然后是制造业,再后是商业,最后是零售商业,把资本投在其中一种用途的人,就是生产劳动者。这是庸俗的看法。

根据斯密的头两个定义,可以得出这样的结论:“社会某些最受尊敬的阶层的劳动,是和侍仆的劳动一样,不形成价值……也不会固定或实现在任何一个耐久的物品或可卖品上……国王以及一切在他属下服务的文武官员,全部陆海军,都是非生产劳动者。他们是公众的服务员,要用另一些人勤劳的年产品的一部分来维持。……牧师,法律家,医生,各种文人和著作家,演员,魔术师,音乐家,歌女,芭蕾舞演员等等,也必须归到这一类。”②马克思认为:“这是还具有革命性,还没有被整个国家、社会等支配的资产阶级语言。”③这种看法将尊敬的阶层和歌女等并列,并认为他们是靠别人的勤劳产品来生活的,因而其人数应越少越好,这必然引起庸俗经济学家的反对。

第三节　庸俗经济学家的生产劳动和非生产劳动学说

被马克思批判的、反对斯密的生产劳动和非生产劳动学说的庸俗经济学家很多,限于篇幅,不能一一论述。这里只介绍马克思对其共同特点的阐

① 亚当·斯密:《国民财富的性质和原因的研究》(上卷),郭大力、王亚南译,商务印书馆1972年版,第333页。

② 同上书,第303页。

③ 马克思:《剩余价值学说史》(第一卷),郭大力译,人民出版社1975年版,第326页。

述，并选择一人为例予以述评。

马克思指出："大多数对斯密所说的生产劳动和非生产劳动提出异议的著作家，都把**消费**看成生产的必要刺激，**所以甚至**那些靠收入生活的**工资雇佣劳动者**，非生产劳动者……在他们看来，也和生产劳动者一样是生产的，因为他们会把物质消费的范围扩大，因而也会把生产的范围扩大。这种说法大都是一种从资产阶级经济学观点出发的辩护。一方面为那些富有的游惰者和那些提供**服务**给他们消费的'非生产劳动者'辩护，另一方面为那种有巨额支出的'强大政府'辩护，为国债的增加，为那种在教会和国家占有高官厚禄的人，领干薪的人等等辩护。因为，这些非生产劳动者……全有这共同点：他们生产的是'非物质产品'，但消费的是'物质产品'，也就是生产劳动者的产品。"①

同斯密的学说还具有资产阶级的革命性相反，庸俗经济学家的论调，是这个事实的反映：资产阶级一旦占领阵地，一方面把国家放在自己的支配下，另一方面和国家以前的掌握者进行某种妥协，承认意识形态阶层和他们血肉相连，并到处把他们转化为自己的佣人；他们一旦不再以生产劳动的代表的资格同这种人相对立，却有真正的生产劳动者在他们面前兴起，并对他们说，他们也是靠别人的勤劳来生活的；他们一旦已有充分的教养，不甘心一心一意只从事生产，而是也想有各种"高尚的"消费；精神劳动本身一旦日益为他们**服务**，为资本主义生产服务，事情就会马上出现一个转向了。他们就会从自己的立场出发，力求"从经济学方面"证明他们从前批判的反对过的东西是正确的。此外，还有这种身为牧师、教授等的经济学者，他们要热心证明他们的"生产效用"，并"从经济学方面"证明他们所得的报酬是正当的。

对斯密挑战的庸俗经济学家，如马克思所说，没有一个是重要的经济学家，没有一个能在经济学上有什么发现，他们都是一些二流的角色。由于这样，我只选择一个在经济学说史上经常提到的法国的萨伊为代表，略作评论。萨伊，"非难亚当·斯密，说他'不肯把产品这个名称给予这各种活动的结果，而把用在这各种活动上面的劳动称为**非生产劳动**'"。② 萨伊牢牢地记

① 马克思：《剩余价值学说史》（第一卷），郭大力译，人民出版社1975年版，第302页。

② 同上书，第283页。

着斯密那个次要的定义:"'这些服务'和他的产品,'通例是做完了,一生产出来,就会马上完结'。"①他把各种被消费的"服务或它们的产品、结果",总之,把它们的使用价值,叫作"一生产出来就会被消费掉的非物质产品或价值"。他不把这种劳动叫作"非生产劳动",而把它们叫作"生产非物质产品的劳动"。在他看来,生产非物质产品就是提供服务,也是创造效用,只不过和任何物质不相关联。他认为,举凡"社会上流人士",如国家元首、各级官吏等,还有"社会下层小民",如优伶、士兵、娼妓等,都是非物质生产者,因为他们都提供服务,提供效用。总之,他将经济过程以外的政治法律活动、文化艺术活动、宗教迷信活动,甚至卖淫活动,都称为非物质生产,以此为剥削阶级的剥削和寄生生活辩护。

第四节　马克思提出生产劳动和非生产劳动理论

马克思首先提出一个观点。他说:"只有那种把资本主义生产形式当作生产的绝对形式,因而当作生产的永久的自然形式来看的资产阶级的狭隘眼界,才会把从资本的观点看什么是**生产劳动**的问题,和什么劳动一般说来是生产的,一般说来什么是生产劳动的问题,混为一谈。因此,他们以为,这样的答复是极聪明的:会生产某种东西,会生出某种结果的劳动,不用说都是生产劳动。"②

在本章开头我说过,资本主义生产的目的是攫取剩余价值;因而凡是生产和实现剩余价值的劳动,就是生产劳动,反之,就是非生产劳动。生产剩余价值是有前提的,它有两个环节。第一,"劳动和资本的最初交换,是一个**形式上的过程**。在其中,资本是当作**货币**,劳动力是当作**商品**出现的。……这里**直接**出卖的,不是已经有劳动在其中实现的商品,而是**劳动力本身的使用**,所以实际就是劳动本身,因为劳动力的使用就是它的活动——劳动"。③ 在这第一个环节中,劳动者和资本家的关系,是商品卖者和买者的关

① 马克思:《剩余价值学说史》(第一卷),郭大力译,人民出版社1975年版,第283页。

② 同上书,第443页。

③ 同上书,第448页。

系。资本家支出劳动力的**价值**，也就是支付他所购买的商品的**价值**。但劳动力所以会被购买，只因为它能够提供并且有义务提供的劳动，比再生产这劳动力所需要的劳动更大，因而会体现为一个比劳动力价值更大的价值。这样，就进入第二个环节。在这个环节上，“根本没有交换发生。……货币所有者现在是以资本家的资格发生功能。他要消费他所购买的商品，劳动者则提供这种商品。因为它的劳动力的使用就是它的劳动本身”。① 所以，劳动在由第一种交易而在形式上合并于资本以后，就在这个过程直接物质化为资本，直接转化为资本。实际也就在这过程中，有一个与以前为购买劳动力而投下的资本相比更多的劳动转化为资本。在这过程中，没有报酬的劳动部分被占有了，并且只是由于这样，货币转化为资本。

从前述观点出发，马克思从不同的角度对生产劳动下了这样的定义：“只有那种**直接转化为资本的劳动是生产**的，也就是说，只有那种会使可变资本成为一个可变量，因而使全部资本 c 等于 c+Δ 的劳动是生产的”②；“**生产劳动**就是这样一种劳动——在资本主义生产体系内——它会为它的使用者生产**剩余价值**，或把客观条件转化为资本，并且把这种条件的所有者转化为资本家，所以就是那种会把自己的产品当作资本来生产的劳动”③；总起来说就是：“**生产劳动**可以说是直接与**当作资本的货币**相交换的劳动，说得简洁一点，就是直接与**资本**相交换的劳动。”④很清楚，这些定义是从斯密的定义发展而来的；不同的是，其社会形式的规定更加清楚了。

马克思还有一个对生产劳动的补充定义：“实现在**商品**中、在物质财富中”⑤的劳动是生产劳动。因为随着资本主义生产的发展，非资本主义的生产逐渐归于消灭，这样，“一切在商品生产上就业的劳动者，就都是工资雇佣劳动者，生产资料则在一切这些部门都被当作资本和他们相对立”。⑥ 这个定义是从前面的定义发展而来的，也是斯密定义的再现。

马克思没有对非生产劳动下一个很简洁的定义。他说：“在货币直接与

① 马克思：《剩余价值学说史》(第一卷)，郭大力译，人民出版社 1975 年版，第 449—450 页。
② 同上书，第 443 页。
③ 同上书，第 447 页。
④ 同上书，第 447—448 页。
⑤ 同上书，第 463 页。
⑥ 同上。

劳动交换,而劳动并不生产资本,因而也**不是生产劳动**的地方,劳动是当作服务被人购买的。一般说来,服务也不外是这样的用语,用以表示劳动所提供的特别使用价值,和每个其他商品都特别提供自己的特别使用价值一样;但它成了劳动的特别使用价值的特有名称,因为它不是在一个物品的形式上,而是在一个**活动**的形式上提供服务。"①根据这一点,苏联编辑出版的《剩余价值学说史》在分节的标题上标明:"非生产劳动(是)作为提供服务的劳动。"考茨基更早些编辑的《剩余价值学说史》中没有这种提法。

服务可以分为两大类。有些服务,或者说有些活动或劳动的使用价值或结果,会体现在商品中;另一方面,另一些服务,却不会留下任何可以捉摸的、可以和人分开来的结果;或者说,其结果不是任何可卖的商品。例如一个歌唱家提供给我服务,满足了我的审美需要,但我享受的东西,只存在于一个和歌唱家自己不分离的活动中。从另一方面看,有的服务还可以是强加在我身上的,官吏的服务就是这样。

对非生产劳动的理解最重要的是,在这里,"货币和劳动的单纯直接交换,并不会使货币变为资本,也不会使劳动变为生产劳动"。② 这种交换由什么事情来和货币和生产劳动的交换相区别呢?"一方面是由于这件事情:这里货币是当作货币,当作交换价值的独立形式支出,它要转化为一个使用价值,生活资料,一个供人消费的物品。……另一方面,在这里,劳动只有当作使用价值,当作把布匹变为裤子的服务,当作它所特有的有用性质提供给我的服务,才使我关心。"③

生产劳动就不是这样。"缝纫业资本家所使用的同一裁缝工人对这个缝纫业资本家提供的服务,却决不是使布匹变为裤子,而是使一条裤子里面物质化的必要劳动时间等于 12 小时,但这个裁缝工人所得的工资只等于 6 小时。所以,这个裁缝工人对缝纫业资本家提供的服务是他曾经没有报酬地劳动 6 小时。"④

所以,在马克思看来,货币当作货币与服务交换,是非生产劳动;货币当

① 马克思:《剩余价值学说史》(第一卷),郭大力译,人民出版社 1975 年版,第 456 页。
② 同上书,第 445 页。
③ 同上。
④ 同上。

作资本与服务交换，是生产劳动。正是这样，马克思又说："生产劳动者本身，和我相对来说，也可以是非生产劳动者。例如，如果我要把我的房间裱糊一下，而这种糊裱工人是一个把这种服务售卖给我的企业家的雇佣工人，那么，对我来说，事情就和我购买一个已经糊裱好的房子一样，就和我把货币用在一种可供消费的商品上一样。但对那个叫工人为我糊裱房间的企业家来说，他们都是生产劳动者，因为他们生产了剩余价值。"①

这就是说，同一种劳动，可以是生产的，也可以是非生产的。一个为自己的利益而卖唱的歌女，是非生产劳动者。但同一个歌女，只要她是由一个企业家雇用，这个企业家为赚钱的目的而叫她去唱，她便是一个生产劳动者，因为她生产了剩余价值。

由于这样，我认为，同生产劳动是和资本相交换的劳动这一定义相对照，还可以将非生产劳动定义为是和收入相交换的劳动。马克思说："这种交换不形成资本，那是收入的支出。"②这也是斯密思想的再现。

这里附带谈一个问题。资本主义商业的店员，其劳动是不生产价值和剩余价值的，由于这样，同生产价值和剩余价值的工人的劳动相比，商业店员的劳动是非生产劳动。一般政治经济学教科书都这样说。但商业店员的劳动是实现剩余价值的，其劳动是和资本相交换的，从这角度看，它又是生产劳动。马克思也说："投在这种流通费用上的支出，对商业资本来说，是一种生产投资。所以，它所购买的商业劳动，对它来说，也是一种直接的生产劳动。"③马克思曾经说过：以后"在论述资本当作**商业资本**采取的特殊形式时，如下问题方才得到解答：商业资本所使用的劳动者在什么程度内是生产的或非生产的"。④ 这与我们的关系是十分重要的。可是，他已经来不及做这工作了。不知政治经济学专家如何看待这里的全部问题。

马克思还论述了在资本主义社会内的手工业者和农民的劳动，是否属于生产劳动或非生产劳动问题。马克思说：那些不使用劳动者，因此也不以资本家资格从事生产的独立的手工业者或农民是商品生产者，我们从他们

---

① 马克思：《剩余价值学说史》（第一卷），郭大力译，人民出版社 1975 年版，第 459 页。

② 同上书，第 460 页。

③ 马克思：《资本论》（第三卷），人民出版社 2004 年版，第 337 页。

④ 马克思：《剩余价值学说史》（第一卷），郭大力译，人民出版社 1975 年版，第 467 页。

那里购买商品。在这个关系中,他们对于我是以商品售卖者的资格出现,不是以劳动售卖者的资格出现;所以,这种关系与资本和劳动的交换无关,从而也与生产劳动和非生产劳动的区别无关。这种区别不过以这件事为唯一基础:它是和那种作为货币的货币相交换,还是作为资本的货币相交换。所以,他们虽然是商品生产者,但他们不属于生产劳动者的范畴,也不属于非生产劳动者的范畴。他们的生产,不属于资本主义生产方式。

第十四章　劳动价值论与要素价值论对立的历史考察

劳动价值论和要素价值论都是在一定的社会经济条件下产生的。原始社会没有什么商品生产，自然就不可能有关于价值的思想。奴隶社会的商品生产和商品交换有了一定程度的发展，希腊大思想家亚里士多德思考过在交换等式中的等同性和通约性问题。这等同性就是劳动，通约性就是相等的劳动量。但是，奴隶社会人身的不平等使他不可能认为有这样的等同，即不可能认识价值的实体。劳动价值学说不可能在这样的社会条件下产生。封建社会中期，商品生产有了进一步的发展，但是封建社会的等级制，不同等级者的地位和生活资料不同，在这样的经济条件下，就只能产生公正价格论。它有不同的流派，其中有一种是以生产者按其地位而消耗的生活资料去说明商品价格的构成的。资本主义初期，商品生产更为发展，人身等级关系破除，人与人之间的平等关系随之确立：只有在这样的社会经济条件下，劳动价值论才有可能被提出来。

要素价值论是在什么社会经济条件下产生的？马克思认为，它是资本主义经济现象的俘虏。因为表面看来，工资就是劳动生产的全部价值（其实是劳动力的价值的转化形态），这样一来，就必然认为利润是资本生产的，地租是土地生产的。我认为：公正价格论就包含着要素价值论的内容。重农主义的纯产品论，也包含着这样的内容。因为在重农主义看来，生产农产品，其所消耗的生产资料和生活资料，都转移到产品中去；消耗的和生产的相等，没有剩余；只有自然能生产无代价的价值，即提供纯产品，它转化为地租。这也是一种要素价值论。但是，这不适用于工业生产，因为重农主义认为工业不像农业那样利用自然。

第一节　斯密自己的矛盾

斯密是劳动价值论的系统说明者，同时也是要素价值论的鼻祖。这似乎是悖论。但是，事实确是这样。恩格斯在《反杜林论》中就明确指出：斯密的价值论有三种甚至四种。

让我们进一步研究这问题。

斯密说："在资本积累和土地私有尚未发生以前的初期野蛮社会，获取各种物品所需要的劳动量之间的比例，似乎是各种物品互相交换的唯一标准。……在这种社会状态下，劳动的全部生产物都属于劳动者自己。一种物品通常应可购换或支配的劳动量，只由取得或生产这物品一般所需要的劳动量决定。"[①]这就是说，**商品的价值由生产商品所投下的劳动决定。**这就是斯密关于独立的生产者，亦即自己拥有"资本"和土地的小生产者生产的商品的价值的决定规律。

但是，"资本一经在个别人手中积聚起来……劳动者对原材料增加的价值，在这种情况下，就分为两部分，其中一部分支付劳动者的工资，另一部分支付雇主的利润，来报酬他垫付原材料和工资的那全部资本"。[②] 在这里，斯密特别指出：利润不是雇主的监督劳动的工资，因为它不与这种劳动的数量、强度和技巧成比例，而与资本的大小成比例。由于这样，"一般用于取得或生产任何一种商品的劳动量，也不能单独决定这种商品一般所应交换、支配或购买的劳动量。很明显，还须在一定程度上由另一因素决定，那就是对于劳动垫付工资并提供材料的资本的利润"。进一步就是，"一国土地，一旦完全成为私有财产，有土地的地主，像一切其他人一样，都想不劳而获，甚至对土地的自然生产物，也要求地租。……这一部分，或者说，这一部分的代

① 亚当·斯密：《国民财富的性质和原因的研究》（上卷），郭大力、王亚南译，商务印书馆1974年版，第42页。

② 同上书，第43页。

价,便构成地租。在大多数商品价格中,于是有了第三个组成部分”。① 这就是说,**商品的价值由交换商品所支配的劳动决定。**这就是斯密关于资本主义生产的商品的价值的决定规律。

斯密总结说:“必须指出,这三个组成部分各自的真实价值,由各自所能购买或支配的劳动量来衡量。劳动不仅衡量价格中分解为劳动(工资——引者注)的那一部分的价值,而且衡量价格中分解成为地租和利润的那两部分的价值。”②这里说的是:生产出来的**价值分解为:工资、地租和利润;即价值是前提或原因,工资等三种收入是结果。**但是,下面的说法就不同了:“无论什么商品的全部价格,最后必由那三个部分或其中一个部分构成。”③这里说的是:**价格由工资、地租和利润三种收入构成,即收入是前提,价格是结果。这是生产费用论。**

值得注意的是:上述不管是价值分解还是价格构成,斯密始终只认为是三部分:工资、利润和地租,即(v+m),不包含生产资料,即c。因为斯密认为c最终也要分解为v+m。**这被称为斯密教条,是错误的。**但是,由于它只同研究社会资本的再生产问题有重大关系,同我们现在研究的问题关系不大,这里就不加论述。我们着重研究**三种收入是价格的前提**的问题。这样研究时,我们暂时撇开斯密在这里事实上是混淆了价值和生产价格(他说的自然价格)这一问题不谈,只论述作为价格的前提那三种收入的总量和来源问题。

首先一个问题是:作为前提的价值,即生产这个价值的劳动量,同作为结果的价值,即构成这个价值(由三种收入合起来构成)的劳动量,这两种劳动量是否相等?斯密没有明确回答。问题的关键在于:工资的大小如何决定。在斯密的思想里,工人得到的工资,应该就是其劳动创造的价值,工资这个概念就是“劳动价值”,换言之,它应该同上述独立小生产者创造的价值或得到的收入相等。但是,这样一来,三种收入合起来的劳动量,就大于生产该商品投下的劳动量。这是矛盾。对此,马克思评论道:斯密觉察到

---

① 亚当·斯密:《国民财富的性质和原因的研究》(上卷),郭大力、王亚南译,商务印书馆1974年版,第44页。

② 同上。

③ 同上书,第46页。

由价值全部归生产者所有，到价值分解为工资、利润和地租，这当中有一个空隙，在越过这一空隙时，他发现价值规律从能够发挥自己的作用到不能发挥自己的作用。他苦于不能解释其原因。他朦胧地看到：资本主义的商品的价值，是由资本主义支配工人的劳动量（它大于劳动力本身凝结的劳动量）决定的，**这分明是资本主义商品价值的增殖，但是他认为是交换商品所支配的劳动决定价值。**很明显，他是将工人出卖劳动力看成出卖劳动了，将日常生活中所说的工资理解为劳动价值，而不是理解为劳动力的价值的转化形态。

其次，对我们的研究更为重要的是：构成价格的工资等三种收入是从哪里来的？走上岔路之后，逻辑力量就使斯密越走越远。他只好说："工资、利润和地租，是一切收入和一切可交换价值的三个根本源泉。一切其他收入归根到底都是来自这种收入中的一种。"还说："不论是谁，只要自己的收入来自自己的资源，他的收入就一定来自他的劳动、资本或土地。来自劳动的收入称为工资。来自运用资本的收入称为利润。……完全来自土地的收入，称为地租，属于地主。"①这样，斯密就要说明劳动生产得到的只是工资，资本得到的利润是资本生产的，土地得到的地租是土地生产的。**这就不是劳动价值论，而是要素价值论了。要素价值论和生产费用论往往是孪生的。**

还有一个问题是：斯密如何说明工资等三种收入大小的决定？除了工资事实上等于工人的生活资料，因而有一点客观依据外，对利润和地租大小的说明，他认为存在着一个自然率，供求关系使利润和地租的水平倾向这个自然率。**这是供求关系决定价值论。**其实，供求关系只能决定价格环绕着这个自然率上下波动，而不能说明这个自然率的水平本身是如何决定的。

在这里，我们看得很清楚：**从独立的小生产到资本主义的生产，分配关系发生了相应的变动，斯密无法说明新的收入的来源，就错误地修改了唯一正确的劳动价值论。**从此，他就一步一步地走向一次一次的错误，结果就用实用主义的方法，只要能应付一阵的，都拿来用，以为有用的就是真理，东一榔头西一棒，全无章法，自相矛盾。这里确实有两个斯密：一个是深入社会

① 亚当·斯密：《国民财富的性质和原因的研究》（上卷），郭大力、王亚南译，商务印书馆1974年版，第47页。

的生理机体进行研究，这时他是科学家；另一个是将现象记录下来，以为这是本质，以致矛盾百出，这时他简直是商人的化身。

第二节　萨伊和李嘉图及他们之间的矛盾

斯密的要素价值论明显地被萨伊利用了。萨伊先批评斯密的错误："他（斯密）说，所有生产出来的价值，都是很远以前或不久以前人类的劳动力的具体表现，换句话说，财富只不过是积累的劳动。基于这个论点，斯密又演绎出第二个不正确的结论，即劳动是财富的唯一尺度，也就是所生产的价值的唯一尺度。"[①]萨伊将财富或效用说成是价值之后又说："我们已经看到劳动、资本和自然力如何在自己职能范围内协同进行生产工作。我们也看到这三者并不是必须属于同一个人所有。"这样，"不论借出的是劳动力、资本或土地，由于它们协同创造价值，因此它们的使用是有价值的，而且通常得有报酬。对借用劳动力所付的代价叫作工资。对借用资本所付出的代价叫作利息。对借用土地所付出的代价叫地租"。[②] 这三者合起来构成商品的价格。**这就是著名的三位一体公式。它既是要素价值论，又是生产费用论。**

萨伊是要素价值论的系统说明者。但是，我认为他的学说存在着不能解决的矛盾。在混淆价值与财富这一前提下，他说：所生产出来的价值（其实是财富），都归因于劳动、资本和自然力这三者的作用和协力。在自然力中，有的可以占有，有的则不能占有；对前两者不提供等价物，就得不到它们的协力。这样，他就得承认，未被占有的自然力，同样是创造价值（财富）的，但是，它不索取等价物，那么，已经存在的那份价值（财富）在分配时，到哪里去了？这个问题，所有要素价值论者都是不能解决的。例如，**阳光对农业是重要的生产要素，可是，它为何不参与分配？**

我认为就萨伊论萨伊，还有自相矛盾之处。他既然将价值定义为财富或效用，那就应该测定商品的效用以定其价值。但是，效用是无法测定的。

① 萨伊：《政治经济学概论》，陈福生、陈振骅译，商务印书馆1963年版，第75页。

② 同上书，第77页。

因此,他就只好求救于生产该效用的生产费用。但是,生产费用也是价值,这就等于循环推论。并且这种价值论的二元论必然自相矛盾。假设劳动生产率提高了,财富或效用总量增加了,单位商品生产费用降低了,总量商品的生产费用不变。在这假设下,问:财富是否增加了?萨伊答:增加了,因为构成财富的价值由效用决定,而这时总效用是增加了;又没有增加,因为构成财富的价值由生产费用构成,而这时总生产费用没有增加。

李嘉图极力坚持斯密的投入劳动决定价值的正确原理,反对斯密其他的决定价值的原理。从生产费用论出发,斯密认为英国垄断对北美殖民地的贸易,提高了利润率,就使英国商品的自然价格(价值)提高,不利于英国同其他国家的竞争。李嘉图反驳说:“这种劳动量不论利润高低或工资高低都不会受影响。那么价格又怎样会由于利润高而腾贵呢?”因为,“价格既不由工资决定,也不由利润决定”。这反驳正确,痛快!

但是,李嘉图对斯密错误价值论的批判并不彻底。对于斯密认为生产费用构成价值,他是反对的;然而,斯密拐了一个弯,说具有自然率的工资、利润和地租合起来构成等于价值的自然价格时,他就同意了,而不了解这骨子里还是生产费用论。

在坚持劳动价值论方面,李嘉图最大的失误是:由于混淆了自然价格(马克思说的生产价格)和价值,就将自然价格变动的原因,理解为价值变动的原因,即认为除了劳动之外还有其他因素决定价值。这就是:使用的固定资本和流动比例不同、商品上市的时间不同,以及在这两种不同条件下工资的变动:都是使价值发生变动的原因。其实这就是马克思所说的:资本有机构成和资本周转时间不是居于中等条件的资本,其工资变动就会引起利润的相反变动,再引起生产价格的变动。但是,李嘉图将其看成价值的变动。

在这个条件下,李嘉图仍然想保持劳动价值论。他举的例子是:假定第一年谷物和纺织机都是分别以 5 000 元雇用工人的劳动生产出来的,利润为 10%,它们的价格就同样为 5 500 元;第二年仍分别以 5 000 元雇用工人生产谷物和利用纺织机生产毛呢。但是,工资上涨了,利润就从 10%降为 9%。谷物生产由于不使用机器,工资和利润合起来是一个常数,所以其价格仍为 5 500 元;毛呢的生产使用机器,机器的价格为 5 500 元,其利润如按 10%计算，就为 550 元，加到 5 500 元的毛呢上，毛呢的价格就应为 6 050 元；但是现在利润降为 9%，利润就为 495 元，加到 5 500 元上，毛呢价格就为 5 500+495=5 995 元，比原来的 6 050 元降低了。由此，李嘉图得出结论说："商品的相对价值由于工资涨落（下面说明的只是工资涨的情况——引者注）而发生变动，取决于固定资本对所用全部资本的比例。一切使用极昂贵的机器或厂房生产，或必须经历长时间才能运送上市场的商品的相对价值会跌落，而一切主要以劳动生产或能迅速运送上市场的商品的相对价值则会上涨。"可是，**他不了解这一涨一落，必然抵消**，因为总生产价格必然等于由劳动决定的总价值。如果能够这样分析，他就坚持了劳动价值论了。他看到的只是个别生产价格因工资变动引起利润的反变动而变动，就以为价值一般因此发生变动。这就修正了劳动价值论。

但是，李嘉图仍然认为："商品价值变动这一原因的影响是比较小的。工资上涨到使利润跌落 1%时，在前述假定情况下生产出来的商品相对价值只会发生 1%的变动；利润发生如此巨大的变动，它们的相对价值却仅由 6 050 元（镑）跌落到 5 995 元（镑）。工资上涨对商品相对价值的最大影响不能超过 6%或 7%，因为利润在任何情况下都不能有超过这个限度的普遍和持久的跌落。"他以为这样还能保持劳动价值论。

但是，他错了。要知道：千里之堤，毁于蚁穴！他显然站不住脚了。因为他已经承认，除了劳动之外，还有别的因素——利润和工资——决定商品的价值。虽然他一再说明，资本结合比例不同、资本周转速度不同是很偶然的，因而由劳动以外的因素引起价值的变动只是例外的事情。可是，这是说不过去的。因为随着资本主义的发展，资本比例不同、资本周转速度不同会日益加大，日益普遍，例外会变成通例。所以，马尔萨斯就这样指责李嘉图：劳动决定价值的原理，会日益与"文明时代"不相容。

李嘉图在价值决定问题上，对萨伊的要素价值论是持批评态度的。他对其重要论述作了摘录，指出其互相矛盾。我们特录两条：(1)"除了生产成本（费用——引者注）所造成的高价以外，不会再有什么真正的高价。真正的昂贵的东西就是生产成本很大的东西"。(2)"收入不论通过什么方式只要能够取得更多的产品，其价值就增加了"。对此，李嘉图批评说：这两条是矛盾的。因为"如果除了生产成本所造成的高价以外，就不会有什么真正的高价，那么当商品的生产成本没有增加时，又怎么能说它的价值增加了呢”？这真是以子之矛攻子之盾，痛快之至！

但是，李嘉图在价值构成问题上却同意萨伊的看法。萨伊认为：价值由生产费用构成，生产费用包括工资、利润和地租即生产要素的价值，对此，李嘉图是同意的。他说：“萨伊先生几乎毫无出入地支持我的价值学说。”为什么是“几乎”而不是“全部”呢？因为在地租是否构成生产费用问题上，他和萨伊有分歧。原因是李嘉图否认绝对地租的存在；而级差地租，他则认为只是农业资本之间的利润差额，已包含在利润中。因此，生产费用中没有独立存在的地租。

那么，李嘉图为什么在价值决定问题上反对萨伊，而在价值构成问题上却同意萨伊呢？因为他混同了价值和生产价格（自然价格），而李嘉图的自然价格和萨伊的生产费用，其实都是生产价格（不包括 c）。

第三节　妄图通过李嘉图学派难关而产生的要素价值论

以李嘉图为代表的古典学派劳动价值论，有两大难关：由于不认为劳动力成为商品，而认为工人出卖的是劳动，工资是“劳动价值”，这样利润和地租就没有来源了；由于混淆价值和生产价格，将利润等同于剩余价值，这样就无法解释等量资本由于资本有机构成不同，或周转时间不同，在例如 1 年的时间内，推动的活劳动不同，就应有不同的剩余价值，但是在现实生活中，资本的利润率却是趋向于平均的。为了通过第一个难关，就有了资本和土地分别创造利润和地租的要素价值论，这已见前述；为了通过第二个难关，就有了**时间创造价值**这种特殊的要素价值论。这里，我们侧重谈后者。

经典的例子就是：**陈葡萄酒没有另外耗费劳动，其价格为何比新葡萄酒贵？这里的原因是资本周转时间长短不同，因而按年利率计算的生产价格就前者比后者高。**但是，要素价值论者不这样回答。老穆勒说：酒窖中的葡萄酒的例子同自行工作、不需附加劳动而在一年中消耗的一部机器的例子完全吻合。新葡萄酒——这是一部机器，被它的产品——陈葡萄酒——所代替了，还加上一种增加的价值。这就等于说，葡萄酒的醇熟过程，即自然的作用能创造价值。这是李嘉图所反对的萨伊的价值学说。现在的问题是，他怎样说明这样产生的利润会是均等的。李嘉图由于混同了平均利润和剩余价值，便无法说明它。而假定它的存在，这正是第二个难关的实质。老穆勒同样没有办法说明，只好说：使用在土地上的资本所得的收益，决定着从资本的其他一切用途所得的年利润率。为什么这样，他当然无法回答。

麦克库洛赫则把穆勒的思想进一步庸俗化。关于陈葡萄酒价值较大的问题，他的解释是：葡萄酒藏在地窖里时所增加的价值，不是对时间的补偿或收益，而是在酒上所产生的效果或变化的补偿或收益。这是明白地说，利润是自然产生的。利润为什么会均等化呢？他认为，工人可以被看作只是需要一定量的劳动制造的机器，和机器没有区别。这样，一个商品不管它是由人费了一定劳动量备置的资本的损耗所生产的，或者是由直接用于其上的劳动量所即时生产的，这都无关紧要。在这两个情况中，商品都是由完全等量的劳动生产的，或是由等量的资本生产的。实际上，人的劳动和机器的劳动，并无本质上的不同。就是说，等量资本不论其有机构成如何不同，由于工人和机器都在劳动，所以资本的利润是均等的。机器的作用能创造价值，这种思想也是萨伊的。

第四节　马克思的总结

马克思对斯密和李嘉图的劳动价值论的总结，最主要的是在世界观上指出其缺陷：不认识资本主义生产方式的历史性，从而不了解工人出卖的是劳动力这一特殊历史现象。因此，工资云云，劳动价值云云，都是日常生活中产生的用语，并不科学，其实它是劳动力价值或价格的转化形态。因此，工人得到的并不是“劳动价值”，也不是工资，而是劳动力的价格。**工人的劳动所创造的价值，等于劳动力价值的那部分就转化为工资，大于其劳动力价值的部分，就是价值的增殖，就是剩余价值，即利润和地租的源泉。价值的增殖过程就是价值的形成过程。这样，上述他不能解释的那个“空隙”，就能解释了。**至于英国古典经济学说的自然价格，那是价值的转型，因为资产阶级实行“共”剩余之产的共产主义，剩余价值就转化为平均利润，商品就按生产成本加平均利润，即生产价格出售。马克思称自然价格为生产价格。个别的生产价格不是无条件就等于其价值。就生产价格自身来说，它确实是由生产成本(c+v)加平均利润构成的，就是说：生产费用论似乎是正确的。但是，离开劳动价值论和剩余价值论，平均利润是无法说明的。这样，马克思就通过了英国古典经济学的两大难关：(1)劳动有价值并等于工资，就无法说明剩余价值的产生；(2)劳动创造价值，等量资本雇用的工人不等，就应有不等的剩余价值，商品按价值出售，就应有不等的利润，但是现实中资本的利润是均等的。

马克思对萨伊三位一体公式的批评，具有重大的现实意义。

他首先指出：在资本主义条件下，它是必然产生的。决定性的第一步是：工人出卖劳动力，但被歪曲为出卖劳动，劳动力价格被歪曲为劳动价值或工资，就是说，工人的劳动创造的价值，已经全部成为工资；这样一来，决定性的第二步就是：剩余价值就被歪曲为全部资本的产物，因此，它就转化为利润。但是，借来资本进行经营的人也能得到收入，这样利润就分割为企业收入和利息，企业收入就成为进行经营的资本家的劳动的产物，利息则是资本自身的产物，真如人会产仔一样，资本也会产仔。日本人就称它为利子。由于这样，地租就必然被歪曲为不是劳动生产的，也不是资本生产的，而是在这两者之外的、为农业生产所独有的重要因素即土地生产的。**要素价值论就是这些现象的俘虏。**于是就有三位一体的公式：

劳动——工资；

资本——利息；

土地——地租。

公式中的"——"号，既表示生产出，又表示分配到：似乎是最公平的。

但是，马克思认为这一公式没有一个地方是合理的。首先，劳动、资本和土地没有同一性，不应放在一起。这是因为，没有抽象的劳动，只有具有一定社会性质的劳动，如雇佣劳动；资本不是物，也不是生产资料本身，而是特定生产关系的产物；土地是天然物。将这三者放在一起，马克思说：就像将人参、音乐、证人手续费放在一起一样。但是，它们分别的幼仔即工资、利息和地租，却具有同一的社会性质，应该放在一起。因此，这个公式从方法论上看，就应该改为：雇佣劳动——工资；资本——利息；土地私有权——地租。

但是，分开从每一个公式看，还是不合理的。雇佣劳动创造的不只是工资，而是全部价值，包括利润和地租；资本如果理解为一个价值物，如100元，那么，它不会自身变成100＋10，即不会自己产生利息；土地私有权，就是对地壳的占有，它不会产生地租。因此，三位一体公式是不存在的，存在的只是劳动力作为商品，它的使用即劳动创造的价值，分解为劳动力价值和剩余价值，前者转化为工资，后者分解为利润和地租的公式。

第五节　庞巴维克和布哈林的对立

奥地利经济学家庞巴维克从主观主义出发，反对马克思的劳动价值论，捍卫三位一体公式。前者是其边际效用论，后者是其归属论。在沙皇时期，布哈林逃经维也纳，专门听过庞巴维克讲课，提出了针锋相对的批评。

庞巴维克认为马克思的劳动价值论最根本的是：甲乙两种使用价值的交换等式所以能够成立，表明其中存在着非甲非乙的第三种共同物，这就是劳动，而抽象劳动就构成价值的实体。他认为这只是马克思的逻辑运用。但是，同样运用逻辑，也可以认为这共同物是效用——非客观效用，而是主观边际效用。所谓主观边际效用，就是主观评价的效用，并且是最后单位的效用。例如，亿万富翁对于货币的评价是很低的；乞丐则相反。因此，江河之水，没有价值；沙漠杯水，贵于黄金。这样，我们就不能解释一般市场上的商品，为何会有同一的价格？

对此，布哈林首先从社会学的角度进行批评。他说：奥地利学派假设的经济人是“荒岛上的遇难船夫”“沙漠中的旅客”“孤立在全世界之外的农夫”和“在原始森林中有一座单独棚舍的移民”。但是，普通人不是这样的。接着，他又从经济理论上批评说：随着自然经济向商品经济过渡，商品经济向资本主义商品经济过渡，经营主体越来越不对商品的效用进行主观估价，因为主观效用对他来说是不存在的。“由此可见，生产财货的生产单位完全不依据效用来估价财货成为普遍现象”。这是对生产者来说的。对购买者来说，也是一样。布哈林以主妇购物为例说：她是从既定的价格和拥有的货币出发的；这时的估价是以已有的价格为前提的。没有一个主妇是按照无限大的主观价格来估价面包的。

归属论是以补全财富论为基础的。所谓补全财富就是要互相补充才能发生效用的财富，例如，笔和墨，针和线。生产要素就是补全财富。但是，生产要素是合起来使用才生产出财富的，各生产要素怎能决定其创造的财富的份额，以确定其应得的部分呢？庞巴维克认为，在生产要素中，劳动、原料、燃料、工具等是有替代品的，因为它们可以买卖，也就是可以以其他东西来替代，只有少数是不能替代的，这就是土地、矿产、铁路、工厂和特殊的企业人才等。所以，在生产物的价值中，把可以替代的生产要素的价值，也就是把工资、原料费、工具费等成本扣除后，余下来的价值就是属于不能替代的生产要素了，即农民把它归于地主、矿工把它归于矿产主、制造家把它归于工厂主、商人把它归于自己的商业活动力。这就是归属论，它是三位一体公式的运用。

对此，布哈林批评说：生产要素是否可以和怎样替代，不是取决于要素自身的特性，而是取决于它们的市场价格，而市场价格是一种客观存在；资本家安排生产时，到底多使用机器还是多使用工人，使用哪种机器，使用哪种人才，都要看其市场价格。还有一个更重要的问题：资本家考虑使用哪种生产要素时，还要将其可能获取的利润的比率和银行挂牌的利息率作比较；利息率也是客观存在的。尽管庞巴维克将利息（利润）说成是人们对目前财富的评价大于对未来财富的评价，因而要以更多的未来财富交换目前财富的差额，但是，当布哈林追问这一差额量由什么决定时，他也承认对于勉强糊口的人来说这一差额最大，对于拥有财富贮备的人来说这一差额则小些。对此，布哈林一针见血地说：原来"'评价上的差别'也必然要以'社会的差别'为前提"。这样，庞巴维克就得承认，人的社会差别有多少，利息率的差别也应有多少。

第六节　要素价值论和三位一体公式的演变

美国经济学家克拉克将生产要素论和边际效用论结合起来，提出边际生产率论来反对马克思的劳动价值论。**生产要素论虽然认为价值是生产三要素创造的，但是并不能回答每种要素创造的"价值量"如何决定的问题。**

为此，克拉克分别假定两个要素不变，增加另一个要素，其总产量增加部分，便是这增加的要素创造的。不过他认为这样一来，三要素比例被破坏，每增加一个要素，即边际要素，其产量便是递减的，由此决定，该要素分配到的收入也是递减的。他由此说明工资取决于劳动边际生产率。他用图示说明如下。

假设资本数量不变，劳动逐渐增加，以AD线表示，AB为第一劳动单位的产量，A^1B^1 为第二劳动单位的产量……DC为边际劳动的产量。从C画一线平行于AD，与AB相交于E。由此他就认为，既然劳动边际生产率为DC，而劳动是可以替代的，那么全体工人工资便都取决于DC，总工资为AECD。余额BEC则为利润。假设资本增加，劳动不变，则上图也可以用来说明利润，只是这时总利润为AECD，而BEC则为工资。由于土地有限，他就不能用增加土地的办法，以测定土地边际生产率，并由此决定地租。于是，他就认为土地和劳动共同生产产品，既然劳动边际生产率是降低的，那么上图中的BEC便是土地生产的，成为地租。这里的错误说到底是把使用价值说成是价值，并且不合理地、即不成比例地增加一个生产要素，用来测定该要素的所谓边际生产率，以决定其收入。

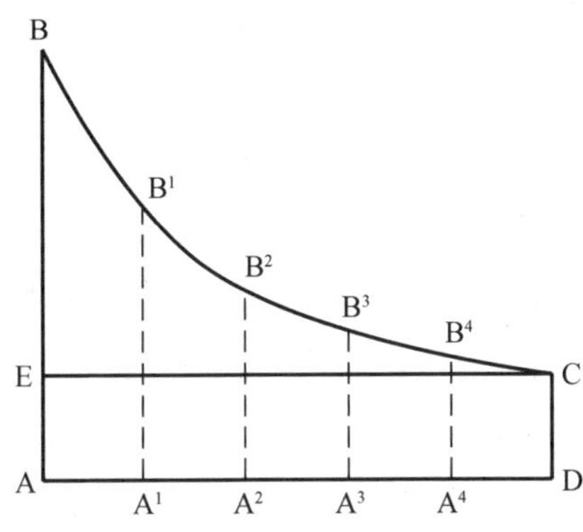

现代西方经济学鼻祖、英国的马歇尔集所有错误价值理论和分配理论之大成，来反对马克思的理论。他以均衡价格来代替价值。所谓均衡价格，就是需求价格和供给价格相均衡时的价格。从这一点看，这就是错误的供求价值论。但他认为需求价格是消费者为购买一定量商品所愿支付的价格，购买者如果是工业资本家，需求价格仍以此为依据，消费者自愿支付的价格由商品的边际效用决定；供给价格是人们供给一定商品所要索取的价格，由生产费用构成，它分为真实生产费用和货币生产费用两种，前者指的是牺牲和节欲，后者指的是为此而支付的货币量，其大小由供求关系决定。他的国民红利分配论是以均衡价格论为基础的。均衡价格既然是相均衡的需求价格和供给价格，供给价格又是由生产费用构成的，而生产费用又由各种生产要素，即为劳动的牺牲和资本的节欲支付的货币或价格构成，那么生产要素所有者获得的价格或报酬，就分别成为他们的收入即工资和利息。马歇尔认为，土地是自然产生的，土地的边际利用和有利利用之间，有一个产量上的差额，就是地租。这种生产三要素论，没有办法说明企业收入是怎样产生的。因此，马歇尔将三要素变为四要素，增加一个资本家的管理或组织这种劳动，企业收入就是它生产的并成为其报酬。就是说，变三位一体公式为四位一体公式，**即劳动——工资；资本——利息；土地——地租；资本家劳动——企业收入。真是通力合作进行生产，按"贡献"公平分配。这看似"天衣"，只是"有缝"，这个"缝"就是无法说明企业收入为何不与"劳动"成比例，而与资本成比例。**马歇尔是个过渡性的人物，他既是原有庸俗经济学的集大成者，又是现代垄断资本主义经济学的鼻祖。

其后，资产阶级经济学就再也不谈价值理论了，提出了所谓的"价值论无用论"，而以在市场中根据供求关系而形成的价格代替了价值。这当然不能说明市场价格据以上下波动的那个水平是如何决定的，也不能说明供求均等，从而供和求的作用都消失时那个价格是如何决定的。

第十五章　斯密和李嘉图价值学说比较

斯密和李嘉图都是英国经济学家，都是劳动价值论者，这是他们的共同点；但是他们也有不同之处：斯密遇到困难，便提出多元的价值论，他的多元价值论后来其中有的变为生产费用论、生产要素论和供求论，分别被庸俗经济学家所利用；斯密和李嘉图在建立劳动价值论上遇到的困难，是由马克思克服的。

第一节　投下劳动和支配劳动决定价值的分歧

斯密虽然正确地认为，劳动是一切商品交换价值的真正尺度，但他对于决定商品价值的劳动量的说明却是二元的，他有时主张“任何一个物品的真实价格，即要取得这物品所付出的代价，乃是获得它的辛苦和麻烦”。[①] 有时又主张“对于已得此物但愿用以交换他物的人来说，它的真正价值，等于因占有它而能自己省免并转加到别人身上去的辛苦和麻烦”。[②] 这就是说，在价值量决定的说明上，斯密常常在两种劳动价值论之间摇摆不定，有时主张生产商品投下的劳动量决定价值量，有时又主张交换商品支配的劳动量决定价值量。

他为什么会这样呢？最重要的，是他的错误的雇佣劳动观。作为一个资产阶级的经济学家，斯密不可能有正确的雇佣劳动观。他不了解劳动力是商品，而认为工资劳动是商品，工资劳动有价值；但是，他研究的对象是建

① 亚当・斯密：《国民财富的性质和原因的研究》(上卷)，郭大力、王亚南译，商务印书馆1974年版，第26页。

② 同上书，第26页。

立在劳动力成为商品之基础上的资本主义经济，这就预先决定他必然遭遇到不可克服的矛盾。在这里，我们清楚地看到，斯密是在坚持价值量由生产商品所投下的劳动量决定、交换按照等价进行而遇到不可克服的矛盾时，才被迫采取了价值量由交换商品所支配的劳动量决定的主张，最后并由此掉到价值由生产费用构成的泥坑中去的。

斯密说过：在初期蒙昧的社会状态下，劳动的全部生产物，都属于劳动者自己，一种物品通常应可购换和支配的劳动量如何，只取决于生产这物品一般所需要的劳动量。这就是说，在土地私有权和资本积累产生之前，价值规律是能发挥它的作用的。但是，土地私有权和资本积累产生以后，斯密认为情况就不同了。他说，在这样的社会状态下，劳动的全部生产物，不单属于劳动者了。劳动者加在原料上的价值，这时就要分为两个部分，一部分是支付给劳动者的工资，另一部分是支付给雇主的利润。斯密这里说的基本思想是正确的，见解是卓越的，因为他不仅坚持着由生产商品所投下的劳动量决定价值量的正确原理，而且在这基础上说明了剩余价值的源泉。直到现在为止，斯密的分析都是正确的。

可是，困难在矛盾中来临了。在斯密的脑海里分明出现一幅资本主义的图画：工资劳动是商品、劳动有价值、劳动的价值是工资，等等。这样，按照等价交换原则，作为劳动的价值的工资，就应该等于在生产上所投下的劳动决定的价值，换句话说，劳动者创造的价值全部成为他的工资。这就是说物化的劳动即工资和活的劳动即劳动商品的交换是等价的，利润就不存在了。但是，事实上在资本主义条件下，利润是存在的。于是，价值规律和资本主义的分配好像是矛盾的。由于无法解决这个矛盾，斯密实际上被迫放弃了正确的价值学说。

在土地私有权和资本积累产生以前，斯密认为，生产商品所投下的劳动量和交换商品所支配的劳动量是相同的，但在土地私有权和资本积累产生以后，工人取得的工资要和他投下的劳动量决定的价值量相等，而雇主要取得利润，于是一种商品一般所交换、支配或购买的劳动量，已不仅仅取决于生产这一商品或获取这一商品所需投下的劳动量了。对于支付工资提供材料的资本，亦需付以利润，所以，要添上一个追加量。同样道理，土地所有者要取得地租，因而又要添上一个追加量。这样一来，交换商品所支配的劳动，由于有了两个追加量，当然就大于生产商品所投下的劳动量了。既然这两种劳动量是不等的，那么，到底由哪一种决定商品的价值量呢？斯密只好认为是支配的劳动量决定价值量。由于遇到不可克服的矛盾，斯密便放弃了投下的劳动量决定价值量这个正确的原理，这当然是错误的。

对斯密把价值由生产商品所投下的劳动决定和由交换商品所支配的劳动决定相混同这一点，李嘉图一开始就明确地加以反对。他说：投在商品内的劳动量支配商品的交换价值；劳动量增加，商品价值加大；劳动量减少，商品价值递减。李嘉图虽然和斯密一样，不了解商品的价值量是由生产商品的社会必要劳动量决定的，这就是说，他虽然没有社会必要劳动的概念，但有必要劳动这一概念，因为他知道，商品的价值不是由生产该商品实际投下的劳动，而是由必需的劳动决定的；他这个基本原理是正确的，能够厘清斯密的混乱，坚持价值决定的正确原理，这是李嘉图的功绩。

但是，李嘉图并不真正了解斯密的矛盾是因为不了解劳动与劳动力的区别而引起的。他之所以能坚持生产商品所投下劳动决定价值的原理，只是由于他沾了时代的光。李嘉图是英国产业革命时期的经济学家，由于巨大的技术革命，劳动生产率提高了，商品的价值和价格都降低了，但是，同数量的生活必需品即工资所支配的活劳动并没有降低。由于这种历史条件，李嘉图才可能认为决定商品价值的是生产商品所投下的劳动，而不是交换商品所支配的劳动。

第二节　没有资本主义和有资本主义的历史观的分歧

以上分析表明，在土地私有权和资本积累产生之前，斯密认为价值规律是能发挥它的作用的，但在土地私有权和资本积累产生之后，价值规律就不能再发挥这样的作用了。这表明斯密有一种历史观点；对于这一点，马克思给予很高的评价。

马克思认为，斯密的伟大功绩就在这里。他从理论上觉察到：由简单的商品生产和商品交换过渡到资本主义的商品生产和工资与工资劳动的交换，由价值全部归于劳动者过渡到价值分解为工资、利润和地租，这当中有一个空隙，在越过这一空隙时，他发现价值规律从发挥自己的作用到不能发挥自己的作用。因为如果价值要分解出利润和地租，那么，劳动者的工资就必然小于他所创造的价值；工资小于工人所创造的价值，也就是工人以多量活劳动交换小量物化劳动的不等价交换，然而，不等价交换是不可能的。斯密感到当中的矛盾，也力求解决这当中的矛盾。他在理论上的弱点在于：由于不能解决这个矛盾，使他误解了生产商品所投下的劳动量决定价值量的原理，以为它只能在简单商品经济条件下成立，在资本主义条件下就要由交换商品所支配的劳动量决定价值了。

上述斯密的历史观，李嘉图是缺乏的。他虽然指出斯密的见解，即认为生产商品所投下的劳动决定价值的原理不适用于资本主义是错误的，他认为这个原理同样适用于资本主义，但是为什么同样适用于资本主义，他没有加以必要的说明，而且也不能有所说明。斯密感到价值由生产商品所投下的劳动决定的原理，从资本主义以前到资本主义应该有所变化，这说明他看到了矛盾而无法解决；李嘉图则根本看不见这个问题，不了解斯密的矛盾所在，因为他根本不了解原始社会与资本主义社会的区别，在他看来，原始社会猎人的猎具与资本主义社会中的资本根本没有什么差异，因此在他的脑海里，也就不存在工资劳动出现后，价值规律为何能用来解释资本与劳动的等价交换问题，这是他不如斯密的地方。但他也有胜于斯密的地方，从纯粹的逻辑出发，他认为价值规律不因工资劳动的出现而失效。

斯密具有历史观，李嘉图则缺乏历史观，其原因不在他两人的智慧差异，而在他们分别所处的历史条件不同。我们知道，斯密是工场手工业时期的经济学家，以手工劳动为技术基础的工场手工业，还不能彻底打破同样以手工劳动为技术基础的前资本主义的简单商品生产，不仅如此，工场手工业还要简单商品生产为其加工原料，这样，简单商品生产者便生存下来，直至资本主义大机器工业出现，它们才缓慢地消灭。这样，斯密便清楚地看到前资本主义与资本主义的差别，从而又看到价值规律从能够发生作用到不能发生作用，这当中有一个空隙。

李嘉图则是产业革命后大机器工业统治地位已经确立时期的经济学家，前资本主义的简单商品已经消灭，封建主义只留下一条尾巴——英国于1815年拿破仑战争结束后制定的“谷物法”，其目的在于提高英国粮食价格，不利于资本家，而有利于地主。李嘉图努力反对“谷物法”。除了这一封建尾巴，英国就再也没有前资本主义了，所以，李嘉图就没有前资本主义和资本主义有差别的认识。由于缺乏这种历史观，李嘉图就看不到价值规律为什么不能从前资本主义到资本主义都贯彻其作用，即看不到斯密看到的那个“空隙”。

第三节　斯密有四种价值理论，李嘉图坚持投下劳动决定价值

斯密既然认为价值规律不能在资本主义条件下发生作用，即生产商品投下的劳动决定价值的原理再也不适用于资本主义，就只能提出交换商品所支配的劳动决定价值的原理。马克思在为恩格斯著的《反杜林论》写的《批判史》中指出，斯密有四种价值学说：生产投下劳动决定价值，交换支配劳动决定价值；后者又演变为三种：支配劳动由工资、利润和地租构成，这是生产费用论；工资、利润和地租的源泉是由劳动、资本和土地生产的，即将使用价值的生产说成是价值生产，这是生产要素论；竞争使工资、利润和地租形成自然率即平均率，这是供求论。以上除了生产投下劳动决定价值的原理外，其余的都被庸俗经济学家所利用。

其实，斯密自己在说明具有自然率或平均率的工资、利润和地租构成商品价值时，已经充满了庸俗的味道。在分析工资及其自然率的高度时，他提出了类似工资基金的理论，这虽然是错误的，但到底还有一点客观的外表。分析利润及其自然率的高低时，就连这一点客观的外表都没有了，因为他显然不能先假定社会上有一个利润基金，然后由总资本来瓜分之，并由此决定利润率的高低。于是，他不得不求助于资本家的“兴趣”了。他说：假如劳动生产物的变卖，所得报酬，不多于他所预付的资本，换言之，并无任何利益，他便不会有雇用工人的兴趣；并且他所得的利润，对于他所预付的资本量，如果不成一种比例，他也不能感到大投资胜于小投资。在这里，利润率的平均化是未加说明而存在的，同时，利润不是由剩余价值来说明，而是由资本家的“兴趣”来说明，这就充满了庸俗的气味。

关于具有自然率的地租的产生，斯密的说明如下：当利润已成为独立的经济范畴，并已形成平均利润率，这时，使用等量资本的工、农业资本家，都要得到平均利润，但经营最劣等地的，只能得到平均利润的农业资本家，却要比工业资本家缴纳大得多的地租，即绝对地租从何而来，这是斯密要解决的。他要努力说明，等量资本投在农业上比投在工业上，会产生更多的价值。其原因是：在农业上，自然也和人一起劳动，自然的劳动，虽无代价，其生产物都有价值，亦即将人和自然一起生产的使用价值，看成创造价值。这实质上是生产要素论。由于农业资本的竞争，其创造的价值，便成为斯密所说的绝对地租，它也具有一个自然率或平均率。

斯密既然认为等于价值的自然价格，是由自然率决定的工资、利润和地租构成的，他就得出这样一个极其错误的原理：工资提高的结果，因为只能增加商品价格中由工资构成的那一部分，因而不会使利润降低，而会使价值提高，会抬高许多商品的价格，并且依照价格上涨的程度限制了这些商品在国内外的消费。如果我们坚持劳动价值学说，并区别了生产价格和价值，就会清楚地看出，工资的普遍提高，不可能使价值提高，在其他条件不变的情况下，这只能使剩余价值率下降，从而使平均利润率下降。从这里就可以揭露工资和利润的对立，也可以揭露无产阶级和资产阶级的对立。但是，由于有了上述错误，斯密就不能看出这种对立。

李嘉图和斯密不同，他认为生产商品所投下的劳动决定价值的原理，同样适用于资本主义社会。按照生产商品投下劳动决定价值的理论和生产价格的理论，工资的普遍提高，不会影响商品的总价值和总生产价格，也不会影响个别商品的价值，但会影响个别商品的生产价格，可是这种影响在不同的场合下是不同的。假设其他条件不变，工资普遍提高了，剩余价值率从而平均利润率就下降了，这时，具有低位有机构成的资本，不变资本不动，可变资本则有了较大的增加，从而按降低了的平均利润率计算，其平均利润量较前减小，但减小的部分小于可变资本增加的部分，所以生产价格较前提高；具有高位有机构成的资本，不变资本不动，可变资本则有了较小的增加，从而按降低了的平均利润率计算，其平均利润量较前减小，但减小的部分大于可变资本增加的部分，所以生产价格较前降低，降低的部分恰好与前面所说的生产价格提高的部分相等；具有中位资本有机构成的资本，不变资本不动，可变资本则有了中等的增加，从而按降低了的平均利润率计算，平均利润量也较前减小，但平均利润量恰好与剩余价值相等，因为剩余价值因工资增加而减小了，这就是说，平均利润量减小的部分恰好与可变资本增加的部分相等，所以生产价格不变并仍然和价值相等。由此可见，斯密认为工资提高的结果，会抬高许多商品的价格。这种看法是错误的。

第四节　斯密教条的产生和李嘉图同意斯密教条

斯密认为价值是由收入构成的，这已经是错误的了，但是，在这个基础上，他又犯了另一种错误。他认为，价值仅仅由收入构成，以为价值只包括工资、利润和地租等收入，而不包括不变资本即生产资料的价值。大家知道，资本主义的商品的价值是 c＋v＋m，而在斯密眼里却是 v＋m。这个错误后来演变为“斯密教条”——年生产物即总产品的价值全部分解为收入。这个错误的实质是混淆了产品价值（c＋v＋m）和价值产品（v＋m），即混淆了产品的价值和新创造的价值。

斯密这个错误的根源是非常深刻的。斯密和所有的资产阶级经济学家一样，不了解资本主义生产和商品生产的历史性，因而也就不了解生产商品的劳动具有两重性：具体劳动和抽象劳动。大家知道，具体劳动在创造使用价值的同时把生产资料的旧价值转移到生产物上去，抽象劳动则创造新价值，因而只有了解生产商品的劳动具有两重性，才能解释一次劳动为什么既能转移旧价值又能创造新价值，才能说明商品的价值为什么既包含了生产资料的旧价值，又凝结了活劳动创造的新价值，也才能把产品价值和价值产品区别开来。斯密不了解生产商品的劳动具有两重性，不能说明这个问题，就只好把生产资料的价值从商品的价值中除掉，认为价值只分解为各种收入。

当然，斯密也知道在商品的价值中是含有生产资料的价值的，为了在理论上自圆其说，他又认为这些生产资料的价值最终也被分解为各种收入。他说，谷物的全部价格，或者直接由工资、利润和地租这三部分构成，或者结局由这三部分构成。在一般人看来，农业资本家资本的收回，家畜和其他农具消耗的补充，似乎应当作为第四个构成部分。但农业上一切用具的价格，本身就由上述那三个部分构成。

在这里斯密已经变换了自己的论点，当他说价值由交换商品所支配的劳动决定，而这个劳动量包括工资、利润和地租时，他实际上主张，商品的价值只包括 v 和 m，而不包括 c；但当他说 c 的价值最终也分解为 v+m 时，他已暗中主张，价值除包括 v 和 m 外，也包括 c，不过 c 最终分解为 v 和 m。所以，总起来看，价值还是只包括或分解为 v 和 m。但是，我们清楚地看出，这两种场合下的 v 和 m 在量上是不等的；第一场合下的 v 和 m 是活劳动创造的；第二场合下的 v 和 m 除了包括第一场合的 v 和 m 外，还包括物化劳动所含有的 v 和 m。这种矛盾如何能消除，斯密没有解释，也不能解释。

斯密认为价值只由 v 和 m 构成，而不包括 c，这当然是错误的，因为他看漏了生产资料的价值。斯密认为 c 最终也分解为 v 和 m，除了和前面的有矛盾外，他实际上是从一个生产部门逃到第二、第三个乃至无数个生产部门，从现在的生产过程逃到前一次、前两次乃至无数次生产过程。除非斯密能证明，生产最终的 c 时，没有使用任何劳动工具和原料，从而只使用了活劳动和不经劳动而存在的劳动对象，比如生产和搬运用作建筑材料的石头时，没有使用任何劳动工具和劳动资料，而只使用了活劳动，这块石头的价值才最终分解为 v 和 m，而不会分解为 c；否则，他不断地推演下去，c 的价值除了分解为 v 和 m 外，还是要分解为 c 的。但这样一来，在大多数场合下，斯密大概要推演到商品生产以前，推演到人类只用一双空手来生产的时候。这对价值学说的研究是没有任何帮助的。同时还要指出，斯密的 c 最终分解为 v 和 m 的主张，实质上是把价值在再生产过程中的分解和价值在过去生产过程中的分解相混淆了。这样，就必然妨碍对社会资本再生产和经济危机的研究。

李嘉图既然反对斯密的交换商品所支配的劳动决定价值的主张，就必然进而反对斯密的由工资、利润和地租等收入构成价值的主张，因为这两种主张在某一点上看是相同的。能够揭露斯密这种反果为因的主张的错误，是李嘉图的功绩。

但是，对于斯密把年生产物的价值全部分解为收入的主张，即斯密教条，李嘉图是完全同意的。他说：一国所有的生产物，常常分作三部分：一为工资，一为利润，一为地租。他既然接受了斯密教条，就必然同意斯密的把一个商品的价值全部分解为收入，即不仅 v 和 m 直接是收入，而且 c 最终也分解为收入的主张。在这里，他和斯密的争论只有两点：第一，关于剩余价值的分解，斯密认为分为利润和地租两部分，李嘉图则认为即使在农业生产的场合下，剩余价值不一定要分解为地租；因为下面将谈到，在坚持价值规律时，李嘉图是否认绝对地租的存在的，同时在他看来，由劣等的土地决定的农产品的价值，只分解为工资和利润（劣等地没有级差地租），因为在这种场合，剩余价值就不再分解为地租。第二，李嘉图认为价值量是收入的前提而不是结果，斯密则认为价值量是收入的结果；这种分歧的根源，是由于李嘉图认为生产投下的劳动决定价值量，而斯密则认为交换支配的劳动决定价值量。

第五节　斯密认为自然力创造绝对地租，李嘉图否认绝对地租的存在

前面说明，斯密从生产要素论出发，认为在农业生产上自然也和人一样劳动，它比工业生产得到的价值大些，其中的差额便构成农业生产中的绝对地租。现在进而说明李嘉图否认绝对地租的存在。

李嘉图是在混同了生产价格和价值的基础上考察地租的，因而就必然认为，绝对地租的存在是与劳动决定价值的原理相矛盾的，因为绝对地租的源泉是价值超过生产价格的余额。

李嘉图认为在价值规律发生作用的条件下，绝对地租不存在，这是很大的错误。这一点除了表明李嘉图根本不了解土地私有权和地租的关系外，还表明它的价值学说的缺陷。

我们知道，绝对地租是农产品的价值高于生产价格的剩余价值的余额。李嘉图显然不了解这一点。第一，他把生产价格和价值混为一谈，那就当然看不到其中有什么可以转化为绝对地租的剩余价值余额。第二，他没有不变资本和可变资本的概念，不了解资本有机构成及其对生产价格和价值之间的离差所发生的影响，因而就不可能了解农业资本有机构成较低，农产品

的生产价格经常低于价值，所以经常有一个可以转化为绝对地租的剩余价值余额。

第六节　斯密生产要素论否认阶级对立，李嘉图认为三种收入是对立的

以上我们论述了古典经济学家斯密和李嘉图的价值学说。如果孤立地论述价值学说，是看不出它的阶级性的，一定要联系与它相适应的分配派，才能看出它的阶级性。现在我们就回过头来做这项工作。

先从斯密的价值学说开始。

斯密最初认为，价值由生产商品投下的劳动决定，这价值全部归生产商品者所有，这适用于土地私有权和资本积累产生之前，因为这时价值不必扣除地租和利润。这种价值学说表明了简单商品生产者的经济地位。

斯密认为，资本主义商品的价值，就不能再由生产商品投下的劳动决定，因为它要扣除地租和利润，而要改为由支配的劳动决定。在支配劳动论中，资本主义各社会阶级是不存在对立关系的，以生产要素论最为明显。因为它认为，生产要素能分别生产工资、利润和地租，这样，工人、资本家和地主，就井水不犯河水，不存在对立的或剥削和被剥削的关系，资本主义客观存在的阶级对立关系就被掩盖起来了。

再谈李嘉图的价值学说。

除了工资和利润的对立之外，李嘉图认为利润和地租也是对立的。这是因为随着资本主义的发展，农产品的生产越困难，农产品的价值越高，地租也就越高；农产品价值越高，工人的货币工资也就越高，因为工人的生活必需品的价格提高了；利润是工人创造的价值的一部分，工资由于农产品价值提高而提高了，利润就必然下落。因此，通过工资这个环节，利润就和地租对立起来。由此李嘉图就认为，随着资本主义的发展，工人的经济利益没有受到什么影响，因为他们的实际工资不变而货币工资提高；随着资本主义的发展，地主阶级最占便宜，因为货币地租将因农产品价格上升和实物地租增大的两重作用而迅速增大起来，只有资产阶级最可怜，因为利润将因农产

品价格上升、货币工资上升而下降,为了资产阶级的利益,李嘉图把地主阶级斥责为社会上的寄生者,即不采蜜的雄蜂。

本来这是经济发展的结果,地主阶级是不必负责的。但是,如果有一种人为的方法,比如法律,助长了农产品价格的上升,抬高了货币工资和地租,减少了利润,那么,为了资产阶级的利益,在发展生产的借口下,李嘉图就认为这种法律应该被废除。当时英国限制国外廉价粮食进口的谷物法,就是这样一种维护地主阶级利益的法律;李嘉图代表工业资产阶级的利益,攻击谷物法,主张自由贸易,以便取得廉价的粮食,使货币工资下降,利润上升。

李嘉图的价值学说和地租理论,就是这样为代表生产发展的先进阶级,即工业资产阶级利益服务的。

第七节　马克思克服斯密和李嘉图在建立劳动价值学说上的困难

斯密和李嘉图在建立劳动价值学说时,所遇到的困难是由马克思克服的。现分述如下:

第一,马克思指出生产商品的劳动具有两重性:作为具体劳动创造使用价值,作为抽象劳动创造价值,这新创造的价值量分解为各种收入。这样就纠正了“斯密教条”的错误。

第二,马克思通过了以李嘉图为代表的英国古典政治经济学的两大难关。

从上面的分析可以看出,英国古典政治经济学的伟大代表斯密和李嘉图的理论体系存在着不可克服的矛盾。他们的理论体系的基础,是劳动价值学说,就价值而说价值的时候,这个学说没有遇到矛盾,商品的价值量由生产它的必要劳动时间决定这个原理,是由他们确立的。矛盾是在运用这个原理说明利润和剩余价值这涉及分配的问题时产生的。它集中地表现为以下两点;

甲、劳动决定价值,劳动是价值的尺度。如果和资本交换的是劳动,那工人出卖的是劳动,它就有价值了,它的价值就由它自己的量来衡量,这样在理论上说不仅是循环论证,而且无法说明利润或剩余价值的产生,因为工人作为劳动出卖者,已经得到其劳动形成的全部价值。

前面说过,斯密明显地看到这矛盾,力求解决,但归于失败。他是用交换商品支配的劳动量(这劳动量包括工资、利润和地租)决定价值的原理来解决这一矛盾的。但是,这样一来,就等于说价值是由工资、利润和地租构成的,这已经是生产费用论了。如果追问一句,工资、利润和地租的源泉是什么,就只好说它们分别是由劳动、资本和土地创造的:这是生产要素论。其实,斯密的真正想法是:资本主义以前的商品的价值,由交换商品支配的劳动决定。这表明斯密是有历史观点的。

李嘉图虽然不同意上述斯密的支配劳动决定的原理,但并不了解这个错误的原因。因为他认为工人出卖的是劳动,得到劳动创造的价值,因此商品价值就由支配劳动决定。

很明显,只要认为工人出卖的是劳动而不是劳动力,矛盾就无法解决。而站在资产阶级立场上,视资本主义生产为生产的自然形式的经济学家,是无法理解劳动力成为商品的。

乙、劳动决定价值,利润或剩余价值是价值的一部分。等量资本推动的劳动不等,就应有不等的利润量,有不同的利润率,但在自由竞争条件下,为何利润率趋于均等?

斯密事实上遇到这个矛盾,但由于他后来改用交换的劳动决定价值的错误原理,便认为具有自然率或平均率的工资、利润和地租构成等于价值的自然价格,自然率的形成是由供求或竞争决定的,这样矛盾便被掩盖了。但这样一来,就等于承认价值由供求决定,从而为庸俗的供求决定价值论开了方便之门。其实,供求关系的变动,只能说明市场价格,或工资、利润和地租的变动,而不能解释它们在其上下波动的那个水平。

李嘉图明显地看到这个矛盾,力求解决,但归于失败。因为它混同了平均利润、利润和剩余价值,混同了生产价格和价值,这样,他越是坚持生产商品投下的劳动决定价值的正确原理,不向斯密的错误观点妥协,就越不能用这个原理来解决矛盾。最后,只好修正这个原理,认为它有例外,但他仍然相信,这个原理是正确的。

只要混同了平均利润和利润,生产价格和价值,矛盾就无法解决。而由资产阶级世界观决定的方法论，又使李嘉图必然混同这两者，因为平均利润和生产价格是在资本主义发展较高阶段才出现的，他受到资产阶级世界观的限制，不能觉察到这个发展的阶段性。

此外，马克思还指出：农产品价值高于生产价格的差额，就是绝对地租。

我们可以从上述角度出发，进一步说明马克思怎样阐述价值、剩余价值以及剩余价值如何变形为平均利润，从而形成平均利润和生产价格的情况。这就是：

马克思提出了劳动力成为商品的理论，科学地说明剩余价值的产生；分析了交换不能产生剩余价值，等价交换当然是这样，不等价交换也是这样，因为一方的剩余价值，就是另一方的不足价值：这是从价值看，而“就使用价值看，交换双方都能得到利益，但在交换价值上，双方都不能得到利益”。① 而离开了交换也不能产生剩余价值，因为这样一来，商品生产者就只能以自己的劳动来创造价值，他拥有的资本不能自行增殖。因此，马克思的结论是：资本家必须在市场上买到一种特殊商品，它的价值同一般的商品一样，由生产和再生产它的社会必要劳动时间决定，但它的使用价值却能创造价值，并能创造出大于它的价值的价值，只有这样，剩余价值产生之谜才能解决。这种商品就是劳动力，劳动力的使用就是劳动，整个劳动过程同时也是价值形成过程，价值形成中超过了等于劳动力价值的那一点，余下的就是剩余价值的生产，因此，剩余价值是以交换为条件，在生产中生产的。

科学的剩余价值理论的产生，要以批判古典经济学从日常生活中借用的“劳动价值”、工资这些概念为前提，指出它们只不过是劳动力价值或价格的转化形态。马克思完成这个伟大变革后进一步指出：“因为在一极上，劳动力价格表现为工资这个转化形式，所以在另一极上，剩余价值就表现为利润这个转化形式。”②

马克思完成了价值转化为生产价格的理论，解决了平均利润的形成问题。自然价格的平均利润率，斯密无法说明其程度水平，李嘉图只假设其存在，马克思则从自由竞争使同一生产部门商品的个别价值转化为社会价值，

① 马克思：《资本论》(第一卷)，人民出版社 2004 年版，第 180 页。

② 马克思：《资本论》(第三卷)，人民出版社 2004 年版，第 44 页。

不同部门商品的社会价值转化为生产价格，说明各特殊部门利润率的形成，及其转化为平均利润率。斯密的自然价格由工资、利润和地租构成，它们各有源泉，不存在对立关系；李嘉图认为这三者由价值分解而成，有对立关系；马克思则认为，平均利润是资本主义的“共产主义”，因为平均利润是“共”剩余价值之产，而平均利润的余额是地租，因为两份农业资本的利润差额是级差地租，农业资本高于工业资本的利润是绝对地租。

第十六章　殖民地理论

第一节　概　　述

亚当·斯密是英国古典经济学的伟大代表，其理论体系可以说包括了资本主义最重要的经济理论，其中也包括了殖民地理论；他的巨著《国民财富的性质和原因的研究》中有一章是专门研究殖民地的，其他一些章也涉及殖民地理论。如许多经济理论问题是第一次在这本巨著中得到系统的论述一样，殖民地理论问题也是第一次在其中得到系统的论述。这里说的系统是指不仅问题本身的论述是成体系的，不是零碎的，而且论述是在一个理论体系中进行的，并且构成这个理论体系，即内容是有机的，而不是机械的。

斯密的殖民地理论从内容看，有纵向的，即历史的，也有横向的，即现实的。有时两者对照，目的是深入说明后者。历史的主要是关于古代希腊和罗马奴隶社会的两种不同类型的殖民地；现实的主要是以北美为代表的移民垦殖殖民地，以及以印度为代表的奴役土著殖民地；这两种殖民地和古代两种殖民地形式相同。

斯密的目光当然更加重视现实的殖民地。关于移民垦殖殖民地，他最为侧重的是北美（美国），这是因为当时澳大利亚和新西兰才开始有欧洲人的足迹；关于奴役土著殖民地，他最为侧重的是印度，因为这时英国的东印度贸易公司已经在经济上使印度沦为殖民地。

在观察殖民地时，斯密看到的问题除了在后面将论述的之外，还有：第一，农产品价格便宜，这在奴役土著殖民地例如印度特别明显。他的解释是：印度是产米国，一年两熟或三熟，欧洲是产麦国，一年一熟，前者每次产量都多于后者。这个记录是准确的。正如下面会论及的，他观察欧洲各国的农产品时，看到贫国的耕作尽管不及富国，但其生产的小麦，在品质优良及售价低廉方面，却能在相当程度上与富国竞争。但在制造业上，贫国不能和富国竞争。贫国的制造业和农业所以有如此不同的原因，他的研究并不深入。更重要的是，他没有将印度的谷米价格问题和欧洲贫国的小麦价格问题，以及欧洲富国的制造品价格问题联系起来研究，并探究其中的原因。这是十分遗憾的。

第二，印度贵金属价值昂贵。他的解释是：印度的银矿不如美洲的丰饶，美洲输送金银到东方来，花的劳动比输送到欧洲的多。这个解释是正确的。他特别指出，在贵金属价值比欧洲昂贵的基础上，印度银对金的比价是10至12比1。欧洲银对金的比价是14至15比1。这就是说，与欧洲相比，印度银对金的比价较高。印度是实行银本位的国家。因此，用银来表现，印度谷米的价格就更低于欧洲小麦的价格。印度或东方各国谷米价格低的原因有两个：谷米价值低和货币价值高。这一点，斯密事实上是了解的。但是，他没有用欧洲货币价值低来考察其对制造品价格的影响；也谈不上以相应的结论来研究欧洲制造品和东方农产品交换中的价格问题。这也是缺陷。

我们知道，宗主国和殖民地的关系，从某一点看，就是工业国和农业国的关系。当然，后一关系的形成，正如下面会谈到的，是产业革命的作用所致。斯密因受历史条件的限制，未能看到产业革命的作用。但是，作为一个理论家，他应该看到，正是他注视到的现象的背后，就埋藏着世界要划分为工业国和农业国的种子。不仅如此，宗主国和殖民地，或工业国和农业国之间的经济关系，其中最基本的关系是商品交换，而工业制造品和农产品交换中的比价问题的关键，斯密已经触及了。但是，对这一切，他都没有深入下去加以分析，提出看法。这确实太可惜了。

以后我们看到，马克思努力挖掘斯密这些思想，创立相应的理论。

第二节　对工业先进国其农业反而相对落后的描述

在斯密的理论体系中，包含着一个极其重要的论点，这就是：在一定的历史条件下，制造业发达的富国，其农业反而相对落后于制造业不发达的贫国。这本来是从斯密那时开始，经过产业革命，世界分为工业国和农业国，前者成为宗主国，后者成为殖民地，前者剥削后者的重要经济原因。但是，斯密自己并没有认识到他的论点的重要性，他的后继者李嘉图也是这样。他们都没有将这一点引申为国际分工理论；更没有以此为基础，建立构成对立关系的宗主国和殖民地的理论。马克思充分认识到这一论点的重要性，并根据自己所处的历史条件，将它引申为国际分工，工业国成为宗主国、农业国成为殖民地的理论。这是后面要详细论述的。

斯密是在论分工中谈到这个问题的。他认为，分工是提高劳动生产力的重要条件；农业由于它的性质，不能有像制造业那样细密的分工；这也许就是农业劳动生产力的提高总是跟不上制造业的主要原因。据此，他又进一步认为，“现在最富裕的国家，固然在农业和制造业上都优于邻国，但制造业方面的优越程度，必定大于农业方面的优越程度”。① 这是他的农业分工相对落后理论的逻辑结论，也符合事实。

斯密接着说：“富国的土地，一般都耕耘得较好，投在土地上的劳动与费用也较多，生产出来的产品按照土地面积与肥沃的比例来说也较多；但是，这样较大的生产量，很少在比例上大大超过所花的较大劳动量和费用。”②这无非是说，在制造业上，投下较多的劳动与费用，生产的产品不仅增加，而且在比例上大大超过所花的劳动与费用，农业生产在后一点上就不是这样。这是斯密的农业分工相对落后论能够解释的。但是，将这段话同下面一段话联系起来，就不是农业分工相对落后论能够统一解释的了。这段话是：“贫国的耕作，尽管不及富国，但贫国生产的小麦，在品质优良及售价低廉方面，却能在相当程度上与富国竞争。”③斯密在这里说的同上面说的一样，都是事实。但是，这里的事实，用他的理论是无法解释的。这是因为，贫国也是存在着分工的，但是较之富国，它的起点较晚，而且按照斯密的理论，它的农业分工较之手工业分工也落后些，这样一来，它的农产品售价就不一定低

① 亚当・斯密：《国民财富的性质和原因的研究》（上卷），郭大力、王亚南译，商务印书馆1974年版，第7页。

② 同上。

③ 同上书，第8页。

廉到可以和富国相竞争的程度。[①] 所以,我认为,斯密在这里只是记录了事实,描述了现象,但是,不能以其分工理论来解释它。剖析这个现象,揭示它的本质,并由此建立一个新的理论体系的,是后面将要论述的马克思。

第三节　古代和现代社会的两种殖民地

斯密是第一个在经济理论上对殖民地予以详尽研究的经济学家。他指出古代和近代社会都分别有两种形式上相似的殖民地。一种是母国在海外的空地或被腾空的地区上移民垦殖的地区,这是母国的分支,是移民垦殖殖民地。开始时,母国对它并没有加以压迫和奴役。其后,随着压迫和奴役的产生,它就变成受奴役的殖民地,并且从母国的分支变成国外殖民地。另一种是奴役异族人的,亦即奴役土著殖民地,它并不是宗主国的分支,一开始就是国外殖民地。

斯密指出,古代社会有两种殖民地。一种是希腊社会各邦,像蜜蜂分封一样,将逐渐增加的部分人民,移到地中海沿岸和岛屿的荒地,这是移民垦殖殖民地,实质上是母国的一块飞地。他认为,"没有什么能比树立这种殖民的动机更明显、更容易看得出来"。[②]

另一种是罗马社会的奴隶主即富豪们,为了解决贫困的自由人的生活问题,便将征服的土地分给他们,这些被征服的土地原来是有主人的,他们是否服从是个问题,因此就要有武装力量来对付他们,这是奴役土著殖民地。随着征服地的扩大,罗马人就成为统治殖民地的人。斯密认为,"罗马殖民地,无论就其性质说或就其建立动机说,都与希腊殖民地完全不同"。[③] 因此,原来用以表示这种建制的名词,也有不同的意义。拉丁语 Colonia 表示殖民、安家生产;希腊语 dποιKιd则表示离家、离乡、出门,希望

① 这里包含的理论问题是:在农业开始分工时,富国和贫国原来的农业劳动生产率(其中包括土地肥沃程度)是两者相同,还是前者高于或低于后者,这些问题斯密没有论述。

② 亚当·斯密:《国民财富的性质和原因的研究》(下卷),郭大力、王亚南译,商务印书馆1974年版,第128页。

③ 同上书,第129页。

有一天满载而归。“罗马殖民地虽在许多点上与希腊殖民地不同，但建立的动机，却是同样明显同样容易看得出来的。”①

斯密认为，近代社会也有两种与上述相似的殖民地。这就是以西印度(北美)为代表的移民垦殖殖民地，和以东印度(印度)为代表的奴役土著殖民地。两者之所以不同，他认为是由于欧洲殖民者踏上这两种土地时，土地主人的生产力水平不同。他说：“非洲或东印度最野蛮的民族，都是游牧民族，连好望角的土人也是游牧民族。但美洲各地的土人，除了墨西哥及秘鲁，只是狩猎民族。同样肥沃和同等面积的土地，所能维持的游牧人数与狩猎人数，相差很大。”这就是说，游牧民族人烟稠密得多。“所以，在非洲及东印度，要想驱逐土人，并把欧洲殖民地推广至土人居住的大部分地方，那就比较困难。”②

关于欧洲人建立这两种殖民地的动机或目的，斯密认为是不明确的。这里先以欧洲人在北美等地建立的殖民地为例来说明。他说：“欧洲人在美洲及西印度建立殖民地，不是起因于必要；建立的结果，虽得到很大的利益，但其利益也并不那么明白显著。在殖民地刚刚建立的时候，谁都不知道这种利益；其建立及其发现的动机，也不是这种利益。而且，直到今日，这种利益的性质、范围及界限，也不大为人所理解。”③

斯密为什么有这种看法呢？他认为，哥伦布航海的目的，原来是要到达东印度，结果却发现了西印度等地。这些地方的物产，有的对欧洲意义不大；有的虽有很大意义，但不久就开采困难。他说，该地动物性食物非常稀少，植物性食物主要是玉米、芋、薯、香蕉等，但欧洲人当时认为它们不具有欧洲原来生产的一般谷物同等的营养力。至于棉花，虽然是那些岛上最有价值的植物性产物，虽然欧洲各地都极重视“东印度的软棉布及其他棉织品，但欧洲各地都没有棉织制造业。所以，即使这种生产物，在当时欧洲人看来，亦不很重要”。④

---

① 亚当·斯密：《国民财富的性质和原因的研究》(下卷)，郭大力、王亚南译，商务印书馆1974年版，第129页。

② 同上书，第203页。

③ 同上书，第129—130页。

④ 同上书，第132页。

西印度的黄金，的确使处于资本原始积累时期的欧洲资产者垂涎三尺。斯密说，“最初冒险家输入欧洲的黄金，全部或极大部分是由极容易的方法取得，即向无抵抗力的土人劫掠而得”，但是土人所有的黄金被剥夺尽了，就必须从矿中掘出。而丰饶金矿尚未发现时，开掘金矿所需劳动与费用是极其浩大的。只要是这样，对欧洲的意义也不大。

斯密有这种看法，一方面是受到历史条件的限制，这时英国的产业革命尚未发生，殖民地是工业原料的产地这种重要性，人们尚未认识；另一方面是由于他对由其首先发现的先进国的农业劳动生产力，不一定比落后国的农业劳动生产力高这一事实，缺乏深刻的理解，以致看不到从发展趋势看，殖民地可以为母国或宗主国提供廉价的农产品。

关于欧洲人在东印度等地建立殖民地的动机和目的，斯密没有单独加以论述。他以英国为例，将英国一开始就对东印度等地实行的独占和以后才对北美实行的独占，统一地看成对殖民地的独占，然后指出，“英国统治殖民地的主要目的，或更确切地说唯一目的，一向就是维持独占。殖民地不曾提供任何收入来维持母国的内政，亦不曾提供任何兵力来维持母国的国防；其主要利益，据说就是这种专营的贸易。此种独占，即是此等殖民地隶属我国的主要标志，亦是我国从这种隶属所得的唯一果实”。① 这就是说，英国统治殖民地是徒有虚名，毫无实益。斯密由此认为，英国应该“解放”殖民地。他为什么有此看法，这将在后面说明。

斯密还论述了近代社会两种不同殖民地的经济关系。首先，奴役土著殖民地的物质生产劳动者，不是欧洲的殖民者，而是当地的土人。其所以如此，他认为是由于：“生长在欧洲温带的人民的体格，据说，不能在西印度炎日下从事挖土劳动。”②这里说的虽然是西印度，但其适用性，显然不限于西印度。许多西方经济学家都有此看法。这是一种种族偏见。日本发动太平洋战争时，将关在集中营里的白人放在田野上劳动数年，他们完全胜任，这说明上述论点是错误的。

其次，在移民垦殖殖民地，荒地和由于土人被赶走而腾空出来的土地很

---

① 亚当·斯密：《国民财富的性质和原因的研究》（下卷），郭大力、王亚南译，商务印书馆1974年版，第185页。

② 同上书，第157页。

多,获得土地容易,工资劳动者容易变成独立生产者,这些殖民地多半经营个体农业,资本主义工业发展极其缓慢,它们以农产品交换欧洲国家的工业品。有一段时间,欧洲国家和这些殖民地的矛盾并不严重。后来,当这些殖民地已经发展得相当可观,与欧洲国家的矛盾日益严重时,后者才对它们加以种种限制,因而从这时起它们实质上已变成被压迫的殖民地了。这和欧洲国家对奴役土著殖民地,一开始就加以压制和统治是不同的。

最后,欧洲国家后来才对移民垦殖殖民地实行的独占,和它一开始就对奴役土著殖民地实行的独占,这两种独占的作用是不同的。前一种独占,是由一个欧洲国家排除其他国家,对其殖民地的贸易和航运实行独占,以获取较高的利润,而对该殖民地的生产,基本上不实行独占;英国对其北美殖民地后来实行的政策,就是这样。而后一种独占,是由一个欧洲国家在其殖民地上创立独占公司来进行的,它不仅不允许其他国家染指其殖民地,而且对殖民地的生产和贸易都加以独占。如英国的东印度公司,它有时命令农民掘翻种罂粟的良田,以改种稻米或其他谷物,有时又命令农民掘翻种稻米或其他谷物的良田,以改种罂粟,这妨碍生产的发展,当然甚于前一种独占。

由于这样,斯密就认为,移民垦殖殖民地经济的发展快于奴役土著殖民地。这是正确的,但是并不全面。重要的是,他没有指出,奴役土著殖民地和移民垦殖殖民地的根本不同,还在于它的经济发展又受前资本主义生产关系的束缚,外国资本主义到这里来,并不完全摧毁这种生产关系的基础,而是利用它进行剥削,这样一来,奴役土著殖民地经济的发展,就非常缓慢。关于外国资本主义经济如何利用奴役土著殖民地,即现在大多数发展中国家的生产关系进行剥削,使这两者发生有机联系,这在当前仍是一个值得研究的课题。

第四节 移民垦殖殖民地从国内殖民地变成国外殖民地

斯密不自觉地论述了现代社会两种殖民地还有一点和古代社会两种殖民地不同:希腊社会的殖民地始终都是母国的分支,是母子关系的殖民地,即国内殖民地,罗马社会的殖民地始终都是奴役土著的殖民地,即国外殖民地。现代社会两种殖民地中,移民垦殖殖民地开始时是母国的分支,是国内殖民地,后来就变成国外殖民地。与此相反,奴役土著殖民地始终都是国外殖民地。

对于希腊社会各邦即母市和它的殖民地之间的母子关系,斯密予以高度称赞。他首先说,"母市虽视殖民地为儿子,常给予大的恩惠与投助,也得到殖民地的感戴,但却视殖民地为已解放的儿子,不要求直接的统治"。① 由于这样,他就认为,古希腊殖民地与其从出的母市,一方面有一种父母之爱,一方面有一种孝敬之心②,真是亲如母子。他最后说,"许多古希腊殖民地,因此似乎非常迅速地进入富强。在一世纪或二世纪中,就有一些能与母市抗衡,甚至超过母市了"。③ 斯密作为一个人文科学百科全书式的伟大学者,对于希腊某些殖民地的灿烂文学艺术,予以高度称赞,认为两个最古老的希腊学派,即达理士学派及毕达哥拉斯学派,并不是建立在古希腊,而是一个建立在亚细亚殖民地,另一个建立在意大利殖民地。④ 希腊殖民地之所以有如此成就,他认为主要原因在于,他们对母市全然独立,还能按照他们自己认为最有利于他们自己的方式,自由处理他们的事务⑤,换句话说,这种殖民地是同母国毫无剥削关系的国内自治区。

罗马的殖民地就不是这样。斯密指出,它们远远没有希腊殖民地那样辉煌。其原因,斯密认为是,"殖民地不能独立,他们并非经常能按照自己认为的最有利于自己的方式,自由处理他们自己的事务"。⑥ 这就是说,这种殖民地是由母国剥削和统治的国外殖民地。

如果说希腊殖民地的历史,确实如斯密所记载的那样,因此他无法提出这种殖民地会变成受压迫的国外殖民地是正确的,那么,他不根据历史提出罗马的受压迫的国外殖民地后来变成受压迫的国内殖民地就是不正确的。因为随着罗马不断发动战争,征服的殖民地越来越多,它将其包括在罗马帝国之内,出现了所谓罗马统治下的世界和平,这样,原来的国外殖民地,就成

---

① 亚当·斯密:《国民财富的性质和原因的研究》(下卷),郭大力、王亚南译,商务印书馆1974年版,第128页。

② 同上书,第187页。

③ 同上书,第138页。

④ 同上。

⑤ 同上。

⑥ 同上。

为罗马帝国内部的即国内的殖民地了。

斯密尽管不自觉，但是在事实上叙述了现代社会的移民垦殖殖民地，在一定条件下，就从国内殖民地变成国外殖民地。正如前面说过的，在这种殖民地，开始时经济发展很缓慢，和母国没有什么利害冲突，母国便任其自然发展，不予管束。这时，它就是母国的一个分支，是不包含压迫涵义的国内殖民地。其后，它的经济发展了，同母国发生利害冲突，母国就对它施加限制和束缚，并损害它的利益以肥自己。斯密说："在此等殖民地已经建立，而且相当可观，足以引起母国政府的注意时，母国最初对它们颁布的一些条例，其目的总在保证它独占此等殖民地的贸易，限制它们的市场，牺牲它们以扩大自己的市场，因此，与其说促进它们的繁荣，倒不如说加以压抑。"①

斯密以英国对其北美殖民地为例来加以说明。他认为，英国"对殖民地所课的税，能与平时所付的费用相等，已属罕见，若要支付战时殖民地所增加的费用，那就无论如何也是不够的。所以，这样的殖民地，对于母国，只是负担，不是财源"。② 由于要将殖民地变成财源，他认为英国就要将殖民地视为"领地"，对其实行专营贸易。他指出：实行专营贸易的结果，那些被称为列举商品的英属殖民地的剩余生产物，就只能输往英国，不能输往任何其他国家了。其他国家不能不向英国购买。这样，英国由于享有独占权，就能以较低的价格向殖民地购买产品，而以较高的价格向其他国家转卖产品，从而就得到巨大的利益。③ 我们以后知道，斯密认为这对发展英国本身的产业与生产不利，因而反对这种独占，主张"解放"殖民地。但只要存在着这种独占，移民垦殖殖民地就从不含有压迫涵义的国内殖民地，变为对母国提供贡纳的"领地"，即变成受压迫的国外殖民地了。当然，斯密并未意识到这一点。

现代社会的奴役土著殖民地，斯密认为它始终都是受压迫的国外殖民地。他认为，宗主国对它们的统治，最常用的办法就是开设独占性的专营公司，以及在这基础上的征服土地。欧洲某些国家的殖民者，在东方开设的东

① 亚当·斯密：《国民财富的性质和原因的研究》（下卷），郭大力、王亚南译，商务印书馆1974年版，第180页。

② 同上书，第164页。

③ 同上书，第164—165页。

印度贸易公司，独占东方国家的对外贸易，干涉它们的生产，实际上将它们视为自己的“领地”和“领岛”。例如，荷兰人在他们未曾占有殖民地的岛上，对于采集丁香及豆蔻幼花绿叶的人给予一种补助金。英荷两国的公司，在东印度征服了许多地方，荷兰人减少它占领的若干岛的人口，使其人数限为这样的数量，即足够以新鲜食品和其他生活品，供给荷兰少数的守备队和他们的来运香料的船员。①

斯密虽然提到“大不列颠与其殖民地联合”②，但没有看到如像罗马帝国那样的大英帝国的形成，因而看不到在大英帝国内，国外殖民地都变成为国内殖民地。

但是，斯密对大英帝国形成趋势的预言，对我们以后理解国外殖民地转化为国内殖民地，大有帮助。他认为，美洲派五十或六十个新代表出席国会，英国的各种组织并不会由于大不列颠与其殖民地联合而受丝毫损害，相反地却得到完善。因为讨论并决定帝国一切地方事务的会议，为得到正确的情报，应当有各地方派出的代表。主要的困难，可能来自大西洋两岸人民的偏见与成见。

在他看来，大不列颠的人民不必担忧美洲代表的众多，会打破国王势力和民主势力的原有比例。因为美洲代表的人数和美洲交纳的税款成比例。前者构成民主势力，后者构成国王势力，两者也成比例。因此，大不列颠和殖民地联合之前和之后，民主势力和国王势力比例相同。美洲的人民，也不必忧虑他们因远离政府所在地而可能遭受到压迫。因为出席国会的代表，要靠人民的选拔才得到议员席位，并从中得到好处，他们定会以议员的权力，申诉殖民地军政长官的违法乱纪行为。美洲人民也不要认为政府所在地会长久地远离他们，因为美洲在财富、人口、纳税方面，也许只要一个世纪，就可以超过大不列颠。这时，帝国的首都自然会迁到帝国内纳税最多的地方。在帝国内部，国外殖民地就变成国内殖民地了。

---

① 亚当·斯密：《国民财富的性质和原因的研究》(下卷)，郭大力、王亚南译，商务印书馆1974年版，第204—205页。

② 同上书，第193页。

第五节　移民垦殖殖民地的经济、政治关系和母国不同

斯密不仅论述了两种殖民地的经济关系不同，而且也论述了移民垦殖殖民地的经济、政治关系和母国不同。

在分析新殖民地即移民垦殖殖民地经济的发展，较奴役土著殖民地快些的原因时，斯密曾经指出，这是由于"其土地荒芜，或人口稀少而土人容易对新来的殖民者让步"。① 从这里出发，他就不难看到这种殖民地的经济关系是和母国不同的。

在这种殖民地，土地面积极大而人口极少，每个殖民者都极其容易获得土地，并且获得的土地都大于他自己所能耕种的。由于土地是他的，他就无须缴纳地租，并且大都不须纳税，这样，他就努力耕种，使生产物增加。但是，他所有的土地是那么广阔，以致尽他个人的劳动，以及他能雇用的他人的劳动，也不能使土地生产出它所能生产的数量的十分之一。所以，"他极想从各地搜集劳动者，并以最优厚的工资来作报酬，但此等优厚的工资，加上土地的丰饶低廉，不久就使那些劳动者要离开他，自作地主，以优厚的工资，报酬其他劳动者，正如他们离开他们的主人一样，这些其他劳动者不久也离开他们"。② 在这里，斯密不仅指出这种殖民地的工资比母国高，而且事实上揭示了这样一条经济规律：同母国从个体生产者中分化出工资劳动者的情况相反，在这里却是从工资劳动者中长出个体生产者来。因此，只要工资劳动者容易获得土地这个过程不结束，资本主义在这里就不容易发展，就是说，即使从欧洲输入资本的物质因素——生产资料和工人，但到达殖民地不久，工人就成为个体生产者，生产资料就不能转化为资本。在斯密后数十年，殖民地经济学家威克菲尔德大概在母国生活惯了，就以为资本是物，到他研究殖民地经济，并看到这个现象时，他才惊呼：原来资本不是物，而是一种生产关系。

---

① 亚当·斯密：《国民财富的性质和原因的研究》（下卷），郭大力、王亚南译，商务印书馆1974年版，第136页。

② 同上书，第137页。

斯密还论述了这种殖民地的已耕地的价格也比母国低廉的原因。根据母国的经济规律,他当然知道土地价格=地租÷利息率,即地价就是"通常按若干年地租而计算的买价"。① 但在新殖民地,即使是已耕地,由于最初是无代价得来的,在经济上不存在土地私有权,不存在地租(绝对地租),因而,他就认为,在这一条件下土地价格几乎全由工资构成。这种工资就是开垦土地所费的劳动。② 其实,这是说,买卖的并不是能获取地租的土地私有权,而是凝结和附着在土地上的劳动,也就是价值。因为他认为工资就是劳动的价值。这种仅取决于开垦土地所费的劳动的地价,当然比母国的低廉。但它不是资本化的地租。

斯密认为,这种殖民地有一种土地价格是资本化的地租,也比母国的低廉。这种地价=地租÷利息率。他认为,独占这种殖民地的贸易会使利息率提高,而使地租降低。利息率提高,是由于独占贸易提升商业利润率影响所致。地租降低是由于利息率提高妨碍土地改良,因为土地改良的"利润取决于土地现实生产额和加投资本后土地可能生产额之差"③,这个利润率如低于利息率,土地改良就减少。在他看来,土地改良的费用就是资本,它要取得利息,他将它理解为地租。因此说,"独占妨碍土地改良,势必延迟另一大的收入原始源泉——土地的地租——的自然增加"。④ 地租增加很慢而利息率较高,土地价格就比母国的低廉。

这种殖民地的土地价格确实低廉,但斯密的说明有缺陷。

移民垦殖殖民地地广人稀所产生的经济现象,是其后的经济学家提出错误理论的思想材料。获得土地极易,大量存在的个体农民无须缴纳地租,这使李嘉图研究资本主义地租时,竟然可以无视土地私有权的存在,否认绝对地租。容易获得土地,缺少工人,工资较高,这就助长移民和工人生育,因此这种殖民地人口增长极快。马尔萨斯一方面利用这一点,认为北美人口每25年增加一倍,另一方面利用中国、日本粮食增产极慢,而不顾爱尔兰人

① 亚当·斯密:《国民财富的性质和原因的研究》(下卷),郭大力、王亚南译,商务印书馆1974年版,第182页。

② 同上书,第137页。

③ 同上书,第182页。

④ 同上。

口虽绝对减少，但贫困却在增长的事实，提出他的资本主义贫困是由人口增长快于粮食增长造成的理论。

以移民垦殖殖民地的工资较高为基础，斯密论述了它的阶级关系和母国不同。他说：在母国"地租和利润吃掉工资，两个上层阶级压迫下层阶级。但在新殖民地，两个上层阶级的利害关系，使得他们不得不更宽宏地更人道地对待下层阶级；至少，在那里，下层阶级不处在奴隶状况"。[①] 这无非是说，在这种殖民地，工人的物质生活好得多，工人和剥削阶级之间的关系，不像母国那样紧张。但斯密的论述继续分析。"地租和利润吃掉工资"，或者反过来，工资吃掉地租和利润。这两个相反的命题，从劳动价值学说来看，都是对的。因为工人创造的新价值，要分解为 v+m，m 大了，v 就小了；反之，v 大了，m 就小了，m 再分解为利润和地租。这就产生两个问题：(1)斯密认为生产商品所费的劳动决定价值，但又认为工人出卖的是劳动，劳动的价值或工资就是工人创造的价值。这样一来，地租和利润就没有来源了。为了说明它们，斯密只好说商品的价值不再由生产中投下的劳动决定，而改由交换中支配的劳动决定，这种劳动包括工资、地租和利润，并认为它们各有其源泉。上述引文中的"收入原始源泉——土地的地租"，就是这种错误的价值学说的表现。如果这三种收入各有其源泉，那么，地租和利润就不会吃掉工资。这一理论上的矛盾，斯密并没有觉察。(2)在新殖民地，较高的工资不仅没有吃掉利润，利润反而"极为丰厚"，这怎能以劳动价值学说来说明呢？他认为，在这里，农业经营者事实上是身兼资本家和地主的，但其收入却表现为他的利润。[②] 其实，分析一下就可以知道，这一利润起码包括了农业经营者参加生产所创造的价值，即他自身的工资；如果他耕种的土地，无论在国内市场或世界市场上，都是优良的土地，那么就必然产生级差地租，只因为他是土地所有者，这种地租就归他所有，并与他的工资一起，都表现为利润了。只有这样，才能在坚持劳动价值学说的条件下，说明较高的工资和丰厚的利润何以能同时存在。

斯密认为，移民垦殖殖民地经济发展较快，其原因除了良好土地很多之

---

① 亚当·斯密：《国民财富的性质和原因的研究》(下卷)，郭大力、王亚南译，商务印书馆 1974 年版，第 137 页。

② 同上书，第 137 页。

外,就是能够"按照自己方式自由处理自己事务"。① 从这点出发,他认为英国在北美的殖民地,其政治制度不同于母国。他说:"殖民地会议,和英国众议院一样,未必都是极平等的人民代表机关,但总更具有这种性质。"②他之所以对英国众议院有看法,是由于此时众议院由地主阶级把持,距离议会选举改革还有半个世纪。他又说:"殖民地参议院,与英国贵族院相当,但不是由世袭的贵族构成""没有一个英属殖民地有世袭的贵族",因此,"人民在英属殖民地,就比在母国更为平等了。他们更有民主共和的精神,其政府,尤其是新英格兰那三个政府,一向更有民主共和精神"。③ 这实质上是论述民主共和制只有在没有或较为彻底消除了封建的人身等级制的基础上,才能建立起来,它较之君主立宪制更适合于商品经济中的平等主义,因为在民主共和制中,血统、特权不起作用,与商品经济中的自由竞争原则相符合。

第六节 英国关于"解放"殖民地的理论——斯密的殖民地理论

1. 概述

19 世纪 80 年代以前,如罗马帝国那样的现代殖民帝国尚未产生。当时西欧有很多国家从资本原始积累时期就开始实行殖民主义,拥有许多殖民地。如西(班牙)、葡(萄牙)、英(国)、法(国)、荷(兰)等国就是这样。但是,这些殖民地是一个一个地存在着,和宗主国或母国并没有在政治上联在一起组成殖民帝国,即使是后来拥有殖民地最多的英国也是这样。我们知道,英国资本主义萌芽晚于地中海沿岸的一些国家;但其后由于地理位置的优越,在资本原始积累时期,它在实行殖民主义方面终于超过欧洲其他国家,然后又在航海运输、

① 亚当·斯密:《国民财富的性质和原因的研究》(下卷),郭大力、王亚南译,商务印书馆 1974 年版,第 143 页。

② 同上书,第 156 页。

③ 同上。

对外贸易和产业革命方面遥遥领先,成为所谓的“世界工厂”。在这个基础上,到19世纪60年代英国实行自由贸易的鼎盛期,它在经济上已成为一个最大的殖民主义国家,受它剥削的殖民地,包括了爱尔兰、北美、澳大利亚、新西兰、印度、南非,以及亚洲和非洲其他国家和地区、太平洋上某些国家和地区。

值得指出的是,这时的英国虽然拥有的殖民地最多,但是,它的某些重要的经济学家和政治家却主张“解放”殖民地。所谓“解放”殖民地,就是英国对殖民地不实行独占政策,任其同所有国家进行自由贸易,不组成如罗马帝国那样的大英帝国。他们之所以主张“解放”殖民地,是由于英国这时在航运、外贸和工业生产上都居于领先地位,它与其耗费巨大的行政管理费用和军队占领费用来独占殖民地,倒不如放弃这种独占,省下这些费用,用自由贸易的办法来取得更多的利润,这更为有利。

英国主张“解放”殖民地的重要理论家是亚当·斯密和边沁,重要政治家是迪斯累里。斯密在1776年指出:“在现今的经营管理下,英国从统治殖民地,毫无所得,只有损失。”①他相信,他的“解放”殖民地的建议,“若真的被采纳,那么英国不仅能立即摆脱掉殖民地平时每年的全部军事费用,而且可与殖民地订立商约,使英国能够有效地确保自由贸易,那与它今日享受的独占权相比,虽对商人不怎么有利,但对人民大众必更有利”。② 边沁在其1793年的《解放陛下的殖民地》的著述中,表达了这样的思想:贸易是资本的产儿,资本自动产生贸易,贸易的数量只由使用的资本数量决定;因此,占有殖民地,独占对殖民地的贸易,这是不必要的,用于殖民地贸易中的资本,改用于其他领域,也能得到同样效果。他举例说:假如圣多明哥的土著,从向法国购买谷物改为向英国购买谷物,法国不会有任何损失,因为总的说来,谷物的消费不会减少,英国既然供谷物给圣多明哥,就不可能再供给其他国家,其他国家就不得不向法国购买。迪斯累里在1852年任财政大臣时说,“殖民地是吊在我们脖子上的石磨”。③ 在所有主张“解放”殖民地的理论家中,以斯密的论述最为详尽,并且成为他的自由贸易经济理论体系的构成部

① 亚当·斯密:《国民财富的性质和原因的研究》(下卷),郭大力、王亚南译,商务印书馆1974年版,第186页。

② 同上书,第187页。

③ 转引自列宁《帝国主义是资本主义的最高阶段》,人民出版社1964年版,第86页。

分,需要详细论述。

2. 独占殖民地贸易,对殖民地产业发展不利

斯密明确指出:“殖民地贸易的独占也像重商主义其他卑劣有害的方策一样,阻抑其他一切国家的产业,但主要是殖民地的产业。”①对殖民地产业的阻抑,可以分为两方面来谈。

第一,有些殖民国家,以其殖民地全部贸易,交给一个专营公司经营。殖民地的人民必须向这个公司购买他们所需要的一切欧洲生产的货物,必须把他们的剩余生产物全部卖给这个公司。所以,这个公司的利益,不仅在于以尽可能高的价格,售卖前一种货物,并以尽可能低的价格购买后一种货物,而且在于即使后一种货物价格极低,其购入数量也以能在欧洲市场以极高的价格脱售者为限。因此,它的利益,不仅在于在一切场合都降低殖民地剩余生产物的价格,而且在于在许多场合阻抑其产量的自然增加。②

第二,在不设置专营公司的殖民地,例如英属北美殖民地,其剩余生产品的输出,亦有一定种类商品,限定输到母国市场。这些商品,因曾列举在航海法及其后颁布的其他法令上,故名为列举商品,其余则为非列举商品,可直接输到他国,但运输的船,须为英国船或殖民地船。这些船只,须为英国人所有,其船员亦须有四分之三为英国人。③ 这些法令,对殖民地的生产当然不利。

斯密认为,像这样独占殖民地的贸易,对母国或宗主国的经济发展,也是不利的。他的分析对象主要是英国。

3. 独占殖民地贸易,对殖民地贸易增加,对欧洲其他各国贸易减少

在斯密看来,自航海条例订立以来,英国财富虽然有了很大的增加,但这种增加,必定同没有殖民地贸易的增加保持同一的比例。这是因为,一国

---

① 亚当·斯密:《国民财富的性质和原因的研究》(下卷),郭大力、王亚南译,商务印书馆1974年版,第181页。

② 同上书,第146页。

③ 同上书,第148页。

的对外贸易，是按照它的财富增加的比例而增加的，也就是说，它用于对外贸易的剩余生产物是按照财富增加的比例而增加的。具体地说，英国独占了几乎所有殖民地的贸易，所需的资本，只能从其他贸易部门中吸引过来。这样一来，英国对殖民地的贸易虽然增加了，但对欧洲其他国家的贸易却减少了，这只是贸易方向的改变，而贸易量并不因有殖民地的贸易而增加。这种贸易方向的改变，只不过使英国以供外销为目的的制造品，不适合于有许多竞争者的市场，而适合于享有独占权的市场。换句话说，这是不利于英国产业发展的。

为了证明英国的财富并没有因独占殖民地的贸易而增加，斯密以标志着英国财富的海军力量为例进行说明。他指出，不仅在航海条例颁布使殖民地贸易得以独占以前，而且在殖民地贸易发展以前，英国就已经是个大商业国，英国的海军也非常强大。在克伦威尔当政时期，在对荷兰的战争中，英国海军比荷兰强大。在查理二世即位之初爆发的战争中，英国海军的实力至少和荷法两国海军联合起来相等，也许还要强大。但是，英国这种优越的海军力量，现今似未曾增大，亦即它的对外贸易，独占殖民地贸易，并没有使海军力量增大。结论就是：殖民地贸易，“决不能成为英国贸易盛大的原因，亦不能在当时成为海军力量强大的原因”。①

斯密这些论述存在很多问题，而且自相矛盾。他的论点不外是：对外贸易是财富的结果，它的增加同财富的增加保持同一比例；独占殖民地贸易不能增加贸易量本身，只能改变贸易结构。这里的错误，首先是混淆了价值与财富（使用价值）。他显然认为，英国用于对外贸易的资本是一个常数，它支配的价值也是一个常数。只要区分了价值与财富，就可以看到，等量资本支配的财富是可变的。其次是混淆工场内部分工和社会分工。他认为分工能提高劳动生产率，并举了一个分工使针的产量大为提高的例子。就分工能够提高劳动生产率来看，工场内部分工的作用最为巨大，上例就是这样。他又认为分工受市场的限制。这里的分工是社会分工。他由于混淆了社会分工和工场分工，便认为殖民地贸易本身并没有使市场扩大，因此与殖民地贸

① 亚当·斯密：《国民财富的性质和原因的研究》（下卷），郭大力、王亚南译，商务印书馆1974年版，第169页。

易不能促进分工、提高劳动生产率、增加财富。其实，按照他的分析，虽然全部对外贸易的价值量，并不因对殖民地贸易的独占而增加，但后者所占比重增加，使供应殖民地产品的生产部门的工场分工更精细，劳动生产率提高，产品即财富增加，单位产品价值降低，对殖民地贸易的那部分资本支配的财富亦就增加。总之，斯密既然认为分工能提高劳动生产率，能增加财富，那么他就应认为，对殖民地贸易能使有关制造业提高工场内部分工的程度，从而能增加财富。

因此，斯密的上述看法和他在下面的论述自相矛盾乃是必然的。他说："美洲的发现给欧洲各种商品开辟了一个无穷的新市场，因而就有机会实行新的分工和提供新的技术……劳动生产力改进了，欧洲各国的产品增加了，居民的实际收入和财富也跟着增大了。"[①]当然，这里没有涉及英国由于独占北美殖民地贸易而减少了同欧洲其他国家贸易的问题，亦即英国贸易价值总额没有由此增加的问题。但是我们强调的是，对美洲的贸易使英国有机会实行新的分工，从而提高劳动生产率，使财富在总价值量不变时增加。

4. 独占殖民地贸易，提高英国商业利润率，归根结底对英国不利

独占殖民地贸易，减少这个领域中资本的竞争，因而这个领域内的商业利润率提高了；英国其他贸易部门的资本部分地移到殖民地贸易来，这个领域中资本的竞争减少了，因而它的商业利润率也提高了；由于外贸各领域、外贸内贸之间、贸易和产业之间，都存在竞争，平均利润率因而提高。与此相反，由于英国有些外贸部门的资本减少了，其他国家的资本就流入得更多，竞争增强，其他国家商业利润率乃至平均利润率便比英国的低些，这些看起来都对英国有利。

但它使英国蒙受绝对的不利。由于英国商人要取得更高的利润，他们之间就贵买贵卖，这就导致少买少卖，从而使英国享受的和生产的减少，也使英国蒙受相对的不利。由于其他国家商业利润率比英国低，在竞争中他

---

① 亚当·斯密:《国民财富的性质和原因的研究》(下卷)，郭大力、王亚南译，商务印书馆1974年版，第20页。

们就能增大优势，减少劣势。这就是说，英国商品价格高，其他国家就能以较低的价格，将英国商品从国外市场上排除出去。

结论就是："英国资本，就在这情况下，有一部分，从我国未曾享有独占权的各种贸易部门，尤其是欧洲贸易和地中海沿岸各国贸易中，被吸引过去（到独占殖民地贸易部门——引者），有一部分，被排除出去（因商品价格高——引者）。"①

斯密这里的论述，从理论上看是错误的，是违反他最初曾想坚持的劳动价值学说的。前面曾经说过，他由于错误地认为工人出卖的，不是劳动力而是劳动，劳动创造的价值就是工资，因而就只好说价值由交换商品支配的劳动决定，它包括工资、利润和地租，竞争会使这三者具有一种自然率，竞争加强就使它们下降，反之，竞争削弱就使它们上升。上述关于利润率的高低和商品价格的高低，就建立在这一理论上。这是错误的。因为竞争本身只能使利润等具有一种自然率或平均率，而不能说明这个平均率的高低。根据劳动价值学说，撇开对外贸易和独占因素，利润的变化，只能由工资相反的变化来说明；反过来说，在这种条件下，利润的变化，也不会使价格发生相同的变化。

正确的解释应该是这样，英国是最先进的工业国，其国民劳动生产率，高于世界市场上的平均劳动生产率，因此英国商品在世界市场上，就能实现更多的价值，但生产这种商品的英国工人，并没有因此得到更多的工资，由于这样，英国由于有利的对外贸易，就有较高的外贸利润率。由于外贸、内贸、产业之间存在着竞争，英国的平均利润率就提高了。关于这一点也可以这样解释：英国由于有高于世界水平的劳动生产率，包括在国外市场实现的全部价值就大于它在国内生产商品投下的劳动，所以就有较高的平均利润率。由于平均利润率较高（它不是由于工资降低而引起的），就使商品生产价格提高，这种商品如用于出口，价格也就较高。至于独占殖民地贸易，其利润率更高，那是另一个原因产生的，也就是斯密说的：贱买贵卖。然后殖民地贸易更高的利润率，参加英国平均利润率的形成，从而"使一切的利润，达到一个新的水平，这一新的水平与旧水平不同，而且比旧水平略高"。② 斯

① 亚当·斯密：《国民财富的性质和原因的研究》（下卷），郭大力、王亚南译，商务印书馆1974年版，第170页。

② 同上书，第167页。

密所说的事实只能是暂时的现象。

下面将谈到李嘉图反对斯密的看法。他认为除非从殖民地进口的是廉价的谷物，使英国工人货币工资降低，否则，殖民地贸易不能提高英国的平均利润率，即使暂时提高了，不久也要降到原来的水平。

5. 独占殖民地贸易，使资本流通时间延长，对英国增加生产性的劳动不利

斯密认为，增加国民财富有两种办法，一是提高劳动生产率，二是增加生产性的劳动量，而不是增加非生产性的劳动量。关于后者，作为一个原理，他指出："投在消费品国外贸易的资本，所能维持本国生产性劳动量，与其往返的次数，恰成比例。"所以，"一般地说，对邻国进行的消费品国外贸易，比对远国进行的更有利"。同样道理，"直接的消费品国外贸易，比迂回的消费品国外贸易更有利"。[①] 独占殖民地贸易，恰好在这两点上都是不利的。

第一，它使一部分英国资本从邻国的消费品国外贸易流入远国的消费品国外贸易。这些殖民地，不仅离英国较远，而且情况特殊，使资本从垫支到取回的时间大大延长。这种特殊情况是：殖民地缺少资本，因此尽可能地拖欠英国商人的货款，多数要在四五年才能全部归还。这样，1 000 镑资本，每年只能当作 200—250 镑来用，它能雇用的生产性劳动者就减少了。

第二，它使一部分英国资本，从直接的消费品国外贸易，流入间接的消费品国外贸易。前面提到的列举商品是只能运送到英国去的，但其中有几种大大超过了英国的消费额，因此有一部分必须再输到其他国家。这样一来，一部分英国资本就要流入间接的消费品国外贸易了。例如，从北美殖民地输到英国的烟草，英国消费不了，大部分要再输出到法国、荷兰以及波罗的海和地中海沿岸各国。这样，这部分资本从垫支到取回的时间，就等于对北美贸易往返的时间，加上对其他各国贸易往返的时间，也就是说，同原先一部分英国资本可以直接与欧洲各国进行贸易比较，所需时间无疑地更长

---

① 亚当·斯密：《国民财富的性质和原因的研究》(下卷)，郭大力、王亚南译，商务印书馆1974年版，第171页。

了。这对维持英国生产性劳动同样是不利的。

斯密还认为，独占殖民地贸易，也迫使“一部分英国资本，从消费品国外贸易，流入运送贸易，因而使多少用以维持英国产业的资本，有一部分用来维持殖民地的产业，有一部分用来维持其他各国的产业”。① 这怎么理解呢？他认为，间接的消费品国外贸易，例如上述的烟草，从北美输送到英国后，大部分从英国再输出到德国和荷兰，然后英国又以这笔货款从德国和荷兰购回麻布，这麻布英国消费不了，绝大部分再输出到殖民地去，供它们消费。这样，这部分用来购买烟草而又用烟草购买麻布的英国资本，就流入运送贸易，不能用来维持英国的产业，而全部被抽出去，“一部分用来维持殖民地的产业，一部分用来维持那些以本国产业产物购买这种烟草的国家的产业”。② 在这里，“维持殖民地的产业”指的是什么，看来是不清楚的。如果指的是英国资本购买和运送了殖民地的烟草，正如它购买和运送了德国和荷兰的麻布一样，那么，这烟草就不应只是用于间接消费品国外贸易那部分，而应是全部。看来指的应该是，麻布输送到殖民地后，再用麻布换购殖民地的产业产品（不只是烟草），只有这样，才能解释得通。到底是什么，斯密没有说明。

6. 独占殖民地贸易，使工资、地租和利润不像没有独占时那样多

根据上述，斯密得出这样一个结论：“独占使一切收入的原始泉源，即劳动的工资、土地的地租和资本的利润，在很大程度上，不像无独占时那样富足。”③

独占殖民地贸易，如上所述，一方面提高了英国商业利润率和普通利润率，另一方面又减少了用来雇用生产性劳动的资本，从而使生产出来的物质财富没有无独占时增加得那样多。而只有这物质财富才能积累为资本，这样，资本的增加就慢了。虽然利润率提高了，但是，“大资本的小利润，通常

---

① 亚当·斯密：《国民财富的性质和原因的研究》（下卷），郭大力、王亚南译，商务印书馆1974年版，第175页。

② 同上。

③ 同上书，第183页。

比小资本的大利润提供更大的收入”。[①] 就是说，总利润量不能增高到和没有独占时一样。资本的增加已经慢了，再加上资本的流通时间长了，它所能雇用的生产性劳动者，就比没有这种独占时增加得慢了，亦即社会工资总量增加得慢了。前面曾经谈过，利润率的提高，妨碍土地的改良，这在斯密看来会减少地租的增加，社会地租总量就增加得慢了，其中的错误，前面也谈过了。

工资、地租和利润的社会总量虽然增加得很慢，但利润率却因独占殖民地贸易而提高了，换句话说，对获取利润的阶级还是有利的。但是，斯密认为，高的利润率，会败坏社会风气，对整个国家不利。他说：“高的利润率，随便在什么地方，都会破坏商人在其他情况下自然会有的节俭性。”而“大商业资本所有者，必定是全国实业界的领袖和指导者。他们的榜样对国内全部勤劳民众生活方式的影响，比任何其他阶级的影响大得多”。这样，“本来是最会蓄积的人，都不能在手上有所蓄积了”。[②] 换句话说，利润和收入，有很大的部分用于维持不从事生产者了。于是，国内所维持的生产性劳动量，一天比一天少。他以加的斯和里斯本商人异常高的利润，来说明西班牙和葡萄牙经济的衰落，要英国引以为戒。斯密在这里分析问题的方法，显然是从理查德·坎蒂隆那里学来的。坎蒂隆在1734年的《论商业的性质》一书中认为，商品的市场价格之所以和价值发生偏离的根本原因，在于地主阶级生活爱好、消费结构的变化，资产阶级消费结构的变化是随着地主阶级的变化而变化的。坎蒂隆用委婉的办法，攻击地主阶级；斯密套用他的办法，攻击独占殖民地贸易的大商人。

斯密提及的西班牙和葡萄牙原先对外贸易很发达，但后来经济反而落后了，这是事实。但他将其原因归结为商业利润高，助长挥霍，则失之偏颇。马克思认为，“现代生产方式，在它的最初时期，即工场手工业时期，只是在现代生产方式的各种条件在中世纪内已经形成的地方，才得到发展”[③]；葡萄牙后来之所以落后了，主要原因是形成新的生产方式的条件，较英法等国落

---

① 亚当·斯密：《国民财富的性质和原因的研究》(下卷)，郭大力、王亚南译，商务印书馆1974年版，第182页。

② 同上书，第183页。

③ 马克思：《资本论》(第三卷)，人民出版社2004年版，第372页。

后。中国在中世纪对外贸易也颇为发达，陆有西北通西域的“丝绸之路”，海有东南通南亚、西非的“陶瓷之路”[①]，郑和下西洋还略早于哥伦布在美洲登陆，中国外贸商人也很富有，但中国并没有因此长出资本主义来，其原因同样不是以商人为首的挥霍，而是社会内部尚不具备形成资本主义的生产条件。

7. 英国不能从经济上“解放”殖民地的原因

斯密深信，英国“解放”其殖民地，这些殖民地“不仅会从此尊重和我们分离时所订定的商约，而且将在战争上、贸易上赞助我们，不再作骚扰捣乱的人民，却将成为我们最忠实、最亲切、最宽宏的同盟”。[②] 他还认为，“解放”殖民地，要逐步地、慢慢地进行，不能操之过急，否则，不仅会引起一些暂时性困难，而且将使现在以劳动和资本经营殖民地贸易的人，大部分蒙受大的永久的损失。[③]

但是，英国并没有“解放”它的殖民地。这是因为，如像斯密所说的，这种做法不符合统治阶级的私人利益，因为他们对于许多有责任有利润的位置的处分权，将从此被剥夺，他们那许多获取财富与荣誉的机会，亦将从此被剥夺。[④] 根据这一点，与李嘉图同时代的经济学家詹姆斯·穆勒说，英国的殖民地，是在上议院和下议院之外，对上层阶级进行赠予的庞大的制度。

---

① 这是我杜撰的，历史学家称之为“海上丝绸之路”。

② 亚当·斯密：《国民财富的性质和原因的研究》（下卷），郭大力、王亚南译，商务印书馆1974年版，第187页。

③ 同上书，第176页。

④ 同上书，第189页。

第十七章　斯密经济理论的庸俗化

第一节　19 世纪最初二十年法英政治经济和经济思想简况

法国和英国庸俗政治经济学的产生和法国资产阶级民主革命与英国产业革命有密切的关系。1789 年发生的法国资产阶级革命，是 18 世纪中最重大的事件。这次革命在资产阶级革命界限内，较为彻底地消灭了封建制度，从而为资本主义的发展铺平了道路。

这次革命就其阶级内容来说，是以资产阶级为首，包括工人和农民在内的第三等级，反对第一和第二等级——僧侣和贵族——的革命。劳动人民在革命中发扬了坚决的战斗精神。在城市中，举行起义浴血苦战的主要是工人群众和手工业者；在农村中，攻打封建城堡的，是劳动农民。随着革命的进行，第三等级内部又发生了分裂，各个阶级都提出了自己的阶级要求。

无产阶级和劳动群众自发地使革命进一步朝着反资本主义的方向发展。他们的坚决战斗精神和革命行动，使法国资产阶级首先对无产阶级警惕起来。资产阶级企图使革命中途而止，出卖自己的同盟者。第三等级的分裂反映在国民大会的政治派系斗争中。代表小资产阶级和劳动群众的山岳派（雅各宾党），在 1793 年领导了巴黎贫民和工人起义，将代表资产阶级的基伦特派从国民大会中驱逐出去，建立了无产阶级和小资产阶级的专政，以果敢的革命精神将资产阶级革命进行到底。

雅各宾党政权建立了革命军，反击外国反动的武装干涉，保卫国家，废除封建义务，实行普选，坚决执行了镇压反革命的政策，颁布了“限价法”。

1794 年，大资产阶级发动反革命政变，夺取了政权。随后，1799 年大资产阶级又将政权交给了拿破仑;1804 年拿破仑称帝。拿破仑政权的实质是大资产阶级的反动专政。拿破仑实行了为其战争政策服务的保护政策,但受到保护的只是遭到英国威胁的纺织工业利益。于是,资产阶级中一部分人拥护他,另一部分在这个问题上反对他。

自从雅各宾党被推翻后,法国工人就被踩在地上,他们所受的剥削和压迫日益深重。但他们并没有倒下去,在巴贝夫派领导下,他们开展了秘密的反资本主义制度的活动。

拿破仑政权由于得不到广大人民的支持,对外进行侵略战争又遭到失败,终于在 1814 年垮台,在外国封建主义的刺刀保护下,被推翻 25 年的波旁王朝,经过多次阴谋叛乱后又在法国复辟。

在此期间,法国有两种反对资本主义的经济学说:一种是空想社会主义者的经济学说,它揭露法国革命后阶级对立的实况,认为贫困是富裕产生的,抨击资本主义,提出以"理想社会"代替资本主义的空想方案。另一种是小资产阶级的经济学说,它代表小生产者的利益,揭露资本主义生产与消费的矛盾,提出以小商品生产代替资本主义的倒退方案。

在这样的阶级斗争的条件下,法国资产阶级不可能产生进步的经济学家,只能产生萨伊这样的庸俗经济学家。

在法国发生资产阶级革命时,英国的农业革命已进入最后阶段,同时正经历产业革命。随着产业革命的进行,随着资本主义生产方式在社会生产中居于统治地位,英国无产阶级日益贫困化了,生产过剩的经济危机开始发生。与此同时,从 15 世纪下半期开始的、用暴力剥夺农民土地的所谓农业革命,已进入最后阶段。几个世纪以来,英国的农民不断地从土地上被扫除出去,新办的资本主义农场和牧场,收容不了这么多农民;城市里的工业也容纳不下他们,失业和贫困现象极为严重。在 19 世纪初英国已经出现了反对资本主义制度的空想社会主义学说。但是,由于英国资产阶级正围绕着改革议会选举法和取消谷物法问题与土地贵族发生争吵,资产阶级和工人阶级之间的斗争还没有公开爆发。

在这样的政治经济条件下,英国产生了三种不同倾向的经济学说:第一种是空想社会主义者的经济学说,它们代表刚刚产生的无产阶级和劳动群众的要求和利益反对资本主义制度。第二种是代表工业资产阶级的李嘉图的古典政治经济学，它发展了斯密的劳动价值学说，揭露工资和利润、利润和地租的对立，攻击地主阶级是社会的寄生虫。第三种是代表土地贵族利益的马尔萨斯的经济学说，马尔萨斯既代表土地贵族和资产阶级的共同利益而反对工人阶级，而当资产阶级的利益和土地贵族发生矛盾时，他又代表后者反对前者。

萨伊和马尔萨斯就是资产阶级的最早的庸俗经济学家。他们的庸俗经济学在很大程度上是利用了斯密经济学说中的庸俗因素而发展起来的，成为一种独立的庸俗经济学体系。

第二节　萨伊的价值学说

1. 概述

萨伊是法国的庸俗经济学家。他出生在商人家庭，经营过工商业，当过杂志的总编辑、政治经济学教授。他写了大量的经济论文和经济书籍，曾被当时的经济学界称为“科学王子”。他的主要著作有：《政治经济学概论》(1803 年)，《经济学精义》(1817 年)，《应用经济学全集》(1828—1830 年，共六卷)；这几本书都贯彻着同样的思想。

萨伊是将斯密的经济学说介绍到欧洲大陆的第一人。他以注释斯密著作的形式庸俗化了斯密。他曲解斯密的最重要著作《国民财富的性质和原因的研究》的内在联系和逻辑程序，胡说这本著作是一些正确思想和一些真实的知识的凌乱堆积。于是，他就以注释和改写的形式，将斯密著作的内容，在形式上分为三大部分：生产、分配和消费。这种方法为以后大多数庸俗经济学家所采用，被称为三分法。

萨伊的三分法从方法论上为庸俗政治经济学奠定了基础。斯密上述那本大作是他那个时代的经济科学百科全书。全书共五篇，第一、二篇论述的是政治经济学原理，第三、四、五篇从这些原理出发，分别论述国民经济史、经济思想史和财政学；全书贯彻的基本思想则是：对国民财富的增进哪些东西是有利的，哪些是不利的。在论述原理的那两篇中，斯密从他的时代的经济特点，即以手工劳动为基础的、已经有了分工的工场手工业出发，也即从分工出发，合乎逻辑地论述交换、货币、价格、工资、利润和地租，这是第一篇的主要内容和逻辑程序；然后在第二篇中论述资本。所以斯密是根据自己的观点，即怎样才能增加国民财富，在第一、二两篇中将生产、交换和分配很好地结合起来加以研究的。斯密研究的事实上是资本主义生产方式，他探究了它的内部经济联系；但是，他的资产阶级立场又使他把资本主义生产方式看成生产的一般形态，因而常常陷入不能自解的矛盾中。萨伊曲解了斯密。从表面看来，他的三分法研究的是生产、分配和消费，好像研究的和斯密相似。其实完全不是这样。斯密虽然错误地把资本主义制度看作永恒制度，但是他终究探讨了这一社会经济制度的内部联系。而萨伊却将生产方式的资本主义形态抽掉，"研究"没有任何历史特点的、空洞的、一般的生产方式；换言之，就是将经济过程中人与人之间的关系的历史特点抽去，把它变成纯粹的人和物的关系，然后再去"研究"经济规律。这样揭露出来的"经济规律"当然就是空洞的、不反映任何生产方式历史特征的"规律"。自萨伊以来，几乎所有的庸俗经济学家都采用这种庸俗的方法。

三分法不仅抹杀了生产方式的历史特征，而且抹杀了生产对其他经济过程的决定性作用，抹杀了生产的社会特点决定其他经济过程的社会特点。在萨伊的三分法中，人们看到的只是生产是财富的生产、分配是财富的分配、消费是财富的消费，仅此而已。这也是自萨伊以来庸俗政治经济学通用的辩护手法。

萨伊就是立足在这样庸俗的方法论上，胡诌其伪科学的经济理论的。

萨伊从把生产看成一般的物质资料生产出发，大谈什么生产中的三要素：劳动、资本和土地（实质上是劳动过程三要素）和它们提供的服务。这就是萨伊的生产学说。

生产要素所提供的服务形式成了效用，而效用被认为就是生产物的价值；价值量由取得生产要素的代价构成，这些代价各由该生产要素生产出来。这就是萨伊的价值学说。

生产中有三个要素：劳动、资本和土地，生产物价值就在生产要素所有者中进行分配：劳动——工资，资本——利息，土地——地租，各生产要素所有者得到的收入，就是生产要素生产出来的。这个三位一体公式就是萨伊的分配学说的精髓。

萨伊自己认为他的最大贡献，就是他的销路论，实际上也就是他的实现学说。在这种谬论中，他把交换看成物与物的交换，生产越多，市场就越广，根本不可能发生普遍的生产过剩。这就是萨伊的销路论的主要内容。

生产上有三要素，分配上是三位一体，交换上生产物会为自己开拓市场，真是恰到好处，天衣无缝，毫无矛盾，在萨伊的笔下，资本主义生产就是这样一幅美丽而和谐的图画。

2. 生产学说是生产三要素论和服务论

萨伊的生产学说，包括了生产三要素论和服务论两个主要部分；其中的关联是：生产就是提供服务。

萨伊在其著作《政治经济学概论》中对生产的定义如下："所谓生产不是创造物质，而是创造效用。生产数量不是以产品的长短、大小或轻重估计，而是以提供的效用来估计。"

这个定义是反重农学派的。重农学派提出了生产是创造增加的物质，只有农业才是生产的这一观点。这个观点是片面的，从资本主义观点看，工业劳动和农业劳动都是生产的，因为这些物质生产部门都是生产剩余价值的。为了反对重农学派，萨伊在《政治经济学概论》中说："人力所能做到的，只不过改变已经存在的物质形态。所改变的新的形态，或提供前此不具有的效用，或者扩大原有的效用。"在这个问题上，萨伊和重农学派犯了同样的错误：从物质的观点看生产问题。虽然萨伊在这前提下正确地说出物质不灭这一自然科学规律，但是从这里出发，他却得出生产就是创造效用的错误结论。问题在于，从政治经济学的观点看，生产总是在特定生产关系下的生产，这样，生产的社会实质，当然就不是生产一般的物质财富，也不是生产效用。

这个定义也是反对斯密的。斯密对生产下了两个相互交叉、有时会相互矛盾的定义：生产是生产剩余价值，生产是生产商品。生产剩余价值的一定生产商品，生产商品的不一定生产剩余价值。第一个定义是正确的，因为它抓住了资本主义生产的实质；第二个定义是错误的，因为它离开了资本主义生产的实质而谈论一般的商品生产。然而这两个定义都有一个共同的正确基础:生产的基础是物质生产。萨伊的定义要反对的其实是这个。虽然物质和效用是相关联的,但他却强调效用,使效用脱离物质,为提出非物质生产这一概念准备条件。以后我们会看到,凡提供效用的,不问它是否与物质相联系,萨伊都认为是生产,都创造价值。总起来说,萨伊的定义有两个错误:阉割了生产的社会实质;实际上否认生产的基础是物质生产。

阉割了生产的社会实质,萨伊就将一般的劳动过程的要素,说成是生产的要素。正如马克思所说的,任何劳动过程都有这三个简单的要素:“有目的的活劳动或劳动本身,它的对象和它的手段。”①但萨伊却将这些没有社会特点的因素加上了资本主义的特点:劳动(在萨伊看来其实是雇佣劳动)、资本和土地(在萨伊看来其实是土地私有权),然后说这些是一般的三要素。

作为一般劳动过程的结果,使用价值或财富,或与物质相联系的效用,确实是劳动过程中三个要素相结合创造出来的;单纯有劳动过程的主观要素:劳动,或单纯有劳动过程的客观要素:劳动对象和劳动手段,确实是创造不出什么使用价值或财富的。萨伊既然将生产偷换为劳动,就当然认为使用价值,或财富,或效用,是生产三要素创造的。以后,他又将使用价值,或财富,或效用,说成是价值,经过这样的歪曲,他就认为价值是生产三要素创造的。

既然萨伊认为生产有三要素,故而这三要素必须结合起来提供服务,才能生产出效用来。他就振振有词地称生产要素所有者为生产者。资本家和土地所有者居然和工人一样,成为生产者了。在萨伊看来,他们相互合作,地位平等,共同提供服务,合力生产效用。

萨伊这些论调当然是荒谬的,因为直到目前服务和效用还是和物质生产相联系的;更荒谬的是,萨伊在以后的论述中将服务和效用从物质生产中脱离出来,认为凡是提供了服务创造了效用的,不问是否与物质相联系,都是生产。他极力糟蹋生产的概念。

于是就出现了非物质的生产的概念。在萨伊看来,非物质的生产,也是提供服务,也是创造效用的,只不过它和任何物质都不相联系。他认为,举凡社会上流人士,如国家元首,各级官吏,等等,还有社会下层小民,如优伶、

① 马克思:《资本论》(第一卷),人民出版社2004年版,第202页。

士兵、娼妓等,都是物质生产者,因为他们都提供服务,都创造效用。总之,萨伊是用糟蹋生产概念的办法,将政治经济学上称为服务或劳务(但不是萨伊所说的"服务")的活动,称为生产,将经济过程以外的政治法律活动、文化艺术活动、宗教迷信活动,甚至资本主义所特有的卖淫活动,都称为生产,以此为剥削阶级的剥削和寄生生活辩护。

与非物质生产相联系,非物质的资本这个概念也出笼了。它几乎可以把一切东西都包括在内,如工人也有非物质生产,这就是他的劳动。在萨伊看来,工人也是资本家中的一种。

现在,我们可以看出萨伊的服务论的反动本质何在了,他居然把资本家和土地所有者称为生产者,将工人称为资本家,将资产阶级国家的镇压职能称为生产活动。正如马克思所指出的:人们懂得,服务这个范畴,对于萨伊那样的经济学家,意味着必然会提供怎样的服务。

3. 价值学说是效用论和生产费用论的结合

前面说过,萨伊的生产学说包括了生产要素论和服务论:从这两个方面出发,萨伊的价值学说也包括了两个方面:效用论和生产费用论。这两者同样是错误的,自相矛盾的。

从生产创造出一定的效用(或使用价值或财富)这一错误论点出发,萨伊把价值看成由效用决定的。他在《政治经济学概论》中说:当人们承认某种东西有价值时,所根据的总是它的有用性,这是千真万确的,我还要接下去说,创造具有任何效用的物品,就等于创造财富。这是因为物品的效用就是物品价值的基础,而物品的价值就是财富所由以构成的。

将价值定义为效用之后,萨伊就认为价值是生产三要素创造的,并大谈太阳、空气、气压等自然因素在生产价值中的作用,认为它们同劳动一样,都是创造价值的因素。

我们知道,效用或使用价值是价值的物质担当者,但不是价值的基础和原因,没有使用价值的东西,当然不可能有价值;但使用价值很大的东西,并不一定是有价值和价值很大的东西。如空气、泉水对人类使用价值虽然很大,但因为没有耗费人类劳动,都没有价值。可见,价值的原因,不是效用或使用价值,而是劳动。萨伊自己也说:有许多效用大的物件,却无价值,例如水就是这样。这是因为：水充满于江河之中，可以无需代价就取得。需代价而取得的效用才有价值，这就等于承认效用不是价值的原因，代价才是价值的原因了。代价是什么呢？显然是人类的劳动。

萨伊既然错误地认为价值就是效用，那么，按照逻辑，他就应该主张价值量是由效用量来衡量或决定的。可是，效用是不能衡量的，效用量是不能确定的，企图量化效用以决定价值量的人，无一不跌进泥坑里。萨伊想躲开这个泥坑，认为价格可以间接地衡量物品的效用。

虽然萨伊很狡猾，但他并没有摆脱窘境。首先，前面说过，他原来认为价值由效用来衡量，只不过效用量是不能直接衡量的，只好由价格间接地来衡量效用量；这样，绕了一个圈子后，等于说价值由价格来衡量。这在方法论上是本末倒置，在具体问题上就等于说，物品的价值就是它所卖得的货币，也就是物品的价值，这是等于什么也没有说的废话。其次，说价值由效用来衡量，又说效用由价格来衡量，而价格事实上以价值为前提，这样绕了一个圈子之后就等于说效用要以价值来衡量。从前说效用是价值的尺度，现在又说价值是效用的尺度：这不仅是自相矛盾，而且是循环推论。

现在的问题，是萨伊怎样回答价格或价值量的决定。离开了唯一正确的劳动价值学说，要回答价值的决定，看来有三条路可走。第一条是萨伊已走过的效用论这条绝路，第二、三条是萨伊现在要走的生产费用论和供求论这两条路，以后就会知道，这同样是绝路。

从生产是生产三要素在发生作用这一论点出发，萨伊认为生产要素不论是否属于一个企业家所有，他实质上是要购买或租用这些生产要素的，因而商品的价格或价值量就要由支付生产要素的费用构成，即由生产费用构成。而生产费用，在萨伊看来，就是购买或租用生产三要素所支付的代价或价格，这就是劳动的价格——工资，资本的价格——利息，土地的价格——地租。价格或者价值量由工资、利息和地租构成，这就是价值学说上的生产费用论。

萨伊力图跳出这个循环推论的绝路。他从生产是生产要素协同提供服务、共同创造效用、形成价值的观点出发，认为购买或租用生产要素所支付的价格，就是生产要素共同创造的，它体现在商品的价格之中。但是，这商品的价格是整体的，怎么能够知道每种生产要素创造的那部分价格是多少呢？以后我们知道，萨伊认为这是由供求关系决定的。于是，供求论就成为生产费用论的补充。

开始的时候，萨伊认为价值是效用，现在又认为价值是生产费用，这两者处于自我矛盾之中。这表现在对财富的看法上。萨伊始终认为价值就是财富。他的学生提出了这样的问题：劳动生产率提高了，使用价值量或效用总量增加了，单位商品生产费用下降了，总商品生产费用不变。这时财富是否增加了？萨伊答：增加了，因为构成财富的价值由效用决定，而这时总效用是增加了；没有增加，因为构成财富的价值由生产费用构成，而这时总生产费用没有增加。

4. 分配学说是生产论和价值论的结合

从生产三要素在生产中合力创造了效用、形成了价值这一错误的生产论和价值论出发，萨伊胡诌了他的分配学说。

萨伊认为，生产要素是创造价值所必需的，但它们不一定属于一个所有者。当发生了生产要素的买卖或租用关系的时候，生产要素的所有者就要收取一定的代价，这就产生了分配问题。他在《政治经济学概论》中说：对借用劳力所付的代价叫作工资。对借用资本所付的代价叫作利息。对借用土地所付的代价叫作地租。从萨伊的生产论和价值论中我们知道，他认为工资、利息和地租是分别由劳动、资本和土地创造的。因此，他的分配学说可以概括为这个公式：劳动——工资，资本——利息，土地——地租。他认为如果生产要素全部属于一个所有者，比如属于一个自耕农，问题的实质还是一样。

萨伊这个三位一体公式企图证明：在生产上生产三要素通力合作，在分配上它对所有者公平合理，各得其值，他们所得到的，就是他们的生产要素所生产的。资本家和土地所有者对工人的剥削自然就不存在了。这个三位一体公式，实质上为以后大多数庸俗经济学家所接受。

我们来看其错误。

"劳动——工资"，这就是说劳动创造和得到的是工资。劳动是一切劳动过程所共有的因素，而工资只是雇佣劳动所特有的，不是一切社会条件下的劳动都要求工资，两者性质不同，不应说"劳动——工资"。如果说，这劳动是资本主义的雇佣劳动，那么，它创造的是全部新价值，包括了可变资本和剩余价值，不仅仅是工资。

“资本——利息”，这就是说资本创造和得到的是利息。利息是从利润中分解出来的，资本分解为职能资本和财产资本，利润就分解为企业收入和利息。但庸俗经济学家却喜欢用“资本——利息”这公式，因为“资本——利润”这公式会叫人想起利润的起源，从而想起利润和生产的关系，而“资本——利息”的公式就不是这样，在这里，与生产的联系完全切断了，因而它更富有辩护性。但是，正因如此，它比“资本——利润”这个公式更不合理。“资本——利润”，其错误仅在于：利润不是资本，而是资本所推动的劳动创造的；“资本——利息”，则更加错误了，因为资本不会创造利息，它所得到的又不仅仅是利息，它所推动的劳动又不仅仅创造了利息。

“土地——地租”，这就是说土地创造和得到的是地租。土地是地壳的一部分，是自然因素，地租却是价值的一部分，是特定的历史的经济范畴，两者不应该放在一起，土地不要求也不产生地租。如果说土地是土地私有权，那么，它虽然要求地租，但也不会产生地租，因为地租是劳动创造的价值的一部分。

萨伊的三位一体公式割裂了资本主义生产的内部联系，它是根据资本主义生产当事人的见解而编造出来的辩护式的标本。

以上侧重从方法论上批判萨伊的分配学说。

我们进一步看看萨伊怎样说明工资、利润和地租的大小。直到现在，我们还只看到萨伊胡说什么生产要素合起来创造的效用就是价值，等到他觉察效用不能衡量时，我们又看到他胡说什么从商品的价格可以看到它的效用，从而又看到他胡说什么生产要素创造的效用就体现在价格中，但各种生产要素创造的那部分效用或价值究竟有多大，他没有也无法告诉我们。谈到分配问题时，他不能不谈这些问题了。

萨伊事实上认为，工资是根据工人生活费用和劳动供求关系决定的；利息分为资本本身提供服务的报酬和出租资本所收取的保险金两部分，前者取决于借贷资本的供求关系，后者取决于借入资本的人的信用；地租取决于出租土地的供求关系，其趋势是求过于供，于是地租有上升趋势。总之，各种收入的水平取决于供求关系。

这实质是价值学说上的供求论。现在我们看到了,只有以供求关系"证明"了各种收入的大小之后,萨伊的生产费用构成价值的胡说,才算凑成了。

供求论的根本错误在于:不能说明依供求关系而波动的价格,为什么要在这个水平上,而不在那个水平上波动;只能说明价格围绕着价值变动,不能说明价值是如何被决定的。就萨伊而言,他不能说明依供求关系决定的工资、利息和地租,为什么分别在这一水平上,而不在那一水平上。

萨伊既然认为可以用供求关系说明各种收入的大小,那么,这和他从前说的各种生产要素创造效用、形成价值,就互相矛盾了。从前,他在理论上承认各种生产要素都创造价值,它们的所有者分别得到的收入,就是各生产要素所分别创造的,只是他在实际上不能说明它们的大小;现在,他又说这些收入的大小分别由供求关系决定。分别由两种情况决定的收入,其大小当然不会相等。这样,又怎能说,生产要素所有者实际上得到的收入,就是生产要素所有者创造的呢?萨伊的分配学说有个大漏洞:在企业主收入即利润的来源上不能自圆其说。这是因为,在生产三要素中没有任何一种可以被说成是创造利润的。怎么办呢?萨伊只好回答道:租用各种生产要素的企业家,付给各生产要素所有者的代价,分别小于它们所创造的价值,其差额就是利润。但这样一来就发生两个问题。一是企业家实际上付给生产要素所有者的代价、由供求关系决定的各种收入、生产要素分别创造的价值:这三者的大小到底相等还是不相等?萨伊显然无法回答。二是价值到底是由扣除了利润的那些租用生产要素所支付的代价构成的呢,还是由没有扣除利润的那些代价构成的?看来,现在的萨伊只好说是后者。但这就要承认,一个自耕农(三种生产要素都属于他所有)生产的商品的价值,在原理上就不等于一个资本主义企业家生产的商品的价值,因为前者没有必要扣除利润。

鉴于生产三要素论不足以说明四种收入的产生,后来有些庸俗经济学家就将它发展为生产四要素论——增加一个"组织"或"管理",以说明企业主收入即利润的产生。

5. 销路论是庸俗的实现学说和斯密教条的结合

萨伊的销路论是一种错误的、庸俗的实现论和危机论,因为他认为生产物会自动地为自己开拓销路，从理论上否认资本主义有发生普遍的生产过剩经济危机的可能性。

萨伊的命题是：生产给产品创造需求。它又是由两个命题支持的：生产物和生产物交换；支付生产物的就是由生产物价值分解而来的收入。

人们，尤其是资本主义生产当事人，当然知道，和生产物相交换的是货币，而不是生产物；生产者出卖生产物取得货币，有时是为了购买另一种生产物，但不一定马上购买，有时不是为了购买，而是为了支付或还债。萨伊不同意这种看法。他在《政治经济学概论》中说："你说你只要钱，但我说你所需要的不是钱而是其他货物。"为什么呢？他继续说："你要钱干什么？不是要买原料吗？不是要买你所经营的货物吗？不是要维持生活的食物吗？因此，你所需要的是产品而不是钱。"这样，他就将商品流通视为生产的直接交换——物物交换，将买与卖看成一个经济行为——买卖统一。这样，他在《政治经济学概论》中就进而反驳那种认为销路呆滞的原因是货币短少的看法，认为它"把销路疲滞归于缺乏货币的说法，是错误地把手段看作来源"。

以上是从交换的形式来看销路问题，萨伊还从交换的内容来看销路问题。

萨伊知道，购买商品是要有手段的。购买手段由什么构成呢？从价值看，购买手段就是工资、利息和地租这三种收入。因此，就整个社会而论，购买商品的手段，就是由这些商品的价值分解而来的全部收入；待购买商品的价值和购买商品的手段，在量上完全相等，或者说本来就是一个东西。这样，他实质上就认为，就整个社会而论，出卖和购买在价值上自然是相等的。

萨伊既然认为买卖是统一的，交换生产物的就是生产物，购买生产物的就是由这些生产物的价值分解而来的收入，他当然认为生产会开拓销路，生产越大，市场越大，根本不可能发生普遍的生产过剩的危机。在萨伊看来，一种生产物生产过剩是可能的，这是因为其他生产物不足，两者不能全部地交换掉，当然这种局部的过剩因资本主义的自发调节而消失；所有的生产物普遍生产过剩是不可能的，因为普遍地多了，就可以相互交换掉了。

从这个销路论，萨伊得出三个实际结论：一是生产者越多，他们的生产物越不相同，市场就越广阔、越扩展；二是个人的利益对普遍的利益的促进有巨大作用，一个产业部门的繁荣会增进其他产业部门的繁荣；三是从国外买进的进口商品,无害于国内生产。

这些结论反映着法国同对外贸易有密切关系的那部分资产阶级的利益要求。这部分资产阶级反对法国拿破仑为其政策服务的保护关税政策,要求实现自由贸易。萨伊自诩其销路论足以改变整个世界的政策,就是指此而言的。

萨伊的销路论的根本错误和它的思想根源,是信奉物物交换论和"斯密教条"。

萨伊的物物交换论,是从重农学派的"生产物只用生产物来支付"的命题而来的。他起初还说货币是流通手段,后来就否认货币的作用,认为购买生产物的直接就是生产物了。货币作为流通手段使买和卖分为两个行为,它们在时间上、空间上都可能是分离的,买与卖可能脱节,这样,经济危机就有了可能性。货币作为支付手段,使各经济单位在信用上发生连锁关系,一个企业的资本循环中断了,许多企业的资本循环也随之中断,这样,经济危机的可能性就更大了。萨伊实质上否认货币在流通中的这些作用,而将商品流通看成物物交换,自然就否认经济危机的可能性。

萨伊将"斯密教条"发展到斯密本人不承认的地步。斯密虽然认为商品价值最终全部分解为收入,但反对这种看法——生产的全部进入个人消费,因为他还要从物质形态方面来考察这个问题。萨伊不是这样,他认为既然商品的价值全部分解为收入,而收入是用于个人消费的,生产物就当然全部进入个人消费。当他说购买生产物的就是由生产物价值分解来的收入时,他实质上将生产和收入,从而将生产和消费,等同起来。生产和消费是同一的,当然就不可能发生生产过剩的普遍的经济危机。其实,商品价值不仅分解为收入,而且也分解为不变资本,在积累条件下,部分收入即剩余价值还要转化为资本,购买生产物的不仅是收入,还有资本。生产增加得比工人的收入快,生产增长得比消费快得多,两者必然脱节。这样,普遍的生产过剩的经济危机就成为必然的了。

萨伊提出销路论时,资本主义还没有发生周期性的生产过剩的经济危机,这对他的认识不能不有所限制。但是即使没有这些限制,他还是会否认生产过剩经济危机的可能性,这是他的理论决定的。

6. 萨伊的殖民地理论是对斯密的庸俗化

萨伊的殖民地理论几乎全部来自斯密，但在斯密那里的深刻论证，在萨伊这里看不到了。

萨伊也将近代殖民地分为两种，他从古代殖民地谈起。他说："一个国家当旧的领土的人口形成过于稠密或当某些社会阶级受到其余阶级迫害时，往往就开拓殖民地。"①他认为这是古代国家从事拓殖的唯一动机。在这里，他论述的基本上就是斯密论述过的希腊社会的殖民地。对于罗马社会的殖民地，他没有论述。近代国家开拓殖民地的动机与此不同。他认为航海技术的巨大进步，使它们发现了此前不知道的国家。殖民者踏上了另一个半球，抵达了最不适于居住的地带。他们的目的不在于和子孙在这些地方安居下来，而在于取得那里的贵重物品，或从事生产事业，发一笔财，然后满载还乡。这是近代殖民地中的一种。另一种则是：当母国想和一个人口已经很多，文化已经很发达，因而没有希望据为己有的国家扩大往来时，它通常满足于在该国开设工厂，或建立商人居住地，像欧洲人在中国和日本所做的那样。

萨伊对近代国家两种殖民地的区分，并不完全符合实际情况。因为照他的说法，近代殖民地就没有移民开拓地了。尽管他补充说："近代也有许多殖民地是按照古代的计划成立的，其中最突出的就是北美洲。"②但这种仅限于北美洲的说法仍然不符合实际情况，因而就引起萨伊著作的英译者的批评。这位译者在注里说："这两种制度的区别，只是想象上的区别，而不是实际上的区别。大多数欧洲国家在西半球的最早殖民地，都是以绝对的移住为目的而开拓的。多明戈的法国人，巴巴多斯的英国人，几乎在一切地方的西班牙人，都是想在那里定居而没有回家的念头。"③这批评是正确的。

对于殖民地的经济关系，萨伊也有所论述。他认为那里利息较高，是由于殖民者是贫苦人，总是缺乏资本。但是尽管资本有限，每年的产品总是超过每年的消费量，因此人口和财富一起突飞猛进，资本积累随之增加，工资

---

① 萨伊：《政治经济学概论》，陈福生、陈振骅译，商务印书馆1963年版，第223页。
② 同上。
③ 同上。

昂贵。由于殖民者很少打算长期留在自己开辟的地方生活，而希望发财后就重返故乡，这个动机驱使他们采用一种强迫的耕作制度，以黑奴为主要的工具。

萨伊主张母国不要独占殖民地贸易。他的理由是，殖民地也是"母国人民，所以母国和殖民地同是一个国家的主要部分"，因此，"母国和殖民地的一得一失恰恰相抵"。[①] 这样，他就指出，母国独占殖民地贸易，"使它的商人能以多少高于时价的价格在殖民地出卖他们的货物。这等于牺牲殖民地以给予母国人民一定利益"[②]；而殖民地人民，"一方面得向母国购买货物，一方面又只能以本地产品卖给母国商人。所以，母国商人没有创造一点价值，而坐享额外利益。他们享受独占权利，不需要和人竞争。这种额外利益自然是以殖民地为牺牲的"。[③] 在这里，萨伊认为，在资本主义初期曾存在过的那种国内殖民地，即纯粹是母国的分支，同母国不存在剥削和被剥削关系的移民垦殖地，到母国发生产业革命，因而需要殖民地供给廉价的农产品时，仍应保持原有的关系。这是不可能的。我们将会看到，李嘉图就不是这样认为的。

那么，母国的消费者，是否能从商人独占殖民地贸易中占点便宜呢？萨伊的回答是否定的。原因是，殖民地产品一运到欧洲，国内商人就可把它再运出口，卖到他所选择的任何地方，特别是那些没有殖民地的国家。因此，独占殖民地贸易，对母国来说，得益的是商人，受害的是消费者。

萨伊以露骨的字眼，通过指责这种商人来指责实行这种政策的国家。他说："哈佛尔或波尔多商人所得的这种利益，是实际利益，但却是剥夺同国的另一个人民或一个以上的人民。"[④]他进而认为，几乎18世纪的所有战争，以及欧洲国家所认为的不得不花巨大费用在南北极设置许多民政、司法、海军和陆军机构，全是由于保护这种利益。在这里，他实际上是攻击拿破仑实行的对外贸易政策。

综上所述，他得出这样的结论：古代人由于他们所施行的殖民制度，到

① 萨伊：《政治经济学概论》，陈福生、陈振骅译，商务印书馆1963年版，第229—230页。
② 同上书，第229页。
③ 同上书，第230页。
④ 同上。

处结交了朋友，近代人想把人沦为隶属，到处树立仇敌；在经济上“解放”殖民地，绝不意味着我们和殖民地的贸易也将跟着寿终正寝；英国“丧失”北美殖民地，反得到很大好处。

法国经济比英国落后，它应该独占殖民地贸易。萨伊之所以提出这种殖民地理论，是由于反对拿破仑执政和称帝时期的对外经济政策，这种政策损害对外产销葡萄酒的资本家和商人的利益，而萨伊是代表他们的利益的。

萨伊是销售论的创始人。他的这一理论建立在“生产会给产品创造需求”的命题上。根据销售论，他得到的自由贸易结论也是反对拿破仑的经济政策的。但他的殖民地理论并不以销售论为基础，而是对斯密殖民地理论的庸俗化。

第十八章　自由放任

自由放任或经济自由主义是斯密经济思想的核心。

正如前述的各种经济理论在斯密看来是自然秩序在各个经济范畴中的表现那样，斯密也将自然秩序的思想作为自己的经济自由主义思想的出发点。他认为，只有实行自由放任，即让资本家自由地追逐个人利益，发展资本主义经济，才符合自然秩序规律性的要求。

斯密反对国家或君主干预经济生活，认为任何干预都是违反自然的。他说："阻碍这种自然发展，强迫它向其他方向发展以及在某些具体方面阻止社会进步的一切政治，都是不自然的。"①"如果政治家企图指导私人应如何运用他们的资本，那不仅是自寻烦恼地去注意最不需注意的问题，而且是僭取一种不能放心地委托给任何个人，也不能放心地委之于任何委员会或参议员的权力。把这种权力交给一个大言不惭地、荒唐地自以为有资格行使的人，是再危险也没有了。"②

斯密认为应受着"一只看不见的手"的指导作用，去尽力达到并非他本意想要达到的目的。他认为不需要国家的有形之手去调节经济和规定经济活动的目的，而应让这只看不见的手去发挥作用。③

斯密主张建立一个没有国家干预的自由放任的"自然自由制度"。他说："一切特惠或限制的制度，一经完全废除，最明白最单纯的自然自由制度就会树立起来。每一个人，在他不违反正义的法律时，都应听其完全自由，让他采用自己的方法，追求自己的利益，以其劳动及资本和任何其他人或其

---

① 引自陈冬野《亚当・斯密的经济理论体系》，上海人民出版社 1992 年版，第 26 页。

② 亚当・斯密：《国民财富的性质和原因的研究》(下卷)，郭大力、王亚南译，商务印书馆 1974 年版，第 27—28 页。

③ 同上书，第 27 页。

他阶级相竞争。这样，君主们就可以解除监督私人产业，指导私人企业，使之最合适社会利益的义务。要履行这种义务，君主们极易陷于错误；要行之得当，恐不是人间智慧或知识所能做到的。”①

按照斯密的主张，在这种“自然自由制度”下，国家只起“守夜人”的作用。其职能是：“第一，保护社会，使不受其他独立社会的侵犯；第二，尽可能保护社会上每一个人，使不受社会上任何其他人的侵害或压迫；第三，建设并维持某些公共事业及其某些公共设施。”②就是说，政府的职责只在于维护国家安全和社会安全，投资建设某些纯属公共利益，对私人来说得不偿失的事业和设施，其他经济事务它都不要过问。

在国际贸易方面，斯密贯彻了经济自由主义思想，主张实行自由贸易。他把对外贸易看作剩余产品的交换，认为这种交换可以为满足人们的消费需要提供更多商品，并因国外市场相应扩大而促进生产的发展和国民财富的积累；这些利益每个参加国际贸易的国家都能得到。因而保护关税和重商主义政策等政府对外贸易的管制都是不必要的。在反对重商主义“有利的贸易差额理论”的政策的斗争中，他还发挥了“优势原理”，并在这基础上提出和论证了国际分工原理，以此作为自由贸易政策的理论依据。他认为，各国都有某种有利的自然条件和后来获得的专长（如生产某种商品的较高劳动熟练程度和技术），即生产条件上的优势，因而拥有实际成本即劳动耗费小于其他国家的某种或某些商品。在这种或这些商品中，它们各自在价格上占有优势，在国际市场上具有较大竞争力。各国为了本国的利益都专业化于生产本国具有优势的商品，即实行国际分工，就能提高每个国家的劳动生产率和社会总产量，在国际贸易中各自获得最大的利益。斯密说：“如果某个外国供应我们某种商品，比我们自己生产这种商品便宜，那就不如把我们自己的劳动用于我们有某种优势的部门，而用我们自己劳动的一部分产品向这些国家购买这种商品。”③他认为，按照优势原理，富有国家应该专业化于制造业，而贫穷国家则应专业化于农业。

---

① 亚当·斯密：《国民财富的性质和原因的研究》（下卷），郭大力、王亚南译，商务印书馆1974年版，第252页。

② 同上书，第252—253页。

③ 同上书，第28页。

斯密的自由放任思想实质上是反对封建残余势力对资本主义经济活动的干预，让资产阶级自由地经营工商业，自由地剥削劳动者，自由地以其在工业上的领先地位向外扩张，从中获得所需要的廉价工业原料和粮食，进一步发展资本主义生产。这种思想适应了当时资本主义发展的客观要求，并促进了资本主义生产方式和交换方式的国际化，有利于在国际范围内发展社会生产力，因而起过进步的作用。恩格斯指出：以“新的政治经济学，即以亚当·斯密的《国民财富的性质和原因的研究》为基础的自由贸易学说，也同样是伪善、矛盾和不道德的”。同时，他也肯定斯密的学说，认为“这是一个必要的进步”。①

① 《马克思恩格斯全集》(第一卷)，人民出版社1960年版，第598页。

第十九章　斯密经济理论中的科学成分和庸俗成分

斯密是18世纪后半期工业革命前夜的工场手工业时期的英国大经济学家。他所处的正是资本主义向上发展的时代，那时候的资产阶级是一个比较进步的阶级，因此代表这个阶级的经济学家斯密的经济理论就有科学成分。但是，资产阶级毕竟是剥削阶级，它的进步是有一定限度的，这就使代表它的利益的经济理论，不能不有庸俗的成分。又由于在那个时代正是资本主义开始迅速发展的时代，资本主义经济所固有的矛盾还没有充分地暴露出来，因而在斯密的经济理论中科学成分和庸俗成分结合在一起，他自己并没感觉到这两者之间的矛盾。

斯密在《国民财富的性质和原因的研究》中一开始就发展了威廉·配第所首创的劳动价值理论，认为一国的财富，从而一切财富的价值，都是由劳动创造的。他并且根据劳动价值理论指出剩余价值的真正源泉。我们知道，威廉·配第只知道剩余价值的两种形态：主要的是地租，其次还有利息；斯密则清楚地指出，利息只是利润的一部分，而利润和地租则是工人创造的产品或产品价值中的扣除部分。这些都是他的经济理论中的科学成分。从这理论加以发展，就可以了解资本主义的剥削关系和阶级矛盾。

但是由于资产阶级的局限性，斯密并没有一贯地发展其科学理论，相反地，在其理论中还充满着庸俗成分。他虽然发展了劳动价值理论，但又认为它只适用于简单商品经济。而在研究资本主义经济时他却放弃了劳动价值理论，认为商品的价值由工资、利润和地租三种收入构成。因此，资本主义的剥削关系就被这种庸俗理论所掩盖。他虽然正确地理解剩余价值的根源，认为这是工人无偿劳动的产物，但是，他又把剩余价值和利润混同，不用剩余价值来说明利润，而是以资本家的利益来解释。他曾这样说："假若劳动生产物的变卖，所得报酬，不能多于他所垫付的资本，换言之，并没有什么利益，他便不会有雇用工人的兴味。”①这里，斯密以资本家应得的利益来解释他们所以会有雇用工人的兴趣，因此资本家对工人的剥削关系便被掩盖起来了。不但如此，他并且还以资本家的节俭来说明资本所以能增加的原因。“资本增加的直接原因，是节俭，不是勤劳。那当然，未有节俭之前，须先有勤劳。节俭所积蓄之物，均自勤劳得来。但若是只有勤劳而无节俭，有所得而无所储，资本绝不能加大。”②这是庸俗的成分。第一，资本家的收入不是资本家勤劳的结果，而是他们所雇用的工人勤劳的结果。而且它同斯密下述见解也相矛盾：“……但利润与工资截然不同，它们受着两个完全不同的原则支配……利润的多少，与资本的大小恰成比例。”③既然资本家的收入即利润是同其资本大小成比例的，可见这并不是资本家的勤劳，而是他们雇用的工人勤劳的结果。第二，资本之所以能增加，并不是由于资本家的节俭，而是由于资本家剥削工人的剩余价值的增加。

斯密的经济理论中，虽然有不少庸俗的成分，但他不失为一个资产阶级的伟大经济学家。他的经济理论中的科学成分后来为李嘉图所发展。

① 亚当·斯密：《国民财富的性质和原因的研究》(上卷)，郭大力、王亚南译，商务印书馆1974年版，第56页。

② 同上书，第379页。

③ 同上书，第56页。

第四部分

十九世纪上半期法国和英国的庸俗政治经济学

（本部分内容根据陈其人先生著、商务印书馆 1965 年 1 月出版的《十九世纪上半期法国和英国的庸俗政治经济学》一书校订刊印）

第一章　19世纪上半期法英庸俗政治经济学概述

资产阶级政治经济学经历了两个发展阶段——古典政治经济学阶段和庸俗政治经济学阶段。

古典政治经济学是资本主义生产方式产生和形成时期的产物。一般说来，这个时期是从17世纪中叶到19世纪最初二十年。这时，社会的主要矛盾是新兴的资产阶级和没落的封建地主之间的矛盾，资产阶级和无产阶级之间的矛盾还没有发展起来，因此，资产阶级经济学家还能够较为客观地研究资产阶级社会经济现象，探究资本主义经济的内部的联系，并由此得出了若干科学的结论。但是，古典经济学家从他们所属的阶级地位出发，把资本主义生产方式看成永远存在的生产方式，所以，不仅他们的经济学说中的科学因素带有不彻底性，而且他们的经济学说不可避免地具有错误的、庸俗的因素。

英国产业革命和法国资产阶级革命以后，资本主义生产方式的矛盾开始日益暴露出来，资产阶级和无产阶级之间的矛盾有了新的发展。到了19世纪30年代，法英资产阶级相继最终取得了政权，资产阶级和无产阶级之间的矛盾上升为社会的主要矛盾，无产阶级反对资产阶级的斗争已公开爆发，资产阶级变成了反动的阶级。这时阶级利害关系已不容许资产阶级经济学家较为科学地研究社会经济关系，庸俗政治经济学就逐渐取代了古典政治经济学。庸俗经济学家装出一副科学的面孔，实际上他们只在资本主义经济的表面联系上打转。他们抛弃古典政治经济学中的科学因素，而利用其中的庸俗因素，把它扩展成为科学体系，同时又适应阶级斗争的新的需要加进一些更加庸俗的东西，来欺骗劳动群众和掩盖资本主义的剥削关系。

19世纪上半期法国和英国庸俗政治经济学的发展大约可以分为三个阶

段。在19世纪最初二十年，主要是利用和发展斯密经济学说中的庸俗因素，代表剥削阶级的利益来反对无产阶级，而马尔萨斯同时又代表地主阶级的利益反对产业资本家。在19世纪20年代，主要是抛弃李嘉图经济学说中不利于资产阶级的一些科学论点，同时利用李嘉图经济学说中的矛盾而把它庸俗化，借以为资产阶级辩护，反对无产阶级。在19世纪30年代以后，随着阶级斗争愈益采取公开的和威胁的形式，资产阶级庸俗政治经济学也就代替古典政治经济学而占统治地位。马克思说："资产阶级经济科学的丧钟敲起来了。现在，问题已经不是这个理论还是那个理论合乎真理，而是它于资本有益还是有害，便利还是不便利，违背警章还是不违背警章。不为私利的研究没有了，作为代替的是领取津贴的论难攻击；公正无私的科学研究没有了，作为代替的是辩护论者的歪心恶意。"①

① 马克思：《资本论》(第一卷)，郭大力、王亚南译，人民出版社1963年版，第XVII页。

第二章　法英庸俗政治经济学的产生

——斯密经济学说的庸俗化

第一节　19世纪最初二十年法英政治经济和经济思想简况

法国和英国庸俗政治经济学的产生和法国资产阶级民主革命与英国产业革命有着密切关系。1789年发生的法国资产阶级革命，是18世纪中最重大的事件。这次革命在资产阶级革命的界限内，较为彻底地消灭了封建制度，从而为资本主义的发展铺平了道路。

这次革命就其阶级内容来说，是以资产阶级为首并包括工人和农民在内的第三等级反对第一和第二等级（僧侣和贵族）的革命。劳动人民在革命中发扬了坚决的战斗精神。在城市中，举行起义浴血苦战的主要是工人群众和手工业者，在农村中，攻打封建城堡的是劳动农民。随着革命的进行，第三等级内部就发生了分裂，各个阶级都提出了自己的阶级要求。

无产阶级和劳动群众自发地使革命进一步朝着反资本主义的方向发展。他们的坚决战斗精神和革命行动使法国资产阶级首先对无产阶级警惕起来。资产阶级企图使革命中途而止，出卖自己的同盟者。第三等级的分裂反映在国民大会的政治派系斗争中。代表小资产阶级和劳动群众的山岳派（雅各宾党），在1793年领导了巴黎贫民和工人起义，将代表资产阶级的基伦特派从国民大会中驱逐出去，建立了无产阶级和小资产阶级的专政，以果敢的革命精神将资产阶级革命进行到底。

雅各宾党政权建立了革命军，反击外国反动的武装干涉，保卫国家，废除了封建义务，实行普选，坚决地执行了镇压反革命的政策，颁布了“限价法”。

1794年大资产阶级举行反革命政变，夺取了政权。随后，1799年大资产阶级又将政权交给拿破仑；1804年拿破仑称帝。拿破仑政权的实质是大资产阶级的反动专政。拿破仑实行了为其战争政策服务的保护政策，但受到保护利益的只是遭到英国威胁的纺织工业。于是，资产阶级中一部分人拥护他，另一部分在这个问题上反对他。

自从雅各宾党政权被推翻后，法国工人就被踩在地上，他们所忍受的剥削和压迫日益厉害。但他们并没有倒下去，在巴贝夫派领导下，他们开展了秘密的反对资本主义制度的活动。

拿破仑政权由于得不到广大人民的支持，对外进行的侵略战争又遭到失败，终于在1814年垮台。在外国封建主义的刺刀保护下，被推翻了25年之久的波旁封建王朝经过多次阴谋叛乱后又在法国复辟。

在这个时期里，法国有两种反对资本主义的经济学说。一种是空想社会主义者的经济学说，它揭露法国革命后阶级对立的实况，认为贫困是由富裕产生的，抨击资本主义，提出以“理想社会”代替资本主义的空想方案。另一种是小资产阶级的经济学说，它代表小生产者的利益，揭露资本主义生产与消费的矛盾，提出以小商品生产代替资本主义生产的倒退方案。

在这样的阶级斗争的条件下，法国资产阶级不可能产生进步的经济学家，而只能产生像萨伊这样的庸俗经济学家。

在法国发生资产阶级革命时，英国的农业革命已进入最后阶段，同时正经历着产业革命。随着产业革命的进行，随着资本主义生产方式在社会生产中居于统治地位，英国无产阶级日益贫困化了，生产过剩的经济危机开始发生。与此同时，从15世纪下半期开始的、用暴力剥夺农民土地的所谓农业革命已进入最后阶段。几个世纪以来，英国的农民不断地从土地上被扫除出来。新办的资本主义农场和牧场收容不了这么多农民，城市里的工业也容纳不下他们。失业和贫困现象极为严重。在19世纪初英国已经出现了反对资本主义制度的空想社会主义学说。但是，由于这时英国资产阶级正围绕着改革议会选举法和取消谷物法问题和土地贵族发生争吵，资产阶级和工人阶级之间的斗争还没有公开爆发。

在这样的政治经济条件下，英国产生了三种不同倾向的经济学说。第一种是空想社会主义者的经济学说，它们代表刚刚产生的无产阶级和劳动群众的要求和利益而反对资本主义制度。第二种是代表工业资产阶级的李嘉图的古典政治经济学，它发展了斯密的劳动价值学说，揭露了工资和利润、利润和地租的对立，攻击地主阶级是社会的寄生虫。第三种是代表土地贵族利益的马尔萨斯的经济学说。马尔萨斯既代表土地贵族和资产阶级的共同利益而反对工人阶级，而当资产阶级的利益和土地贵族发生矛盾时，他又代表后者反对前者。

萨伊和马尔萨斯就是资产阶级的最早的庸俗经济学家。他们的庸俗理论在很大程度上是利用了斯密经济学说中的庸俗因素而发展起来，形成为一种独立的庸俗经济学体系的。

第二节 萨伊的经济学说

一 概述

萨伊（1767—1832 年）是法国的庸俗经济学家。他生在商人的家庭，经营过工商业，当过杂志的总编辑、政治经济学教授。萨伊写了大量的经济论文和经济书籍，曾被当时资产阶级学术界称为“科学王子”。他的主要著作有《政治经济学概论》（1803 年）、《经济学精义》（1817 年）、《应用政治经济学全集》（1828—1830 年，共六卷），这几本著作都贯彻着同样的思想。

萨伊是将斯密的经济学说介绍到欧洲大陆上去的第一个人。他以注释斯密著作的形式庸俗化了斯密。萨伊曲解斯密的最重要的著作《国民财富的性质和原因的研究》（以下简称《国富论》）的内在联系和逻辑程序，胡说这本著作是一些正确的思想和一些真实的知识的凌乱堆积。于是，他就以注释和改写的形式，将斯密著作的内容在形式上分为三大股：生产、分配和消费（他的《政治经济学概论》的副题就是“财富的生产、分配和消费”）。这种方法为以后大多数庸俗经济学家所采用，被称为三分法。

萨伊的三分法从方法论上为庸俗政治经济学奠定了基础。斯密的《国富论》是他那个时代的经济科学百科全书。全书共五篇，第一、二篇论述的是政治经济学原理，第三、四、五篇从这些原理出发，分别论述国民经济史、经济思想史和财政学;全书贯彻的基本原则是:对国民财富的增进哪些东西是有利的,哪些是不利的。在论述原理的那两篇中,斯密从他的时代的经济特点——以手工劳动为基础的、已经有了分工的工场手工业——出发,即从分工出发,合乎逻辑地论述交换、货币、价值、价格、工资、利润和地租,这是第一篇的主要内容和逻辑程序;然后在第二篇中论述资本。所以,斯密是根据自己的观点——怎样才能增加国民财富,在第一、二两篇中将生产、交换和分配很好地结合起来加以研究的。斯密研究的事实上是资本主义生产方式,他探究了它的内部经济联系;但是,他的资产阶级立场又使他把资本主义生产方式看成生产的一般形态,因而常常陷入不能自解的矛盾中。萨伊曲解了斯密。从表面上看,他的三分法所研究的是生产、分配和消费,好像和斯密的研究相类似,其实完全不是这样。斯密虽然错误地把资本主义制度看作永恒制度,但是他终究探讨了这一社会经济制度的内部联系。而萨伊却将生产方式的资本主义形态抽掉,“研究”没有任何历史特点的、空洞的、一般的生产方式;换句话说,就是将经济过程中人与人之间的关系的历史特点抽去,把它变成纯粹人和物的关系,然后再去“研究”经济规律。这样揭露出来的“经济规律”,当然就是空洞的、不反映任何生产方式历史特征的“规律”。自萨伊以来,几乎所有的庸俗经济学家都采用这种庸俗的方法。

三分法不仅抹杀了生产方式的历史特征,而且抹杀了生产对其他经济过程的决定性作用,抹杀了生产的社会特点决定其他经济过程的社会特点。在萨伊的三分法中,人们看到的只是:生产是财富的生产、分配是财富的分配、消费是财富的消费,仅此而已。这也是自萨伊以来的庸俗政治经济学通用的辩护手法。

萨伊就是立足在这样的庸俗方法论上,胡诌其伪科学的经济理论的。

萨伊从把生产看成一般的物质资料的生产出发,大谈什么生产中的三要素:劳动、资本和土地(实质上是劳动过程三要素)和它们提供的服务,这就是萨伊的生产学说。

生产要素所提供的服务形成了效用,而效用被认为就是生产物的价值;价值量由取得生产要素所付的代价构成,这些代价各由该生产要素生产出来。这就是萨伊的价值学说。

生产中有三个要素:劳动、资本和土地;生产物——价值——就在生产要素所有者中进行分配:劳动——工资,资本——利息,土地——地租;各个生产要素所有者得到的收入就是生产要素生产出来的。这个三位一体的公式就是萨伊的分配学说的精髓。

萨伊自己认为他的最大贡献就是他的销路论,实际上也就是他的实现学说。在这种谬论中,他把交换看成物与物的交换,生产越多,市场就越广,根本不可能发生普遍的生产过剩。这就是萨伊的销路论的主要内容。

生产上有三要素,分配上是三位一体,交换上生产物会为自己开拓市场,真是恰到好处、天衣无缝、毫无矛盾,在萨伊的笔下,资本主义生产就是这样一幅美丽而和谐的图画。

二　生产论

萨伊的生产学说包括生产三要素论和服务论两个主要部分;其中的关联是:生产就是提供服务。

萨伊对生产下了这样的定义:“所谓生产,不是创造物质,而是创造效用。生产数量不是以产品的长短、大小或轻重估计,而是以产品所提供的效用估计。”①

这个定义是反对重农学派的。为了反对重商主义的生产是增加货币收入、只有商业才是生产的这一错误观点,重农学派提出了生产是创造增加的物质、只有农业才是生产的这一观点。这个观点是片面的:从资本主义观点看,工业劳动和农业劳动都是生产的,因为这些物质生产部门都是生产剩余价值的。为了反对重农学派,萨伊提出了如下的说法:“人力所能做到的,只不过改变已经存在的物质的形态。所改成的新形态,或提供前此所不具有的效用,或者扩大原有的效用。”②在这个问题上,萨伊和重农学派犯了同样的错误:从物质的观点看生产问题。虽然萨伊在这前提下正确地说出了物质不灭这一自然科学的规律,但是从这里出发,他却得出了生产就是创造效用的错误结论。问题在于,从政治经济学的观点看,生产总是在特定生产关系下的生产,这样,生产的社会实质当然就不是生产一般的物质财富,也不

① 让·巴蒂斯特·萨伊:《政治经济学概论》,陈福生、陈振骅译,商务印书馆1963年版,第59页。

② 同上。

是生产效用。

这个定义也是反对斯密的。斯密对生产下了两个相互交叉、有时会相互矛盾的定义:生产是生产剩余价值,生产是生产商品。生产剩余价值的一定生产商品[①],生产商品的不一定生产剩余价值。第一个定义是正确的,因为它抓住了资本主义生产的实质;第二个定义是错误的,因为它离开了资本主义生产的实质而谈论一般的商品生产。然而这两个定义都有一个共同的正确的基础:生产的基础是物质生产。萨伊的定义要反对的其实是这个。虽然物质和效用是相联系的,但他却强调效用,使效用脱离物质,为提出非物质生产这一概念准备条件。以后我们就会看到,凡是提供一个效用的,不问它是否与物质相联系,萨伊都认为是生产,都创造价值。

总起来说,萨伊的定义有两个错误:阉割了生产的社会实质;实际上否认生产的基础是物质生产。

阉割了生产的社会实质,萨伊就将一般的劳动过程的要素说成生产的要素。正如马克思所说的,任何劳动过程都有这三个简单的要素:"有目的的活动或劳动本身,它的对象和它的手段。"[②]但萨伊却将这些没有社会特点的因素加上了资本主义的特点:劳动(在萨伊看来其实是雇佣劳动)、资本和土地(在萨伊看来其实是土地私有权),然后又说这些是一般生产的三要素。

作为一般劳动过程的结果,一个使用价值,或财富,或与物质相联系的效用,确实是劳动过程中的三个要素相结合而创造出来的;单纯有劳动过程的主观要素:劳动,或单纯有劳动过程的客观要素:劳动对象和劳动手段,确实是创造不出什么使用价值或财富的。萨伊既然将生产偷换为劳动,就当然认为使用价值,或财富,或效用,是生产三要素创造的。以后,他又将使用价值,或财富,或效用,说成价值,经过这样的歪曲,他就认为价值是生产三要素创造的。

萨伊还将劳动过程中劳动同劳动对象、劳动手段之间的交互作用称为服务。他认为效用是由生产要素提供的服务生产出来的。这样,他就认为生产、服务、效用三者是同一的。

---

① 资本主义服务业劳动不生产剩余价值,却带来剩余价值,从资本主义观点看,它是生产劳动,这问题我们不谈。

② 马克思:《资本论》(第一卷),郭大力、王亚南译,人民出版社 1963 年版,第 172 页。

既然萨伊认为生产有三个要素，要这三个要素结合起来，提供服务，才能生产出效用来，他就振振有词地称生产要素的所有者为生产者。资本家和土地所有者，居然和工人一样，成为生产者了。在萨伊看来，他们三者在生产中相互合作，地位平等，共同提供服务，合力生产效用。

萨伊这些论调当然是荒谬的，但直至目前它还是和物质生产相联系的；更荒谬的是，萨伊在以后的论述中将服务和效用从物质生产中脱离出来，认为凡是提供了服务、创造了效用的，不问是否与物质相联系，都是生产。他极力糟蹋生产的概念。

于是就出现了非物质的生产的概念。在萨伊看来，非物质的生产也是提供服务、也是创造效用的，只不过它和任何物质都不相联系。他认为，举凡"社会上流人士"，如政府元首、各级官吏，等等，还有"社会下层小民"，如优伶、士兵、娼妓，等等，都是非物质生产者，因为他们都提供服务，都创造效用。总之，萨伊是用糟蹋生产概念的办法，将政治经济学上称为服务或劳务(但不是萨伊所说的"服务")的活动，称为生产，将经济过程以外的政治法律活动、文化艺术活动、宗教迷信活动，甚至资本主义所特有的卖淫活动，都称为生产，以此为剥削阶级的剥削和寄生生活辩护。

与非物质的生产相联系，非物质的资本这个概念也就出笼了。它几乎可以把一切东西都包摄在内，如工人也有非物质的资本，这就是他的劳动。在萨伊看来，工人也是资本家中的一种。

如上所述，可以看出萨伊的服务论的反动实质何在了，它居然把资本家和土地所有者称为生产者，将工人称为资本家，将资产阶级国家的镇压职能称为生产活动。正如马克思所指出："人们懂得，服务这个范畴，对于萨伊……那样的经济学家，必然会提供怎样的服务。"①

三　价值论

前面说过，萨伊的生产学说包括了生产三要素论和服务论；从这两个方面出发，萨伊的价值学说也包括了两个方面——效用论和以供求论作为补充的生产费用论。这两者同样是错误的，并且处于惊人的自相矛盾之中。

---

① 马克思：《资本论》(第一卷)，郭大力、王亚南译，人民出版社1963年版，第189页。

从生产创造出一定的效用(或使用价值或财富)这一错误论点出发,萨伊把价值看成由效用决定的。他说:“当人们承认某东西有价值时,所根据的总是它的有用性,这是千真万确的。……我还要接下去说,创造具有任何效用的物品就等于创造财富。这是因为物品的效用就是物品价值的基础,而物品的价值就是财富所由构成的。”①

将价值定义为效用之后,萨伊就认为价值是生产三要素创造的,并大谈太阳、空气、气压等自然因素在生产价值中的作用,认为它们同劳动一样,都是创造价值的因素。

我们知道,效用或使用价值是价值的物质担当者,但不是价值的基础和原因。没有使用价值的东西,当然不可能有价值;但使用价值很大的东西,并不一定有价值和有很大的价值。如空气、泉水对人的使用价值虽然很大,但因没有耗费过人的劳动,却没有价值。可见,价值的原因不是效用或使用价值,而是劳动。萨伊自己也说:“有许多效用大的物件,而无价值可言,如水是也。”其原因是:“水充满于江河之中,可无需代价取得。”②需代价而取得的效用才有价值,这就无异承认效用不是价值的原因,代价才是价值的原因了。代价是什么呢?显然是人类的劳动。

萨伊既然错误地认为价值就是效用,那么,按照逻辑,他就应该主张,价值量是由效用量来衡量或决定的。可是,效用是不能衡量的,效用量是不能确定的。企图衡量效用以决定价值量的人,无一不跌进泥坑里。萨伊企图躲开这泥坑,认为从价格可以间接地衡量物品的效用。

虽然萨伊很狡猾,但他并没有摆脱窘境。首先,前面说过,他原来认为价值量应该由效用量来衡量,只不过效用量是不能直接衡量的,只好由价格间接地来衡量效用量;这样,绕了一个圈子后,等于说价值由价格来衡量。这在方法论上是本末倒置,在具体问题上就等于说,物品的价值就是它所卖得的货币,也就是物品的所值,这是等于什么也没有说的废话。其次,说价值由效用来衡量,又说效用由价格来衡量,而价格事实上以价值为前提,这样绕了一个圈子之后就等于说效用要以价值来衡量。萨伊自己也承认:“物

① 让·巴蒂斯特·萨伊:《政治经济学概论》,陈福生、陈振骅译,商务印书馆 1963 年版,第 59 页。

② 让·巴蒂斯特·萨伊:《经济学精义》,郑学稼译,商务印书馆 1933 年版,第 10 页。

品的价值是测量物品的效用的尺度。”①从前说效用是价值的尺度，现在又说价值是效用的尺度：这不仅是自相矛盾，而且是循环推论。

现在的问题是萨伊怎样回答价格或价值量的决定。离开了唯一正确的劳动价值学说，要回答价值的决定，看来有三条路可走。第一条是萨伊已走过的效用论这条绝路，第二、三条是萨伊现在要走的生产费用论和供求论这两条路，以后就会知道，这同样是绝路。

从生产是生产三要素在发生作用这一论点出发，萨伊认为，生产要素不论是否属于一个企业家所有，他实质上是要购买或租用这些生产要素的，因而商品的价格或价值量就要由支付生产要素的费用构成，即由生产费用构成。萨伊说：“诸物件所欲求之效用，是它们后来被出卖和被人们需要的原因；取得它们，须支付一种价格；当这个价值足以抵偿它们生产所花之费用时，它们便被生产出来。”②这就是说，价格取决于生产费用。而生产费用，在萨伊看来，就是购买或租用生产三要素所支付的代价或价格，这就是劳动的价格——工资、资本的价格——利息、土地的价格——地租。价格或者价值量由工资、利息和地租构成，这就是价值学说上的生产费用论。

萨伊力图跳出这循环推理的绝路。他从生产是生产要素协同提供服务，共同创造效用、形成价值的观点出发，认为购买或租用生产要素所支付的价格，就是生产要素所共同创造的，它体现在商品的价格之中。但是，这个商品的价格是整个的，怎么能够知道每种生产要素创造的那部分价格是多少呢？以后我们知道，萨伊认为这是由供求关系决定的。于是，供求论就成为生产费用论的补充。

开始的时候，萨伊认为价值是效用，现在又认为价值是生产费用，这两种看法处于惊人的自相矛盾之中。这表现在对财富的看法上：萨伊始终认为价值就是财富。他的学生提出了这样的问题：“一种生产物比如袜子的价值下跌了，由于减少了社会的价值总量，就会减少了社会的财富总量。”问题是根据萨伊的观点（价值就是财富）提出来的；着眼点是一件商品的价值下

① 让·巴蒂斯特·萨伊：《政治经济学概论》，陈福生、陈振骅译，商务印书馆1963年版，第60页。

② （被引译文与本书不同）由于原书引述文献年代久远已难以寻找，此处参见让·巴蒂斯特·萨伊《经济学精义》，郑学稼译，商务印书馆1933年版，第5页。

跌了。萨伊回答道:“社会的财富总量不会因此而减少。生产的是两双袜子而不是一双,两双三法郎的袜子的价值,等于一双六法郎的袜子的价值。社会的收入也仍旧是一样。”①在这里,他贯彻着构成财富的价值是由生产费用构成的这一观点;着眼点是一件商品的价值是下落了,但总商品的价值依然不变。但是,在同一个地方,他又接着说:“但是,当收入不变而价格跌落时,社会实际上更富裕了。”②为什么会更富裕了呢?因为“社会能按原价的一半取得一切消费品,……所购得的商品也会增加一倍”。在这里,他又贯彻着构成财富的价值是由效用决定的这一观点。这出滑稽戏可简述如下。劳动生产率提高了,使用价值量或效用总量增加了,单位商品生产费用下落了,总商品生产费用不变。问:这时财富是否增加了?萨伊答:增加了,因为构成财富的价值由效用决定,而这时总效用是增加了;没有增加,因为构成财富的价值由生产费用构成,而这时总生产费用没有增加。

萨伊的价值学说的错误,根源于他的生产学说。将生产看成毫无历史内容的、不反映社会实质的劳动过程,或者说是技术过程,就必然看漏了商品的社会属性,必然将价值等同于使用价值,等同于财富,最后就认为价值是生产三要素所创造的,价值由生产费用构成。

当然,萨伊的价值学说又有其思想渊源。重农学派和法国经济学家孔狄亚克都是将使用价值看成价值的,这对萨伊当然有影响。斯密的价值学说中的庸俗因素,萨伊将它发掘出来,大大加以发展。

斯密错误地认为价值由交换商品所支配的劳动决定,将工资当作价值的尺度。从另一方面看,这又是一种错误的生产费用论。这是因为,这劳动包括了工资、利润和地租,这就等于说,价值由这三种收入构成。斯密说“工资、利润、地租,对于一切交换价值,可以说是三个根本源泉”③,就是这个意思。生产费用论的根本错误是不能说明构成价值的收入是从哪里来的,也不能说明它们的大小是怎样决定的。

斯密既然错误地认为收入是价值的源泉,就不能不认为收入有其独自

---

① (被引译文与本书不同)由于原书引述文献年代久远已难以寻找,此处参见让·巴蒂斯特·萨伊《经济学精义》,郑学稼译,商务印书馆1933年版,第89页。

② 同上。

③ 亚当·斯密:《国富论》(上卷),郭大力、王亚南译,中华书局1930年版,第60—61页。

的源泉。他说：收入“一定出自这三个源泉：劳动、资本，或土地”。[①] 资本和土地居然和劳动一样，都成为收入的独自的源泉了。这样，斯密就将他所主张的劳动是价值的源泉的原理完全推翻了。他虽然没有明白地说资本和土地同劳动一样能创造价值，但他的命题显然包含有这个意思。这是隐蔽的生产三要素论。

斯密由于没有彻底批判重农学派对他的影响，因而错误地认为农业的生产性、农业资本所推动的生产劳动量最大。他是这样论证的：“在农业上，自然与人同劳动；自然的劳动，虽无需代价；它的生产物，却和最昂贵的工人的生产物一样，有它的价值。”[②]斯密认为自然和人一样在劳动，又认为它的生产物有价值（他认为这是农业生产性最大的原因），虽然说明自然的劳动无需代价，但这就已经是自然生产力论或土地生产力论了。

所有这些错误，在斯密的体系中，虽然都是旁枝和小疵，他的理论不建立在这上面，但毫无疑问已为庸俗经济学家，如萨伊之流，提供了思想材料。

斯密由于相信价值全部最终分解为收入，在其收入构成价值的学说中，就没有谈到生产资料价值的问题，其实，这个问题是存在的。对于萨伊来说也是这样，他的生产费用是不包括生产资料的价值的，他的生产三要素没有哪一种是创造生产资料的价值的。

四　分配论

从生产三要素在生产中合力创造了效用、形成了价值这一错误的生产学说和价值学说出发，萨伊胡诌了他的分配学说。

萨伊认为，生产要素是创造价值所必需的，但它们不一定属于一个所有者。当发生了生产要素的买卖或租用关系的时候，生产要素的所有者就要收取一定的代价，这就产生了分配问题。萨伊说：“对借用劳动力所付的代价叫作工资。对借用资本所付的代价叫作利息。对借用土地所付的代价叫作地租。”[③]从萨伊的生产学说和价值学说中我们知道，他认为工资、利息和

---

① 亚当·斯密：《国富论》（上卷），郭大力、王亚南译，中华书局1930年版，第61页。

② 同上书，第407页。

③ 让·巴蒂斯特·萨伊：《政治经济学概论》，陈福生、陈振骅译，商务印书馆1963年版，第77页。

地租是分别由劳动、资本和土地创造的。因此，萨伊的分配学说可以简括为这个公式：劳动——工资，资本——利息，土地——地租。他认为如果生产要素全部属于一个所有者，比如属于一个自耕农所有，问题的实质还是一样。

萨伊这个三位一体的公式妄图证明：在生产上生产三要素通力合作，在分配上它的所有者公平合理，各得其值，他们所得到的就是他们的生产要素所生产的。资本家和土地所有者对工人的剥削自然就不存在了。这个三位一体的公式，实质上为以后大多数庸俗经济学家所接受。

我们来看其根本错误。

“劳动——工资”，这就是说劳动创造和得到的是工资。劳动是一切劳动过程所共有的因素，而工资只是雇佣劳动所特有的，不是一切社会条件下的劳动都要求工资，两者性质不同，不应说“劳动——工资”。如果说，这劳动是资本主义的雇佣劳动，那么，它创造的是全部新价值，包括了可变资本的价值和剩余价值，而不仅是工资。

“资本——利息”，这就是说资本创造和得到的是利息。利息是从利润中分解出来的，资本分解为职能资本和财产资本，利润就分解为企业收入和利息。但庸俗经济学家却喜欢用“资本——利息”这公式，因为“资本——利润”这公式会叫人想起利润的起源，从而想起利润和生产的关系，而“资本——利息”的公式就不是这样，在这里，其与生产的联系是完全切断了，因而它更富于辩护性。但是，正因如此，它比“资本——利润”这公式更不合理。“资本——利润”，其错误仅在于：利润不是资本、而是资本所推动的劳动创造的；“资本——利息”，是更加错误了，因为资本不会创造利息，它所得到的又不仅仅是利息，它所推动的劳动又不仅仅创造了利息。

“土地——地租”，这就是说土地创造和得到的是地租。土地是地壳的一部分，是自然因素，地租是价值的一部分，是特定的历史的经济范畴，两者不应放在一起，土地不要求也不生产地租。如果说土地是土地私有权，那么，它虽然要求地租，但也不会生产地租，因为地租是劳动创造的价值的一部分。

萨伊的三位一体公式割裂了资本主义生产的内部联系，它是根据资本主义生产当事人的见解而编造出来的辩护公式的标本。

以上侧重从方法论上批判萨伊的分配学说。

我们进一步来看看萨伊怎样说明工资、利息和地租的大小。直到现在，我们还只看到萨伊胡说什么生产要素合起来创造的效用就是价值，等到他察觉效用不能衡量时，我们又看到他胡说什么从商品的价格可以看到它的效用，从而又看到他胡说什么生产要素创造的效用就体现在价格中，但各生产要素创造的那部分效用或价值究竟有多大，他没有也无法告诉我们。谈到分配问题时，他不能不谈这问题了。

萨伊事实上认为，工资是根据工人的生活费用和劳动的供求关系决定的；利息分为资本本身提供服务的报酬和出租资本所收取的保险金两部分，前者取决于借贷资本的供求关系，后者取决于借入资本的人的信用；地租取决于出租的土地的供求关系，其趋势是求过于供，于是地租有上升的趋势。总之，各种收入的水平取决于供求关系。

这实质上是价值学说上的供求论。现在我们看到了，只有以供求关系“说明”了各种收入的大小之后，萨伊的生产费用构成价值的胡说才算凑成了。

供求论的根本错误在于：它不能说明依供求关系而波动的价格，为什么要在这水平上，而不在那水平上变动；它只能说明价格围绕着价值变动，不能说明价值的决定。就萨伊而言，他不能说明依供求关系决定的工资、利息和地租，为什么分别在这一水平上，而不在那一水平上。

萨伊既然认为可以用供求关系说明各种收入的大小，那么，这和他从前所说的各种生产要素创造效用、形成价值，就相互矛盾了。从前，他在理论上承认各生产要素都创造价值，它们的所有者分别得到的收入就是各生产要素所分别创造的，只是他在实际上不能说明它们的大小；现在，他又说这些收入的大小分别由供求关系决定。分别由两种情况所决定的收入，其大小当然不会相等。这样，又怎能说，生产要素所有者实际上取得的收入就是生产要素所创造的呢？

萨伊的分配学说有个大漏洞：在企业收入（萨伊将它与利息对立起来称为利润）的来源上不能自圆其说。这是因为，在生产三要素中没有任何一种可以被说成是创造利润的。怎么办呢？萨伊只好说，租用各种生产要素的企业家，付给各生产要素所有者的代价，小于它们分别创造的价值，其差额就是利润。但这样一来就发生两个问题。一是,企业家实际上支付给生产要素所有者的代价,由供求关系决定的各种收入,生产要素分别创造的价值,这三者的大小到底相等还是不相等?萨伊显然无法回答。二是,价值到底是由扣除了利润的那些租用生产要素所支付的代价构成的呢,还是由没有扣除利润的那些代价构成的?看来,现在的萨伊只好说是后者。但这就要承认,一个自耕农(三种生产要素都属于他所有)生产的商品的价值,在原理上就不等于一个资本主义企业家生产的商品的价值,因为前者没有必要扣除利润。

鉴于生产三要素论不足以说明四种收入的产生,后来有些庸俗经济学家就将它发展为生产四要素论——增加了一个"组织"或"管理",以说明企业收入的生产。当然,这同样是谬论。

五　销路论

萨伊的销路论是一种错误的、庸俗的实现论和危机论,因为他认为生产物会自动地为自己开拓销路,从理论上否认了资本主义有发生普遍的生产过剩的危机的可能性。萨伊是在生产篇中论述这个问题的。

萨伊的命题是:"生产给产品创造需求。"①它又是由这两个命题支持的:生产物和生产物相交换;支付生产物的就是由生产物的价值分解而来的收入。

人们,尤其是资本主义生产当事人,当然知道,和生产物相交换的是货币,而不是生产物;生产者出卖生产物取得货币,有时是为了购买另一种生产物,但不一定马上就购买,有时不是为了购买,而是为了支付或还债。萨伊不同意这种看法。他说:"你说你只要钱,但我说你所需要的不是钱而是其他货物。"为什么呢?他继续说:"你要钱干什么呢?不是要买料吗?不是要买你所经营的货物吗?不是要买维持生活的食物吗?因此,你所需要的是产品而不是钱。"②这样,他就将商品流通视为生产物的直接交换——物物交换,将买与卖看成一个经济行为——买卖统一。这样,他就进而反驳那种

① 让·巴蒂斯特·萨伊:《政治经济学概论》,陈福生、陈振骅译,商务印书馆 1963 年版,第 142 页。

② 同上。

认为销路呆滞的原因是货币短少的看法，他说："把销路疲滞归因于缺乏货币的说法，是错误地把手段看作原因。"①

以上是从交换在形式来看销路问题的。萨伊还从交换的内容来看销路问题。

萨伊知道，购买商品是要有手段的。购买手段由什么构成呢？他说：购买手段"由其他价值组成，即同样是劳动、资本和土地的果实的其他产品组成"。② 这就是说，从价值上看，购买手段就是工资、利息和地租这三种收入。因此，就整个社会而论，购买商品的手段就是由这些商品的价值分解而来的全部收入；待购买的商品的价值和购买商品的手段在量上完全相等，或者说本来就是一个东西。这样，他实质上就认为，就整个社会而论，出卖和购买在价值上自然就是相等的。

萨伊既然认为买卖是统一的，交换生产物的就是生产物，购买生产物的就是由这些生产物的价值分解而来的收入，他就当然认为生产会开拓对产品的需要，产品会自动开拓销路，生产越大，市场就越大，根本不可能发生普遍的生产过剩的危机。在萨伊看来，一种生产物生产过剩是可能的，这是因为其他的生产物生产不足，两者不能相等地全部交换掉，当然这种局部的过剩会由资本主义的自发调节而消失；所有的生产物普遍生产过剩是不可能的，因为普遍地多了，就可以相互交换掉了。

从这个销路论，萨伊得出四个实际结论：(1)生产者越多，他们的生产物越不相同，市场就越广阔、越扩展；(2)个人的利益对普遍的利益的促进有巨大的作用，一个产业部门的繁荣会增进其他产业部门的繁荣；(3)从国外购买和进口商品无害于国内生产；(4)单纯的消费无益于贸易。

这些结论反映着法国同对外贸易有密切关系的那部分资产阶级的利益和要求。这部分资产阶级反对拿破仑为其战争政策服务的保护关税政策，要求实行自由贸易。萨伊自诩其销路论足以改变整个世界的政策，就是指此而言的。

萨伊的销路论的根本错误和它的思想渊源是信奉物物交换论和"斯密

---

① 让·巴蒂斯特·萨伊：《政治经济学概论》，陈福生、陈振骅译，商务印书馆 1963 年版，第 143 页。

② 同上书，第 142 页。

教条”。

萨伊的物物交换论是从重农学派的“生产物只用生产物来支付”的命题演变而来的。萨伊起初还说货币是流通的手段，后来就否认了货币的作用，认为购买生产物的直接就是生产物了。货币作为流通手段，使买和卖分为两个行为，它们在时间上、在空间上都可能是分离的，买与卖可能脱节，这样，经济危机就有了可能性。货币作为支付手段，使各经济单位在信用上发生连锁关系，一个企业的资本循环中断了，许多企业的资本循环也中断了，这样，经济危机的可能性就更增大了。萨伊实质上否认货币在流通中的这些作用，将商品流通看成物物交换，自然就否认经济危机的可能性。马克思讽刺地说：“萨伊……认为，他因为知道商品是产品，所以有资格去否决危机的问题。”①

萨伊将“斯密教条”发展到斯密本人不承认的地步。斯密虽然认为商品价值最终全部分解为收入，但反对这种看法——生产物全部进入个人消费，因为他还要从物质形态方面来考察这问题。萨伊不是这样，他认为既然商品的价值全部分解为收入，而收入是用于个人消费的，生产物就当然全部进入个人消费。当他说购买生产物的就是由生产物价值分解而来的收入时，他实质上是将生产和收入，从而将生产和消费，等同起来。生产和消费是同一的，当然就不可能发生普遍的生产过剩的经济危机。其实，商品的价值不仅分解为收入，而且也分解为不变资本，在积累的条件下，部分收入（剩余价值）还要转化为资本；购买生产物的不仅是收入，而且是资本。在扩大再生产的条件下，不变资本增加得比可变资本快，生产增加得比工人的收入快，生产增长得比消费快得多，两者必然脱节。这样，普遍的生产过剩的经济危机就成为必然的了。

萨伊提出他的销路论时，资本主义还没有发生周期性的生产过剩的经济危机，这对他的认识不能不有所限制。但是，即使没有这些限制，他也会否认生产过剩经济危机的可能性，这是他的理论决定的。

萨伊、詹姆斯·穆勒、麦克库洛赫等人为一方，马尔萨斯等人为另一方，曾就危机和实现问题发生过争论，这个问题下面还会谈到。

---

① 马克思：《资本论》（第一卷），郭大力、王亚南译，人民出版社 1963 年版，第 94 页。

第三节　马尔萨斯的经济学说

一　概述

马尔萨斯(1766—1834 年),是英国的牧师、历史学和经济学教授。他的主要经济学著作有:《人口原理》(1798 年第一版,1803 年第二版篇幅大增)、《论谷物法的影响》(1814 年)、《地租的性质与发展》(1815 年)、《政治经济学原理》(1820 年)、《价值的尺度》(1823 年)、《政治经济学定义》(1827 年)。

马尔萨斯和萨伊是同时代的人,同样是庸俗政治经济学的始祖。

马尔萨斯的庸俗的经济学说,完全是 18 世纪末 19 世纪初英国社会阶级斗争的产物。他以 1798 年匿名刊出的《人口原理》而获得剥削阶级的宠爱。这本小册子实在是非常浅薄的;之所以会名噪一时,完全是由于它迎合了当时英国统治阶级的需要。它反击了高德文的“危险思想”,认为贫困是自然造成的,其原因在于工人自身,与社会制度无关。初版的“成功”鼓舞了马尔萨斯。几年以后(1803 年),他又把各种粗糙编制的材料、虚伪的统计材料,以及另外一些不是由他发现而是由他拼凑在一起的所谓新材料塞进旧著作中,以三倍于第一版的篇幅,并以真实姓名,刊行了《人口原理》的第二版。这本著作到 1826 年为止,刊行了六版。

1814 年马尔萨斯刊行了《论谷物法的影响》,代表封建地主的利益,对英国立法机构因拿破仑战败、战争终结而重新讨论谷物法一事,施加压力。其后,为了反对布坎南的“地租是垄断的产物”的意见,他于 1815 年刊行了《地租的性质和发展的研究》。

马尔萨斯这些维护土地贵族利益的谬论,遭到李嘉图的有力的反击;后者于 1817 年刊行了《政治经济学及赋税原理》,提出了比较彻底的劳动价值学说,并在这个基础上揭露了工资和利润、利润和地租的对立,对谷物法进行了攻击。为了土地贵族的利益,马尔萨斯不得不出来反对李嘉图。他自 1820 年至 1827 年相继刊行的《政治经济学原理》《价值的尺度》和《政治经济学定义》就是反对李嘉图理论体系的基础——劳动价值学说、反对李嘉图学派的。

可以看出，马尔萨斯的反动的政治嗅觉，比与他同时代的所有的庸俗经济学家都灵敏些；其庸俗的经济学说的辩护本质极为明显。他是个一身而兼二任的人物：既代表剥削阶级反对无产阶级和社会主义；在土地贵族和资产阶级发生利害冲突时，又代表前者反对后者。在前一场合，他肯定工人的贫困，但认为其原因是工人本身的繁殖；在后一场合，他肯定产品的实现是困难的，一般的生产过剩的危机是可能的，但幸有地主等不生产者的消费，这灾难得以避免。

为了反对工人运动，反对高德文的“危险思想”，马尔萨斯提出了他的人口学说。为了说明地租是自然的产物，反对布卡南的地租学说，他提出了他的地租学说。为了反对资本家对封建地主的攻击，也为了反对工人运动，他提出了自己的价值学说来同李嘉图的劳动价值学说相对立。为了证明地主的贡献是高于一切的，资本家应该感谢他们，他提出了他的实现学说。

马尔萨斯是剽窃能手，他的全部理论都是偷来的。他的人口学说是对汤生德等人的剽窃，地租学说是对安德生的剽窃，价值学说是对斯密庸俗价值学说的发挥，实现学说是对西斯蒙第的抄袭。

二　人口论

马尔萨斯的人口学说主要是反对高德文和法国革命的。

英国无政府主义者高德文，在法国资产阶级革命发生后的第四年，即1793年，发表了他的主要著作《政治正义论》。他在书中尖锐地批判了资本主义私有制，认为文明社会的罪恶和贫穷根源于社会制度，现存的财产制度是一切罪恶的源泉；只有废除私有制度，消除贫富区别，人们才能发展理性，促进社会发展，从而消灭罪恶和贫困。高德文的这些观点被英国统治阶级看为危险的思想。因此，马尔萨斯疾起反对。他在《人口原理》中提出了下列的命题①：

1. 人口必然地为生活资料所限制。

2. 只要生活资料增长，人口一定会坚定不移地增长，除非受到某种非常

① 马尔萨斯：《人口原理》，由于原书引述文献年代久远已难以寻找，此处均不使用直接引用，改为间接引用。

有力而又显著的抑制的阻止。

3. 这些抑制，和那些遏止人口的优势力量并使其结果与生活资料保持同一水平的抑制，全部可以归纳为道德的节制、罪恶和贫困。

第一个命题，他以为是不需要、事实上也是不需要证明的；因为人要有一定的生活资料才能生活，这是常识。

为了证明第二个命题，他首先说明两性之间的情欲是必然的，并且几乎会保持现状，这是一个规律；然后又极力证明人口增殖的力量，比土地生产生活资料的力量，远为巨大，据他说，在没有妨碍时，人口是以几何级数，即以 1、2、4、8、16、32、64、128……的比率增加的，而生活资料则是以算术级数，即以 1、2、3、4、5、6、7、8、9……的比率增加的。①

第三个命题是解决人口问题的办法：用道德的节制、罪恶和贫困的办法来遏止人口的增殖，使其与生活资料保持同一水平。

马尔萨斯从这里得出的实际结论是：贫困不是社会制度产生的，是自然造成的；贫困、罪恶（瘟疫和战争）、道德的节制（独身和不生育）都是好事情，它能制止人口增殖；必须反对《救贫法》，因为贫民的存在就是贫困的原因；没有罪恶和贫困的理想社会永远不能实现。

在《人口原理》第二版中，有一段话露骨地表明马尔萨斯对工人阶级的刻骨仇恨。他说：在一个已被占有的世界中出生的人，如果不能从他具有正当要求的双亲那里取得生活资料，以及如果社会不需要他的劳动，那么他就没有取得小量食物的权利，事实上他在地球上是多余的。②

马尔萨斯就这样恶毒地、公开地向工人阶级挑战。直到今日，形形色色的马尔萨斯主义者还宣传这种吃人的论调。

马尔萨斯自以为他的学说是建立在简单明了的命题之上的，其正确性毋庸置疑。事实果真是这样的吗？

首先，从方法论上来看，马尔萨斯所谈的是事实上不存在的、抽象的人

---

① 马尔萨斯假定北美洲的人口为 1 100 万，最初粮食产量足够养活这些人。第一个二十五年后，人口增为 2 200 万，粮食也增加 1 倍，仍足够养活这些人。第二个二十五年后，人口增为 4 400 万，而粮食仅增为最初时的 3 倍，仅足养活 3 300 万人。100 年后，人口增为 1 亿 7 600 万，而粮食仅增为最初时的 5 倍，仅足养活 5 500 万人。

② 马尔萨斯：《人口原理》，由于原书引述文献年代久远已难以寻找，此处均不使用直接引用，改为间接引用。

口规律。每一个社会都有其特有的人口规律，因为人口的增殖和生活资料的生产都是受特定的生产关系制约的。马尔萨斯将生产关系抽掉，将人看成只是生物学上的人，说他要有一定的生活资料才能生活，说他必然要增殖自己，然后又捏造出人口增殖比生活资料的增加要快得多的证据，最后得出人口必然绝对过剩的结论。这样的人口规律是不存在的。马克思说："历史上每一个特殊的生产方式都有它的特殊的历史上适用的人口规律。抽象的人口规律不过存在于历史上没有受过人类干涉的动植物界。"①

他谈的是绝对的人口过剩——生活资料供养不上这么多的人口。这是闭着眼睛说瞎话。就在马尔萨斯生活的那个资本主义还在发展的时代里，不是已经发生了资本家毁掉生活资料以牟取暴利的事情，已经开始爆发生产过剩的经济危机了吗？问题的实质是：为什么会产生相对的人口过剩——有停工的工厂，有销售不掉的生活资料，而工人竟会失业，竟要挨饿，这是什么道理？马尔萨斯狡猾地躲开了这个资本主义特有的人口问题。

其次，在原理上，马尔萨斯也是错误的。他极力企图证明生活资料生产的增长比人口的增殖慢。他的一个重要理论根据就是土地有限，而对土地增加投资又受到"土地肥力递减律"的支配。这个所谓规律认为，对同一土地递增投资，只在一定的限度内，生产物才是递增的，超过了一定的限度，生产物绝对地说虽然是增加的，但相对于递增的投资来说，却是递减的。这样，生活资料生产的增长就越来越慢。正如列宁所说的，这个"规律"是建立在毫无内容的抽象之上，它抽掉了技术进步这个递增投资的前提，因而它不适用于技术进步的社会，根本不是什么规律。递增投资要以技术进步为前提，而在这条件下递增投资，产量是递增的。无数事实，尤其是社会主义建设的事实，已证明了这一点。

最后，在具体问题上，马尔萨斯更是荒谬的。为了证明人口是按几何级数增殖的，他举出美洲人口增加的统计资料，并由此得出人口 25 年增加 1 倍的结论。为了证明生活资料是按算术级数增加的，他举出日本和中国农业生产的数字。在前一场合，他选择的是人口增加最快的新大陆，将大量的移民也当作人口的增殖；在后一场合，他选择的是农业生产很落后的国家。这

① 马克思：《资本论》(第一卷)，郭大力、王亚南译，人民出版社 1963 年版，第 695 页。

样的材料,能说明什么问题呢?

马尔萨斯的人口学说,就是这样一种从方法论到具体材料都充满了错误的谬论。

按照马尔萨斯的逻辑,贫苦的工人绝子断孙是再好不过的了,因为这是解决绝对人口过剩问题的釜底抽薪的办法。但是,这显然是违反资本家利益的,因为相对的过剩人口的存在有利于资本家压低在业工人的工资,能够适应资本主义生产周期的不同需要。资本家还要"救济"贫民,不允许失业工人随便离境,原因就在于此。

正是考虑到资本家的实际利益,马尔萨斯才后语不顾前言地道:结婚的慎重习惯,对国家有害;因为从人口的性质来看,"不经过十六年或十八年的时间,不可能使增加的劳动者进入市场,而收入……之转化为资本却快得多"。① 这就是说,在马尔萨斯看来,摆脱贫困之权虽然操在劳动者的手中,但为资本利益计,他应当放弃这个权利而忍受贫困。

马尔萨斯的人口学说主要是从唐森牧师那里剽窃来的。汤生德在1786年问世的《论救贫法》中表达了这样的思想:用法律来强制工人,不如用饥饿来压迫工人,因为后者可以唤起工人的努力;依照自然规律,贫民的存在是轻率的生活带来的结果;《救贫法》的作用,是把神和自然制订的秩序加以破坏。马尔萨斯把这种思想据为己有了。

三　地租论

马尔萨斯的地租学说主要是反对布卡南的。

大卫·布坎南在1814年印行斯密的《国民财富的性质和原因的研究》的注释版,注释之外加有附录,以表明他的经济思想。关于地租,他认为,第一,这是垄断的结果,是由农产品的高昂价格所产生的剩余,地主取得这部分剩余是对消费者的剥夺,如果农产品以较低价格出售,这种剩余就没有了,整个社会会由此得到利益;第二,地主之所得是别人之所失,所以地租不是国民财富的增加。布卡南代表资产阶级的利益,攻击地租,攻击地主。

布卡南的地租学说基本上是错误的,因为他认为地租是农产品价格高

---

① 马尔萨斯:《政治经济学原理》,厦门大学经济系翻译组译,商务印书馆1962年版,第265页。

于价值（垄断价格）的产物，是对消费者的剥夺。其实，资本主义的正常地租不是价格高于价值的产物，不是对消费者的剥夺，而是对农业劳动者的剥削。资本主义的正常地租在理论上可分为级差地租和绝对地租两种。级差地租是土地作为经营对象存在着垄断的产物，是劣等地以上的耕地才有的，是农业资本之间的剩余利润。因为农产品的社会生产价格由劣等地的生产条件决定，中等地和优等地的农业资本因此能够获得剩余利润。它转化为级差地租。绝对地租是土地作为私有财产存在着垄断的产物，是所有耕地都有的。因为农业资本有机构成较低，农产品的生产价格低于价值，但由于土地私有权对所有耕地都要勒索地租，农产品不按生产价格而按价值出售，所有耕地的农业资本便有一个高于工业资本的剩余利润（工业品按生产价格出售），它转化为绝对地租。这两种地租都是对农业劳动者的剥削。只有垄断地租（如出产名贵葡萄的土地的地租），才是农产品价格高于价值的差额，是农产品（如名贵的葡萄）按垄断价格出售的结果，才是由消费者支付的。布卡南地租学说的缺点是用说明垄断地租的办法来说明级差地租和绝对地租。

马尔萨斯当然不是为了维护真理而反对布卡南，他之所以反对布卡南，只是由于布卡南的说法不利于地主。马尔萨斯同布卡南一样，认为地租是农产品价格高于价值的剩余利润，不过他极力证明，这不是垄断的结果，而是自然的赐予。他还要证明，地租是国民财富，并且是唯一的财富。

他对地租下了这样的定义："地租可以被界说为总产品价值中扣除各种耕种费用后归于地主的部分，各种费用中包括按照当时一般农业资本利润率计算的投资利润。"①将利润划入费用是错误的，在这里我们暂且不去说它。马尔萨斯这一段话的意思不外说地租是农产品市场价格超过了生产费用（价值）的剩余。按照他的解释，农产品价格中超过生产费用的通常多余部分，其起因有三。

"第一，也是主要的，是土地的性质，基于这种性质，土地能够生产出比维持耕种者的需要还多的生活必需品。"②

① 马尔萨斯：《政治经济学原理》，厦门大学经济系翻译组译，商务印书馆1962年版，第118页。

② 同上书，第119页。

他的意思是说，假如土地生产的生活必需品，仅能满足土地耕种者的需要，就不可能产生地租。当然，假如土地是这样的贫瘠，在资本主义条件下它就不可能被经营，也不可能提供地租。但这样的说法和马尔萨斯对地租下的界说没有关系，因为他说的地租是价格超过价值的那部分货币，而不是生产量超过消费量的那部分生产物。他之所以这样说，是为了说明，由于自然的赋予，土地才可能提供剩余的生活必需品，这些必需品才可能出现于市场上，又由于下述原因，它的价格高于生产费用，地租才可能产生。

“第二是生活必需品所特有的性质，基于这种性质，生活必需品在适当分配以后，就能够产生出它自身的需求，或者能够按其生产量的多寡而养成若干的需求者。”①这一点，他认为是使生活必需品的市场价格高于价值的原因。

我们必须指出，这个原因在马尔萨斯的体系中是非常重要的，它使他的地租学说和人口学说联系起来，并以人口学说为逻辑前提。他认为，超过了土地耕种者本身需要的那部分生活必需品，会造成需求者的存在和增长——人口增殖。而根据他的人口学说，人口增殖是快于生活必需品的增长的，后者永远处于供不应求的状态中，这种情况必然要使市场价格高于生产费用，两者的差额便是地租。他认为，如果土地的产品不具有生活必需品的特性，又如果人口增殖不快于生活必需品的增长，农产品就不会供不应求，市场价格就不会高于生产费用，也就不会有地租。

由于人口增殖的趋势，粮食求过于供，肥沃土地生产的粮食不能满足需求，因而有必要耕种次等的土地。这样，肥沃的土地产生了地租。所以，他认为地租的第三个起因是：“肥沃土地的相对稀少性，或是天然的或是人为的。”②

在这里，马尔萨斯荒谬地把级差地租和他的人口学说联系起来。他说：“当资本的积累达到使优等的土地上追加资本的报酬低于在次等土地上的投资所得时，显然资本一定会用于耕种这种次等土地。”③他认为，这时利润和工资都会下降，因而生产费用下降，但是粮食的价格不会下降，价格超过

① 马尔萨斯：《政治经济学原理》，厦门大学经济系翻译组译，商务印书馆1962年版，第119页。
② 同上书，第120页。
③ 同上书，第129页。

生产费用的部分就是地租。

工资为什么会下降呢？他认为这是因为粮食生产的增长更加缓慢（耕种次等地）、绝对人口过剩更加厉害、劳动供过于求更加猛烈。利润为什么会下降呢？他根据“土地肥力递减律”，认为这是“在土地的耕种中……用同量劳动所得到的产品的数量减少”的缘故。①

用歪理说明了工资和利润的下降后，他就说：“如果耕种次等地的投资利润是 30%。旧土地的投资利润是 40%，那么这 10%的差额，不论归谁所有，显然总是属于地租。”②

分析了地租的三个起因之后，马尔萨斯说：“这里所指的作为农产品价格中超过生产费用多余部分的基本原因的土地性质，是自然对人类的赐予。它与垄断完全无关，然而是地租存在的绝对必要条件……”③他针对布卡南的地租的起因是垄断的学说提出的反对意见就是这些。

马尔萨斯的地租学说的绝大部分，如地租起因于“土地的性质”，“生活必需品所特有的性质”等都是一派胡言。至于级差地租学说，他是从安德生那里剽窃来的。1777 年，安德生出版了他的《谷物法的研究及苏格兰新谷物案的观察》。在这部著作中，他附带地提出了一种级差地租学说。他认为，一块土地的地租是由这块土地生产的农产物的价值，与同面积的较劣的土地生产的农产物的价值的差额决定的，后者的农产品的价值仅足以抵偿生产费用。马尔萨斯剽窃了它，又糟蹋了它，将它和“土地肥力递减律”以及他的人口学说联系起来，使它变成了不伦不类的东西。

马尔萨斯只承认级差地租，否认绝对地租。他在《政治经济学原理》中说：“在耕种业务发达和不断进步的国家里，谷物差不多是按照必要价格出卖的，即按照在不缴付地租的条件下为获得实际产量所必需的价格来出卖的。”④他利用这一点来反对布卡南的“取消了地租，农产品价格就会下落”的见解。⑤ 马

① 马尔萨斯：《政治经济学原理》，厦门大学经济系翻译组译，商务印书馆 1962 年版，第134 页。

② 同上书，第 129 页。

③ 同上书，第 120 页。

④ 同上书，第 149 页。

⑤ 正确的看法应该是：土地私有权消灭了，作为价格的原因的绝对地租消灭了，农产品价格会下落，农产品按生产价格出售；作为价格的结果的级差地租不会消灭，农产品社会生产价格仍按最劣等土地的生产条件决定。

尔萨斯承认级差地租，而否认绝对地租，为的是将地租解释为自然的赐予，而抹杀它同土地私有的任何联系。

同布卡南相反，马尔萨斯认为地租是唯一的国民财富。他说："没有这一部分，就没有城市、没有海军、没有艺术、没有文化、没有精良的工艺品、没有来自外国的便利品和奢侈品，也没有那种不仅使个人高尚和尊严，而且使全体人民蒙受其利的文明而优美的社会。"①

马尔萨斯的这一荒谬的说法，其思想基础是从重农学派那里剽窃来的。重农学派认为，唯有农业是创造财富的，地租就是农业创造的纯产品，非农业人口就是从纯产品中取得生活资料的。他们由此主张：一切租税都应出自地租。原来是反对地租的思想，一到马尔萨斯手里，却变成地租的颂歌了。

根据地租是农产品价格超过生产费用（包括利润）的剩余的界说，马尔萨斯说明了地租增长的四个原因：(1)引起利润下降的资本积累；(2)引起工资下降的人口增加；(3)促使生产一定农产品所需要的劳动者人数减少的农业改革；(4)引起农产品价格上升的需求增加。前三者降低生产费用，后者提高价格，因而地租增长。

他认为，这四个原因是社会进步、财富增长的标志，因而地租增长就是社会的利益。

他在肯定地租是唯一的国民财富、地租增长是社会的利益以后，接着就在粮食应该自给自足、国家安全第一等大道理下，力言维持谷物高价的谷物法是非常必要的。

马尔萨斯的全部地租学说是为了说明这一点："如果……主张一个富裕和进步的国家必须用法律来减低农产品的价格，直到以地租形式出现的剩余都不存在为止，那么，不可避免地，不仅所有的贫瘠土地会停止耕种，而且除了最优等的土地以外一切土地都会停止耕种，全国的农产品和人口可能会减少到不足过去的十分之一。"②在这里，马尔萨斯作为土地贵族辩护士的面目已毕露无遗。

---

① 马尔萨斯：《政治经济学原理》，厦门大学经济系翻译组译，商务印书馆 1962 年版，第 126 页。

② 同上书，第 148 页。

四　价值论

马尔萨斯的价值学说，主要是反对李嘉图的。从1820年出版的《政治经济学原理》中，尤其是在以后出版的小册子中，马尔萨斯都利用斯密价值学说中所包含的错误观点来反对李嘉图。原因是李嘉图在1817年出版的《政治经济学及赋税原理》刺痛了土地贵族。

李嘉图的《政治经济学及赋税原理》是古典政治经济学的最高的成就。他在这本著作中提出了资产阶级最好的劳动价值学说。他克服了斯密的价值取决于交换商品所支配的劳动的错误原理，从斯密的价值取决于生产商品所投下的劳动的正确原理出发，说明价值如何分解为工资、利润和地租①，揭露了工资和利润、利润和地租的对立。这不仅触痛了封建地主，而且还有被无产阶级利用来揭露资本主义剥削的危险。于是，嗅觉灵敏的马尔萨斯就代表土地贵族和剥削阶级，利用李嘉图学说中所存在的矛盾极力反对它。

李嘉图的劳动价值学说中的矛盾如下。一是，同斯密一样，他也看不到工人出卖的是劳动力，认为他们出卖的是劳动。如果工人出卖的是劳动，那么按照等价原则，资本家就不可能有利润，如果资本家的利润是从资本和劳动不等价交换得来，那么价值规律就被破坏了。这就是说，劳动决定价值的规律和剩余价值的规律发生了矛盾。李嘉图没有觉察到这矛盾。二是，他将生产价格等同于价值，将平均利润等同于剩余价值，这样，在同一时期内，等量资本因有机构成不同、周转速度不同，推动的活劳动不同，就应有不同的价值和剩余价值，商品按价值出卖，就应有不同的年利润率，但实际上资本却有平均的年利润率，于是劳动决定价值的规律就和平均利润的规律发生矛盾。斯密事实上也有这个问题，不过他后来又有价值由所能交换或支配的劳动决定之说，这个问题被掩盖了。李嘉图尖锐地察觉到这问题，力图解决。但由于他始终混同了生产价格和价值，因此不能不失败。最后，他仍相信劳动决定价值的原理是正确的，因为他认为资本的结合比例和周转时间不同只是例外情况，只有在例外的情况下，劳动决定价值的原理才要修

① 大卫·李嘉图认为，工业品价值分解为工资和利润，劣等地农业品价值分解为工资和利润，劣等地以上耕地农产品的价值分解为工资、利润和地租。

改。但是,这就等于宣告了劳动决定价值的原理是错误的。

马尔萨斯全力抓住上述问题向李嘉图步步进逼。他得意洋洋地说:“李嘉图先生也承认他的法则有相当多的例外。……我们研究一下……就会发现其为数之多,使得该法则可以看成例外,而例外倒成为法则了。”①他将李嘉图的原理指责为日益与文明不相容,因而就从根本上否定了它。他说:“说商品中包含的劳动是商品交换价值的尺度,看来是完全不正确的。”②

马尔萨斯发展了斯密价值学说中最庸俗的、李嘉图对之大力抨击的、价值由商品所能交换或支配的劳动决定的思想,由此去建立他的庸俗价值学说。

他对价值的尺度作了这样的说明:“可以单纯化为劳动和利润的这些商品的交换价值,看来能够由这样一种尺度来衡量,即商品实际消耗的累积劳动与直接劳动加上以劳动估算的一切垫支的不等量利润。但是,它必然要和商品所能支配的劳动量相等。”③

首先,马尔萨斯所说的累积劳动就是物化劳动,直接劳动就是活劳动。但是,他认为劳动的价值就是工资,“一定量劳动的价值都必然等于支配它或实际与之交换的工资的价值”。④ 前面说过,将工资误认为是劳动的价值,就必然无法说明利润的产生,这是李嘉图遇到的但不曾意识到的矛盾,现在马尔萨斯重复了这个错误,他又怎能解释利润的来源呢?

其次,马尔萨斯一开始就将利润界说为商品价值中累积劳动和直接劳动所代表的价值以外的价值。他是看到李嘉图所遇到的矛盾的,因而不经说明就将利润,并且是具有一定比率的利润(平均利润)界说为价值中的一部分,是价值中本来就有的,企图用这个办法来解决矛盾。既然价值不仅包含投下劳动所形成的价值(它等于生产资料的价值和工资),而且在这之外还包含平均利润,这个利润就当然不是投下的劳动所创造的,不是在生产中形成的,而只能是在交换中形成的。因此,马尔萨斯就说:“唯有商品所能支

① 马尔萨斯:《政治经济学定义》,何新译,商务印书馆 1960 年版,第 13 页。

② 马尔萨斯:《价值的尺度》,何宁译,商务印书馆 1960 年版,第 7 页。

③ 同上。

④ 同上书,第 3 页。

配的劳动才能成为这种价值的尺度。"①又说:"商品一般所能支配的劳动量必然可以代表和衡量其中所包含的劳动量和利润。"②总之,商品价值由交换商品所支配的劳动决定,这劳动等于生产商品所消耗的物化劳动、活劳动(这两者是投下劳动)和利润。

这明明是斯密的商品所支配的劳动量(它等于工资、利润和地租)决定价值这庸俗见解的复制。但是,马尔萨斯却大言不惭地说:"我在任何地方都没有见到有人说过,一种商品所能支配的一般劳动量,必然可以代表和衡量该商品所包含的劳动量和利润。"③

商品的交换价值的尺度是交换商品所支配的劳动量,马尔萨斯这个说法有什么意义呢?应该说,他是看到了当作资本存在的一种形态的商品的价值的增殖,也就是看到了劳动和资本的交换是较多的劳动和较少的劳动的交换,因为他心目中的支配劳动量始终是活劳动,是雇佣劳动。作为资本存在形态的商品的价值增殖确实是由雇佣劳动提供的活劳动所决定的,换句话说,是由工资所"购买"或支配的活劳动所决定的。但是,这种活劳动不是在交换中得到的,而是工人在生产过程中所提供、而为资本家所榨取的。马尔萨斯故意把生产中的榨取过程抽掉,胡说商品的价值是由支配劳动决定的,这样利润就被说成是从交换中得来的,它的真正来源被掩盖了,土地贵族得到的地租好像也不是剥削所得了。关于这一点我们后面还会谈到。

事实上,马尔萨斯的说法完全是错误的。按照他的说法,支配的劳动包含了生产资料的价值(累积劳动)、工资(直接劳动)和利润,这实质上是在价值形成问题上拉进了分配问题,马尔萨斯还认为价值由分配决定;这也是将商品本身看成资本存在的形态,因为它一出现就包含了利润。同时,如果像马尔萨斯看到的那样,支配的劳动就是雇佣劳动,劳动的价值是工资,这就等于说价值由劳动价值或工资衡量;如果是物化劳动,那么,它就有价值了,它的价值等于与它相交换的那个商品的价值,这就等于说甲商品的价值由

---

① 马尔萨斯:《政治经济学定义》,何新译,商务印书馆 1960 年版,第 91 页。

② 同上书,第 92 页。

③ 同上书,第 85 页。

与它相交换的乙商品衡量,乙商品的价值又由与它相交换的甲商品衡量:以上两种说法都是循环推论。

马尔萨斯的价值由商品所能交换或支配的劳动决定的说法,只是在字面上与劳动价值学说有关,其实却是生产费用论。因为这种支配劳动在我们看来不过包括不变资本、工资和利润,用他自己的话来说则是生产成本或供应条件。他说:"什么是生产成本[①]呢? ……是商品本身以及生产过程中所消耗的工具与原料和垫支项目在垫支期间的一般利润等项中所包含的劳动本身。"[②]话说得很晦涩:所谓"商品本身……所包含的劳动"就是不变资本和工资;所谓"一般利润……所包含的劳动"就是利润,当然其高度是无法说明的。他认为原始生产成本的"意义完全与供应条件相等";商品的供应条件则是:"商品生产所需的积累劳动与直接劳动量的垫支。全部垫支项目在其使用期间的利润百分比须等于普通利润率。"[③]这是在混同了价值和生产价格的条件下,谈论生产价格的决定。

追问一句,利润的高度是怎样决定的,马尔萨斯就只好循着萨伊走过的道路,走向供求论。他举了这样一个例子:某人制造一只独木船,耗费的累积劳动和直接劳动是 20 天,但木材要经过风干之后才能造船,这要 3 个月的时间。木船由于多经历了 3 个月才能上市,它的交换价值就比那些只耗费 20 天劳动就马上上市的商品大。木船的价值"取决于它们和等量劳动所生产但直接送上市场的产品相比的稀少程度"。制造木船的资本的"利润率便刚好是以它被制成后所能交换的劳动超过本身所包含的劳动的盈余量来衡量的,如果所包含的劳动是 20 天,而 3 个月后所交换的劳动是 21 天,那么一季度的利润率便是 5%……"[④]这就是说,根据木船的"稀少程度",生产木船的资本的利润是 5%。事实上,根据供求关系,根本不能说明它交换的为什么是 21 天的劳动,而不是其他;利润为什么是 1 天的劳动,而不是其他。

在无能为力的条件下,马尔萨斯只好承认利润率的高度是无法说明的;

① 这里所说的生产成本和前一节所说的生产费用是一个东西。

② 马尔萨斯:《政治经济学定义》,何新译,商务印书馆 1960 年版,第 29 页。

③ 同上书,第 106 页。

④ 马尔萨斯:《政治经济学论文五篇》,何新译,商务印书馆 1961 年版,第103 页。

他说:"商品一般所能支配的劳动,如果没有其他情况说明,的确不能指出产品在劳动与利润之间分配的比例。"①他所能说明的,只是这一点:"利润率的变动决定于该商品出卖后的价值和已知的垫支价值之间的差额;而这差额的大小总是决定于供求情况的。"②不错,供求情况能说明利润率的变动,但不能说明它依以变动的基础。

总之,虽然马尔萨斯大谈其由商品所能交换或支配的劳动决定价值,甚而搬弄生产费用论和供求论,但是他始终不能自圆其说。

五　实现论

马尔萨斯的乱七八糟地拼凑起来的价值学说和利润学说是为其实现论服务的。他认为,利润之所以能够实现,超过了资本家和工人需要的生产之所以不会发生一般的生产过剩的经济危机,都是由于地主等"第三者"的购买。

依据马尔萨斯的价值尺度的定义,利润是商品所支配的劳动量大于商品所包含的劳动量的差额,他说:"利润是垫支资本的价值和商品出售或使用后所得价值之间的差额。"③因此,利润是高价出卖的结果,是在交换中产生的,是让渡利润;利润率完全取决于供求关系,是10%还是50%,都是无法说明的;一般利润率是特殊利润率的均衡。

现在的问题是:利润是怎样实现的,谁是利润的支付者?严格地说,只有解决了这个问题,马尔萨斯的价值学说才算凑成了。

将商品在价值以上出卖,就全体资本家看,是不能形成和实现利润的。甲资本家有权将商品价格提高10%卖给乙资本家,乙资本家按同样办法将商品卖给丙资本家,丙资本家也按同样办法将商品卖给甲资本家,大家普遍卖贵10%,结果谁也得不到利润。

将商品在价值以上出卖给工人,利润虽然形成但不能实现。工人只是商品的购买者,不是商品的出售者;资本家将商品提高价格10%卖给工人,工人是不可能对资本家进行报复的。用这种办法,的确可以从工人身上榨

① 马尔萨斯:《政治经济学论文五篇》,何新译,商务印书馆1961年版,第103页。

② 同上。

③ 马尔萨斯:《政治经济学定义》,何新译,商务印书馆1960年版,第105页。

出一笔利润基金,但是一部分商品利润仍然不能实现。假如商品是卖贵10%的,工人以其工资就只能买回代表工资部分的商品的十一分之十,余下的十一分之一就是利润基金,工人缺乏购买它的货币,因而它不能实现。再说,有些商品,如生产资料和奢侈品,工人是不购买的。所以,利润不能这样实现。

马尔萨斯认为,利润的支付者是既非资本家也非工人的“第三者”,他们只消费、不生产,只购买、不出卖。只有“第三者”的不断消费,不断出高价购买,资本家的利润才能实现。

马尔萨斯说一般的生产过剩是可能的;但是他又认为,由于“第三者”的不断购买,它不会成为现实。

这种“第三者”就是地主、僧侣、官吏等寄生者,他们的购买手段就是不经交换、只凭特权而取得的地租和赋税。马尔萨斯根据他的供求论,认为地租越高,地主的需求越强,利润就越高。所以,他认为地主的贡献是高于一切的,地租的存在及增长对于利润的实现及增长都是必要的。李嘉图认为地租的增长必然损害利润,马尔萨斯则认为地租的增长必然有利于利润。他向李嘉图及其学派挑战:资本家担负起积累的任务,地主担负起浪费的任务。

但是,马尔萨斯的实现学说同他的人口学说却发生了惊人的矛盾。他的人口学说认为:绝对的人口过剩是必然的,因为生活资料的生产绝对不足;他的实现学说认为:一般的生产过剩是可能的,只是由于地主等寄生者的拼命消费,它才没有成为现实。但这个理论上的矛盾却是资本主义现实矛盾的反映——只不过是表面的。恩格斯尖锐地指出:马尔萨斯发现了资本主义生产的三个怪物——生产过剩、人口过剩和消费过剩。当然,三者的内部联系,他是无法说明的。

马尔萨斯的实现学说是完全错误的。“第三者”的购买手段如果不是从天上掉下来的,就只能是从剩余价值或利润那里分出来的。这样,我们就不明白,资本家将口袋中的基金分一部分给地主等人,然后又以高价出卖商品的办法将它骗回来,这对利润和产品的实现怎么能发生魔术般的作用?这个问题,他是不能有所说明的。

马尔萨斯的这种论调是从西斯蒙第那里剽窃来的。西斯蒙第在其1819

年出版的《政治经济学新原理》中提出了这样的思想：今年的生产品是由去年的收入购买的，由于积累生产扩大了，小生产者破产了，收入小于生产，消费落后于生产，一般的生产过剩的经济危机是必然的。他的目的是揭露资本主义的矛盾。马尔萨斯在1820年出版的《政治经济学原理》中剽窃了这思想用来为地主辩护。

19世纪20年代，马尔萨斯等人为一方，萨伊和詹姆斯·穆勒等人为另一方，就实现和危机问题发生过尖锐的争论。

萨伊和穆勒等否认普遍的生产过剩经济危机的可能性，其理论根据是：物物交换，倡导者是前面谈过的萨伊；供需均等，倡导者是下面将要谈到的穆勒，萨伊也有这种思想；生产即消费，倡导者是李嘉图，萨伊和穆勒也有这种思想。

马尔萨斯肯定一般的生产过剩经济危机的可能性，与他的对手相反，他提出如下理论根据。

(1) 物劳交换。他认为与其说是物物交换，不如说是物劳交换，因为与生产物交换的实质上是劳动。他认为扩大生产时，生产物是增加了，但劳动没有增加，因为这时只是将不生产的劳动转变为生产的劳动。生产物总量大于与其相交换的劳动，一般的生产过剩就可能发生。

(2) 供需不等。他认为只有从价值上看，供需才是均等的；正确的看法应该是：需要由价值决定，供给由财富决定，价值和财富的运动是不一致的。由于土地富饶、技术进步和资本积累，供给即财富增加了，需要即价值却没有增加，供给就大于需要，一般的生产过剩就可能发生。

(3) 生产消费不等。李嘉图认为积累全部分解为工资，全部用于个人消费，因而生产即消费，两者必相等，普遍的生产过剩是不可能的。马尔萨斯加以反驳，认为积累是资本家减少消费，但劳动者的消费并没有因而增加，因为这时只是不生产的劳动者变成生产的劳动者，劳动者的消费依然如旧。这样，生产就必然超过消费，一般的生产过剩就可能发生。

撇开了某些无稽之谈，双方都是在"斯密教条"的基础上去反驳对方的，因而大家都错了。列宁指出："在关于总商品是否可能发生生产过剩的争论中，站在一方的李嘉图、萨伊、穆勒等人和站在另一方的马尔萨斯、西斯蒙第等人，所依据的都是斯密的错误理论。”①双方都看漏了不变资本的代置和扩大在产品实现中的作用，都错误地认为价值全部分解为收入，全部用于个人消费，只看见个人消费，看漏了生产消费。

① 列宁：《俄国资本主义的发展》，载《列宁全集》（第三卷），人民出版社1959年版，第30页。

第三章　法英庸俗政治经济学的发展

——李嘉图经济学说的庸俗化及其学派的解体

第一节　19世纪20年代法英政治经济和经济思想简况

以上我们说明古典政治经济学的伟大代表斯密的经济学说中的庸俗因素，如何因法国资产阶级革命后阶级矛盾的发展，以及英国产业革命后资本主义生产方式矛盾发展的缘故，分别被萨伊和马尔萨斯发展为庸俗政治经济学。

在斯密以后，古典政治经济学之被庸俗化，和它之在李嘉图手中的继续发展，是同时平行地进行的。这是因为，当时的政治经济情况，除了有如上述的使古典政治经济学庸俗化的一面之外，还有使它向前发展的一面。这就是英国资产阶级在经济上虽然完全成长了，但政治权力还较小，封建地主还欺压他们，英国资产阶级反对封建主义的历史任务还没有最终完成。于是，他们就需要反对封建主义的经济学说。在斯密的经济学说基础上发展起来的李嘉图的经济学说，就是反对封建主义的有力的理论武器。

在李嘉图的手中，古典政治经济学发展到了它的最高峰。从这以后，无论从阶级斗争的形势来说，还是从理论本身存在的矛盾来说，它都不可能再向前发展了。在这条件下，庸俗政治经济学在以前的基础上，适应于新的形势，利用了李嘉图学说中的矛盾和漏洞，作为自己的思想材料，向前发展了一步。李嘉图经济学说被庸俗化，其学派开始解体。但是，古典政治经济学还没有完全崩溃，资产阶级还不能完全抛弃它，庸俗政治经济学还未能完全取代它。这是由以下原因决定的。

第一，到这时，资本主义大工业生产，资本主义生产方式还刚刚在英国社会生产中居于统治地位，它的矛盾才开始暴露出来——第一次周期性的普遍生产过剩的经济危机是1825年发生的。视资本主义生产为生产的自然方式的资产阶级庸俗经济学家，根本不可能对反映这种生产方式的经济理论（古典政治经济学），有深入的批判，这是不必说的。就是视资本主义生产为灾难的空想社会主义者和小资产阶级经济学家，他们的批判也不能动摇古典政治经济学的理论。当资产阶级的对立物——无产阶级还不能够科学地批判资本主义生产方式和古典政治经济学，并由此得出革命的结论时，庸俗政治经济学是不能，也不必完全取代古典政治经济学的。

第二，这时，资产阶级和无产阶级的斗争，相对于资产阶级和封建地主的斗争来说，暂时还居于次要地位。在法国，1814年拿破仑政权垮台后，出现了1814年至1830年的波旁封建王朝的反动复辟，并面临着帮助这个王朝复辟和以镇压资产阶级革命为宗旨的“神圣同盟”的反动。法国逃亡贵族大批回国，身居要职，要求恢复旧制度——首先是恢复封建土地所有制。即使是在法国这样一个经历了深刻的资产阶级革命，比较彻底地废除了封建制度的国家里，这时，资产阶级和封建贵族之间的矛盾，不论在经济上还是在政治上，也重新尖锐起来。为了对付当前的主要敌人，法国资产阶级又利用劳动大众；他们和无产阶级之间的矛盾暂时居于次要地位。

在英国，1815年因拿破仑战败重新修订《谷物法》时，封建地主比之资产阶级显著地占了上风。其后，李嘉图虽然在理论上驳斥了马尔萨斯，但对实际问题的解决并没有起什么作用。这样，资产阶级还要利用劳动大众，自1825年起，进行议会选举改革运动，以期获得更多的议席，废除《谷物法》。这时，工人运动还是资产阶级民主运动的一个构成部分。英国资产阶级和无产阶级之间的矛盾也暂时居于次要地位。

法英资产阶级既然都要利用无产阶级去对付封建地主，无产阶级既然还跟随着自己的敌人去反对敌人的敌人，在这条件下，资产阶级就不能和不必完全抛弃古典政治经济学。他们保留了其中的有利于资产阶级、不利于封建地主的东西（主要是地租学说），而磨掉了其中的有利于无产阶级、不利于资产阶级的东西（主要是劳动价值学说和剩余价值学说）。

这个时期经济思想中的斗争就是这种政治斗争的反映。

19世纪20年代是李嘉图经济学说的普及化和庸俗化的时期。这个时期的经济思想，不论其倾向如何，事实上都是以李嘉图的经济学说为轴心的。

19世纪20年代，李嘉图的劳动价值学说和剩余价值学说，就已被早期社会主义者汤普逊和荷治斯金等人利用来反对资本主义经济。但他们也不能说明剩余价值的生产如何能够与劳动价值学说一致。

李嘉图的劳动价值学说受到了代表封建地主的马尔萨斯派的猛烈攻击。这种攻击，如上所述，是切中要害的。

于是，李嘉图经济学说的资产阶级“拥护者”（最主要的是詹姆斯·穆勒和麦克库洛赫）就起来“保卫”它，“反击”马尔萨斯派。在这过程中，他们庸俗化了李嘉图的经济学说，和萨伊拥抱，向马尔萨斯投降，使李嘉图学派解体。

第二节　穆勒的经济学说

一　概述

詹姆斯·穆勒（1773—1836年）是英国资产阶级庸俗经济学家，“反谷物法同盟”的斗士。他的主要著作有：《贸易的辩护》（1808年）、《政治经济学纲要》（1821年），后者是李嘉图的《政治经济学及赋税原理》的所谓“通俗”本。李嘉图学派的解体就是从他开始的。

前面说过，穆勒和萨伊等人同马尔萨斯等人就危机和实现问题发生过尖锐的争论。穆勒等人否定普遍的生产过剩的经济危机的可能性，所持的理由有三条，其中的供需均等论，或“卖者与买者间形而上学的平衡”，是穆勒提出的。

穆勒的命题如下：“每一个人的需要等于他愿意放出的财富的量，并且因为每一个人的供给和它正是同一回事，所以，一个人的供给和需要必然是相等的。”这是从个人看的需要和供给的同一。“若一个人的需要和供给常常是相等的，则一国全体人合起来，需要和供给也必定是相等的。所以，不管年生产物的量是怎样，它总不能超过年需要的水准。”①

既然全社会的需要和供给必然是相等的，普遍的生产过剩的经济危机就不可能发生。

穆勒的“供需均等”不是指某种生产物的供给量和需要量均等，而是指供给和需要的价值，无论从个人还是从社会来看，都是均等的，或者说是同一物。从这前提出发，他就认为普遍的生产过剩是不可能的，而局部的生产过剩是可能的。这是因为，某一生产部门因主观错误，投入过多的资本和劳动，生产物的供给量超过需要量，因而发生价格下降时，另一生产部门必然因投入的资本和劳动较少，生产物的供给量低于需要量，因而发生同比例的价格上升。这样，供给的总价值和需要的总价值还是均等的，只是前一生产部门会发生生产过剩，后一部门会发生生产不足。当然，这种局部的生产过剩和生产不足会因价格和利润率的自动调节而消失。

这种否定普遍的生产过剩的经济危机可能性的论调，是建立在两种错误的学说上的。

(1) 物物交换论。只有从买卖是同一的观点出发，才能说需要的价值和供给的价值是一回事。但是，在商品流通的条件下，事实上买和卖是两个行为。从一个行为来看，从卖主一个人看，供给的是一定量的生产物，需要的是这生产物的价值；相反，从买主一个人看，需要的是生产物，供给的是生产物的价值：无论从哪一方面看，供给和需要都不是一回事。当然，卖主得到了生产物的价值，或者说得到了货币之后，迟早总会将它用于或购买、或支付、或积累、或储蓄，所有这些都代表或最终代表需要。从这意义上说，某人由供给生产物而得到的价值，和他需要的生产物的价值，最终会相等。但这当中有一个时间的间隔。在一定时期内，要全社会供给的生产物的价值同需要的生产物的价值相等，就要有许多下面才能谈到的条件。

(2) “斯密教条”。从物物交换论出发，再加上深信生产物价值全部分解为收入的教条，穆勒就益发相信需要的价值和供给的价值是一回事。首先，在他看来，用于个人消费的那部分收入，固然是用于购买、用于消费；转化为

① 由于原书引述文献年代久远已难以寻找，此处参见詹姆斯·穆勒《政治经济学要义》，吴良健译，商务印书馆 1993 年版，第 128 页。

积累的那部分收入，也全部变成工人的收入，也用于消费。至于不变资本，尤其是它的固定部分，它的存在、它的代置和扩大的特点，他全部看漏了。这样，他就抽象地认为，由供给生产物而得来的收入，必然全部用来满足对生产物的需要；需要的价值就是由供给的价值构成的。其次，收入只是供给的生产物价值的一部分，它用来满足购买生活资料的需要，在一定时间内，要收入和出卖的生活资料在价值上相等，在这个时间内，收入之用于储蓄的数目和储蓄之用于购买生活资料的数目要相等，收入之用于支付的数目和信用购买生活资料的数目要相等，等等。供给的生产物价值的另一部分是资本，它用来满足购买生产资料的需要，要这两者在一定时间内在价值上相等，在这时间内，资本在折旧基金形态上存在的数目和折旧基金的使用数目要相等，在扩大再生产条件下，资本之用于积累（单指为了扩大固定资本而进行的积累）的数目和这种积累的使用数目要相等，等等。这在生产无政府状态下，是很难做到的。何况这只是从价值上看的，如果除了从价值上看，还从使用价值上看，问题更要复杂得多。更重要的是，随着扩大再生产的进行，工人的收入大大落后于生产的增长，就是说，社会供给的生产物大大增长，但其价值分解为工人收入的部分却相对减少，工人对生产物的需要减少。于是，供给工人购买的生活资料超过了工人对它的需要，它有一部分不能实现；从而供给生产生活资料用的生产资料，超过了资本家对它的需要；最后，全部供给都超过了需要。

供需均等论就是这样一种错误的论调。

穆勒曾怂恿李嘉图出版其《政治经济学及赋税原理》。《原理》出版后，穆勒鉴于它“深奥难读”，便对它作了一番“通俗”工作。他的《政治经济学纲要》便是这种“通俗”工作的产物。

穆勒是在对李嘉图理论加以“通俗化”中，使其庸俗化，并使李嘉图学派解体的。李嘉图的研究对象是矛盾的资本主义现实，他的《原理》是从这个矛盾的现实中产生的；他的基本原理中的矛盾（如价值规律和平均利润规律之间的虚假的矛盾）是资本主义现实矛盾的产物。他虽然不能解决这些矛盾，但他面对的确实是现实。穆勒就不是这样，他面对的不是矛盾的资本主义现实，而只是这个现实在李嘉图手中反映出来的理论；他撇开了现实的矛盾，只想在表面上弥补一下李嘉图学说中的矛盾。它引出的结论则使李嘉图原理庸俗化，并使李嘉图学派解体。

穆勒也从政治经济学方法上庸俗化李嘉图。他认为李嘉图的《原理》不易读懂，便按生产、分配、交换、消费四部分将其内容重新组合。他的《政治经济学纲要》开了庸俗政治经济学四分法的先河。

李嘉图的《原理》是由三十二篇独立的论文组成的，但其理论内部的逻辑联系却是十分清楚的。该书最重要的是第一章“论价值”和第二章“论地租”。在第一章中，劳动价值学说是和工资、利润、资本、利润率、自然价格和市场价值等，结合在一起论述的。在第二章中，特别论述了地租和劳动价值学说的关系，因为从表面上看这两者好像是矛盾的。① 其他各章，只不过是这两章的补充、发挥和应用。所以，李嘉图是以价值论为基础，不拘形式地将生产、分配、交换结合在一起加以研究，而贯彻着生产的决定性作用的思想。

穆勒的四分法就完全不是这样。从形式上看，它比萨伊的三分法更完整，因为它将交换独立起来，与生产分配和消费平起平坐，好像更能对经济过程给予说得过去的说明。但正由于这样，它和三分法虽然具有同样的错误，却更富于辩护性，其后的庸俗经济学家也更乐于采用。

为了“解决”李嘉图学派的两大难题，穆勒提出了他的价值学说、工资学说和利润学说，将李嘉图学说中在根本上不利于资产阶级的劳动价值学说抛弃掉，向马尔萨斯投降，和萨伊拥抱。只有在地租学说上，他还站在李嘉图的立场上；因为他到底是“反谷物法同盟”的斗士，需要保存李嘉图学说中反对封建主义的这一部分。

二　价值论②

穆勒妄图解决李嘉图不能解决的矛盾：等量资本在相同的时间内推动的活劳动不等，生产的价值和剩余价值不等，可是它们都有相等的利润。

---

① 农业资本要缴交地租，工业资本不要缴交，而它们都要得到平均利润。这样，就好像要承认，劳动投在土地上，要比投在工业原料上，产生更多的价值（其差额就是地租）。这是和劳动价值学说相矛盾的。

② 本部分从这个角度谈论穆勒的价值论：甲乙两个商品，生产它们的必要劳动时间相等，甲商品马上出售，乙商品必须经过一段时间才能出售（如经过窖藏，没有耗费劳动），结果乙商品的价值（其实是生产价格）比甲商品高，这部分增加的价值是从哪里来的。

等量资本在相同时间内推动的活劳动不等，总的说来有两个原因：一个是资本有机构成不同，在等量的资本中可变资本所占的份额不等；一个是资本周转时间不同，在相同时间内可变资本的使用次数不等。这样，劳动生产的价值和剩余价值就不等，商品按价值出卖，资本就有不等的利润。但在自由竞争下，这是不可能的。这样，价值就要变形为生产价格，不等的利润率就转化为平均利润率。

资产阶级经济学家不可能这样理解和解决问题。

李嘉图曾经从两种资本的比例不同和资本的周转时间不同，论述商品只有按生产价格出卖，资本才有平均的利润。但是，由于他没有生产商品的劳动具有二重性的概念，没有不变资本和可变资本的概念，只有不科学的固定资本和流动资本的概念，所以他就只能从这种资本的比例不同去理解生产价格的形成，这归根结底还是从资本周转时间不同去理解生产价格的形成。更重要的是，由于他把生产价格看成价值，所以就认为在这种情况下劳动决定价值的原理要修正。

攻击李嘉图的庸俗经济学家也不可能这样理解问题。他们几乎无例外地，只能从资本周转时间不同的角度，不能从资本有机构成不同的角度，提出劳动价值学说“不能”解决的问题。他们连提问题也是片面的。他们提的问题多半是两种商品生产时花费的劳动相同，但由于上市所经历的时间不同，却有不同的价值（其实是生产价格）；他们津津乐道的例子就是陈酒比新酒的价值高。[①] 他们自己的解决办法不外是：使用价值决定价值，酒是越陈越香的，所以陈酒的价值比新酒大；资本存放的时间越长，要求的利润就越多，利润是价值的一个因素，所以陈酒的价值比新酒大。

“忠”于李嘉图劳动价值学说的穆勒，当然不同意第一种解释，表面上也驳斥第二种解释。在穆勒看来，时间不能做什么，它怎能增加价值呢？时间只是一个抽象的名词，把一个抽象的单位当作价值尺度，和把时间当作价值的创造者，是同样的论理上的不合理。[②] 但穆勒自己怎样回答这问题呢？他说，陈酒的窖藏时间也是劳动时间，在这时间内，同样创造价值，所以陈酒的

① 假设陈酒在窖藏期间没有耗费劳动。

② 詹姆斯·穆勒：《政治经济学纲要》，由于原书引述文献年代久远已难以寻找，此处均不使用直接引用，改为间接引用。

价值大些。这种说法的实质，是将劳动过程中断后，让自然发生作用的那部分生产时间（区别于劳动期间），硬说成是劳动期间。这就将劳动、劳动期间的概念庸俗化了，等于将自然的作用称为劳动，认为自然的“劳动”创造价值。可以看出，穆勒已离开了李嘉图，承认马尔萨斯的攻击是正确的，而和萨伊拥抱了。

穆勒自己打自己的嘴巴。在先，他正确地驳斥了时间创造价值的胡说；现在，他却明白地和这种说法共鸣了。

其实，这种对李嘉图劳动价值学说的庸俗化，其思想材料还是李嘉图本人供给的。李嘉图由于混同了生产价格和价值，无法说明平均利润的形成，在走投无路时，只好承认利润是构成价值的因素。他在《政治经济学及赋税原理》中为了说明“生产中投入等量劳动的商品，如果不能在相同的时间内送上市场，其交换价值就不会相等”，举了这样的例子：甲商品是每年花1 000元雇 20 个人劳动，一连劳动两年（共花 2 000 元，20 个人的两年劳动，或 40个人的一年劳动）生产出来的；乙商品是花 2 000 元雇 40 个人劳动一年生产出来的。假设年利润率为 10%，乙商品价值为 2 000 元×（1＋0.1）＝2 200元；甲商品价值第一年为 1 000×（1＋0.1）＝1 100 元，第二年为（1 100 元＋1 000 元）×（1＋0.1）＝2 100 元×（1＋0.1）＝2 310 元，比乙商品贵 2 310元－2 200 元＝110 元。这 110 元就是甲商品第一年的价值 1 100 元，在第二年生产中当作资本来使用而按 10%利润率计算获得的利润。甲商品的价值（其实是生产价格）为什么要比乙商品高呢？李嘉图认为是它的资本使用时间较长，所以要求利润作为补偿。他说：“在这……情况下，价值的差额都是由于有利润积累成为资本而造成的，这一差额只不过是对占用利润的时间的一种公正补偿。”将价值的差额，或利润，说成对占用时间的补偿，这是庸俗的思想。如果追问下去，利润是从哪里来的，在逻辑上就得承认，是时间产生的。这就是穆勒的思想材料。穆勒的观点就是从这种思想材料引申出来的。

对陈酒价值比新酒贵的问题，穆勒还有另外一种解释。他认为，窖藏的酒这个资本形态本身也会创造价值。他将新酒窖藏成陈酒，理解为陈酒是新酒这个资本生产出来的。他说：新葡萄酒——这是一部机器，被它的产品——陈葡萄酒——所代替了；新酒的价值除了包括陈酒的价值外，还加上同使用在土地上的资本所得收益相当的一种增加的价值。这部分增加的价值,就是对新酒"生产"陈酒进行的"劳动的报偿"。① 不仅活劳动,而且积累劳动,都创造价值,这就是穆勒的"劳动"价值学说。这是李嘉图其名,萨伊其实。

在问题的提法上,穆勒就比李嘉图后退得多。前面说过,李嘉图曾经试图从资本的比例不同和周转时间不同来说明问题;穆勒就不是这样,他说来说去都是资本周转时间不同而产生的问题。所以,马克思说:"他不过浅薄的支离破碎的把握了困难。"②

我们已经看到,穆勒解决劳动决定价值这个一般的规律和等量资本获得等量利润这个特殊的规律之间的虚假矛盾时,采用的方法不是去发现一个中介物——生产价格,而是使一般的规律屈服于特殊的规律,在这样做时,又用改换名词的办法来达到目的——将创造价值的劳动这个概念庸俗化。马克思说:"这种方法,在穆勒的场合,是还只有萌芽的。但李嘉图理论的全部基础会至于崩解,应归因于这种方法的地方,比应归因于反对派的全部攻击的地方,是更多得多。"③

三　工资论

穆勒妄图解决李嘉图没有意识到的,又为其反对派猛烈攻击的矛盾:资本和劳动交换如果是等价的,利润的源泉就没法解释;如果是不等价的,价值规律就被破坏。

只要认为工人出卖的是劳动,工资就是劳动的价值,矛盾就无法解决。事实上,工人出卖的是劳动力,工资是劳动力价值的转化,它小于工人创造的价值,两者的差额就是剩余价值或利润。"劳动价值"是个虚假的范畴,劳动既是价值的源泉和尺度,它本身就不可能有价值。如果认为劳动有价值,就必然掉进劳动价值由劳动决定这循环推理的泥坑中。所以,解决矛盾的

---

① 詹姆斯·穆勒:《政治经济学纲要》,由于原书引述文献年代久远已难以寻找,此处均不使用直接引用,改为间接引用。

② 马克思:《剩余价值学说史》(第三卷),郭大力译,生活·读书·新知三联书店 1949 年版,第 97 页。

③ 同上书,第 98 页。

出路是提出劳动力成为商品的理论。

资产阶级经济学家不可能这样理解和解决问题。

李嘉图没有意识到这矛盾，马尔萨斯意识到了，他利用它来攻击李嘉图的劳动价值学说，但他也没能解决矛盾。

穆勒怎样解决这矛盾呢？

他认为，劳动者和资本家是生产物的共有者；资本家在出售生产物以前，即实现价值增殖以前，为了劳动者生活的方便，已经将劳动者应得的那部分生产物价值，用货币垫支给劳动者，这部分垫支就是工资；余下的生产物价值归资本家所有，是为利润。

他企图逃避李嘉图遇到的困难，便将李嘉图手中的资本家和劳动者的交换，或资本和劳动的交换，转化为一般商品的交换，或货币和生产物的交换，从中将阶级对立关系抽掉，使资本家和劳动者的对立转化为商品买卖者的对立。这种方法当然是庸俗的。

但是，这并没有成全穆勒，他不但没有解决矛盾，反而使矛盾暴露得更尖锐了。

在穆勒的手中，劳动者甚至已经不是劳动的出卖者，而是劳动生产物的出卖者了，和一般的生产者没有两样。那么，他的劳动生产物的价值，或者说工资，由什么决定呢？穆勒既然是李嘉图的“弟子”，当然只好说由劳动者支出的劳动决定。这样，全部新创造的生产物的价值都是劳动者的了，都是他的工资；利润的源泉就没有了。这正是穆勒企图解决的矛盾；只不过原来的问题是资本家要支付劳动者的劳动的价值，现在则变成要支付劳动生产物的价值，因而现在的矛盾是暴露得更尖锐了。

在这条件下，要说明利润的源泉，有两条路好走：一条是资本家高于价值出卖生产物，这是马尔萨斯走的绝路；另一条是劳动者低于价值出卖生产物，穆勒起初走的是这一条。

低于价值出卖生产物，这岂不是明白地违反了李嘉图遵守的等价交换的规律吗？穆勒为此辩解说，这是资本家在生产物价值实现以前，从腰包里掏出货币垫支给劳动的，和一般的现钱现货的交易不同，所以劳动生产物要低于价值出卖。

资本家垫支给工人云云是骗人的说法，因为从再生产的角度看，资本家是不断地用工人创造的价值的一部分支付给工人，这里根本没有垫支。如果说有垫支，那倒是工人垫支了劳动给资本家，因为工人总是先做工、后拿工钱。我们就后退一步，暂且承认是资本家垫支了生产物的价格给劳动者的，难道这就可以成为劳动者低于价值出卖生产物的理由吗？照这样推演下去，穆勒就必然要承认，每个向资本家出售生产物的人，都要在价值以下出售了；因为资本家是为了出卖而购买的，他总是在生产物再出卖之前就将它的价格垫支给出卖者，这也是垫支。

为了自救，穆勒必须抢前一步，说这不是一般商品买卖中的支付或垫支关系；劳动者和资本家的关系，实在是产业资本家和货币资本家的关系，是劳动者向资本家借货币，他应付利息。这样一来，据说劳动者的生产物的价格就要按利息率来打折扣，也就是工资要由利息来决定，比如利息率为10%，工资便应为劳动者的生产物的价格的90%，其余的10%是属于资本家的利润。这种狡辩已经将李嘉图的学说全部破坏了。这种不是以利润说明利息，反而以利息说明利润的错误，以后再谈。

无论怎样善变，不了解劳动力成为商品，不承认工资是劳动力价值的转化形态，要在利润源泉问题上贯彻劳动价值学说，是不可能的。到最后，穆勒就明白地放弃了劳动价值学说，转向供求论。

他还是认为劳动者和资本家是生产物的共有者。那么，劳动者占有的份额，即工资如何决定呢？他说：工资劳动者和资本家“双方的份额是他们之间进行订约的主题；如果要进行订约，那就不难看到，订约的条件必须根据什么。所有的买卖如能自由进行，就必由竞争来决定，随供给与需求的状况，而条件有所不同”。①

李嘉图虽然认为劳动有价值，因而不能彻底解决利润的源泉问题；但当他论述工资时，他是正确地贯彻了劳动价值学说，认为“劳动的自然价格便取决于劳动者维持其自身与其家庭所需的食物、必需品和享用品的价格”。② 穆勒放弃了这种思想，认为工资和利润取决于什么也不能说明的供

① 詹姆斯·穆勒：《政治经济学纲要》，转引自季陶达主编《资产阶级庸俗政治经济学选辑》，商务印书馆1963年版，第149—150页。

② 大卫·李嘉图：《政治经济学及赋税原理》，郭大力、王亚南译，商务印书馆1962年版，第77页。

求关系。

穆勒认为工资是由供求关系决定的。那么,劳动者是属于供给的一方呢,还是属于需要的一方?看来,穆勒的主张是前者。那么,劳动者供给的生产物的数量如何规定呢?穆勒回答说:由他应得的部分规定。但他应得的部分,按照穆勒的说明,是由供求的结果来决定的,现在怎能成为供求运动依以开始的前提呢?劳动者的工资,他在生产物价值中应得的部分,由劳动者和资本家之间的供求关系决定;劳动者供给的那部分生产物价值,由他应得的部分决定:这就是穆勒的循环推论的工资学说。

所以,劳动者供给的就不可能是他应得的劳动生产物。此外,劳动者还能供给什么呢?供给劳动。的确,从某一意义上说,劳动者是供给劳动。可是,这正是李嘉图所遇到的问题——劳动价值问题。穆勒兜了一个圈子后,还是回到原来的问题上。当然,他在兜圈子时,已经将李嘉图的学说全推翻了。

四 利润论

穆勒有两种利润学说,两种都是和李嘉图的原理相反的,都是错误的。

前面说过,与他的工资学说相适应,穆勒有一种以利息来解释利润的利润学说。当他说工资是资本家扣了利息之后的借给工人的生产物价格时,他事实上将利润看成可变资本的利息。这样说明时,他是将要求利息的资本当作前提来说明要求利润的资本,是将资本的一个特殊形态——生息资本来说明资本的一般形态,也就是将利息这个剩余价值的特殊形态来说明剩余价值一般形态的产生。这是一种本末倒置的方法。

依据李嘉图的理论体系,利息只是利润的一部分,利息率由利润率决定;利润是价值扣除了工资后的那一部分①,工资是劳动的自然价格,由劳动者的生存费用决定。这样,李嘉图就将劳动价值学说贯彻到分配论中。他虽然误认劳动有价值,不能彻底解决利润的源泉问题。但是,他的方法论是正确的,他还由此揭露了工资和利润的对立。

穆勒与此相反,由利息来说明利润,就必然无法说明利息率是怎样决定的。当然,货币市场上有一个写在牌子上的利息率,它随供求关系而升降。

① 大卫·李嘉图否认绝对地租,因而认为价值不一定分解为级差地租。

但问题是这个依以升降的基础是怎样决定的。离开了利润率是不能说明利息率的。穆勒的错误就是这样。

上面所说的利润只是支付工资的那部分流动资本的利息。穆勒当然知道这是不够的；因为不仅流动资本，而且固定资本也要求利润。于是，他又有另一种利润学说。

他认为，不仅工人在劳动，资本也在劳动。所谓资本的劳动，就是生产商品时所消耗的生产资料、尤其是生产工具的劳动。对这种劳动的报酬就是利润。他说："利润只不过是劳动的报偿。的确，它可以称为工资，这样称呼在文字上毫无牵强附会，甚至连一点隐喻的意思也没有；它是这样一种劳动的工资，即不是用手直接去做的劳动，而是用手所生产的工具间接去做的劳动。如果你可以用工资的数量来计算直接劳动的数量，那你就可以用资本家收益的数量来计算从属劳动的数量。"①穆勒将资本和劳动的对立转化为间接劳动和直接劳动的对立，对这两种劳动的报酬就是工资——利润也是工资，它们没有质的区别。

但照他的解释，如像工资可以测定直接劳动量一样，利润可以测定间接劳动量，那么，这种利润事实上就是已消耗的、已转移的那部分生产资料的价值，而不是增殖的价值。这样，利润源泉之谜仍未解决。

这就无怪乎他不能真正地说明利润的高度是怎样决定的。他只是强调资本家是时代的主人，为了占有知识、传播文化、成为指导社会发展的各种伟大人物，他们应当生活得很舒适，因而利润应该是十分高的。

在解决李嘉图学派的两大矛盾时，穆勒就这样将它的基本原理推翻。在"解决"劳动和资本的交换如果是等价的，就不能说明利润这矛盾时，他有时主张劳动和资本的交换是不等价的，工资取决于供求关系，有时主张利润是资本生产的。在"解决"等量资本推动的活劳动不等，但有相等的利润这矛盾时，他认为资本所经历的时间、物化劳动都会创造价值。这就等于说，李嘉图的劳动价值学说是错误的，马尔萨斯等反对派对它的攻击是正确的；马尔萨斯的供求论、萨伊的生产三要素论才是正确的。

---

① 由于原书穆勒的《政治经济学纲要》引述文献年代久远已难以寻找，此处参见詹姆斯·穆勒《政治经济学要义》，吴良健译，商务印书馆1993年版，第58—59页。

*　　*　　*

只有在地租问题上，穆勒是超出了李嘉图的见解的界限，沿着它的方向向前进了一步。

同李嘉图一样，穆勒的地租学说是级差地租学说。同李嘉图不同的是：穆勒认为，为了满足农产品的追加需要，耕地的扩大，不是从优良地到劣等地，而是从劣等地到优良地；因此，级差地租的产生是向上线式的，即耕种劣等地时，没有级差地租，转向耕种优良地时，才产生级差地租。其实，级差地租的产生，同耕种优良地、劣等地的先后顺序，没有本质的联系。级差地租产生的原因，是投在不同的等量面积的土地上，或追加在同一土地上的资本，有不等的利润。

从这种级差地租出发，主张对地租高额课税，这实际上就是从经济上反对土地私有权，要求土地国有化。李嘉图反对《谷物法》，认为它提高谷物价格、损害利润、提高地租，但是他并没有提出对地租高额课税问题。因此，在这一点上，穆勒比李嘉图前进了一步。

*　　*　　*

穆勒的经济学说反映了英国资产阶级反封建主义革命性的大大衰退，反工人阶级的反动性大大加强。在他的经济学说中，李嘉图原理中不利于资产阶级的东西，全部磨光了；只剩下一点反封建残余的地租学说，因为这时《谷物法》尚未废除。

第三节　麦克库洛赫的经济学说

一　概述

麦克库洛赫（1789—1864 年）也是英国的资产阶级辩护士。马克思正确地把他称为苏格兰的骗子。他凭着李嘉图的经济学混到教授的职位，而在取得地位以后就反对李嘉图的经济学，屈服于土地贵族。他的著作多半是抄袭别人的。1819 年，他匿名写文章给《爱丁堡评论》，参加实现和危机问题的争论，重复穆勒、萨伊和李嘉图的论点。1825 年，他出版了《政治经济学原理》,其中论点十分之九是从斯密、李嘉图的著作抄来的。1828 年,他出版了他编注的斯密的《国民财富的性质和原因的研究》。他经常把同一个题目当作新著作来发表,甚至在《爱丁堡评论》的不同卷数内,把同一篇文章逐字翻印。

麦克库洛赫凭着从别人那里拿来的见解,参加关于实现和危机问题的大争论。他是普遍生产过剩的经济危机论的反对者,但他不是反对马尔萨斯,而是反对暴露资本主义矛盾的浪漫主义经济学家西斯蒙第和伟大空想社会主义者欧文。① 西斯蒙第暴露了资本主义生产和消费的矛盾;欧文尖锐批评资本主义生产无政府状态,并在其描绘和试验的共产主义合作村社中,以计划生产代替之。这些当然都不符合麦克库洛赫的心意。

为了反对西斯蒙第,尤其是为了反对欧文,麦克库洛赫说,某种商品的供给,形成对他种商品的需求。因此,对一定量农业生产物的需求,只有在提供一定量的工业生产物(与农产物的生产费用相等的),与之相交换的场合下,才能发生,另一方面,对这种工业生产物的有效需求,也只有在提供一定量的农业生产物(与工业品的生产费用相同的),作为等价物的场合下,才能发生。② 这里,我们除了看到供需均等论之外,还看到农业工业的计划生产。

接着他就举了一个农业工业计划生产、相互交换,没有生产过剩的经济危机的例子。他说,假定有一个农业家以粮食与衣服预付给一百个劳动者,这些劳动者就生产出能养活二百人的粮食。同时,工业家方面也假定以粮食和衣服预付给一百个劳动者,这些劳动者可以生产出二百人的衣服。③ 于是,农业家和工业家分别扣回其预付的衣服和粮食后,各拿多余的衣服或粮食到市场上去交换,衣服和粮食刚好相互交换掉,满足了双方的需要。

这是物物交换论、供需均等论和"斯密教条"(生产没有使用生产资料,生产物全部用于消费)的混合,其错误我们不必说了。特别要指出的是,麦克库洛赫竟然胡扯什么在资本主义制度下工农业可以有计划地进行生产,

---

① 欧文没有参加危机和实现问题的争论。

② 麦卡库洛赫:《爱丁堡评论》,由于原书引述文献年代久远已难以寻找,此处均不使用直接引用,改为间接引用。

③ 同上。

资本家虽然存在，但是他们却不要求利润。

为了让资本家不至于喝西北风，麦克库洛赫在上述例子的基础上，令工农业生产的劳动生产率都提高一倍，农业除了生产200人吃的粮食外，还生产生产费用与粮食相等的糖、酒和烟草；相应地，工业除生产200人穿的衣服外，还生产生产费用与衣服相等的花边、缎带和麻布，这样，资本家就可以相互交换并消费这些奢侈品，而不再喝西北风和光身子。总之，剩余价值全部用于个人消费。他认为，在这种情况下，生产过剩的经济危机也不会发生。这个例子实质上和前例相同，物物交换论、供需均等论、“斯密教条”等错误一再出现，计划生产等胡说一再出现。

同萨伊和穆勒相比，旨在抹杀资本主义生产无政府状态的麦克库洛赫的实现学说是更庸俗的。马克思一针见血地说：“……只生产自己需要的物品……这个药方……麦克库洛赫当作医治生产过剩这一种流行病的特效药。”①

麦克库洛赫这个大骗子居然也想解决李嘉图学派的两大矛盾。但他不但庸俗化了李嘉图，而且庸俗化了穆勒，使这个学派完全解体。李嘉图的劳动价值学说，在穆勒的手中，有时还有一点形式；在麦克库洛赫手中，就连一点形式都没有了。麦克库洛赫的价值学说是萨伊的思想的发展；他的利润学说是马尔萨斯的思想和复制。

二　价值论②

李嘉图学派的一个难关是：在同一时间内，等量资本推动的活劳动不等，生产的价值和剩余价值不等，为什么它们有相同的利润？麦克库洛赫的解决方法是：等量资本尽管推动的活劳动不等，但它推动的活劳动和积累劳动合起来总是相等的，不仅活劳动创造价值，积累劳动也创造价值，因而这些劳动创造的价值总是相等的；还有资本所经历的时间，也创造价值。总之，等量资本在相同的时间内创造的价值总是相等的，所以有相同的利润。

李嘉图意识到并且力图解决上述矛盾，但他失败了。他认为资本的比

---

① 马克思：《资本论》(第一卷)，郭大力、王亚南译，人民出版社1963年版，第188页。

② 本节谈论麦克库洛赫的价值论的角度，与前一章谈论穆勒的价值论的角度相同。

例不同和周转时间不同是一种例外；在例外的情况下，利润也是决定价值的因素。麦克库洛赫不同意李嘉图承认的例外，也不同意他修正劳动价值学说。他说："和这样一位伟大的权威作家持不同意见，我不得不感到有些犹豫。然而我只得承认我看不出有任何理由要认为这一情形是一个例外。"①他真是既谦逊，又酷爱真理！

我们还记得穆勒是怎样说明利润的产生的：生产时间中的自然作用创造价值或利润，积累劳动也创造价值或利润。麦克库洛赫就从穆勒这些胡言乱语出发，去说明价值或利润的产生，并且庸俗化了穆勒。

资本的周转时间较长，资本按年利润率计算获得的利润就较多，它生产的商品的生产价格也就较高。麦克库洛赫当然不会区分价值和生产价格。他认为利润较多是由于价值较高；其之所以如此，是因为在资本经历的时间中，自然的作用会创造价值。他说："……假定一桶新酒价值 50 镑，放在地窖里过一年后价值 55 镑，问题便是：这桶新酒所增的 5 镑价值究竟应当认为是 50 镑的资本在这一段被占用时期中的报酬呢，还是应当认为是实际加在酒上的劳动的价值呢？我认为应当持后一看法。关于这一点，我认为有一条最令人满意和确切不移的理由是：如果我们把一桶没有醇熟因而要对它加一些变化或改变一下性质的酒保存起来，那在一年终了时便会增加价值。"②他生怕别人误解他，以为他主张时间本身创造价值，所以强调地指出：如果把一桶已经醇熟的酒保存起来，一百年也不会增加一文钱的价值。

这里，他是认为劳动中断后让自然发生作用（醇熟）的那一段生产时间会创造价值；并且认为这"是实际加在酒上的劳动的价值"。所以，归根结底，他的主张是：在生产时间内自然的作用是劳动，会创造价值。这是正牌的萨伊的货色。

资本的有机构成较高，劳动创造的价值和剩余价值就较少，但这资本获得的利润和别的有机构成较低的资本相等，这是因为这个资本的生产物不是按价值而是按生产价格出卖。麦克库洛赫不是这样解决问题，而是努力

---

① 由于原书引述文献年代久远已难以寻找，此处参见麦克库洛赫《政治经济学原理》，郭家麟译，商务印书馆 1975 年版，第 177 页。

② 同上。

证明，只要资本相等，不论有机构成高低，它们创造的价值都是相等的，所以它们的利润也是相等的。他说："一个资本家投下诸相等的金额，来支付劳动者的工资，来饲养马，来租赁机械，这些人、马和机械又各形成相等的生产物时，那就不管它是由人、由马，还是由机械造出的，它的价值总分明是一样的。"①这是分明将马、机械等生产资料的活动或操作视为劳动，认为它也能创造价值了。他明白地说："劳动，不问它是由人实行的，由下等动物实行的，由机械实行的，还是由自然力实行的，只要它的目的是在引起一定的结果，我们便有权把它定义为一种活动或操作。"②

够了。麦克库洛赫既然荒谬到这个地步，他就当然可以"证明"等量资本，不论有机构成如何不同，创造的价值总是相等的。动物、机械和自然力会创造价值，这个思想也是来自萨伊。

这就说明，麦克库洛赫这位李嘉图学派的"大将"是连李嘉图的根本原理也反对的。李嘉图在《政治经济学及赋税原理》中这样反驳萨伊的欺诈："……自然要素和机器……它们由于使产品数量增加、使人类更为富裕，并增加使用价值，所以对我们是有用处的；但是由于它们所做的工作无需报偿……所以它们提供给我们的助力就不会使交换价值有任何增加。"③麦克库洛赫所主张的正是李嘉图有力地驳斥的东西。

三　利润论

李嘉图学派的另一个难关是：工资和劳动的交换是等价的，利润的源泉在哪里？

为了解决这个困难，麦克库洛赫将价值区分为两种，并下了定义。他说："在商品或生产物的交换价值……和真实价值或成本价值间，有区分的必要。说到前者……我们是指它和别种商品或和劳动交换的能力或力量。

① 转引自马克思《剩余价值学说史》（第三卷），郭大力译，生活·读书·新知三联书店 1949 年版，第 216 页。

② 同上书，第 210—211 页。

③ 大卫·李嘉图：《政治经济学及赋税原理》，郭大力、王亚南译，商务印书馆 1962 年版，第 244 页。

说到后者……我们是指生产它或占有它所必要的劳动量……”①

在这里，麦克库洛赫在形式上是复述李嘉图的学说。李嘉图认为，商品的相对价值是它的真实价值的另一表现，商品按它们里面包含的劳动进行交换，这种劳动是相等的。但是，李嘉图说的商品相对价值是指商品和商品的交换关系，对于资本和劳动交换怎能和价值规律相符合，李嘉图并没有说明。麦克库洛赫下定义时，实质上是将马尔萨斯对价值尺度的定义记在心里，将李嘉图没有说的拉进来，因而说交换价值是商品“和劳动交换的能力或力量”。

商品和劳动的交换，按什么标准进行呢？按相等的劳动进行。麦克库洛赫说：“……由同量劳动生产的商品，总常常交换或购买等量的劳动。”②这就是说，一个商品所购买的雇佣劳动量，或活劳动量，和生产这个商品的必要劳动量相等；也就是说，工资劳动者在工资形态（通过货币或商品）接受的劳动量，和他付出的劳动量相等。这样一来，利润或剩余价值的源泉就没有了。

这样，麦克库洛赫有什么妙法说明利润的源泉呢？他狡猾地把工资和劳动的交换变成已完成的生产物和尚待完成的生产物的“交换”，然后说：“任何资本家也没有动机，要把已经完成的一定量劳动的生产物，和那种尚待完成的等量劳动的生产物交换。”③这就是说，已经完成的生产和尚待完成的生产物的“交换”不应该是等价的，其中的差额就是利润。这种说法实质上是说工资和劳动的交换应该是不等价的。这样，和他自己前面的说法就陷入了自相矛盾的境地。重要的是，这里说的都是生产物，都是使用价值，它们具有不同的质，根本就不能有量的比较，怎能以少易多？

最后，麦克库洛赫就干脆将工资和劳动的交换变成贷款者和借款者的关系，前者要收利息，后者要付利息，利息就是利润。他说：“任何资本家在借款没有利息的场合，都会不愿意贷出。”④我们当然不明白，在麦克库洛赫

① 转引自马克思《剩余价值学说史》（第三卷），郭大力译，生活·读书·新知三联书店 1949 年版，第 203 页。

② 同上。

③ 同上。

④ 同上。

的手中，资本家和劳动者的关系，原来是平等的买卖关系，为什么现在突然变成实质上是不平等的借贷关系了——一方是乘人之危的贷者，一方是等米下锅的借者？我们清楚的是，这套无聊的借贷戏法是穆勒变过的，现在麦克库洛赫又来表演了。不过他比穆勒更加庸俗，居然按照资本家的愿意不愿意来说明利息也就是利润的产生。

撩开了已经完成的和尚待完成的生产物的交换、贷者和借者的关系的面纱，我们看到的是商品和劳动的交换是不等量劳动的交换。至此，麦克库洛赫已完全承认："在现实上，它（商品——马克思注）常常是和较大的量（较该商品依以生产的劳动为大的劳动量——马克思注）交换；并且，形成利润的，正好是这种超过额。"①这就是说，利润是由商品和劳动的不等价交换而产生的。

从实质上看，麦克库洛赫这种主张，等于承认在商品和劳动的交换上，劳动决定价值的规律是不能存在的，如果存在，利润就不能被说明。利润正是由这种不等价交换产生的。这就等于承认，马尔萨斯的主张——商品购买劳动时，会支配一个不包含在商品中的劳动量的超过额，这超过额就是利润——是正确的，李嘉图的原理反而是错误的。

同穆勒一样，甚至比穆勒更糟糕，麦克库洛赫在"解决"李嘉图学派两大难题时都彻底失败了。李嘉图学派就这样解体了，由萨伊和马尔萨斯所倡导的庸俗政治经济学逐渐占了上风。

---

① 转引自马克思《剩余价值学说史》（第三卷），郭大力译，生活・读书・新知三联书店 1949 年版，第 203 页。

第四章　法英庸俗政治经济学的进一步发展

——庸俗政治经济学取代古典政治经济学

第一节　19世纪三四十年代法英政治经济和经济思想简况

1830年，法国资产阶级最后取得政权，其后不久，英国资产阶级也取得政权。从这时起，法英社会的阶级斗争发生了重大变化，资产阶级和无产阶级之间的矛盾已变为主要的社会矛盾。已经取代了古典政治经济学的庸俗政治经济学，唯一的目的是反对早期社会主义和工人运动。

1814年至1830年是法国波旁封建王朝复辟时期。在这时期里，封建贵族要求取消革命措施，恢复旧制，收回领地，恢复特权。但是，法国大革命所引起的深刻的社会变革已经使法国不可能完全恢复旧制度。法皇路易十八对法国资产阶级在革命中所取得的某些成果不得不加以承认。所以，在这段时间里，法国资本主义有了一定的发展，资产阶级在经济上慢慢地成长起来。

可是，政权却掌握在皇室贵族手中，他们利用政权来压迫资产阶级。因此，资产阶级又发起了反对封建复辟的斗争。但是，这时的法国资产阶级已经不是1789年的法国资产阶级了，他们看到法国工人阶级在革命斗争中的力量和要求，害怕发动反对封建复辟的斗争于自己不利，因而在斗争中畏首畏尾。

法国工人阶级就不是这样。他们不仅受复辟统治之苦，而且也受资本主义发展之苦。当时，法国产业革命正在进行，机器在生产中的逐渐采用，使工人阶级的生活日益痛苦，因而他们对当时的政权甚为不满。

1830年7月，法皇查理第十下令解散国会，颁布新选举法，规定只有缴纳一定土地税的人才有选举权。这就促使资产阶级和劳动群众起来反对复辟王朝。七月革命爆发了。

在革命中付出最大代价的是劳动群众，尤其是工人阶级。还在工人群众正在流血牺牲的时候，资产阶级大政客就盘算好了如何夺取胜利的果实。结果，政权又一次落在资产阶级手中。大银行家路易·腓立浦入继王位，开始了“七月王朝”时期。

“七月王朝”时期，统治法国的是资产阶级的一部分，即所谓金融贵族，包括银行家、交易所巨头、铁路大王、煤矿大王、铁矿大王，以及与他们联合的大土地所有者。由于法国的经济落后于英国，“七月王朝”采行保护政策。所有这些使大部分资产阶级对政权发生不满。

在七月革命后，法国工人阶级展开反对当时的政权和资产阶级的斗争，这是理所当然的。他们不仅进行经济斗争，而且提出政治要求，声言打倒银行家腓立浦。他们举行了暴动。其中最大的是1831年和1834年在纺织业中心里昂发生的暴动。暴动最后都失败了。恩格斯认为里昂暴动是第一次工人暴动，它表明无产阶级和资产阶级之间的阶级斗争从这时起居于法国历史的首位。

里昂暴动推动了法国的工人运动和秘密结社运动。1832年6月，在“民友社”的组织下，发生了巴黎暴动，结果也失败了。1836年，在空想社会主义者布朗基和卡贝的领导下，成立了“四季社”。他们有不成熟的社会主义政纲，目的是用暴力夺取政权，实现社会主义。1839年，在他们的领导下又发生了巴黎暴动，结果又失败了，布朗基和卡贝被捕，秘密结社多被破坏。工人运动暂时低落。

1848年2月，法国发生了推翻腓立浦政权的革命。空想社会主义者路易·勃朗曾参加了新成立的临时政府。不久，资产阶级又在5月的立宪会议中解散临时政府，成立清一色的资产阶级政府。再三受骗的工人阶级忍无可忍，于1848年6月发生暴动，反对资产阶级政权。资产阶级在巴黎对手无寸铁的暴动者，进行了三天三夜的惨绝人寰的残杀。中计的农民站在资产阶级一边。暴动惨遭失败。其后拿破仑第三当选总统，不久称帝。

法国1830年发生的七月革命，对英国的阶级斗争有重大的影响。在它的影响下，英国封建贵族对资产阶级稍作让步，于1832年采纳了资产阶级提出的议会选举改革方案，颁布新的选举法，改革议会。

在议会选举改革运动中，无产阶级出了大力，但是一无所获。资产阶级虽然勉强颁布了《工厂法》，但依然不允许无产阶级享有选举权。不仅如此，新国会还把从前反对无产阶级的法律，重新宣布为神圣不可侵犯；取消了对贫民的补助，要贫民在极苛刻的条件下做苦役。

在议会选举改革运动中大失所望的工人，终于认识到自己和资产阶级，无论在经济上还是在政治上都有不可调和的利害关系。他们接受了经验教训之后，又以新的精神从事政治斗争。1836年的经济危机急剧地恶化了英国工人的生活。于是，他们就提出了自己的政治主张，开始了1836年至1848年的宪章运动。这个运动几经起伏，终于失败。在运动中，近代第一个工人阶级政党——宪章党产生了。恩格斯认为，宪章运动是工人阶级第一个独立的政治运动。

英国资产阶级虽然在议会选举改革运动中取得胜利，但这对取消谷物法的斗争事实上没有多大帮助。这个斗争以后只好在国会外进行。1838年，在英国纺织业中心曼彻斯特成立了“反谷物法同盟”，各地设有分会，由柯布登领导。几经努力，直至1846年爱尔兰发生大饥荒时，反《谷物法》的斗争才最终获得胜利，《谷物法》被取消。当然土地贵族对他们的失败是不甘心的。1847年，他们在国会中通过了劳动十小时（缩减工人劳动时间）的法案，作为对资产阶级的报复。这件事情，对资产阶级和无产阶级的经济斗争，当然有重大影响。

法英两国的政治斗争情况表明，虽然资产阶级和封建地主的斗争并没有完全消失，但它已经退居次要的地位，无产阶级和资产阶级的斗争已公然爆发，它在社会斗争中已居于主要的地位。恩格斯指出：“一方面随着大工业的发展，另一方面随着资产阶级在不久以前获得的政治统治权的发展，无产阶级和资产阶级间的阶级斗争在欧洲各个最发达国家的历史中升到首要地位了。”①

---

① 恩格斯：《社会主义由空想发展为科学》，载《马克思恩格斯文选两卷集》（第二卷），人民出版社1961年版，第135页。

这种情况，在经济思想斗争中，当然有所反映。

法英资产阶级既已夺取了政权，他们反对封建主义的斗争任务已算完成，便和土地贵族勾结起来对付无产阶级。恩格斯指出："在二十年代，有许多文献，在为无产阶级的利益而利用李嘉图的价值学说和剩余价值学说，以攻击资本主义生产，利用资产阶级自己的武器来与资产阶级斗争。"①其中最著名的是汤普逊和荷治斯金的著作。欧文主义者汤普逊和早期社会主义者荷治斯金，根据李嘉图的劳动价值学说和剩余价值学说，论证了资本的不生产性，指出一切剥削收入都是来自劳动。但他们也不能解决李嘉图学派的矛盾。他们从道德出发，要求工人占有全部产品。这当然触怒了资本主义制度的保卫者。庸俗经济学家西尼尔和巴斯夏等人出来迎战了。他们要反对空想社会主义和工人运动，首先就要反对已被他们利用的李嘉图的劳动价值学说和剩余价值学说。他们挖空心思证明，价值不是劳动创造的，利润是资本生产的，等等。古典政治经济学寿终正寝，利用了它的庸俗因素、它的矛盾而发展和独立起来的庸俗政治经济学完全取代了它。

第二节　西尼尔的经济学说

一　概述

西尼尔(1790—1864 年)是以"节欲论"而臭名远扬的英国庸俗经济学家。他的主要著作有:《政治经济学大纲》(1836 年)、《关于工厂主立法的函件》(1837 年)。

西尼尔的全部事业就是效劳于产业资本家，极力反对工人阶级。为了这个目的，他不仅反对李嘉图，促进古典政治经济学的瓦解，而且力图在政治经济学中提供"新东西"，以代替古典政治经济学。他的经济学说是庸俗政治经济学的新形式。

他不仅对各种经济范畴有所说明，而且对经济学的性质也有所说明。

① 马克思:《资本论》(第二卷)，郭大力、王亚南译，人民出版社 1953 年版，第 17 页。

他认为当时的经济学家对经济学下的定义有一个很大的缺点，就是将各种“主义”、文化和道德都包括进去。他认为这一切都应排除，使经济学成为纯粹的经济学，成为研究和说明财富的性质、生产和分配的规律的科学，这些规律要以人类心理活动为依据。这样，他就将政治经济学的研究推上主观主义的歪路。

他认为，纯粹的经济学应该像几何学那样，可以建立在几个基本的命题或定理上。他的经济学建立在四个原则上，他认为从这四个原则可以演绎出所有的结论。

(1) 各人都想以最少的牺牲获得最大的利益；

(2) 各人因惧怕生活必需品的缺少，会自行限制人口的增殖；

(3) 在工业生产上，劳动的报酬是递增的，即投下追加的劳动，其生产物是递增的；

(4) 在农业生产上，因受土地肥力递减规律的支配，投下追加的劳动，其生产物是递减的。

这几个原则，都是以享乐主义这个总原则为基础的。第一个原则，是总的说明；第二个原则，是享乐主义在人口增殖上的限制作用；第三、四个原则是享乐主义在财富生产上的作用，人们是为了以最小的耗费而获得最大的利益才去发展生产的，但其结果，在工业生产上是报酬递增，在农业生产上是报酬递减。

这几个原则，虽然都没有独创性，但是却富有辩护性。第一个原则是一种毫无社会内容的常识，由于它对什么经济现象似乎都可以给予说得过去的说明，所以，许多庸俗经济学家都乐于引用。第二个原则是从马尔萨斯那里借来的，西尼尔仅有的贡献是将它安置在明显的享乐主义原则之上。第三个原则是从工业生产实践中得出的一些皮相说法。第四个原则是从当时的庸俗经济学著作中信手拈来的。所有这些原则，西尼尔都用来为其辩护的目的服务。

西尼尔从享乐主义原则去说明各种经济范畴。他的价值学说、利润学说和工资学说就是这样凑成的。当某些学说与资本的实际利益发生冲突时，他便提出另一种学说，哪怕它是和享乐主义原则矛盾的，他的利润学说中的“节欲”论和“最后一小时”论就是这种自相矛盾的胡说。不能用享乐主义原则说明的经济范畴，他使用其他的原则来解释，哪怕它是和享乐主义原则矛盾的，他的地租学说便是这样的货色。

二　价值论

西尼尔反对李嘉图的劳动价值学说，认为价值是由资本和劳动这两种牺牲形成的，由它们的报酬——利润和工资构成的。

他先将价值和财富，也就是将价值和使用价值混为一谈，然后认为价值的构成要素有三：(1)转让性；(2)效用性；(3)稀少性。

他是在将价值和财富混为一谈的条件下谈论价值的构成要素的。在所论为商品的价值的条件下，转让性或交换是生产物之成为商品、也就是生产物之具有价值的条件；但财富或使用价值就不一定以转让性为条件。没有效用的生产物当然不可能具有价值；但在西尼尔看来，效用不是生产物的客观的使用价值，而是商品的“直接或间接产生快乐或避免痛苦的能力”[①]，他还认为，这种效用随着商品数量的增多而减少，总之，他将效用解释为主观上的东西。这样，他在将政治经济学的研究推上主观主义的歪路时，也将价值学说的研究推上主观主义的歪路。他的后继者奥地利学派主要代表庞巴维克对西尼尔大加推崇，其根本原因就是西尼尔为主观主义经济学的建立开辟了道路。稀少性也就是供给的有限性，他认为这是价值的最重要的条件。

供给为什么是价值的最重要的条件呢？因为在西尼尔看来，价值(其实是财富或使用价值)的生产有三种要素：劳动、资本和自然；劳动和资本的供给是有限的。

我们看得很清楚，西尼尔采用了萨伊的手法，将财富的生产说成是价值的生产，并在这基础上重复了萨伊的生产三要素论。他们只有这两点不同：西尼尔认为，没有被垄断的自然物虽然在价值的生产上有作用，但不参加价值的构成，萨伊则认为自然提供的服务也构成价值；对劳动和资本，西尼尔按其主观主义的享乐原则予以解释，萨伊还不是这样。

在西尼尔看来，劳动是劳动者的反享乐，是一种牺牲——牺牲了安乐与

① 西尼尔：《政治经济学大纲》，转引自季陶达主编《资产阶级庸俗政治经济学选辑》，商务印书馆1963年版，第170页。

自由;资本是资本家的反享乐,是一种牺牲——资本家节制自己的欲望,节制个人消费,将它变成生产。这样,他就认为,价值是由这两种牺牲生产出来的,它的供给当然有限制。

在问题的提法上,西尼尔就带着明显的辩护目的。资本主义生产中的资本和劳动的关系原是阶级对立和阶级剥削的关系,但在西尼尔手中,却成为是共同牺牲的平等关系。

他之所以有这种胡说,主要是由于他要贯彻他那具有辩护目的的享乐主义原则,此外也是由于他利用了斯密的不自觉的错误。斯密说:"劳动者……要提供等量劳动,就非牺牲等量的安乐、自由与幸福不可。"①虽然斯密没有把它用于辩护,但这已成为西尼尔的思想材料。

西尼尔认为,劳动的牺牲的报酬是工资,资本的牺牲的报酬是利润,这两者构成生产成本,价值就由这生产成本构成。

从工业生产的报酬是递增的原则出发,他认为工业品的价值由最低的生产成本决定,这种价值将逐渐降低。由此,西尼尔就认为,劳动者应该为生产力的这种发展感谢资本家;感谢之法是每天劳动 15 小时,而不是 10 小时。从农业生产的报酬是递减的这原则出发,他认为农产品的价值由最高的生产成本决定,这种价值将逐渐增高。以后我们看到,他认为工人的工资取决于工资基金数和工人人数之比。当前者没有增加、后者没有减少时,也就是货币工资没有增加时,农业生产的自然规律会使实际工资下降,劳动者对此不应有所不满。

西尼尔的价值学说是生产费用论,其共同错误我们不必再说了。我们要特别指出的是,西尼尔的生产成本都是些反享乐的主观因素,按理是不能有一个客观的统一计算尺度的。如果说,尽管他是主观主义地解释劳动,但毕竟还可以客观地,以时间来计算劳动者的劳动——牺牲——的话,那么,对资本家的牺牲——节欲——显然是不能这样计算了。所以,如果他要把他的说法贯彻到底,就一定和所有主观主义的价值学说一样,不能回答价值量的统一尺度问题。他看到这一点,便躲过价值量的计算问题,而用价格的决定来代替它。

---

① 亚当·斯密:《国富论》(上卷),郭大力、王亚南译,中华书局 1930 年版,第 38 页。

他的价值观早已为此准备好条件。他将价值界说为一定量的某种物品在交换中所能取得的一定量的他种物品，即将价值看成不是商品本身所固有的，而是两种商品间的关系。这样，就将交换价值或其货币形态——价格混同于价值。价格是在交换中由供求关系决定的，于是价值也由供求决定。生产费用论在大多数的情况下会导致供求论，西尼尔也是这样。

在解释价值，也就是价格，由供求关系决定时，西尼尔也从其享乐主义原则出发。一切卖者和买者都力图以最少的支出获得最大的利益，因而卖者叫价最高，过高地估价自己的商品的生产成本，买者还价最低，过高地估价自己的货币的价值。竞争使双方让步，价格终于接近生产成本，因而成交。

既然是以主观主义的享乐原则来估算商品的生产成本和货币的价值的，我们自然就不知道双方的估价为什么会接近于生产成本，而不致天差地别，并且，根据西尼尔的效用因物品数量增加而递减的胡说，一个百万富翁对货币价值的估价应当是很低很低的，而一个穷光蛋对货币价值的估价又应当是很高很高的，那么，为什么他们购买商品会付同样的价格？西尼尔对这样的问题是无法回答的。

西尼尔说，竞争会使买卖双方对商品价格的估价接近于生产成本。但是，西尼尔并没有告诉我们这生产成本（价值）是怎样决定的。他明明是由于无法解决生产成本如何决定的问题，才求救于供求关系的，现在又怎能说供求竞争会使价格接近于生产成本呢？离开价值而谈价格由供求关系决定的供求论者，无论如何不能解决价格的基础问题。

三　资本和利润

西尼尔特别反对李嘉图的剩余价值学说，认为资本源于“节欲”，利润是“节欲”的报酬。但为了适合资本家的实际需要，他又自相矛盾地说利润是“最后一小时”的产物。

从享乐主义原则出发，西尼尔称资本为“节欲”。他骄傲地说：“我用节欲一词代替那种当作生产工具来看的资本一词。”[①]他认为，资本的产生和资

① 转引自马克思《资本论》（第一卷），郭大力、王亚南译，人民出版社1963年版，第654页。

本的积累都要靠资本家的“节欲”。

这种至今尚为庸俗经济学家津津乐道的谎言是一戳即破的。资本是在资本主义这一剥削关系下产生的，资本家将剩余价值转化为资本，为的是攫取更多的剩余价值，资本家不同于守财奴。资本的增殖不是比例于根本不存在的所谓“节欲”，而是比例于榨取无产者的剩余劳动。“节欲”根本不创造什么。如果不雇佣工人从事生产，什么东西也创造不出来。但是这个无耻的辩护士却硬把利润说成对资本家的“节欲”的报酬。他说：“节欲既表示不把资本用在非生产性用途的行为，又表示一个人宁愿把他的劳动用于生产未来成果而不用于目前成果的行为。这样行动的人就是资本家，其行动的报酬就是利润。”[①]西尼尔又觉得，这仍不足以全部说明利润的问题。因为利润是“节欲”的报酬云云，只适合于借贷资本家，不适合于产业资本家。可是，在西尼尔看来，后者虽不一定“节欲”，但是却都在“劳动”，他在组织生产和领导企业。于是，西尼尔将利润分为企业收入和利息，并把前者说成是资本家“劳动”的报酬，把后者说成是资本家“节欲”的报酬。

这是在生产三要素的基础上加了一个要素：组织，企业收入就是这种组织“劳动”的报酬。

当然，无论是企业收入还是利息，其高度都是无法说明的。

西尼尔的利润学说比萨伊的更富于辩护性。萨伊只能说明利息是资本，也就是生产资料提供的服务生产的，但他还不能说明它为什么要由生产资料的所有者占有，而不由生产资料的制造者占有；西尼尔则将利息说成资本家有所牺牲的报酬，正如工资是工人有所牺牲的报酬一样，是天公地道的。关于利润（企业收入）的产生，萨伊不能自圆其说，西尼尔则将它说成资本家的劳动的报酬。

西尼尔提出这种利润学说，目的在于证明资本是生产的，利润不是剥削的结果，借此对抗工人阶级和社会主义运动。但这种学说对产业资本家的账房价值不大，资本家当时最感头痛的是土地贵族报复地通过了劳动十小时的法案——尽管西尼尔在那里大讲特讲利润是“节欲”的报酬，但工人劳

---

① 西尼尔：《政治经济学大纲》，转引自季陶达主编《资产阶级庸俗政治经济学选辑》，商务印书馆1963年版，第180—181页。

动时间的减缩却现实地威胁到资本家的钱包。于是,资产阶级的实业家就召见资产阶级的思想家,工厂主就向经济学家面授经济学,要经济学家设法说明,利润是每天十小时劳动以外的“最后一小时”创造出来的,减缩了这一小时,利润就消灭了。

马克思讽刺地写道:“1836 年一个美丽的早晨,以经济科学及优美文章著名,在英国经济学家中可以比作克劳伦的西尼尔先生,从他讲授政治经济学的牛津,被召往曼彻斯特去学习政治经济学。”①

这位教授后来就把他从工厂主那里得到的教训,写成《关于工厂主立法的函件》,向工厂主交货。在这本书中,他假定某工厂全部资本为 10 万镑,其中固定资本 8 万镑,流动资本 2 万镑,每天劳动时间 11.5 小时,年生产总额 11.5 万镑,总利润 15 000 镑。然后他将每天劳动时间 11.5 小时分成 23 份,每份 0.5 小时,又将年生产总额 11.5 万镑,同样分成 23 份,每份 5 000 镑。由此,他就证明年生产总额中每 5 000 镑是由一年中每日劳动 0.5 小时创造出来的;总利润 15 000 镑是由一年中每日最后的 1.5 小时创造出来的。可是,他又认为在这 15 000 镑总利润中,有 5 000 镑是补偿固定资本消耗掉的价值(他把它列入总利润),纯利润只为 10 000 镑。这 10 000 镑纯利润就是由一年中每日“最后一小时”创造出来的。按照西尼尔的说法,劳动时间要是减少一小时,纯利润就会消灭;减少一个半小时,总利润就会消灭。结论自然是每天劳动时间减缩为十小时是万万不行的。

当时,十小时劳动日法案的拥护者对此非常愤怒,他们相信这是与事实相矛盾的,但他们却不能从理论上揭露西尼尔的错误。只有马克思才揭露了他的错误。

西尼尔的手法,是将生产物的价值,包括了生产资料转移下来的旧价值,说成劳动者创造的新价值,他认为劳动者要花一定的时间去创造由生产资料转移下来的价值。这里他利用了“斯密教条”的错误。斯密混淆了生产物的全部价值和劳动创造的新价值,《国富论》开宗明义第一句:“一国的年劳动,原来就是供给该国一年间消费的全部生产资料……的基金,构成这种

① 马克思:《资本论》(第一卷),郭大力、王亚南译,人民出版社 1963 年版,第 223 页。

基金的，总是这个劳动的直接生产物，或是用这个生产物从别国购买进来的物品”①，就是这种混淆的表现。这句话是说，一个国家一年里消费的全部生活资料就是这个国家一年的劳动生产出来的。在这里，他是从具体劳动着眼的，只有这样看，才能说一年消费的生活资料是一年的劳动生产出来的。从价值着眼，就不能这样说了；因为生产这些生活资料的生产资料不是该年劳动的产物，换言之，旧价值不是该年劳动创造的。斯密是将生产物价值和价值生产物混淆起来了。

西尼尔利用了这种混淆，将生产物价值中属于生产资料旧价值转移的部分说成劳动者要另外花劳动时间创造出来的。然后，他又认为劳动时间尽管从每天 11.5 小时减为每天 10 小时，但是所消耗的生产资料数量依然不变，劳动者依然要用与从前同样多的时间去创造它们的价值。这样，劳动时间减缩了，生产、生产资料价值的时间仍然不变，结果便是总利润，甚至纯利润的消灭。把戏就是这样变出来的。

“最后一小时”论事实上承认利润是劳动创造的，因而和“节欲”论是相矛盾的。西尼尔后来放弃了“最后一小时”论，因为在提高劳动强度的条件下，十小时劳动日事实上并没有减少工厂主的利润；同时，他也怕这种太露骨的主张会引起工人更大的不满。但他无论如何不肯放弃“节欲”论，因为这是他整个体系的“精华”。

四　工资论

为了反对李嘉图的工资和利润对立的学说，西尼尔提出了他的工资学说。他认为工资和利润的本质是相同的，工资取决于工资基金数和劳动者人数之比，工资和利润可以同时增长。

从享乐主义原则出发，西尼尔极力说明工资的本质和利润相同。他甚至荒谬地认为，资本包括劳动者的劳动和资本家的节欲两部分，工资和利润就是这些反享乐行为的报酬。所以，称劳动者为资本家，或称资本家为劳动者，称工资为利润，或称利润为工资，在西尼尔看来都是可以的。

① （被引译文与本书不同）由于原书引述文献年代久远已难以寻找，此处参见亚当·斯密《国富论》（上卷），郭大力、王亚南译，中华书局 1930 年版，第 1 页。

现在的问题是工资量是怎样决定的。这个问题，对西尼尔说来很重要。第一，工资量决定以后，将生产资料的价值抽掉(西尼尔的生产成本中没有这一项)，在价格中扣除工资，就可以得到利润的数量。工资和利润合起来就构成他的生产成本。因此，只有工资量决定了，他的价值学说才算凑成了。第二，他要由此"开导"工人，要他们相信提高工资的经济斗争是无效的。第三，他要反对李嘉图的工资和利润相对立的学说。

西尼尔认为，工资量是由某时期内固定不变的工资基金数量和工人数量决定的；它和工资基金数量成正比例，和工人数量成反比例。

这是工资学说上的工资基金论。它的主要内容是：在一个社会里，在一定时期内，用以雇佣工人的工资总数，是独立于工人就业数量和被剥削程度以外，由种种原因决定的，是不变的。工资基金数量是前提，工资量是结果：工资基金除以劳动者，其商数就是工资量。

这种论调不是西尼尔发明的。在 19 世纪三四十年代，它弥漫于庸俗政治经济的著作中。马尔萨斯、詹姆斯·穆勒和麦克库洛赫，从某一方面看，都是主张工资基金论的。

这种论调的根本理论错误，是将工资总量的决定，说成是独立于工人就业数量和被剥削程度以外的，并把工资总量看作固定不变的。事实上工人工资总数是可变的，它取决于和利润的分割比例。西尼尔的这种谬论是用来反对当时工人所进行的经济斗争的。其一，工人的经济斗争不可能增加工资，因为它既不能增加工资基金，又不能减少工人数量；这一部分工人增加工资，相应地另一部分工人就减少工资，得失必然相等。其二，增加工资的根本办法，一是增加工资基金，二是限制工人的增殖。增加工资基金之法就是提高劳动强度，提高劳动生产率，延长劳动日，以便增加利润，增加积累。至于限制工人的增殖，他以为工人在享乐主义原则的支配下，是会自动做的。

据此，他对李嘉图的工资和利润对立的学说进行了攻击。他认为，利润增加了，资本家实行"节欲"，积累、工资基金都会增加，工资也就随着利润的增加而增加。可见，工资和利润不是对立的，而是利益相同的。同时，他还认为工人应该特别感谢资本家，因为后者的"节欲"给前者增加了工资基金。感谢之法自然又是作出各种努力来增加利润。

五　地租论

用享乐主义原则、用“节欲”来说明那些确实是利用了特权而得到的收入，例如地租，西尼尔显然遇到了困难，他不能像说明利润那样，用“牺牲”的报酬来解释。于是，西尼尔只好另寻出路，将它说成垄断的结果。这一点和他的理论体系的哲学基础——享乐主义原则是格格不入的。

关于地租，西尼尔的详细说明是：自然代理者对人所占有的东西加以协助，提高劳动与节欲所创造的产品的价值。上述自然代理者参加这种产品的生产（除劳动与节欲外），把这样的产品按更高的价格出售。这种剩余归于自然代理者所有主，它不是劳动或节欲的报酬，而是给予自然力所有者允许利用自然力的报酬。① 这就是说，生产三要素之一——自然，参加生产，创造价值；地租就是自然创造的价值，它之所以归土地所有者所有，是因为后者垄断了自然。

前面说过，西尼尔和萨伊稍有不同，他认为自然力不是形成价值的因素，这里我们可以看到，这只是就不受垄断的那种自然力说的。自然力一经成为垄断的对象，西尼尔就认为它是形成价值的因素。总之，逃来逃去还是逃不出萨伊的掌心；离开劳动价值学说，要说明非劳动的收入，是很难不讨教于生产三要素论，或其独立表现资本生产力论和土地生产力论的。西尼尔比萨伊彻底的是：萨伊只能说明地租是土地这种自然因素生产的，而不能说明它为什么归土地所有者所有而不归社会所有；西尼尔则极力说明自然是经其“代理者”的协助，才提高了产品的价值的，“自然代理者参加了这种产品的生产”，因而地租就应归他所有。

诚然，土地作为经营对象的垄断是级差地租产生的条件，土地私有权的垄断是绝对地租产生的条件；但地租的源泉始终是劳动创造的价值，而不是自然或土地。

按照西尼尔的看法，情况就应当是这样：在一块私有的土地上生产出来的粮食，其价值在原理上要比在一块无主的荒地上生产出来的粮食高，因为

---

① 西尼尔：《政治经济学大纲》，由于原书引述文献年代久远已难以寻找，此处均不使用直接引用，改为间接引用。

土地私有者协助自然，提高了粮食的价值。这岂不荒唐可笑？

西尼尔的地租学说暴露了他思想上和理论上的矛盾。他一方面为了产业资本家的利益反对土地所有者，认为地租不像利润那样是“牺牲”的合理报酬；另一方面又想到一切私有主的利益，不敢断言地租是非劳动的收入，因而硬说垄断了土地的土地私有者在价值生产上也有所贡献。但这样一来，他的价值学说就陷入了自相矛盾的境地：生产成本由劳动和“节欲”两种牺牲构成，价值的实体是牺牲；但根本不是什么牺牲的自然力垄断也构成生产成本，价值的实体又不是牺牲。更重要的是，用垄断来解释地租，在逻辑上必然使他最“宝贵”的“贡献”——“节欲”说成多余的。地租是垄断土地的产物，利润何尝不是垄断生产资料的产物？

第三节　巴斯夏的经济学说

一　概述

巴斯夏(1801—1850 年)是法国的职业辩护士。他的主要著作有：《经济诡辩》(1844 年)、《柯布登与同盟》(1845 年)、《经济协调论》(1850 年)。1848 年 2 月革命后，他写了一系列反对社会主义者的小册子：《财富与法律》(反对路易·布朗)、《财产与剥夺》、《正义与友爱》、《资本与利息》(反对蒲鲁东)。

巴斯夏出生在法国南部酿酒区的一个富商家庭里，从事过酿酒业，买卖过葡萄酒。这种事业的兴隆取决于广大的国外市场。他经历过 1830 年和 1848 年的革命，作为一个资产者和资产阶级的思想家，他当然看到了无产阶级的暴力行动对资产阶级的威胁。于是，他反对损害了他代表的那部分资产阶级的利益的保护主义，当然又反对社会主义和工人运动，他利用经济自由主义来进行这两条战线的斗争。

巴斯夏是这个时期的经济自由主义的旗帜，他和英国的经济自由主义的组织“反谷物法同盟”有密切的联系。但经济自由主义在法国不像在英国那样有深厚的社会基础：第一，法国已经没有可以动员社会舆论来反对的封建特权；第二，法国经济落后，不像英国那样可以用经济自由主义来发展经济,它需要的一般是保护主义。所以,巴斯夏的经济自由主义在反对保护主义上事实上没有取得什么"成就";它的主要"成就"是反对工人运动和社会主义。为了达到后一目的,巴斯夏竭力反对李嘉图的已被无产阶级所利用的经济学说。

19 世纪三四十年代,法国资产阶级和无产阶级之间的阶级斗争日益激烈,工人运动日益高涨,在这一阶级斗争形势下,巴斯夏提出了"经济协调"来充作他的经济学说的基本原则。他说,他的《经济协调论》一书的主要思想就是利益一致的见解。

这种论调的产生是由于他歪曲了商品生产和商品交换的内容。他所极力说明的人们不可能离开交换而生活,它的本来意义应该是在私有制和分工的条件下,人们要以商品生产和商品交换的社会经济形式来交换活动,在这条件下,人们是相互依存、相互影响的。但这丝毫不是说这种关系是调和的。在资本主义的商品生产下,必然存在着竞争、欺诈、剥削、压迫的关系。巴斯夏将相互依存的关系说成调和的关系;他在矛盾的对立和统一中,执着统一而抹杀斗争,并把统一看成绝对的。

这种论调也是从斯密那里拿来的。斯密在其研究人类精神生活的著作《道德情操论》中,认为人类本来就具有同情心,是利他主义者。后来,斯密在其研究人类物质生活(其实是研究资本主义生产)的著作《国民财富的性质和原因的研究》中,又认为人类本来就具有自私心,是利己主义者。斯密自己并没意识到这种二元论的人性论在他自己的思想中是自相矛盾的。巴斯夏所看中的,事实上是斯密的第一种人性论;但鉴于斯密显然还具有第二种人性论,他只好说人类有这两种天性,同时强调它们不仅不矛盾,而且互相补充。怎能互相补充呢?巴斯夏说,在劳动及交换的问题上,人人为己的利己主义虽然占了上风,但这就惊动了造物主,使他设法将利他主义在这世界中推广。巴斯夏在无路可走时,就祈求他的造物主。

巴斯夏认为,为了保证"经济协调"原则的实现,就要实行经济自由的政策——任何人也不得妨碍资本家的自由的政策。古典政治经济学家举起经济自由的旗帜,反对封建主义和重商主义,反对行会制度和谷物法,从而使这面旗帜起着促进经济发展的进步作用,巴斯夏之流的庸俗经济学家却将经济自由变为反对社会主义、反对工人运动的黑旗。

在“经济协调”的原则下，巴斯夏搜集了他那个时期所有能供他使用的庸俗经济学说，当然也利用了古典政治经济学中的庸俗因素，拼凑成他的辩护经济学。

二　价值和财产

根据“经济协调”原则，巴斯夏反对李嘉图的劳动价值学说，因为从它出发，便可以揭露各种收入之间的对立关系。萨伊的生产三要素论否认了阶级剥削，是符合于巴斯夏的原则的；美中不足的是，萨伊将价值等同于效用，而效用是物的属性，和这个只适用于人与人的关系的原则不协调，因而巴斯夏便在这一点上加以反对。萨伊价值学说的基础——服务论，尤其是他后来将其扩展到物质生产领域之外的服务论，是符合于“经济协调”的原则的，因而巴斯夏便接受下来，并大加发展。他的创造是：将价值概念从物质生产中解脱出来，使它成为既包括物质交换、又包括种种活动交换的无所不包的广泛概念。他的价值学说就建立在这些原则之上。

巴斯夏从他的观点出发，不研究生产，只“研究”交换；他认为，交换就是政治经济学，也就是社会本身。[①] 他说，人类的经济活动就是欲望、勤劳和欲望的满足的不断循环；而从欲望到欲望的满足，其中必有交换。将这观点发展到底，他就认为从经济观点看，社会就是交换。在交换中，就发生价值问题。这就是说，价值的起源和产生与生产无关，仅与交换有关，并且这种交换不一定是物质的。

巴斯夏认为，交换的内容就是互相提供等量的服务，交换就是服务的交换，交换的服务就是价值。在他看来，当两个人相互转移着他们现时的努力的时候，或是当他们相互交换着他们以前努力的果实的时候，他们是相互服务着，也就是相互交换着服务。因此，**价值是交换着的两种服务的关系**。[②] 这个定义有两个基本点：一是，价值是交换的服务，这种服务不管是否依存于物质，其交换总是价值；二是，价值是交换的关系，不是交换双方本身所固有的，也就是说，价值是交换价值。

---

① 巴斯夏：《经济协调论》，由于原书引述文献年代久远已难以寻找，此处均不使用直接引用，改为间接引用。

② 同上。

从价值是交换的服务出发，巴斯夏认为这种服务不是物质本身所提供的，不是自然的活动，而是人所提供的，是人的活动。他不同意萨伊的自然提供服务、自然创造价值的说法。他说，自然的恩惠是不要求报酬的，赋予它以价值是错误的。巴斯夏之所以这样说，绝不是为了阐明真理，而是为了将价值从物质生产中完全解脱出来。其实，为了这个目的，他是不必如此反对萨伊的，因为萨伊后来事实上承认有非物质生产和非物质生产者，认为在没有物质生产的地方也有服务，而服务就是生产。萨伊承认了这些，实质上就等于承认非物质生产提供的服务也能形成价值。在巴斯夏看来，萨伊的不足之处是没有明白地承认这一点。

"驳斥"了萨伊之后，巴斯夏实质上就主张，不是依附于物质的那种服务在交换，而是服务独立地在交换——在没有物质交换的地方，也可以有服务的交换，而交换的服务就是价值。所以，在巴斯夏看来，商品与商品，商品与货币，它们之间的交换是服务交换，形成价值；资本家与工人，地主与佃户，债主与债奴，他们之间的交换是服务交换，形成价值(各种收入)；推而广之，演员与观众，律师与诉讼者……他们之间的交换是服务交换，形成价值(各种派生收入)。这就是说，价值的生产与商品生产无关，与派生收入的形成没有区别。

这样，巴斯夏实质上就抹杀了物质生产劳动和各种劳务的区别，混淆了生产商品的劳动和各种活动，甚至混淆了经济活动和非经济活动。经过这样的歪曲之后，巴斯夏就可以也必然对服务给予任意的主观的解释。因为如果不对服务给予主观的解释，他就要根据商品生产者所消耗的劳动来解释商品生产者所提供的服务，这样，他归根结底就要同意劳动价值学说，他就没有办法衡量各种非物质生产者如律师等所提供的服务。而对服务给予主观的解释就什么问题都能应付过去。

从这样的基础出发，他"批评"了各种各样的价值学说。他提出了这样的问题来难为他的同道：偶然拾到的钻石，为什么和一般的钻石一样，有很高的价值？在这个问题上，以为使用价值决定价值的效用价值论失败了，因为钻石之为物，饥不能食，渴不能饮，寒不能衣，按照效用价值论，它的价值就应当在水之下；不彻底的劳动价值论也失败了，因为这钻石是拾来的，只费弯腰动手之劳；生产费用论同样失败了，因为拾来的钻石如果有生产费用的话，也是极低的。

巴斯夏用他的服务论一下子就“解决”了这个问题。他说，这是因为钻石的拾得者给予他的接受者很大的服务，钻石需求者愈多，这种服务愈大；而交换的服务是要相等的，所以钻石的接受者也要向拾得者给予同样多的服务——拿出很多货币，这样钻石便有很高的价值。因此，这种服务，就不是使钻石接受者得以免除开采钻石的劳动的那种服务，而是使他感觉到钻石的转让者对他有好处的这种服务，总之，服务是主观地解释的。用他的话来说就是：承购我这块钻石的那个人认为我给了他一种重大的服务，这个人觉得我这种服务的价值更为重大。[①]

根据这样的观点，他特别反对李嘉图。他说，李嘉图本人承认，他的劳动价值学说，对于某些不能正常大量生产的、稀有的商品（如名贵葡萄酒）的价值的决定是例外，在例外情况下，价值决定于购买人的富有程度和对商品的爱好程度[②]；这就证明，李嘉图的劳动价值学说是错误的。而按照巴斯夏的服务论，这问题很容易“解决”：酒商满足了饮客的亟待满足的酒瘾，给予对方以极大的服务，因而饮客也就给予对方以极大的服务，即付出极高的价钱。

巴斯夏说，价值与其说是由生产者生产物品时所耗费的劳动数量决定的，不如说是由获得者获得物品时所节省的劳动数量决定的。这个“节省的劳动数量”云云，是指主观上的感受而言的。

巴斯夏的服务论是个魔术师的口袋，什么都装得下，什么都掏得出。他认为上述各种价值学说，都可以装进他的服务论口袋中。他用莫名其妙的办法，将效用、劳动、生产费用都解释为服务，然后说，各种价值学说都含有部分的真理，但只有他的价值学就才代表全部真理。

从价值是交换的关系出发，巴斯夏认为价值量是由供求关系决定的。

巴斯夏有两个事实上是相同的衡量服务的尺度：提供服务者所必须忍受的努力和紧张的程度；获得服务者可以免除的努力和紧张的程度。这两者是相等的。

---

① 巴斯夏：《经济协调论》，由于原书引述文献年代久远已难以寻找，此处均不使用直接引用，改为间接引用。

② 这是这种稀有商品的垄断价格决定的。

“努力和紧张”怎样衡量呢？怎样才能保证交换双方对它的量的估价是相同的呢？巴斯夏认为，当然不能按照实际支出的劳动，不能按照劳动的复杂程度和经历时间来衡量；他也不能替以亿万次计的交换活动制定估价表。他求诸市场。在市场中，价格是由供求决定的。这样，什么“努力和紧张”都成了废话，有用的只是：价值由供求决定。他认为自由是它的保证，在经济自由的条件下，只有对双方都有利的交换才能成立，这时，双方对“努力和紧张”的估价是相同的。结论自然是工人不应该用罢工的手段来增加工资，因为这妨碍了工资的决定。

同巴斯夏的价值学说相联系的是他的财产学说，或关于社会进步“规律”的学说。

巴斯夏认为，效用有两种：一是无偿的效用，它是自然的赐予，不能在交换中要求报酬；二是艰苦的效用，它是人们为了满足欲望而负担的痛苦，在交换中它提供服务，要求有等量的服务作为报酬，这就形成价值。自然提供的无偿效用是属于公共所有的，每个人都可以无条件地享受，巴斯夏称为公共财产。人们提供的艰苦效用是属于个人所有的，每个人都要经过努力才能占有，没有相等的报酬就不能转让，巴斯夏称为财产（个人财产）。

从这谬论出发，他就说：社会进步保证无偿的物件与服务相对地增加；同时，属于财产范围内的必须支付代价的物件与服务则相对地减少。

为什么会这样呢？他认为这是由于科学技术的发展，一方面使自然更好地更多地为人类免费服务，因而公共财产就增加；另一方面使自然力日益代替劳动，使人们对“努力和紧张”的估价降低，价值降低，因而个人财产比之公共财产相对地减少。

巴斯夏由此得出结论说：随着社会的发展，社会已经共产化了，并且日益共产化。他指着当时的社会主义者大骂：你们共产主义者所做的是将来共产之梦，其实，在现在的进步社会里，就已经在共产了；只要交换便利，目前的社会制度就可以给予我们以无偿的效用，这就是共产。

换句话说，随着科学技术的发展，生产力的性质日益社会化了，它成为公共财产，因此不必改革社会制度，只要实行经济自由，就能实现“共产主义”。这就是巴斯夏从他的价值学说中引出的一个政治上的反动结论。

三　利润和工资

为了反对李嘉图的剩余价值学说、工资和利润对立的学说，为了反对社会主义者的工人被剥削、生活日益贫困的思想，巴斯夏挖空心思证明，企业收入和工资分别是资本家和工人提供的服务在交换中形成的价值，也就是提供服务的报酬；利息是资本家提供了“延缓”这种服务的报酬；随着生产的发展，资本家收入的部分绝对增长，相对下降，劳动者收入的部分既绝对增长，也相对增长。

巴斯夏和所有庸俗经济学家一样，不是将利息归结为利润的一部分，不是将利润分解为企业收入和利息，而是将这两部分视为毫不相关的东西。经过这样歪曲之后，他就从“经济协调”原则出发，轻易地解决了企业收入的来源问题。他认为，资本家和工人同样劳动，同样提供服务，企业收入就是资本家的工资，它和工人的工资一样，都是提供服务的报酬，这种服务在交换中形成价值。

但是，从“经济协调”原则出发解释利息却不是容易的。在巴斯夏看来，资本是物，如果步萨伊的后尘，将利息解释为资本提供的服务的报酬，那便和“经济协调”原则只适用于人的精神不符。遇到困难时，巴斯夏就求救于西尼尔的“节欲”论。既然资本家在积累资本时是需要节制欲望的，那为什么不能改变一下，认为这是“延缓”了消费，并由此提供了服务呢？于是，巴斯夏就将西尼尔的“节欲”改为“延缓”。①

“节欲”是西尼尔的生产成本的实体，巴斯夏没有生产成本的概念，不能依样葫芦，因而他就极力将“延缓”解释为资本家提供的服务，它有必要等价地收回另一种服务——利息。但是，“延缓”消费云云，充其量只是资本家的一种“牺牲”，它对别人并没有提供服务。于是，巴斯夏就说，由于资本家“延缓”了消费，积累了资本，劳动生产率就可以提高，这就是提供服务。如果不收回另一种服务——利息，那就是破坏“经济协调”原则。

这样胡诌出来的工资、企业收入和利息，其高度当然是无法说明的。

巴斯夏进而为资本和劳动的“调和”关系辩护。

---

①　后来，现代英国资产阶级经济学鼻祖马歇尔又将它称为“期望”。

他认为价值虽然不必是物质的，但可以是物质的，因而它可以积累为资本。这样，资本的价值就要随着它的来源——服务的价值变动而变动。服务的价值的变动取决于它所经受的危险和机遇。这样，他就认为，资本的价值是下降的。

为什么呢？他说，因为资本的价值以它所提供的服务为标准，但这种服务不是它生产完成时所提供的，而是它日后出卖时所提供的，随着工业生产技术的发展，人们对这种服务的估价必将逐渐降低，所以资本的价值会下降。

劳动的价值就不是这样，它不以将来提供的而以现在提供的服务为标准。相对于资本而言，劳动的地位比较优越。

因此，他认为，生产越发展，资本较劳动处于更不利的地位，劳动者的不满是不对的。

巴斯夏还认为，随着生产的增长，劳动收入的部分逐渐增长，资本收入的部分逐渐下降，劳动者的地位日益接近并将超过资本家。

在巴斯夏的时代，资本积累的规律已强烈地发生作用，财富在一端积累，贫困在另一端积累。巴斯夏否认这铁的事实，捏造出一套资本和劳动"经济协调"的数字(情况如表 4-1 所示)。

表 4-1　巴斯夏"经济协调"前景:劳动收入占比长期递增

	产品总额	资本所占	劳动所占	利润率①
第一时期	1 000	500	500	50%
第二时期	2 000	800	1 200	40%
第三时期	3 000	1 050	1 950	35%
第四时期	4 000	1 200	2 800	30%

这里，巴斯夏企图以数字来"证明"劳动的收入增长得比资本的收入还快。

我们看得很清楚，巴斯夏的错误是：他认为总产品的价值只分解为收入，即只分解为资本的收入和劳动的收入，而不分解为不变资本；然后就利

① "利润率"是本书作者为了分析问题而加上去的。

用利润率下降趋势的规律，认为在总产品价值中利润所占的比重既然是下降的，工资所占的比重当然就是上升的。这样，他就认为，随着生产的增长，资本和劳动的收入都增长，但后者增长得比前者快。他将利润率下降趋势的规律，说成了根本不存在的剩余价值率下降规律。

这种手法，即使从辩护的角度来看，也是不高明的。巴斯夏表面上说这种分配是符合“经济协调”原则的，实际上却是为资本家叫屈。他的表只列到第四时期，利润的下降就那样可怕，如果列到第七、第八时期岂不更加可怕，这里有什么“经济协调”呢？

巴斯夏这样做，显然也是利用了“斯密教条”的错误。斯密既然错误地认为商品价值全部分解为收入，就必然又错误地认为，虽然个别资本是由不变资本和可变资本①构成的，但社会资本却仅由可变资本构成，因为从社会的观点看，不变资本的价值最终会分解为可变资本和剩余价值，这样，按照逻辑推演下去，就必然要混淆利润率$\left(\frac{m}{c+v}\right)$和剩余价值率$\left(\frac{m}{v}\right)$，就必然将利润率的下降看成剩余价值率的下降。

四　地租论

为了替法国资本主义土地所有者的利益辩护，巴斯夏反对李嘉图的地租学说，以及利润和地租对立的学说。他认为地租是土地所有者提供的服务的报酬，地租随着生产的发展而降低。

以“经济协调”原则和服务论来说明地租，巴斯夏遇到许多困难。我们记得，甚至连西尼尔都没有办法用“节欲”来说明地租，不得不承认地租是垄断的结果。巴斯夏当然不同意这种见解，因为它既损害土地所有者的利益，又与“经济协调”原则不符。巴斯夏虽然可以简单地宣布地租就是利息的别名，但他不能轻易地将它解释为交换服务的结果。在这个问题上，他甚至也不能利用萨伊的货色——土地生产力说（这种学说认为地租是土地生产的），因为他否认物能够提供服务。他无论如何也要设法说明地租也是从前提供的服务的报酬。

① 斯密没有不变资本和可变资本的概念，这是我们为了说明他的思想而用上去的。

为此，他首先就要反对李嘉图的关于地租的定义。李嘉图说："地租是使用土地的原有的不可摧毁的生产力而付给地主的那一部分土地产品。但它往往与资本的利息和利润混为一谈。"①李嘉图将地租同现实生活中的那种租金区别开来，租金除包括地租外，还包括了投在土地上的资本的折旧费和利息。这种区分，在地租的科学研究上是十分重要的。

相反，巴斯夏认为地租是过去的服务的报酬，也就是土地所有者本人，或其祖先，在开垦土地和投资于土地时所提供的服务的报酬。撇开无聊的服务论不谈，他说的地租恰好就不是科学意义上的地租，而是仅仅包括了土地资本的折旧费和利息的那部分租金。这样，他就不能解释：(1)即使是未经开垦的荒地，一经被人占有，土地占有者为什么单凭土地私有权也要向土地使用者收取地租？这一点正是问题(绝对地租)的本质所在；(2)土地所有者开垦土地时提供的"服务"相等，但土地为什么因其肥沃程度不同、社会位置不同，会有不同的地租(级差地租)？

巴斯夏没有回答第一个问题。对第二个问题，他的答复是：跟钻石的价值决定一样。即使是偶然拾到的钻石，它也可以使其购买者免除开采钻石所必须忍受的努力和紧张，因而它的所有者提供的服务很大，其价值很高。与此相同，肥沃的优良地能生产较多的产品，得到较多的收入，使土地使用者免除许多努力和紧张，因而土地所有者提供的服务很大，它的报酬——地租也就应当很高。

李嘉图认为，随着社会生产的发展，耕地越来越劣，农产品价格越来越高，地租也就越来越高。通过农产品价格影响工资这个中间环节，李嘉图认为地租的增长使利润下降。

巴斯夏反对李嘉图的看法。他抹杀事实，认为随着生产的发展，地租在降低，因为随着科学技术的发展，开垦土地时，自然提供的无偿的效用在增加，人们提供的艰苦的效用——服务在减少。他还认为，农产品的价格也在降低，原因和上述相同。

巴斯夏极力主张实行经济自由主义。他认为应该选择世界上最肥沃的

---

① 大卫·李嘉图：《政治经济学及赋税原理》，郭大力、王亚南译，商务印书馆 1962 年版，第 55 页。

土地生产农产品，供给世界各国，让全世界都享受到自然的恩惠。他驳斥那些反对经济自由主义、主张保护政策的人：外国生产的产品，只因其价格便宜，你们就限制输入，可是，你们对于无价格的日光，却允许它进来，这不是很大的矛盾吗？

结　束　语

从上述可以看出，19 世纪上半期法英庸俗政治经济学的发展有三个特点。

第一，将政治经济学的研究推上歪路。

政治经济学是研究人类社会发展各个历史阶段上物质财富的生产和分配的规律的科学。古典经济学家虽然把资本主义社会看成永恒的社会，把它的经济规律看成永恒的规律，但是他们所揭示的是资本主义社会物质财富的生产和分配的规律。庸俗经济学家“研究”的却是空洞的、抽象的、不具有任何特定社会内容的财富的生产和分配的“规律”。例如，萨伊“研究”的就是这样空洞的“规律”；穆勒“研究”的则是李嘉图著作中有矛盾的和有漏洞的规律，他脱离实际而妄图去修正和补充这些规律。

政治经济学研究的是在特定生产过程中人与人的关系，不是抽象的、空洞的人与人的关系，也不是人与物的关系。古典经济学家虽然没有完全做到研究人与人的关系，但是他们所揭示的经济规律和经济范畴都反映了资本主义社会里生产过程中人与人的关系。庸俗经济学家“研究”的或者是人与物的关系，或者是空洞的人与人的关系。例如，萨伊“研究”的是人与物的关系，他的“生产三要素”论认为，价值就是人对物的关系——劳动和资本、土地等生产资料创造出来的效用就是价值。成为西尼尔的政治经济学哲学基础的“享乐主义原则”也是一种人对物的关系。巴斯夏“研究”的是空洞的人与人的关系，他说“交换就是政治经济学”，这个交换指的就是毫无历史内容的人们交换产品和交换种种活动。

政治经济学的研究对象决定了要严格区别物质财富生产与种种服务活动、经济活动与非经济活动。古典经济学家作了这种区分，并认为只有生产出来的、用于交换的物质财富才有价值。庸俗经济学家则故意将它们加以混淆。萨伊还不敢径直地将种种服务活动、非经济活动说成物质财富的生产，而要经过将效用从物质中解脱出来、认为凡是提供了效用的就是生产价值的中间环节，再将它们加以混淆。巴斯夏则不加掩饰地说，凡是两方交换活动，不问是交换产品，还是交换其他活动，都是生产的，都创造价值。他根本就没有物质财富生产的概念。他认为社会就是交换，他脱离物质生产去“研究”无根无源的“交换”。

第二，反对劳动价值学说和剩余价值学说。

研究资本主义经济的政治经济学必然以价值学说为其最一般的理论基础。古典经济学家提出了有缺陷的劳动价值学说和剩余价值学说。庸俗经济学家在理论上最反对的就是这些学说。萨伊认为，价值是生产三要素创造的。马尔萨斯认为，价值是交换商品所支配的劳动决定的。他们这样做时，还将自己打扮成斯密的信徒。穆勒和麦克库洛赫表面上是维护李喜图的劳动价值学说，实际上却贩卖萨伊的货色，将劳动这个概念扩大化，认为时间、自然力、机械、牲口都在劳动，都创造价值。西尼尔和巴斯夏声言要反对李嘉图的剩余价值学说，前者认为，利润是对资本家的“节欲”的报酬，后者认为，利润是提供了服务的资本家所接受的另一种服务。

在反对劳动价值学说的过程中，庸俗经济学家就将价值研究推上歪路。效用论、生产三要素论、生产费用论和供求论等谬论，经过萨伊、马尔萨斯、穆勒和麦克库洛赫的搬弄而不能自圆其说后，西尼尔和巴斯夏就干脆将价值说成主观上的东西。西尼尔认为，价值是由工人和资本家提供的“牺牲”(其报酬就是工资和利润)构成的；巴斯夏认为，价值就是交换双方提供、而由人们加以主观评价的服务。

庸俗经济学家这样做的目的就在于切断资本主义生产关系内部的联系，掩盖它的剥削实质。在庸俗经济学家的手里，本来反映了资本主义阶级关系的经济范畴：工资、利润(包括企业收入和利息)和地租，它们的内部联系被切断了，它们成为各不相联、各有源泉的东西；这样，资本主义社会内无产阶级、资产阶级和土地所有者三个阶级的关系，尤其是无产阶级受资产阶级和土地所有者剥削的事实就被掩盖起来了。

第三，为了进行辩护，可以不择手段。

庸俗政治经济学的任务就是为资本主义剥削制度辩护。在它这样做的时候，它堕落到不择手段的地步：违反科学逻辑程序、捏造经济规律、自相矛盾，无所不有。

违反科学逻辑程序的明显例子是马尔萨斯的谬论。他是从人口学说讲到地租学说，再从地租学说讲到价值学说的，他的地租学说以人口学说为逻辑前提，价值学说以地租学说为逻辑前提；正确的逻辑程序应当是，从价值学说到分配学说，再在这基础上说明人口问题。

捏造经济规律的明显例子是巴斯夏的谬论。任何人都知道，在国民收入分配的份额中，大腹便便的资本家占有的越来越大，瘦骨嶙峋的无产者占有的越来越小，但巴斯夏居然用莫名其妙的办法，把这情况说反，并说这是奇妙的、不变的资本"规律"。

自相矛盾的明显例子，一个是萨伊的谬论，一个是西尼尔的谬论。萨伊说，财富是效用，因此，单纯生产费用的降低并不减少财富；财富是生产费用，因此，生产费用的降低减少财富。西尼尔说，利润是对资本家的"节欲"的报酬，不是劳动创造的；利润是工人每天劳动时间中"最后一小时"创造的，是劳动创造的，因此，工人的劳动时间不应减少。

从内容到方法，都不是为了说明真理，而只是为了辩护资本家的利益：19 世纪上半期法英庸俗政治经济学就这样将资产阶级的经济科学送进坟墓。

译 名 表

阿尔弗雷德·马歇尔	Alfred Marshall
爱德华·吉本·威克菲尔德	Edward Gibbon Wakefield
彼罗·斯拉法	Piero Sraffa
伯纳德·孟德维尔	Bernard Mandeville
布阿吉尔贝尔	PpierreLe Pesant，sieur de Boisguillebert
大卫·布坎南	David Buchanan
大卫·李嘉图	David Ricardo
德斯蒂·德·特拉西伯爵	Antoine Distutt de Tracy
弗朗斯瓦·魁奈	Francois Quesnay
弗雷德里克·巴斯夏	Frédéric Bastiat
富兰克·奈特	Frank Hyneman Knight
河上肇	Hajime Kawakam
亨利·查理士·凯里	Henry Charles Carey
亨利·乔治	Henry George
卡尔·阿伦德	Carl Arend
卡尔·李卜克内西	Karl L'iebknecht
坎蒂耶纳·卡尔	Etienne Cabet
孔狄亚克	Etienne Bonnot de Condillac
理查德·坎蒂隆	Richard Cantillon
理查德·柯布登	Richard Cobden
卢森贝	Д.И. Розенóерг
路易·奥古斯特-布朗芒	Louis-Auguste Blanqui
路易-勃朗	Louis Blanc
路易·腓立浦(菲利普)	Louis Philippe
罗伯特·欧文	Robert Owen

译 名 表

罗莎·卢森堡	Rosa Luxemburg
纳骚·威廉·西尼尔	Nassau William Senior
尼古拉·伊万诺维奇·布哈林	николай иванович Бухарин
尼古拉·伊万诺维奇·季别尔	Никоиөћ Ивановичэиőер
欧根·冯·庞巴维克	Eugen Bohm-Bawerk
皮埃尔·约瑟夫·蒲鲁东	Pierre-Joseph-Proudhon
乔治·贝克莱	George Berkeley
乔治·拉姆赛	George Rams
乔治·约瑟芬·斯蒂格勒	George Joseph Stigler
让·巴蒂斯特·萨伊	Jean Baptiste Say
托马斯·罗伯特·马尔萨斯	Thomas Robert Malthus
威廉·高德文	William Godwin
威廉·配第	William Petty
西斯蒙第	Jean Charles Lnard Simonde de
希尔特布兰	Brano Hildebrand
亚当·斯密	Adam Smith
约翰·巴顿	John Barton
约翰·克拉克	John Clark
约翰·雷姆赛·麦克库洛赫	John Ramsay McCulloch
约翰·梅纳德·凯恩斯	John Maynard keynes
约瑟夫·唐森	Joseph Townsend
詹姆斯·穆勒	James Mill
詹姆斯·斯图亚特	James Denham Steuart
布卢姆勋爵	Lord Brougham